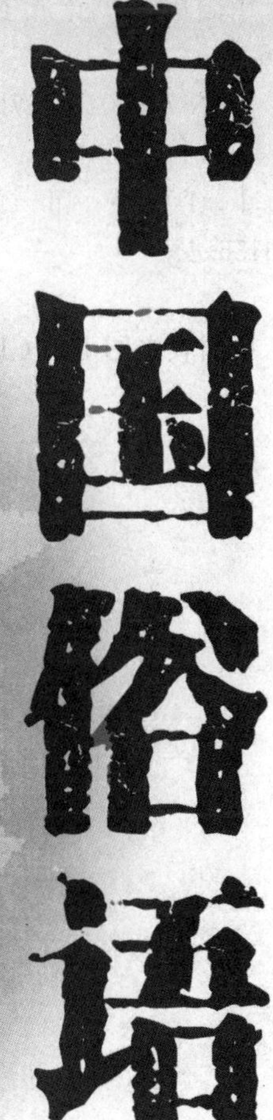

竟成◎主编

农村读物出版社

图书在版编目（CIP）数据

中国俗语／竟成主编．—北京：农村读物出版社，2006.1

ISBN 7－5048－5764－4

Ⅰ.①中…　Ⅱ.①竟…　Ⅲ.汉语－俗语　Ⅳ.①H136.4

中国版本图书馆 CIP 数据核字（2016）第 001810 号

责任编辑　程　燕　育向荣

出　　版　农村读物出版社（北京市朝阳区麦子店街 18 号楼　100125）

发　　行　新华书店北京发行所

印　　刷　北京中科印刷有限公司

开　　本　787mm×1092mm　1/16

印　　张　37.25

字　　数　745 千

版　　次　2017 年 4 月第 1 版　　2017 年 4 月北京第 1 次印刷

定　　价　58.00 元

（凡本版图书出现印刷、装订错误，请向出版社发行部调换）

前　言

这是一本汇集俗语的图书，旨在让读者更深入地认识俗语，更全面地掌握俗语，进而能够更熟练、更准确地运用俗语。

俗语，顾名思义，就是一种通俗的语言。《现代汉语词典》对俗语解释为“通俗并广泛流传的定型语句，简练而形象化，大多数是劳动人民创造出来的，反映人民生活经验和愿望……也叫俗话。”可以说定型、通俗、形象是俗语的基本特征。

我们在说话或写文章时，为了把语言组织得更为得体，往往会信手拈来一些现成的语言，这些现成的语言主要是成语和俗语两大类。成语和俗语是汉语言大家庭的孪生兄弟，它们都是定型的语言，由于表现形式的不同，形成了“雅”和“俗”两大语言风格。成语多由四字组成，语句精炼、铿锵有力、朗朗上口，如“狐假虎威”“朝秦暮楚”“南辕北辙”等；俗语的语句结构则比较随意，长短不一，而在实际运用中还可以灵活变通，如“人在矮檐下，不得不低头”“身处矮檐下，怎能不低头”“矮檐之下难出头”等。

俗语最显著、最重要的特点是比喻，往往是用日常生活中最普通的事物打比方来说明问题。如用“占着茅坑不拉屎”形容占着位子不干实事的人，用“一朝被蛇咬，三年怕井绳”比喻遭受一次挫折，就变得胆小，遇到类似情况就会害怕的现象。除了这样的语言被称为俗语外，目前语言学界把惯用语、歇后语和谚语也归入俗语类，本书对这些定型的语言进行了认真的遴选。

惯用语是能够表达完整意义的词组，所要表达的比喻意义都有其内在的转化过程，了解了这个过程我们才能知其所以然。比如用“敲竹杠”来比喻敲诈勒索，用“吹牛皮”来讥讽说大话。表面上看“敲竹杠”与敲诈勒索好像是风马牛的关系，但当我们知道了其中的典故后就很容易明白了，因此，了解惯用语的词面意义和比喻意义的相互关系很重要。很多词语，意思转化后一旦为公众所接受就会成为惯用语。本书注重选用了部分特殊的网络流行语、外来语和专业术语转化的惯用语，如“宅”“酷”“秀”“软肋”“冷处理”等。

歇后语的特征是由前后两部分组成，前半部分是具体形象的表达，后半部分解释它的含义，前后构成引注关系，结构相对固定。歇后语的数量较为庞大，本书只选入了那些两部分连接较为松散的歇后语。如“大水冲了龙王庙”“千里送鹅毛”等，因为这些歇后语的后半部分不必出现而意思也明晰了。

另外，本书选入了少许采用比喻手法的具有励志、警世、劝诫等内容的谚语，而那些不具备语言交流功用的，如预示天气变化的“蚂蚁搬家蛇盘道”，“晚雾不出门，早雾行千里”等谚语则没有选入。

本书在编选的过程中吸取、借鉴了众多的研究成果，但限于编者的水平，难免疏误，敬请读者批评指正。

俗语目录

C

D

中国俗语

E

F

G

H

中国俗语

J

K

L

M

N

O

P

Q

R

S

中国俗语

T

中国俗语

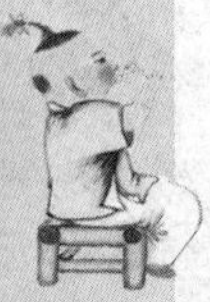

W

X

Y

中国俗语

中国俗语

Z

中国俗语

A

ā dǒu

阿斗

释义：本名刘禅，阿斗是小名。三国时期蜀汉后主，刘备的长子，蜀国的第二位皇帝，即位后虽有诸葛亮辅佐，但其本人懦弱无能，蜀汉最终被曹魏所灭，刘禅投降曹魏，被封为安乐公。比喻庸碌无能之人。参见“扶不起的阿斗”。

例句：“所以，灾区老支书这一背（注：浙江余姚三七市镇某领导13日下乡视察水灾，因穿高档鞋子，由年近六旬的村书记将其背进灾民家里），背出的是混迹基层的一个执政侏儒，一个蝇营狗苟的市侩小人，一个扶不起的～。”（贾志勇《老支书这一背 背出一个基层阿斗》）

āi jīn sì jīn　āi yù sì yù

挨金似金，挨玉似玉

释义：比喻良好的环境会使人的素质提高。

例句：“俗语说，～，今番亲家太太的谈吐就与往日大不相同了。”（清·文康《儿女英雄传》）

ái bǎn zi

挨板子

释义：旧时对犯法或有过错的人实行拷打、体罚用的刑具，为长条形的木板或竹片，一般打若干大板。现在用挨板子比喻受到批评、指责或处罚。

例句：“让各级领导干部畏惧～，他们才不敢疏忽懈怠、不敢滥用权力、不敢忘记人民公仆的本分，才能为党和人民的事业刻苦勤奋、夙兴夜寐、殚精竭虑……”（杨越《畏惧“挨板子”与敢于“打板子”》）

ái biān zi bù ái gùn zi

挨鞭子不挨棍子

释义：形容人吃软不吃硬，能够听得进好言相劝，但不能接受强硬的对待。

例句：“他呀，有名的犟眼子，～，来硬的肯定解决不了问题。”

ái dǎ de gǒu qù yǎo jī

挨打的狗去咬鸡

释义：形容对付不了比自己强的、厉害的人，转过去欺负比自己软弱的人。

例句：“有本事你跟大刘去理论，拿我撒什么气，真是～，欺负我老实。”

ái guò shé yǎo　jiàn zhe shàn yú jiù pǎo

挨过蛇咬，见着鳝鱼就跑

释义：鳝鱼，亦称黄鳝，体细长，无鳞，生活在池塘、小河等处，常潜伏在泥洞或石缝中，外貌与蛇相似。形容人曾经在某些事情上受过伤害而遇到类似的情况也心有余悸。

例句：“看把你吓的，这是安全电压。不就是上次干活被电了一下吗？真是～。”

ái mèn gùn

挨闷棍

释义：闷棍，指乘人不备狠命打出的一棍子。比喻遭受到突然的沉重打击。

例句：“不过，创业就是这样，～是一种常态。就像一个猎人穿越原始森林，被毒蛇咬了先别喊痛，而是想办法处理伤口，然后继续走出森林。只要走出去了，天地就开阔了。”（陈志列《创业就是挨闷棍不回头》）

ái zǎi

挨宰

释义：比喻在购物或接受服务时被索高价而遭受经济损失。

例句：“还是那句话：不知底细，胡乱下注，你不～谁～！警惕骗子的同时，更要警惕自己，别把思想的缝隙扯得太大，那样，人家想不钻都不行啊！”（葛藤《你不挨宰谁挨宰》

ǎi bàn jié
矮半截

释义：原意为个头较小，比照个头大的差一大截。比喻某些方面不如别人。

例句：“他由于地位低下，总觉得自己比别人～，产生了一种压抑、孤独、焦虑的情绪，这就是自卑心理。”（赵朕　赵捷《总觉得自己矮半截——谈自卑心理》）

ǎi sān fēn
矮三分

释义：在日常生活中，常用“几分”来作为对某一事物的评价标准，以“十分”为最高。矮三分就意味着比参照物差了三成。

例句：“韩国政府为了换取美军的驻扎保护，几十年保护伞下忍气吞声～。”（岳刚《在美军保护伞下矮三分》）

ǎi yán zhī xià chū tóu nán
矮檐之下出头难

释义：比喻受制于人很难有出头的机会。

例句：“师兄啊，自古道：不怕官来只怕管，～。牙根咬碎拳头软，权且饶他这一番。”（田汉《林冲》）

ǎi yī tóu
矮一头

释义：指身高跟人家肩头一般齐。比喻心态或待遇比照旁人相差一大块。

例句：“‘没钱别人看不起你，现在你脱贫了还是比人家～。’刚来北京时赵鹏只是觉得城里人的眼神、语气会让他们感到不舒服。”（阚枫《青年人还有多大奋斗的空间》）

ài hē jiǔ de bù gěi yān
爱喝酒的不给烟

释义：比喻投其所好。

例句：“你得学乖点，啥人啥对待。没听说那句话吗？～”

ài jiào de má què bù zhǎng ròu
爱叫的麻雀不长肉

释义：比喻爱咋呼的人没有真本事。

例句：“到青阳桥河东，一群二鬼子乱吼乱打枪。他想，～，咬人的狗不露齿，别看尽瞎叫唤。”（曲波《山呼海啸》）

ài tiāo de dàn zi bù xián chén
爱挑的担子不嫌沉

释义：比喻对喜欢做的事情，不在意有多大困难和付出多少精力。

例句：“这几天，大亮吃完饭就去他的工作间摆弄那个航母模型，从一个小螺丝钉、一块小木板开始，现在已初具规模了。真是～，从上初一开始迷上做模型，两年了，虽说学习没耽误，可我这个当妈的心疼呀！”

ài shǒu jiǎo
碍手脚

释义：比喻妨碍别人做事。

例句：“梁志丹只盼札康快走，免得～。”

ài yǎn
碍眼

释义：碍，妨碍，阻碍。比喻看着不顺眼，妨碍别人做事。

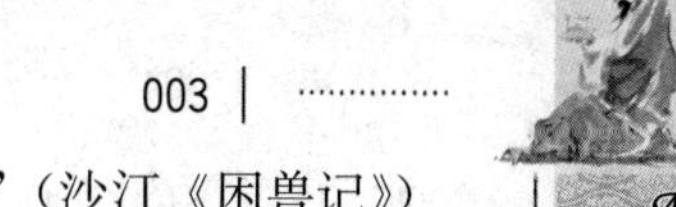

例句："现在，家里已经没有一个人～了，但他反而一下变得拘谨起来。"（沙汀《困兽记》）

ān lè wō

安乐窝

释义：比喻舒适、安逸的生活环境。

例句："从此以后，冯云卿方知道自己一个乡下土财主在～的上海时，就远不及交游广阔的姨太太那么有法力！"（茅盾《子夜》）

ān yíng zhā zhài

安营扎寨

释义：指军队营房，修筑军营栅栏，驻扎下来。比喻在一个地方或岗位暂时不动了。

例句："'天哪，这是来～！'不寒而栗。她来回打量着那些行李，无从下手，一抬头，有一双阴鸷的眼睛在暗处盯着她，一刹那，灵魂几乎出窍。"（迟蕊《首席娘娘》）

ān bù lí mǎ bèi　jiǎ bù lí jiàng shēn

鞍不离马背，甲不离将身

释义：比喻时刻保持警惕，以应不测。

例句："～，《星尘传说》最新推出的60级套餐装，璀璨夺目，带给每位《星尘传说》的勇者不一般的战斗享受！"（相思雨《勇气是我的甲胄——〈星尘传说〉套装展示》）

ān qián mǎ hòu

鞍前马后

释义：古时候官员出行，随从各司其职，前边有牵着马缰绳引路的，后边有殿后的，左右有保护的。比喻追随别人，小心伺候。

例句："即便是副局长，也敬他三分，没有人不敢把办公室主任不当一回事的，更不要说同僚部属了。跟着局长吃喝是小事，局长得好处，他也有油水，还可以打着局长的招牌办些别人办不了的事，所以，～，像电影中'小安子'似的整天围着局长转。"（闵长富《鞍前马后》）

àn bīng bù dòng

按兵不动

释义：原为军事术语，后用来比喻因某种原因暂不行动。

例句："温州市新近发布《农村产权交易管理暂行办法》，自本月起允许农房上市流转，此举被视为农村土地改革的再一次冲锋。但从根本来看，依附于农村集体土地上的农房，尚未脱离现行土地所有制的法律框架，因此只能～。"（李晔《温州农房本月起可流转仍按兵不动 为何迈不开脚步》）

àn tú suǒ jì

按图索骥

释义：古时秦国有个叫孙阳的人，善于识别好马和劣马，人称"伯乐"。他把自己的相马经验写成了一本《相马经》，他的笨儿子把这本书背得滚瓜烂熟，以为掌握了相马的本领，结果把癞蛤蟆当成千里马，闹出了笑话。后比喻办事墨守成规或是根据线索寻找。

例句："近年来，为了唤起民众的保护意识，不少植物学者通过媒体公布了岛城（青岛）濒危植物分布区域等信息，却引得不少好事者'～'去采摘、挖掘造成新的破坏。"（杨林《公布濒危植物反惹市民挖掘》）

àn xià hú lu qǐ lái piáo

按下葫芦起来瓢

释义：比喻问题一个接一个，此起彼伏。

例句："监管部门不监管在前，总是'民不告官不究'，怎么能不～？对不尽责任甚至不作为的监管人员仅仅问责是不够的，对他们惩处不力，同样有损政府的公信力。"（蒋维祥《岂能再"按下葫芦起来瓢"》）

àn dì lǐ xià dāo zi

暗地里下刀子

释义：比喻用阴招，暗中使坏害人。

例句：“尤其尼娜，谁知有没有～呢？她对我没有动作，是因为我守得严密，她无从下手。”（柳暗花溟《姐姐有毒》）

àn jiāo

暗礁

释义：指海洋、江河中隆起而不露出水面的岩石。比喻暗中的障碍或危险。

例句：“冯永祥大失所望，他这个和事佬努力并没有成功，前途还有不少～的样子。”（周而复《上海的早晨》）

àn liú

暗流

释义：指表面看不到、下面流动的水。比喻潜伏的思想倾向或社会动态。

例句：“而在湖南地区，除了在股市受益于‘民营银行概念’而出现多个涨停的通程控股、友阿股份外，就连工程机械巨头中联、三一，都传言对入股银行跃跃欲试。～变活泉，民间金融正加速跑马圈地。”（刘永涛等《湖南民间金融暗流变活泉 商界大佬跃跃欲试》）

àn sòng qiū bō

暗送秋波

释义：秋波，秋天的水波。原比喻美女的眼睛。后泛指暗中示意、暗通信息、献媚讨好。

例句：“原来，在学校里的时候，赵晓波就已经习惯于跟女生们打情骂俏～，明修栈道暗度陈仓了。”（莎丽花园《欢乐英雄》）

àn xiāng cāo zuò

暗箱操作

释义：暗箱，又称暗盒，是一种光学仪器，可以把影像投在屏幕上，是一面有小孔的密封箱，箱外景物透过小孔，在完全黑暗的箱内壁上形成颠倒且两边相反的影像。比喻私下里操作不让人们知道。

例句：“广州‘小升初’民校考试将被禁？……不少家长 17 日在接受记者采访时担忧，考试是看分数来招生，若取消，恐之前～重新抬头，加速教育不公平。”（杨薇《广州民校小升初或喊停 家长忧暗箱操作再抬头》）

B

bā gān zi dǎ bù zháo
八竿子打不着

释义：指根本不搭边的人或事。"竿"也作杆。

例句："别瞎扯了，那是～的远房亲戚，从我爷爷那辈子都没走动，我去找人家能行吗?"

bā ge jīn gāng yě tái bù dòng
八个金刚也抬不动

释义：金刚，佛教称佛的侍从力士，因手拿金刚杵（古印度兵器）而得名。比喻非常坚固，不可动摇。

例句："就他那倔劲，说不去就不去，～。"

bā gēn shéng yě zhuài bù huì lái
八根绳也拽不回来

释义：比喻人很固执，一意孤行。

例句："老闷子大叔可是个死犟眼子，他要认准啥，一条道跑到黑，～!"

bā gǔ diào
八股调

释义：八股，即八股文，明清科举考试的文章格式，是一种非常严格的注重格式的文体。每篇文章的格式非常标准，分为破题、承题、起讲、入手、起股、中股、后股、束股等八部分，这种文体除应付科举外毫无实用价值。后比喻那些讲话格式化、空洞无物的文章为八股调。

例句："著名外交家吴建民曾数次讲到要尽力改变文风和话风，要坚决杜绝一种～，那就是写文章冗长空洞，不着边际，讲话居高临下，脱离实际，使人看了如坠云雾，让人听了味同嚼蜡。"（汪群《"八股调"可休矣》）

bā guà
八卦

释义：古人按照大自然的阴阳变化平行组合成八种不同形式，称为"八卦"。每一卦代表一定的事物，八卦互相搭配衍生出六十四卦，用来象征各种自然现象和人文现象。现在用于比喻那些非正式渠道的小道消息或新闻。

例句："有人的地方就有江湖，有江湖就有是非，有是非就有～，有～就有饭吃。"（开心网《娱乐八卦入驻开心网》）

bā jiǔ bù lí shí
八九不离十

释义：形容很接近，差不多。

例句："我看这事～，你跟相关部门的头儿说一说。"

bā liǎng huàn bàn jīn
八两换半斤

释义：旧制十六两为一斤，八两为半斤。比喻平等待人即能取得他人的信任。

例句："捧着这份沉甸甸的厚礼，我非常激动，晚上躺在床上心里久久不能平静……'～'，只要你真心对群众好，他们就把你当亲人，啥事也能替你着想。"（祝祖良《一份厚礼》）

bā miàn guāng
八面光

释义：比喻人非常世故，各个方面都应对得很周全。

例句："听我说，我也是胳膊上走得马的人，只是事件太大，我们背不得。这个江大人我看也是个有种的，就要怎么的，你不要上台面，由他们折腾，咱们助着他们，也不丢了你的义气，岂不四面净～？"（二月河《爝火五羊城》）

bā miàn líng lóng

八面玲珑

释义：形容人处事圆滑，待人接物面面俱到。

例句："他从来不说令人不悦的话，但也从不真心地对待别人，虽说是～，却总是敌友不分的态度。"（柏桦《八面玲珑之人不可交》）

bā miàn sā wǎng

八面撒网

释义：比喻毫无遗漏的收获，彻底干净。

例句："他四方打探，～，追逃工作又有新眉目。"（吴林红 李军《丹心热血铸忠诚——长丰县公安局党委委员、经侦大队大队长仇多馥》）

bā mǔ dì lǐ yī kē miáo

八亩地里一棵苗

释义：比喻因为数量极少而显得娇贵无比。

例句："你是说王金柱吧，那在老王家可是宝贝，他爸那辈儿弟兄五个，孩子里只有他是个带把儿的，那可是～。"

bā pǐ mǎ lā bù kāi

八匹马拉不开

释义：形容人吵闹得不可开交。

例句："别说了，两个犟眼子，为鸡毛蒜皮丁点儿事，弄得～。"

bā tái dà jiào tái bù lái

八抬大轿抬不来

释义：轿，旧时用人抬着或用骡马拉着的交通工具，八抬大轿是由八个人抬着的轿子。形容人架子大，一般人请不动。

例句："老叔，你去，我的面子不行，～他。"

bā xiān guò hǎi

八仙过海

释义：八仙，道教传说中的汉钟离、张果老、吕洞宾、李铁拐、韩湘子、曹国舅、蓝采和、何仙姑八位神仙。据说他们去赴王母娘娘的蟠桃大会，来到东海边，各自用自己的方式渡海。比喻各有各的办法，相互竞赛。

例句："你干你的，我干我的，咱们就是要～，看谁干得更好！"

bā zì méi yī piě

八字没一撇

释义：八字只有两笔，先写撇再写捺，撇没有写，说明什么都没有。比喻事情一点眉目都没有，离成功相差甚远。

例句："一句话把道静招恼了。～，什么事也没做，不过认识几个新朋友，看了几本新书，就怕杀头！她鄙夷地盯着余永泽那困惑的眼光。"（杨沫《青春之歌》）

bá chū luó bo dài chū ní

拔出萝卜带出泥

释义：比喻在处理某个事件时引出了与该事件相关的事情。

例句："警察抓住绰号'小猴子'的扒手后，结果～，破获了一系列的公交车团伙扒窃案。"

bá chū nóng lái cái shì hǎo gāo yao

拔出脓来才是好膏药

释义：膏药：一种中药外用药，用来治疗疮疖、消肿痛等。比喻判别事物的优劣要看结果。

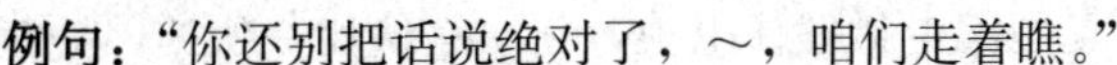

例句：“你还别把话说绝对了，～，咱们走着瞧。”

bá dīng zi

拔 钉 子

释义：比喻去除障碍，清除阻力。

例句：“针对这一新情况，保护区管理局及时向汉寿县委、县政府主要领导作了专题汇报，引起了汉寿县委、县政府领导的高度重视，果断决定～、除毒瘤、治顽疾，再度重拳出击，铲围拆网。”（彭平波《拔钉子、除毒瘤、治顽疾——西洞庭湖自然保护区再度重拳出击，铲围拆网》）

bá fènr

拔 份 儿

释义：在一般里拔出一块来。比喻出人头地。

例句：“宋宝琦同他流氓伙伴堕落的原因之一，出乎一般人的逻辑推理之外，并非一定是由于读了有毒素的书而中毒受害，恰恰是因为他们相信能折腾就能‘～’，什么书也不读而坠落于无知的深渊。”（刘心武《班主任》）

bá gēn hàn máo bǐ yāo cū

拔 根 汗 毛 比 腰 粗

释义：汗毛，亦作寒毛，人体皮肤表面的细毛。比喻某人的财物多得一般人无法相比。

例句：“要请客还是老廖请，他拔根汗毛比我的腰还粗。”

bá guō juǎn xí

拔 锅 卷 席

释义：比喻带走全部家当或是被解雇。

例句：“日本飞机天天来头上转，城里掉了几个蛋，大官们携金带银，小官们～的，都跑光了。”（袁静　孔厥《新儿女英雄传》）

bá jiānr

拔 尖 儿

释义：比喻比一般的高出一大截。

例句：“阿棠婶的闺女晚雪，是镇上出名的能干姑娘。人生得百里挑一不说，那一手绝妙的针黹（zhǐ）刺绣，又是～的。”（叶文玲《小溪九道弯》）

bá le dāo jiù wàng le tòng

拔 了 刀 就 忘 了 痛

释义：比喻境遇刚好了一点，就忘记了过去的苦难或伤痛。

例句：“人不能～嘛。人吃人年景，俺们拿出粮食救死救活，事到如今，反倒好心成了驴肝肺。”（刘江《太行风云》）

bá le luó bo dì pí kuān

拔 了 萝 卜 地 皮 宽

释义：比喻去掉了一块心病，感觉很轻松。

例句：“太太大闹一场，中风而死。而姨太太却～，一下子堂而皇之地当上了柳家儿媳妇。全家上下都称她为太太了。”（肖复兴《影壁》）

bá le luó bo kū long zài

拔 了 萝 卜 窟 窿 在

释义：比喻事物存在缺口、漏洞或表示事实存在。

例句：“那小偷挺狡猾，作案的手法很巧妙，可～，窗台上那枚脚印还是挺清晰的。”

bá le luó bo zāi shàng cōng

拔 了 萝 卜 栽 上 葱

释义：比喻一茬比一茬厉害。

例句："起粮要款，苛捐杂税，就没个完。真是撵走狐狸住上狼，～，一伙比一伙凶，一茬比一茬辣，可把老百姓折磨了个苦啊！"（刘江《太行风云》）

bá miáo zhù zhǎng

拔苗助长

释义：古时有个急性子的农民，总嫌地里的禾苗不长高，于是把禾苗一棵一棵地拔高，结果禾苗都枯萎了。比喻违反事物发展规律，急于求成，结果是事与愿违。

例句："命令主义就合乎中国古代的一个寓言，叫做'～'。结果被拔起的苗不仅不能长高，反而枯槁了。"（郭沫若《雄鸡集·关于发展学术与文艺的问题》）

bǎ bǐng

把柄

释义：为使器物能够用手抓住而安装的木质或金属的棍。比喻进行要挟，或交涉的凭证、借口、机会。

例句："最好我们这一房的人不要给人家抓住说闲话的～。"（巴金《家》）

bǎ bó zi zhā qǐ lái

把脖子扎起来

释义：形容到了最困难的关头，吃不上饭。

例句："幸亏咱们有了这方塘水，救了这一坡玉米，不然今年冬天咱们就得～。"

bǎ chī nǎi de jìn dōu shǐ chū lái le

把吃奶的劲都使出来了

释义：形容用尽了力。

例句："张铁匠来了个骑马蹲裆式，说声来吧，瘦猴真是～，也没能让张铁匠动一下。"

bǎ dàn gāo zuò dà

把蛋糕做大

释义：比喻将有利的事情的成果扩大。

例句："'具体工作中，高度关注民生，切实改善民生，思考每个问题，开展每一项工作，处理每一件事情，都要从老百姓的需求、老百姓的幸福、老百姓的感受出发，既要～，又要把蛋糕分好，全面提升广大人民群众的幸福指数。'古小平说……"（朱曦薇《既要把蛋糕做大　又要把蛋糕分好》）

bǎ guān

把关

释义：指把守住关口。比喻根据已定的标准，严格检查，防止差错。

例句："不是别的，没人～，我怕你们栽跟斗！"（管桦《闯台》）

bǎ hǎo xīn dāng chéng lǘ gān fèi

把好心当成驴肝肺

释义：比喻一片好意没有得到好的回报。

例句："我不是为你好嘛，不然我才不会舍着脸去找他，你还派我一身不是，真是～。"

bǎ huáng niú dāng mǎ qí

把黄牛当马骑

释义：黄牛一般都用来犁地或拉车，不用于交通乘骑。比喻缺少合适的，只好退而求其次。也作"拿黄牛当马骑"。

例句："没有一个有威望的人为头不行啦，……只好～。"（李六如《六十年的变迁》）

bǎ jiā hǔ

把家虎

释义：比喻把东西看管得很严，别人很难占到其便宜的人。

例句："侄女团团伶俐可爱，人见人爱，可她就一样不好，凡是看上的东西不管吃的、玩的

任谁也要不走，大家都叫她‘～’。”（公遂《把家虎——我家有女》）

bǎ mài

把脉

释义： 指中医用手按住病人腕部的动脉，根据脉象，以了解疾病内在变化的诊断方法，亦称切脉。比喻寻求解决问题的手段和办法。

例句： “过去的一年，世界经济步伐沉重。欧债危机持续发酵，美国量化宽松成效有限，新兴经济体面临控通胀与保增长的两难选择。如何～亚洲经济发展，人们将目光投向正在举行的2012博鳌亚洲论坛年会。”（李彤 魏倩《博鳌论坛把脉变革世界中的亚洲》）

bǎ shǐ pén zi wǎng zì jǐ tóu shàng kòu

把屎盆子往自己头上扣

释义： 比喻自己损坏自己的名声或形象。

例句： “这事一就是一，二就是二，该谁的责任谁领，～的事我不干。”

bǎ sòng bìn de mái zài fén lǐ

把送殡的埋在坟里

释义： 比喻把事情搞颠倒了。

例句： “他已经看出来了，照这样下去，要处理的问题处理不了，还得～，给自己找一身抖落不净的病。”

bǎ xīn xié wǎng ní táng lǐ chǎ

把新鞋往泥塘里蹅

释义： 比喻自找麻烦，自讨苦吃。

例句： “金先生不便自己出马去打听；好，巡警们都躲干净，自己又不是现任的地方官，干嘛～。”（老舍《哀启》）

bǎ zi

靶子

释义： 练习射箭或射击的目标。比喻攻击或是实施的对象。

例句： “那时候，她刚学手艺，谁也没她聪明伶俐，很快就上手了。每当师傅表扬她，她总是笑着对我说，还是你这个‘～’奉献得好！”（马梦娅《我愿做你的“靶子”》）

bà wáng yìng shàng gōng

霸王硬上弓

释义： 传说楚霸王项羽力大无穷，上弓弦的时候，弓弦的一端系好，然后两个肩膀一较劲就能把弓按弯，系好弓弦的另一端，完全是靠蛮力将弓弦上好。比喻强行做某件事。

例句： “而在今天这样一个经济全球化、产业大协作的时代，欧委会的‘～’，到头来也会让欧洲自己中箭。”（崇大海 张正富《欧委会何必“霸王硬上弓”》）

bāi bù kāi niè zi

掰不开镊子

释义： 镊子，能够夹取小东西的用具，一般用金属制成。镊子的两只脚原本是分开的，不用掰，掰镊子表明不懂得用镊子的方法。比喻不懂得或拿不出解决问题的方法。

例句： “嗐！您怎么这么～，长安城里里外外有的是名胜古迹，四个来月？半年您也逛不过来呀！别担心费用，花不了多少钱，再说您这算出差，回去全报，还有住勤补助哪！”（傅鹤年《王莽》）

bāi che

掰扯

释义： 用手将东西分开。比喻对事情进行剖析、分辨。

例句： “盖房之时欠考虑，房子盖好遇难题。邻居生嫌隙五年‘抹墙难’，说和人现场～，双方最后各让一步达成谅解，避免了刑事案件的发生。”（王智君《邻居生嫌隙五年“抹墙难”，说和人现场掰扯，最终达成谅解》）

bái bì wēi xiá
白璧微瑕

释义：洁白的玉上有些小斑点。比喻很好的人或物有些小缺点，美中不足。

例句：“诗歌虽然可以天马行空、沧海杯水式的浪漫地抒情言志，但前提必须是真实，否则抒情则浮根，言志则无当。《乡愁》‘方’字之用，无奈千虑一失、～之憾。”（李金坤《白璧微瑕说〈乡愁〉——余光中先生〈乡愁〉“方”字臆解》

bái bì wú xiá
白璧无瑕

释义：洁白的美玉上面没有一点小斑。比喻人或事物很完美。

例句：“洛世彬整个人惊呆了，他看着医生，又看了看女儿，惊慌地咽了一下口水，急切地说：‘医生，你有没有搞错，我女儿～，没有……没有过男人，怎么会不是处女？’”（姐不是传说《亿万弃妇：总裁，请放手》）

bái bù jiù pà rù rǎn gāng
白布就怕入染缸

释义：比喻天真善良的人易受恶劣环境的影响。

例句：“孩子还小，先别放手，外边的世界复杂着呢，～，别到时后悔。”

bái dāo zi jìn hóng dāo zi chū
白刀子进红刀子出

释义：比喻你死我活的拼杀或说话直截了当。

例句：“别跟我绕弯子，我这人就喜欢～，有啥说啥。”

bái dīng
白丁

释义：唐朝时以衣服的颜色区分等级，以黄色为最贵，红紫为上，蓝绿次之，黑褐最低，白色代表无地位。因此将无官职的平民称为“白丁”。现多指无官职或无文化。

例句：“黄宇飞亲自打电话慰问丁凯，一个是商界的风云人物、政界新宠，一个是全国第一个竞争上岗、前途无量的稽查局局长，倒是应了那句古话‘谈笑有鸿儒，往来无～’。”（陈默《以国家的名义》）

bái fèi là
白费蜡

释义：此为歇后语瞎子点灯的后缀部分，引申为做事情白费力气、不顶用。

例句：“用英文写吧，不管好坏，总可以把他们唬住，可是他们读不明白，还不是～。”（老舍《文博士》）

bái gǔ jīng
白骨精

释义：古典小说《西游记》中的人物，又叫白骨夫人，是唐僧西天取经遇见的一个妖精，为了能够吃到唐僧肉而求长生不老，先后变成少女、老婆婆和老翁，并使离间计，让唐僧逼走悟空，最终被悟空打得现出原形。后比喻那些善于伪装而干尽坏事的女人。现又成为高学历、高收入、高层次的三高女性的代名词，取自白领、骨干、精英之意。

例句：“某省财政厅副厅长张美芳被双规，……这个～的涉案金额高达20亿，牵涉的各路神仙和妖怪不计其数……”（乔志峰《白骨精被双规 爽快招供引取经团惶惑》）

bái kāi shuǐ
白开水

释义：烧开的水，无任何添加，特点是清淡无味，极其普通。比喻淡而无味的人或事。

例句：“爱情是什么，爱情其实就是一杯～，虽然淡而无味，但我们都离不开。”（雅皮士《爱情就像一杯白开水》）

bái lǐng
白领

释义：指有着教育背景和工作经验的从事脑力劳动的阶层。这些人在办公室工作，可穿白色的工装，衣领干净，故称白领。

例句："民工工资大大超出了网友们的预测，'身为～，压力很大啊。'"（刘敏等《网曝民工月薪1.4万秒杀白领 建筑工年薪超10万》）

bái rè huà
白热化

释义：金属物质一般遇到1500℃以上的高温时，它的火焰炽热而发出白色的光，所以把这种现象叫做白热化。比喻事情、局势发展到最激烈的阶段。

例句："据美国《世界日报》报道，洛杉矶早期来自中国台湾、香港移民经营的糕饼烘焙业为适应当地顾客需要，经营开始朝多元化餐饮发展，小雅屋兼卖早餐烧饼、油条，中午还卖排骨饭等便当，使传统烘焙业加入传统早餐、午餐快餐市场的竞争，餐饮市场竞争日趋～。"（启铬《烘培业加入 美华人餐饮市场竞争白热化》）

bái rì jiàn guǐ
白日见鬼

释义：迷信认为鬼魂只在夜间出没，不可能在白天见到。比喻碰上了稀奇古怪或是不可能发生的事情。

例句："八戒道：'哥啊，我们连日造化低了。这两日～！那个化风去的老儿是谁？'"（明·吴承恩《西游记》）

bái rì zuò mèng
白日做梦

释义：指胡思乱想或是幻想根本不可能实现的事情。

例句："'想走？你嫁过来就别想走出这个门。还想抱着孩子走？～！'南启气愤地转身离去。蓝水坐在沙发上，笑着，笑出了泪水。真是有其父必有其子，父子俩同样对她说'～，'只是一个让她留下，一个让她离开。"（巴拉巴拉《少爷的小女佣》）

bái táng zuǐ ba pī shuāng xīn
白糖嘴巴砒霜心

释义：砒霜，无机化合物，有剧毒。比喻嘴上说得好，内心却十分狠毒。

例句："问问他，自己发表的演讲，送我们的锦旗，口口声声说得那甜，原来他是～啊！"（艾明之《火种》）

bái tiān rào jiē hē chá wǎn shàng diǎn dēng xù má
白天绕街喝茶，晚上点灯续麻

释义：续麻，搓麻绳的工序之一。比喻做事情不按常规，不抓紧利用有利条件。

例句："小翠，抓紧把剐坏的裤角缝上，别学你表姐，～。"

bái tiān yóu mén zǒu sì fāng hēi yè diǎn dēng bǔ kù dāng
白天游门走四方，黑夜点灯补裤裆

释义：比喻该做的时候不做，不该做的时候瞎忙活。

例句："离大门还有好几步远，小五一看元英在纳鞋底，喊了一声：'呀，～，也不知道你活计是多是少！'"（刘江《太行风云》）

bái yǎnr
白眼儿

释义：晋朝文人阮籍为人放荡不羁，与人相处，情投意合的青眼（指目光正视）相迎，反之则投以白眼（指眼白的部分）。后用"白眼"表示对人轻视、不满。

例句："在街坊四邻中要遭多少～，要听多少恶言恶语？"（雷达《红尘》）

bái yǎnr láng
白眼儿狼

释义：据说在狼群中长着吊白眼的狼最凶狠。比喻人无情义、心狠毒。是忘恩负义的代名词。

例句：“我当时抱着大女儿就哭了，这么多年，一家人的付出和牺牲，养了个～啊。”（闻心《家有白眼狼》）

bái zhǐ shàng xiě zhe hēi zì
白纸上写着黑字

释义：比喻有字为证，难以抵赖。

例句：“不要闲说，～哩。若有反悔之人，罚宝钞一千贯与不反悔之人使用。”（元·佚名《看钱奴买冤家债主》）

bǎi chǐ gān tóu
百尺竿头

释义：佛教用语，指修善的极高境界。比喻学问、成就等达到了很高程度后仍继续努力。

例句：“李克强说，中德都是有世界影响的国家，两国关系远远超出双边范畴，已进入发展快车道和全面提速的新阶段。……我们愿同德方共同努力，加强两国多层次、宽领域合作，推动中德关系～更进一步。”（吴乐珺等《李克强与德国总理默克尔举行会谈时强调 推动中德关系百尺竿头更进一步》）

bǎi fā bǎi zhòng
百发百中

释义：指射箭或射击非常准，每次都命中目标。比喻做事有充分把握，决不落空。

例句：“为什么？因为宋正阳知道，这不是凌云挑选的第一块石头，这是第二块，宋正阳有把握，凌云在裘老板那里淘来的那块石头，里面绝对有翡翠，而且水种很好！两次都有，那就不是狗屎运了，不管凌云用的是什么方法，哪怕是为了故意扮猪吃虎也好，这却说明了一个事实：凌云～！”（步征《纨绔仙医》）

bǎi huā qí fàng
百花齐放

释义：形容百花盛开，丰富多彩。比喻各种不同形式和风格的事物自由发展及文学艺术界的繁荣景象。

例句：“与2012年相比，2013年国际手机终端行业将会是‘～’的一年。苹果一家独大的局面或将一去不复返。”（吕静《苹果不再独大：2013年手机业将“百花齐放”》）

bǎi lǐ tiāo yī
百里挑一

释义：一百个当中就挑出这一个来。比喻人才出众。

例句：“姑爷年纪略大几岁，……况且人物儿长的是～的。”（清·曹雪芹《红楼梦》）

bǎi liàn chéng gāng
百炼成钢

释义：炼，锻炼。生铁中的含碳量比钢高，生铁经过高温煅烧，其中的碳和氧气反应生成二氧化碳，由此降低铁中的含碳量，就成了钢；多次冶炼精度更高。比喻经过长期锻炼，变得非常坚强。

例句：“他周大勇的战士却在战争中～，精通了打击敌人的本领。”（杜鹏程《保卫延安》）

bǎi mì yī shū
百密一疏

释义：比喻无论多么周密细致的考虑，也难免有疏漏的地方。

例句：“深知杜竹斋为人的吴荪甫此时却～，竟没有看透杜竹斋的心曲，他一而再、再而三地用鼓励，用反激。”（茅盾《子夜》）

bǎi nián xiū dé tóng chuán dù
百年修得同船渡

释义：形容人与人之间的缘分难得，常与“千年修来共枕眠”联用。

例句：“一个办公室里办公，有什么说不开的，～，在一起工作是缘分，应该珍惜呀！”

bǎi xīng bù rú yī yuè
百星不如一月

释义：一百颗星星发出的亮光也不如一个月亮明亮。比喻量多不如质优。

例句：“挑好老公，～。”（南仁淑《婚姻决定女人的一生》）

bǎi yàng niǎo bǎi yàng yīn
百样鸟百样音

释义：比喻人或物各有各的特性。

例句：“这事儿不能太较真，也不是什么大的原则问题，～，应当允许人有点个性。”

bǎi zú zhī chóng sǐ ér bù jiāng
百足之虫，死而不僵

释义：比喻有的事物虽已衰亡，但其残余势力或影响仍然存在。

例句：“正因为各方面都有责任，所以郑百文公司如～，破产也难。”（阿奎《喧哗与骚动：新中国股市二十年》）

bǎi bā guà zhèn
摆八卦阵

释义：八卦阵是由太极图像衍生出来的一种奇妙阵法，相传为三国时期诸葛亮按照九宫八卦方位和五行生克原理布成的作战阵图。比喻故弄玄虚，迷惑人。

例句：“在拍摄中，几位主演都为这部戏吃了不少苦，主演金盛宇因为夜戏大量蚊子来袭，甚至大～才能防身。”（现代快报《〈青盲〉热播，金盛宇大摆八卦阵》）

bǎi cháng shé zhèn
摆长蛇阵

释义：长蛇阵，是古代人根据蛇的习性推演而成的一种阵法，这种阵法是将作战队伍排列成长蛇一样的阵容，并有三种变化：蛇首受击时尾动，卷；蛇尾受击时首动，咬；蛇身受击时，首尾连动，绞。后比喻排长队。

例句：“奇怪！原来准备要摆几天长蛇阵，怎么会在不够一点钟的工夫里解决了呢？”（赵树理《三里湾》）

bǎi dù bù chéng hái fān le chuán
摆渡不成还翻了船

释义：比喻弄巧成拙。

例句：“这台电脑你先别动，还是请维修人员来吧，别～，把哪个零件弄坏了更不好办。”

bǎi hóng mén yàn
摆鸿门宴

释义：楚汉相争时，项羽手下的谋士范增设计让项羽在鸿门（今陕西省西安市临潼区新丰镇鸿门堡村）设宴请刘邦以便除之。刘邦在项伯和樊哙的帮助下借如厕之机逃遁。后比喻不怀好意的约会或宴请。

例句：“貌似那些东主们都是一些桀骜不驯的家伙，甚至其中还有五六个是胡承奎的拜把兄弟，给他们下请帖请他们过来聊一聊，郝总是什么意思？这个决定的江湖味道可就太浓了，难道郝总是想给他们～？”（四眼肥《重生之遍地黄金》）

bǎi huā jià zi
摆花架子

释义：比喻做表面文章。

例句："对于如何加强政府网站建设让其发挥更大作用，贾先生表示最重要的是避免流于形式，别～，应从建网站的出发点进行求证，加强专业人员配置……"（山进《济宁市各级政府网站纷纷刮起了改版风》）

bǎi jià zi
摆架子

释义：指装腔作势，硬逞威风。

例句："还是靠着媳妇当'花瓶'，一家人才能勉强地过日子，可是他仍然不自觉地常常向媳妇～发脾气。"（巴金《谈〈寒夜〉》）

bǎi lèi tái
摆擂台

释义：擂台，旧时为比武所设的台子。比喻应试或参加竞赛。

例句："从前都是温州人跑到外地去找房子，后来随着需求量的增加，他们开始想，为什么不让大家都到温州来～呢？于是，在温州政府部门的倡导下，温州日报成立了购房置业俱乐部，分别到上海、杭州、苏州、南京等江浙富庶之地招揽房地产商。"（冯静《温州人：人居展摆擂台》）

bǎi mí hún zhèn
摆迷魂阵

释义：指设下圈套和计谋迷惑人。

例句："还是先从老转下手，看看咱们估计得对不对，给他们～，叫他们把实话都说出来。"（刘流《烈火金刚》）

bǎi píng
摆平

释义：比喻把问题妥善解决。

例句："我们拭目以待，这位'背后有人'的打人科员如何～即将面对的法律严惩？公众坚信，没有谁能逍遥法外，也没有谁在违法犯法后能'～'法律的严惩！"（卢江祖《"背后有人"能"摆平"法律吗？》）

bǎi pǔ
摆谱

释义：谱，指家谱，大家坐在一起拿出家谱看谁的家谱大。引申为摆架子、摆台面、炫耀。

例句："老孙头～说：'我十四岁那年早放马了，你还是放猪。'"（周立波《暴风骤雨》）

bǎi shè
摆设

释义：摆放在那里供欣赏的装饰品。比喻徒有其表而无实用价值的物或人。

例句："我们成两口子，是为过日子，又不是娶你当～，脚大有力气，咱们好一块儿干活。"（浩然《艳阳天》）

bài jiā zǐr
败家子儿

释义：指任意挥霍家产的不成器的子弟或任意浪费国家财物的人。

例句："你们这些～！只顾自己往上爬，弄虚作假，瞒上欺下！"（陈登科《破壁记》）

bài jūn zhī jiàng　bù gǎn yán yǒng
败军之将，不敢言勇

释义：打了败仗的将军就不要再显示自己有多大本事。比喻失败受挫的人，不敢再有奢望。

例句："秦磊的工作还是你做吧，我碰过钉子，～，我有点打怵。"

bān qǐ shí tou zá zì jǐ de jiǎo
搬起石头砸自己的脚

释义：比喻本来想害人，结果却害了自己，自食恶果。

例句："～，这是中国形容某些蠢人的一句俗话。"

bān shān shān dǎo wā hǎi hǎi gān
扳山山倒，挖海海干

释义：比喻不管什么样的难事都能办成。

例句："天底下穷人多，根子硬，你说咱是打仗哇，斗地主哇，人多手稠，又都是一个穷心眼儿，～。"（刘江《太行风云》）

bǎn shàng dìng dīng
板上钉钉

释义：比喻已经定下的事情，不能改变了。

例句："或在今日，或在明天，总会给你算清这笔血账。你大概相信，共产党人说话是～的。"（李英儒《野火春风斗古城》）

bǎn bǎn liù shí sì
版版六十四

释义：版，宋代铸钱的模型，每块版铸造六十四文钱。比喻做事死板不知变通。

例句："这个人～，不通人情。"（王安忆《绕公社一周》）

bàn jiǔ róng yì qǐng kè nán
办酒容易请客难

释义：比喻做事情的东西好准备，而人才难招聘。

例句："你想把那个餐馆盘下来？那可要想好了，～，管理可是一门学问呀！"

bàn biān tiān
半边天

释义：天空的一半。比喻新社会的妇女。

例句："山里山外都知道九层岭大队的'～'政治夜校很叫响。"（魏树海《女共产党员》）

bàn biāo zi
半彪子

释义：形容不通事理、行事鲁莽缺心眼儿的人。

例句："她正在想：我的女儿真的就是这么个～吗？"（赵大年《公主的女儿》）

bàn diào zi
半吊子

释义：旧时铜钱一千枚穿成一串叫一吊，或称一贯。半吊子就是五百枚，不足一串。比喻说话办事不成熟或是知识技术欠缺的人。

例句："不过到了90年代后期，足球市场化和职业化改革就停滞了，形成了～的市场化、职业化。而职业化改革不够彻底，也直接造成管理体制的弊端，政府的意志在市场中无所不在，以行政管理的方式管理市场化的职业足球，就注定了权力和金钱将过度集中在少数人手中，因而导致腐败、踢假球等乱象。"（深泽玮《半吊子的尴尬》）

bàn jié shēn zi rù tǔ
半截身子入土

释义：比喻活在世上的时间不多了，亦作"土埋半截子"。

例句："菲斯特倒是真的看开了，～了，拼死拼活争得还有什么意思？"（涂章溢《异界职业玩家》）

bàn lù chū jiā
半路出家

释义：出家，指离家到寺庙当和尚、尼姑，一般来说成年后出家即被称为半路出家。后比喻中途改行，从事另外一项工作。

例句：“一位农民，～，针对活性炭生产采用传统落后的工艺、设备的难题，先后发明了炭化活化一体炉、装饰用工艺画等6项发明和家用新型专利。他就是平泉农民王立新。”（李嘉　李平文《农民半路出家搞发明，研发6项专利解决工业污染》）

bàn lù shā chū gè chéng yǎo jīn
半路杀出个程咬金

释义：程咬金，唐初大将，隋末跟随李密参加瓦岗军，后归顺唐朝，封卢国公，善使长柄板斧。在旧时戏曲小说中被描绘成性格憨直莽撞的一员福将。比喻事情突然有变，出现一个意想不到的人物。

例句：“就在大家跃跃欲试的时候，～，大队长出现了。”

bàn píng cù
半瓶醋

释义：比喻对某种知识或某种技术略知一二的人。

例句：“其结论也是很明显的，‘林荫’与‘林阴’，‘林荫道’与‘林阴道’说的根本不是一回事。一个是实际的遮罩物，一个是游移的影子；一个是盖子，一个是盖子的影子。四声‘荫’被读为一声‘阴’，本来就是～秀才之误。而今连‘荫’‘阴’都莫衷一是的其实也是～……”（李振忠《林阴道专家“半瓶醋”，学生只能“打酱油”》）

bàn tǒng shuǐ
半桶水

释义：比喻功夫不到家，对某些事物只知皮毛而不精通。

例句：“吃透群众路线，用好这套方法，应该是每个党员干部的基本功，但在实际工作中，仍有少数党员干部存在认识糊涂、实践马虎的问题。首先存在‘～’认识观。”（刘增兵《破解群众路线的“半桶水”与“一条腿”》）

bàn kù
扮酷

释义：酷，本意表示极、甚、程度深等。现代语义源于外来文化“cool”，表示帅气的、时髦的、令人羡慕的。形容装扮得很帅气，很时髦。

例句：“墨镜诞生的最初目的，是为了保护飞行员在高空时双眼不受阳光的伤害；而现如今，则成为了人们～的用具。它可以过滤有害目光，它可以隐藏不羁或者悲伤，八卦人物用它阻击狗仔，明星们用它凝聚星光。”（宋强《墨镜——扮酷的终极装备》）

bàn suàn
拌蒜

释义：蒜汁很黏，捣成蒜泥后相互粘连拌不开。比喻走、跑时不利索或自找麻烦。

例句：“10分钟后特略上演滑稽一幕：他突入禁区左侧踩单车，无奈脚下～摔倒，瓜迪奥拉见状抱头作无奈状，随后转身面向诺坎普看台，露出一丝笑容。”（李伦斯特《瓜帅激情指挥赢得球迷欢歌 子弹踩单车拌蒜摔倒》）

bàn jiǎo shí
绊脚石

释义：走路时绊脚的石头。比喻阻碍前进的困难、挫折或人与事。

例句：“由于受不正当利益驱使，为了尽可能多地获得补偿款，在征地拆迁过程中出现的梗阻现象和抢搭、抢种、抢建行为时有发生，这些都无形中加大了城市建设的人力物力财力投入，加大了城市开发运营成本。甚至有些党员干部罔顾党纪国法政策法规，顶风而上，漫天要价，趁机哄抬地价，成为阻碍城市开发建设的‘～’。”（杨震《不做阻碍城市建设的“绊脚石”》）

bāng hǔ chī shí
帮虎吃食

释义：比喻帮坏人做事。

例句：“那金锁跟着癞皮几天就学会～，专门欺负小同学。”

bǎng jī de shéng zi kǔn bù zhù dà xiàng

绑鸡的绳子捆不住大象

释义：比喻用治服弱小者的办法难以治服强硬者。

例句：“詹德才小眼睛狡猾地眨巴着，‘我早说过，姓马的（指马本斋）和咱们不是一条心，～。”

bàng chui

棒槌

释义：捶打用的木棒（多用来洗衣服），由棒槌的形状可以想象出木头木脑的样子。比喻人头脑简单或外行（用于戏剧界）。

例句：“现在真可以用‘～’二字来形容唐浩了，他等于是越描越黑，秧苗只要拔下来，就基本活不成了，特别是根茎类蔬菜。”（画龙点睛《谜宅》）

bàng dǎ yuān yāng

棒打鸳鸯

释义：鸳鸯，一种外形像野鸭但比野鸭小的水鸟，多雌雄成对生活在水塘。文学作品中常用来比喻夫妻。比喻强行拆散恩爱的情侣或夫妻。

例句：“因‘诗人’这一身份，他经历了三段无果的爱情，姑娘父母～的理由都是纵观古今，诗人大多或贫困、或不得志、或漂泊流浪、或兼而有之。”（沈开倩《因为是诗人，他三遭棒打鸳鸯》）

bāo fu

包袱

释义：用布包起来的衣物包裹。比喻某种负担。

例句：“所谓放下～，就是说，我们精神上的许多负担应该加以解除。”（毛泽东《学习和时局》）

bāo zhuāng

包装

释义：保护和宣传商品的外部形式。引申为将某人或者某种事物打扮好或尽力帮助其在某方面做到完美的行为。

例句：“不是旁人介绍，恐怕很难把这位几乎全身都要陷进沙发的‘干瘪老头’跟视觉大师、行销专家杨立德联系起来——一副大墨镜、一袭翻毛领的深色大衣，最擅长把别人捧红的～高手却把自己隐藏得格外低调。”（轩召强《大师解密“明星包装”》）

bāo zi yǒu ròu bù zài zhě shàng

包子有肉不在褶上

释义：比喻看问题或做事情不能光看外表，要注重实际。

例句：“咱公司新来的叫黄米米的那位女孩，大家都觉得她衣着普通、素颜无饰吧？你有所不知——她老爸是地产商！正应了那句话：～。”

bāo bian shì mǎi zhǔ

褒贬是买主

释义：“褒贬”在此语中只有“贬”的意思，指真心想买某物的人往往先对某物贬损一番。比喻真正关注某人、某物、某件事的人才会认真发表评论。

例句：“老公见我不大愿意听他的批评话，就安慰我说，自家人才会直接指出你的缺点，～。不关注你的人看不到你的缺点，更不会指出来。”

bǎo hàn bù zhī è hàn jī

饱汉不知饿汉饥

释义：比喻处境安乐的人体会不到处于逆境中的人的苦衷。

例句：“你刚来知道啥呀，我们都忙活一整天了，还说我们没累着，真是～！”

bǎo bèi gē da

宝贝疙瘩

释义： 金银或玉块。比喻极受宠爱的人。

例句： “宝生在他们老公母俩心上，真像命根子，～。”（冯志《敌后武工队》）

bǎo dāo bù lǎo

宝刀不老

释义： 比喻虽然年纪已大但功夫或技术仍然顶用。

例句： “所谓～，在企业家尹明善身上体现得淋漓尽致。他 47 岁开始下海，创办力帆集团时，已经 53 岁了。力帆上市时，他已经 72 岁了。”（东方愚《尹明善宝刀不老》）

bǎo jiàn fēng cóng mó lì chū

宝剑锋从磨砺出

释义： 比喻只有经过艰苦的磨炼，才能获得真本领。常和“梅花香自苦寒来”连用。

例句： “人生不是栽满鲜花的通途，不是铺就红地毯的星光大道，不是青云之上的阶梯，要知道，一位真正英雄的成长并不是一帆风顺的，任何事物的发展都要有个过程。在这个过程中要学会吃苦耐劳，……～。——这就是读书给我的启示。”（梁晓茵《宝剑锋从磨砺出，梅花香自苦寒来——品读〈西游记〉》）

bǎo fàn wǎn

保饭碗

释义： 饭碗，指维持生计的职业，即保住自己维持生计的职业。

例句： “你以前在学校中所读过的教育书上，就满印着‘吃人，吃人’，‘该死，该死’么？或者你所学的只有～的方子么？”（鲁迅《集外集拾遗·启事》）

bǎo hù sǎn

保护伞

释义： 比喻保护某些人或某一势力范围，使其利益不受损害或不受干涉的人或组织。

例句： “为有效缓解夏季旱情灾害，由黟县西递镇农险办牵头，国元农业保险公司工作人员和镇、村协保员组成的工作组，深入西递镇田间地头进行水稻查勘定损摸排工作，做好理赔的基础工作，为农业生产撑起‘～’。”（吴雪颖《黟县西递镇政策性农业保险为农业生产撑起“保护伞”》）

bǎo hù sè

保护色

释义： 在自然界，动植物为避免伤害或捕食的猎物而使自己身上的颜色与生活环境的颜色相类似，称为保护色。比喻人为了某种需要而隐蔽自己的一种手段。

例句： “我们应该知道一切反革命都需要穿着革命的外衣以作～。”（徐特立《论反托派斗争》）

bǎo jià

保驾

释义： 旧指保卫帝王，现指保护某人或保障某事。

例句： “‘五个一律’是群众路线的有力补充，是走好群众路线的有力保障，为群众路线～护航。”（翔子《“五个一律”为群众路线保驾护航》）

bǎo lěi

堡垒

释义： 军队所修筑、战守两用的小城堡。比喻难于攻破的事物或不容易接受其他思想影响的人。

例句： “看起来这封建～、老顽固，还得不断地攻着点儿！”（魏巍《东方》）

bào xiāo

报销

释义： 指财务款项的核销或损坏物品的销账。比喻把作为目标的人或物除掉。

例句："有两个敌人爬出睡袋想抵抗，还没等找到武器，早已被砍死。一霎间，连套间的敌人全部～。"（王兰芳《姜庄子斧头战》）

bào cū tuǐ
抱粗腿

释义：比喻攀上有钱、有势的人。

例句："东头有一个叫老蒋的，这人从小游手好闲，专仗～吃饭。"（孙犁《风云初记》）

bào hái zi xià jǐng
抱孩子下井

释义：比喻做伤天害理的事，多用于表白自己与别人没有怨恨。

例句："这事别往我身上猜，我可没抱谁孩子下井。"

bào yuán bǎo tiào jǐng
抱元宝跳井

释义：比喻爱财胜过爱命。

例句："他是～，舍命不舍财的老财阀，不能养活枪。他胆儿又小，瞅着明晃晃的刺刀，还哆嗦呢。"（周立波《暴风骤雨》）

bào zhe hú lu hǎn méi piáo
抱着葫芦喊没瓢

释义：葫芦，一年生草本植物，果实嫩时可以食用，果实老了木质化，剖开可做瓢。比喻现有的优势条件不善利用。

例句："叶子指着覃奋的鼻子说：'我是过来人，男女之间那点神秘早已烟消云散了，哪像你这个王老五，～，身边那么好女孩，她们的暗示你一点也看不出来?'"

bào zhe jiù huáng lì
抱着旧黄历

释义：旧黄历，指已用过的黄历，过时了。比喻因循守旧，没有创新。

例句："因此，小、稳、灵、准、狠就是2008年的投资思路。投资主题明确，投资策略清晰，很多朋友还是沉迷于2007年当中。其实，事过境迁，2008年是灰庄做主，不要再～过日子!"（梦回春天《2008年股市"灰庄"做主 别抱着旧黄历过日子》）

bào zhe zéi tū jiào pú sà
抱着贼秃叫菩萨

释义：比喻把坏人当成了好人。

例句："至于'第三种人'，这里早就没有人相信它们了，并非为了我们的打击，是年深月久之后，自己露出了尾巴……还引为知己，真是～。"（鲁迅《书信集·致曹靖华》）

bào fēng zhòu yǔ
暴风骤雨

释义：又猛又急的大风雨。比喻声势浩大，发展急速而猛烈。

例句："很短的时间内，将有几万万农民从中国中部、南部和北部各省起来，其势如～，迅猛异常，无论什么大的力量都将压抑不住。"（毛泽东《湖南农民运动考察报告》）

bào guāng
曝光

释义：指被摄影物体发出的光线，通过照相机镜头投射到感光片上，使之发生化学变化，产生潜影的过程。比喻事物显露、暴露或被揭露。

例句："他为读者回信，寄照片，签名，而且还上电视亮相，接受访问，甚至还参加电影演出，可说是尽量～。"（沈西城《香港名作家韵事》）

bào lěng ménr
爆冷门儿

释义：冷门是相对热门而言，热门比喻兴盛的、吸引人注意力的事物，冷门就是不受关注的事物。该词最早出现在赌场中，人们押筹码会选择最有潜力的，大家都去押的就成了热门，而无人问津不被看好的就是冷门。如果冷门被某人押中了，就被称为爆冷门。比喻在某方面出现了意料不到的结果。

例句："周维国把那份《农民报》仔细地翻阅一番，大为吃惊：'又～了!'"（司马文森《风雨桐江》）

bào liào
爆 料

释义：指令人吃惊、意外的消息。

例句："9月9日中午，记者接到网友～：中心城区北门桥附近的'人人乐'超市内发现已经过期的'雪花'啤酒正在以每瓶2元的价格削价销售，得知此事后记者随即前往该超市进行调查。"（宋瑞琦《 中心城区一超市出售过期啤酒》）

bēi gōng shé yǐng
杯 弓 蛇 影

释义：把杯子里的弓影误认为蛇。晋朝人乐广在河南做官时请朋友喝酒，可朋友却没来，一问才知道前些日子请他喝酒，他发现酒杯里有条蛇，喝完后回家，越想越怕，病倒了。乐广到喝酒的客厅一看，原来是在墙上挂着的一张弓上画着蛇，弓的影子映在杯子里。乐广把那位朋友请来又坐在那个位子让他看，这才解除了朋友的疑虑，病很快就好了。比喻因疑神疑鬼而引起恐惧。

例句："谣'盐'之下，我们～。这其实是一场无关'信任危机'的危机。据外媒报道，美国一些碘化钾产品脱销，许多药店热卖这种无需处方即可出售的药片，在一些拍卖网站上，一盒14片的碘片竟卖540美元，这样的～看来并非中国特有。"（陈方《谣"盐"之下，我们为何杯弓蛇影》）

bēi shuǐ chē xīn
杯 水 车 薪

释义：用一杯水去浇一车着了火的柴草。比喻无济于事，徒劳无功，解决不了问题。

例句："据经济之声报道，全国社保基金理事长戴相龙透露，预计到2011年年底，社保基金可能接近1万亿元左右水平，按照社保基金入市比例，今年可能新增入市资金600亿元，但业内分析师表示这笔'皇粮'不过是～。"（唐明《今年或有社保600亿新投资入市 分析师称"杯水车薪"》）

bēi bāo fu
背 包 袱

释义：包袱，用布包起来的包儿，行走时背在背后。比喻人在精神上或经济上的负担。

例句："周鹤洋称：'以前我赢他（指李昌镐）都是在慢棋赛中，快棋赛还是第一次。这次我将尽力去拼，不会～。'"（李勇《周鹤洋：快棋赛是新突破点，我不会背包袱》）

bēi hēi guō
背 黑 锅

释义：镶在灶台上的铁锅因长时间烟熏火燎会挂上很厚的黑灰，称为黑锅，比喻替人承担罪名或过错。

例句："王立言：'都不准走！事情必须弄清楚，不能教全家的人都背上黑锅。'"（老舍《生日》）

bēi zhe bào zhe yī bān zhòng
背 着 抱 着 一 般 重

释义：比喻形式不同，实质是一样的。

例句："过去在计划经济时代，企业生产产品，国家统购统销，企业是花国家的钱，办政府的事，所以什么教育呀、医疗呀、养老呀都由企业负责，这些职能由企业承担也好，由政府承担也罢，～，本质是一样的。"

bēi zhe gān chái jiù huǒ
背着干柴救火

释义：比喻非但不能解决问题反而会添乱。

例句：“陈县长俯身对林司机说了两分钟，最后又说：‘你可要小心点，可不能～——帮倒忙啊！’”（周天亮《情人之死》）

bèi kào bèi
背靠背

释义：脊背靠脊背，两个人不知对方的表情和想法。比喻相互间不直接明确地表达自己的看法。

例句：“广州市将实现房屋征收与补偿信息公开，健全工作责任制，规范信息公开方式，房屋征收补偿不再‘～’。”（李刚《广州：房屋征收补偿信息将公开 不再“背靠背”》）

bèi kào dà shù hǎo chéng liáng
背靠大树好乘凉

释义：比喻倚仗有实力的人或组织，借以得到庇护或好处。

例句：“通过成立合作社这一形式，将单打独斗的农民团结在了一起，小农户对接上了大市场，而广大农民依托合作社搞种植，也有了～的踏实感。”

bèi shuǐ yī zhàn
背水一战

释义：背水，背向水。指自断退路。韩信带兵同赵国打仗，背靠着河水列阵，赵国的军队都笑韩信愚蠢，结果被韩信打败。比喻与敌人决一死战。

例句：“男足U20全运会复赛今天在秦皇岛展开第四轮赛事，陕西全运队只有战胜新疆队，才能保住晋级的希望。主教练米罗西称，全队上下都做好了～的准备。”（梁军《陕西全运队今背水一战》）

bèi tuò mo yān sǐ
被唾沫淹死

释义：比喻被众人指责所伤害。

例句：“禁止缠足是一大历史进步，解放胸部才是真正的革命。一个叫张竞生的男人解放妇女的胸部，自己却差点～。”（李灏《他解放妇女的胸部，自己却险被唾沫淹死》）

běn dì de jiāng bù là
本地的姜不辣

释义：比喻当地的人或物往往不受重视。

例句：“改革开放30年来，各地都在大力引进人才，在人才工作上，都是眼光向外的，好像只有外来的才是人才，本地人才很少人着眼，也很难得到承认，这就是俗语所说的‘～’现象。”（曾祥委《本地姜为何不辣》）

běn gù zhī róng
本固枝荣

释义：主干强固，枝叶才能茂盛。比喻事物的基础巩固了，其他部分才能发展。

例句：“他和芷君是大学的同学，都来自小城市，像蒲公英的种子，在省城里落地生根。可长安居不易，出身在这里的人，都枝枝蔓蔓地牵扯着，～。不像无根无基的他们，刮点儿风，下些雨，都摇摇欲坠。”（刘军华《经济适用婚》）

bèn niǎo xiān fēi
笨鸟先飞

释义：比喻能力差的人做事情，要比别人先行一步。

例句：“女儿刻苦、自觉、用功，全靠～保持了各门功课全班第一。”（毕飞宇《九层电梯》）

bèn yā zi shàng bù liǎo jià
笨鸭子上不了架

释义：比喻没有本事的人干不了大事。

例句：“机械的东西我都敢摆弄摆弄，可这电的玩意我真没有研究，～，你还是请个懂行的吧，别耽误你的事。”

bèng da
蹦跶

释义：蹦跳。比喻挣扎。

例句：“东方辰点点头没说话，万象到手并不出奇。因为日军的重点是南方，北方只派出一个联队，所以根本没打算死拼。重点还是南面，金边已经是囊中之物，西贡也没几天～了，现在就看孟孔。稳住，金边就无碍；稳不住，暹粒和占巴塞就有危险。”（河马散人《辛亥大英雄》）

bī liáng wéi chāng
逼良为娼

释义：指强迫良家妇女做娼妓。比喻迫使好人干坏事。

例句：“如果一个社会到处都是卖春女，说明这个社会是～的社会。如果大多数球队都在行贿和打假球，说明这个足球江湖就是个～的江湖。（贾志刚《逼良为娼》）

bī shàng liáng shān
逼上梁山

释义：梁山，今山东省梁山县，是《水浒传》中各路英雄聚义之处。众多好汉中被逼上梁山的典型人物是林冲，恶少高衙内调戏他妻子，他却一忍再忍，后被高俅陷害，最终被逼无奈杀死仇人投奔梁山的。比喻被迫进行反抗或是不得不做某件事情。

例句：“谢栋铭解释说：‘可以预见，本周末的欧盟峰会不会有关于解决欧元区债务危机的最终结论，德国财长和总理也已经给市场打了预防针。但是，欧元区已经被～了，即使没有最终的解决方案，也一定要有所作为。’”（付碧莲《避险情绪令美元看涨》）

bī zhe yā ba shuō huà
逼着哑巴说话

释义：比喻过分地不讲理。

例句：“赔了老本还想打人！你还讲理不讲理？这不是～吗？”（王玉胡等《绿洲凯歌》）

bí zi bù shì bí zi liǎn bù shì liǎn
鼻子不是鼻子脸不是脸

释义：鼻子和脸都变了形。形容十分生气，脸色非常难看。

例句：“太极真人～道：小宝，你刚才直接拒绝我那个师兄就得了，干嘛还要节外生枝？”

bí zi dōu qì wāi le
鼻子都气歪了

释义：比喻被气得五官变了形，非常生气。

例句：“仿佛是做了什么见不得人的事情，林林和赵凯灰头土脸地退了出来。土狗？土狗怎么啦?! 两人站在电视台大门外，越想越气，～。”（任意《土狗道道冒险系列》）

bǐ dēng tiān hái nán
比登天还难

释义：比喻事情特别难办。

例句：“我看算了，咱们还是做大李的工作吧，想让他媳妇服软，我看～!”

bǐ yì niǎo
比翼鸟

释义：古代传说中的鸟。此鸟仅一目一翼，雌雄须并翼飞行，故常比喻恩爱夫妻或情深谊厚、形影不离的朋友。

例句：“道士要羽化，皇帝想飞升，有情的愿做～儿，受苦的恨不得插翅飞去。”（鲁迅《谈蝙蝠》）

bǐ yì qí fēi
比翼齐飞

释义：翅膀挨着翅膀成双并飞。比喻双方在事业上并肩前进。

例句："安阳邯郸隔河相望、山水相连，同为文化古城、钢铁之城，一个是河南北大门、一个是河北南大门，被誉为晋冀鲁豫交界处的'双子之星'，双方在城市发展上一直你追我赶，可谓～。"（任国战等《漳河两岸比翼齐飞》）

bǐ zhe bèi zi shēn tuǐ
比着被子伸腿

释义：比喻办什么事情都要根据自己的能力和水平量力而行。

例句："我打我的孩子，碍着你啥了，你就是管天管地，也得～，真是狗拿耗子！"

bǐ dǐ shēng huā
笔底生花

释义：比喻文章写得生动、出色。

例句："有的同学则富于想象，～，具有当诗人的气质。"（谢冕《远方的星》）

bǐ gǎn zi
笔杆子

释义：比喻擅长写作的人。

例句："让狮子跟在自己的后面走，你的～打先锋，哪怕天下人不慑服！"（许杰《文字无用武之地》）

bǐ tóur
笔头儿

释义：比喻写字的技巧或写文章的能力。

例句："此后姑姑一直没有停笔，特别是退休以后，虽说写得不多，可时不时地总会有个一两篇。姑姑～快，只要是有了想法，常常一两天就能成文，爸爸和叔叔在这点上都望尘莫及。"（叶小沫《纪念我的姑姑叶至美》）

bǐ zǒu lóng shé
笔走龙蛇

释义：比喻写字如龙蛇舞动，文章写得又好又快。

例句："邓拓在写作上多才多艺，消息、通讯、散文、评论、诗词，什么都拿得起。他写文章的速度，用'倚马可待'形容丝毫也不夸张。许多社论，他是在马背上构思，完成腹稿，一到住地就'～'地赶写出来，正可谓'上马击狂胡，下马草军书'。"（理论周刊《笔走龙蛇，丹心一片——谈邓拓同志的人格、思想和学问》）

bì mén gēng
闭门羹

释义：相传唐代宣城妓女史凤长相标致，能歌善舞，登门拜访者经常把妓院围得水泄不通。史凤把来客分成等级对待，凡是不愿与之见面的，就饷之以羹，以表婉拒，客人见羹即心领神会而告退。后把拒绝客人进门叫做吃闭门羹。

例句："这是陈燕第一次来南京，受邀参加江苏电视台的一档节目。昨天，陈燕打算去玄武湖转转，她像在平时出门那样，叫着自己的导盲犬，'珍妮，走吧。'珍妮陪着陈燕上了无数电视和报纸，也算是个小明星。所有人都想不到，这对搭档，会在南京吃一个～。"（贾磊《导盲犬在玄武湖吃了"闭门羹"》）

bì mén zào chē
闭门造车

释义：原指按同一规格，关起门来造车，用起来也很合辙。后反其意而用之，比喻脱离实际，只凭主观办事。

例句："'得了，你别～来杜撰故事吧！'道静笑着打断晓燕的话。"（杨沫《青春之歌》）

bì sè yǎn jing zhuō má què

闭塞眼睛捉麻雀

释义：麻雀，一种小鸟，翅膀短小，不能远飞，善于跳跃，啄食谷粒和昆虫，也称家雀儿或老家贼。比喻自己欺骗自己，盲目行事。

例句："～，'瞎子摸鱼'，粗枝大叶，夸夸其谈，满足于一知半解，这种极坏的作风，这种完全违反马克思列宁主义基本精神的作风，还在我党许多同志中继续存在着。"（毛泽东《改造我们的学习》）

bì yuè xiū huā

闭月羞花

释义：古代传说：闭月说的是貂蝉在后花园拜月时，忽然轻风吹来，一片浮云将明月遮住，王允见到了，以后逢人就说，我的女儿和月亮比美，月亮比不过，赶紧躲在云彩后面了；羞花说的是杨玉环在花园散心，思念家乡，手触花瓣叹息，没想到花瓣立即收缩，绿叶卷起低下（实为含羞草），一宫娥看见了就到处说，杨玉环和花比美，花都含羞低下了头。比喻女子容貌美丽。

例句："人世间哪能找出比咱们兰兰长得还俊的啊…谁不知道咱们这山上的兰兰，能～！"（康濯《东方红》）

bì fēng gǎng

避风港

释义：供船只躲避大风浪的港湾。比喻可以躲避激烈斗争的地方，也常用来比喻家庭。

例句："但'倾巢之下焉有完卵'，若果真有成员国退出欧元区甚或欧元最终瓦解，届时德法国债未必能成为真正的～。"（陈昕语《德法国债绝非欧债避风港》）

bì fēng tou

避风头

释义：比喻躲避将要发生的不利于自己的事件。

例句："我看你还是避～，过一阵再出来的为是。"（清·李宝嘉《官场现形记》）

bì kēng luò jǐng

避坑落井

释义：比喻躲过了一个小麻烦又遇到一个大麻烦。

例句："都说炒概念，炒重组，这些年散户跟风炒股，可结果呢是～，有人发誓再也不碰问题股了。"

biān cháng bù jí mǎ fù

鞭长不及马腹

释义：鞭子虽然长却抽不到马肚子上。比喻力量达不到。

例句："相距又远，～，也还是姑且记在账上罢。"（鲁迅《两地书》）

biān dǎ kuài niú

鞭打快牛

释义：越是走得快的牛，越是用鞭子打它，让它走得更快。比喻赏罚不明，奖懒罚勤。

例句："管理中一定要奖励先进，不能做～的事，这样会挫伤先进的积极性，是管理上的一大失败。"

biàn guà

变卦

释义：周易预测中本卦的动爻发生变动而产生的新卦就是变卦，哪个爻动，说明哪一方面有变化。比喻突然或随意改变原来的主张、计划或已定的事情。

例句："他是没有想到过事情会～的。"（沙汀《困兽记》）

biàn pí biàn bù liǎo ráng
变皮变不了瓤

释义： 比喻外表可以伪装，实质无法改变。

例句： “人即使有变化，但骨子里与生俱来的本质永远不可改变。就像一件艺术品一样，当铅华洗净还原本色的时候，还是最初的模样，～。”

biàn sè lóng
变色龙

释义： 变色龙，爬行动物的一种，它的身体能够随着环境的变化而改变颜色，以便于隐藏自己，捕捉猎物，因而俗称变色龙。比喻善于变化和伪装的人，或是立场不稳、见风使舵的人。

例句： “但令人称奇的是，52 年来的 14 届欧洲杯在规模和赛制的发展上保持着惊人的变化，不但变化幅度大，变化的速度也快，俨然一条‘～’，这与一向以严谨精神著称的欧洲人似乎格格不入。”（张喆《张望欧洲杯》）

biàn wèir
变味儿

释义： 指食物改变了原有的味道。比喻事物发生了实质性的变化。

例句： “很多市民对于这些已经属于文物的老建筑十分有感情，但看到如今‘～’的老建筑，他们觉得既惋惜又疑惑，‘既然是文物就应由文物保护部门加以妥善管理，为什么有的还是个人使用和管理呢?’”（谢晓宇 鞠函霏《沈城“变味儿”老建筑调查》）

biàn xì fǎr
变戏法儿

释义： 戏法，我国传统杂技之一，现指小型的魔术，道具简单，手法灵活，台上台下均可以表演。比喻玩手段或权术。

例句： “（瑞全）讨厌这种鬼鬼祟祟的～的人。他不是堂堂正正的作战，而是儿戏。”（老舍《四世同堂·饥荒》）

biàn dì kāi huā
遍地开花

释义： 比喻好的事物到处涌现或普遍发展。

例句： “适逢新中国成立 60 周年，神州大地普天同庆，各种精彩绝伦的节目预热式地早已～，每一个角落都在以丰富多彩的节目为祖国的诞辰献礼。”（石海《技术与艺术融合，国庆舞台灯光献礼遍地开花》）

biāo gānr
标杆儿

释义： 测量的用具，主要用来指示测量点。比喻学习的榜样。

例句： “对于扬州如何在未来发展生态绿色建筑，专家们认为，扬州如果能够好好利用自身优势，把自身的特点和现代技术结合，很有希望能够成为生态绿色建筑的城市～。”（钱伟《扬州有望成“绿建筑”城市标杆》）

biē qì
憋气

释义： 指呼吸费力或喘不过气来。比喻委屈或烦恼不能发泄，心情不舒畅。

例句： “瑞清说：‘你说得也对，也真该考个官，把王家气焰压下去！看他的脸色干买卖，真他娘的～！’”（陈杰《旱码头》）

bié bù bǎ tǔ dì yé dāng shén xiān
别不把土地爷当神仙

释义： 土地爷，传说中管理一处小地面的神，亦称“社神”。神虽小但也是神仙，比喻瞧不起人。

例句：“你可别小瞧这个小地方，小地方有小地方的野路子，～，你以为你这个斯诺克高手就一定能赢？”

bié rén tōu lǘ nǐ bá jué zi
别人偷驴你拔橛子

释义：比喻没干大的坏事却又说不清楚。

例句：“刚入股市时就有朋友提醒千万不要～，当时还不以为然，现在明白了，当庄家赚得盆满钵满悄悄离场了，我们还不明就里地往里冲，最终是弄得遍体鳞伤。”

bīng dòng sān chǐ bú shì yī rì zhī hán
冰冻三尺不是一日之寒

释义：比喻事物的形成都有一个渐变的过程，不是瞬间形成的。

例句：“当下医患对立，医生给病人重复检查、开大处方的现象时有发生。～，应该说绝大多数医生是好的，可医院要生存，国家投入又太少，你说该怎么办？”

bīng qīng yù jié
冰清玉洁

释义：像冰那样清澈透明，像玉那样洁白无瑕。比喻人的操行清白。

例句：“去年，因被影射为章子怡负面消息的幕后策划，范冰冰诉编剧毕成功以及某网主办方侵犯名誉权。7月30日，该案二审宣判，维持认定两被告侵权，需在《新京报》刊登致歉声明，并赔偿范冰冰精神损害抚慰金2万元和3万元的一审判决。7月31日，毕成功在网上发表向范冰冰的道歉信，长微博中称赞范冰冰演技精湛，令人过目不忘，绝对是大师级的，并赞范冰冰～。”（周姣姣 张艳《毕成功被判向范冰冰道歉：演技精湛 冰清玉洁》）

bīng shān yī jiǎo
冰山一角

释义：冰山，一般指冰川断裂后滑入海洋中的巨大冰块，冰块浮在水面，但露出水面的部分很小。比喻某个事物很复杂，能够被认识的只是很小的一部分。

例句：“美国高等学府资质良莠不齐，部分学校管理松散的现象并不鲜见，发生在狄克森州立大学学位造假的丑闻，或许只是～。”

bīng tàn bù tóng lú
冰炭不同炉

释义：冰和炭不能放在一个炉子里，比喻对立的双方无法并存。

例句：“从来～，好人演不了坏蛋，就你这陈佩斯一样的光头和大饼子脸，给你穿上西服，叼上中华烟，你也不像个经理的样！”

bīng bù xuè rèn
兵不血刃

释义：兵器上没有沾上血。形容未经战斗就轻易取得了胜利。

例句：“～解决裁员问题，这是门艺术，可以维护公司和谐氛围。不过一般只适用于小公司，同时需要牺牲一些效率。”（徐瑞娥《兵不血刃》）

bīng duì bīng jiàng duì jiàng
兵对兵，将对将

释义：比喻双方势均力敌，针锋相对。

例句：“～，铁甲车也得用铁甲车来挡！”（茅盾《锻炼》）

bīng lái jiàng dǎng shuǐ lái tǔ yǎn
兵来将挡，水来土掩

释义：打仗的时候要靠将领指挥，洪水来的时候要靠土来叠坝。比喻遇到问题各有各的解决办法，不必惊慌失措。

例句：“西门庆道：‘常言～，事到其间，道在人为。少不得你我打点礼物，早差人上东京，

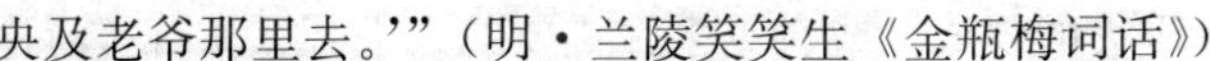
央及老爷那里去。'”（明·兰陵笑笑生《金瓶梅词话》）

bīng mǎ wèi dòng　liáng cǎo xiān xíng
兵马未动，粮草先行

释义：本为军事术语，意为军队行动时，必须先把士兵吃的粮食和牲畜吃的草料准备好。比喻做什么事情都需要考虑周全，把握好关键的环节。

例句：“学习的各种物质准备在一定意义上对学习具有保障和促进作用，做到～，为学习做好充分的物质准备与选择好学习环境和调整好心态同样重要。”

bīng suí jiàng lìng cǎo suí fēng
兵随将令草随风

释义：比喻士兵听从命令就像草随风动一样。

例句：“～。人们唏哩呼噜都从房上走下来，黑鸦鸦地站了半当院。”（冯志《敌后武工队》）

bīng xióng yī gè　jiàng xióng yī wō
兵熊一个，将熊一窝

释义：指一个士兵懈怠不会影响大局，如果将领懈怠整个队伍就涣散了，没有战斗力。

例句：“卢老师到我们公司培训以来，人还是我们这些人，设备还是我们这些设备，效果为什么不一样了呢？人们为什么不早点把卢万通博士请进来呢？主要是思想观念的问题！正所谓～。一把手的思想观念是何等的重要啊！”（任起旺《我有一种负罪感——我的一份自我批评》）

bìng dì lián
并蒂莲

释义：并蒂莲是荷花中的一个变种，实际上，它一茎生两花，花各有蒂，蒂在花茎上连在一起，所以也有人称它为并头莲、合欢莲、同心芙蓉。常用来比喻夫妻恩爱，美满幸福，男女爱情缠绵；或兄弟情同手足，感情深厚。

例句：“如今，五连与驻地各族群众同心合力、携手构建和谐稳固边防的一个个美丽故事，就像一朵朵～花，映红了鸭绿江。”（王天德等《鸭绿江畔：并蒂莲开映江红》）

bìng guǐ
并轨

释义：把两条轨道合并到一起。比喻将两种或几种并行的体制、措施或做法等合而为一。

例句：“放弃机关事业单位退休金与工资增长挂钩的机制，代之以与‘企业职工养老金计发办法’一样的机制。至此，彻底消除导致两者之间差距的因素，制度‘～’也就水到渠成。”（杨文彦《三问退休“双轨制”专家：养老金并轨是必然趋势》）

bìng guǐ pèng zhe yán luó wáng
病鬼碰着阎罗王

释义：比喻没有好的境遇。

例句：“这些作者不够豁达，眼界不够阔，如新春的炮竹，见火就爆。于是，～，不死也很难。”（凌扬《什么人喜欢自证清白》）

bìng jí luàn tóu yī
病急乱投医

释义：指病情严重的时候，往往不加选择和判别，对随便什么医生都抱有希望。比喻事情紧急时，人们常常盲目地去求助。

例句：“更有经济学家认为，此次动用的战略储备是美国决策者在刺激经济方面‘黔驴技穷’后～的表现。”

bìng yāng zi
病秧子

释义：有病的植物幼苗。比喻经常患病的人。

例句：“斋戒了三天，又沐浴了之后，隋清泠才被带到了那个所谓的～少爷的房间里。不知

道的，还以为要举行什么重大的仪式，或者见多么重要的人呢!”（孤竹《清冷淡香》）

bō kāi yún wù jiàn qīng tiān
拨开云雾见青天

释义：比喻摆脱黑暗或困境，重见光明或希望。

例句：“前些日子，我们这些青年语文老师去公园路小学听写作课。听了经验丰富的老教师的讲课，真让我们有一种～的感觉。”

bǒ jiǎo qīng wā pèng zhe xiā yǎn jī
跛脚青蛙碰着瞎眼鸡

释义：形容难兄碰到难弟。

例句：“王强没想到能在郑州火车站碰到同学福锁。去年他们就是在这里分的手，一个去了东北，一个去了广东。一年后见面，好有一比，～：王强在广东误入传销团伙，福锁在东北被骗进黑窑厂。也算两人命大，都逃了出来。两人抱在一起半晌说不出话来。”

bǔ kū long
补窟窿

释义：窟窿，即孔、洞，补窟窿指把洞填满。特指弥补经济上的债务或亏损。

例句：“目前政府对基建行业，尤其是铁路方面的支持，实际上还停留在‘～’层面。去年年底铁路建设投资进入低谷，当时全国在建铁路处于停工、半停工的状态的占比较高。”（王朱莹《基建板块“补窟窿”行情或难持续》）

bǔ tái
补台

释义：演戏时若出现纰漏，有经验的演员会机智地应付过去，被称为补台。比喻设法帮助以使事情成功，与“拆台”相对而言。

例句：“从为人处事的层面上讲，代老板受过培养了人的‘义气’，且使自己在‘被冤枉’的过程中提高防范错误的能力。最终的结果是，因为替老板～，赢得了信任，日后老板必然会提升你。”（邓琼芳《和老板玩心理战：员工与老板较量的心理秘籍》）

bǔ fēng zhuō yǐng
捕风捉影

释义：风和影子都是抓不着的。比喻说话、做事丝毫没有事实根据。

例句：“热衷于对各种热门题材的跟风炒作、对各种并购传闻～式地投机，是我国证券市场多年来形成的一种顽疾。”（严丽梅《巴菲特巨资收购目标无厘头猜想竟然也能引爆行情——捕风捉影炒概念》）

bù cháng huáng lián bù zhī kǔ
不尝黄莲不知苦

释义：黄莲，多年生草本植物，根茎味苦，可入药。比喻不亲身经历，就不能对事物有深刻的体会。

例句：“草率结婚毁了我的一生。谁知道小豆子他爸像畜牲一样，结婚后就像变了一个人，打骂是家常便饭，还时不时到外边鬼混。～，婚姻是人生大事，可千万不能草率啊!”

bù chéng qì
不成器

释义：器指器物，意思是好的玉石如果不经雕琢也成不了好的器物。不成器多指人没有什么成就，有时也指不学好，自甘堕落。

例句：“这厮～，如何却在这里。”（明·施耐庵《水浒全传》）

bù chī liáng fěn téng bǎn dèng
不吃凉粉腾板凳

释义：比喻不干事就不要占着位子。

例句：“你这是什么话！不想当干部，就早吭声，～，离开你这块云，天也照样下雨。”

bù chī yú kǒu bù xīng
不吃鱼口不腥

释义：比喻不贪便宜，就不会惹出是非。

例句：“我们不要占便宜，～!”（孔厥《新儿女英雄续传》）

bù chū shēng de gǒu cái yǎo rén
不出声的狗才咬人

释义：比喻暗里活动的坏人破坏力更大。

例句：“这个事都是吹破天在背后捏撮的，～，不然不会弄成这个样子。”

bù dǎ zì zhāo
不打自招

释义：不用拷打，自己就都招认了。比喻无意中泄露了真实情况和想法。

例句：“我也可以～，东边架上一盒盒的确是书籍。”（鲁迅《两地书》）

bù dāng chú zi bù dǎ wǎn
不当厨子不打碗

释义：比喻事出有因，也比喻做事要付出一定的代价。

例句：“好在这事损失不大，～，今后工作一定注意，尽量避免。”

bù dāng jiā bù zhī chái mǐ guì
不当家不知柴米贵

释义：比喻没有管过事的人不知道管事者的艰难。

例句：“同寝室的6个大学生，每人每月出60元，请来一个保姆，每周到寝室打扫一次卫生和洗衣服。这真是～，他们哪里理解父母的钱是怎样挣来的!”

bù dǎo wēng
不倒翁

释义：一种人形的玩具，上轻下重，扳倒后能自动竖立起来。比喻某些善于应付环境而能长期保持自己权位的人。

例句：“当现代观众还在为纪晓岚大战贪官和珅拍案叫好时，殊不知历史上那个‘铁齿铜牙’其实是个仕途上的老滑头，否则，他不可能成为明争暗斗甚于历朝的大清官场里的～。”（程万军《揭破中国千年用人潜规则：逆淘汰》）

bù dào hé biān bù tuō xié
不到河边不脱鞋

释义：比喻条件不成熟、时机未到，不能采取行动。

例句：“污染企业难于治理其实就在企业领导本身的问题。～。不真刀真枪地去治理是收不到治理效果的。”

bù dào huáng hé xīn bù sǐ
不到黄河心不死

释义：比喻决心大，不管遇到多少挫折也不会回心转意。

例句：“这个人～，现在我们横竖总不落好，索性给他一个一不做二不休。”（清·李宝嘉《官场现形记》）

bù dào huǒ hou bù jiē guō
不到火候不揭锅

释义：比喻时机不成熟，就不能采取行动。

例句：“我们不能过分地追求那些客观上不能立刻能够实现的东西，一个很简单的说法就是急性病。中国有句老话，～，就是这个意思。就是说你违背了大自然，违背了事物运动的规律，你就会吃苦果。”

bù dào huǒ hou luàn jiē guō
不到火候乱揭锅

释义：比喻办事没有章法。

例句：“哎，你真是～！我已经谈的差不多了，你这一句话，我那些话都白说了。”

bù dào xī tiān bù shí fó
不到西天不识佛

释义：西天，佛教指阿弥陀佛居住的仙界。比喻不亲身经历就没有正确的认识。

例句：“俗话说，～，短短几天的严酷斗争实践，使他深深体会到，作为这支队伍的一个合格的组织者和领导者，自己能力不足。”（王厚选《古城青史》）

bù dé yānr chōu
不得烟儿抽

释义：人们凑在一起时闲聊或休息，会抽烟的人拿出烟来给大家分烟，可能有的人因为亲疏或长幼关系而得不到烟，此谓不得烟儿抽。比喻在单位或家庭里遭冷落、受歧视，不受待见。

例句：“做人要有原则，做党的人更要讲党性原则，这是做人为官的基本要求。但实际生活和工作中，认真坦诚，不出卖良心，坚持原则，坚持正义，不趋炎附势，敢于同不良现象做斗争的同志往往‘～’。”（焦若飞《为什么坚持原则的人总是“不得烟抽”?》）

bù fèi chuī huī zhī lì
不费吹灰之力

释义：灰尘很轻，吹灰是不用费气力的。比喻事情很容易办到，丝毫不费力气。

例句：“打七十四师不行，打这种杂牌队伍，真是～！”（吴强《红日》）

bù fēn qīng hóng zào bái
不分青红皂白

释义：青红皂白，原意是各种颜色，代指事非、情由。比喻不问事情的缘由和对错。

例句：“人家当丫头的也是人，哪儿有～就乱打乱骂的道理？”（巴金《秋》）

bù gǎn niē shí tou zhǐ qù niē dòu fu
不敢捏石头，只去捏豆腐

释义：比喻不敢碰硬，只能去欺负弱者。

例句：“那临安帅韩仲通明知这火从王家烧起，因王家舅爷有御史之尊，谁敢惹他？‘……～。’便拿住周必大并邻比五十余人，单单除出王家。”（明·周楫《西湖二集》）

bù gǎn yuè léi chí yī bù
不敢越雷池一步

释义：雷池，在今安徽省望江县南。据《晋书·庾亮传》载，东晋成帝时，历阳太守苏峻企图谋反，温峤起兵平叛。但庾亮对叛兵估计不足，写信给温峤说：‘吾忧西陲过于历阳，足下无过雷池一步也。’意思是说，我担心西边的敌人更甚于苏峻，你务必留在原地，不要越过雷池到京都来。后比喻不敢超越一定的范围和界限。

例句：“中国重汽原技术中心主任朱自全回忆当时的情景时说，干了十几年的斯太尔，技术人员对国外技术可以说是完全信任，～。而中国重汽董事长马纯济鼓励技术人员大胆创新，他说，面对市场竞争，不要怕交学费，必须要有克服困难的勇气和决心……”（管斌 郭化南《让民族重卡走向世界》）

bù gǎn mào
不感冒

释义：比喻对某些事物、事情不喜欢、不感兴趣。

例句：“……备受业界关注的生物柴油调和燃料标准于明年2月1日正式实施，这为国内生物柴油进入成品油市场打开了大门。然而经济导报记者采访时发现，生物柴油生产厂

家对此并‘～’。”（刘勇《生物柴油生产厂家“不感冒”》）

bù gòu sāi yá fèngr
不够塞牙缝儿

释义：比喻东西非常少。

例句：“慕天灵淡淡地笑了笑，对于蓝左亦的做法很满意，只是让蓝川就这么死了，实在太便宜他了。蓝左亦双手拍了拍几乎不存在的灰尘，懒散地说：‘够不够吃?’‘还好，但是还是～的!’凌光龙很嚣张地说着。”（韩妍冰《怪胎圣妃》）

bù guǎn hēi māo bái māo zhuā zhe hào zi de jiù shì hǎo māo
不管黑猫白猫，抓着耗子的就是好猫

释义：比喻做事情重在看效果，形式与手段是次要的。

例句：“俗话：～。只要他说的对集体生产和社员生活有好处，我潘五成就拍起巴掌欢迎!”（化石《潘家堡子》）

bù guǎn sān qī èr shí yī
不管三七二十一

释义：比喻不顾一切、不问情由。

例句：“我因为好做短文，好用反语，每遇辩论，辄～，就迎头痛击。”（鲁迅《两地书》）

bù hán ér lì
不寒而栗

释义：栗，发抖，哆嗦。不冷而发抖。形容非常恐惧。

例句：“一家农村卫生室在短短一年半的时间内就有 4 人连续因输液死亡，这种现象极不正常，暴露出了巨大的医疗风险和隐患。然而，主管官员却不以为然，视之为‘很正常’，官员这种超常的‘淡定’令人～。”（李英峰《“医院死活论”令人不寒而栗》）

bù hē jiǔ liǎn bù hóng
不喝酒脸不红

释义：比喻没做过什么亏心事心里会很坦然，也不会有外在的表现。

例句：“我发誓这事与我无关，～，不做亏心事，不怕鬼叫门!”

bù hē liáng shuǐ bù dǎ chàn
不喝凉水不打颤

释义：比喻没做错事心不虚。

例句：“翔大少大怒，厉声骂退那个丫鬟。都说～，那叶子本是泷大户一根软肋，一提就心虚，被丫鬟一挖苦，当真失了气焰，再骂不出什么。”（姚袭倩《亮是主角》）

bù huì xiě zì yuàn bǐ tū
不会写字怨笔秃

释义：比喻自己无能却一味埋怨客观条件差。

例句：“自己没有真才实学，事情办不成而怨天尤人，那就是‘不会撑船怪河弯，～’。”

bù huì zǒu lù jiù xiǎng pǎo
不会走路就想跑

释义：比喻办事情急于求成。

例句：“对中国来说，航母，首先要解决有和无的问题，以后再说多和少的问题，～？操之过急不行。”

bù huì zuò fàn de kàn guō huì zuò fàn de kàn huǒ
不会做饭的看锅，会做饭的看火

释义：比喻会办事的人能见机行事。

例句：“老百姓讲话：～。现在火候到了，要是给群众泼凉水，我怕反而要犯错误!”（孔厥《新儿女英雄续传》）

bù jiàn guān cái bù luò lèi
不见棺材不落泪

释义：比喻不到穷途末路就不死心、后悔或低头认输。

例句：“范大昌眼睛一瞪：‘快闭住嘴，没有闲话给你说，不到西天不识佛，～，来人！叫这家伙去打打秋千。’”（李英儒《野火春风斗古城》）

bù jiàn tù zi bù sā yīng
不见兔子不撒鹰

释义：比喻做事情要认准目标、抓住时机行动。

例句：“操作上不可看走势回升就幻想大盘要转强了，当前必须做到～。不出台大利好就不能积极做多，顶多玩玩短线。”

bù jiàn yú chū shuǐ bù xià diào yú gān
不见鱼出水，不下钓鱼竿

释义：比喻做事要看准时机，有了把握才去干。

例句：“农民的性格你当然很熟悉，～，社要办糟了，你就是磕头抬轿也请不了他们来。”（李满天《水向东流》）

bù jiàn zhēn fó bù shāo xiāng
不见真佛不烧香

释义：比喻认准了有用的人去求，不做没把握的事。

例句：“在二手房交易中，应保持高度警惕，在没有与真房主取得联系、未核实清楚真实情况前，要慎重决定是否与房主的代理人签订合同，～，避免产生不必要的纠纷。”

bù jīng dōng hán bù zhī chūn nuǎn
不经冬寒，不知春暖

释义：比喻只有亲身经历，才能体会更真切。

例句：“那些在爱情里流过的眼泪，让时间慢慢去烘烤，蒸发出任性的余味，让我们好好体会。～，即使失败了的爱情也应该是快乐的，至少有过快乐。”（徐蕾《南昌日报》2011年3月25日）

bù juǎn kù jiǎo bù guò hé
不卷裤脚不过河

释义：比喻做事情要做好充分的准备。

例句：“‘～’。这句话告诫了我们谨慎的重要，在日常生活中耳熟能详，如雷贯耳。”（塞上迂叟《记住吧，伙伴们，生命的意义在于抓住》）

bù kàn sēng miàn kàn fó miàn
不看僧面看佛面

释义：比喻不考虑这一方的情面，也要考虑另外一方的情面，请求宽恕、原谅对方。亦作“不念僧面念佛面”。

例句：“你在组织部，说句话绝对管用。教育局那些头头～，这个副校长的位子……。”

bù kào pǔ
不靠谱

释义：比喻说话办事与正确的方面不沾边。

例句：“老爸至今还开我的玩笑：‘你看看你，谈～的恋爱，写没人看的书，去没人知道的地方，真是奇才。’”

bù kě jiù yào
不可救药

释义：病已重到无法用药医治的程度。比喻已经到了无法挽救的地步。

例句：“当所有的老师都认为我坏得～时，王老师通过一件小事发现了我内心深处的良善，并且

在学校的会议上为我说话。这件事，我什么时候想起来都感动不已。”（莫言《我的老师》）

bù kě bù dǎ jǐng
不渴不打井

释义：比喻事到临头才仓促行事。

例句：“你呀，～，平时都干啥去了，要考试了才知道看书，能来得及吗？”

bù lòu liǎn
不露脸

释义：比喻说话或办事不理想。

例句：“在昨晚的讨论中，多数俱乐部都表示亚冠参赛球队不应当受到照顾，一位执委就表示参加亚冠为中超争光没错，但如果全依靠外援取得好成绩也～……”（陈海翔《足协：靠外援拿成绩不露脸，原优惠政策不公平》）

bù mǎi zhàng
不买账

释义：买账，即买东西付钱。比喻不理睬，不当一回事。

例句：“政策遇冷，消费者～。据奥维咨询统计数据显示，家用电冰箱6月销量同比下降12.6%，销售额同比下降9.1%，政策拉动销售量仅为1.54%”（叶檀《消费者缘何对节能家电不买账？》）

bù mō dǐ
不摸底

释义：比喻不了解情况。

例句：“1938年初，刚从各个山头来到皖南集结整编的新四军面临新的作战对象、新的作战地形和新的作战环境，对敌后地区的敌情、社情、地形以及如何突破日军的封锁线进入敌后地区，均～。”（吴升辉《粟裕先遣抗日　韦岗初试锋芒 比枪法降伏土匪》）

bù mō guō dǐ shǒu bù hēi
不摸锅底手不黑

释义：比喻做事总会留下痕迹的。

例句：“‘～。是不是你诽谤村干部，你到派出所里一接受调查不就知道了？’戴眼镜的警察说。”（都兴浩《乡里村里那些事儿》）

bù níng ěr duo bù jiào huan
不拧耳朵不叫唤

释义：比喻不使用强制手段就收不到效果。

例句：“柱子，菜园子里这么多活儿，你就看不出该干点啥？你也老大不小了，别老是～。”

bù pà bù shí huò　jiù pà huò bǐ huò
不怕不识货，就怕货比货

释义：比喻经过比较才能辨出好坏优劣。

例句：“平常没事我喜欢到场里转转，看看人家是咋着种庄稼。～。一比就比下去了。”（白危《垦荒曲》）

bù pà fēng dà shǎn le shé tou
不怕风大闪了舌头

释义：讥讽人说大话、说假话。

例句：“他顺势跳到讲台上，得意地说：‘依我看，还是我最适合当班长。干活儿的时候，既潇洒又麻利，轻轻一出手，立马解决问题！够帅！’‘哟，这是谁呀？居然敢吹自己最帅！也～……’”（卢勤《告诉世界我能行》）

bù pà hóng liǎn guān gōng　jiù pà mǐn zuǐ pú sà
不怕红脸关公，就怕抿嘴菩萨

释义：关公，三国时期蜀国名将，《三国演义》中形容此人“卧蚕眉、丹凤眼，面如重枣”，

人称红脸关公。形容性格直爽的人不可怕，怕的是表面一团和气却工于心计的人。

例句：“你嘴上说说就算了，要真动了这邪念，你立马就死定了，这叫～，谁要是犯在她手里，不死也得脱层皮。”（武和平《英雄侠骨背后的青春与柔情：预备警官》）

bù pà zéi tōu　jiù pà zéi diàn jì

不怕贼偷，就怕贼惦记

释义：窃贼要是看上某种东西就会千方百计地得到，这样就会让人时常提防，会被弄得疲惫不堪。比喻整日提心吊胆，防备别人算计。

例句：“江林涛这话也是免得姚雪担惊受怕。他不去找史庞知的麻烦，但他肯定得提防着史庞知找姚雪的麻烦。～，史庞知若是一直盯着姚雪不放，可就麻烦啦！”

bù pèng nán qiáng bù guǎi wān

不碰南墙不拐弯

释义：比喻人执迷不悟或固执蛮干。也作“不撞南墙不回头”。

例句：“很多人都劝他找个小企业先干着再说，可他根本听不进去，做了一个～的决定——打记号的企业通通拜访一遍，将倔强进行到底！”

bù qǐ yǎnr

不起眼儿

释义：比喻不引人注目。

例句：“大红的又犯了色，黄的又～，黑的又过暗。”（清·曹雪芹《红楼梦》）

bù rèn zhàng

不认账

释义：不承认所欠的账。比喻不承认自己说过的话或做过的事。

例句：“在孙瑞雪教育机构的一场宣讲会上，家长们‘围堵’机构创始人孙瑞雪讨说法。曾承诺不涨价，却翻脸～。”（唐珩《孙瑞雪幼儿园曾承诺不涨价，却翻脸不认账》）

bù rù guī mén　bù shòu biē qì

不入龟门，不受鳖气

释义：比喻如果不干某一行或不参与进去，就不会受到这一方面的约束。

例句：“尤处长生气了，忿忿地说：‘我说过，我是个受气包，不幸而言中，但没料到会里外不是人，两头都受气。俗话说得好，～，我是自作自受哇！不过我也想开了，把领导得罪了，豁出去了，不在乎了。只要能够帮上你一点忙，心甘情愿。’”（成皿《白云苍狗》）

bù rù hǔ xué　yān dé hǔ zǐ

不入虎穴，焉得虎子

释义：比喻不冒风险难以成功。也作“不探虎穴，不得虎子”“不入虎穴，怎得虎子”等。

例句：“中国人有一句老话：‘～。’这句话对人们的实践是真理，对于认识论也是真理。”（毛泽东《实践论》）

bù sān bù sì

不三不四

释义：多用来形容人的品行不端。

例句：“这伙人～，又不肯近前来，莫不要攧洒家？”（明·施耐庵《水浒全传》）

bù shè shuǐ bù zhī shēn qiǎn

不涉水不知深浅

释义：比喻没有亲身实践，就不知具体情况。

例句：“致远，你刚参加工作，～，以后的路长着呢，要多向老同志学习呀！”

bù shí huò

不识货

释义：比喻无知，不知道物（或人）的真正价值。

例句：“这伙贼～，无价宝贝卖了个白菜价。”

bù shí lú shān zhēn miàn mù

不识庐山真面目

释义：此语来自北宋文学家苏轼的《题西林壁》诗：“横看成岭侧成峰，远近高低各不同；不识庐山真面目，只缘身在此山中。”比喻不明真相或不了解情况。

例句：“～，只缘身在此山中。因为我们每天盯着短线的波动，就会忽略了对大趋势的把握。只有跳出这个市场，站在高处，才会对市场的大趋势有正确的把握。”

bù shí tái ju

不识抬举

释义：抬举在此有称赞、推荐、提拔、赞扬、器重等意。形容不懂得或是不珍惜人家对自己的好意。

例句：“‘唐泽，你不要～，你应该知道俊哥是什么样的人。’有雷俊在这里，武东说话感觉也有底气了。可是唐泽哪管那么多，挥手就是一拳：‘我看～的是你。’的确，那晚若不是陈若凝放他一马，恐怕他早就看不到太阳了。”（月色清凉《黑暗之争：女王再现》）

bù shí rén jiān yān huǒ

不食人间烟火

释义：比喻与正常人不同。

例句：“是的，你自己是高贵的，是纯洁的，是目下无尘的。要让你每天接触到这些贫穷、肮脏、愚昧、丑陋，就像让你吃下一百只苍蝇那么难受。你就是一位～的仙子，在你的世界里从来不该有这些难看的字眼。但是，你有仙子的高贵，仙子的洁净，却没有仙子的善良，仙子的宽容。”（邢羽《吴烨卿，一位高贵得不食人间烟火的仙子》）

bù shì chēng chuán shǒu　xiū lái nòng zhú gāo

不是撑船手，休来弄竹篙

释义：比喻不是行家里手就不要去卖弄。

例句：“这个考语还是请你尧翁代拟了罢。～，兄弟实实在在有点来不得了。”（清·李宝嘉《官场现形记》）

bù shì chī sù de

不是吃素的

释义：吃素的一般是和尚，佛家以慈悲为怀，不是吃素的意思就是不以慈悲为怀，比喻不是好惹的或不是好欺负的。

例句：“牛皮匠老婆看了荣花带来的满朵、满凤和满龙，说：‘你想怎样，你以为我会怕你吗？’荣花说：‘今天我要让你看看我荣花的厉害。我可～。’”（海飞《花满朵》）

bù shì è gǒu bù lán lù

不是恶狗不拦路

释义：比喻人的行为起了破坏的作用，常用于贬义。

例句：“一看这阵势杨宁明白了，贾总管是带着人在这等着自己报那一脚的仇啊！妈的，～！酒劲上涌，杨宁那种天不怕、地不怕的气势也跟着涌上来。”

bù shì hǎo tì de nǎo dai

不是好剃的脑袋

释义：比喻不好对付的人。

例句：“下属好说歹说，他才弄明白，刘局长就是这么个人，平时看着很和气，可却并～。”

bù shì hú lu bù shì piáo

不是葫芦不是瓢

释义：葫芦长老以后，表皮就会木质化，剖开后可以做瓢，瓢与葫芦的区别只是剖开或不剖

开，不是葫芦不是瓢比喻不伦不类的事物。

例句：“你这是做的啥呀，～的，老师不是让你捏个福娃吗，你可倒好，捏了俩胖墩！”

bù shì shěng yóu de dēng
不是省油的灯

释义：省油灯，古时一种节油的灯。据南宋诗人陆游《老学庵笔记》中记载，四川有一种像两个油碟叠在一起的油灯，边沿密封，侧面开一个小孔，注入清水以降低油碟的温度，这样可以省一半的油。另一说是隋炀帝杨广在征战高丽时因为油料短缺夜间不能点灯，就命全国百姓点一种特制的省油灯，并只许照到二更，违者重罚。当时冀州人孟海石率家丁700人打着“为皇帝献省油灯”的旗号，混入隋军大营起事，全部战死。为不点省油灯而起事，不是省油灯就不是安分守己的人。比喻说话办事另一路的人。

例句：“叫他有本事捣吧，总有一天，他会知道，姓黄的～！”（陈登科《风雷》）

bù shì xián dàn jiù shì xián xián
不是嫌淡，就是嫌咸

释义：比喻非常挑剔的人。

例句：“咱单位新来的领导真是难伺候，我每次给他写的材料都很用心了，可他～，再这样下去我就申请下车间。”

bù shì yú sǐ jiù shì wǎng pò
不是鱼死，就是网破

释义：比喻矛盾双方不可调和，只有分出对错、胜败才肯罢休。

例句：“实话告诉你，现在谈不到两全其美，～。”（李英儒《野火春风斗古城》）

bù shì yuān jia bù jù tóu
不是冤家不聚头

释义：形容有着特殊缘份的人总是要见面的。

例句：“正说话间只见高明德的脸撂下来。‘哼，真是～啊。’‘怎么了？’王冲问。高明德下巴一扬，示意王冲往身后看。王冲看去，发现张君豹揽着个打扮得妖里妖气的女子向这边走来。”（星鸽《不是冤家不聚头》）

bù shì zhè zhǒng chóng dān kè zhè zhǒng shù
不是这种虫，单嗑这种树

释义：比喻本来不能做的事硬要做。

例句：“我看你还是别自讨苦吃了，～，就你这手指头跟棒槌似的还想搞刺绣？”

bù shòu mó liàn bù chéng fó
不受磨练不成佛

释义：比喻不经过艰苦锻炼就成不了才。

例句：“（田光）完全装成个没皮没脸、没血没肉的人，满脸陪笑地顺情说着好话：‘～，要不是受了刘队长的那次教训，这些日子还不知得闯多少祸！’”（冯志《敌后武工队》）

bù sǐ yě děi tuō céng pí
不死也得脱层皮

释义：比喻受到的损失和伤害非常重。

例句：“想想就是自己贪便宜惹的祸，我虽然得了些便宜，真要是把自己搅到刘玉明和杨润的浑水里，～。”（丫丫《绯闻厅长》）

bù tiāo dàn zi bù zhī zhòng
不挑担子不知重

释义：比喻不在某一岗位上就不了解其责任的重大。

例句：“蛮好的庄稼，全被这场雨水泡烂了，今年的夏收算是‘打水漂’了！～，风业是一队之长，哪里还有什么心思和我们这帮人在一起穷快活？”

bù tòng bù yǎng

不痛不痒

释义：既不疼，也不痒，没有什么感觉。比喻没有触及要害和实质，或麻木不仁。

例句：“看得世态太透的人，往往易流于玩世不恭，用冷眼旁观一切；但作者是一个火热的人，那样～的光景，他是不能忍耐的。”（朱自清《白采的诗》）

bù tú dǎ yú zhǐ tú hún shuǐ

不图打鱼，只图浑水

释义：比喻人为了某种目的而故意敷衍或搅和。

例句：“我和他结婚十多年了，孩子给他生了，又帮他把爹娘伺候走了，现在跟我提出离婚，想得美！～，这个窝我就是不让。”

bù tú guō bā chī bù zài guō biān zhuàn

不图锅巴吃，不在锅边转

释义：比喻为了某种利益才去做某种事。

例句：“宝三叔满意地望着红榜，～！是呀，他的伙伴们附和着……”（孔厥《新儿女英雄续传》）

bù wàn bù zhī

不蔓不枝

释义：比喻说话或写文章主题集中，简明扼要，不拖泥带水。

例句：“做下去，年深日久之后，先生就不再删改你的文章了，只在篇末批些‘有书有笔，～’之类。”（鲁迅《做古文和做好人的秘诀》）

bù xià gāo liáng běn dé bù zháo lǎo jiǔ hē

不下高粱本，得不着老酒喝

释义：比喻不付出一定代价，就实现不了预期目标。

例句：“还是那句老话，～。他明知道请春杉上他家去，多少得破费一点，嗑把瓜子也是钱，喝口水也得费柴禾。”（张天民《创业》）

bù xián bù dàn

不咸不淡

释义：比喻平淡、普通。

例句：“老婆也心酸，陪着掉了若干的泪，绕着说上些～的话。”（王朔《修改后发表》）

bù xiǎn shān bù lòu shuǐ

不显山，不露水

释义：形容不露声色，悄悄地在暗中进行。

例句：“冯登龙以为这样可以～地把事情办好，想不到严知孝不做主，妈妈一个人同意也办不成。”（梁斌《红旗谱》）

bù xíng chūn fēng nán dé qiū yǔ

不行春风，难得秋雨

释义：比喻只有先付出，然后才能有收获。

例句：“～。在专家的专业引领下，经过刻苦的研修，我们的工作水平不断提高。”

bù yīn bù yáng

不阴不阳

释义：比喻态度不明朗，模棱两可。

例句：“青年摆了下手，走向杨洛那一桌，看着王柔～地说道：‘嫂子，原来在这里喝酒呢，正好我们哥几个也凑个热闹，不怕我这个做兄弟的打扰吧！”（夜十三《流氓艳遇记》）

bù yuàn láng chī yáng zhǐ yuàn yáng shàng pō

不怨狼吃羊，只怨羊上坡

释义：比喻评价事物是非颠倒。

例句：“他祖祖辈辈欺压七里铺人还不够！你倒好，～。心疼肚热，咋下得手打孩子！”（刘江《太行风云》）

bù zāi táo lǐ zhòng qiáng wēi
不栽桃李种蔷薇

释义：比喻自找棘手的事情。

例句：“‘这个，呃！’王秋阁站起，来回踱步，犹豫地搔首嗫嚅，‘你胡总～，使出的招数也忒阴毒了。’”（王平《商海逐鹿记》）

bù zhǎng yǎn
不长眼

释义：比喻说话办事笨拙、不得体。

例句：“‘以多欺少，年轻欺负年老，算什么东西，有本事跟小爷过过招。’嘴上说着，动作上也是不慢的，在此空档有两个～的小混混，被叶天雄一脚踢飞在地。”（清风闲人《医官亨通》）

bù zháo diào
不着调

释义：即不合乐调。引申为没规矩，不正派。

例句：“这个死媳妇，就像迷住了窍似的，这么～，吃饱了又走啦！”（孙芋《妇女代表》）

bù zhé bù kòu
不折不扣

释义：折、扣指出售商品时，按定价减去的成数。没有折扣，表示完全、十足的意思。

例句：“如今的妇女跟男人～一样尊贵！”（老舍《女店员》）

bù zhēng bāo zi zhēng kǒu qì
不蒸包子蒸口气

释义：蒸，谐音争。比喻要奋发图强。

例句：“上届希腊奥运会将这样的‘～’的理念行到极致，为了百年奥运归家之愿望得以实现，希腊投入100多亿美元办奥运，结果当然是血本不归。”（袁晓明《东方早报》2005年10月25日）

bù zhī dào nǎ tóu kàng rè
不知道哪头炕热

释义：比喻不明白该对谁好，也不明白谁对自己好。

例句：“那个二胖媳妇成天在背后挤兑你，你就不知道？还老跟她凑到一堆儿，真是～！”

bù zhī mǎ wáng yé jǐ zhī yǎn
不知马王爷几只眼

释义：马王爷，马神的俗称，传说长有三只眼，又称“三眼灵光”、“三眼灵曜”。比喻不知好歹。

例句：“王海格外生气，这一群竟然没有一个把自己放在眼里，看来不给你们点厉害，你们是～了！”

bù zhī nǎ kuài yún cai huì xià yǔ
不知哪块云彩会下雨

释义：比喻事情难以预料。

例句：“人们常说：‘～’，这句话用在我们教育教学上，就是：不知道你读的哪本书什么时候会派上用场。对此，我是深有体会。”（苏翠红《不知道哪块云彩会下雨》）

bù zhī qīng zhòng
不知轻重

释义：比喻不懂得事情要紧不要紧。

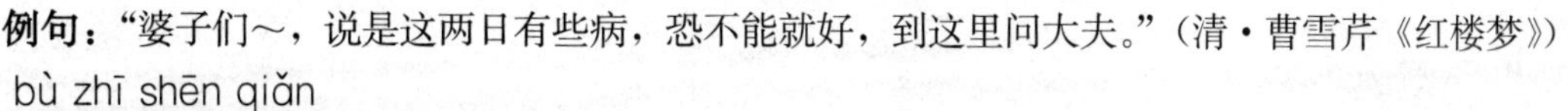

例句：“婆子们～，说是这两日有些病，恐不能就好，到这里问大夫。”（清·曹雪芹《红楼梦》）

bù zhī shēn qiǎn
不知深浅

释义：比喻不知道事情的利害关系。

例句：“说到创办的原因，马未都说：‘博物馆是一个外来的观念，中国人过去收藏都讲究秘不示人，这是个狭隘的收藏观。当时在文学创作期间我曾办过几个收藏展览，后来就突发奇想把展览固定下来，办成个博物馆。结果发现自己是～，博物馆做得非常辛苦。’”（关瑛　赵峰《马未都昨来青办讲座 将开创新收藏类节目》）

bù zhī tiān gāo dì hòu
不知天高地厚

释义：比喻人不明事理、自高自大或不知事情的复杂艰巨。

例句：“反抗的思想鼓舞着这只～的小鸟用力往上面飞，要冲破那个铁丝网。”（巴金《我的幼年》）

bù zhī tòng yǎng
不知痛痒

释义：是痛是痒都不知道。比喻麻木不仁或不知利害。

例句：“因为这事要亲人干，旁人～，下手太重……。”（钱钟书《围城》）

bù zhì zhī zhèng
不治之症

释义：医治不好的病。比喻去除不掉的祸患或弊端。

例句：“假使她们真‘知道立国数千年的大中华民国’的国民，往往有自欺欺人的～，那可真是没有面子了。”（鲁迅《二心集·以脚报国》）

bù zhuàng nán qiáng bù huí tóu
不撞南墙不回头

释义：见“不碰南墙不拐弯”。

bù hòu chén
步后尘

释义：后尘，别人走路扬起的尘土。比喻效仿别人做事或走别人的老路。

例句：“副帅好当前队，老夫愿～。”（明·屠隆《昙花记·讨贼立功》）

C

cā chū huǒ huā

擦 出 火 花

释义： 古人的石敲火之法，是用铁片与石相撞，下面放着“火绒”，当火星落在绒上燃烧时，再用“取灯”接引而取火。比喻双方接触或相配而产生的亮点。

例句： “随着中以军方官员从去年开始恢复双边互访并讨论两军交流，贝纳雅胡准将表示：‘现在，以中两个国家的军事高层互访已经得到进一步巩固，两军关系重新～！’”（周东施《中以两军关系“重新擦出火花”》）

cā pì gu

擦 屁 股

释义： 比喻替人做了没做完的事或解决遗留的麻烦问题。

例句： “有益世通，救人于危，我的书，终究有了功用，我也老怀大慰了；至少没有那张封面照，没用我的脸去替他～。”（马家辉《替他擦屁股》）

cái chū hǔ xué　yòu rù láng wō

才 出 虎 穴 ， 又 入 狼 窝

释义： 比喻险象环生，没能摆脱险境。

例句： “韩荆喜笑颜开，‘怎么样，光线很好吧？我亲手帮你搬过来的！你要请我吃饭！’一切的一切，看起来都像个情场老手。我不敢说是因为我差点被老总强奸留下了阴影，但是，这算是～吗？”

cái duǒ kāi yán wáng　yòu zhuàng shàng xiǎo guǐ

才 躲 开 阎 王 ， 又 撞 上 小 鬼

释义： 阎王，民间传说中阴间的主宰；小鬼，指人死后的灵魂就化做了鬼，到阎王处报到，归阎王管辖；二者都是恐怖的代名词。形容刚刚摆脱难缠的人或事，另一个又接踵而来。

例句： “你说我是不是倒霉，我原来的那个领班的简直就是凶神，我们像老鼠一样，走路都得溜边。新来的领班倒不凶，可老找我们的茬，不是这不行，就是那不对，真是～。”

cái dà qì cū

财 大 气 粗

释义： 指富有财产而硬气。

例句： “花婶子的这项收入，十分可观。～，盖起这座青堂瓦舍的大宅院。”（刘绍棠《小荷才露尖尖角》）

cái shén yé

财 神 爷

释义： 民间供奉的主管财源的神明，比较著名的财神有赵公明和关羽。比喻有钱或管钱的人。

例句： “官商一体、身兼八职的董黎明，可谓身份特殊，既有行政职务，又有党内职务；既有官帽数顶，又有商衔数个。正是这样的党政不分、官商一体，有了插手企业经营、进入房地产市场、接受干股等机会和便利。一边是大权在握、可以任意控制资金流向的‘～’，一边是唯利是图、以攫取最大利润为目的的投资商、经营者，如此官商一体，使得董黎明在金钱的利诱下，迷失了方向，……”（倪洋军《身兼八职的“财神爷”不腐败才怪 》）

cái féng zhàng zhe rè yùn dǒu

裁 缝 仗 着 热 熨 斗

释义： 熨斗，加热后用来烫平衣服的用具。比喻主观条件和客观条件相依存的关系。

例句："我说～，你还不服。瞧这新买的冲击钻就是棒，几分钟就把这些活儿搞定了。"

cǎi diǎnr
踩点儿

释义：原指盗贼提前到欲作案的地方探查摸底，后来也指为到某地办事先摸清那个地方的具体情况的做法。

例句："单位通知体检。老张闲着没事，提前两天到那家医院～，目的是看看如何坐公交车。"（由辉《踩点儿》）

cǎi gāng sī
踩钢丝

释义：杂技表演的一种，演员在悬空的钢丝上表演各种高难度动作。比喻做危险的事情。

例句："我刚才说了，生活流的写法像是～，风险很大；但生活剧肯定不能狗血，因为那不是生活。"（冯遐《彭三源：越平淡越像踩钢丝》）

cǎi sǐ mǎ yǐ hái yào yàn shī
踩死蚂蚁还要验尸

释义：比喻做事过分认真、仔细。

例句："我个人认为，张学友夫妇在这件事情上（指3年换了21名菲佣）难辞其咎。短短的3年时间，你们就更换了21名菲佣，这实在是～——太过分啦。"

cǎi zhe bié rén de jiān bǎng wǎng shàng pá
踩着别人的肩膀往上爬

释义：比喻以损害别人的利益来达到自己高升的目的。

例句："我一闲下来，就愿意想人，想社会上形形色色的人。……他们有的好计较，有的能体恤，有的好争斗，有的很软弱，……有的针尖不肯让麦芒，有的～，有的甘做人梯抬高他人……。"（玉潭月影《有些人不必太在意》）

cǎi zhe dāo jiān guò rì zi
踩着刀尖过日子

释义：比喻日子过得提心吊胆，时时刻刻都有危险的存在。

例句："那时候的自己，每天～，提心吊胆，说不定哪一刻敌人就会偷袭。"

cài lán zi
菜篮子

释义：为缓解我国副食品供应偏紧的矛盾，农业部于1988年提出建设"菜篮子工程"。一期工程建立了中央和地方的肉、蛋、奶、水产和蔬菜生产基地及良种繁育、饲料加工等服务体系，以保证居民一年四季都有新鲜蔬菜吃。菜篮子是形象的简称。

例句："海口市政府相关负责人表示，为有效实现'菜园子'与'～'直接对接，建成后的公益性蔬菜批发市场将不收取任何摊位费及进场费，并实行政府指导限价销售。"（李佳飞《海口建4个蔬菜批发市场 管不好菜篮子将被问责》）

cài niǎor
菜鸟儿

释义：网络语，比喻在某方面的认识水平、应用水平较低。

例句："但其实住房并不是越高越好，你知道第几层才是最好的吗？本文为您揭秘，同时还将介绍各种购房常识，给首次置业的'～'提供几点建议。"（金融界《揭秘各种购房常识 给"菜鸟"的实用建议》）

cán gēng shèng fàn
残羹剩饭

释义：剩余的饭菜。比喻别人取用后剩下的一点儿东西。

例句："青歌赛自身在这么多年来的发展中，确实出现了一些难以根治的'痼疾'。对于这一点，中国声乐家协会副主席、青年男高音歌唱家穆维平感受颇为深刻。在他看来，青

歌赛已经‘被搅成了～，变成了名利舞台’。因此，赛制改革迫在眉睫。”（崔元苑 许心怡《央视青歌赛：按下“暂停键”期待再创新》）

cán jú
残 局

释义：原指下到最后阶段的不完整的棋局。比喻事情失败或社会变乱后的局面。

例句：“卡马乔的团队与模式已经被证明完全失败，中国足协要做的是尽快结束这个失败的模式，及早收拾～。”（苏原平《谁来收拾残局》）

cán zhā yú niè
残 渣 余 孽

释义：比喻在消灭或淘汰过程中残存下来的坏人。

例句：“但是，这个团伙的～张海军、欧阳江彪等依然在逃。这些漏网之鱼在藏匿了一段时间之后，又按捺不住凶残贪婪的本性，纠合在一起，向善良的人们伸出魔爪。”（舒卫东 张毅涛 谭勇《“两枪一斧”余孽作祟 广州警方利剑出鞘》）

cán shí
蚕 食

释义：蚕吃桑叶时从边缘开始，一点点地把桑叶吃掉。比喻强权势力一步步地侵占。

例句：“我写这本书的目的，是用我的经历、所见所闻，告诉朋友们，东北差一点就丢了，不要在一片歌舞升平中，丧失警惕，～中国，从未停止过！甚至，今天也没停止。”（于志钧《蚕食·序》）

cāng yíng bù bào wú fèng de dàn
苍 蝇 不 抱 无 缝 的 蛋

释义：比喻本身若是无懈可击，别人就奈何不了。也作“苍蝇不叮无缝的鸡蛋。”

例句：“可有一宗，～，再说轮到我头上的时候，省城里混洋饭的人就十室九空啦！”（李英儒《野火春风斗古城》）

cāng yíng de chì bǎng shān bù qǐ dà fēng làng
苍 蝇 的 翅 膀 扇 不 起 大 风 浪

释义：比喻人卑力弱成不了大事或发挥不了大的作用。

例句：“足有一个星期时间，一切都风平浪静，于是认为天下从此无事，或许是自己的狠话震慑住了她，～。”

cāng yíng jiàn le xiě
苍 蝇 见 了 血

释义：比喻十分贪婪。

例句：“……这好色之徒可不是一般人，而是当地最高领导——使君大人。这使君就像现实中的某些领导一样，只要一看见美女，马上就如同～一般，紧盯不舍，不弄到手死不罢休。”（鸥鸟《古代女子如何对付性骚扰》）

cāng ying lǎo hǔ yī qǐ dǎ
苍 蝇 老 虎 一 起 打

释义：比喻大坏蛋小坏蛋一起惩治。

例句：“近日，习总书记在中纪委会上强调，～，这充分反映了今后我党反腐的鲜明立场。”（冯计圣《为“苍蝇老虎一起打”叫好》）

cāng ying niàng bù chū mì
苍 蝇 酿 不 出 蜜

释义：比喻坏人做不出好事，说不出好话。

例句：“～来，西方敌对势力之虚伪、卑鄙、丑恶是经过历史验证过的，不由你不信。”

cāng hǎi yī sù
沧海一粟

释义：粟，谷子。大海里的一粒谷子。比喻非常渺小。

例句：“所有的生命，在天地间，不过是～，人比之于这些雪原上风寒中傲立的生命，并不会高贵或者优越丝毫。”（安宁《沧海一粟》）

cáng lóng wò hǔ
藏龙卧虎

释义：比喻未被发现或是隐藏不露的人才。

例句：“在中州地面，四通八达，乃是～之地，英雄荟萃之区……”（姚雪垠《李自成》）

cáng tóu lòu wěi
藏头露尾

释义：藏起了头，露出了尾。比喻故意遮掩一部分，不让人知道全部真实情况。

例句：“……袁紫衣没有担当，要爱就爱，要恨就恨，要思凡就思凡，要吃醋就吃醋，如此神秘兮兮，～，真是少见。”（覃贤茂《金庸人物排行榜》）

cāo dāo
操刀

释义：操，拿的意思。多用于比喻当头目的做事情。

例句：“办公室的装潢大多千篇一律，感觉冷冰乏味。香港名媛康虞茱迪认为办公室应该要有‘家’的感觉，员工才有归属感，能有效降低工作压力。为此这位体贴的老板亲自～，为员工设计一个充满暖意的工作天地。”（亚太经济时报《老板操刀设计办公室》）

cǎo bāo
草包

释义：用草编织的包袋，只能装一些粗陋的物品。比喻没有真才实学、缺少修养的人。

例句：“……如今的某些明星都是人造明星，是用精美的质料包装出来的，而实质上整个一～，整体素质差得要命，简直难以启齿。”（殷谦《殷谦杂文集》）

cǎo gēn
草根

释义：该词始于19世纪美国淘金热时期，当时盛传，山脉土壤表层草根生长茂盛的地方，下面就蕴藏着黄金。后来草根一说引入社会学领域，赋予了“基层民众”的内涵。

例句：“名为‘圆梦行动’的主题报告会上，……8位‘～’，分别讲述了他们在平凡的工作生活中或艰辛或坚持的感人事迹。”（朱凯 张佩《8位“草根”给领导“讲课”》）

cǎo shēn yǎn bù zhù miáo
草深掩不住苗

释义：比喻有真本事的不用说大话吓人。

例句：“别说漂亮话！我见过的多，牛皮唬不倒人，～，你小子敢比一比，赛一赛？”（李满天《水向东流》）

cǎo tái bān zi
草台班子

释义：草台，不正规的舞台。民间的庙会演出，亦称草台戏，演员较少，行头、道具等较简陋，只能在农村集镇临时搭设简陋的棚台，流动性演出，不能进城演唱，遂被称为“草台班”。有的地方还称为“跑帘外的”、“跑大棚的”、“唱野台子的”等，包含有轻蔑的意思。比喻不正规的组合。

例句：“南都深圳新闻部位于南山香年广场的新办公楼特意辟出墙面，邀请各路英雄天马行空来涂鸦。……专业设计师加～，一起挥毫泼墨。一片斑斓的，是新办公室的墙面，更是大家的心境。”（文婷 赵炎雄《“草台班子”涂出个性office》）

chā gàng zi
插 杠 子

释义：两人抬东西，第三人拿杠子插进去，不但不能帮忙，反倒添了乱。比喻事情有局外人插手干扰。

例句："再说家，仍是我当，不许你乱～。"（清·西周生《醒世姻缘传》）

chā shǒu
插 手

释义：指参与或着手做某事。

例句："在家里，她一向受大家的冷淡，对什么事她都没有发言权，不能～帮忙。"（老舍《四世同堂》）

chā yī jiǎo
插 一 脚

释义：见"插杠子"。

chā zú
插 足

释义：指参与。有时带有贬义。

例句："去年开始，越来越多的商场开始喜欢玩艺术，类型丰富的艺术展览也出现在了许多商场的公共空间里。其实这种商业与艺术的结合，在国外早已是很普遍的现象。而在北京，好像近两年才刚刚兴起。也正是在这股潮流的带动下，艺术家们开始更大胆地～商业零售领域，许多的画廊更是直截了当地进驻了购物中心。"（杜鹃《艺术插足让 SHOPPING MALL 更好逛》）

chá hú méi zuǐ jiǔ hú méi liáng
茶 壶 没 嘴，酒 壶 没 梁

释义：比喻什么都不是。

例句："金月红见潼关城门大开，就想进去安抚百姓。但又一想：自己一未受封，二无官职，那真是～，算哪一壶呢？"

chá hù kǒu
查 户 口

释义：户口是户与口的总称，户有户主，户内每一成员称一口。查户口就是核查户内的人口情况。比喻盘查别人的情况。

例句："'学妹，你多大了？'霍海靖笑着问。楚楚无语地看着他，这帅哥～？"（玖夜潇《毒吻装纯的伪萝莉》）

chāi chéng huáng miào shù tǔ dì miào
拆 城 隍 庙 竖 土 地 庙

释义：城隍神，传说中主管某个城的神；土地神，传说中主管一方土地的神，是神仙中职位最低的。比喻因小失大。

例句："儿子，你放着书不教，干嘛非得跟我学做豆腐呀，你这不是～吗？"

chāi dōng qiáng bǔ xī qiáng
拆 东 墙，补 西 墙

释义：指西墙坏了，拆掉东墙来修补，造成了更多的损失，不能从根本上解决问题。比喻劳而无功瞎费力气。

例句："老是～也不是个办法。"（周而复《上海的早晨》）

chāi guō dǎo zào
拆 锅 倒 灶

释义：比喻专门干坏事。

例句：“毕竟以前我也做过正牌神仙……不过拜我的都不是啥好人，不是杀人放火就是～。”（十方天鬼《末日暴徒》）

chāi le fáng zi dā jī wō

拆了房子搭鸡窝

释义：比喻得不偿失。

例句：“（自贡）源海井的准确开凿时间在清光绪十四年（1888年）。那时的井有648米深，15.8厘米的口径，卤水很咸，而且是黄卤。就是流沙很严重，推不多远，下去的卤筒口就被流沙堵住。为此，经常用一种600多米长的竹篾，下到井中淘捞。真是‘～，生产没有淘井多’，一年到头辛辛苦苦，赚不了几个钱。”（李良忠《井腔偌大的井——天兴井》）

chāi le yī zuò miào zhǐ dé yī piàn wǎ

拆了一座庙，只得一片瓦

释义：比喻得不偿失。

例句：“没想到咱们的特色小吃在这里竟然没市场，经营一年多了，装修、房租是赔定了，现在不干，只剩下这些桌椅板凳、锅碗瓢盆能带走，真是～！”

chāi tái

拆台

释义：奔波巡演的戏班子在戏演完后拆掉戏台，若是戏没演完就拆台就是捣乱了。比喻使用手段搞破坏。与“补台”相对应。

例句：“他在此时出面是很不适宜的，崔道生正想找一个借口，诿卸他的～的责任。（茅盾《锻炼》）

chái duō hǎo qǔ nuǎn

柴多好取暖

释义：比喻基础条件好，办事就会顺利。

例句：“来，你把这些材料都好好看看，～，这个工作总结就好写多了。”

chái duō huǒ yàn gāo

柴多火焰高

释义：比喻人多心齐力量大。见“众人拾柴火焰高”。

例句：“三人是个众字。～，人多声音大。”（周而复《上海的早晨》）

chái mǐ yóu yán

柴米油盐

释义：泛指生活必需品。

例句：“解决群众的穿衣问题，吃饭问题，住房问题，～问题，疾病卫生问题，婚姻问题。”（毛泽东《关心群众生活 注意工作方法》）

chái láng dāng dào

豺狼当道

释义：豺，哺乳动物，像狼但比狼小，性凶猛，常成群围攻猎物。豺和狼横在路上，人是很难通过的。比喻坏人当权得势。

例句：“水林一进家门，怨气加怒气一块儿表现了出来，把手中的两瓶酒重重地放到了桌上，大声道：‘别吃了兄弟！喝酒！’张海林很意外，又很担心，说：‘怎么了，谁把你惹成了这样了。’‘他娘的，他娘的！小人得志，～！’”（亭立《清风正气之激战》）

chān shā zi

掺沙子

释义：比喻通过人事调配，改变领导班子或组织的人员构成。

例句：“所以对让出部分利益他早有心理准备，各个衙门口儿叫人～也是不可避免的，只要大方向还在自己手里，主要权力在自己手里，不影响他按照自己的设想改善辽东，必

要的妥协和让步就得表示赞成。”（月关《衣锦夜行》）

chān shuǐ fèn

掺 水 分

释义：比喻夸大事实、夸大成绩，弄虚作假。

例句：“第二炮兵某部代理总工程师胡险峰经过再三斟酌，还是将两项没有得到应用的研究成果从高级专业技术职务评审材料中删除了。这是他第 3 次给自己的评审材料‘挤水分’。他坦然地对笔者说：‘宁可这次评不上，也不能给评审材料～。’”（徐少平　余文武《宁可职称评不上 材料绝不掺水分》）

chán gōng zhé guì

蟾 宫 折 桂

释义：蟾宫：月宫。折下月宫的桂树枝。古代科举考试，每年秋闱大比刚好在八月桂花飘香的时候，所以人们将科举应试得中者称为“月中折桂”或“蟾宫折桂”。比喻取得佳绩。

例句：“东风汽车公司研发体系技术创新工作 2012 年评价结果新鲜出炉，在参评的 47 家企业中，神龙公司以 96 分的成绩再次～。这是……神龙公司连续 7 年排名第一。”（博镭《神龙公司技术创新蟾宫折桂“七连冠”》）

cháng biān zi bù dǎ zhuǎn wān niú

长 鞭 子不打 转 弯 牛

释义：牛要是转圈的话，长鞭子根本打不着。比喻处理问题要因势利导。

例句：“这事你得慢慢来。你没听说～吗？换个方法也许能把工作做通。”

cháng duǎn shì gēn gùnr

长 短 是 根 棍 儿

释义：比喻不管外部有什么差别，其性质是一样的。

例句：“有的军队干部总感到自己即使要转业，也～，大小是个官。若是这样，难免碰壁。”

cháng jiāng hòu làng tuī qián làng

长 江 后 浪 推 前 浪

释义：比喻人或事物发展的规律。

例句：“～，再出色的演员也会老去，再出色的产品也终究有被取代的那一天。”

cháng jǐng lù bó zi xiān hè tuǐ

长 颈 鹿 脖 子 仙 鹤 腿

释义：长颈鹿，哺乳动物，身上有花斑，有角，跑得快，吃植物的叶子，产于非洲森林，特点是颈长，为陆地上身体最高的动物；鹤，鸟类的一种，头小颈长，羽毛白色或灰色，群居或双栖，常在水边捕食鱼和昆虫，特点是腿细长。比喻各有所长。

例句：“别看大强子当年学习成绩不大好，可自打干上建筑这一行，人家还当上了小包工头，带领百十个人干得红红火火，真是～，各有各的长处。”

cháng shé fù

长 舌 妇

释义：比喻喜欢议论张家长李家短或是搬弄是非的人。

例句：“当人们无法认同自己时，会通过与别人的比较来确认自身的价值，最容易的办法就是诋毁别人。比如跟自己一起长大的朋友升了官，自然‘那官是他花钱买的！’就把别人的成功（自己的不成功）一笔抹去。所以，几乎所有的人都当过～。”（吴克成《谁没当过长舌妇》）

cháng tiān dēng cǎo mǎn tiān yóu

长 添 灯 草 满 添 油

释义：比喻做事要有长远打算。

例句：“其其格一口气把这件事说完，最后又叮嘱托素说，托素大哥，俗话说：～——早做

准备……”（采菊人《情人湖传奇》）

cháng tòng bù rú duǎn tòng
长痛不如短痛

释义：比喻处理问题要果断。

例句：“他们年轻，他们激情如火。在一起的这半年的记忆他说胜过之前的三年。但是后来她去了北京，他留在宁波，最后他告诉她，在现实面前，～。他们还是没有余地地分开了。”

cháng xiàn fàng yuǎn yào
长线放远鹞

释义：鹞子是一种猛禽，此语中指纸做的绘有鹞子图案的风筝，用长线能够把风筝放得更远。比喻做事考虑得长远。

例句：“冯云卿是有名的‘笑面虎’，有名的～的盘剥者，‘高利贷网’布置得非常严密，恰像一只张网捕捉飞虫的蜘蛛。”（茅盾《子夜》）

cháng xiù shàn wǔ
长袖善舞

释义：衣服的袖子长，跳舞就容易跳得好看。原指有所依靠，事情就容易成功。后比喻善于利用自己的长处做事。

例句：“李春山～，当时的一班名公巨卿，甚至连醇王都被他巴结上了。”（高阳《清宫外史》）

cháng zi huǐ qīng le
肠子悔青了

释义：比喻认识到自己所犯错误的严重性。

例句：“‘他们（沃尔玛）高层非常后悔，～。’据有关人士透露，在海口项目搁浅后，沃尔玛方面并未放弃对于海口市场的关注。”（宁远《华润万家落户海口　沃尔玛错失市场“肠子悔青”》）

cháng kǔ tóur
尝苦头儿

释义：比喻体验到痛苦、不幸或是得到沉痛的教训。

例句：“在天津街头找活连走 30 家单位，一天下来连洗 1000 多盘子挣 10 元钱——莽撞少年初～，出走考生泪雨归家。”（栾俊学等《莽撞少年初尝苦头　出走考生泪雨归家》）

cháng le gè tián gē da　hái xiǎng dé gè mì guàn zi
尝了个甜疙瘩，还想得个蜜罐子

释义：比喻不满足，总想得到更多的好处。

例句：“上回老总把去北京办事的美差给了你，这次去上海就让给我吧，你可别～。”

cháng tián tour
尝甜头儿

释义：比喻得到好处、实惠。

例句：“几篇小稿，这么多同志和朋友关注，带给我这么多的鼓舞和欣慰，是我压根儿没料到的。这是今年落实人民日报社领导关于转变工作作风、多跑基层的要求尝到的甜头……”（刘裕国《多跑基层尝甜头》）

cháng zài hé biān zǒu　nǎ néng bù shī xié
常在河边走，哪能不湿鞋

释义：比喻经常处在不良环境中，难免不受影响。也作“常在河边走，难免踏湿鞋”“常在河边走，没有不湿鞋的”。

例句：“～。长期在灰色地带中游走的信托公司开展的房地产业务，在获得高额利润的同时也埋下了风险‘地雷’，而这已让监管层高度警觉。”

chàng bái liǎn
唱　白　脸

释义：白脸，是传统戏曲中反面人物画的脸谱。比喻在处理问题过程中充当严厉或令人讨厌的角色。

例句：“谈到对儿子未来的规划，她说自己现阶段还在学习怎么当妈妈，但是如果自己和老公一定要有一个人～，那个人也许会是自己……”（邱俪华《李嘉欣产后复出首度现身上海　愿做唱白脸的妈妈》）

chàng dú jiǎo xì
唱　独　角　戏

释义：独角戏，指单人面对观众的演说式的幽默表演形式，产生于20世纪初的上海。比喻一个人单独做某件事。

例句：“艺术的前进，还要别的文化工作的协助，某一文化部门，要某一专家～来提得特别高，是不妨空谈，却难做到的事。”（鲁迅《且介亭杂文·论“旧的形式的采用”》）

chàng duì tái xì
唱　对　台　戏

释义：两个戏班子为了竞争同时演出同名的戏称为对台戏。比喻与对方针锋相对地竞争。

例句：“只要他能紧紧地抓住小刘，就不用担心唐家会来跟他～了。”（老舍《鼓书艺人》）

chàng èr rén zhuàn
唱　二　人　转

释义：二人转，流行于东北地区的地方戏曲。表现形式为一男一女两个人边舞边唱边说，表现一段故事。唱腔高亢粗犷，唱词诙谐风趣，不择场地，伴奏简单，尤其为东北人喜闻乐见。比喻两个人相互配合做事情。

例句：“有记者问威少，杜兰特投篮不在节奏会不会让自己进攻更容易，威斯布鲁克立刻维护杜兰特道：‘他一直都保持侵略性，做了很多事。他抢了10个篮板，你们都没人提。’杜兰特也适时接过话头：‘谢谢你，拉塞尔。’两人互动非常默契良好，犹如在～。”（张海彦《雷霆双少心情大好唱二人转，杜兰特：裁判表现很好》）

chàng fǎn diào
唱　反　调

释义：跟别人唱不同的调。比喻提出相反的意见或采取不同的行动。

例句：“姚弼宪认得那人是陈希曾，在咨议局中便爱～，也常被蒲殿俊批评得哑口无言。”（李劼人《大波》）

chàng gāo diào
唱　高　调

释义：比喻说不切实际的大话、空话。

例句：“你们总是不顾实际的～，现今的你们几位大公子，什么平原君、春申君、孟尝君，都爱把国家的存亡来作为你们沽名钓誉的工具。”（郭沫若《虎符》）

chàng hēi liǎn
唱　黑　脸

释义：黑脸，在传统戏曲中为代表刚正不阿的人画的脸谱。比喻在解决最后冲突中办事坚持原则、不徇私情的人。

例句：“不敢说不足，不愿～，误事害人，受损的是党的事业，受害的是群众的利益。……矛盾和问题越积越多。”（徐文秀《一些领导干部为什么不敢唱“黑脸”?》）

chàng hóng liǎn
唱　红　脸

释义：红脸，在传统戏曲中为正面人物画的脸谱。比喻在解决矛盾冲突中充当友善角色的人。

例句：“咱当老板总不能让公司员工揭竿而起或用脚表态一走了之吧，既然主管部门经理工资比普通员工高还享受着公司岗位津贴，当然应该为老板分忧，该～时就应当仁不让，而老板一般应保持一个超然的态度，置身于事件之外，旁观者清嘛。”（黄中强《边干边学做老板》）

chàng kōng chéng jì
唱 空 城 计

释义：据《三国演义》所载，蜀将马谡失守街亭，魏军直逼西城，城中只有一些老弱残兵。诸葛亮下令打开城门，自己在城楼弹琴。生性多疑的魏将司马懿怕中计，引兵退去，诸葛亮才得以从容退出西城。后泛指在危急情况下，为掩饰力量空虚而采取骗过对方的计策。

例句：“大队人马都给你们土改队拉走了，场里在～，哪像你坐在举人老爷家里惬意!”（白危《垦荒曲》）

chàng lǎo diào
唱 老 调

释义：比喻重复以前的老观点、老说法等。

例句：“所以，无论教学观念如何更新，对教学来说，深入钻研教材是永恒的要求。在新课改背景下，更需重～‘钻研教材’，并要唱出与新课改和谐共振的新歌。”（佘琴《重唱老调：谈“钻研教材”》）

chàng shuāng huáng
唱 双 簧

释义：双簧，民间曲艺表演形式之一，表演时，一个人在前边表演动作不说话，另一个人则在表演者身后配合其表情、动作或说或唱，两个人必须配合默契，表演才算成功。引申为两个人为达到某个目的，一个人幕后指挥，另一个人以行动密切配合。

例句：“还有许多的张精卫、李精卫，他们暗藏在抗日阵线内部，也在和汪精卫里应外合地演出，有些～，有些装红白脸。”（毛泽东《反对投降活动》）

chàng xì de bù mán dǎ luó de
唱 戏的不 瞒 打 锣 的

释义：比喻相互合作且关系密切，就需要坦诚。

例句：“前后左右站满了青龙帮的人，我转身稍微大一点他们就剑拔弩张起来。我气呼呼地在酒楼点了一桌子饭菜，没好气地对龙师骂道：‘白眼狼啊白眼狼，～，你这是要带我去什么地方？’”（蚀骨《陆无双之恋》）

chàng xì hái yào yǒu ge guò chǎng
唱 戏还 要 有 个 过 场

释义：比喻办事情不能操之过急。

例句：“……～，闹革命这事情，更是要一步一步来。就像锯大树一样，咱又要刨根，还要砍梢。”（刘江《太行风云》）

chàng zàn gē
唱 赞 歌

释义：指对某人或某事进行赞扬。

例句：“在很多婚恋家庭剧中，为了情节起伏，编剧往往让穷人获得了财富，让富人一夜之间失去了财富，但是最终获得道义和爱情的却往往是富人。《北京爱情故事》恰恰也是如此，不过，对于这种情节设置，嘉宾们认为是编剧有意无意在为富人～。”（向兵《“北京爱情故事”为富人唱赞歌》）

chàng zhǔ jué
唱 主 角

释义：在艺术表演中担任主要人物或剧团中担任主要演员。比喻担负主要任务或是在某方面

起主导作用的人和物。

例句：“今年自从楼市回暖以来，刚需中小户型一直是成交主力。进入8月份，住宅新品供应也将以刚需产品为主力。据记者统计，佛山8月份预计有20多个楼盘有新增供应，其中刚需盘占15个，可见刚需产品仍～……”（欧林菊《8月刚需产品继续唱主角》）

chāo hòu lù

抄后路

释义：比喻退路被堵死了。

例句：“今年的汽车市场很好，但是这并不能掩盖汽车工业在结构调整、自主研发等方面的弱项。应该感谢政府花几百亿扶了汽车工业一把，假若中国的汽车市场下降20%，那将会是一个什么局面？到海外抄底的机遇已经渐渐消逝，而我们被～的危险越来越近。”（贾新光《海外抄底机遇渐逝 中国车企小心被抄后路》）

chāo lǎo wō

抄老窝

释义：比喻捣毁敌方的指挥中心或基地。

例句：“灵山寺本来也日日提防着江南道教，却万万料不到大队人马刚走不到一个时辰，仙都洞天居然来得这么快，显然是乘虚而入，来～了，更料不到狂刀一冲就打乱了灵山寺的防备，等大大小小的和尚叫嚷起来，大雄宝殿和两侧的侧殿之上才出现了十余张强弓硬弩。”（司徒明月《三千界》）

chāo fù hè

超负荷

释义：负荷指物体所能承受的作用力的安全限值。超过则易出现问题。比喻人过度辛劳。

例句：“老郑，这把子年纪了，保重身体是第一。可不能老是没日没夜地～工作呀！”

cháo zhōng yǒu rén hǎo zuò guān

朝中有人好做官

释义：比喻有相应的关系就容易成事。

例句：“于是花了些本钱，把天津重要官员请了几位，又送了几条金子。常言道：～。他摇身一变，在税务稽察处当了个小官。”（张孟良《儿女风尘记》）

cháo

潮

释义：潮，海水因为受了日月的引力而定时涨落的现象。引申为潮流，如思潮、热潮等；由潮流又进一步表示时尚、个性等，如潮人；方言又表示为不足、差、劣等意思，如手艺潮。

例句：“别看人家是老头、老太太，穿着打扮～着呐！”

chǎo

炒

释义：指把食物放在锅里加热并不断翻动使熟的烹饪方法。根据炒菜不断翻动的特点，把买进卖出以获利的做法称为炒楼、炒股，把为扩大影响而反复宣传的做法称为炒作。

例句：“近年来，关于人类产生的二氧化碳排放与火山产生的温室气体相比只是沧海一粟的争论在坊间已被～得沸沸扬扬。”

chǎo dòu dà huǒ chī zhà guō yī rén dān

炒豆大伙吃，炸锅一人担

释义：比喻好处大家分享了，有了问题却由一个人承担。

例句：“他妈也在一边吹风，说是依他三舅的没错。这下露了馅儿，谁都不吱声，真是～。”（毕方 钟涛《千重浪》）

chǎo lěng fàn
炒冷饭

释义：比喻说话办事重复过去的老一套，没有新内容。

例句：“蕃已经吃过了，现在的生活蛮好了。讲良心话，阿英生活好，现在我的生活也不错，诉过去的苦派啥用场呢？还不是～。”（周而复《上海的早晨》）

chǎo yóu yú
炒鱿鱼

释义：鱿鱼，生活在海洋中的软体动物，也称乌贼。鱿鱼切成片后加热会卷起来，被人与“卷铺盖走人”之意相联系，因此炒鱿鱼成为解雇、辞退的代名词。

例句：“美国《哈佛商业评论》网站近日提醒大家，以下 4 件事情面试的时候千万别撒谎。如果你是被～的，不要害怕让面试官知道这个事实，让他们知道你从上一份工作中学到了什么就够了。”（李密《面试 4 件事别撒谎：以前的薪资及被炒鱿鱼事实》）

chē dào shān qián bì yǒu lù
车到山前必有路

释义：比喻事情总会有办法解决。常与“船到桥下自然直”连用。

例句：“队长同志，真是常言说得好：～，老天爷饿不死没眼的家雀。咱如今是吃得饱，也饿不着，这不就得了呗。”（周立波《暴风骤雨》）

chē dòng líng dāng xiǎng
车动铃铛响

释义：马车下边都装有铃铛，车子一走动就会叮当作响，特别是走夜路时提醒路人有马车过来了。比喻一个人首先行动就能带动大家。

例句：“同志们呐，行动吧！这就叫～，大家齐心斗天灾呀！”

chē duō ài zhé　chuán duō cā biān
车多碍辙，船多擦边

释义：比喻人手太多反倒碍事。

例句：“我没有什么说的！反正～！”（李准《冰化雪消》）

chē lún zhàn
车轮战

释义：几个人轮流跟一个人打，致使对方因疲乏而战败，这种战术叫做车轮战。后被用于采取这种方法取胜的事件中。

例句：“国际象棋特级大师、中国国际象棋国家队总教练叶江川前往火炬区天和温泉会所，与 60 位棋士进行～。”（伍俊杰《国际象棋大师叶江川车轮战　敌 60 棋士》）

chē zǒu chē lù　mǎ zǒu mǎ lù
车走车路，马走马路

释义：比喻互不干扰，各干各的。

例句：“～，特别国债与国际储备是两回事，混为一谈岂不是国际金融学的笑话！”

chě dào téngr　yè zi dòng
扯到藤儿叶子动

释义：比喻相互关联的事物互相牵扯。

例句：“由于受宗族势力的影响，有些村领导任人唯亲。这样组织的班子往往是软班子，一个～的亲属班子。”

chě hòu tuǐr
扯后腿儿

释义：比喻利用关系和感情牵制别人的行动。

例句：“都是你多嘴！落后脑筋，扯我的后腿。”（冯德英《迎春花》）

C

中国俗语

chě pí
扯皮

释义：比喻办事推诿，不解决实际问题。
例句："依我看，不如不办好，……几户人家搞到一起，净～。"（周立波《山乡巨变》）

chě qí fàng pào
扯旗放炮

释义：比喻公开张扬。
例句："她～来考工厂，考不上怎样回下堡村蛤蟆滩呢？"（柳青《创业史》）

chě shùn fēng qí
扯顺风旗

释义：比喻顺势乘便行事。
例句："每到一处先替他向人报告，说这位就是唐观察，有些～的，亦就一口一声的观察。"（清·李宝嘉《官场现形记》）

chě zhe ěr duo lián zhe sāi
扯着耳朵连着腮

释义：比喻相互联系的事物关系密切，利害相关。亦作"扯着耳朵腮也动"。
例句："梅梅眼一晃大学毕业了，得回县分配工作，……梅梅是这个家庭的一个，～，她的工作安置不停当，你们面子也不好过。"（余月《殇》）

chě zhe lǎo hǔ wěi ba dǒu wēi fēng
扯着老虎尾巴抖威风

释义：比喻仗势欺人。
例句："贵他娘站在门口叫阵：'刘二卯，甭～，你出来咱在大街上说说！'"（梁斌《红旗谱》）

chén zhā fàn qǐ
沉渣泛起

释义：已经沉到水底的渣滓又漂浮了起来。比喻已经绝迹了的腐朽、陈旧事物又重新出现。
例句："某编辑告诉我，最近食物相克之说～，各健康媒体争相撰稿。各种稀奇古怪的相克之说弄得人们昏头胀脑，烹调时战战兢兢，用餐时如履薄冰。"（范志红《小心"食物相克"的说法沉渣泛起》）

chén nián lǎo zhàng
陈年老账

释义：指记载多年以前账目的账本。比喻多少年前遗留下来没有处理的事情。
例句："日本新首相面临的，将不光是菅直人留下的，而且是此前各届首相留下的～，历史负担很重。"（高飞《日本"多变政府"陈年老账堪忧》）

chén shì měi
陈世美

释义：陈世美是传统戏曲《秦香莲》《铡美案》中忘恩负义、抛妻弃子的反面人物，最后被包拯所斩，也因此在后世成为负心人的代名词。
例句："乔林久久沉默之后，擦了擦眼角：'我就不给她打电话了，你好好劝劝她，我很好，不……'还不待乔林说完，蕾蕾就已是听不下去了，一口抢过话头：'我还以为你会有点儿良心呢，原来你还真是一当代～，你对得起她吗？'"（五成《花色年华》）

chén zhī ma làn gǔ zi
陈芝麻烂谷子

释义：比喻陈旧的无用的话语或事情。
例句："看你这人，自个不歇晌，还耽误人家睡觉，尽说些～的事！"（秦兆阳《幸福》）

chèn huǒ dǎ jié
趁火打劫

释义：指趁人家失火时去抢劫。比喻乘人之危谋取私利。

例句：“他说刘成贵家也是贫农，是阶级弟兄，不能看到人家有困难～，应该帮助他家渡过这一难关。”（马烽《太阳刚刚出山》）

chèn rè dǎ tiě
趁热打铁

释义：打铁时趁着铁烧得正红时才能打得动，打成形。比喻做事情要抓住有利时机别放松。

例句：“倒不如追上去，～，狠狠地给他一家伙，叫它吃不了兜着走！”（张行《武陵山下》）

chèn shuǐ huó ní
趁水和泥

释义：利用现成的水来和泥。比喻乘机行事。

例句：“这母货来得恰好。～，趁热打铁，捎带着把她收拾啦吧。”（姚雪垠《李自成》）

chēng mén miàn
撑门面

释义：门面，指店铺的外表。比喻勉强维持表面上的排场和规模。

例句：“一个不重视全民体育运动的国家，只靠刘翔～这么多年，本身就不正常。刘翔曾经的辉煌给举国体制一个盾牌，如今，这个盾牌因为失败而被万箭穿心。”（黄健翔《只靠刘翔撑门面本身就不正常》）

chēng yāo
撑腰

释义：从后边把前面的人的腰托住。比喻给予支持。

例句：“萧长春站在一边听着，他觉得，这些看来是家常话，实际上都是对自己的教育，这本身就是给自己～。”（浩然《艳阳天》）

chéng qì hòu
成气候

释义：气候，指一定地区经过多年观察所得到的概括性的气象情况。比喻有成就或有发展前途。也指某事有了一定规模或成为一种潮流。

例句：“隆武帝被害，鲁王逃到台州，待不住又朝海里逃。逃往台湾，郑成功不欢迎。逃往舟山，黄斌卿又挡驾。没有办法只好逃到南澳一个小岛上暂时躲避躲避，这还能成什么气候呢？”（郭沫若《南冠草》）

chéng yě xiāo hé bài yě xiāo hé
成也萧何，败也萧何

释义：萧何，汉初大臣，楚汉相争时刘邦的重要谋臣，力荐韩信为大将，后又设计协助吕后杀死韩信。比喻成事坏事都由某一人，也比喻做事情出尔反尔。

例句：“杜思明啊杜思明，子璇姐回去，是因为你；她离开，又是因为你！～啊！”（贫道老衲《极品小老板》）

chéng fǔ
城府

释义：比喻人的心机多而难测。

例句：“我欣赏一些有～的人，那些在外表上非常淡定的人，与什么样的人都可以对话，遇到什么样的困难也可以想办法克服，并且不会大悲大伤或大惊大喜。”（卷睫微启《城府》）

chéng mén shī huǒ yāng jí chí yú
城门失火，殃及池鱼

释义：城门失火时，人们从城门附近的护城河及养鱼池中取水救火，结果水干鱼死了。比喻

无辜受到牵连而遭遇祸端。

例句：“半夜三更，跑来吵人家，这岂不是～吗？”（张恨水《金粉世家》）

chéng fēng pò làng
乘 风 破 浪

释义：船只乘着风势破浪前进。比喻排除困难，奋勇前进。

例句：“改革已进入深水区。深化改革必须戒除精神懈怠，绝不能自满于现状、畏葸不前、小富即安，更不能虚应对付、凑合着过日子。我们要保持奋发有为的状态，要唤起改革攻坚的勇气，要有～的无畏，就必须从脚踏实地干起。”（俞在道《新的一年，我们“乘风破浪”》）

chéng yǎo jīn sān bǎn fǔ
程 咬 金 三 板 斧

释义：程咬金，唐初大将，善使一柄板斧。传说梦中有高人传授他板斧功夫，醒来后如法演练，刚演练到第三招被事情打断，因而只记住三招，每次上阵大都是三板斧搞定对手，搞不定则拨马即回。比喻人本领有限。

例句：“机型策略、渠道攻势、价格大战，在洋品牌的围攻下，国产手机～的功夫，变得不堪一击。”

chèng chuí suī xiǎo yā qiān jīn
秤 锤 虽 小 压 千 斤

释义：比喻不被看重有时却能发挥大的作用的人或物。

例句：“俗语云：尿泡虽大无斤两，～。”（明·吴承恩《西游记》）

chèng gǎn lí bù kāi chèng tuó
秤 杆 离 不 开 秤 砣

释义：比喻相互依赖的事物缺一不可，必须相互配合才能发挥作用。

例句：“七一社区论坛组干部要甘做‘称杆’，～，工作离不开群众。没有称砣，称杆弧掌难鸣，脱离群众，组织工作举步维艰。”

chèng yǒu tóu gāo tóu dī
秤 有 头 高 头 低

释义：用秤称东西时，秤杆平衡为准，但较难掌握，经常高一点儿或低一点儿，难免稍有出入。比喻情有可原。

例句：“我说你俩都让一步，～，为啥一定要找死铆子？”

chèng yǒu xīng chǐ yǒu mǎ
秤 有 星 ， 尺 有 码

释义：比喻事物各有各的标准和原则。

例句：“我看这事就按村长说的办，俗话说～。两位老人的生活费，你们哥几个平摊，负担都不重，不要再让人家看笑话啦。”

chī bái shí
吃 白 食

释义：比喻人只吃别人的饭却不帮着做事，无能、懒惰。

例句：“那人姓卜，名乔，正是莘善的近邻，……不守本分，惯～、用白钱的主儿。”（明·冯梦龙《醒世恒言》）

chī bǎo de māo bù zhuō shǔ
吃 饱 的 猫 不 捉 鼠

释义：比喻得到一定满足就不思进取。

例句：“当地一位知情人告诉记者，众多的煤矿老板和监管者煤管局因为利益链在里面，钱花在‘猫’身上，‘老鼠’就可胡作非为，～，这样的监管空缺，不出事故是偶然，屡屡出事故是必然！”

chī bù bǎo
吃不饱

释义：比喻原料不能满足需要或事情太简单、干起来不过瘾。

例句：“省外院校方面，财经、科技和医学等类型的院校备受考生喜爱，近百所院校在第一志愿就已投满。然而，省内其他独立学院及民办学院大多‘～’，个别院校的第一次投档人数甚至仅有计划招生人数的2%左右，省外也有近30所院校投档人数为零。”（赖竞超　粤考宣《省内多数二本院校“吃不饱”》）

chī bù kāi
吃不开

释义：比喻不受欢迎。

例句：“哼，他！重庆～了，想来抢我们的饭碗，什么东西！”

chī bù liǎo dōu zhe zǒu
吃不了兜着走

释义：比喻事情的后果不管能否承受都不得不承受。

例句：“不可拿进园去，叫人知道了，我就‘～’了。”（清・曹雪芹《红楼梦》）

chī bù xiāo
吃不消

释义：形容支撑不住，受不了。

例句：“万一日后钱太太说短少了一件东西，她可～。”（老舍《四世同堂》）

chī bù zháo pú tao shuō pú tao suān
吃不着葡萄说葡萄酸

释义：《伊索寓言》载，一只饥饿的狐狸看到葡萄架上的葡萄晶莹剔透，馋得直流口水，但又摘不下来，就自我安慰地说：“这葡萄没熟，肯定是酸的。”比喻得不到某种东西就说其不好，也被称为是自我解脱、平衡心理的一种方法。

例句：“拒绝我的佟玲最近换了个发型，我认为不适合她，感觉像是中年妇女。但她的闺蜜都认为很好看，还给我整了一句‘～’，我彻底无语了。”

chī cáo cāo de fàn　gěi liú bèi bàn shì
吃曹操的饭，给刘备办事

释义：曹操，三国时期魏国的政治家、军事家、诗人，其子曹丕称帝后追尊其为魏武帝；刘备，三国蜀汉的建立者。比喻在一方享受好处，却为另一方谋划，吃里扒外。

例句：“市场业务人员～，被视为‘将在外君命有所不受’的正常现象。其实，关键是业务人员是否损害了公司的利益，若不是这样，也许会对公司还有帮助。”

chī cōng chī suàn bù chī jiāng
吃葱吃蒜不吃姜

释义：姜，此处谐音“将”。比喻头脑冷静，做事有主张。

例句：“算你能说。可我张小七～！我可不打肿脸充胖子。”（谌容《万年青》）

chī cù
吃醋

释义：据传唐太宗当年赐给宰相房玄龄几名美女做妾，房因惧怕老婆不敢接受，唐太宗就派人带着“毒酒”传旨房夫人，如不接受房玄龄纳妾就饮下“毒酒”。房夫人面无惧色，接过“毒酒”一饮而尽，结果并未丧命。原来壶中装的是醋，太宗以此来考验房夫人，开了一个玩笑，纳妾之事从此不提。后来用吃醋比喻嫉妒。

例句：“两个国家，实在是两派，你亲了这一边，那一边就要～。”（茅盾《锻炼》）

chī cuò yào
吃错药

释义：药如果吃错了往往会有不良的反应。比喻做了违反常规的蠢事。

例句：“今年以来，A股大盘一直萎靡不振，但“吃药喝酒”行情一直延续。长沙股民李先生看准机会吃进两支医药股，不过让他没想到的是，其他医药股一飞冲天，他持有的两支医药股却纹丝不动。‘看到那些中药股，比如九芝堂半年不到就翻倍了，我买的股还小亏，只能怪我～了。’李先生对记者说。”（彭翔《医药板块分化加剧，股民小心吃错药，中药热西药冷》）

chī dà guō fàn
吃大锅饭

释义：比喻平均主义的分配方法，无论干好干坏、干多干少都拿一样的报酬。

例句：“社会主义实行的是‘不劳动者不得食’和按劳分配的原则，并不是什么‘～’。”（朱德《勤俭持家》）

chī de kāi
吃得开

释义：比喻行得通、受欢迎。

例句：“玩球费用不贵，场所、俱乐部和比赛级别多多，这是乒乓球运动在德国～的重要一点，但明星效应同样不可少。”（李远飞《乒乓在德国挺吃得开》）

chī dìng xīn wán
吃定心丸

释义：定心丸，吃了能使人心神安定的药丸。比喻得到某种许诺或安慰，心里有数，思想情绪安定下来。

例句：“这回吴荪甫为的先就吃过‘定心丸’，便不像刚才那样慌张……”（茅盾《子夜》）

chī dòu fu
吃豆腐

释义：据传旧时豆腐店多为夫妻店，有一对夫妻，丈夫半夜起来磨豆腐，白天由貌美的妻子卖豆腐，一些男人就以“吃豆腐”为名对老板娘动手动脚，老板娘为生意只好强忍。于是，爱吃醋的老婆们不满意了，以“今天你不许吃豆腐了”来训斥丈夫。以后“吃豆腐”就成了男人占女人便宜的代名词。

例句：“初雪眼里闪过杀意，但很快她就平复了情绪，冷嘲热讽笑道：‘云残风，我们还有机会见面呢，到时候我一定要吃你豆腐！’‘初雪，什么是～啊？’实在不明白这话的意思，千空忍不住问。”（上官筱《桃花朵朵开》）

chī dòu fu bào ròu zhàng
吃豆腐报肉账

释义：比喻虚报冒领。

例句：“当官的不管钱不管账，但他可以～，暗箱操作吃回扣。有些贪官一曝光，大家惊得目瞪口呆，他咋那么无法无天？原来，财会人员管钱是在规则之内，而官员不管钱却在规则之外。”

chī dòu hái děi tiāo ge yuán de
吃豆还得挑个圆的

释义：比喻做事相当仔细或挑剔的人。

例句：“一个星期后，闺女的哥哥和公公来我家接人了。派出所的同志叫她公公退婚，对方咬着不松口。我说你退也得退，不退也得退，现在是新社会，讲婚姻自由。再说了，～，人家这么好一个闺女，凭什么让你们天猫地狗地瞎配，这不是糟践人吗？换亲是违法的，要是出了人命，你等着下大狱吃窝头吧。就这么连哄带吓唬的，闺女的公公这才写了字据同意退婚。”

chī dú shí
吃独食

释义：比喻独占利益。

例句：“俺婆婆那时提下的亲，凡是下礼嫁娶的，他都背着俺婆婆～。”（清·西周生《醒世

姻缘传》)

chī fàn bù guǎn yán jià qian

吃饭不管盐价钱

释义：比喻只管享乐不愿劳作的人。

例句：“现在这些孩子，～，什么都不关心。”

chī fàn de bù dǎ shāo huǒ de

吃饭的不打烧火的

释义：比喻不要伤害直接有恩于、效劳于自己的人。

例句：“俗话说，～。大山跟你鞍前马后这么多年，有错该罚就罚，但不能太过。”

chī fàn fáng yē zǒu lù fáng diē

吃饭防噎，走路防跌

释义：比喻万事都要小心谨慎。

例句：“林冲听了，大惊道：‘这三十岁的正是陆虞侯。那泼贱贼也敢来这里害我！休要撞着我，只教他骨肉为泥！’李小二道：‘只要提防他便了。岂不闻古人言：～。’”（明·施耐庵《水浒全传》）

chī gān fàn

吃干饭

释义：指光吃饭不做事，多形容人无能或无用。

例句：“我从小就不安于现状，我总是在想改变我的现状，因为我不愿意白～混日子。”（巴金《探索集》）

chī guā làor

吃瓜落儿

释义：比喻跟着受牵连。

例句：“你倒逞英雄了，让我跟着你～。”

chī hòu huǐ yào

吃后悔药

释义：比喻对自己说过的话或做过的事感到后悔。

例句：“我这个人就是炮仗脾气，一时火儿上来了，由不得自己，过后又～！”（袁静　孔厥《新儿女英雄传》）

chī huáng liáng

吃皇粮

释义：封建社会官吏拿朝廷的俸禄被称为“吃皇粮”。现比喻靠财政供养的人员。

例句：“按照国家公务员管理有关规定，事业编制人员的招录，直接套用公务员任用条例，逢进必考，如果严格执行国家规定，超编怎么会如此严重？‘～’队伍的扩大，既容易给当地民众带来负担，也容易制约当地经济的发展，形成恶性循环。”（王平《不能坐视“吃皇粮”者吃空财政》）

chī huí tóu cǎo

吃回头草

释义：比喻做过去已做过的事。

例句：“他说他从前做过媒，周家嫌人家……，这回又去～，只怕杨家也不买账了，人家的姑娘，又不是嫁不出去……，没得来白费唇舌。”（欧阳山《三家巷》）

chī huò

吃货

释义：比喻爱吃的人，也比喻没本事的人。

例句：“爱工作、爱生活，这是靳先生对自己的要求，而爱生活的具体表现，就是努力做个合格的‘～’。不过搜罗来搜罗去，靳先生还是觉得开封的小吃最地道，最好吃。”

（张雅平 张晓冬 袁晓强《努力做个合格的“吃货”》）

chī kōng xiǎng
吃空饷

释义：指不上班却能领工资。

例句：“（人社部）新闻发言人尹成基昨天介绍，下一步，我国事业单位人事制度改革将包括四个层面。其中，最引人注目的，是人社部要‘完善和规范公开招聘制度，探索符合不同行业特点的公开招聘办法，研究制定治理公职人员～和解决超编用人、编外用人的政策措施。’”（魏铭言《人社部：消除养老金双轨制要先试点 治理“吃空饷”》）

chī kǔ tou
吃苦头

释义：比喻经历磨难或遭受痛苦。

例句：“他低头看着她微微颤抖的唇，瘦小苍白的脸，心中一叹，依言淡笑着松开了她，却俯身在她耳边轻轻道：‘微微，跟我闹是要～的。’”（微雨《总裁是个童养夫》）

chī kuān xīn wán
吃宽心丸

释义：见“吃定心丸”。

chī lǎo běnr
吃老本儿

释义：比喻只依靠已有的知识和技能而不再进取，或靠以前的积累勉强维持局面。

例句：“美国学者指出，台湾对大陆和亚太地区在经济上的重要性已经不像上世纪90年代之前那么重要，台湾不能～，而应当寻求新优势，通过更加开放的举措，让自己变得更吸引人。”（余东晖《美国学者指路　台湾不能吃老本儿》）

chī le bào zi dǎn
吃了豹子胆

释义：比喻胆量大，什么都不怕。

例句：“燕西笑道：‘哦！我说你说的是谁，原来说的是她。你在哪里找到的，又是瞎说吧？’金荣道：‘除非～，还敢撒谎吗？’”（张恨水《金粉世家》）

chī le biǎn dan héng le cháng zi
吃了扁担横了肠子

释义：比喻下定了决心。

例句：“那你怎么会给我一个又深又长的吻呢？”“说了嘛，那时我是～，豁出去了，就算待会要判我死罪，也认了。”

chī le chèng tuó tiě le xīn
吃了称砣铁了心

释义：形容主意已定，不可能改变了。

例句：“莲宝对着我摊开双手，摇了摇头说，‘我口都说干了，看来她是～。’”（禾光《我和淑女莲宝的故事》）

chī le pà yē　fàng zhe pà sōu
吃了怕噎，放着怕馊

释义：比喻谨小慎微，患得患失。

例句：“现在的老师也太难当了，孩子个个都是家里的宝贝，我们是～，管松了不顶用，管严了就逆反。”

chī le rén jiā de zuǐ ruǎn　ná le rén jiā de shǒu duǎn
吃了人家的嘴软，拿了人家的手短

释义：比喻得到了人家的好处，腰杆子就不硬，遇事只好迁就人家。

例句：“郭守成没有话说了。常说：～，何况又是不常喝酒的人多贪了几杯便宜酒！”（胡正《汾水长流》）

chī le wǔ gǔ xiǎng liù gǔ
吃了五谷想六谷

释义：比喻贪得无厌。

例句：“‘你不要～’，母亲一开始责备我挑食，再后来，母亲责备我脑子里总是冒出来一些稀奇古怪的想法，不安分。我知道，她后面还有一句话没有说出来：‘做了皇帝要成仙’。”

chī le yáng ròu huì rě shān
吃了羊肉会惹膻

释义：比喻做某件事情就会受到牵连。

例句：“你叫他们不要来，恐怕～。虽然这样说，可是没人听，偷偷摸摸地总有人去看他。”（李六如《六十年的变迁》）

chī le yú zhān xīng qì
吃了鱼沾腥气

释义：比喻已经参与了某事就脱不了干系。

例句：“算了吧，凡是拿钱玩的游戏都别来找我。～，我怕上瘾，负担不起后果。”

chī lǐ pá wài
吃里扒外

释义：接受这一方面的好处，却为那一方面卖力。

例句：“人心隔肚皮，备不住有那～的家伙走风漏水，叫韩老六跑了。”（周立波《暴风骤雨》）

chī liáng bù guǎn suān
吃凉不管酸

释义：比喻只顾某一样，不管更多的。

例句：“不过话说回来，若把改变这些寄希望于那些单纯的为了艺术而‘～’的实验电影，寄希望于中国影片继续在各种国际电影节上获奖来解决，恐怕还是会失望。事实上，中国电影目前已经把世界几大著名艺术电影的奖杯全抱回来了，但那又怎样呢？”

chī nǎ miào de fàn　zhuàng nǎ miào de zhōng
吃哪庙的饭，撞哪庙的钟

释义：比喻在哪里受益，就应该在哪里付出。

例句：“管理人员也排定了值班表，如外出须事先请假。巴立卓领衔保安部，就要坚守岗位嘛。没办法，～。”（年志勇《洗牌——中国电信产业发展的一部史诗》）

chī nǎi bù zhī jiào niáng
吃奶不知叫娘

释义：比喻得到好处却不知道感恩。

例句：“跑到境外的那些配合反华势力的所谓‘民主人士’，都是一群～的混蛋，他们忘了祖宗八代，忘了自己的脸皮是啥颜色了。”

chī páng xiè
吃螃蟹

释义：螃蟹，甲壳类动物，绝大多数生活在海里，也有栖于淡水或陆地的，常见的品种有大闸蟹（俗称河蟹、毛蟹、青蟹）、梭子蟹等。螃蟹长相凶恶，鲁迅把第一个吃螃蟹的人称为勇士。后比喻敢于尝试做别人不敢做的事为“吃螃蟹”。

例句：“徐静蕾表示，自己一路宣传来，观众对该片（电影《梦想照进现实》）的褒贬之声不绝于耳. 很多人都对她表示，也只有你徐静蕾才敢拍这样的电影。但是她认为中

国电影市场就应该有这样让观众进行多元化选择的片种，而她也愿意做第一个～的人。”（常雄飞《“我想做第一个吃螃蟹的人”》）

chī piān fàn
吃偏饭

释义：偏饭，正餐以外的加餐。比喻得到额外的关照。

例句：“到今年6月份，中国建材总资产2400多亿元，员工13万人，在世界500强中排名365位。能成为市场中的佼佼者，靠的不是垄断，也不是～，而是‘央企市营’。用市场的机制改造自己，运用市场的规律做大做强，在市场化过程中完成了再造和重生。”（朱剑红 陆娅楠《不搞垄断，不吃偏饭，央企如何立足——对话宋志平》）

chī qiāng yào
吃枪药

释义：比喻人无端地发火或冲撞别人。

例句：“你出门是碰上丧门神啦，还是～啦？怎么火这么大，气这么粗？”（冯志《敌后武工队》）

chī rén bù tǔ gǔ tóu
吃人不吐骨头

释义：比喻凶狠贪婪到了极点。

例句：“但此人一肚子坏水儿，～，成事不足，败事有余，只能拉拢，不能得罪。”（端木蕻良《曹雪芹》）

chī rén fàn lā gǒu shǐ
吃人饭拉狗屎

释义：比喻没有人性，专做坏事。

例句：“董卓的爱婿、首席谋士李儒是个～的家伙。此人在三国中从出场到最后被家奴绑赴杀场，他从没有干过一件人事。杀少帝、盗皇陵、杀富户、抢百姓等罪恶滔天的事件，均出自此人之手。”（徐有恒《笑看三国》）

chī rén jiáo guò de mó méi wèi dào
吃人嚼过的馍没味道

释义：比喻做事情不要依靠别人，要自己去亲身实践才有真实的体验。

例句：“他（焦裕禄）笃信‘～’，通过深入的调查研究，基本掌握了水、沙、碱发生发展的规律，作出和实施了治理‘三害’的正确决策。”（习近平《结合新的实际大力弘扬焦裕禄精神》）

chī ruǎn bù chī yìng
吃软不吃硬

释义：比喻可以心平气和地商量，若态度强硬就不接受。

例句：“不要猪油糊了心，没事讨烦恼！我姓李的生成一副脾气，～。”（茅盾《走上岗位》）

chī shén me zhāi niàn shén me fó
吃什么斋，念什么佛

释义：比喻做什么工作，就要对这项工作负责。

例句：“在外边漂够回来了，就踏踏实实跟你舅学车跑运输，～，把野惯的心收一收。”

chī shī zi liú dà tuǐ
吃虱子留大腿

释义：讥讽人过于吝啬或是关系密切互相惦记着对方。

例句：“街坊议论，两个堂客好得～。邀上杜师娘，胡荷花顺便又买两样菜，让丈夫陪着杜家两口子喝着，自己去厨房里忙活。”（任常《狂飙三部曲》）

chī shì zi dān jiǎn ruǎn de niē
吃柿子单拣软的捏

释义：比喻欺软怕硬。亦作“吃柿子专拣软的捏”。

例句：“段雨国大眼一瞪：‘～，你就看我好欺侮！面对上帝起誓，谁扔的谁是乌龟蛋！’”（李存葆《高山下的花环》）

chī shuǐ bù wàng dǎ jǐng rén
吃水不忘打井人

释义：比喻享受者不要忘记创造者。亦作“喝水不忘掘井人”。

例句：“过好日子，可不能忘本，～。”（周立波《暴风骤雨》）

chī xián fàn
吃闲饭

释义：指只吃饭不做事的人。比喻无所事事。

例句：“我不是来～、依靠人的。我是过来劳动的。”（周立波《山那面人家》）

chī xiàn chéng fàn
吃现成饭

释义：比喻不需劳神费力，坐享清福。

例句：“说过你多少次，你还不下力干活，老打算着～。”（冯德英《迎春花》）

chī xiāng
吃香

释义：比喻得到关照、偏爱。

例句：“中国学生当然也不会～的。稍微大一点的旅馆就不租中国人，更不用说讲体面的人家了。”（老舍《二马》）

chī xiǎo zào
吃小灶

释义：小灶，即小锅灶。用小锅灶烧的饭菜更精致。比喻享受特殊的优待和照顾。

例句：“来，这两天我给你～，把英语虚拟语气部分给你加强加强。”

chī xīn
吃心

释义：比喻很介意或多心。

例句：“我说，为这点事不必那么～。”（老舍《骆驼祥子》）

chī yā dàn
吃鸭蛋

释义：鸭蛋为椭圆形，像数字的“0”。比喻学习或竞赛得了零分。

例句：“从第一志愿出档情况来看，往年‘热门’院校受追捧，招生大户生源喜获丰收，而省外边远和欠发达地区院校则有近30所‘～’，省招办称院校之间生源不平衡问题依然存在。”（陈红艳等《30院校第一志愿“吃鸭蛋”》）

chī ya ba kuī
吃哑巴亏

释义：比喻受到了损害却因为某种原因不能声张，只能忍着。

例句：“小崔一点也不怕他，不过心中可有点不大好受，因为他知道假若大赤包真动手，他就免不了～。”（老舍《四世同堂·惶惑》）

chī yào bù mán láng zhōng
吃药不瞒郎中

释义：有些地方将中医医生称为郎中。比喻对待帮助自己的人要讲实情，说真话。

例句：“乌阿有坐在王三上首，便将两臂扑在茶几上，对王三耳朵悄悄地从头至尾说个明白，

又道：'～，这些都是实情，总要先生做主。'"（清·俞万春《荡寇志》）

chī yú xián xīng　chī ròu xián nì
吃鱼嫌腥，吃肉嫌腻

释义：比喻太挑剔。

例句："俺那个婆婆，～，实在不知道怎么才能让她满意。"

chī zhe wǎn lǐ　qiáo zhe guō lǐ
吃着碗里，瞧着锅里

释义：比喻贪心不足。

例句："那薛老大也是～的，这一年来的光景，他为要香菱不能到手，和姨妈打了多少饥荒。"（清·曹雪芹《红楼梦》）

chī zhe zì jǐ de fàn　tì rén jiā gǎn zhāng zi
吃着自己的饭，替人家赶獐子

释义：獐子，哺乳动物，外形像鹿比鹿小，毛较粗，黄褐色，腹部白色，没有角。比喻白白替别人做事情。

例句："我可不～呢！我这里一大堆的事，……没来由为人家的事，瞎闹了这些日子。"（清·曹雪芹《红楼梦》）

chī rén shuō mèng
痴人说梦

释义：原指对傻子说梦话而傻子信以为真。比喻说话荒唐，违背常理，不切合实际。

例句："所以说，开发商囤地固然可耻，但苛责无用，开发商囤地的背后，政府对土地的垄断才更应该受到质疑，'垄断资源，与民争利'是一切怪象的根源。地价如果居高不下，想要房价下降就是'～'，多年没变的土地制度已经到了不得不改革的时刻了。"（贾卧龙《地价不降房价降 那是"痴人说梦"》）

chí lǐ méi shuǐ nán yǎng yú
池里没水难养鱼

释义：比喻缺少必要的条件，有些事情就不能办成。

例句："古话说：～。单身汉寂寞难耐也是情理之中，何不设身处地去想想呢。要我说，我不会在乎人家的过去，只在乎人家的现在和今后。什么流言蜚语、花边新闻一概置之不理。如果没有这种胸怀，没有这种心态，专挑人家的毛病，就别想再婚了。"

chí jiǔ zhàn
持久战

释义：指持续时间较长的作战。比喻需要长时间的努力才能获得成果的事情。

例句："大部制的改革为铁路更好更快的发展提供了一个新的平台，管理层需要发挥这个新平台的综合优势，做好打'～'的准备。作为公众，要对改革和最终解决矛盾有信心，对不足之处要理性批评并提出合理的建议。"（张伟华《铁路的发展需打好五个"持久战"》）

chǐ yǒu suǒ duǎn　cùn yǒu suǒ cháng
尺有所短，寸有所长

释义：比喻事物的优势和劣势都是相对的。

例句："俗话说得好：～。如果一个领导的手下个个都是天才，多才多艺，完美无缺，这个领导也就太好当了！"

chì shǒu kōng quán
赤手空拳

释义：指手中没有任何武器，两手空空，一无所有。比喻没有任何依靠。

例句："在先他听得长工阿二说七里桥的乡下人传锣开会，还以为不过是～的乡下人而已，

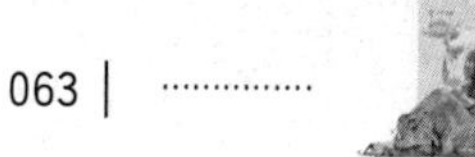

此时才明白当真还有枪炮俱全的共军。”（茅盾《子夜》）

chì bǎng yìng le
翅膀硬了

释义：原指小鸟能够飞翔了。比喻人能够自立或是背后有人支持。

例句：“五天的行程，担心渐渐变成了感动。其实小孩子在外面玩得开心，即使暂时忘了我，我也是可以理解的。……真的，儿子～，该让他练习着自己飞了。”（东平《翅膀硬了，让孩子自己飞》）

chōng dà gèr
充大个儿

释义：比喻故意装着有本事、很强大。

例句：“酒后吐真言。四位男士相见甚欢，无话不谈，从他们的话里话外，我得出一个结论：四位都是‘～’！胖子只有一个房产中介门市；瘦子不过是一炒股的散户，贵宾室都没他位置；所谓的画家，其实就是一卖画的；最可笑的是车行老板，只在风景区办了一个自行车租赁处。”（蔡文颖《“充大个儿”的饭局》）

chóng jiàn tiān rì
重见天日

释义：重新看到了天空和太阳。比喻脱离黑暗、重见光明，也比喻真相大白。

例句：“‘我也不知道我有个姐姐，我的亲生父母都在北京，我们离得只有这么近，我们甚至在某一时刻见过面，竟然让这个秘密埋藏了24年才～。’米粒又伤心又激动，伤心的是她搞不明白父母为什么要抛弃她，为什么不要她；激动的是她可以知道亲生父母在什么地方，她还有个姐姐。”（忧魂《为那夏花开》）

chóng shēng fù mǔ
重生父母

释义：比喻对自己有重大恩情的人，多指救命的恩人。

例句：“鲁达又道：‘……洒家与你些盘缠，明日便回东京去，如何？’父女两个告道：‘若是能够回乡去时，便是～，再长爷娘。’”（明·施耐庵《水浒全传》）

chóng wēn jiù mèng
重温旧梦

释义：比喻再次经历或回忆以前美好的事情或情境。

例句：“当然，我们也期许在电影里，找回曾经遗失的自己、缅怀一段逝去的年华、弥补一次遗憾的擦肩、唤醒麻木的情感，然后再次相信，真爱永恒……3D不过浮云，情怀方为本真，一切都只为～！”（丁慧敏《重温旧梦——纪念泰坦尼克号处女航100周年》）

chóng xīn dǎ gǔ lìng kāi zhāng
重新打鼓另开张

释义：重新敲起锣鼓，从头另开一场戏。比喻从头再来或有新的打算。亦作“重新打鼓另开戏”、“再打锣鼓另开张”等。

例句：“跟父亲痛痛快快地说一回，或者甚至闹一回；闹完了，～，干！”（老舍《二马》）

chǒng le xí fù dé zuì niáng
宠了媳妇得罪娘

释义：比喻左右为难。

例句：“谁都知道，胡鹏这厮是常家蓄养的打手，而常家正是本次武术大赛的赞助方，那可得罪不起。他们在比赛现场设立了博彩交易场所，刘、梁开赛之前，大半观众下注押刘国圣获胜，如今真要判小梁输小刘赢，赞助方无疑要赔上好一大笔人民币，如此一来，讨好了观众，却不免对不起常家。但要依着胡鹏的意思，判决梁晓俦获胜，则……唉，真是～——左右为难！”（黑衣死神《沧海横流》）

chōu dāo duàn shuǐ shuǐ gèng liú
抽 刀 断 水 水 更 流

释义： 此语出自唐朝大诗人李白《宣州谢朓楼饯别校书叔云》诗中“抽刀断水水更流，举杯消愁愁更愁”。形容胸怀凌云壮志却又无力回天的心理状态。

例句：“如果放弃了源头监管，只在终端强行遏制，那结果只能是～，所以希望我们的有关部门不会重复这样的低级错误，也希望通胀能够尽快地远离我们的百姓，唯有如此，人民的生活才能谈得上更幸福更有尊严。”

chōu dāo nán rù qiào
抽 刀 难 入 鞘

释义： 武林规矩，刀一旦拔出鞘必然是一场你死我活的拼杀。比喻事情到了危急的时刻。

例句：“这时，裴元庆已经明白自己也不是李元霸的对手。可是骑虎难下，～。就得撑着来了。如果拨马回去，生不如死，也没脸见老道。”（陈青远《响马传》）

chōu féi bǔ shòu
抽 肥 补 瘦

释义： 比喻抽取有余的补给不足的，使之相互平均或平衡。

例句：“总之，政府‘～’的能力，关键在于依托法制化的制度框架。我国现存的突出问题是财产税（包括不动产税、遗产和赠与税等）制度建设缺失，个人所得税的设计又存在明显欠缺——真正有效的收入调节，仍主要是工薪收入的超额累进纳税。”（贾康 刘微《收入再分配“抽肥补瘦”手段不足》）

chǒu xí fù zǎo wǎn yào jiàn gōng pó
丑 媳 妇 早 晚 要 见 公 婆

释义： 媳妇娶进门，不管长成什么样，迟早得见公公婆婆的面。比喻有错误、有缺点的人总要出面的，不能老躲着。亦作“丑媳妇总要见公婆”“丑媳妇终有见婆时”“丑妇免不得见公姑”等。

例句：“中报公布日期已日益临近，～，市场弥漫着漫天的消息迷雾，给日前本身就飘忽不定的市场又增加了几分紧张感。”

chǒu xiǎo yā
丑 小 鸭

释义： 丑小鸭是丹麦作家安徒生的著名童话故事《丑小鸭》里的主角，一个被鸭妈妈孵出来后备受歧视的小家伙，历经千辛万苦、重重磨难之后终于长成了白天鹅。故事告诉人们：人生中的挫折和痛苦是不可避免的，要学会把它们踩在脚下，要树立生活目标，是金子总有一天会发光。比喻不被关注的人物或事物。

例句：“2005 年 3 月、6 月，黄光裕、张近东分别喊出了进入世界 500 强的目标，国美、苏宁一起发动了疯狂开店的跑马圈地战，短短 5 年，“美”“苏”从～变成了大天鹅：……”（史贤龙《苏宁战略：一半是火焰，一半是海水》）

chòu yú duì làn xiā
臭 鱼 对 烂 虾

释义： 比喻臭味相投。

例句：“～：痞子小说家刚刚消停，‘新文学青年’又开始发飙！”

chū chà zi
出 岔 子

释义： 比喻发生事故或出现差错。

例句：“这个新毛子，什么规矩都不懂，我看是会～的。”（郭沫若《南冠草》）

chū dào
出 道

释义： 指学艺期满，可以独立从事某项工作。

例句："在从前，吃油水饭的人如果没有吃过耳光，好像是还没有～呢！"

chū diǎn zi
出 点 子

释义：点子，即主意或办法。指出主意，想办法。

例句："对此，南京地铁确实有此担忧：'如何发放免费雨衣，目前还没有一个比较完善的方案，我们非常希望广大市民一起帮忙～做好这件事。'"（毛丽萍《南京地铁月底免费送乘客雨衣，避免哄抢，请市民帮忙出点子》）

chū fēng tou
出 风 头

释义：比喻在公共场合故意表现自己。

例句："拿公家的钱，大把的花，漏出几个小钱来，什么慰劳啦，骗人家上火线拼命，他们却舒服，～！"（茅盾《第一阶段的故事》）

chū gé
出 格

释义：旧时应制文字和表章等，遇到尊称时要另起一行抬头书写，谓之出格。比喻与众不同或是超出常规。

例句："这孩子淘气都淘得～了。"

chū guǐ
出 轨

释义：有轨道的车离开了轨道。比喻人的行为或语言脱离了原则，超出了界限。特指男女婚外情。

例句："一般情况下，小敏看到短信，得知老公～消息的头几天，情绪最为低落，不能接受，不敢面对，却又想刨根问底，问出个究竟。"（郭宁《离婚不是"外遇"的唯一结局》）

chū jiā rén bù shuō zài jiā huà
出 家 人 不 说 在 家 话

释义：出家人，指离开家庭到庙、观（guàn）里去做僧尼或道士的人。他们受到各种清规戒律的约束，因此说话做事要十分谨慎。比喻说话要注意身份。

例句："这么说吧，咱们都是搞销售的，～，这里面的事你也懂，怎么也得给我留点缝呀！"

chū jià shì mǎi zhǔ
出 价 是 买 主

释义：在市场上讨价还价的才是真正的买家。比喻不要怕人家评头品足。

例句："有句老话说：～，想生活在北京的人才挑北京的毛病呢！"

chū jú
出 局

释义：指在各种比赛中因失利而不能继续参加后一阶段的比赛。比喻人或事物因不能适应形势或不能达到某种要求而无法在其领域继续存在下去。

例句："9月21日，浙江卫视《中国好声音》播出刘欢组与庾澄庆组终极考核，刘欢组的吉克隽逸顺利夺冠，备受争议的徐海星以超低的媒体票首轮～。庾澄庆组最后结果将在下一期中播出，目前吴莫愁被保送到第三轮。"（上海报道组 三生凉茶《"好声音"终极考核首场 吉克隽逸晋级徐海星出局》）

chū lòu zi
出 漏 子

释义：比喻出了差错或露出破绽。

例句："他说内线工作犹如赌博，厮混久了，正如俗话说的'久赌无胜家'，没有不～的。"（李英儒《野火春风斗古城》）

chū mǎ yī tiáo qiāng
出马一条枪

释义：比喻性情爽直，敢说敢做。

例句：“爸的性子挺火爆，～，有啥说啥。”（毕方　钟涛《千重浪》）

chū mén zi
出门子

释义：指女儿出嫁。

例句：“她闭上眼就能看见妞子长大成人，变成个漂亮姑娘，～，生儿育女。”（老舍《四世同堂》）

chū nán tí
出难题

释义：比喻提出叫人为难或难以应对的问题。

例句：“他原来以为第三社的事早已完成，不料刘柏他们却给他出了这样一个难题。”（于逢《金沙洲》）

chū qì tǒng
出气筒

释义：气筒，给轮胎充气的工具。比喻被人用来发泄怒气的人。

例句：“我对着小陶苦笑，小陶倒乐开了：‘回告指挥中心，事情圆满解决。’‘这叫哪门子解决?’‘该女子成功找到～，郁闷已经平息，还不圆满?’别说，还真是这么回事。”（朱明柏《当了一回出气筒》）

chū quānr
出圈儿

释义：比喻超出界限或超出适当范围。

例句：“如果票价由铁路公司制定，会大幅度上涨吗?纪嘉伦（中国铁道学会运输委员会秘书长、北京交通大学交通运输学院教授）认为，这种情况不会出现，票价仍由国家发改委统一定。‘可能的情况是国家发改委出一个指导价，给出一个范围，铁路公司会根据线路运输情况、淡季旺季等等有浮动，比如淡季时在指导价的基础上出打折票，或者在旺季时全价卖票，但不会～。’”（韩旭《国家铁路局“三定”方案出台》）

chū shān
出山

释义：旧时指隐士出任官职。借指出来主持某种事务或任某种职务。

例句：“中国女排惜败日本队，无缘伦敦奥运会前四。这一成绩，是近三届奥运会的最差表现。比赛结束后，网友们展开讨论，从队员、教练、战术、对手一一进行分析，最后归结到一点：呼吁前中国女排主帅陈忠和重新～，再次拯救低谷中的中国女排。”（黄璇璇《俞觉敏暗示奥运会卸任　陈忠和送安慰被呼吁出山》）

chū shuǐ de chuán ér xiān làn dǐ
出水的船儿先烂底

释义：比喻遇到事情先出头的人也容易先受责难或磨难。

例句：“因为父亲成分不好，加之家中弟兄姊妹众多，～，所以，尽管有着极好的艺术禀赋与过人天资，颜昌荣小学没念完，就不得不含泪离开课堂，帮助父母操持艰难的生计，照顾五个弟弟妹妹，过早品尝到生活的艰辛。”（刘赋《丹青犹伴弦歌鸣——略论颜昌荣花鸟画创作风格》）

chū shuǐ fāng kàn liǎng tuǐ ní
出水方看两腿泥

释义：比喻事情到了最后才能看出结果。亦作“出水才看两腿泥”。

例句："我等不上他，我儿子等得上他；我儿子等不上他，我孙子一辈还等得上他，总有看到他败家的那一天，～哩！"（梁斌《红旗谱》）

chū tóu chuán zi xiān làn
出头椽子先烂

释义：椽子，放在檩上架着屋面板和瓦的部分，露在外边的部分因常年日晒雨淋而比里边的部分先朽烂。比喻经常抛头露面的人会成为众矢之的。

例句："还有一些人，心里寻思着，韩老六是该斗争的，但何必自己张嘴抬手呢？～，慢慢看势头。"（周立波《暴风骤雨》）

chū xiě
出血

释义：比喻需要破费些金钱。

例句："我看你最近货出得挺快，赚了不少吧，还不～请我们撮一顿！"

chū yáng xiàng
出洋相

释义：比喻动作引人发笑或出丑。

例句："卖糖，这么大的姑娘！你还受戏耍，妈妈陪着～，越想越窝囊！"（老舍《女店员》）

chū shēng niú dú bù pà hǔ
初生牛犊不怕虎

释义：刚生下来的小牛没见过老虎，所以不知道老虎的厉害。比喻年轻人涉世不深，缺少经验，不知道有什么可怕的，反倒敢作敢为。

例句："～，小家伙就喜欢说干就干。"（程树榛《钢铁巨人》）

chū yī yī xià shí wǔ yī xià
初一一下，十五一下

释义：比喻做事情没有恒心。

例句："来锁，干啥得有点长性，你想学厨师就得跟着你二叔踏踏实实地学，这又好几天没见你的影子，照这样～，啥时你才能独立上灶？"

chúr
雏儿

释义：幼小的鸟。比喻年轻而无阅历者。

例句："她忽然提出了这么个问题，使余敬堂吃了一惊。他立刻看出这姑娘还是个刚离娘窝的'～'。"（杨沫《青春之歌》）

chù jiāo
触礁

释义：船在航行中碰上礁石。比喻陷入危险的境地。

例句："陈鲁豫红遍全国，而朱雷只是一名普通编导，'女强男弱'是这段婚姻终结的原因。此外，陈鲁豫一心扑在事业上，婚后多年没有孩子，也成为这段婚姻～的一大原因。"（郑惟之《陈鲁豫十年婚姻疑触礁 婚变或因没孩子》

chuān le xīn xié wǎng ní lǐ tāng
穿了新鞋往泥里蹚

释义：见"把新鞋往泥塘里蹚"。

chuān lián dāng kù
穿连裆裤

释义：比喻相互勾结、包庇。

例句："鱼贩子跟连阴天～，压低鱼价，巧取豪夺。"（刘绍棠《花街》）

chuān xiǎo xiér
穿 小 鞋 儿

释义：旧时女人以脚小为美，在聘娶时要把鞋样子交给未来的婆家，婆家按照鞋样子做鞋，待迎娶时给新媳妇穿上，以验证脚的大小与鞋样子一致。有个别婆家因为不好说的原因故意把鞋子往小里做，好让新娘子穿不上而难堪，谓之“穿小鞋”。后比喻利用手中的权力暗中玩弄手段，打击、报复、刁难曾经反对过自己的人。

例句：“批评批评他倒是好，但是人家该是厂长还是厂长，将来给我们～，倒霉的还不是我们这些人？”（草明《乘风破浪》）

chuān xié de bù zhī chì jiǎo de kǔ
穿 鞋 的 不 知 赤 脚 的 苦

释义：比喻生活在优越环境的人无法体会生活在困境中的人的痛苦。

例句：“牟老兄，～，你周济我几天，在你而言乃九牛一毛，对我们来说，可就受益无穷了，这也是做好事，拔一毛而乐天下，何乐不为？”（柳残阳《血魂山之誓》）

chuān xīn xié zǒu lǎo lù
穿 新 鞋 ， 走 老 路

释义：比喻条件已经有所改善，但却没有充分利用，仍然按照过去的旧习惯做事。

例句：“无论口号喊得多响，套级、套档、考核弄得多么细致，如果不真正解放思想、改革薪酬、打通渠道，那我们所希望的目标可能只是～。”（张延国《用工改革切勿“穿新鞋走老路”》）

chuān xuē dài mào
穿 靴 戴 帽

释义：比喻讲话或写文章开头和结尾套用程式化的空话。

例句：“中国股市‘重上市，轻改制，重筹资，轻回报’，本末倒置，舍本逐末。投资者期待管理层顺应市场的发展要求，而不是像那些～的说法那样头痛医头，脚痛医脚。……弄不好，说不定会将好不容易才形成的一个转变契机误导为一轮新的政策性风险。”（黄湘源《不要给“井喷”穿靴戴帽》）

chuān yī dài mào gè hào yī tào
穿 衣 戴 帽 ， 各 好 一 套

释义：比喻每个人都有自己的个性。

例句：“～。对我们公认的文学大师有不同的看法是正常的。但是，不能把自己的观点强加给别人，更不能不分场合乱讲一通。”

chuān yī tiáo kù zi
穿 一 条 裤 子

释义：比喻彼此关系非常密切。

例句：“别戏耍人了！倒是你们俩好得～。”（杜鹏程《在和平的日子里》）

chuān zhēn yào kàn bí mǎi mǎ yào kàn tí
穿 针 要 看 鼻 ， 买 马 要 看 蹄

释义：比喻做事情要抓住关键。

例句：“这～，交朋友要看人品。不然就你这智商，非吃亏不可。”

chuān zhēn yǐn xiàn
穿 针 引 线

释义：把线从针孔中引出来以便缝纫。比喻从中联系、撮合。

例句：“张富英跟小糜子相好，他～。他当我不知道。”（周立波《暴风骤雨》）

chuán shēng tǒng
传声筒

释义：用较坚硬的纸板或金属片制成的能够提高音量的圆锥形话筒。比喻忠实地转达第三方的意思，也比喻只会传达别人的话，而没有自己的主见。

例句：“董二龙告诉记者，担任网络管理员后，他切身地感受到了这项政策给老百姓带来的便利：‘有了我们网络管理员，大家有困难先想起联系我们，我们上门了解情况，替居民向上级部门反映，不但发现了居民关切的很多问题，也解决了很多难题。现在我越来越喜欢这份工作，今年一定要当好居民的～’。”（苏日娜　孙风雪《董二龙：做好老百姓的“传声筒”》）

chuán bù dào àn bù sōng jiǎng
船不到岸不松桨

释义：比喻没有达到目的就不要松懈。

例句：“单有‘自信’还不足，要想达到目标，还必须有～的‘耐心’。‘耐心’的深化，是实现‘决心’的重要保证。”（漆浩《成功就是比忍耐》）

chuán dào jiāng xīn bǔ lòu chí
船到江心补漏迟

释义：比喻凡事要先行预防，不能到危急时刻才开始补救，这样是来不及的。

例句：“个别监督部门的领导该‘栽刺’时却想着‘栽花’，在监督对象面前羞羞答答，这种态度实不足取，其结果必然造成‘～’的局面。”（喜顺《船到江心补漏迟》）

chuán dào mǎ tóu chē dào zhàn
船到码头车到站

释义：比喻目的达到了。

例句：“到了副调研员这一级，意味着‘～’，但吴斌正好相反，他向组织提出要求，嫌这工作太清闲，要求调到条件最艰苦、最偏远的码头执勤。”

chuán dào qiáo tóu zì rán zhí
船到桥头自然直

释义：船行到桥下时会因水流作用自然地顺流行驶。比喻事物发展是遵循一定规律的。

例句：“～！没有过不了的独木桥，你还是宽心一点吧！”（艾明之《火种》）

chuán dào wān chù xū zhuǎn duò
船到弯处须转舵

释义：比喻做事情要依据客观情况的变化而变化。

例句：“李石坚：党代表没回来，不能轻举妄动。温其久：～！李石坚：鬼话难骗众兄弟！”（现代京剧《杜鹃山》）

chuán duō bù ài lù
船多不碍路

释义：比喻各走各的路，彼此不妨碍。

例句：“孟玉楼却振振有词地反驳：‘自古～。若他家有个大娘子，我情愿让他做姐姐。虽然房里人多，只要丈夫做主，若是丈夫喜欢，多亦何妨。丈夫若不喜欢，便只奴一个，也难过日子。’孟玉楼对西门庆着了迷，明知是火坑，还是满腔痴情地往里跳。”（马瑞芳《金瓶梅人物铭》）

chuán jiā de hái zi huì fú shuǐ
船家的孩子会浮水

释义：比喻环境对人有很大的影响。

例句：“真是～，你看建国那小子掂大勺的样子，还真像他那当厨师的老爸。”

chuán tóu bù yù chuán jiǎo xiāng féng
船头不遇，船角相逢

释义：比喻总会有相见的机会。

例句：“真是～。彭钢和王英挑着水桶刚踏上‘军民友谊井’井台，温十三妹就夹着一木盆零七八碎的衣物，满脸嘻笑地迎面走来。”（周肖《霞岛》）

chuán xiǎo hǎo diào tóu
船小好调头

释义：比喻规模小就容易改变方向。

例句：“中小企业由于规模小、经济适应性强、反应敏感度高，按理来说‘～’，然而，它们目前存在诸多的艰辛和烦恼……。”（李宁《怎不见中小企业“船小好调头”》）

chuāng hù zhǐ yī tǒng jiù pò
窗户纸一捅就破

释义：旧时窗户没有玻璃，只糊上一层纸遮挡风雨和避人。比喻有些事情的真相很容易弄明白，重要的是找一关键之处。亦作“只隔着一层窗户纸”。

例句：“记者所接触的‘岛城爱迪生’都是好奇心强、爱鼓捣事的人，他们的经历更说明，发明就像～。”

chuǎng hóng dēng
闯红灯

释义：红灯，是交通信号禁行的标志，无视红灯继续前行就是闯红灯。比喻做了不该做的事或是违反了制度和禁令。

例句：“为人永不～，换来的不只是两袖清风，更是一个共产党人的光辉形象。”（黄景祥《不要闯红灯》）

chuǎng jiāng hú
闯江湖

释义：比喻流浪四方谋生。

例句：“洛殿家从前曾经是个不难过的小庄稼主儿，听老人说他爷爷是个～卖艺的。”（雪克《战斗的青春》）

chuī dēng bá là
吹灯拔蜡

释义：比喻离开走人，也比喻倒台、失败。

例句：“鬼子也不长了，眼看就要～了。”（杨朔《春子姑娘》）

chuī dí de huì niē yǎn dǎ pái de huì mō diǎn
吹笛的会捏眼，打牌的会摸点

释义：比喻各行当有各行当的门道。

例句：“～，对付这些人，只需一点常识和智慧就足够了。”

chuī fēngr
吹风儿

释义：比喻透露消息。

例句：“王书记，你先在大会上给同志们吹～，给下一步实行定岗定责做个铺垫。”

chuī gǔ shǒu
吹鼓手

释义：指在婚丧礼仪上吹打乐器的人。比喻专为别人捧场的人。含贬义。

例句：“甚至有人为了权力和地位，甘愿自轻自贱，低首下心，奴颜婢膝，把自己当作人家的马前卒或～。”（殷谦《棒喝时代》）

chuī hú zi dèng yǎn jīng
吹胡子瞪眼睛

释义：形容发怒生气或是虚张声势的样子。

例句：“他没有派头，不会～。进了家门，他一点也不使大家感到‘父亲’回来了。”（老舍《四世同堂·偷生》）

chuī lǎ ba
吹喇叭

释义：喇叭，管乐器的一种，上细下粗，最下端的口向四周张开，可以扩大声音。比喻奉承、吹捧有权势的人。

例句：“在很多人眼里，‘～抬轿子’的人，成事不足，败事有余。但活干得好，人家还是喜欢的，有时还能成人之美。”（林孙珍《“吹喇叭抬轿子”》）

chuī lěng fēng
吹冷风

释义：比喻说一些对人不利的话以打击人的热情。

例句：“加拿大政府何以对本来良好的中加关系摆出冷面孔、～呢？有学者分析指出，其中既有内部因素，也有外部因素。”（陶短房 张楠伊《加拿大对华频频吹冷风》）

chuī máo qiú cī
吹毛求疵

释义：吹开皮上的毛，寻找里面的毛病。比喻故意挑剔别人的缺点，寻找差错。

例句：“‘有什么了不起的！不就是一个主管吗？’看见她转身走了，许润梅在那懊丧地说。她就是对这种～的作风看不惯。”（蔡丽丽《爱情有约：我爱高富帅》）

chuī zhěn biān fēng
吹枕边风

释义：指妻子在枕边对丈夫说的话。亦作“吹耳边风”。

例句：“反腐，最终要靠刚性制度，要靠对制度的刚性执行。把反腐败重任交给领导干部的‘夫人’们来承担，把反腐败等同于‘～’，本来就是件十分荒唐的事。”（王威《吹“枕边风”可以防腐？》）

chūn huá qiū shí
春华秋实

释义：春天开花，秋天结果。比喻事物的因果关系。

例句：“虽然他已经离开新闻战线，但～十五载，倾注他心血与汗水的精品佳作汇集在一起，不仅生动再现了兰溪的一段改革开放历史，也充分展示了多姿多彩的记者视角，留下了一份宝贵的地方新闻史料。”（金华日报《春华秋实十五载》）

chún chǐ xiāng yī
唇齿相依

释义：比喻关系密切，相互依靠。

例句：“企业的生产经营需要全体员工辛勤工作来维系，员工通过努力，在为企业赢得利润的同时获得劳动报酬，并在工作中实现自身价值。二者相互联系、相互作用、相互依托，是～的关系。”（张楠《忠诚企业，唇齿相依》）

chún qiāng shé jiàn
唇枪舌剑

释义：舌如剑，唇似枪。比喻辩论时言词的犀利。

例句：“我也曾经略略的赶了一下热闹，在许多～中，以为那时我发表的所说，倒也不算怎么分析错了的。”（鲁迅《且介亭杂文二集·“京派”和“海派”》）

chún wáng chǐ hán

唇 亡 齿 寒

释义：嘴唇没有了，牙齿就会觉得冷。比喻关系密切，利害相关。

例句：“事实上，只有懂得～之痛，才能知唇齿相依的重要性，党员干部只有摆正了自己的位置，认清自己的使命，才能长期取得人民群众的信赖，才能真正做好社会正能量的传递者。”（冯佳嫄《感悟唇亡齿寒的痛与重》）

chuō jǐ liang gǔ

戳 脊 梁 骨

释义：比喻某人做了不道德的事情被人背后谴责，也指在背后评论人的短处，搬弄是非。

例句：“做人要光明正大，别做那让人～的事儿。”

chuō xīn wō zi

戳 心 窝 子

释义：指说话或办事严重地伤害了别人。

例句：“彭蛟站在那，把这件事前前后后又想了一遍，心想，雷平那天的话太狠了，句句都～。”（红领巾《中指记》）

cí shí yù tiě tuó

磁 石 遇 铁 砣

释义：磁石，即磁铁，具有吸引铁、镍等物质的属性。比喻不谋而合。

例句：“时大妈：这真是白菜叶子炒大葱，儿媳做学生，好事成双。时老汉：这就叫才子佳人结鸳鸯，宝琴传儿媳，好事成双。珊珊：这是～，不谋而合。”（山东吕剧《传艺》）

cǐ chù wú dà shù　hāo cǎo biàn wéi zūn

此 处 无 大 树 ， 蒿 草 便 为 尊

释义：比喻没有好的东西，差的东西也会身价百倍。

例句：“一些嫉贤妒能者，总怕别人超过自己；自己落在后头，总是怨别人走在前头；不是觉得自己走得太慢，总是怨别人走得太快。总是企图维持一种‘～’的局面，于是嫉妒之念产生了，嘲讽的冰水袭来了。”

cǐ dì wú yín sān bǎi liǎng

此 地 无 银 三 百 两

释义：民间故事，说从前有个人叫张三，喜欢自作聪明。他积攒了三百两银子，怕被人偷走，不知放在哪里安全，最后他终于想出自认为最好的方法。一天，他趁着黑夜在自家房后挖了一个坑，把银子埋在里面，埋好后，用白纸写上“此地无银三百两”七个大字，贴在坑边的墙上，安稳地回屋睡觉了。隔壁的王二早就注意到了张三心神不定的样子，听到张三挖坑的声音，很奇怪，等张三回屋后就去看个究竟，发现了张三写的字条，就把银子挖出来，把坑填好。王二捧着银子别提多高兴了，但转念一想，要是张三明天发现银子没了怀疑自己咋办，琢磨再三，就写了“隔壁王二不曾偷”七个大字贴在坑边的墙上。后来，人们用“此地无银三百两，隔壁王二不曾偷”来比喻自作聪明，想要隐瞒掩饰所干的事情，结果反而暴露得更明显。也作“此地无银”。

例句：“我在黄泥乡三天，访问二十四个人，有十三个人提起这件事，说买粮的钱，是美溶从银行里搞的。更使我怀疑到熊彬事先知道这些情况，是不是‘～’？”（陈登科《风雷》）

cǐ dì wú zhū shā　hóng tǔ zi wéi guì

此 地 无 朱 砂 ， 红 土 子 为 贵

释义：朱砂，无机化合物，红色或棕红色，无毒，可入药，亦可作颜料。比喻没有适合的，差一点的也可将就使用。

例句：“四个报馆争着请我呢！这年月缺乏人才，～！”（老舍《谁先到了重庆》）

cìr tóu
刺儿头

释义：比喻遇事刁难、不好对付的人。

例句：“时间过得很快，转眼已经和他们相处一年了，那天和他们前任班主任闲聊，他觉得这个班比以前乖多了，那几个‘～’也不感觉刺了。”（周筱《“刺头儿”不刺》）

cóng tiān shàng luò dào dì xià
从天上落到地下

释义：比喻境况由好一下变得很坏。

例句：“短短几天时间，被认为是最保值投资品的黄金价格～。各城市黄金卖场纷纷下调金价……”（杨婧如《多空博弈黄金进入高危期，牛熊不明风险加大》）

cū bó hàn
粗脖汉

释义：人在发怒时颈部血管会发胀，脖子就显粗。比喻脾气直爽、讲义气的男人。

例句：“铁山大哥可是个～，你要把他逼急了，半斤白酒他能一口闷下去。”

cū cí wǎn diāo xì huā
粗瓷碗雕细花

释义：比喻某人不是做大事的材料。

例句：“你就别难为你家老二了，～，他真不是那块料，他就适合卖力气。”

cū xiàn tiáo
粗线条

释义：绘图中相对于细致描绘而言，较为简洁的勾勒即是粗线条。比喻为人或做事不精细。

例句：“同时，业主从以往的怠于应诉转为主动起诉、积极抗辩、维权。与此形成鲜明对比的是，物业企业仍停留在以往的‘～’经营模式上，对纠纷往往采取简单化处理。”（邱艺莹《厦门小区业主越来越“专业” 物业还是“粗线条”》）

cù tán zi
醋坛子

释义：多指嫉妒心极强的女人。

例句：“从这时起才意识到，可能分局长把自己调回来的决定触怒了她，也让自己一不小心打翻了～，使她从以前的和蔼可亲的大姐变成了自己的对头，开始对自己打击报复了。”（雪子《为谁打翻了醋坛子》）

cuī bar
催巴儿

释义：北京方言，跑腿的、使唤丫头的意思。

例句：“这个与我们同样是导演的人，当了一周小～、保姆、司机，离别时我们难舍难分，他含泪亲吻我们每一个人，车开走后他又转回来从我们的身边开过，从车窗中伸出手臂一直挥到暮色深沉处。”（黑马《瑞士见闻：瑞士“大男孩”》）

cuī mìng fú
催命符

释义：符，即符咒，道家用于驱鬼而画的东西，催命符是催人早死的符。比喻沉重的打击和严厉的手段。

例句：“‘妈的！’林十忽地大骂了一声，‘一张膏药，居然就要弄走我亿元家产，这他妈的哪里是狗皮膏药，简直就是～！’”（逐没《少年药王》）

cuī mìng guǐ
催命鬼

释义：迷信指催人早死的鬼使。比喻催逼人很紧很急。

例句：“别催了，我抓点紧不行吗？你真是个～！”

cuó zi lǐ bá dà gè
矬子里拔大个

释义：比喻在一般的群体里选择优秀的。

例句：“若单独看一些成名油画匠的作品，感觉很无聊，也很无奈，若把他们的作品和其他油画匠的作品相比较，则会翻涌出一股莫名其妙的情绪：原来，他们都是从矬子里面拔出来的‘大个’。”

cuò guò cǐ dù wú hǎo zhōu
错过此渡无好舟

释义：比喻机不可失，失不再来。

例句：“单位发了某知名旅行社的旅游卡，卡是有消费期限的，我的卡是今年年底到期，一转眼就到了‘大限’，再不用就‘～’了。”（张一文《韶音台下南华钟》）

cuò wèi
错位

释义：离开原来的或应有的位置。比喻失去正常的或应有的状态。

例句：“当官是需要政绩的。为人民谋利益，为人民创政绩，应当是每个人民公仆的终身追求。然而，在我们的公仆队伍中，出现了比较严重的政绩观～现象，导致党和国家利益受损，老百姓受累。”（金言 洪亮 陆奇《错位的政绩观 国家利益受损老百姓受累》）

cuò wō bù xià dàn
错窝不下蛋

释义：比喻不能适应新环境。

例句：“张寿臣见此情况，不由得生气了。待宝堃下台后，即训斥道：‘你这是怎么了？在我跟前不这样啊，～！’”（张立林《相声宗师张寿臣》）

D

dā jià zi
搭架子

释义：比喻事情的草创时期。

例句：“你如不想向富翁借钱，不想向贵人求禄，就不妨搭搭穷架子，不过穷架子只能在家里搭给黄脸婆子看，出门搭给叫花子看，若是不择时不择地地乱～，那就……”（汪仲贤《搭架子》）

dā tái chàng xì
搭台唱戏

释义：比喻相互配合成就一番事业。

例句：“这些成绩的取得得益于市总工会每年组织举办的全市各级工会积极开展职工职业技能大赛，能够‘～’提升了技术工人的整体技能水平，为全市经济社会的又好又快发展选拔了一批高技能人才。”（尹亚杰　王永《“搭台唱戏”让能工巧匠脱颖而出》）

dǎ bái tiáor
打白条儿

释义：以个人或单位的名义，在白纸上书写证明收支款项或领发货物的字样的纸条。

例句：“听说过给朋友贺新婚之喜，在红包里不装现金～吗？长春市民刘军（化名）就这么干了一回，没想到因为自己的一时疏忽，这张迟迟未兑现的白条儿险些成为隔在他和朋友之间的一道坎儿。”（赵春刚《红包里打白条儿　差点闹红脸》）

dǎ bǎo piào
打保票

释义：保票，指对所售或所修的物品在一定时期内负责的单据。比喻对事情的发展有绝对的把握。

例句：“你劳力强，人又勤快，我～，收入绝不会减少。”（周立波《山乡巨变》）

dǎ biān gǔ
打边鼓

释义：敲打鼓的边缘。比喻在旁边协助、帮腔。亦作“敲边鼓”。

例句：“我看这件事，还不如你们去对老头子说，由我在一旁～，比较还容易成功一点。”（张恨水《金粉世家》）

dǎ bǔ ding
打补丁

释义：补丁，补在破洞漏洞上的东西。比喻对事物缺陷做的补救性工作。

例句：“婚姻就像一个需要持久运转的系统，要保持它的稳定，不被病毒侵犯，就必须不断给它升级，寻找漏洞，～。不可能一劳永逸。”（冯雪梅《为爱情漏洞打补丁》）

dǎ bù zháo hú li rě shēn sāo
打不着狐狸惹身骚

释义：狐狸，哺乳动物，外形略像狼，性狡猾多疑，昼伏夜出，吃野鼠、鸟类、家禽等。狐狸尾部有一小孔，能分泌恶臭，遇有危险时会放出臭味熏迷对方，然后趁机逃走。比喻事情不但没办好反倒惹下了麻烦。

例句：“陈莫和夏军上车后，第一反应就是赶快逃离，不然会～。”

dǎ bù zháo yě láng dǎ jiā gǒu
打不着野狼打家狗

释义：比喻自己没能耐反倒拿别人出气、发泄。

D

中国俗语

例句：“庄好汉冷笑一声说：‘嗬！你还讹上谁了呢！看你一副活不起的架式，我就知道咋回事儿：你在外边吃不开了，～，想到村上逗几个钱花花。我明告诉你：你打错算盘了，趁早死了那份心吧，一分钱你也逗不去！’”（胡扯《祸根》）

dǎ cā biān qiú
打擦边球

释义：擦边球，指乒乓球刚好落在对手防御的边线上。比喻做事情钻政策、法律的空子。

例句：“正值夏季高温炎炎，各种培训班、辅导班办得热火朝天。参加培训班仿佛成了很多孩子暑期的必修课，然而，有多少家长在给孩子报名时，能够查看机构的办学资质？近日，沪上两知名教育机构负责人向记者爆料，上海部分机构根本不具备办学资质，而是以公司化运作的形式大～。”（杜丽华　程琦《沪上部分培训机构无办学资质大打擦边球》）

dǎ cǎo jīng shé
打草惊蛇

释义：比喻采取机密行动时，不慎惊动了对方。

例句：“佩芳一把将他拖住，问道：‘你这是怎么了？存心去～吗？”（张恨水《金粉世家》）

dǎ chǎ
打镲

释义：镲，铜制的打击乐器，制作的小一点的可作为儿童玩具打着玩。引申为开玩笑和不负责任的行为。

例句：“兄弟，行啊，今年又是升官又是发财，打算怎么请客？”“哥们，别拿我～，哪有的事儿？”

dǎ chái de bù gēn fàng yáng de zǒu
打柴的不跟放羊的走

释义：羊是吃草的，跟羊走就打不着柴。比喻矛盾的双方不要往一起凑。

例句：“别看你们哥俩是一奶同胞，可脾气相冲，还是各干各的，谁有困难可以帮一把，就是不要合伙做事。老话说得好，～，你要不信，哥俩非弄崩了不可。”

dǎ chái wèn qiáo fū　xíng chuán wèn shāo gōng
打柴问樵夫，行船问艄公

释义：比喻办事情要找准对象。

例句：“～。这事你去问老赵，他曾经在那里插队六年，情况特熟。”

dǎ cuò le suàn pán
打错了算盘

释义：比喻打错了主意。

例句：“看上去算盘打得挺准，既招来了廉价乃至免费干活的实习生，又招揽了一批 VIP 客户，赚够了钞票，一举两得。不过，笔者认为，渣打银行的这种招收 VIP 实习生的办法其实～。”（张立美《渣打招收 VIP 实习生打错了算盘》）

dǎ dāng miàn gǔ　bù qiāo bèi hòu luó
打当面鼓，不敲背后锣

释义：比喻有意见说在当面，不要背后乱说。

例句：“从个人来说，我倒喜欢你那耿直的性子，你是怎么想就怎么说，噼哩啪啦，把什么都摆出来，～，我就是喜欢这样的同志。”（罗旋《南国烽烟》）

dǎ dian
打点

释义：即送人钱财以疏通关系，以便托人关照的做法。

例句：“公诉人认为，虽然这 40 万元有借条，但根据多名证人的证言，均表明张雄是以找关系为由索要的～费，这足以证实张雄在主观上是以非法占有为目的，虚构事实骗取财

物，构成诈骗罪。”（刘旌 浦研《女儿想当老师　老夫妻被骗40万“打点费”》）

dǎ diào yá wǎng dù zi lǐ yàn
打掉牙往肚子里咽

释义：比喻有难言的苦衷，本来受了欺侮却不敢反抗，只能忍气吞声。

例句：“在日常生活中，如果有人欺骗或忽悠了你，你可以找有关机构为你索赔，甚至可以拿起法律武器捍卫自己的尊严。但是，在股市中，不管是谁忽悠了你，你只有～。”

dǎ duàn gǔ tou lián zhe jīn
打断骨头连着筋

释义：比喻亲情关系的密切程度。

例句：“老实说，我要收拾你，十个八个也早收拾了，还用等到今天吗？为什么？因为咱们是亲戚，～哪。”（田东照　罗贤保《龙山游击队》）

dǎ fān le wǔ wèi píng
打翻了五味瓶

释义：比喻心里难受，很不舒服的感觉。

例句：“而让阿珠万万没有想到的是，雨轩在楼上把一切都看在了眼里，看着嘉轩亲吻着阿珠的那一刻，雨轩的心里好似～……”（安妮《就是爱定你》）

dǎ fān shēn zhàng
打翻身仗

释义：比喻彻底改变某种面貌或局面。

例句：“你要在工程中立功，～，懂吗？”（孙力《都市风流》）

dǎ gǒu kàn zhǔ rén
打狗看主人

释义：比喻惩处某人要顾及与其有关人的面子。

例句：“自己人，何必那么大的气，～，好好歹歹他是我的丈夫。”（曲波《林海雪原》）

dǎ gǒu yào yòng qín hǔ lì
打狗要用擒虎力

释义：比喻做任何事情都不能掉以轻心。亦作“打狗要拿出打虎的本领”。

例句：“志强兄弟思虑得有道理。常说，～！”（古立高《隆冬》）

dǎ gǔ
打鼓

释义：形容做事觉得没有把握而心神不定，忐忑不安。

例句：“隔行如隔山，同是在影视圈里摸爬滚打，如果让导演去当演员，那还真不是手到擒来的事儿，就连陈凯歌、张艺谋、何群这些大牌导演也概莫能外——别看他们指挥别人演戏时头头是道，可是轮到自己上场时，心里也不免有些～。”（陈静《 大导演初入《大宅门》心里也曾直打鼓》）

dǎ guān qiāng
打官腔

释义：官腔，指官场中的门面话。现指那些利用条例、规章、制度，推托、搪塞、不办实事的空话。

例句：“‘有没有亲戚朋友住在这里？’白巡长～。”（老舍《四世同堂·惶惑》）

dǎ gùn zi
打棍子

释义：比喻借故无理打击人。

例句：“一味地捧场，并不是对作家的真正爱护，而只能影响作家的进步，害了作家，同～一样，是要不得的。”（丁玲《延边之行谈创作》）

dǎ hā ha
打哈哈

释义：比喻开玩笑或敷衍了事。

例句："她有些落后，不愿意出来工作。我们那里的妇女工作同志，能力很弱，她们说服不了她。我更说服不了她，她只是和我～。"（孙犁《风云初记》）

dǎ hǎo le jiāng shān shā hán xìn
打好了江山杀韩信

释义：韩信，汉刘邦的手下大将，楚汉相争时为刘邦建立汉朝屡立战功，初封为齐王，继改封为楚王，因有人告其谋反被降为淮阴侯，终被吕后所杀。比喻事成后就把帮助过自己的人一脚踢开。

例句："这一年来，他郑洪兴白尽义务替她种着六亩地，秋收刚一完，她就一连有个把月没有开开小门儿让他进来，正像俗话说的～。"（秦兆阳《在田野上前进》）

dǎ hé tao shāo dài le zǎo
打核桃捎带了枣

释义：比喻伤害了无辜。

例句："真是还没有料到这一着。可不能～。"（刘江《太行风云》）

dǎ hēi qiāng
打黑枪

释义：黑枪，从暗处或背后打来的枪，比喻暗中对人陷害、报复。

例句："也许是过于投入的缘故，以致于训练场上竟上演了'老乡背后～'的尴尬一幕：大连实德左前锋朱挺被辽足大连籍老乡杨旭的'重炮'击中，当场昏晕过去。"（许可《国奥上演老乡背后打黑枪，朱挺训练'重炮'击中后脑》）

dǎ hǔ bù chéng fǎn bèi hǔ shāng
打虎不成，反被虎伤

释义：比喻好高骛远，不仅没有达到目的，反倒受了伤害。

例句："下午续战，古力发力要杀依田的大龙，但至126手，黑棋基本活了。至215手，古力'～'。用马晓春九段的话来说，'被黑69打吃，理论上棋已经结束了。'"（杨诚《富士通杯古力打虎不成反被伤　对依田纪基三连败》）

dǎ hǔ qīn xiōng dì shàng zhèn fù zǐ bīng
打虎亲兄弟，上阵父子兵

释义：打虎、打仗都是出生入死的事情，有血缘关系的更容易相互配合不惧生死。比喻有血缘关系或极亲密的关系能干冒险的事情或是配合默契。

例句："～，一块儿出来作战的朋友，比亲兄弟还亲。"（老舍《火葬》）

dǎ huǎng zi
打幌子

释义：幌子，店铺门外表明经营特点的标志。比喻假借一种名义而从事另外一种活动。

例句："他们主子从纳粹那里贩来一套本事，专会打着'国家至上'的幌子毒化青年。"（老舍《鼓书艺人》）

dǎ jī mà gǒu
打鸡骂狗

释义：比喻旁敲侧击地谩骂，以发泄对他人的不满。

例句："你今天怎么尽闹脾气，连吃饭时候也是～的。"（鲁迅《彷徨·肥皂》）

dǎ jiàng yóu
打酱油

释义：过去酱油大多是零买零卖，拿着瓶子去副食商店买多少，售货员就用提子打多少。这

样的事多数是让孩子去做，还要嘱咐别贪玩，打完酱油赶紧回家。这种只去打酱油不做别的行为，被比喻为对敏感事件明哲保身的开脱或是与己无关的观望。

例句：“只是滇军实在太菜了，几万人硬是没把三千人守备的南宁打下来，反倒弄得自己受到重创。在这种情况下，一旁～保存实力的朱为珍只得撤回百色，并随着桂军发起的反攻，再退西江。”（胡博《桂系军阀的将军》）

dǎ jìn shí bā céng dì yù
打进十八层地狱

释义：迷信说法，十八层地狱是以受罪时间的长短与罪刑等级轻重而排，每一地狱比前一地狱增苦二十倍，增寿一倍。若按人间与地狱的年月转换，到了十八层地狱如想转世超生则难以计算。比喻给人最严厉的惩罚，使之永无出头之日。

例句：“眼泪模糊了她的视线，让她看不清，这个自从她记事以后就喜欢上的男人，他的这番话，让她知道痛是没有极限的，没有最痛，只有更痛，刚才的那句话只是让她从天堂掉到地狱，现在的这句话则是让她被～，让她痛得连哭出声的力气都没有。”（恋上殇《老婆买一赠二》）

dǎ jiǔ de xiàng tí píng zi de yào qián
打酒的向提瓶子的要钱

释义：比喻谁经手谁就要负责。

例句：“因为找不到把马弄毛的人，～，所有的事主都要赔偿。”（广学子聪《农民大佬》）

dǎ kāi chǎng luó gǔ
打开场锣鼓

释义：开场锣鼓，指戏曲开场前敲一阵聚众锣鼓。比喻在某种活动开始之前而做的有关的事情。

例句：“这一登可是祸事非小，我就成为‘替杨村人民～，’谁说鲁迅先生器量窄小了呢。”（鲁迅《且介亭杂文·附记》）

dǎ kāi huà xiá zi
打开话匣子

释义：话匣子，收音机的俗称。比喻人开始唠叨。

例句：“老侯头又～啦。听着吧，说起来就没个完。”（于敏《桥》）

dǎ kāi tiān chuāng shuō liàng huà
打开天窗说亮话

释义：天窗，在房顶上为采光开的窗户。比喻说话透明，没有藏着掖着的。

例句：“咱～，就是犯法，也不应该是他，而应该是你。”

dǎ kǒu shuǐ zhàng
打口水仗

释义：由于一些争执，用语言相互攻击。

例句：“发生这些事情后，中联重科发了声明。如果不利于企业发展，应该及时地澄清。但是如何澄清，用什么方式澄清，要有准确客观的判断。我们以行业发展的大局为重，没有去～。”（金慧瑜 王恒利《中联重科高层首度回应：打口水仗一损俱损》）

dǎ làn hú lu sǎ le yóu
打烂葫芦洒了油

释义：比喻弄得一无所有。

例句：“于是，江淑妃一不做、二不休，～，双眼看着刘再生，发出迷惑力最强的绿色妖光，这绿色妖光直接射入刘再生的双眼里。”（沾沐《三界寻妻》）

dǎ lǎo shǔ pèng fān le yóu píng
打老鼠碰翻了油瓶

释义：比喻做事考虑不周，得不偿失。

例句：“徐妈妈轻拍她的后背，说：‘明珠，你不是坏孩子。只是～——你打了骆太太，骆先生面子上能好看吗？’”（诺诺飞飞《爱妃你别跑》）

dǎ lǎo shǔ shāng le yù píngr
打老鼠伤了玉瓶儿

释义：比喻惩治坏人的同时也伤害了好人。

例句：“如今就打赵姨娘屋里起了赃也容易，我只怕又伤着一个好人的体面。别人都不必管，只这一个人，岂不又生气？我可怜的是他，不肯为～。”（清·曹雪芹《红楼梦》）

dǎ le pén shuō pén　dǎ le wǎn shuō wǎn
打了盆说盆，打了碗说碗

释义：比喻就事论事，出了什么问题就解决什么问题，不要把别的问题搅进来。也作“打了盆说盆，打了罐说罐”、“打了盆说盆，打了缸说缸”。

例句：“～，既然事情闹成这样，众人光哭闹也不行呀，咱们得想个办法解决。”（马烽　西戎《吕梁英雄传》）

dǎ le tù zi wèi yīng
打了兔子喂鹰

释义：比喻辛勤所得却被别人弄去了。

例句：“……闹了一会，靠在火墙边的老田头说道：‘咱们屯子闹翻身，翻肥了流氓。早先，咱们穷人扛把锄头，给地主拉套，如今换棵扎枪，给流氓拉套。’老孙头插嘴：‘咱们算是～’。”（周立波《暴风骤雨》）

dǎ lèi tái
打擂台

释义：擂台，为比武而搭起的台子。比喻双方较量或与人存心过不去。

例句：“贾琏一路摔帘子进来，冷笑道：‘妈妈，这会还都不起来，安心～打撒手儿！’”（清·曹雪芹《红楼梦》）

dǎ luó zi jīng le mǎ
打骡子惊了马

释义：比喻引起了连锁反应。

例句：“魏双强这个当领导的连自己的老部下都保护不了，今后谁还再一心一意地跟他干哪？～嘛。”

dǎ luò shuǐ gǒu
打落水狗

释义：比喻连续打击失败的或已陷入困境的人。

例句：“他们都是中国人，谁也不好意思去～。”（老舍《四世同堂·饥荒》）

dǎ mǎ hu yǎn
打马虎眼

释义：比喻装糊涂蒙骗人。

例句：“他这是～，麻痹我们大伙儿，假充好人，想混过这一关去。”（老舍《春华秋实》）

dǎ mái fu
打埋伏

释义：埋伏，军事术语，指隐蔽好，伺机行动。比喻隐瞒目的、问题或事情真相。

例句：“他说的数字不对，肯定是～了，就这么冲的铺面，一个月的营业额能那么丁点吗？”

dǎ māo xià hu gǒu
打猫吓唬狗

释义：比喻虚张声势。

例句：“我真的是～，只是想显示一下自己的个性，但没想到就因为这一次，我们彻底分手了，她似乎真的很怕有一天我会不要她，她认为我遇事总是先想着保全自己。”

dǎ mèn gùn
打闷棍

释义：指抢劫的强盗突然从后边将人打晕后抢走财物。比喻突然对某人提出责问，使其不知所措。

例句：“这一问，把黑丑打了个闷棍，一时答不上来。”（李晓明　韩安庆《破晓记》）

dǎ mèn hú lu
打闷葫芦

释义：葫芦若不打开就不知里面什么样。比喻使人纳闷的话或事。

例句：“且随我去游玩奇景，何必在此～！”（清·曹雪芹《红楼梦》）

dǎ niānr
打蔫儿

释义：指植物失去水分而萎缩。形容人没精打采、精神不振的样子。

例句：“在人们的记忆中，上海申花是一支强队，……然而，现在的申花虽然有阿内尔卡冲锋陷阵，指挥员也由蒂加纳换成了巴蒂斯塔，但成绩并没有实质性提高，甚至跟人们的预期相去甚远。申花偶尔～，人们可以理解，但每个赛季都这样萎靡不振，就会让人纳闷。”（李刚《申花为什么打蔫儿》）

dǎ pì gu
打屁股

释义：古时一种较轻的刑罚，用板子打屁股，以示惩戒。比喻批评或处罚。

例句：“这回不能托书店，因为万一发现，会累得店主人～。”（鲁迅《书信集·致萧军》）

dǎ pò fàn wǎn
打破饭碗

释义：比喻失去赖以生存的职业或生活来源。

例句：“震南村的何不周，只为自己拿了两把米给胡柳，就打破了自己的饭碗。”（欧阳山《三家巷》）

dǎ pò mèn hú lu
打破闷葫芦

释义：比喻猜中了很难猜透的话或事。

例句：“可惜俊人无寿，不然，他这样的才气，这样的阅历，一定会打破这个闷葫芦罢！”（茅盾《霜叶红似二月花》）

dǎ pò shā guō wèn dào dǐ
打破沙锅纹到底

释义：沙锅，用陶土和沙烧成的锅，不易与碱或酸起化学变化，但经撞击易裂纹，纹谐音问，比喻对事情或问题要究根问底。

例句：“我看见王主任上了坡，……才想起来王主任并不曾答复我那句问话：她为什么不回到文工团去？不过我也并非喜欢～的人。”（巴金《团圆》）

dǎ qì
打气

释义：指施加压力使气进入球或轮胎内。比喻给人鼓劲。

例句：“胡推销员知道此中确有困难，却还是给叶柏寿～，并且在价格上做了种种让步。”（白危《被围困的农庄主席》）

dǎ qián zhàn
打前站

释义：指先行到达要去的地方，为后去的人做好准备工作。

例句："大王即刻到了，洒家是～的……"（明·冯梦龙《警世通言》）

dǎ qiáng xīn jì

打强心剂

释义： 强心剂，用来增强心脏机能的针剂。比喻采取某种办法增强信心，振奋精神。

例句： "在昨天召开的河北国有企业改革发展暨国资监管工作会议上，河北省国资委强调，在2008年的国企改革中，要支持省内国有企业在境内外上市，推动具备条件的企业实现整体上市；不具备整体上市条件的，逐步把优良主营业务资产注入上市公司。这无疑是给河北国资背景的上市公司打了一针强心剂。"（王亚楠 杨欣《河北国资公司给七公司打"强心剂"》）

dǎ rén bù dǎ liǎn

打人不打脸

释义： 比喻在不丧失原则的情况下，不要让人当众难堪。

例句： "在为人处世方面，一个人若想和上司、同事建立良好的人际关系，一定要记住：保持适当距离，做事公私分明，尤其要注意言谈之间不要说到别人的痛处。切记：～。被刺中痛处，对任何人来说都是件不愉快的事。"（金毅《三分能力 七分人脉》）

dǎ rú yì suàn pán

打如意算盘

释义： 比喻一厢情愿地从好的一方面作打算。

例句： "近来加沙战火，双方各～：哈马斯轰炸逼谈判，以色列攻击则筹备半年。战争怎么收场，中东国家如何反应，油价会怎么走，都是值得关注的重点。"（刘必荣《加沙战火，双方各打如意算盘》）

dǎ rù lěng gōng

打入冷宫

释义： 冷宫，古时皇宫中失宠的后妃住处。比喻把人或物搁置一旁，不予理会。

例句： "使我难过的是，讲了以后得不到反应，～，这就叫人不免有点情绪了。"（周恩来《在文艺工作座谈会和故事片创作会议上的讲话》）

dǎ shé dǎ qī cùn

打蛇打七寸

释义： 蛇的七寸大约是蛇的心脏部位。比喻办事或说话要抓住关键环节。

例句： "我是一片好心，特地来报信。我也只愿得无事，落得'河水不洗船'，但做事也要'～'方妙。"（清·吴敬梓《儒林外史》）

dǎ shuǐ piāo

打水漂

释义： 一种游戏，将瓦片或石片旋转着平行地抛向水面，使其在水面上可以连蹦数下。比喻把正事当儿戏而白干一场。

例句： "项目论证得不严密，致使投进去的几十万～，下一步真不知该怎样办才好！"

dǎ shùn fēng luó

打顺风锣

释义： 比喻说话、做事都是顺着势头，不敢违拗。

例句： "爱姑觉得自己是完全孤立了；爹不说话，弟兄不敢来，尉老爷是原本帮他们的，七大人又不可靠，连尖下巴少爷也低声下气地像一个瘪臭虫，还～。"（鲁迅《离婚》）

dǎ sǐ yán wáng xià tuì xiǎo guǐ

打死阎王，吓退小鬼

释义： 比喻惩治了为首的，小喽啰就不敢动了。

例句： "～。往后，敌人再来闹腾，就得犯犯掂兑了。"（王厚选《古城青史》）

dǎ tài jí
打太极

释义： 太极拳是中国武术的一种，是饱含东方包容理念的运动形式，其特点是阴阳开合，刚柔相济，内外兼修。特别是衍生出来的太极推手，两人一来一往，状如行云流水，舒展灵活，相互配合，相得益彰。根据打太极的运动特点比喻处理事情互相推诿、躲躲闪闪不敢负责的行为。

例句： “在媒体追问感情时，他（郭富城）用‘话唠’～，直接把人绕在云雾里……”（马丹 陈雨啸《郭富城谈感情打太极：事业比爱情重要》）

dǎ tiě kàn huǒ hou
打铁看火候

释义： 比喻做事要抓住时机。

例句： “批评的时机就是指什么时候批评最有效。常言道：‘～，做事看时机’。批评也要把握时机，早了晚了都不行。”（南山风《时机是制胜的关键》）

dǎ tiě xiān děi běn shēn yìng
打铁先得本身硬

释义： 比喻要解决难题或战胜困难，首先要有过硬的本领。

例句： “我们在与敌人斗争的时候，我们内部也必然有斗争。必须进行思想交锋。～，身正影子才不斜，练好兵才能打好仗。”（李英儒《上一代人》）

dǎ tóu pào
打头炮

释义： 比喻首先发言或首先行动。

例句： “会场照例沉默一会儿。还是金桂嫂打了头炮。”（袁静《淮上人家》）

dǎ tóu zhèn
打头阵

释义： 指打仗时最先出阵与敌交锋。比喻遇事冲在前边带头干。

例句： “唐四奶奶～，跟脚就是琴珠，唐四爷殿后。”（老舍《鼓书艺人》）

dǎ tù zi pèng jiàn huáng yáng
打兔子碰见黄羊

释义： 黄羊，亦称“蒙古羚”，哺乳动物，栖息在丘陵、平原、草原，以草和灌木为食，肉味鲜美，皮可制革。比喻意外的收获。

例句： “今天在百货大楼可是～了，赶上商品大促销，买一个豆浆机赠送电烤箱，本来这两样东西都想买的，这下全搞定了！”

dǎ tuì táng gǔ
打退堂鼓

释义： 古时官吏坐堂问事结束，击鼓退堂。比喻做事中途退缩或改变主意。

例句： “孩子有胆量，敢在敌人枪尖底下挺着胸脯工作，当娘的还能缩脖子～？”（李英儒《野火春风斗古城》）

dǎ xiǎo bào gào
打小报告

释义： 小报告，不能公开的报告。比喻背着人向长辈或上级作不符事实的汇报。

例句： “在我们家里看来这是‘不求上进’‘有失身份’的举动。可是没人向上面～，我祖父、父亲、叔父们都不知道。”（巴金《随想录·探索》）

dǎ xiǎo suàn pán
打小算盘

释义： 比喻为个人、眼前或局部利益盘算。

例句："你这个人啊，就……只看小的，近的，不看大的，远的，专～。"（夏衍《啼笑之间》）

dǎ yā zi jīng le yuān yāng
打鸭子惊了鸳鸯

释义：比喻株连了无辜的人。

例句："一天晚上，她对崔生说：'……只恐好事多磨，会合的日子容易受到阻碍，一旦形迹败露，父母怪罪，到那时关闭笼子，锁住了鹦鹉棒，～，对我来说虽心甘情愿，但于你只恐怕有碍清名。"（明·瞿佑《金凤钗记》）

dǎ yǎ mí
打哑谜

释义：哑谜，猜谜的一种，指猜的人不说话，用动作来表示谜底。比喻故意隐瞒自己的真实意愿，让对方猜测，吊对方的胃口。

例句："直说了吧！别那么拐弯抹角～啦！"（康濯《东方红》）

dǎ yǎn
打眼

释义：睁眼看或很显眼，令人注意。

例句："他这个人很滑头，从不攫取什么过分～的利益，虽然他也并不拒绝那些送上门来，或者膊子一伸便可拿到的物事。"（沙汀《淘金记》）

dǎ yī bā zhang gěi gè tián zǎo chī
打一巴掌，给个甜枣吃

释义：比喻软硬兼施，又教训又拉拢。

例句："大姐说，爸爸用这个法子治馋猫真高，～，我瞪了大姐一眼没理她……。"

dǎ yī bā zhang róu sān róu
打一巴掌揉三揉

释义：比喻对人先打击后拉拢。

例句："我才不吃日本药呢！他妈的，用共和面弄坏了我的肚子，又给我点药：～，缺他妈的德！"（老舍《四世同堂·饥荒》）

dǎ yī qiāng huàn gè dì fang
打一枪换个地方

释义：比喻机动灵活。

例句："对此，兴业证券的分析师张忆东用'百团大战'来形容近期的行情，并建议投资者'留一份清醒、见好就收、～'，在个股选择上选'进去出得来、跌得深、弹性高的品种'，而重仓者要利用反弹机会减仓、调仓。"

dǎ yóu de qián bù mǎi cù
打油的钱不买醋

释义：比喻既在干一件事情就不能分心去干另外一件事情。

例句："常说～，你俩怎么在枪子底下还东张西望的？"（冯志《敌后武工队》）

dǎ yóu jī
打游击

释义：军事上指流动作战，分散打击敌人，出没无常。比喻从事没有固定地点的工作或活动。

例句："这些日子房子装修，睡觉～，有时在单位凑合一宿，有时到朋友家对付一宿。"

dǎ yù fáng zhēn
打预防针

释义：预防针，就是注射疫苗，以防止传染病的侵入。比喻提醒别人警惕某种行为或事情的发生，注意预防。

例句：“再住几个月我要自己写信给你看，你可不要笑话我写得不好，先打个预防针。”（冯德英《迎春花》）

dǎ yuán chǎng
打圆场

释义：圆场，戏剧术语，剧中人在舞台上按规定环形路线绕行，以表现舞台空间的转换。根据路线的长短和方向，又分为大圆场、小圆场、正圆场、反圆场等。比喻打破僵局、调解纠纷，使矛盾缓和或解决。

例句：“幸而有一位自由主义的母亲，常常在中间～，不然的话，也许要不可收拾了。”（邹韬奋《萍踪忆语》）

dǎ zhāo pai
打招牌

释义：比喻假借某种名义做事。

例句：“既然打着作家的招牌，就必须认真写作，必须重视作家的勇气和责任心。”（巴金《作家的勇气和责任心》）

dǎ zhe dēng long yě méi chù zhǎo
打着灯笼也没处找

释义：比喻十分难得。

例句：“你要再娶这么一个媳妇，这么个模样儿，这么个性情的人儿，～。”（清·曹雪芹《红楼梦》）

dǎ zhe yā zi shàng jià
打着鸭子上架

释义：比喻强迫别人做不愿或不会做的事情。亦作“赶鸭子上架”。

例句：“孩子们自然会选择自己的道路，～不行，强拧的瓜儿不甜！”（梁斌《红旗谱》）

dǎ zhé kòu
打折扣

释义：比喻降低对人或事要求的标准。

例句：“‘完不成任务不来见你！任务打了折扣也不来见你！’”（柳杞《长城烟尘》）

dǎ zhǒng liǎn chōng pàng zi
打肿脸充胖子

释义：比喻硬装门面，充好汉。

例句：“他宁肯有病装健康人，～，不让任何一个人知道真实情况。”（巴金《谈〈秋〉》）

dǎ zuǐ ba
打嘴巴

释义：比喻说话、做事自相矛盾。

例句：“肖梦遥看着梁雨仙，嘴角勾起一抹冷笑。梁雨仙像疯狗一般见着她就咬，若是再不给点教训，那还不翻了天。况且昨晚肖越刚刚贬了梁雨薇，如今梁雨仙这般说，那就是自～承认梁国公府教女不善，贬了梁雨薇，昭帝和其他人自然也不会有任何说辞。”（烟绾绾《重生之美人有毒》）

dà bái tiān shuō mèng huà
大白天说梦话

释义：比喻说话不着边际。

例句：“最后文娜郑重其事地说：‘如果我们想增加工资，改善待遇，可又不自己管理好自己，不努力工作，那无疑就是我前面讲的～！’”

dà běn yíng
大本营

释义：组织、集团的根据地或某种活动的策源地。

例句：“抗日民族统一战线的右翼集团是大地主和大资产阶级，这是民族投降主义的～。”（毛泽东《上海太原失陷以后抗日战争的形势和任务》）

dà bō hōng
大 拨 轰

释义：比喻不加选择。

例句：“往年 20 多个区直部门接连不断的‘～’年底检查场面不见了。今年，怀柔区推行年终政治经济工作考核新办法，七成区直单位取消年终下基层检查。”（杨晓斌 温来升《怀柔年终检查不搞“大拨轰”》）

dà chù luò mò
大 处 落 墨

释义：指画画或写文章要在主要部分下功夫。比喻做事从大处着眼，首先解决关键问题

例句：“17 点 30 分，音乐响起。记者和员工们一起‘下班’，走出办公楼，蓦然回首，保定分行细处入手、～的一道道文化风景变得更加立体而清晰。”（钱玉华 高军 赵亚锋《积柴文化》）

dà diē yǎn jìng
大 跌 眼 镜

释义：很久以前，为近视配的眼镜只是一个镜片，用的时候放到眼前。比较老练的近视眼者就用眼皮夹着镜片，这样可以腾出手来干别的事。但如果夹着镜片看某些东西时，有时眼睛一瞪镜片就掉下来了。久而久之“大跌眼镜”就成为看到惊奇事情的代名词，用来比喻出现了不可思议的事情或是出乎意料的结果。

例句：“令警方～的是，贩毒头目竟是十四岁的孩子。”

dà dòng gān gē
大 动 干 戈

释义：干和戈是古代常用武器，“干”指盾牌，秦称“盾”，山东六国称“干”；“戈”指进攻的类似矛的武器。“干戈”用作兵器的通称。指进行大规模的战争。比喻激烈地对抗。

例句：“妻子在夫妻生活上冷落了丈夫，按捺不住寂寞的丈夫最终与女下属暗地里搞起婚外情，没想到被早已发现的妻子悄悄跟踪，双方～，幸好被走访登记的出租屋综管员发现并及时制止，遏制了事态的进一步发展。”（高靖 余丽琴 蒋琳琳《夫妻生活上被冷落 丈夫竟搞婚外情》）

dà dòng mài
大 动 脉

释义：动脉是由心室引出的血管，将从心脏流出的血液运送到身体各部位。比喻交通方面的重要主干道。

例句：“通州运河核心区的北关大道即将开工，北端将接入通燕高速连接至京通快速路，成为新城南北‘～’。”（陈斯 杨保川《通州新添南北“大动脉”》）

dà fēng dà làng
大 风 大 浪

释义：指巨大的风浪。比喻尖锐的斗争或是前进路上的艰难险阻。

例句：“然而她到底是经过无数～的，深知躲避不了的烦恼，只有昂起头来硬顶。”（高阳《母子君臣》）

dà fēng tóu shàng shōu fān
大 风 头 上 收 帆

释义：比喻在紧要时刻中止行动。

例句：“姓陶的只说了一句话要她走，不想她竟是挺身而出。这倒不能在～，正了脸色道：‘要走就走，不要啰哩啰唆！’”（张恨水《丹凤街》）

dà gāng dǎ fān yóu　yán jiē jiǎn zhī ma
大缸打翻油，沿街捡芝麻

释义：比喻大处不算，小处计较。

例句：“我看你是～，整天开个破车没正经事，费了多少油钱你不算计，可你这座垫都这个样了你却舍不得换一个。”

dà gū niang shàng jiào tóu yī huí
大姑娘上轿头一回

释义：比喻第一次经历某件事，缺少经验。

例句：“其实，换阀门，我也是～，在家娇生惯养的我，从来没干过这种活。一口气跑到商店买来阀门，回忆在家时爸爸每次换阀门的程序，反复琢磨。费了很大力气才把阀门装上了，打开总水闸一试，不漏水了。”

dà guō fàn
大锅饭

释义：用大锅做出的饭。产生于1958年的农村人民公社办的集体食堂，社员家里不再做饭，都去集体食堂吃大锅饭。后比喻在分配方面的平均主义现象。

例句：“广大群众和干部的积极性哪里去了？被主观主义、不计较效果的大呼隆、平均主义的～挫伤了。”（吴象《历史的转折》）

dà guō lǐ yǒu fàn　xiǎo guō lǐ hǎo bàn
大锅里有饭，小锅里好办

释义：比喻有了整体的利益才能保证局部的利益。

例句：“至于大盘跌跌不休，科龙势必深受影响，这是很正常的现象，～，大锅里无饭小锅怎办？但是股价不是你张三说涨就涨，李四说跌就跌的，科龙今后的走向，就是目前有了明确的目标，也不能说得天花乱坠……”（智法《海信科龙走势论道》）

dà hǎi lǐ lāo zhēn
大海里捞针

释义：比喻极难找到或办到。

例句：“在这个信息爆炸的时代，让农民从铺天盖地的广告、真假难辨的信息中甄别、筛选出自己需要的东西，无异于让他们在‘～’，实在是勉为其难。”（徐力《别让农民“大海里捞针”》）

dà hàn wàng yún ní
大旱望云霓

释义：大旱的时候盼望能带来雨水的云。比喻渴望解除困境。

例句：“足足等了一个钟头的光景，而我们如～一样，所等候的兵车始终没有开来。”（郭沫若《学生时代·到宜兴去》）

dà hé méi shuǐ xiǎo hé gān
大河没水小河干

释义：比喻全局和局部的依存关系。

例句：“～，铁路项目大面积停工，造成一系列连锁反应。不管是农民工，还是在编的工人，都面临停工、拿不到工资的局面。”（谢雪琳《铁路停工逾1万公里　铁道部多方融资救急》）

dà hóng dà zǐ
大红大紫

释义：唐朝官员，一品以上穿红，三品以上穿紫。比喻非常受宠或非常受欢迎，十分走运。

例句：“我看出来，现在干什么都不能～，除了作官和唱戏！”（老舍《四世同堂》）

dà hóng rén
大红人

释义：在古代，官职较高的穿红袍，另外在科举当中高中（zhòng）的也披红袍。比喻受宠、

D 中国俗语

受重用。

例句：“领导赏识你，视你为“～”的秘诀是：高标准，严要求，精益求精，做好你的本职工作。”（李睿《做领导身边的大红人》）

dà huàn xiě
大换血

释义：比喻彻底换了一批人。

例句：“目前，有奥运任务的中国各主要运动队都在为伦敦紧张忙碌，没有奥运任务的中国男排也没闲着，尽管在今年5月无缘伦敦之后，主帅周建安流露退意，但是在今天中国排协公布的男排最新集训名单中，周建安仍是球队主教练，只不过球员进行了～。”

dà jiē bù zǒu zǒu xiǎo xiàng
大街不走走小巷

释义：比喻做事违背常理。

例句：“他这个人就这个坏脾气，～，本来说好的事，他偏不这样做！”

dà làng táo shā
大浪淘沙

释义：比喻人在激烈的斗争中经受考验、被筛选。

例句：“这支队伍经过严峻的锻炼和考验，质量更高了，是～保留下来的精华。”（粟裕《激流归大海》）

dà lǎo cū
大老粗

释义：指文化修养较低的人，多用于自谦。

例句：“咱是个～，比碾盘还粗，光会出死力打仗，哪敢跟你比政治理论。”（杨朔《北伐》）

dà lù cháo tiān gè zǒu bàn biān
大路朝天，各走半边

释义：比喻各干各的事，互不干扰。

例句：“这市场越来越波谲云诡，任何人在市场面前都是很渺小，顺势者赢，逆势者赔，天经地义。看对行情就做一段，看错行情就歇一段，在股市中任何人都会有这种经历和感受。……股市不是一个‘过了此村没那店’的场所，～罢了。”（应建中《股市大路朝天各走半边罢了》）

dà lù huò
大路货

释义：指市场上价值、品质最一般的产品，服务大众的产品。比喻普通、一般的人或事。

例句：“经统计，湖北省今年高考优秀作文只有几十篇，而去年却有300余篇。其他省也有类似情况，如广东省今年高考作文共有18个满分，比去年的26个数量下降。多数考生的作文为～。”（刘国强《高考作文解析：好写≠写好》）

dà mào zi
大帽子

释义：比喻与事实不符的罪名或言词。

例句：“谣言成了真相，辟谣成了笑话，令人深思：一桩普通的实名举报案为何这样被草率定性？公权力机关如此乱扣‘～’，将来谁还敢行使公民的监督权？”（蔡辉《“大帽子”为何掩护腐败》）

dà ná
大拿

释义：比喻某一方面的权威人士，有一定的号召力和控制力。

例句：“这些人都是每一个村的～。这个村有一百人，一百人全听他们的；有一千人，一千

人全听他们的。”（浩然《艳阳天》）

dà sā bǎ
大撒把

释义：比喻完全放手，丝毫不负责任。亦作“大撒手”。

例句：“农业以肥而兴、以水而旺，在我国水资源总量本来难有明显增加的背景下，‘～’式的农业用水方式已难以为继，只有早下决心，早日行动，切实转变发展方式，减少灌溉用水浪费，提高每滴水的利用效率，才能让有限的水资源换来更多、更丰富的农产品。”（陈仁泽《农业用水不能“大撒把”》）

dà sǎ wǎng
大撒网

释义：比喻广泛地搜求。

例句：“一位基层医院的医生为一消化不良的患者处方：胃蛋白酶含剂、胰酶片、酵母片、吗叮啉同时服用；……并为该用药方法美其名曰：‘～用药，百发百中。’……自古以来，医家讲究‘明确诊断，对症下药’，‘用药如用兵，勿滥力求精’。而上面所说的医生却反其道而行，盲目来个‘～’。”（常怡勇《用药岂能“大撒网”?》）

dà shǒu bǐ
大手笔

释义：比喻有重大影响的计划或举措。

例句：“安仁县享有‘南国药都’之美誉，坚持依托丰厚的神农文化底蕴和良好的地理环境优势，走招商引资和引导农民合股规模种植中药材的路子。……～开发建设几万亩‘神农中药园’基地。”（何炳文　唐志卓《安仁大手笔建设“神农中药园”基地县》）

dà shǒu dà jiǎo
大手大脚

释义：比喻对财物毫不吝惜，没有节制地随便花费或是行动鲁莽。

例句：“国务院国资委党委书记张毅 22 日在通报中国铁建业务招待费检查情况时表示，坚决反对中央企业～、大吃大喝。‘中央企业要把解决业务招待费管理中存在的问题作为贯彻党的群众路线、解决好群众反映突出问题的重要举措，深入查找，立行立改，以实际行动取信于民、取信于社会。’”（何宗渝《坚决反对央企大手大脚 大吃大喝》）

dà shù dǐ xià　cǎo bù zhān shuāng
大树底下，草不沾霜

释义：比喻得到庇护就不会受到侵害。亦作“背靠大树草不沾霜”。

例句：“人都说他是陈公的伙计，谁敢惹他？……他过着‘～’的日子，哪晓得以外的光景?”（清·西周生《醒世姻缘传》）

dà shù dǐ xià hǎo chéng liáng
大树底下好乘凉

释义：比喻有大的势力当靠山，就能得到庇护和照顾。

例句：“在中国—东盟博览会的带动下，中国与东盟合作不断增强。‘～，’双方企业和人民从中获得了实实在在的利益。”（张爱林《大树底下好乘凉》）

dà shuǐ chōng le lóng wáng miào
大水冲了龙王庙

释义：龙王，神话传说中管水的神仙，掌管兴云降雨，因而筑庙祭祀，以求其保佑风调雨顺。比喻因不知情而导致误会伤害了自家的利益。

例句：“‘你他娘的知道你被谁打的不?’刘孬手指头点在儿子头上：‘那是你三叔的兄弟!’‘赶紧换上衣服，奶奶的，～，这事闹的!’说完不顾胳膊还没复原喊疼不已的刘昊，硬拽着上车。”（一手一《重生之中专时代》）

dà tóu

大头

释义： 比喻人在不明就里的情况下遭受损失。

例句： “棚、家伙座儿、厨子，和其他的一切都不值那么些钱，都捉了他的～，都冤枉。”（老舍《骆驼祥子》）

dà wànr

大腕儿

释义： 指某些领域中有成就、有影响的人物。

例句： “马年春晚也可能会变成华谊艺人拜年大会，想想看华谊旗下，李冰冰、李小璐、苏有朋、张涵予，大大小小几十位，真往台上一站，绝对是道风景。关键是，观众是要看春晚呢，还是看～？”（谢云深《看大腕儿，还是看春晚？》）

dà yǎn dèng xiǎo yǎn

大眼瞪小眼

释义： 形容相对无语或面面相觑，没有办法。

例句： “他掂了掂手里的那条小米袋，又说，‘小李！假如你是这个司务长，看你的锦囊妙计吧。’我们俩就～地呆了起来。”（魏巍《朝鲜同志》）

dà yì shī jīng zhōu

大意失荆州

释义： 荆州，古地名，三国时期蜀国军事重镇，在今湖北江陵。《三国演义》载，关羽镇守荆州，因轻敌而被孙权派兵袭取。后指因一时疏忽大意而造成重大损失或严重后果。

例句： “快吧！不要～，我们不靠圩边走，奔南河底去。”（陈登科《淮河边上的儿女》）

dà yú chī xiǎo yú　xiǎo yú chī xiā mi

大鱼吃小鱼，小鱼吃虾米

释义： 比喻以强凌弱，以大欺小。

例句： “～。资本家剥削工人，是资本主义社会的经济规律。”

dà zá huì

大杂烩

释义： 把多种菜放在一起烩成的菜。比喻把各种完全不同类的事物胡乱拼凑在一起。

例句： “总体而言，‘南海六点原则’就是一个～，各方都从中找到对自己有利的解读。‘南海六点原则’除了表明对中国某种程度的牵制外，更现实的功能是表明‘东盟没有分裂’。但不管别人如何解读，中国捍卫领土的决心绝不动摇，行动绝不含糊。”（兰恒敏《“大杂烩”各取所需》）

dà zǎo hé tao yī qǐ shǔ

大枣核桃一起数

释义： 比喻不加区别，随意地处理事情。

例句： “咱们就事论事，分清是非就行，不能～，翻那些陈年老账。”

dǎi gè há ma zuàn chū niào lái

逮个蛤蟆攥出尿来

释义： 比喻行事过分，得理不饶人。

例句： “高弘历来是爱做这被大家取笑的人，毫不羞愧道：‘以前老妈你说我是～，今天您这讽刺成升级加强版了！您儿子您还不知道么，自己没儿子，抱抱别人的也不行，那可太憋屈了！”（西陵招娣《雌兽生子》）

dǎi gè qiǎor　hái děi diū bǎ mǐ

逮个雀儿还得丢把米

释义： 比喻要达到一定的目的就必须付出相应的代价。

例句：“不是光凭空嘴到人前去吹他、捧他，到他屋里去说他、劝他，得将他、挤他，最要紧的还得出点血，舍点油，人说舍不得孩子捉不住狼，～哩。”（崔复生《太行志》）

dǎi zhù tù zi cái sā yīng
逮住兔子才撒鹰

释义：比喻先得利，后下本钱。

例句：“冯贵堂说：‘乡村里人都是死脑筋，净想～。你要想对耕作方法有所改良，比登天还难呢！’”（梁斌《红旗谱》）

dài dào gōu lǐ le
带到沟里了

释义：比喻跟着上当了。

例句：“‘你，你笑什么？’赵天泓顿时脸红脖子粗。苏墨玉眉毛一挑，微笑着问：‘笑可笑之人，三皇子想要知道是谁吗？’‘不，不想。’赵天泓不自在地摆摆手，看她的样子也知道是在笑他了。他上一次就知道这丫头嘴皮子厉害，这一次可不能再被她～。”（闲逸《望族女——冤家郎》）

dài le chèng gǎn wàng le tuó
带了秤杆忘了砣

释义：比喻做事情丢三落四。

例句：“却说阿碧中午休息，睡得正香，仿佛听到有人敲门，打破一场美梦，猜想是阿兰回来，抱怨道：“阿兰这小蹄子，肯定又是～，出门也不带钥匙，让她急一会再说。”

dài zhe líng dang qù zuò zéi
带着铃铛去做贼

释义：比喻要干隐秘的事而自己先声张出去。

例句：“可想而知，唐韵当时承受了多大的痛苦！尽管如此，唐韵还肯给我悔过的机会。而～的我，却一直侥幸地认为唐韵根本没发现我和梅凝的隐情，一直在和梅凝往来。”（南君子《美人如花》）

dài gāo mào zi
戴高帽子

释义：据说有个京官到外地去任职，临行前去跟老师告别。老师说：“外面的官不好做，应当谨慎些。”那人说：“我准备了一百顶高帽，逢人就送他一顶，不至于搞不好关系吧。”老师生气地说：“我们应该堂堂正正做官，为什么要这样呢？”那人说：“天下像老师这样不喜欢戴高帽子的人能有几个呢？”老师点了点头表示赞同：“你的话也不是没有道理。”那人出来后对别人说：“我原来有一百顶高帽子，现在剩九十九顶了。”比喻为了讨好人，而对人说恭维的话。

例句：“那蔡监察当堂被～，已自满心舒畅，又见他口舌伶俐，人才出众，更是赞赏。”（司马文森《风雨桐江》）

dài lǜ mào zi
戴绿帽子

释义：据传古时候有一对夫妻，丈夫是个生意人，经常不在家。妻子寂寞难耐，就跟一个布商相好了。为了不被丈夫发现，她从布商那里要了一块绿色的布料，做了一顶帽子给丈夫，还和那个布商约定，当你看到我丈夫戴上绿帽子外出的时候，你就可以来了。后来“戴绿帽子”就成为妻子与人有染的代名词了。

例句：“咱们这样有面子的人，什么也不怕，就怕～！”（张恨水《啼笑因缘》）

dài mào zi
戴帽子

释义：帽子，指按某些条件而设定的罪名。比喻给某人头上加的罪名。

例句："说缺点，我不怕～!"（吴强《红日》）

dài miàn jù

戴面具

释义：面具，遮盖全部或部分脸，只露出眼睛的覆盖物，通常用于舞台、狂欢和戏剧等的伪装。比喻伪装出某种假象，把真实面目隐藏起来。

例句："吴卫国接着说，'如此巨大的石佛，肯定不是一两年能完成的，可是在史册上都没有记载，这件事情肯定是秘密完成的。也许，～的佛有一种象征意义。'"（米斯特胡《西域天书之昆仑狼图》）

dài yǒu sè yǎn jìng

戴有色眼镜

释义：戴有色眼镜看东西都不是本来的颜色。比喻怀着某种偏见看待人和事。

例句："他不像有些绅士或准绅士，～看世界，把世界全看扁了。"（丁玲《胡也频》）

dān dàn zi

担担子

释义：比喻负某种责任。

例句："我敢担起这个担子，就有把握担出个名堂!"（杜鹏程《保卫延安》）

dān xuě tián jǐng

担雪填井

释义：比喻欲望永远不能满足。

例句："朋友们讥评，妻子们怨怅，到此地位，一总不理。只是心心念念记挂此事，一似～，再没个满的日子了。"（明·凌濛初《二刻拍案惊奇》）

dān zhòng dàn

担重担

释义：比喻承担更大的责任。

例句："2月1日，由安阳市委、安阳市人民政府主办的'感动安阳·2012年度杰出创业功臣颁奖晚会在安阳电视台隆重举行，安李公司总经理石亚洲以创新发展、勇～、逆境奋起的骄人业绩，荣登安阳市2012年度十大杰出创业功臣的颁奖舞台。"（程亚明 刘军《石亚洲：勇担重担　合作共赢》）

dān dǎ yī

单打一

释义：比喻只顾及一方面的事物，而不管其他方面。

例句："'～'的做法必须改变，否则就要犯错误。"（刘少奇《关于城市工作的几个问题》）

dān dāo huì

单刀会

释义：据《三国志》载，鲁肃奉孙权之命向刘备索荆州，与关羽相见，约好"各驻兵百步上，但诸将军单刀俱会。"从后文结果看，双方各自后退，达成协议，共同抗曹。后来在小说和戏曲中为表现关羽胆识过人，只携周仓一人单刀赴会，席间关羽假醉，一手执刀，一手执鲁肃，东吴众将投鼠忌器，不敢轻动，关羽安然返回荆州。比喻一个人单独去办棘手的事情。

例句："谭总～，一举击败众多竞争对手，拿下几千万的订单，真是了不起呀!"

dān dāo zhí rù

单刀直入

释义：比喻说话直接了当，不绕弯子。

例句："追女生是'～'好还是'迂回战术'高？华中科技大学与中南财经政法大学演讲与辩论协会将'泡妞秘籍'作为辩题公开激辩……"（翁晓波 程佳怡《两大学激辩：追女生是"单刀直入"好还是"迂回战术"好》）

dān miàn luó dǎ bù xiǎng
单 面 锣 打 不 响

释义：比喻一厢情愿的事很难办成。

例句：“～，我对他是有心，可谁知人家对咱有意没有呢？”（冯德英《迎春花》）

dān qiāng pǐ mǎ
单 枪 匹 马

释义：比喻做事没人帮助，只有一个人行动。

例句：“冯寡妇大骂那些女人是熊包，自己～，趁人们在街上歇晌的当儿，故意在大街上村两头走。”（冯德英《迎春花》）

dān sī bù chéng xiàn
单 丝 不 成 线

释义：线是由一根根丝拧成的。比喻个人的力量是很小的。

例句：“我在他家里，身入重地，自古道‘～’，反为不美。”（明·许仲琳《封神演义》）

dàn jìn liáng jué
弹 尽 粮 绝

释义：作战中弹药用完了，粮食也吃光了。比喻陷入绝境。

例句：“随着楼市调控的‘持久战’僵持18个月，再有钱的‘地主’，‘余粮’也耗费得差不多了，而高利贷事件频发下还有多少民间资本肯冒险加入也成疑问，此时外资这一‘外援’再一撤退，对开发商而言无异于釜底抽薪，将不得不面对‘～’的绝境。”（刘凤羽《房地产开发商即将“弹尽粮绝”》）

dāng bǎ zi
当 靶 子

释义：比喻作为被攻击的对象。

例句：“实际上，两党在今年中期选举的竞选游说过程中，把中国～的频率高得空前。”（吴挺《中期选举驴象两党均指责对方“取悦中国”》）

dāng ér xì
当 儿 戏

释义：儿戏，小孩子的游戏。比喻做事不负责任。

例句：“‘婚姻是人一生中最大的事，当今的青年对待婚姻一定要慎之又慎，千万别把婚姻～，三句话不合就闹离婚！’江心洲建邺区福利院结婚已65年的92岁帅藻民和89岁史靓老夫妇在面对记者采访时说的一句话！”（冯文杰《请勿将婚姻当儿戏》）

dāng hóur shuǎ
当 猴 儿 耍

释义：耍猴儿，杂耍的一种。耍猴的人将猴训练得能够按指令做些令人发笑的动作，属于街头卖艺，登不上大雅之堂。比喻使用某种方法或手段捉弄、取笑他人。

例句：“第十八届上海电视节进入第二天，上海展览中心的主场馆依然人头攒动，高晓松、范玮琪、马浚伟、张檬、邬倩倩等明星到场，向公众推介各自的作品。高晓松称，与脱口秀节目《晓说》签保底协议行，但把他～不行。”（许青红《别把我当猴儿耍》）

dāng jiā cái zhī chái mǐ guì
当 家 才 知 柴 米 贵

释义：见“不当家不知柴米贵”。

dāng le zǎi xiàng wàng fēng hóu
当 了 宰 相 望 封 侯

释义：比喻不知足。

例句：“你现在的岗位挺好的，业务熟，人脉又好，何必又要跳槽呢，就别～啦！”

dāng miàn gǔ　duì miàn luó
当面鼓，对面锣

释义：比喻有了事情最好面对面解决。

例句：“我自己～地去和他说，俺俩是一奶同胞，他的脾气、秉性我摸得最透。”（冯志《敌后武工队》）

dāng miàn yī pén huǒ　bēi hòu yī bǎ dāo
当面一盆火，背后一把刀

释义：比喻当面很热情，而背后却置人于死地。讥讽阴险毒辣的伪君子。

例句：“那个人你要小心点，～，别让他把你忽悠了！”

dāng qiāng shǐ
当枪使

释义：比喻被人利用，替人效力。

例句：“有时候，在别人有难的时候，伸出援助之手拉一把，是应该的。但要把这样做的后果想清楚，不能什么事都无条件地承担。因此，我们要多个心眼，不要被人算计，也不要被人～。”（张笑恒《别太单纯》）

dāng qiāng shǒu
当枪手

释义：比喻全权替某人做事。

例句：“安徽砀山查处一起集体替考事件，名牌大学生充当高考枪手，中学老师协助造假暗度陈仓。”

dāng tiào bǎn
当跳板

释义：比喻把人或事物作为步步高升的工具。

例句：“把婚姻当饭碗，把婚姻～，都 OK，持之以恒的是，一定要随着婚姻成长蜕变，做一个有能力主宰它的主人，这才是上上签。”（焦阳《爱对男人不如嫁对男人》）

dāng tóu yī bàng
当头一棒

释义：迎头一棍子。比喻受到严重警告或突然的打击。

例句：“亚锦赛战幕昨日开启，志在卫冕的中国男篮却遭遇～，在和韩国队纠缠了 40 分钟之后，中国男篮最终以 59 比 63 败北，这也是中国男篮 11 年来首次在国际大赛中输给韩国。”（唐舸《当头一棒》）

dāng yǎ ba mài
当哑巴卖

释义：斥责人说话不看时机场合或多嘴多舌。

例句：“中国人在家里不吱声没人会把你～了，到了国外，安安静静地行事，多少还能赢得人家的一些尊敬。”（韩盈《不说话没人把你当哑巴卖了》）

dāng yán bù xián　dāng cù bù suān
当盐不咸，当醋不酸

释义：比喻人没本事，干什么都不行。

例句：“他真的以为自己是块料呢，实际上是～的主儿。”

dāng yī tiān hé shàng zhuàng yī tiān zhōng
当一天和尚撞一天钟

释义：比喻虚度光阴，得过且过混日子。

例句：“自省一场球导致的失败，引发了全民中国足球的反思。中国足协看来无法继续计划体制下‘～’的日子。中国的经济迅猛发展，市场和形势都要求足协来个‘脑筋急转弯’，实施改革。”

dāng zhe ǎi rén bù shuō duǎn huà
当着矮人不说短话

释义：比喻说话要注意避开人家的忌讳。

例句：“俗语说，‘～’。姑妈骂我，我不敢还言；这二位姑娘并没惹着你，小老婆长小老婆短，人家脸上怎么过得去？”（清·曹雪芹《红楼梦》）。

dāng zhe cáo cāo shuō cáo cāo hǎo　dāng zhe liú bèi shuō liú bèi hǎo
当着曹操说曹操好，当着刘备说刘备好

释义：比喻处世圆滑，不得罪人。

例句：“王全那个人，～，从不得罪任何人”

dāng zhe hé shang bù shuō tū tóu
当着和尚不说秃头

释义：见“当着矮人不说短话”

dāng zhe hé shang mà tū zi
当着和尚骂秃子

释义：比喻说话不避人忌讳。

例句：“想起之前跟徐娇娇抱怨（指抱怨徐娇娇的父亲——编者注）时候的情形，刘飞心中一阵郁闷！坏了，我这不是～吗！汗，怎么会这样呢？”（梦入洪荒《官途》）

dǎng hèngr
挡横儿

释义：指很强硬地挡在那里。比喻从中干涉、阻拦。

例句：“众人返身看去，却见一个少年扬手将那个抢人的官家大汉，一巴掌抽得飞了起来！‘好!’众人顿时激愤起来。这两个巡防官兵，平日里没少干这样的事，今天竟然碰到～的!”（大大王《漫漫真武路》）

dǎng jiàn pái
挡箭牌

释义：即盾牌，用皮革或藤制成，作战时用来挡住对方射过来的箭矢。比喻用来推脱或掩饰的借口。

例句：“显而易见，证监会将‘市场化’作为～，用来拒绝投资者暂停 IPO 的要求，其理由是不充分的。”（周俊生《别把“市场化”当叫停 IPO 挡箭牌》）

dāo bà zi
刀把子

释义：刀的把柄。比喻主宰的权力或杀生大权。

例句：“～总有一天会拿在我们手里的。”（茹志鹃《高高的白杨树》）

dāo duì dāo　qiāng duì qiāng
刀对刀，枪对枪

释义：比喻实力相当或说话尖锐。

例句：“想当年，王祥为竞争这个职位可是跟十个竞争对手～地硬干过，没点真本事能行吗?”

dāo kuài bù pà rèn niú pí
刀快不怕韧牛皮

释义：比喻有本事就不怕困难和挫折

例句：“～，人只要勤奋，肯于吃苦，那么成功离你只有一步之遥。”

dāo qiāng yào suī hǎo　bù pò shǒu wèi gāo
刀枪药虽好，不破手为高

释义：比喻做事情不要过度地依赖客观条件，主观上不可大意。

例句：“世上没有神仙皇帝，人间遍地牛鬼蛇神！谁能说清下一秒会发生什么？是同仇敌忾，还是吹毛立断！～。曾经的生活乱如一张草稿纸，过去呢？过去会怎样？～……”

（萧大地《不过是个普通人》）

dāo qiē dòu fu liǎng miàn guāng

刀切豆腐两面光

释义：比喻为人圆滑，两面讨好。

例句：“原来是这样，好一个王子君，不简单啊！这当副手有很多种。有的人做得窝窝囊囊，在两个领导之间那是四处受气。但是同一件事情有的人就不一样。对两个领导，有些人好似天生就会寻找平衡点一般，一动手就是～。”（宝石猫《重生之我的书记人生》）

dāo shān huǒ hǎi

刀山火海

释义：比喻极其危险和困难的地方。

例句：“此刻，面前即使横着～，我们也必须打过去。”（刘伯承《千里跃进大别山》）

dāo zài kuài xiāo bù liǎo zì jǐ de bǐng

刀再快削不了自己的柄

释义：比喻再有本事的人也解决不好自身的问题。

例句：“世上有很多事情不是你一个人能够完成的，～，借力使力才是最理智的选择。”

dāo zài shí shàng mó gāng zài huǒ zhōng liàn

刀在石上磨，钢在火中炼

释义：比喻人要在一定环境中磨练才能成长、成熟。

例句：“社会就是一座大学，只有经历世事，才能懂得道理，才能成就事业，这就是～的真谛所在。”

dāo zi zuǐ dòu fu xīn

刀子嘴，豆腐心

释义：比喻人嘴上说话尖刻不饶人，但心地却善良。

例句：“别看秀英姑娘说话厉害，心地却善良，村里人都说她是～。”（马春《龙滩春色》）

dǎo huǒ suǒ

导火索

释义：又称导火线或引火线，用麻线或棉线包缠火药，并涂以防湿剂，用以引爆雷管或黑火药。比喻引发事端的原因或借口。

例句：“由于日本海啸，国际经济大环境，更重要的是日本产品技术优势的逐渐下降，韩、美以及中国品牌的技术提升，日系家电领域明显开始不占优，‘钓鱼岛’事件仅仅是早就‘摇摇欲坠’的日本家电衰败的～。”（李洪涛《钓鱼岛成日系衰败导火索 中国家电崛起正当时》）

dǎo dàn

捣蛋

释义：蛋壳易碎一捣就破。比喻做坏事或恶作剧。

例句：“这是成心～，你们全滚出去！”（老舍《四世同堂》）

dǎo lǘ bù dǎo jià

倒驴不倒架

释义：架，为让驴能驮东西而特制的木架，驴倒下了但放置物品的架子却没有跟着倒。比喻实质上已经发生了变化但表面上却看不出来。

例句：“扁脚丫子真是大户人家，其实那个家业早就被几个不争气的儿子给掏空了，可人家硬是～，照样吃喝玩乐。”

dǎo méi

倒楣

释义：据说科举时在各个考生门前竖一根旗杆，考中者旗杆仍竖在门前，考不中者撤去，谓

之“倒楣”。后比喻遇到不顺利的事。也作“倒霉”。

例句：“叶寒眼看着被她发现再也藏不住了，不由暗暗苦笑。看来今晚果真是我的～日了，诸事不顺，居然随处都能惹麻烦上身。”（子木成兵《子木星传奇》）

dǎo wèi kǒu

倒 胃 口

释义：因饮食问题使胃有反应，不想再吃，有呕吐感。比喻对某人或某事厌烦。

例句：“朱延平心里早就知道，最近刘蕙蕙见了他没有别的话讲，就是伸手要钱，真叫人～。”（周而复《上海的早晨》）

dào huǒ hòu

到 火 候

释义：指烹饪食物到了熟的时候。比喻技能、本领等达到了相当的水平。

例句：“从当上全国人大代表起，叶青就在为公车改革鼓与呼。看到2011年武汉和全国三公经费公开、低碳出行方面的进步，……他说，加快推进公车改革～了！”（夏琼《加快推进公车改革到火候了》）

dào shén me miào shāo shén me xiāng

到 什 么 庙 烧 什 么 香

释义：比喻要见机行事，不能墨守成规。

例句：“犹太商人心里明白，收账时不能始终唱一个调子，～，也就是‘看人下菜碟’，因人而异制定讨债策略。”

dào shén me shān chàng shén me gē

到 什 么 山 唱 什 么 歌

释义：比喻做事情要依据具体情况而定。

例句：“俗话说：‘～’。又说：‘看菜吃饭，量体裁衣。’我们无论做什么事都要看情况办理，文章和演说也是这样。”（毛泽东《反对党八股》）

dào shén me shān kǎn shén me chái

到 什 么 山 砍 什 么 柴

释义：比喻要因地制宜，在什么样的环境就办什么样的事。

例句：“最近听了三位创业者的报告，非常有意思，报告人的角色不同，形成了不同的演讲风格。小企业讲产品，中企业讲管理，大企业讲文化，正印证了那句话：‘～’。”

dào zuǐ de féi ròu ràng yīng diāo qù le

到 嘴 的 肥 肉 让 鹰 叼 去 了

释义：比喻到手的好处让别人夺去了。

例句：“宋子秋傻了。他捂在被窝里像个大姑娘一样哭了整整一个晚上，但不敢回家，不敢说给爹，爹要知道～，非跳河不可。他知道爹比他看得重。”（赵文辉《棉检组长》）

dào dǎ yī pá

倒 打 一 耙

释义：古典小说《西游记》中的猪八戒在同妖怪打斗时常常佯装打不过，拖耙就走，然后趁其不备回手一耙打败对方。比喻不仅不承认自己的错误，还对别人反咬一口。

例句：“王奎万没料到这家伙来了个～。”（康濯《东方红》）

dào guà

倒 挂

释义：头朝下脚朝上地挂着。比喻现状与实际情况不符，与应该的样子相反。

例句：“虽然在购买贵金属饰品时，很多人都认为铂金比黄金更加稀缺，价格比黄金更贵，但随着近期国际黄金价格的连续上涨，现货黄金价格再次出现了高于铂金价格的～现象。”（崔滨 肖家鑫《国际市场倒挂 黄金贵于铂金》）

dào kǔ shuǐ
倒苦水

释义：比喻向人倾诉心中的痛苦和委屈。

例句：“她一回家乡，见各村的农会召集受苦受难人～，斗地主，向地主恶霸算账，讨还血债。”（陈登科《活人塘》）

dào tiē
倒贴

释义：比喻做事不但没得利益，自己反倒有损失。

例句：“碰到缺吃没烧的病人，他就连～药费车费也高兴。”（高云览《小城春秋》）

dào zāi cōng
倒栽葱

释义：比喻头朝下摔下来。

例句：“‘砰’的一枪，那家伙一个～便倒了下去。”（马烽　西戎《吕梁英雄传》）

dào gāo yī chǐ mó gāo yī zhàng
道高一尺魔高一丈

释义：比喻一方的力量超过与之敌对的一方；也指成功之后而遇上更大的障碍。

例句：“所谓‘～’，他，吴荪甫，以及他的同仁孙吉人他们，都是企业界身经百战的宿将，难道就怕了什么？”（茅盾《子夜》）

dào lù bù píng zhòng rén cǎi
道路不平众人踩

释义：比喻对不公平的事，众人心里自有公论，并会有公道舆论支持。

例句：“～，在下岂能袖手旁观。你口气豪强，仗势人多而欺外乡学子，枉你还称读书之人。”（宋隐之《状元风流》）

dào sān bù zháo liǎng
道三不着两

释义：比喻说三句有两句说不到地方。

例句：“文杏又小，～的。莺儿一个人，不够服侍的，还要买一个丫头来你使。”（清·曹雪芹《红楼梦》）

dào cǎo rén
稻草人

释义：指农田间用稻草做成的驱赶鸟雀防止其偷食粮食的假人。比喻现实生活中一种默默无闻，看似平凡却又不平凡的人。

例句：“就是这样一个如‘～’般平凡的小孩，竟然登上了人民大会堂的舞台，完成了一次‘华丽的蜕变’。”（孙鹏远《变成现实的稻草人之梦》）

dé cùn jìn chǐ
得寸进尺

释义：比喻贪心不足，贪得无厌。

例句：“因为我们年轻无经验，焦达峰又事事让步，他们这些老家伙，就～，诡计多端。”（李六如《六十年的变迁》）

dé le jīn mǎ jū　hái xiǎng yào tā niáng
得了金马驹，还想要它娘

释义：比喻得寸进尺，贪得无厌。

例句：“沈万三是个‘～’的贪狼。他一听才一千两，心说：这哪行啊，打了我的人，伤了我的面，往少说也得勒他个万八千的。”（单田芳 等《明英烈·取襄阳》）

dé le sān fēn yán sè jiù yào kāi rǎn fáng
得了三分颜色就要开染坊

释义：比喻别人给点好脸色看就得意忘形。

例句：“檀晶突然间有想乱棍打死他的冲动！这个可恶的坏蛋，～！这世上没有一个女人，愿意听到别人说她不美，年纪更是死穴。”

dé lǒng wàng shǔ
得陇望蜀

释义：陇，指甘肃东部；蜀，指四川中西部。已经取得陇东，还想攻取蜀西。比喻得寸进尺，贪得无厌。

例句：“表面上，人民币汇率仍由中国自己掌控，但实际上已受制于美国。一旦美国从这次对话中得到新的好处，美国将～，持续不断地给中国政府施压，不达目的不放手；而一旦中国做出让步，对中国企业来说，将是一个无穷尽的噩梦。因此，这次对话，中国必须守住底线，绝不能再退让。”（天鹰降临《香港称美国得陇望蜀，中国必须守住底线绝不退让》）

dé pián yi mài guāi
得便宜卖乖

释义：指人得到好处或实惠还要假意地报怨。

例句：“盛杏荪这个人很刻薄，专门做～的事。”（高阳《胡雪岩全传》）

dé yú wàng quán
得鱼忘筌

释义：筌，捕鱼用的竹器。比喻事情成功以后就忘了本来依靠的人或物。

例句：“笔者认为，在基金公司转型的大背景下，基金公司管理者不能‘～’，在追求投资收益最大化的同时，更应将大部分精力用于提高人均利润率上面，也就是改善组织运营效益，从而提升组织成员的投资回报率。”（赵学毅《基金业不能“得鱼忘筌”》）

dé zhì de māor xióng sì hǔ
得志的猫儿雄似虎

释义：比喻小人得志，神气十足。

例句：“如今南海问题成为我国又一个重大领土争端问题，现在的越南越来越不得了，乍看上去像是～，其实还是猫。”

dēng bù bō bù liàng
灯不拨不亮

释义：点油灯时油灯的灯捻燃烧时间长了会炭化，影响灯油的吸入，灯就暗了；把炭化的部位弄掉，灯就亮了。比喻抓住问题的症结，问题就解决了。

例句：“俗话说，～。正是透过或适用新法作出判决的第一案，或在适用法律时引发诸多争议案件，才使得相关法制理念更加深入人心。”（陈霄《北京流浪猫伤人案判决已出：投喂者须担责》）

dēng hóng jiǔ lǜ
灯红酒绿

释义：灯光酒色，红绿相映，令人目眩神迷。形容奢侈的生活。

例句：“面对这一切，身处～、一片歌舞升平的都市，我无法宁静，又无可奈何。我只能对他们深怀悲悯之心。此刻，写下这懦弱的文字，只希望引起拯救的注意。我们已经实施了许多善政，如低保、失业救济、农民免税、年满60周岁的农民将实行退休等等，可我们的惠民政策是否可以更多更大一些呢？”（向继东《在灯红酒绿之外》）

dēng jìn yóu gān
灯尽油干

释义：比喻人的精力或财力消耗一空。

例句：“已经被生活熬得～的秀英，依依不舍地拉着他的手嗫嚅着说：‘他爹，我陪不了你

啦，没给你生个儿子，对不住你呀。'"（李书圣《七妹》）

dēng tái zhào rén bù zhào jǐ

灯台照人不照己

释义：油灯或蜡烛点亮时，亮光照不到灯下面的地方。比喻有些人只看到别人的缺点，却看不到自身的缺点。

例句："有一句老话叫做'～'。在明亮的灯光下，人们总是先看到他人的错误，而在有意或无意间忽视了自身的错误。11月17日，国足梦断广州天河体育场，到底谁有罪？到底有多少人该负责任？强撑了十来天后。阿里·汉先生终于第一次承认了自己的错误。"（动感光波《衙门还是那个衙门》）

dēng xià hēi

灯下黑

释义：用油灯或蜡烛照明时，由于光亮在上面，受灯具自身的遮掩，下面虽然距光源很近，但却见不到光，所以叫灯下黑。比喻发生的事件离自己越近反倒越容易忽略，不能察觉。也用来比喻越是危险的地方反而越安全。

例句："这吴王妃真是打得一手的好算盘，算无遗策，画无失理呀。朱瑰知暗暗捶胸，～呀，怎么忘了自己的爹爹如今可是比皇帝还炙手可热的黄金老公人选呐……"（兰蓝澜《三朝郡主》）

dēng lóng mén

登龙门

释义：龙门，在山西、陕西两省交界处，是黄河流经的一个山口。据《太平广记》载，龙门水流湍急，每年春来，云雨蔽天，天火大作，黄河游来鲤鱼，尾巴被天火烧掉，跳过龙门就变成了龙。后比喻得到有力者的援助、引荐而提高了声望。

例句："'申遗'成功之后，由于'一～，身价百倍，'旅游热带来的滚滚人流，大有踏平三山五岳之势。"（刘潇《"一登龙门，身价百倍？"》）

dēng bí zi shàng liǎn

蹬鼻子上脸

释义：比喻越来越过分。

例句："'你能不能不问这些事不关己的问题！'古俊皓的话里透着一些狠气，他的这股狠气让我清晰地明白自己忘了身份，也切切实实地看到了我和他的距离。'我知道，你下一句是不是就要说我～呀？'我知道我又没有管住自己的嘴巴，如果不是怕疼真想抽自己两下子，听着这样被别人说自己，还真的觉得自己是吃饱了撑的……"（猫耳朵《我们的青春在指尖游走》）

děng mǐ xià guō

等米下锅

释义：比喻做事情缺少最主要的条件。

例句："我在这衙门内已经三代了。外头也有些体面，家里还过得，就规规矩矩伺候本官升了还能够，不像那些～的。"（清·曹雪芹《红楼梦》）

děng yú líng

等于零

释义：零是自然数中的一个，在数中起占位的作用，表示数位中没有单位。比喻什么都没有。

例句："在社会这个大熔炉、大考场上，任何金字招牌……都无济于事，如果没有从零干起的心态和发奋努力，北大毕业就真的～。"（一半阳光《北大毕业等于零》）

dī cháo

低潮

释义：在潮的一个涨落周期内，退却最远的潮，最低的潮水位。比喻事物发展过程中低落、停滞的阶段。

例句：“大部分女人喜欢有阅历的成熟男人，大概就是因为成熟男人大都经历过这样的～时期。能够从～里走出来的男人，就像山水画中又添上若隐若现的云雾，越看越有味道。而根本不懂得什么叫～二字的男人，就像一条清澈见底的小溪，美则美矣，却不经看。”（薛莉《低潮时期》）

dī diào

低调

释义：指频率低的声调。比喻为人处世谨慎，不张扬。

例句：“在不求有功但求无过的规则下，‘～’行事就成为官员们保护自己不被抓住把柄的重要手段。”（贾立政《中国官员“低调”现象普遍 敢于担当的干部易受打击》）

dī sān xià sì

低三下四

释义：比喻很猥琐、卑微。

例句：“再没有什么力量能够一手遮天蒙住他们的眼睛，再没有什么力量能够阻止他们发乎本性和本能的对自由与尊严的强烈追求。60后中率先清醒过来的一批人将是他们的开路先锋，而他们自己，则是中国自由路上一股势不可当的洪流。是的，中国人～的时代终将过去。”（童大焕《低三下四的时代终将过去》）

dī tóu

低头

释义：把头低下来。比喻屈服。

例句：“而适时的～，不只是一个动作，也是一种智慧，是一种豁达的胸怀，是忍的境界；适时的～，不是委曲求全的懦弱，是‘留得青山在不怕没柴烧’的深谋远虑。”（子墨《懂得低头，也是一种人生的智慧和成熟》）

dī tóu bù jiàn tái tóu jiàn

低头不见抬头见

释义：比喻经常见面。

例句：“一庄的爷们，～，有什么过不去的。”（浩然《艳阳天》）

dī shuǐ bù lòu

滴水不漏

释义：一点水也不漏出来。比喻说话、办事非常缜密，无懈可击。

例句：“他这一阵安排，却是信手拈来，从容自若，很有些～的意思，赵石也是暗自点头，府里有这样几个头脑清醒之人在，果然省了他不少麻烦……”（河边草《将血》）

dī shuǐ chéng hé

滴水成河

释义：比喻积少成多。

例句：“目前股票、期货市场的行情都不太好，而且风险很大，工薪家庭的风险承受能力较低，可投资人民币理财产品、货币市场基金和国债，这样既能享受相应的利率，又可～。”（邓薇《低收入家庭理财不是梦 三个方法有助“滴水成河”》）

dī shuǐ chuān shí

滴水穿石

释义：一滴一滴的水长时间滴在石头上会把石头打穿。比喻虽然力量很小，但只要目标专一，持之以恒，就一定能把艰难的事情办成。

例句：“世间的一切贵在坚持。因为坚持，～；因为坚持，我们努力；因为坚持，我们执着；因为坚持，梦想成真。”（不哭草《滴水穿石》）

dī shuǐ jiàn tài yáng

滴水见太阳

释义：比喻微小的东西有时也能说明大问题。

例句："基层出新闻，～。常驻无锡日报宜兴记者站，多年在农村基层一线采访，我对此有深刻体会。"（许元强《基层出新闻　滴水见太阳》）

dí yāo chuī dào yǎnr shàng
笛要吹到眼儿上

释义：笛，管乐器，用竹子或金属制成，上面有一排供吹气、调节发音的孔，横吹。比喻做事情或解决问题要抓住关键。

例句："俗话说'鼓要敲到点儿上，～'。'四风'是违背我们党的性质和宗旨的，是当前群众深恶痛绝、反映最强烈的问题，也是损害党群干群关系的重要根源。"（杜昱衡《扫'四风'是坚持群众路线的"投名状"》）

dǐr diào
底儿掉

释义：比喻事情做得非常彻底。

例句："在股市里折腾个'～'的投资者，仿佛一下子意识到了低风险收益是一件多么让人幸福的事情。"（刘洋《炒股怕"底儿掉"买债正流行》）

dǐ pái
底牌

释义：扑克游戏中没有亮出来的牌。比喻最后的观点或实力。

例句："'双方～未全暴露，是为了决战董事会换届。'一位资本圈人士表示，由于修改公司章程部分条款案未能通过，而东方银星第五届董事会已于今年6月29日到期，下一步双方争夺的焦点，将是根据现有的《公司章程》，用掌握的股份数，来争夺第六届董事会人选。"（高晓梅《东方银星董事会换届 双方将亮全部底牌决战》）

dǐ xiàn
底线

释义：原指篮球场场地的短的边线，是比赛双方有效运动的最大范围，冲出底线就属犯规。在社会生活中，指人们进行某项活动前设定的期望目标的最低目标和基本要求，或是在双方谈判中心里可以承受或能够认可阈值的下限。

例句："对党员干部来说，为官做人的标准应该超出～越高越好，即使做不到高很多，最起码也要坚守～，不能突破。"（桑林峰《严守为官做人的底线》）

dì lǎo tiān huāng
地老天荒

释义：形容经历的时间长久。

例句："我知道我已经没有资格再对你说爱，但是，叶涵，我却爱你到～......"（林哲《爱你到地老天荒》）

dì pánr
地盘儿

释义：指占用或控制的地方和范围。

例句："'我有个小计划，想在白酒行业做一个知名的经销商，拥有自己的一块～，如果可以的话，希望明年能在老八大名酒中研制出自己的一个系列。'问及未来规划，步赞严肃地回答。"（齐亚婷《在白酒行业拥有自己的地盘儿——访河南省久立方商贸有限公司总经理步赞》）

dì tiáo zi
递条子

释义：原指传递含有某种信息的纸条。借指用权力通过写条子让有关人员或部门关照促成某事。

例句："不准利用职务和工作便利向招生考试机构和招生学校～、打招呼，提出违反规定的

要求，非招生人员不得进入录取场所；……”（张智丽《不准递条子打招呼，教委提出“八不准”严防招生不公》

dì yī tǒng jīn

第一桶金

释义：指在创业过程中赚的第一笔钱。

例句：“暑假卖报，我淘到了我人生的‘～’，这桶‘金’不是我卖报赚的钱，而是我深刻的体会：一个人，花钱容易挣钱难，钱不能乱用，否则会让人累一辈子的！”（珂比《我的“第一桶金”》）

diān jīn bǒ liǎng

掂斤簸两

释义：掂、簸，托在掌上试轻重。比喻在小事情上过分计较。

例句：“1983年春季，按照国家户口政策，外婆因年老力衰，迁来南京与我们同住，结束了在农村形单影只、孤灯茕影的生活。我在与外婆相处中，总感到她寡言少语，但对任何人尤其是家人都是以诚相待、克己为人，从不与他人为小事～、为自己争得利益，她总把对晚辈的疼爱溢于言表。”（蔡王诗琪《感悟旧事的笔记》）

diān liàng

掂量

释义：托在手里上下动动以试重量。比喻再三考虑，仔细斟酌。

例句：“陈旅长看着那些参谋们抄写的东西，一句一句地修改，～每一个字……。”（杜鹏程《保卫延安》）

diān sān dǎo sì

颠三倒四

释义：形容次序混乱，没有条理。

例句：“闲来无事，我翻了翻自己写过的文章，其中有一篇，是介绍一位外国剧作家的作品获诺贝尔文学奖的，他的作品成功的主要原因……其中就有一条，人物的对话，基本都是～、语无伦次的。他写的都是生活当中的小人物，生活在社会的最底层，缺少知识是这群人最显著最突出的特点。”（王晶《颠三倒四》）

diǎnr bèi

点儿背

释义：麻将牌的骰子是用骨头或木头等制成的立体小方块，骰子的六面分别刻一个、二个、三个、四个、五个、六个凹坑。每面刻几个坑就代表几个点儿。玩牌时要大要小，然后将几个骰子装入骰盅摇动，以赌中为赢。如果屡屡赌不赢则被称为“点儿背”。比喻运气不好，倒霉。

例句：“送货车侧翻，约2000千克砂糖橘和贡柑被轧烂，水果商老徐在年前的最后一趟送货途中损失近万元，直喊‘～’。”（孙富等《万元橘子成汤，直喊“点儿背”》）

diǎnr dī

点儿低

释义：玩牌的专用语，表示自己的牌点不如人家高。比喻受到某种客观因素的影响而达不成某种主观愿望。

例句：“老刘办事，挂在嘴边上的话就是，只要不是～，那就没问题。”

diǎn guǐ huǒ

点鬼火

释义：鬼火，世俗迷信认为是鬼点的火。比喻暗中挑起事瑞。

例句：“日本首相野田一改前几任首相文治日本，启动前首相小泉的军事帝国思想，开始在亚太实施全面扩张政策。在日本‘飞机节’开始公开发出对中国大不敬的攻击与威胁言论，接着又在东盟煽阴风～，快速地与东盟各国签署什么南海共同安全防御中国条

约，日本小样也想插手南海玩所谓包围中国。”（战略思考《日本也想“包围中国”企图达到什么目的》）

diǎn huǒ jiù zháo
点火就着

释义：比喻人脾气暴躁。

例句：“尽管众说纷纭，尽管跟帖多得数不过来，但‘状元’们对此显得很沉默。让群情激动的话题，却没有激动起哪 一个‘状元’当事人挺身而出，不能不说这很耐人寻味——至少，‘状元’们不是～的网络易燃人物。”（黄冲《至少“状元”不是点火就着的易燃人物》）

diǎn là zhú bù zhī yóu jià qián
点蜡烛不知油价钱

释义：比喻人做事单打一。

例句：“老哥，你除了种土豆，就不会种些别的？你又不是没见过世面，咋总是～？”

diǎn zi
点子

释义：指经过思维产生的解决问题的主意。

例句：“近年来，客户中心通过开展此项活动尝到了甜头，通过基层班组征集的合理化建议，已经形成了多项 QC 项目，并成功运用到了工作实际中去，《提高居民小区空置房电费回收率》、《提高增值税发票的打印成功率》等 QC 项目已经成功运用到工作实践中，并取得了不错成效，实现了群创金～在实践中的发光发热。”（李南《国网嘉善供电公司让金点子在实践中发光》）

diàn bēi de
垫背的

释义：我国某些地区殓葬的一种习俗，在棺材的垫褥下放钱，称为垫背。比喻别人为自己分担过失或罪责，或代人受过、陪人受罪。

例句：“你到这会儿找俺给你当～，你安的什么心呀？”（贺敬之《秦洛正》）

diàn dǐr
垫底儿

释义：在底部放上某种东西。比喻做基础或在最后。

例句：“南方航空昨日披露 2009 年中报，截至今年 6 月 30 日，实现营业收入 248.82 亿元，同比减少 9.17%；净利润为 3800 万元，同比减少 95.3%；基本每股收益为 0.006 元，不足一分钱。此份中报让南方航空成为三大航中账面业绩最差、净利润‘～’的公司。”（叶静《南航为三大航“垫底儿”》）

diàn jiǎo shí
垫脚石

释义：比喻借以向上爬的人或事物。

例句：“她就是一贯把老百姓当做～，自己拼命往上爬。”（孔厥《新儿女英雄续传》

diāo chóng xiǎo jì
雕虫小技

释义：比喻微不足道的技能。

例句：“原来诗文本身就被有些人看作～，那么，诗文的评更是小中之小，不足深论。”（朱自清《诗文评的发展》）

diàor láng dāng
吊儿郎当

释义：形容仪容不整，作风散漫，态度不严肃或不认真。

例句：“正说着，石岜～走进后台。”（王朔《浮出海面》）

diào tǒng luò zài jǐng lǐ

吊桶落在井里

释义：比喻无法摆脱困境。

例句：“宽小姐道：‘这叫做～，不得不受人要挟。’”（清·无名氏《官场维新记》）

diào wèi kǒu

吊胃口

释义：原指想方设法引起人的食欲。比喻设法引诱，使人产生某种兴趣、欲望。

例句：“首套房贷八五折优惠其实是在～。银行内部人士坦承，并不愿大力宣传八五折优惠，只是同业中有银行这样操作了，及时跟进回应是市场形势所逼。”（朱湘莲《首套房贷八五折吊胃口，打折赔钱银行欲贷还休》）

diào yú

钓鱼

释义：比喻用利益来引诱对方。

例句：“自己跑‘黑车’时被运管部门处罚后，竟如法炮制，冒充运管部门工作人员 上街‘～执法’，企图通过骗取人钱财的方式来挽回经济损失。6月5日，犯罪嫌疑人张海东被宁夏回族自治区银川市金凤区人民检察院以涉嫌敲诈勒索罪批准逮捕。”（田瑾等《女子跑“黑车”却被山寨运管“钓鱼执法”勒索》）

diào hǔ lí shān

调虎离山

释义：比喻用计谋诱使对方离开原来的有利地位。

例句：“这自然是～之计，邓和武汉派都是不同意的。”（郭沫若《海涛集·南昌之一夜》）

diào bāo

掉包

释义：指暗中用假换真或用坏换好。

例句：“那个外国人在她不注意的时候把真美元～了。自己对美元辨别又不在行，所以上当了。”（王雄涛 何继业《一老外掏出大把美元，玩掉包骗走万元货品 》）

diào jiàr

掉价儿

释义：指商品因某种原因减价。比喻人的身份降低或某种事物出现了低于实际标准的状况。

例句：“真～，堂堂一个五星级宾馆的餐饮居然在卫生方面出问题！”

diào liàn zi

掉链子

释义：原指自行车的链子掉了，影响赶路。比喻人或事情在重要的环节失去应有的状态而造成失败或陷入窘境。

例句：“东京证券交易所又出故障了！7日上午，正在紧张交易的投资者突然发现，衍生品种交易遭遇阻碍。这已是东京交易所短短7个月内第二次‘～’。”（王宙洁《东京证交所又掉链子》）

diào máo de fèng huáng bù rú jī

掉毛的凤凰不如鸡

释义：凤凰，中国古代传说中的百鸟之王，羽毛艳丽，象征祥瑞，雄性为凤，雌性为凰，合称凤凰。比喻失去了高贵的身份和地位，落魄到还不如普通人生活自在。

例句：“那人哀叹一声，道：‘哎，还贵什么姓啊，都是以前了！我现在是～，哎，姓王，人家原来都叫我王员外，现在啊，随便叫吧。’”

diào shū dài

掉书袋

释义：比喻说话、写文章爱引用古书词句，以显示有学问。

例句：“作为新文学写作的代表之一，周作人的某些观点确实很有趣。可是周老先生习惯～，在他的部分文章里，摘录引用占了全文二分之一，也就是说，一篇千字文内有500字是带双引号的，这个现象在今天看来，是一件很恐怖的事情。”（黎小桃《掉书袋》）

diē sǐ niáng jià rén

爹死娘嫁人

释义：比喻各人管各人的事，各走各的路，互不相帮。

例句：“朱老星瞪起眼睛愣了一下说：‘我为什么不去？’伍老拔说：‘你家里吃累多！’这时朱老星也意会到伍老拔看见他和庆儿娘打架，嘴头上咕哝笑着说：‘～，各人管各人！’”（梁斌《播火记》）

diē fèn

跌份

释义：比喻降低身份，丢面子。参见“丢份”。

例句：“著名京剧琴师何顺信到北京什刹海业余京剧茶座举办的‘张派艺术演奏会’上演奏，引起了很大的反响。这反响包含了两种不同的声音。大多数人的声音是，这个举动别开生面，值得提倡。但是，也听到少数人的声音，认为这么有名的琴师，在这么一个不起眼的业余茶座里演奏，这多～呀！”（纪闻《这跌份吗》）

diē jiāo

跌跤

释义：摔跟头。比喻犯错误或受挫折。

例句：“昨天，曾多次接受本报记者采访的亚洲股市教父、投资教育家胡立阳先生主动给记者打来电话，提醒本报读者说：最近的回调对A股健康有利，因为指数走太快超过个股基本面和经济复苏步伐太多，就会～。”（闫立良《胡立阳：股市走太快就会跌跤 调整过后要奔3800》）

diē jìn mèn hú lu lǐ

跌进闷葫芦里

释义：比喻迷惑不解。

例句：“王加扶这一下算～去了：这究竟是怎么回事呢？”（柳青《种谷记》）

dié dà wǎn xiǎo　kē zhe pèng zhe

碟大碗小，磕着碰着

释义：比喻人与人相处难免发生摩擦。

例句：“姨太太说哪里的话，谁家没个～的呢。那是姨太太多心罢咧。”（清·曹雪芹《红楼梦》）

dié chuáng jià wū

叠床架屋

释义：床上摞床，屋上架屋。比喻重复、累赘。

例句：“企业管理工作是目前中小企业发展的瓶颈，要打破这瓶颈，企业经营者就必须先打破‘～’的管理体制制度，让你的管理架构更科学、更合理。”（李东《企业管理不需要叠床架屋——论企业组织结构》）

dīng shì dīng　mǎo shì mǎo

丁是丁，卯是卯

释义：此语源于两种说法。其一是丁是天干中甲、乙、丙、丁中的第四，卯是地支中子、丑、寅、卯中的第四，虽排序相同却不在一个系列中，是不能弄混的；另一是说丁是木工活中的钉榫，与卯眼结合才使木结构坚实牢固，钉榫是凸出的，而卯眼则是凹进的，二者也不能弄混。比喻说话办事不含糊。

例句：“……学生既是这样，咱们何必非一个萝卜一个坑，～的干呢？”（老舍《桃李春风》）

dīng tóu pèng zhe tiě tóu
钉头碰着铁头

释义： 比喻强手碰上强手，硬顶硬。

例句： “王佩兰万料不到章秋谷使出这一着棋来，……到了这个时候，方才懊悔自家差了主意，不该一味地混敲竹杠，做出那一副神情，恰恰的～，遇着了花柳惯家、温柔名手的章秋谷。”（清·张春帆《九尾龟》）

dǐng
顶

释义： 网络语言，表示支持的意思。

例句： “这个帖子我～一下。”

dǐng fēng
顶风

释义： 比喻逆着形势、潮流而行事。

例句： “元旦、春节将至，各级纪检监察机关肯定会照例加强在节假日期间对党员干部的监管力度，对～违纪者，也会‘发现一起，查处一起’。相信这必将会成为近期纪检工作的重点要求。”（张敬已《如果不顶风违纪又会怎样》）

dǐng fēng
顶峰

释义： 指山的最高处。比喻事物发展过程中的最高点。

例句： “人人都给卷了进去，每个人都经受了考验，什么事都给推上了～，让人看得一清二楚。”（巴金《随想录·“五四”运动六十周年》）

dǐng gāng
顶缸

释义： 比喻承担转嫁而来的灾祸，代人受过。

例句： “平儿听了出来，依言吩咐林之孝家的。五儿吓得哭哭啼啼……忙又将他舅舅送的一节说出来。平儿听了，笑道：‘这样说，你竟是个平白无辜的人了，拿你来～的。’”（清·曹雪芹《红楼梦》）

dǐng liáng zhù
顶梁柱

释义： 在木制结构房屋中，用于支撑房屋横梁的立柱。比喻起主要作用的骨干力量。

例句： “父母外出打工，爷爷体弱多病，松原 12 岁女孩张宏宇除了学习外，还要忙活各种家务，洗衣做饭，照顾两个妹妹，帮爷爷种菜、养鸡……她成了家里的‘～’。”（刘秀波《12 岁的她撑起一个家》）

dǐng niú
顶牛

释义： 两头牛互相顶起来。比喻互相冲突或争持不下。

例句： “不过，每年都在发生的‘煤电～’和随后而来的电价上涨背后，是电力体制改革八年停滞的事实。”（李廷祯《“煤电顶牛”硝烟再起》）

dǐng tiān lì dì
顶天立地

释义： 形容形象高大，气概豪迈。

例句： “一棵枝繁叶茂的大树，定然是枝叶仰望苍穹，根茎深深扎入泥土。让‘中国梦’照进现实，让中国人有更多福祉，需要以～的精神去奋斗、去实干。”（范正伟《做顶天立地的中国人》）

dǐng zhe fēng guò dú mù qiáo
顶 着 风 过 独 木 桥

释义：独木桥，由一根木头搭在河两边的简单桥，稳定性差，若顶着风走过更容易走偏掉到河里去。比喻冒着已知的风险去做某件事情。

例句：“这事你想周全些，这可是～啊！弄不好事情办不成不说，你自己也可能受牵连。”

dìng mǎ zhǎng dìng dào mǎ dìng shàng
钉 马 掌 钉 到 马 腚 上

释义：比喻人说话、写文章不着边际，远离了主题。

例句：“你这是～，根本就没有谈到点子上。”

dìng diào zi
定 调 子

释义：确定乐曲的调子。比喻对某一事情事先确定标准原则或口径。

例句：“……票决干部时，也往往变成‘书记～，常委举举手等潜规则’。这种所谓的‘潜规则’，严重违背了党的干部路线和原则纪律，败坏了选人用人风气，导致正派干部有意见，人民群众深恶痛绝。”（朱波《选人用人，“书记定调子，常委举举手”已成明日黄花》）

dìng gé
定 格

释义：指电影、电视片的活动画面突然停止在某一个画面上。比喻固定、不变。

例句：“不管在哪个时候，在哪个地方，都会有美好的记忆存在。美丽的，伤感的，忧郁的，幸福的，记忆总在不经意之间突然冒出来，……不曾逝去的记忆总在某一时刻～……”（沛函《记忆在此定格》）

dìng pán xīng
定 盘 星

释义：秤杆上表示重量为零的星，把秤砣挂在这里正好与秤盘重量平衡。比喻一定的主张。

例句：“自己总要有～，他说他的，我干我的。”（吴组缃《山洪》）

dìng pán zi
定 盘 子

释义：指制定规划，做出决定。

例句：“从这个意义上来看，今年的中央经济工作会议显得尤为重要，格外瞩目，主要是为谋划‘十二五’开局之篇指方向、～。”（胡军《中央经济工作会议为“十二五”开局“定盘子”》）

dìng shí zhà dàn
定 时 炸 弹

释义：由计时器控制，能在预定时间自动引爆的炸弹。比喻潜伏的危机。

例句：“他们是一股有野心的政治势力，不可小看，如果不在整党中解决，就会留下祸根，成为～。”（邓小平《党在组织战线和思想战线上的迫切任务》）

diū dào zhǎo wā guó
丢 到 爪 哇 国

释义：爪哇国，古国名，即今爪哇岛。因远在海外，古人视为遥远之地。比喻东西弄得远远的或是一干二净。

例句：“‘啊！臭小子，我要砍了你！’优罗星疯狂了。敢情她被这爷孙俩彻底骗了！‘阮易初，我今天一定要把你～去——’优罗星从床上蹦起……”（倾恋雨心《与殿下同眠》）

diū fàn wǎn
丢 饭 碗

释义：比喻失去了谋生的职业。

例句：“武汉市教育局通报，今年有 10 名教师因参与有偿家教受严处，其中 1 人被学校辞退。3 年来，该市已有 5 名教师因有偿家教‘～’。”（江卉等《校外有偿家教，5 名教师丢饭碗》）

diū fèn
丢份

释义：比喻所做的事情有失身份，丢人。参见“跌份”。
例句：“为了在单位的年会晚宴上不～，原本肝功能就异常的 29 岁男子赵伟从 3 个月前开始，每天喝 2 瓶啤酒练酒量。结果，却因急性酒精中毒被送到重医附二院急救。”（陈瑜《男子为防单位年会喝酒“丢份” 苦练酒量险送命》）

diū kūi qì jiǎ
丢盔弃甲

释义：打败仗溃逃，跑得连盔甲都丢了。比喻被意外情况弄成的狼狈相。
例句：“他在办公室里被各种意外情况搞得～，狼狈不堪的样子。”（杜鹏程《在和平的日子里》）

diū le chèng tuó jiǎn dēng cǎo
丢了秤砣拣灯草

释义：比喻说话或办事避重就轻。
例句：“工作队要是把这些村民的积极性都给调动起来，那才是大功一件。否则，光是抓些鸡毛蒜皮的小事，那就是～。”

diū le féi ròu kěn gǔ tou
丢了肥肉啃骨头

释义：比喻把好的东西丢掉了却求次的东西。
例句：“这纯粹是挖肉补疮，……这简直是～。”（杜鹏程《保卫延安》）

diū le hú lu jiǎn ge piáo
丢了葫芦拣个瓢

释义：比喻损失不大。
例句：“这次往哈尔滨运黄瓜赶上大雨，多亏当地的几个朋友帮忙，总算是倒腾出去了，回来又配了点货，还算是～。”

diū le wū shā mào
丢了乌纱帽

释义：乌纱帽，一种用黑纱制成的帽子，起于晋代，南北朝时期开始流行，到了明朝才成为官员专用的帽子，亦成为官吏的代名词。比喻丢了官位。
例句：“因‘政令不畅，执行力低下’而～，目前似乎还是鲜见的新闻。……被免职的那位福建省福州市残联办公室主任，可能是一个倒霉蛋，不过他也有功，为‘政令不畅，执行力低下’的社会病作了一次‘病理切片’，为‘政令不畅，执行力低下’即免职开了一个好头！”（怡然《执行力低下丢了乌纱帽》）

diū sān là sì
丢三落四

释义：形容因做事粗心或记忆力不好而顾此失彼。
例句：“我劳力弱，没牲口没车，又不会操持，干活又爱～。”（秦兆阳《在田野上前进》）

diū xià bā ér nòng sào zhou
丢下笆儿弄扫帚

释义：比喻忙得不可开交。
例句：“如今你也想想，你兄弟媳妇本来老实，又生得多病多痛，上上下下哪不是她操心？你一个媳妇虽然帮着，也是天天～。凡百事情，我如今都自己减了。”（清·曹雪芹《红楼梦》）

diū xià xī guā jiǎn zhī ma

丢下西瓜捡芝麻

释义：比喻放下重要的事情不做却去做些不紧要的事情。

例句：“故事教学的主要目的在于培养学生的学习兴趣，在真实的语境中体验英语学习的乐趣。学会几个词汇，记住丁点语法，从长远看是不可取的，属于～的做法。”

diū xià zuǐ biān de ròu　qù děng hé lǐ de yú

丢下嘴边的肉，去等河里的鱼

释义：比喻放着眼前的利益不要却要等待希望中的利益。

例句：“咱先把这活干完再研究别的，你说的那个工程还八字没一撇呢！这份钱不挣光研究那个工程，你这不是～吗？”

diū zú bǎo jū

丢卒保车

释义：下象棋时为了保住车而不得不丢掉小卒。比喻为了保住主要的而舍弃次要的。

例句：“银广夏此时依然在玩～的把戏，把所有的责任都推到天津广夏身上，撤销了公司董事局副主席、总裁李有强的职务。意思很明确，就是造假是天津广夏的事，与银广夏无关。”（郭宏超《2001：银广夏惊梦》）

dōng biān shì fó　xī biān yě shì fó

东边是佛，西边也是佛

释义：比喻双方同等重要都不能得罪。

例句：“你说～，哪边我都得烧灶香，不然就没有我的好馃子吃。”

dōng chě hú lu xī chě piáo

东扯葫芦西扯瓢

释义：比喻说话不着边际，东拉西扯。

例句：“看样子，老太太要举例子来为自己的论点作证，但老头子却不耐烦了：‘好了，好了，别～的了，我们还有正经事哩！’”（程树榛《钢铁巨人》）

dōng chuī lǎ ba xī chuī xiāo

东吹喇叭西吹箫

释义：比喻各有各的主意，很难统一在一起。

例句：“我看别再讨论了，这次旅行的地点就定在黄山，像大家这样～，很难达成一致，还是由我来武断吧！”

dōng dǎo chī zhū tóu　xī dǎo chī yáng tóu

东倒吃猪头，西倒吃羊头

释义：比喻这个后台倒了，就去投靠那个后台。

例句：“（胖娘子）又在他的耳朵边嘀咕开了：‘俗话说，～；你呢？什么头也吃不到！’”（吴强《红日》）

dōng fāng bù liàng xī fāng liàng

东方不亮西方亮

释义：比喻此处行不通，可以到别处去。

例句：“我约好了五天之内，回人家的信。～，我得赶快到别的地方去想办法。”（张恨水《丹凤街》）

dōng guō xiān shēng

东郭先生

释义：明代马中锡《中山狼传》里的人物，讲的是一只狼被赵简子追得走投无路时，向东郭先生求救，东郭先生救了这只狼，这只狼不但不感谢他，反而要吃掉他。比喻不分善恶、滥施仁慈的人。

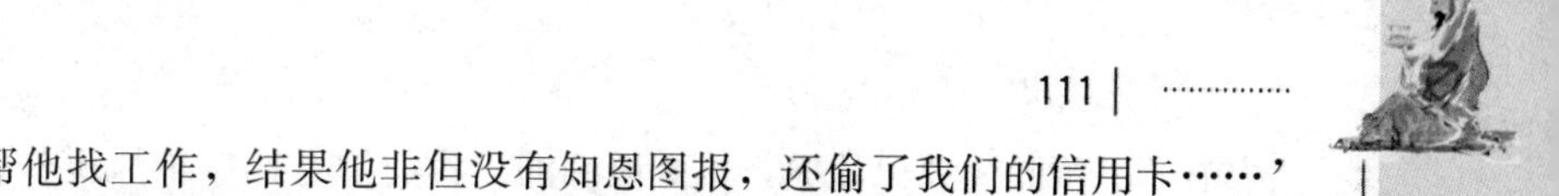

例句："'好心收留他，帮他找工作，结果他非但没有知恩图报，还偷了我们的信用卡……'昨日，说起这件事，张先生后悔无比，把自己比喻成了现实版的'～'。"（戴巧泽 郑贤萍 崔毅《好心收留邻居家儿子 结果当了回"东郭先生"》）

dōng hé lǐ méi shuǐ xī hé lǐ zǒu

东河里没水西河里走

释义：比喻这一条路走不通，就走那一条路。

例句："俗话说得好：～，不会真正没有路子走的。"（周健民《湖边》）

dōng lín xī zhǎo

东鳞西爪

释义：原指画龙时龙体被云遮住，只是东边画一片龙鳞，西边露一只龙爪，不见龙的全身。比喻零星片段的事物。

例句："苏东坡有一首诗好像就是在这凌云山做的，我只～地记得几节。"（郭沫若《少年时代·我的童年》）

dōng shān de lǎo hǔ chī rén xī shān de lǎo hǔ yě chī rén

东山的老虎吃人，西山的老虎也吃人

释义：比喻天下的坏人都一样害人。

例句："他想，～。保长、工头、国民党兵，还有那个县衙门，都是穷人的死对头。"（张天民《创业》）

dōng yī hú lu xī yī piáo

东一葫芦西一瓢

释义：比喻做事无章法，乱七八糟。

例句："大王庄的抗日领袖是杨二蛋，……小日本儿来之前他也不种地呀，～的折腾买卖。不过他人缘儿好，谁家赊他的欠他的从不逼账，年底给就拿着，不给也不要。"（沉鱼《花姑娘的干活》）

dōng yī láng tou xī yī bàng zi

东一榔头西一棒子

释义：比喻说话或办事没有预定目标，乱打乱撞没有章法。

例句："姜国瑞这小子滑透啦，他～，啥事都干。"（管建勋《云燕》）

dōng guā tuī zài hú lu zhàng shàng

冬瓜推在葫芦账上

释义：比喻把事情推给不相干的人。

例句："那胡华廷的老婆女流之辈，儿子又年轻，专好游荡，哪里去稽查得，听他～。"（清·俞万春《荡寇志》）

dōng tiān de dà cōng

冬天的大葱

释义：比喻人虽到了末路却不肯死心。

例句："这些人也像～，叶黄根枯心不死。我们就应该来个剥皮刨根，不给他一点喘息机会！"（张行《武陵山下》）

dōng tiān de shàn zi xià tiān de lú

冬天的扇子夏天的炉

释义：比喻不讨人喜欢。

例句："本以为这次进的应季时装能卖个好价钱，可不曾想成了～。看走了眼，赔惨喽！"

dòng dà shǒu shù

动大手术

释义：大手术，指比较复杂的外科手术。比喻对人的思想或事物进行比较大的改动。

例句：“德国是先要保风电，这是明确的。我们没有把接纳风电作为电力系统考核，没有给他们配额制，国外有法律要求，我们没有。电力公司上了这么多风电后，政府有一定的补偿，这个我们也没有。所以，造成了电力系统中不能容纳风电和光伏发电。这是体制上的问题，全产业要发展，还要从体制上～。”（石定寰《新能源升级须动大手术》）

dòng shǒu jiǎo
动手脚

释义：比喻暗中采取了一些手段或行动。

例句：“每户的电表都是集中装在电房里面，平时也见不到电表，都是由物业统一抄表缴费，‘我们怀疑物业对电表～，让电表转得快了，才会出现一下子增加这么多度电。’”（周忆珈《居民用电量猛增　电表被“动手脚”》）

dòng sǐ bù xià lǘ
冻死不下驴

释义：数九严寒用驴作为交通工具，骑一段时间就要下来走一走，暖暖脚和身子，不然容易冻坏。比喻固执。

例句：“有些领导干部就是缺少自知之明，贪恋职位，屁股沉，年龄一大把了，位置都坐出了个坑儿，就是～。”

dòng sǐ yíng fēng zhàn
冻死迎风站

释义：比喻性格倔强，坚贞不屈。

例句：“别看我们穷，但我们活得有尊严，～，饿死不弯腰，这屈辱的施舍我们不要！”

dōu dǐr
兜底儿

释义：比喻从最基础部分设置的保障。

例句：“中国社科院世界社保研究中心主任郑秉文日前透露，中国养老金‘空账’规模约1.3万亿。对此，有政府官员表示不应过分担心‘空账’问题，如果出现养老金赤字，将会由国家～。”（张贵峰《养老金空账“国家兜底”宜早不宜迟》）

dōu lǐ de qián　guō lǐ de ròu
兜里的钱，锅里的肉

释义：比喻东西已经是自己的了，不会跑掉的。

例句：“王会计笑着对二奎说：‘别着急，今年的困难补助肯定有你，那是～，只不过你得等到下月才能领到。’”

dōu quān zi
兜圈子

释义：原指绕圈。比喻说话或办事拐弯抹角，不直截了当。

例句：“我就不懂你为什么这样～呢？”（茅盾《子夜》）

dōu shòu
兜售

释义：比喻极力怂恿人接受或承认某种观点、主张等。含贬义。

例句：“穆里尼奥接受西班牙《ABC报》采访时谈论了对瓜迪奥拉的看法，话语中带着讽刺，他称瓜迪奥拉‘～自己的完美形象’，但最终‘一切都不完美。”（塞尔吉奥《穆帅在瓜帅离别时恶讽：兜售完美到头来什么都不是》）

dǒu dà de zì bù shí yī shēng
斗大的字不识一升

释义：斗，容积单位，10升等于1斗，10斗等于1石。比喻认识的字太少，文盲。

例句：“军阀韩复榘～。但他在任山东省主席时，却爱冒充斯文，到处发表‘演讲’。”

dǒu zhuǎn xīng yí
斗转星移

释义：星斗变动位置。指季节或时间的变化。

例句："这儿太熟悉了，宗谦诚多次在这里开会。这舞台太熟悉了，他曾多次在这台上讲话。没想到，～物是人非，今天在此示众，说不出是个啥滋味。"（冰川石《摇醒太阳》）

dǒu jī ling
抖机灵

释义：机灵，指聪明伶俐，机智。比喻耍小聪明，表现轻浮。

例句："瞧，来了新领导，他又该～了。"

dǒu lou
抖搂

释义：抖动衣、被、包袱等，使附着的东西落下来。比喻全部倒出或说出。

例句："荒诞、搞笑、充满反讽，中国首部摇滚话剧《那一夜我们搞音乐》昨晚在解放军歌剧院首演。用一位观众的话说：'音乐圈那点儿事，全被～出来了！'"（卢中强《〈那一夜我们搞音乐〉抖搂音乐圈那点儿事》）

dǒu máo zhà chì
抖毛乍翅

释义：抖毛，是兽类的一种动作，抖掉身上附着的东西；乍翅，是禽类的一种动作，指翅膀支愣起来。比喻故意张扬或是不服约束。

例句："这支球队中包括教练在内没有一个大牌，也没有一个球员敢～。"

dòu fu diào dào huī duī lǐ
豆腐掉到灰堆里

释义：豆腐沾灰后就很难弄掉。比喻没法办。

例句："唉！一年的成绩，这一家伙是～啦！没办法。"（马烽　西戎《吕梁英雄传》）

dòu fu dǐng bù liǎo dāo
豆腐顶不了刀

释义：比喻弱者对付不了强者。

例句："他们中间有人说，胡云楷是个顽固的家伙，如果他拼命干，即使把民兵分队全部集中起来，也还是～。"（张行《武陵山下》）

dòu fu mài ge ròu jià qián
豆腐卖个肉价钱

释义：比喻划得来，合算。

例句："……关键是报表上的数字要做得漂亮些，这年头不包装哪能～？垃圾股卖天价没有什么稀奇的，反正上市后变脸的公司多了去了。"

dòu fu zuǐ　dāo zi xīn
豆腐嘴，刀子心

释义：比喻嘴上说得好，心地却不善良。参见"刀子嘴，豆腐心"。

例句："够了！～，两面三刀阴阳人。你的鬼事多着咧！"（王忠瑜《惊雷》）

dòu ké sou
逗咳嗽

释义：比喻耍贫嘴，没话找话。

例句："喜欢看'乡村爱情'的，就是喜欢一伙人在那～，和故事是否精彩已经关系不大了。"（王大鸣《〈乡5〉还在逗咳嗽》）

dòu mèn zi
逗闷子

释义：指闲得没事，找人东拉西扯，开玩笑，找乐子。

例句：“不过换个角度想想，反正现在行情平淡、股票难做，倒不如找个乐子，也让众多散户在冷清的交易大厅里多个有趣的谈资。只要这个上市公司没说要把 2200 块钱的榨菜当成未来发展的主营，那咱也就不必那么较真了，权当是在～，乐呵乐呵得了。”（司法空相《逗闷子，别较真》）

dú hǔ bù dí qún láng

独虎不敌群狼

释义：比喻一个人再强大也打不过众多的敌人，寡不敌众。

例句：“～啊，毕竟他们人多，虽然明教也有不少人，但是单个实力上却差了不少，义父不妨把九阳真经教给光明顶上那些有资质的人，这样光明顶的实力就会大升，到时候就算他们打上光明顶来，也不怕了。”（嗜天《至尊屠龙》）

dú mù bù chéng lín

独木不成林

释义：比喻个人的能力有限，干不成大的事业。

例句：“任柱已死，只剩了一个赖文光，～，不怕他不死了。”（蔡东藩《清史演义》

dú mù nán zhī

独木难支

释义：一根木头难以立住。比喻一个人或少数人的力量单薄，难以维持全局。

例句：“他曾经以为，即使高逸知晓自己并非他的亲生父亲，也不会背叛他，却没有想到，高逸竟然知晓当年的恩怨，而且，如此无情地选择与自己站在对立面。高凡有一种～的孤立感，也就是这一次，让这位年过花甲的老人，感到疲倦。”（南宫敏《上校的独宠娇妻》）

dú shù yī zhì

独树一帜

释义：单独树起一面旗帜。比喻风格独特新奇，自成一家。

例句：“黄山谷的书法，在宋代要算是～的了。”（马南邨《燕山夜话·大胆练习写字》）

dú zhàn áo tóu

独占鳌头

释义：宫殿门前台阶上的鳌鱼浮雕，科举进士发榜时状元站此迎榜，皇帝在殿前召见新考中的状元、榜眼等人。状元跪在前面，正好是飞龙巨鳌浮雕的头部。后比喻占首位或第一名。

例句：“谁也不知道，孝昭仁和孝懿仁皇后是同一人，玄烨只是想爱她，让她～，成为他永远的皇后，却不想天也留不住他所爱的人……”（瀚海胡杨《独占鳌头》）

dú liú

毒瘤

释义：指恶性肿瘤。比喻对社会构成危害的人或事物。

例句：“近一段时间，网络谣言‘甚嚣网上’。网络谣言是一颗真正的～，覆盖面广、影响力大，破坏性、危害程度强烈。对网络谣言的态度必须明确，那就是：彻底铲除！”（任俊明《网络谣言是毒瘤》）

dú shé

毒蛇

释义：毒蛇是指能分泌特殊的毒液的蛇类。比喻心狠手辣的人。

例句：“丹丹也不知道妹妹是否是～心肠，原来只是在电视上看到，有～心肠的后妈，确实没听说过姐妹之间闹得不可开交的。但随着房产的增值，电视上、报纸中，争夺父母财产的兄弟姐妹吵得不可开交的家庭似乎见怪不怪了。”（丹丹《大家庭的故事》）

dǔ hòu mén

堵后门

释义：据载，大隋朝承袭汉制，官府衙门都是坐北朝南，职务高者可携带家眷上任，通常安

置在衙门后宅。平时公务往来，客人走的全是前门，只有私交好友和自家人才从后门入内。后因贪佞之风大行，后门成了办私事的方便之门。堵后门就是要刹住走后门之风。

例句：“～就是截断非法集资，杀邪门就是打击高利贷洗钱、武力逼债等违法行为。祛邪才能扶正，才能保障守法经营合法经营的小型金融机构的健康发展……。”（毛光烈《开前门　堵后门　杀邪门》）

dǔ kū long
堵窟窿

释义：窟窿，洞，指金钱上的亏空。比喻借债填补亏空。

例句：“他生活腐化，东摘西借，该了一屁股账，从哪儿～？”（袁静《淮上人家》）

dǔ lòu dòng
堵漏洞

释义：比喻弥补说话或做事的疏漏之处。

例句：“汉口市检查了一下，各月一般漏税在百分之三十。应该想办法堵塞这个漏洞。”（陈云《抗美援朝开始后财经工作的方针》）

dǔ zhe ěr duo yáo líng dang
堵着耳朵摇铃铛

释义：比喻自欺欺人。

例句：“‘算啦！别～啦！’秋菱她娘带着揭露秘密的语气说：‘俺早知道你们在挖洞，响声听得可清哩。’”（李英儒《战斗在滹沱河上》）

dǔ zhù lóng zi zhuā jī
堵住笼子抓鸡

释义：比喻解决问题要抓住关键的环节。

例句：“（超载船只）他们往往利用晚上，让大小几十只到上百只船首尾相连冲关，使得执法人员‘望船兴叹’，束手无策。后来采取～的办法，从源头堵截，直接到蛤蟆石、老爷庙等采砂运砂水域，监理着每艘装载完毕的运输船。”（卓凡《在风高浪急的航道上——九江、宜春海事工作执法记事》）

dù zi lǐ yǒu huò
肚子里有货

释义：比喻人有见识。

例句：“老张的洋炉腔内并没有火瓦。冬天摆着，看一看就觉得暖和。夏天……放块冰就是冰箱。孙八看了止不住地夸奖：‘到底你喝过墨水，～！’”（老舍《老张的哲学》）

dù zi lǐ yǒu mò shuǐr
肚子里有墨水儿

释义：比喻有学问。

例句：“这指导员真厉害，不光长得又高又大，虎彪彪的，而且～，不管谈什么都能联系到你的思想上来。”（金敬迈《欧阳海之歌》）

dù zi méi bìng　bù pà chī xī guā
肚子没病，不怕吃西瓜

释义：比喻没有做错事，就不怕别人批评、议论。

例句：“要告你就告去，～！你们自己和他说去；留不住那也没法子。”（袁静《淮上人家》）

dù zi téng yuàn zào wáng yé
肚子疼怨灶王爷

释义：灶王爷，亦称灶神，中国古代神话传说中掌管饮食的神仙，供于灶台的墙壁上。比喻自己有问题却反而怪罪别人。

例句：“中国有些导演一旦没有在国际影展上获奖，不是反思影片的不是，而是抱怨评委不

公，真能让人笑掉大牙。～，只能使中国电影和外国电影的差距越来越大。”

dù jīn
镀金

释义： 一种装饰工艺，在器物表面镀上一层薄薄的金。比喻人到某种环境中去深造或锻炼只是为了取得虚名。

例句： “镀上正牌的‘留美’这层金，有钱基本就可以了。”（薛涌《留美镀金，有钱即可》）

dù chóng
蠹虫

释义： 专门蛀蚀树木、器物的虫子。比喻从内部损害集体的坏人。

例句： “随着一声重重的法槌声，张宁、慕力炜、陈海生、王炜等四人非法经营 IP 国际电信业务案初步尘埃落定，一群以‘信息走私’危害国家信息安全的～被绳之以法。”（邬焕庆《蠹虫毁灭记》）

duān duō dà de wǎn chī duō dà de fàn
端多大的碗，吃多大的饭

释义： 比喻有多大的能力就办多大的事，要量力而行。

例句： “《红楼梦》里的村妇刘姥姥，有一句名言，叫‘～’。可是我们有些工程建设单位，在工程上马时，却不是根据自己端的碗有多大，碗里有多少‘饭’，然后再考虑怎么个吃法；而是脑子一热，就盲目上马……”（洪朝《端多大碗吃多大饭》）

duān jīn fàn wǎn
端金饭碗

释义： 比喻从事的是稳定的高待遇的工作。

例句： “外人称他们是顽强的‘考碗一族’——‘吃编制饭’被称作‘～’，他们则自感‘活得麻木不堪’而欲罢不能。”（李天波《一心只为端上“金饭碗”：死磕编制下被扭曲的青春》）

duān ní fàn wǎn
端泥饭碗

释义： 比喻从事的是没有收入保障的工作。

例句： “应当让公务员端～，而不是把着铁饭碗不松手，白吃、白喝、白拿一辈子。……而假如让公务员～，像超市的收银员、像小区的保安一样看老板的脸色、看业主的脸色吃饭，就没有这么多脾气……”（李振忠《不妨让公务员端端泥饭碗》）

tuān tiě fàn wǎn
端铁饭碗

释义： 比喻从事的是有稳定收入的工作。

例句： “越来越多的学生乐意早早拿个铁饭碗。他们的观点很务实，也有大部分随大流，这种风气不好，年轻人过早～，社会如何创新？公务员一生的轨迹往往一眼就能看到。按照西方的说法是不够刺激。”（王珦章《公务员热是一个综合问题》）

duǎn bīng xiāng jiē
短兵相接

释义： 指用刀剑等短兵器近距离搏斗。比喻面对面地进行激烈的斗争。

例句： “江海龙沉思了一会儿，对两个战士说：‘你们守在原地，保护货物及背包，记住，包里的东西比货重要，万一敌人追上来，别管货物，背上背包走人。’又对李明、王大力说：‘我们只有几支短枪，没有重武器，和敌人～不占优势。……待会我们上去，听我命令，尽管躲在敌人后面打黑枪……。’”（杏林一笑《特种军医抗日传奇》）

duǎn píng kuài
短平快

释义： 排球比赛的一种快攻打法，二传手传出弧度很小的球后，扣球手迅速跃起扣出高速的

球。比喻投资少、周期短、见效快、收益高的技术开发项目。

例句：“记者从招商地产2013投资者交流会上获悉，公司将调整大户型产品比例，今年将更多开发‘～’的刚需类项目。招商地产总经理贺建亚透露，大户型产品目前占公司住宅开发总量的五成以上，在调控背景下带来了一定消化压力。”（卢青《招商地产：今年多做“短平快”》）

duàn hòu lù
断 后 路

释义：后路，指退路或说话办事留下的余地。比喻不留余地。

例句：“这两周成交放量的楼盘大多是降价降得狠的，这时候谁‘提价’无异自～，把客源拱手送给竞争对手。”（钱江晚报《一放量就想加价？别闹了，提价无异是自断后路》）

duàn le tuǐ de mà zha
断 了 腿 的 蚂 蚱

释义：蚂蚱，即蝗虫，后足腿节粗壮，适于跳跃，幼虫时只能跳跃，成虫可以飞行，也可以跳跃，大多以植物为食物，是农作物的害虫。比喻失去了向上发展的基本条件。

例句：“安大全现在已经是一只～，没法蹦跶了。至于他是不是党员身份，对于郑国强来说，无足轻重。只要他还在塘桥镇，这小子算是被压死了。”（商少《官道之枭雄》）

duàn le xiàn de fēng zheng
断 了 线 的 风 筝

释义：比喻没有了原动力就不会有大发展。

例句：“几年来，夫死子丧，我也没这样孤独，因为有党在支持我，鼓舞我。现在却像～飞不起来了。”（陶承《我的一家》）

duàn nǎi
断 奶

释义：婴儿在长到1周岁以后，母乳的营养已经不能满足其发育的需要，这时需要断奶向成人膳食迈出第一步，开始吃婴儿餐。比喻对企事业单位切断原有的资助渠道，令其在市场经济条件下自我寻求生存和发展的道路。

例句：“改革成为主旋律，而且已经不可逆转，不可阻挡。出乎绝大多数人意料的是，起步于‘松绑’的国有企业改革，到今天已经演变成‘～’结局。”

duàn xiāng huǒ
断 香 火

释义：比喻没有传承下来。

例句：“‘……那些都是刚刚生出来的孩子，是我们大唐帝国的未来，你为了那些铜臭的东西，竟然不顾大唐帝国的未来，这跟自～有什么区别？……’”（夜的邂逅《重生之医技强国》）

duī qì
堆 砌

释义：垒积砖石并用泥灰粘合。比喻写文章使用大量华丽而无用的词语。

例句：“为了让作文看起来更美，一些同学喜欢～辞藻来描写事物。擅长写哲理诗的黄士如告诉《苗地》编辑，小作者们要想把作文写得精湛，必须改掉～辞藻的习惯。”（陈瑾《堆砌辞藻只能弄巧成拙》）

duì hào rù zuò
对 号 入 座

释义：拿着手中的号码与座位的号码核对从而找到自己的位置。比喻把有关的人或事物跟自己对比联系起来。

例句：“应当看到，《决定》提出的这些问题是经过概括了的，是带有普遍性的，没有也不可能点明哪个问题是哪个党员、哪个党组织的，哪个问题范围有多大、程度有多深。所

以，大家不妨来点‘～’，看一看自己有什么问题，想一想问题应该如何解决。”（郑剑《对问题不妨来点“对号入座”》）

duì lù zi

对路子

释义：比喻做事的思路、方法正确。

例句：“‘彬子，你这套装备不～啊！’凌楠边看边琢磨了差不多能有十分钟的时间，这才给出了这样的一个结论。”（懒猪雷《网游之拳扫天下》）

duì niú tán qín

对牛弹琴

释义：比喻对愚人讲深奥的道理。

例句：“他不愿时常发表他的意见。这并不是因为他骄傲，不屑于～，而是他心中老有点自愧。”（老舍《四世同堂·惶惑》）

duì shàng hào

对上号

释义：比喻与想要的相符合。

例句：“曾毅只好耐着性子坐在一旁等，心想这不是要了命嘛，自己好容易找到夏长宁，夏长宁却不记得王曦这回事了，一定要～才行啊！”（银河九天《首席御医》）

duì shàng yǎn

对上眼

释义：比喻相互之间都很中意。

例句：“如今，中国的崛起让世界瞩目，同时也让欧洲人感到困惑。2012 年是‘中欧文化对话年’，对话是消除隔阂的第一步。但是，怎样才能消除交往中的落差，让中欧彼此‘～’?”（董玉洁《中欧互视，怎样才能“对上眼”》）

duì wèi kǒu

对胃口

释义：指食物合口味，有食欲。比喻对某种食物或事物、活动感兴趣。

例句：“50 多岁的王兵，是深圳老狼登山队的成员，爬着陡峭的台阶，身处高处，回望山脚，他连连称赞：‘这里风景很～。’”（张宝训 林芳《恩施大峡谷，风景很对胃口》）

duì zhèng xià yào

对症下药

释义：医生针对患者病症用药。比喻针对事物的问题所在，采取有效的措施。

例句：“我想，假如作家们能够多写一些杂文，抓住问题，～，是能够改进工作，提高工作效果的。”（吴晗《多写一点杂文》）

dūn hú lu shuāi mǎ sháo

蹾葫芦摔马勺

释义：比喻借摔东西发泄心中的不满。

例句：“素姐为不叫他往皇姑寺去，从此～。”（清·西周生《醒世姻缘传》）

dùn dāo zi kǎn dòu fu

钝刀子砍豆腐

释义：比喻净拣软的欺负。

例句：“我在单位是公认的老实人，从来不争名争利，可大家都欺负我。我的领导也是～，只要遇到不顺心的事就当着外人的面数落我一顿。你说这个世上还有公平吗?”

duō dà de yún xià duō dà de yǔ

多大的云下多大的雨

释义：比喻有多大能力就做多少事。

例句：“你批评的对，不过我是胡萝卜圪垯上不了席啊！～，你是大队的主要干部，老党员，你应该在会上说啊！”（聂海《靠山堡》）

duō ge xiāng lú duō ge guǐ

多个香炉多个鬼

释义：比喻多一件事就多一份麻烦。

例句：“金眼耀说：‘你的小娘儿是个辣椒货，容得下她吗?’穿山狗说：‘～，还是做点暗里的买卖好’。”（陈残云《山谷风烟》）

duō mǐ nuò gǔ pái

多米诺骨牌

释义：19世纪，一位名叫多米诺的意大利传教士把中国的骨牌带回了米兰，作为礼物送给了小女儿。多米诺并发明了各种玩法而使骨牌风靡欧洲。人们把这种骨牌游戏命名为“多米诺”。玩时将骨牌按一定间距排列成行，轻轻碰倒第一枚骨牌，其余的骨牌就会产生连锁反应，依次倒下。这个游戏告诉人们，在一个存在内部联系的体系中，一个很小的初始能量就可能导致一连串的连锁反应。

例句：“美国金融危机爆发之后，我们首先看到的是金融机构如同～，一张接着一张倒下。当金融危机在欧洲出现的时候，却接连以主权债务危机的面孔出现。而这一切，很大程度是源于高福利模式导致政府债台高筑，遇到全球性金融危机下的经济不景气，政府也难以为继。希腊、法国、英国，欧洲国家一个接一个陷入危机，犹如另一副～，正轰然倒下！”（宗合《多米诺骨牌倒下》）

duō nián de lù zǒu chéng hé

多年的路走成河

释义：比喻人经过长时间的锻炼就会取得某种资格。

例句：“～，我们要用恒心、专心和诚心去对待要做的事，做成正品，进而磨成精品，让脚下的路留下自己坚实的脚印。”

duō nián de xí fù áo chéng le pó

多年的媳妇熬成了婆

释义：受封建礼教的影响，婆婆常刁难媳妇，媳妇只能忍气吞声。待自己做了婆婆以后，也学婆婆那样对待自己的儿媳妇，总算是熬出头了。比喻长时间受压制，终于改变状况可以去压制别人了。

例句：“婆婆是好容易‘～’！婆婆接受了她自己婆婆那一套，把虐待儿媳当作了自己的本分。”（康濯《灾难的明天》）

duō zhòng huā shǎo zāi cì

多种花，少栽刺

释义：比喻要多说表扬话，少说批评话。

例句：“一些领导奉行‘～’的理念，当‘老好人’，不敢管人，是一种得不偿失的做法。”

duǒ de liǎo chū yī duǒ bù liǎo shí wǔ

躲得了初一，躲不了十五

释义：初一、十五，农历记日的方法，从初一直到月底，十五是必须要过的。比喻无论如何也躲不过去。

例句：“～。砸了你的骨头熬成油，也得清账。”（马忆湘《朝阳花》）

duǒ guǐ jìn le chéng huáng miào

躲鬼进了城隍庙

释义：城是城墙，隍是护城河，有了城和隍就可以保护城内的人的安全，人们把城隍看成保护城市的神来祭祀，因而就有了城隍庙。城隍庙负有剪除凶鬼、护邦保国、管领亡魂的职责。比喻历尽艰险。

例句：“我从小时候就发现，爸爸跟妈妈说什么总是要关闭门窗，低声说话的。没想到

'～'，被我连累挨了斗。"

duǒ guò lǎo hǔ yòu zhuàng shàng yě niú

躲过老虎，又撞上野牛

释义：比喻面临的境遇一个比一个糟糕。

例句："真是～，雅芝万万没想到把他从流氓手里救出来的这个人是色狼！"

duǒ le fēng bào yòu yù le yǔ

躲了风暴又遇了雨

释义：比喻刚躲过一场灾难，另一场灾难又临头了。

例句："倘或再有点事出来，可不是他们～了么。"（清·曹雪芹《红楼梦》）

duǒ yǔ tiào dào le hé lǐ

躲雨跳到了河里

释义：比喻行动与所要达到的目的相背离。

例句："那一年，母亲是怀着对温饱的追求，从天府之国来到了鱼米之乡。但母亲很快就发现，从她家转到父亲家避荒，却是～。父亲家连家徒四壁都不具备，因为有一面墙是用竹篱笆糊稀泥造起来的。"

duò shǒu

舵手

释义：船在航行中掌舵的人。比喻领导者。

例句："有新民主主义～毛泽东先生，我们一定能战胜日寇，建立新国……"（续范亭《感言》）

E

è hǔ nán dòu dù lǐ shé
恶虎难斗肚里蛇

释义：比喻心腹之患最难对付。

例句：“常言道，～，只有打进他们的心脏里边去。这是一着最好的棋，包赢不输。”（李六如《六十年的变迁》）

è dù zi dǎ gér
饿肚子打嗝儿

释义：比喻虽然处境窘迫，却竭力掩饰，装出无忧无虑的样子。

例句：“老同学，你就别～，跟我硬撑了，你的情况，大伟都跟我说了，你先到我的公司试试，不习惯的话我再给你想办法。”

è hǔ pū shí
饿虎扑食

释义：像饥饿的老虎扑向食物一样。比喻动作猛烈而迅速。

例句：“那人刚到面前，便如～、猫儿捕鼠的一般，抱住叫道：‘亲嫂子，等死我了。’”（清·曹雪芹《红楼梦》）

è láng shēng ge zéi hú li
饿狼生个贼狐狸

释义：比喻人出身不好或生性邪恶。

例句：“周君看了李景河一眼，心里话这个孙子真会耳朵里塞棉花装相，为了得到袁媛，让他想方设法拆散了人家好姻缘……其实～不是好种，一肚子坏心眼。袁媛真要是答应了他，那可是高飞的鸟儿遇老鹰凶多吉少，说不定哪天被他一脚踢开，最倒霉还是袁媛姑娘。”（瑞生《人生乐语》）

è yǎn jiàn guā pí
饿眼见瓜皮

释义：比喻不值钱的东西，对需要的人却有吸引力。多喻男女之间的事。

例句：“只见春梅回房去对潘金莲说了，不一时也跑到卷棚下。两个遇着，就如～一般。”（明·兰陵笑笑生《金瓶梅词话》）

èn dǎo hú lu qǐ lái piáo
摁倒葫芦起来瓢

释义：比喻问题一个接一个，此起彼伏。参见“按下葫芦起来瓢。”

例句：“当局见到各地学潮风起云涌，～，很伤脑筋。”（梁斌《红旗谱》）

èn zhe hú lu kōu zǐr
摁着葫芦抠子儿

释义：比喻动用强硬的手段。

例句：“杨春说：‘他真个申到县里，那官～可怎么处？’”（清·西周生《醒世姻缘传》）

ěr duo gēn zi ruǎn
耳朵根子软

释义：比喻没有主见，容易轻信他人。亦作“耳朵软。”

例句：“他们你一句，我一句，说得小梅～了。”（袁静　孔厥《新儿女英雄传》）

ěr duo mó chū jiǎn zi
耳朵磨出茧子

释义：茧子，由于皮肤长时间摩擦而形成的厚皮，也叫膙子。比喻听的太多，听腻了。

例句：“我们的任务那，没有一点头绪！可是自古华山一条路这句话，把我的～来了。”（纪叶等《智取华山》）

ěr duo sāi jī máo
耳朵塞鸡毛

释义：比喻没有听见或听不进话去。

例句：“大烟囱见他不着急的样子就吵开了：‘你～了？家里粮食都烧光了，俺娘俩差点也没给烧死，你还有心思在这打牌，你个该死的。’”（高玉宝《高玉宝》）

ěr páng fēng
耳旁风

释义：在耳朵边吹过的风。比喻听了不放在心上的话。

例句：“一丈青大娘的这一声断喝，他们只当～。”（刘绍棠《蒲柳人家》）

èr bǎ dāo
二把刀

释义：此语来源于泥瓦匠，人们把技术好的称为“头把刀”，技术不够好的、能够勉强凑合的称为“二把刀”。后广泛比喻那些知识不足、技术不高的人。

例句：“我只会搭棚这点手艺，我的拳脚不过是～。”（老舍《四世同堂》）

èr bǎi wǔ
二百五

释义：古时，铜钱为方便携带就用绳子穿起来，一千枚为一串，称为一贯，又称为一吊。五百钱为半串子，用半吊不够一吊的数，比喻心眼儿不够数。半吊子的一半就是二百五。比喻心眼儿比半吊子还缺。

例句：“你还别跟我要～。”（王朔《空中小姐》）

èr chuán shǒu
二传手

释义：二传手也称“托手”，指排球运动训练或比赛中，接对方来球后专门担任第二次传球组织进攻的队员。比喻只会上传下达而不干实事的部门或领导。

例句：“据介绍，省政府行政服务中心将设在郑东新区金水东路，投入运行后，将有效摒弃‘收发室’、‘～’和‘前店后厂’等问题，真正形成省、市、县、乡四级行政服务网络，实现便民服务中心‘上山下乡’，切实解决企业办事难的问题。”（张高峰（拒绝“二传手”不让企业办事难》）

èr gǎn zi
二杆子

释义：指爱惹是生非的人。

例句：“王仁美有点～，把她逼急了，我真怕她出事……”（莫言《蛙》）

èr hu
二乎

释义：方言，意为畏缩、犹豫。

例句：“只要是支前，只要是打鬼子，什么事咱也不～，保险跑在头里。”（吕日生《骡子的故事》）

èr hǔ xiāng dòu bì yǒu yī shāng
二虎相斗，必有一伤

释义：比喻两个强手相互争斗，总会有一方受到伤害。

例句：“这叫做～。待他伤了一个，便容易了。”（明·王九思《钟馗传——斩鬼传》）

èr jīn ròu huàn gè xiǎo xiā mi
二斤肉换个小虾米

释义：比喻交换得不对等，吃亏了。

例句：“唉，我那标价两千的一套衣服被媳妇看成两百给卖出去了，真是～，亏大了！”

èr jìn gōng
二进宫

释义：京剧《龙凤阁》中的第三出叫《二进宫》，说的是定国公徐延昭和兵部侍郎杨波两次进宫，劝说李艳妃不要把权力交给其父、当朝太师李良的故事。后比喻某人为同样一件事两次到同一个地方。

例句：“你等过两年复发了再～，医疗这一改革，花钱还不定得怎么着呢。”（李晶《妇外科的个别病人》）

èr lèng zi
二愣子

释义：形容愣头愣脑、性格倔强、认死理、喜欢抬杠、做事考虑不周且不计后果的人。

例句：“～是张存有的绰号，因他排行老二，过去在村里经常偷鸡摸狗的，没人敢惹他……”（沂蒙山鹰《二愣子》）

èr shí wǔ lǐ mà zhī xiàn
二十五里骂知县

释义：比喻背后装强硬。

例句：“你这是～。她人不在这里，落得你吹牛。当了她的面，你敢说她一个不字，算你有眼。”（周立波《山乡巨变》）

èr wǔ yǎn
二五眼

释义：即二百五，比喻做事马马虎虎、稀松平常的人。

例句：“咱张裕民闹革命两年多了，还是个～。”（丁玲《太阳照在桑干河上》）

èr yī tiān zuò wǔ
二一添作五

释义：珠算口诀，比喻二人平分，各得一半。

例句：“赵庆田从灶膛里拿块烧熟的红薯，烫得两手来回倒换，嘴里一个劲的‘嘘嘘’。‘来，秃子，～！’说着用劲一掰。”（冯志《敌后武工队》）

E 中国俗语

F

fā gāo shāo
发高烧

释义：人体内因为某种炎症而造成的体温在 39 ℃以上叫高烧。比喻做事不冷静，而仅凭冲动、蛮干。

例句：“全国土地市场～，京企出京觅食逐渐增多。”

fā guāng de bù dōu shì jīn zi
发光的不都是金子

释义：比喻看问题不要被表面现象所迷惑，以免上当受骗。

例句：“社会是复杂的，我们看人或者看事一定要经过一个认识的过程，要记住，是金子总是要发光的，但是～。”

fā hūn dàng bù liǎo sǐ
发昏当不了死

释义：比喻使性子解决不了问题。

例句：“庆儿说：‘我不吃，婶子！’朱老忠听了，含了泪花走过来，说：‘快吃吧，为什么不吃？～’!”（梁斌《烽烟图》）

fā jiào
发酵

释义：在生物化学中把酵母的无氧呼吸过程称为发酵，发面、酿酒等都是发酵的应用。比喻事物受外力影响而发展、变化。

例句：“此前，法新社报道称，美国国家安全局在去年圣诞节前后的 1 个月内录下了法国境内的 7000 多万通电话。随后，意大利、西班牙等‘小伙伴’也相继被卷入‘窃听风暴’中。事件持续～殃及美国‘后院’。10 月 26 日，华盛顿举行大规模抗议活动。活动由反监听团体‘停止监视我们’联盟发起。”（杨程《“监听门”持续发酵，美国扮演“地球网管”》）

fā shāo yǒu
发烧友

释义：该词是由香港音响爱好者 20 世纪 50 年代、60 年代发明的，那时空调不普及，香港又热，每次欣赏音乐都会满头大汗，满脸通红，他们就自称“发烧友”。后比喻痴迷某件事的人。

例句：“雷军认为～是意见领袖，只有他们喜欢，一款手机才可以真正走向大众。”（孟鸿《雷军谈小米手机：通过发烧友赢得大众市场》）

fā shén jīng
发神经

释义：比喻言行古怪，不合常理。

例句：“毫无疑问，荧屏上的神话故事正在被异化，民间传说正在被滥用，荧屏充斥着对低级趣味的迎合……诸如《钟馗传说》这样的神话剧荧屏还真不少，《活佛济公 3》《轩辕剑之天之痕》《快乐天蓬元帅》……一个比一个编得离谱。有网友直斥，这样的神话剧跟～有什么区别。”（祁建《〈钟馗传说〉遭吐槽，网友：跟发神经有什么区别》）

fān bǎn
翻版

释义：指照原样重印的版本。比喻照搬、照抄或生硬模仿的行为。

例句：“如果哈登加盟火箭，那么他必然是球队核心，所以占用资源这一优势就不会得到体现，但他的组织能力必然会被放大，这也是林书豪目前最需要的帮助。哈登几乎就是吉诺比利的～，而林书豪喜欢突破、中距离稳定、侵略性强的特点也非常像托尼一帕克。两人组合几乎就是圣安东尼奥马刺冠军后场的～。”（咕哒《哈林组合翻版马努帕克 大胡子比马丁更配林疯狂?》）

fān chuán
翻 船

释义：指船只倾覆了。比喻事情中途受挫或失败。
例句：“在他看来，走正路，可能发展得慢一些，但前途比较稳妥；而老想走‘捷径’，用不正当的手段、方式去做，说不定什么时候就会‘～’。”（宗惠《郭鹤年告诫年轻人：不正当经营会“翻船”》）

fān lǎo zhàng
翻 老 账

释义：比喻纠缠过去的事情或是无休止地回忆往事。
例句：“为群，我们都是朋友，才向你说的。过去的事情就过去，当作教训，不要再～了。”（陈登科《风雷》）

fān liǎn
翻 脸

释义：指脸色突然变坏。形容不认账、发脾气，对人的态度突然变坏。
例句：“想不到一个洋行里做小买办的人，会～无情，下这样的毒手!”（洪深《香稻米》）

fān pán
翻 盘

释义：比喻推翻承诺或在各种对抗性比赛中反败为胜。
例句：“苹果在二审～的机会并不是没有，但是一旦二审再次败诉，iPad 内地商标的价值也许又要水涨船高了。”（郑佩珊《iPad 商标权案陷持久战：苹果上诉寄望二审翻盘》）

fān shēn
翻 身

释义：比喻从受压迫、受剥削的状况下解放出来，或改变落后面貌、不利处境。
例句：“因为他父亲的原故，日本人很帮他的忙；听说介绍过一次军火，贩过一次烟土，包过一次赌，几个～，他便抖起来了。”（欧阳予倩《同住的三家人》）

fān shǒu wéi yún fù shǒu zuò yǔ
翻 手 为 云，覆 手 作 雨

释义：比喻做事反复无常，善于玩弄权术。
例句：“猴子虽然有手，却不会制造工具；至于‘～’，猴子更不会。”

fān tiān fù dì
翻 天 覆 地

释义：形容变化巨大而彻底。
例句：“从现在起，五十年内外到一百年内外，是世界上社会制度彻底变化的伟大时代，是一个～的时代，是过去任何一个历史时代都不能比拟的。”（毛泽东《在扩大的中央工作会议上的讲话》）

fǎn kè wéi zhǔ
反 客 为 主

释义：客人反过来成为主人。比喻变被动为主动。
例句：“‘主妇?’这两个字让南小枫不由打了个寒颤，要知道她还没有成为真正的主妇呢。这个夏蓓蕾凭什么在她的家里～，张扬得瑟成如此情状呢？照这样的趋势发展，有一天夏蓓蕾或许真的会捷足先登，将她取而代之呢。”（林梢客《转角遇到你》）

fǎn tiē mén shén bù duì liǎn

反贴门神不对脸

释义：门神，贴在大门上驱鬼辟邪的神像，一般是唐代武将秦琼和尉迟公的画像，左右两扇门各贴一张，神像的脸对着脸。如果反贴了就变成背对着背。比喻双方意见不和，不相往来或是见面互不理睬。

例句：“潼关南乡的山寨同咱这儿的山寨不同。那一向是硬地，同你们没有拉扯，～，这你知道。”（姚雪垠《李自成》）

fǎn zhuǎn hú lu dào zhuǎn piáo

反转葫芦倒转瓢

释义：比喻同一事物，从不同的角度看，结果就不相同。也形容人能说会道，善于自圆其说。

例句：“经过李志军～的一顿神说，总算把张大有心里的疑惑解开了，他与王强真的是误会了。”

fàn jí xìng bìng

犯急性病

释义：比喻做事急于求成。

例句：“这些特殊性决定了‘三牧’（即牧业、牧区、牧民）实现城镇化、工业化的复杂性和长期性。政府要加强教育引导，但根本要从实际出发，防止～，切忌一刀切和强迫命令。”（伏来旺《“三牧”不能脱离实际 防止犯“急性病”》）

fàn lǎo bìng

犯老病

释义：比喻重犯以前的错误。

例句：“二哥在账房当差，挤进去瞧了，‘真的，这是四方钱庄的现银本票，凭票就能立即取现钱。小五，你该不会是手痒～吧？’不然哪来的？五百两那！小五以前是偷儿，独孤棠收留他后就改好了，……”（清枫聆心《纸贵金迷》）

fàn lěng rè bìng

犯冷热病

释义：冷热病，即疟疾，又称打摆子，发病时忽冷忽热。比喻工作或情绪不稳定。

例句：“随着元旦和各样节日的临近，笔者可以预见，全国各地各种各样的‘送温暖’活动将会‘如火如荼’地展开，这绝对是好事，但‘送温暖’千万别～。”（王浩《“送温暖”莫犯“冷热病”》）

fàn niú bó zi

犯牛脖子

释义：牛的脾气很犟，一旦发起脾气，牛脖子挺直，很难拉动。比喻人使犟脾气。

例句：“老头子管不了我，我不能守一辈子女儿寡！就是老头子真～，我手里也有俩体己。”（老舍《骆驼祥子》）

fàn yè de dào ná xún yè de

犯夜的倒拿巡夜的

释义：犯夜，违反夜禁；巡夜，夜里巡查违禁的事。比喻做了错事不认错，反倒诬陷指出错误的人。

例句：“唐氏道：‘你不怕我对你汉子说，我可对我汉子说，说你两个做牵头，把我牵上合大官人有的，我破着活不成，我那汉子浑浑也不饶过你，叫你两个打人命官司。’晁住媳妇道：‘你看，这不是～了！’”（清·西周生《醒世姻缘传》）

fàn piáo zi guò hé

饭瓢子过河

释义：比喻顺水飘流一场空。

例句："'各人知趣，小心～！'陈工头对外面骂了一句。"（彭永辉《燎原》）

fàn tǒng
饭 桶

释义：比喻人除了吃饭之外什么也做不了，无能至极。

例句："最近的4轮，姚明每场得分都超过30分，但火箭队只赢了一场球……火箭主帅的执教能力再次让人产生怀疑，到底范甘迪是合格的统帅还是无用的'～'？"（梁军《范统 or 饭桶》）

fàn wǎn
饭 碗

释义：比喻赖以谋生的职业等。

例句："其实，……深水港不仅会砸新加坡的～，还会搅了美国控制中国的美梦。"（张炎夏《上海自贸区到底砸了谁的饭碗》）

fàn yào yī kǒu yī kǒu de chī
饭 要 一 口 一 口 地 吃

释义：比喻办事要一步步来，不能操之过急。

例句："～，事情得一件一件地办。这些日子要粮要款，我还忙不过来，哪里有功夫办这个。"（曲波《山呼海啸》）

fànr
范 儿

释义：派头儿、做派的意思。

例句："我想写出个真北京，一个北京孩子心底的北京。那里有蓝天、白鸽、红墙、灰瓦，那里的街坊邻居们不紧不慢，行走在胡同里夕阳下长长的光影里，永远礼貌客气，永远干净体面，永远恬淡随和，带着京～，过着简单而讲究的日子。"（崔岱远《京范儿是什么》）

fāng huà bù rù yuán ěr duo
方 话 不 入 圆 耳 朵

释义：比喻话不投机，对方根本听不进去。

例句："贾桂娥打着他的旗号经商办企业太出格了，要给他（注：指慕绥新）惹祸的。他向有关部门发下话去，贾桂娥不代表他，不能给她办任何事情。但是不 管用。～。"（杨晓升《反贪局专案》）

fāng mù tou bù gǔn　yuán mù tou bù wěn
方 木 头 不 滚 ， 圆 木 头 不 稳

释义：比喻人或物都会有长处和短处，不可能完美无缺。

例句："周松山一口担保说：'这个没问题，我了解他。这个人虽有些偏激情绪，但革命的坚定性无可怀疑。'大老刘笑起来说：'～，那就让他去。"（罗旋《梅》）

fāng zi shì zhēn de　yào shì jiǎ de
方 子 是 真 的 ， 药 是 假 的

释义：比喻经验等方面是真的，而所用原材料是假的。

例句："本来想跟着人家养珍珠能挣个仨瓜俩枣的，谁承想～，这下子把那点积蓄全都打水漂啦！"

fáng dǐng kāi mén　zào kēng dǎ jǐng
房 顶 开 门 ， 灶 坑 打 井

释义：比喻不愿意与邻里、熟人交往，万事不求人。

例句："她做人的原则基本上是属于～，万事不求人的。即便是有求于人，她也是投之以桃，才允许人家报之以李。因此她在这个充满着朴素人情的小山村里，完全是一个另类。"（书友《人情》）

fàng àn jiàn
放暗箭

释义： 指在暗处射箭。比喻在暗地里耍阴谋诡计伤害人。

例句： “袁莉的经纪人也表示，‘暂时不会跟红十字会沟通删除广告，做就是做了，只要出发点是善良的。’可是风波并未平息。袁莉昨在微博无奈表示，天天被推向风口浪尖很累，再次申明这次事件与章子怡泼墨门一样，是有人在故意偷换时间，有小人在偷～。”（钟茜《回应代表红十字会 袁莉：有小人放暗箭》）

fàng cháng xiàn diào dà yú
放长线钓大鱼

释义： 大鱼不往浅处游，因此必须把鱼线放得长才能钓到大鱼。比喻做事情要有耐心，等待时机就会取得最佳效果。

例句： “老五叔偏偏又弄什么～的妙计，这一回可好，鱼没钓着，连鱼食也丢了。”（峻青《黎明的河边》）

fàng hǔ guī shān
放虎归山

释义： 把老虎放回山里。比喻放走敌人。

例句： “现在，若把软禁重庆的冯玉祥将军放归老地盘，岂不是‘～’，纵他东山再起，后患无穷吗？这也是抗战刚一结束，蒋介石就立即解除冯玉祥将军的一切军职，逼他退伍、出国考察的真正目的。”（尹家衡《冯玉祥因策反伪军遭蒋介石愚弄》）

fàng kōng pào
放空炮

释义： 空炮，指没有弹头的炮。比喻说话不算数，承诺不兑现，说大话、空话。

例句： “你光会喊，真像个毛头小伙子！可是，北大南下示威捐款时，你为什么才捐一块钱呢？好意思拿出去呀！我最讨厌～的人。”（杨沫《青春之歌》）

fàng lěng jiàn
放冷箭

释义： 冷箭，趁人不备射出的箭。比喻趁人不备耍手段加害于人。

例句： “当然有人在后面撑腰。这简直是～。”（夏衍《考试》）

fàng lěng pào
放冷炮

释义： 比喻做事零散，不看重效率。

例句： “大家知道，橱柜这个行业做广告最忌讳就是～。所谓～就是零零散散投放一些不太起眼的广告或是将广告投放在不太起眼的地方，或是今天做了，明天就收回来，没有什么实质性的效果。”（刘学旦《橱柜：电视广告不宜做促销，切忌放“冷炮”》）

fàng lián zhū pào
放连珠炮

释义： 比喻说话干脆利落，连续不断，掷地有声。

例句： “我们经常会遇到说话像～的人，他们一开口，别人就没有机会开口了。……这往往显示了他们思想单纯，没有心计。”（王超《瞬间看透身边人》）

fàng pì dōu zá jiǎo hòu gēn
放屁都砸脚后跟

释义： 比喻倒霉透顶，不顺心。

例句： “真是，人要是点儿背，～，昨天才把‘咸阳偏转’割肉卖掉，买了‘天山纺织’，结果又是一个跌停！”

fàng pì yǎo yá lā shǐ zuàn quán tou
放屁咬牙，拉屎攥拳头

释义： 比喻暗地里发狠。

例句：“‘徐大脚～，是个历害的角色。’爷爷这样评价徐大脚。‘女人一旦狠了心比男人更凶残，女人一旦成了精就变成了妖魔鬼怪。’爷爷又说：‘别看徐大脚是个女人，打仗很在行，简直是个天才。’”（贺绪林《最后的女匪》）

fàng shuǐ
放 水

释义：比喻比赛中本来有能力赢得，却故意不拿出实力而让对方获胜。

例句：“李代沫在台上唱歌，却给了徐海星一个大大的流泪镜头，这又引起了网友的质疑，徐海星再次被扣上了故意煽情、打亲情牌的帽子。有网友直言不讳地说：‘李代沫～太明显，明显造假。’”（东南快报《“好声音”被疑有黑幕 网友吐槽：李代沫放水》）

fàng shuǐ róng yì shōu shuǐ nán
放水容易收水难

释义：比喻有些事情一旦开始了就难以恢复原来的状态了。

例句：“这次后金融危机最终揭露的都是金融问题。管好央行，管好信贷，一点都不能马虎，～啊。”

fàng xià bāo fu
放下包袱

释义：比喻解除思想上的负担和顾虑。

例句：“所谓～，就是说，我们精神上的许多负担应该加以解除。”（毛泽东《学习和时局》）

fàng yān mù dàn
放烟幕弹

释义：烟幕弹，是一种装有发烟剂，引爆、引燃后能够产生大量烟雾的弹药，军事上主要用于迷惑敌方或是指引目标。比喻制造假象，掩盖真相。

例句：“志在挺进亚冠16强的澳大利亚中央海岸水手队主帅迈基纳，不知是对弟子的状态感到不满，还是在～，他昨天在训练后接受记者采访时公开表示：‘这场对泰达队之战，我们能拿到一场平局就比较满意了。’”（张明《水手主帅疑放烟幕弹》）

fàng yáng
放 羊

释义：牧羊人把羊赶到有草的地方就可以不管了，任随羊自由地吃草，晚上圈拢来就行了。比喻放任自流，散漫。

例句：“学生上课时间为何不进教室？几名学生说，学校已停电几天，教室内没有灯光，老师也不给他们上课了。‘我们现在都没人管了，跟～一样。’一名张姓学生说。”（李朝红《深圳一学校停电 师生“放羊”多日》）

fàng zhe é máo bù zhī qīng　yā zhe mò pán bù zhī zhòng
放着鹅毛不知轻，压着磨盘不知重

释义：比喻不知轻重，不识好歹。

例句：“你这老汉也太不识好歹了，～，二百块票子就想买条人命?! 就是打死条狗也不这样便宜吧?”（马烽　西戎《吕梁英雄传》）

fàng zhe hé shuǐ bù xǐ chuán
放着河水不洗船

释义：比喻有现成的条件不去利用。

例句：“既然省长指名把面子搁在自己头上，为什么～呢?”（李英儒《野火春风斗古城》）

fēi é pū huǒ
飞蛾扑火

释义：蛾，昆虫，多在夜间活动，喜欢往有光亮的地方飞。比喻不知危险，自己找死。

例句：“秋白曾在什么地方写过，或是他对我说过：‘冰之是～非死不止。’”（丁玲《我所认识的瞿秋白同志》）

fēi máo tuǐ
飞毛腿

释义：形容跑得特别快的人。

例句：“话说国安90后球员中，谭天澄的速度那是行如飞，战如箭。没想到报告出炉后，机器师傅一句‘速度爆发及动作速率都很好’，使得谭天澄的江湖影响力从狭小的90后小江湖波及国安大江湖的圈子里，成为国安队内响当当的头号～。”（宫云捷 杨阳《国安体测数据全新出炉 徐云龙力量第一小将飞毛腿》）

fēi niǎo gè tóu lín
飞鸟各投林

释义：比喻各自找出路。

例句：“现在我开诚布公地说一句，既是大家要～，我大水也漫不过鸭子去，就散伙吧。”（张恨水《金粉世家》）

fēi lǘ fēi mǎ
非驴非马

释义：比喻不伦不类，什么也不像。

例句：“从形式上来讲，今年的语言类节目也明显地表现出相声不像相声、小品不像小品这种～的状态。”（宋晓鹏《央视春节晚会相声小品非驴非马》）

féi de shòu de yī guō zhǔ
肥的瘦的一锅煮

释义：比喻处理问题不看对象、不加区别。

例句：“维持会的两个人告辞走了，海骡子才拉住褚元海的袖子说：‘褚团长，我有一件事一定要请您帮忙。’接着他把招华工、老百姓不想去的事情说了一遍。褚元海说：‘这有什么关系？我替你抓。渡口闸住，路口把住，等于罩里的鱼，……干这个事，我那些弟兄们是手到擒来。跑不了他们。～！’”（李准《黄河东流去》）

féi de tuō shòu shòu de tuō sǐ
肥的拖瘦，瘦的拖死

释义：比喻生存的环境十分艰辛。

例句：“改变穷困的根源是穷人们自己找致富出路而非接受所谓的援助。均财富的后果只能是短暂的回稳，最终～。”

féi le luó zi shòu le mǎ
肥了骡子瘦了马

释义：比喻分配不公，让能干的吃了亏。

例句：“有的企业为完成所谓的扭亏增盈目标，人为虚增商品销售收入，借记应收账款，贷记主营业务收入，同时虚增成本和虚减库存，破坏了正常核算程序，增加了企业税费负担。其结果是个人得益，企业受损，～。”

féi shuǐ bù luò wài rén tián
肥水不落外人田

释义：比喻好处或利益不能给了别人。亦作“肥水不流外人田”。

例句：“秀珠笑道：‘你们一家人闹吧，～，别让我赢去了。’”（张恨水《金粉世家》）

féi zhū gǒng mén
肥猪拱门

释义：比喻好事自己送上门来。

例句：“招弟姑娘呢，又是那么漂亮年轻，多少人费了九牛二虎的力量都弄不到手，而今居然～落在你手里，还不该请朋友们痛痛快快地吃回喜酒？”（老舍《四世同堂·偷生》）

fēi zhū pǎo jìn tú hù jiā
肥猪跑进屠户家

释义：比喻自己送上门来找死。

例句："孙在涛如今当了还乡团，……他回来好嘛，他回来正是～，杀着当菜吃。"（陈登科《活人塘》）。

fèi jìn jiǔ niú èr hǔ zhī lì
费尽九牛二虎之力

释义：比喻花了最大的力气。

例句："他想起在清朝末期，为反对借外债修铁路，～，才开成一个几百人的会。"（李六如《六十年的变迁》）

fēn cùn
分寸

释义：旧时长度单位，1寸等于10分。比喻说话或做事掌握的适当标准或限度。

例句："他似乎怕伤她的心，很注意讲话的～。"（草明《乘风破浪》）

fēn dàn gāo
分蛋糕

释义：把蛋糕切开来分配。比喻把利益分割给不同的人或团体。

例句："'观察近年来财政收入就会发现，实际增幅比政府自己的预计通常都高出几个甚至十几个百分点，更不用说比同年GDP增幅高出多少，'樊继达说，'而居民收入的增幅却总低于人的期待，政府未来应合理地与百姓～。'"（贾玥《专家谈政府职能转变，未来应与百姓合理"分蛋糕"》）

fēn shuǐ lǐng
分水岭

释义：指分隔相邻两个流域的山岭或高地，河水从这里流向两个方向。比喻不同事物的主要分界。

例句："而一旦市场没有预期的火爆，到了下半年，厂家和经销商就会推出一系列的优惠措施来消化库存，刺激销量，因此今年年中可能是车价的一个～。"（戴琦《年中或将成为车价分水岭》）

fén tóu shàng méi zhǎng zhè kē hāo zi
坟头上没长这棵蒿子

释义：比喻不够资格，没有福气。

例句："这时候一个瘦高挑儿的人双手捂着耳朵，背对着直往衣服缝里钻的风，用胳膊夹紧身上的棉衣，不耐烦地发泄心里的怨气：'别做你娘的春梦了，想在家里呆着，也去当官啊，瞧人家连长、排长全回家过年了，咱们～。认命吧！'

fěn mò dēng chǎng
粉墨登场

释义：指演员化好妆登台演戏了。比喻经过装扮，走上社会活动的舞台。

例句："及至北平攻陷，这些地痞流氓自然没有～的资格与本领……"（老舍《四世同堂》）

fěn shuā de wū yā bái bù jiǔ
粉刷的乌鸦白不久

释义：比喻伪装是不会长久的，早晚会暴露真相。

例句："你不要高兴得过早，你是'～'，早晚要露真相的。"（黎汝清《万山红遍》）

fěn sī
粉丝

释义：英语"fans"的音译，狂热、热爱之意。网络用语，指追星族、支持者。

例句："李云迪的家乡父老没有让这位从重庆走出去的钢琴王子失望。记者一走进重庆大剧院就看到，～们在本次演奏会的巨幅海报前合影留念。"（裘晋奕《来了好多小粉丝》）

fēng bō
风 波

释义：比喻纠纷或乱子。

例句："波及欧洲多国的"挂牛头卖马肉"～愈演愈烈，斯洛文尼亚和芬兰食品安全部门19日确认，该国销售的牛肉制品中发现马肉成分。当日，法国政府也对涉及马肉～的食品企业启动司法调查。"（赵毅 李骥志 李明《"马肉风波"持续扩散 法国启动司法调查》）

fēng bù chuī shù bù yáo
风 不 吹 树 不 摇

释义：比喻事出有因。

例句："马全有冒火啦，他脸红脖子粗地喊着：'他不革命我负责任？'马长胜说：'～，说你有缺点，也不是平白无故的。'"（杜鹏程《保卫延安》）

fēng chuī cǎo dòng
风 吹 草 动

释义：比喻有微小的变动。

例句："万一后边有些～，被人发觉，不要说道无颜面见令尊，传将出来，小生如何做得人成？"（明·凌濛初《二刻拍案惊奇》）

fēng chuī lián yán wǎ　yǔ dǎ chū tóu chuán
风 吹 连 檐 瓦，雨 打 出 头 椽

释义：比喻出头、冒尖的人更多地受到打击。

例句："有个中年汉子叹息着说：'唉，～，像高二佬这样千个里难选一个的人，死得好苦！'"（张行《武陵山下》）

fēng chuī yǔ dǎ
风 吹 雨 打

释义：比喻受到严峻的考验。

例句："小赵能取得今天的成功，绝不是偶然的。这么多年来，他经受了多少～呀！"

fēng dà chuī bù dòng shān
风 大 吹 不 动 山

释义：比喻自然规律是不能违背的。

例句："不管今天大盘暴跌的原因是什么，也不要管什么时候大盘能反弹。大胆地买入交行股份，坚定持有，～，该来的终究要来！"

fēng dà shǎn le shé tou
风 大 闪 了 舌 头

释义：讥讽说大话、说假话的人。

例句："张涛受不得激将，冷笑着看着王锋道：'说话这么狂，不怕～。'"

fēng fēng huǒ huǒ
风 风 火 火

释义：形容急急忙忙、冒冒失失的样子。

例句："妈千叮咛万叮咛，务必要平稳，切不可像在娘家门上那样～，得罪了人，日后过门咋做媳妇呢？"（王吉呈《女御史》）

fēng fēng yǔ yǔ
风 风 雨 雨

释义：不断地刮风下雨。比喻重重阻难或议论纷纷。

例句："（陶德娇）经历了无数～，就这样一声不响地离开了。"（黄庆云《波浪》）

fēng guā mào zi kòu gè qiǎor
风刮帽子扣个雀儿

释义：比喻意外的收获。

例句："今天的商场是逛着了，～。我本来是想去买榨汁机，结果赶上厂家促销，价格优惠还搭配一套烘烤用具！"

fēng guāng
风光

释义：原指风景、景色。比喻光彩、体面。

例句："真正是热火朝天，～得不能再～了，不仅名扬全县，同时简报也送到了省里、中央。"（茹志鹃《剪辑错了的故事》）

fēng huā xuě yuè
风花雪月

释义：原指古典文学作品里描写自然景物的四种对象，后来比喻爱情故事，现多指对事物的美好描述和空泛愿景。

例句："当我们独自旅行，期待一场～，我们总会描摹出各种丰富绚烂的场景。"（艳阳天《那一场风花雪月》）

fēng juǎn cán yún
风卷残云

释义：比喻把残存的东西一扫而光。

例句："叫一声'请'！一齐举箸，却如～一般，早去了一半。"（清·吴敬梓《儒林外史》）

fēng kǒu làng jiān
风口浪尖

释义：比喻激烈尖锐的斗争前哨。

例句："现在到了～，是咱挺身的时候了，为了党，为了人民，为了抗日，一定要干出个英雄样来！"（向春《煤城怒火》）

fēng píng làng jìng
风平浪静

释义：比喻平静，什么事情都没发生。

例句："世界上的事体，哪一件是拿得定、把得稳的？看着～，一点危险没有，哪知忽然而来。"（洪深《少奶奶的扇子》）

fēng qǐ yún yǒng
风起云涌

释义：狂风刮起，云层涌来。比喻事物迅速发展，声势浩大。

例句："桐柏山是一座革命的山、英雄的山。豫鄂边区是中国共产党播撒革命火种、建立党组织较早的地区之一，是大革命～的地方。"（王雷生《镌刻在桐柏山上的红色丰碑》）

fēng tóu
风头

释义：比喻形势的发展方向或与个人、团体有利害关系的情势。

例句："欧盟秋季峰会落下帷幕，虽然会议～被美国窃听丑闻事件抢去，但在欧洲经过漫长衰退终现复苏迹象的微妙时刻，如何规划进一步维持复苏后劲，仍是峰会上的主要焦点。"（闫磊《欧盟多策并举力保复苏 秋季峰会风头被美国窃听丑闻事件抢去》）

fēng xiàng biāo
风向标

释义：测定风向的设备，不对称形状，重心点固定于垂直轴上。当风吹过，对空气流动产生

较大阻力的一端就顺风转动，显示风向。比喻带有指导性意义的事件或趋势。

例句：“央行连续5周的逆回购，令逆回购利率逐渐成为市场的～，引导同期限资金价格的作用愈发显现。在昨日500亿逆回购的投放下，市场资金面继续维持宽松。”（王媛丰和《本周重返净投放 逆回购利率渐成风向标》）

fēng yī zhèn yǔ yī zhèn

风一阵，雨一阵

释义：比喻变化无常。

例句：“你千万不要说这话了，我七哥就是这个脾气，～。”（张恨水《金粉世家》）

fēng yǔ piāo yáo

风雨飘摇

释义：在风雨中飘荡不定。比喻局势动荡不安。

例句：“阿瑶，你们学校的学生又上街游行啦？这世道～，日本鬼子杀人不眨眼，你可要多加小心呀!”

fēng yǔ tóng zhōu

风雨同舟

释义：在狂风暴雨中同乘一条船。比喻共同经历磨难。

例句：“他可敬的老伴，与他～一生，一天他栽树回来时，发现她已静静地躺在炕上过世了。”（梁衡《青山不老》）

fēng yún tū biàn

风云突变

释义：比喻局势突然发生了重大变化。

例句：“28日一早，洪都拉斯局势～：塞拉亚总统的私人秘书雷纳向新华社记者证实，塞拉亚当天早晨6时许在总统官邸被军方扣押，并被带往位于首都特古西加尔巴郊区的空军基地。”（许雷《现场目击：洪都拉斯公投前风云突变》）

fēng dǐng

封顶

释义：指建筑物主体结构已经完工。比喻不许超过规定的极点。

例句：“财政部综合司彩票管理处指出，单笔奖金～政策在彩票发行的初级阶段，是符合彩票事业发展规律及当时经济发展水平的。彩民对于新事物，需要一个引导认知的过程，把彩票大奖而带来的负面影响降到最低。”（钟哲平《奖金该不该封顶这是个问题》）

fēng huí lù zhuǎn

峰回路转

释义：山峰、道路曲折迂回。比喻事情经历挫折、失败后，出现新的转机。

例句：“浓云翻滚的叙利亚局势居然～，透进些许光亮，这要归因于奥巴马的犹豫和普京的奔走。”（晓岸《叙利亚局势峰回路转 止战可“大国共治”》）

fēng máng bì lù

锋芒毕露

释义：锋，刀锋；芒，原指谷类种子壳上的细刺，此处为枪头、矛尖。刀锋和矛尖都露出来。比喻锐气和才干全都显露出来。

例句：“一个人过分地张扬自己，～，不管多么优秀，都难免会遭到明枪暗箭的攻击。甚至……最终被同事孤立。”（张永华《不要锋芒毕露》）

féng chǎng zuò xì

逢场作戏

释义：原指艺人遇到合适的地方就开场表演。后比喻在一定的场合随意应酬，或偶尔凑凑热闹。

例句："到了需要～、八面玲珑、看风使舵、左右逢源的时候，就更指望着杨巴那张好嘴了。"（冯骥才《俗世奇人·好嘴杨巴》）

féng shān kāi lù　yù shuǐ jià qiáo
逢山开路，遇水架桥

释义：比喻不畏艰险，冲破阻力，奋勇前行。

例句："湖口县坚持'～'的服务理念，急企业之所急，想企业之所想，对重大项目实行'一对一'服务，一支队伍抓到底。"（许先庆等《逢山开路 遇水架桥——"湖口服务"创造"湖口速度"纪实》）

fèng huáng bù luò wú bǎo zhī dì
凤凰不落无宝之地

释义：比喻不好的地方不去。

例句："大家又纷纷议论起来，'这才像他们两家做的事！'我说～嘛！"（赵树理《卖烟叶》）

fèng huáng bù rù wū yā cháo
凤凰不入乌鸦巢

释义：比喻好人不到不三不四的人家去厮混（好人不与坏人为伍）。

例句："早就和你说过了，少去她家。自古道：'～'，她家那是赌博窟、是非坑，去她家能学什么好来！"（马烽《刘胡兰传》）

fèng huáng yě yào bǎi niǎo péi
凤凰也要百鸟陪

释义：比喻一个人再有本事也需要他人辅助。

例句："～，没有百鸟怎么能显出凤凰呀！局长大人，你可不能只关注凤凰而忽视了百鸟呀！"

fèng máo lín jiǎo
凤毛麟角

释义：凤凰的羽毛，麒麟的角。比喻珍惜的人或物。

例句："全县只考上你一个，无论如何是～。"（梁斌《红旗谱》）

fó miàn shàng guā jīn
佛面上刮金

释义：到佛像的脸上刮金子。比喻不分场合和对象，什么都要搜刮，极其凶暴贪婪。

例句："土匪就是土匪，……他们～，油锅里抓钱，刀口上舔血，这才是他们的常态，所以不能被表面的'仁义'所迷惑。"（孙钦良《豫西土匪探秘——彩票花票篇》）

fó ye de yǎn zhū dòng bù dé
佛爷的眼珠动不得

释义：供奉在庙宇里的佛像都是泥塑木雕的，眼珠当然不会动。比喻不能动。

例句："喜枝说：'别转（zhuǎi）臭文，快收拾收拾，打蚂蚱去。'八婆说：'我这里是～。'"（李英儒《上一代人》）

fú bù qǐ de ā dǒu
扶不起的阿斗

释义：阿斗，三国时蜀汉帝刘备的儿子刘禅的小名，庸碌无能，继位后虽有诸葛亮辅佐，仍未能守住刘备开创的基业。比喻不堪任用的人。参见"阿斗"。

例句："毛泽东对王洪文确实抱有希望，循循善诱，耳提面命。无奈王洪文根基太浅，是～。"（孙言诚《周恩来为何会拥护一个"扶不起的阿斗"王洪文》）

fú dé dōng lái xī yòu dǎo
扶得东来西又倒

释义：比喻顾此失彼。

例句：“胡适之先生对中国民主政治的发展，虽然生死以之，却始终没有搞出一套完整的理论来。不是他无此才华，而是他在社会科学上无此功力！没有一套完整的理论对近百年乃至三千年的中国政治经济的演变作一番通盘的了解，而只是头痛医头、脚痛医脚地去搞一点一滴的改革，那就必然～。”（熊培云《错过胡适一百年》）

fú le yóu píngr dǎo le cù guànr

扶了油瓶儿倒了醋罐儿

释义：比喻慌乱不堪，顾此失彼。

例句：“别提了，这两天乱七八糟的破事把我弄得焦头烂额，真是～。”

fú qǐ lí ba jiù shì qiáng

扶起篱笆就是墙

释义：比喻利用已有的有利条件，稍加努力即可获得很好的结果。

例句：“‘是啊，翠芳说得对。女人五十岁上下还能生育呢，说不准她一胎就给您生一对胖孙子。退一万步讲，她没生育，不是带一对儿女来了吗？～，多好。只要你们待他们好，还不像亲生的一样……’叶莺也接上翠芳的话继续劝说。”（山翁《专业父亲》）

fú shàng mǎ sòng yī chéng

扶上马送一程

释义：比喻对已经指导和帮助的人或事继续给以指导和帮助。

例句：“据了解，新区担保扶持的招商引资项目、高新技术项目、退城进区项目、出村进园项目有20多个，获得资金3.5亿元，通过新区担保的‘～’，促使企业加快了发展步伐。”（蒋加宁《“扶上马，送一程”》）

fú shàng qiáng chōu tī zi

扶上墙抽梯子

释义：比喻怂恿别人干事，之后反而去坑害干此事的人。

例句：“马连福说：‘助什么威风！你们扶我上墙，半截子抽梯子。别在这儿跟我绕了。’”（浩然《艳阳天》）

fú róng chū shuǐ

芙蓉出水

释义：芙蓉，即荷花。比喻诗文清新不俗或女子天然艳丽。

例句：“我努力地从冬天减肥到现在，就是希望与你在泳池相见时能够惊艳到你，让你知道原来我也可以做一个如～般清新的泳装美女。”（懒小玲《芙蓉出水般的泳装美女》）

fú chū shuǐ miàn

浮出水面

释义：比喻事物显露出来。

例句：“作为民间借贷的头号‘影子银行’，在一些人眼里已然成了‘滚滚财源’的代名词。但是随着近来一系列高利贷事件的爆发，‘影子银行’的潜在风险渐渐～。”（段绍国《“影子银行”浮出水面》）

fú guāng lüè yǐng

浮光掠影

释义：水面上的反光和一闪而过的影子，一晃就消逝了。比喻观察不细致，学习不深入，印象不深刻。

例句：“联系群众，需要俯下身，沉下心。～致使闭目塞听，难以发现作风疏漏，更难以解决好那些突出、紧迫的问题。”（叶琦《“浮光掠影”要不得》）

fǔ kuài bù pà chái nán pī

斧快不怕柴难劈

释义：比喻有实力就没有攻不破的难关。

例句：“谷敬文想起一句谚语：‘～’。对了，为了劈开那些硬木柴，我要把斧子磨得更快！”

（黎汝清《万山红遍》）

fǔ záo
斧凿

释义：斧子、凿子，都是木匠的工具。比喻雕琢诗文词句致使其反而造作、不自然。

例句：“……再回过头看前面剧情时却发现这完全是导演、编剧故意坑人，而不是大智若愚式的无～痕迹。”（一为之甚《斧凿痕迹重了点——评电影〈完美逃亡〉》）

fǔ dǐ chōu xīn
釜底抽薪

释义：釜，古代的一种锅；薪，柴。把柴火从锅底抽掉。比喻从根本上解决问题。

例句：“如今有个道理，是‘～’之法，只消央人把告状的安抚住了，众人递个拦词便歇了。”（清·吴敬梓《儒林外史》）

fǔ dǐ yóu yú
釜底游鱼

释义：在锅里游着的鱼。比喻处于绝境，即将灭亡。

例句：“他们……恰似～，或降或死，别无他途。”（姚雪垠《李自成》）

fǔ shǒu tiē ěr
俯首帖耳

释义：像狗见了主人那样低着头，耷拉着耳朵。比喻恭顺驯服的样子。

例句：“他们习惯于猛于虎的官威，以为老百姓只要一加威吓，便自会～。”（郭沫若《少年时代·反正前后》）

fù fèng pān lóng
附凤攀龙

释义：龙、凤，古代传说中象征吉祥的动物，帝王、帝后的象征。比喻巴结投靠有权势的人以获取富贵。

例句：“民国二十四年，福泽县成立保甲制，全县共有四百多保，保长多由乡绅家（有财有势的人）担任；保队副多是～、心术不正之辈；保丁全是好吃懒做、为非作歹之徒。”（黄世鼎《怒涛》）

fù tāng dǎo huǒ
赴汤蹈火

释义：奔向煮沸的水，踏上燃烧的火。比喻勇往直前、奋不顾身的行为。

例句：“上海市公安消防总队黄埔支队车站中队，是一个训练有素、忠于职守、作风顽强、拼搏进取、战功卓著的英雄集体，这个集体不畏艰险、～，是党和人民信赖的时代楷模。”（吴影影《赴汤蹈火——车站消防中队灭火抢险英姿》）

fù cháo zhī xià wú wán luǎn
覆巢之下无完卵

释义：被打翻的鸟巢不会有完整的鸟蛋。比喻整体利益受到损害，个人的利益也就不复存在了。

例句：“帝国主义与军阀不打倒，国家就不能复兴，～，我个人会有什么出路呀！”（李六如《六十年的变迁》）

fù shuǐ nán shōu
覆水难收

释义：据传汉朝有个叫朱买臣的人，年轻时曾穷困潦倒，妻子嫌弃他而离开。他后来当了官，其妻再拜马前求合。朱买臣取水泼于地，令妻收回，妻不能收。比喻事情已成定局，无法改变。

例句：“如此才人，足为快婿。尔女已～，何不宛转成就了他？”（明·凌濛初《初刻拍案惊奇》）

G

gāi chī jiǔ shēng bù chī yī dǒu

该吃九升不吃一斗

释义：宿命的说法，指命中注定的不能强求。

例句：“人家再有钱，那是人家的，眼馋也没用。咱们～，该干嘛干嘛！”

gǎi huàn mén tíng

改换门庭

释义：比喻另择新主，另找依靠。

例句：“如今长期失业在家，回英国府的希望越来越渺茫了，得早日～，另找洋主子才好。”（老舍《四世同堂》）

gǎi tiān huàn dì

改天换地

释义：改造社会，改造自然。比喻巨大的变革。

例句：“外边的惊天动地，～，并没有震动过这偏僻的山沟。”（丁玲《杜晚香》）

gǎi tóu huàn miàn

改头换面

释义：比喻只改变了外表和形式，内容实质不变。

例句：“机构改革必须来真格的，不能只是～，不疼不痒。”

gǎi xián gēng zhāng

改弦更张

释义：换了琴弦，重新安上。比喻改革制度或变更方法。

例句：“为企业转型嵌入科技依托，以国家科技转型惠及企业进步，在科技创新中助推民族复兴的火箭——现代化～，大中国琴瑟和谐。”（刘志明《改弦更张》）

gǎi xián yì zhé

改弦易辙

释义：琴换弦，车改道。比喻改变原来的方向、计划、方法等。

例句：“很多学者达成以下共识：形成于改革开放时期的中国模式是继承性和创新性的统一。有意或无意将两者对立或者割裂开来，必然会造成我们在认识和把握中国模式上出现严重的偏差。中国模式不是对前30年道路的～。无视这一模式的历史渊源和继承性因素，一味将其中基本内涵全部视为创新的产物，这样做的结果并不能赋予中国模式以更多的光荣。”（吴波《中国模式不是对前30年道路的改弦易辙》）

gài màor

盖帽儿

释义：原为篮球术语，后比喻事情做得很漂亮。

例句：“上一届的球员阵势，简直是～了！我喜欢的，都在呀。那性感的葡萄牙骄子菲戈，那十全十美的罗马太阳托蒂，那忧郁眼神的王子巴乔……哎呀，太多了，哪里数得清呀！”（晴翠儿《世界杯，不得不爱！》）

gān bā bā

干巴巴

释义：东西因为失去水分而收缩或变硬。比喻枯燥、单调。

例句：“当时（1960年前后）的少年文学作品，绝大部分可以用五句话来概括：政治挂了帅，艺术脱了班，故事公式化，人物概念化，文字～。”茅盾《少儿文学的春天到来了》

gān biě
干 瘪

释义：干枯、收缩、不丰满。比喻文辞、内容贫乏而枯燥。

例句："上海人叫小瘪三的那批角色，也很像我们的党八股，～得很，样子十分难看。"（毛泽东《反对党八股》）

gān chái yù liè huǒ
干 柴 遇 烈 火

释义：比喻两者结合的条件处在最佳状态。

例句："当色情碰上网络，就如～，立刻迅速传播蔓延起来。据悉，目前全世界色情网站至少有 70 万个，而且还在以每天 200 到 300 个的速度增加。"（张智江《色情碰上网络如干柴遇烈火，网络文化如何管理》）

gān dǎ léi bù xià yǔ
干 打 雷 不 下 雨

释义：比喻嘴上喊得响行动跟不上。

例句："哈巴狗是个说大话使小钱、～的人，别看他在屋里跟二姑娘叫骂得挺凶，不但震唬不住二姑娘，闹来闹去还得顺着二姑娘的杆子爬。"（冯志《敌后武工队》）

gān dèng yǎn
干 瞪 眼

释义：眼巴巴地看着。比喻心里着急但插不上手或是毫无办法。

例句："最初一段时间，国内金价最高涨至 395 元/克，炒金的总资产跟着水涨船高到 41 万余元，但是好景不长，金价好一顿大跌。亏一万元、亏两万元、亏五万元……不停地赔钱，我都～。"（李征《淘金不成反被黄金套，赔钱赔得干瞪眼》）

gān hé tān sā wǎng
干 河 滩 撒 网

释义：比喻没有效果的瞎忙活。

例句："个股选择、持股方法、逃顶能力等诸如此类细节问题，如果得不到解决，弄不好也得是～，瞎张罗。"（明股屋《八大因素决定中国股市今年仍有大动作》）

gān huò
干 货

释义：指用风干、晾晒等方法去除了水分的调味品、食品。比喻实实在在、没有虚假的工作措施或工作成果。

例句："半天的会议上句句都是'～'，会上还提到元旦、春节临近，要加强做好关心群众的各项工作，特别提到要确保外出务工人员工资按时足额发放。精简会议、改进文风、密切联系群众……江西全省经济工作会议的朴实会风成为对中央'八项规定'的最好注释。"（张愉《江西全省经济工作会议会风朴实 只讲"干货"》）

gān tǔ dǎ bù chéng gāo qiáng
干 土 打 不 成 高 墙

释义：比喻必须条件都具备了才能干成事。

例句："俗话说'～，没钱盖不起房。'钱是个'十样锦'，有了钱啥事都好办。"（崔复生《太行志》）

gān kǔ
甘 苦

释义：甜味与苦味。比喻美好的境遇和恶劣的境遇。

例句："习近平总书记在西柏坡指出，'从实现两个一百年目标到实现中华民族伟大复兴的中国梦，我们正在征程中。同～才能共命运。让我们照镜子、正衣冠、洗洗澡，大力弘扬以'两个务必'为核心的西柏坡精神，在新的起点上迎接新的'赶考'。"（史文通

霍晓丽《同甘苦才能共命运 中共中央在西柏坡坚持群众路线纪实》)

gān zhè lǎo lái tián
甘蔗老来甜

释义：甘蔗，多年生草本植物，茎圆柱形，有节，是主要的制糖原料，越成熟糖分越高。比喻老年人越老越精神。

例句：“真是～，尚局长从岗位上退下来后，又是老年大学，又是关心下一代成长，我看比在职时还要忙!”

gān zhè méi yǒu liǎng tóu tián
甘蔗没有两头甜

释义：甘蔗茎含糖较高的部分在中间和根部，顶部含糖低。比喻事情都是有利有弊，很难各方面都兼顾到。

例句：“最低工资条例至今也没有把休息日应否计薪、学徒应否纳入保障范围、社会企业成本大幅上涨等问题列入其中。这些实际问题没有解决，雇佣关系紧张才一触即发。事涉大众的生计，政策制定和推行者一定要慎之又慎，～嘛。”

gān cháng cùn duàn
肝肠寸断

释义：肝肠一寸寸断开。比喻伤心到极点。

例句：“一瞬间，我已经～。眼泪像决堤的水，不停地往外流，我们都没有想象中的坚强。面对生活，我们都是弱者；面对情感，我们更是弱者。”(易粉寒《粉红四年》)

gān dǎn xiāng zhào
肝胆相照

释义：比喻人与人之间坦诚交往共事。

例句：“袁隆平等一批党外知识分子，用他们的聪明才智在与中国共产党～、同舟共济的历程中，不断谱写出崭新华丽的乐章。”(潘跃《肝胆相照 同舟共济——十六大以来统一战线工作取得新成果》)

gānr chàn
肝儿颤

释义：比喻心惊、惊讶。

例句：“在黑泽明当年《梦》的外景地，冯小刚为当下中国男人造着美梦：胡思乱想的发明发了横财，跟空姐的艳遇，在梦境一样的异域收获爱情，股市牛气冲天！笑的最高境界是让人～，《非诚勿扰》让我笑完～，看完心颤。”(谭飞《笑的最高境界是让人肝儿颤》)

gǎn làng tou
赶浪头

释义：比喻盲目地赶时髦。

例句：“当然我不是说绝对只写一种生活，而是说不要见异思迁，不要～，东赶西赶，什么都落空。”(丁玲《生活、思想与人物》)

gǎn mò bān chē
赶末班车

释义：末班车，当日最后发出的一趟车。比喻争取到最后一次机会。

例句：“公安部日前修订发布的《机动车驾驶证申领和使用规定》，或引发新一轮的学驾高峰。新规将于明年1月1日起执行，在很多人看来，其中涉及学驾内容改变，让通过考试更加不容易了，因此，想～，在新规实行前学习驾照的人着实不少。”(徐建国《驾考新规明年元旦执行，10万人赶末班车驾考》)

gǎn shí wǔ bù rú gǎn chū yī
赶十五不如赶初一

释义：比喻做事情要赶早，不要拖拉。

例句："分田是天大好事，'～'，好事要越快办越好。"（吴南生《革命母亲李梨英》）

gǎn yā zi shàng jià
赶鸭子上架

释义：鸭子，禽类的一种，嘴扁腿短，趾间有蹼，善游泳，但不能登跺上高。比喻逼着去做力所不能及的事。

例句："说着一把将我拖了起来，要我去看看。这是硬～，我向她解释，去看也是没用。"（茹志鹃《高高的白杨树》）

gǎn zhe yáng rù hǔ kǒu
赶着羊入虎口

释义：比喻没考虑到凶险，糊里糊涂进入险境。

例句："不过转念一想，罗奔又害怕起来，万一身体的原主人有残魂躲在戒子里，自己贸然察看，那不是～吗。"（穹帝罗奔《穹帝罗奔》）

gǎn rǎn
感染

释义：医学术语，指病原微生物以及寄生虫等侵入肌体并生长繁殖引起的病理反应及对肌体造成的损害。比喻通过语言文字或其他形式引起别人相同的思想感情。

例句："特别是南昌起义战斗情景在线的展厅和还原起义决策千钧一发时刻的模拟影像，都让前往参观的网络媒体记者们深受～，似乎一下子回到了革命的年代，'见证'了起义成功的全过程。"（卢岩《"红色文化"预热网络媒体江西行 记者深受感染》）

gǎn miàn zhàng chuī huǒ
擀面杖吹火

释义：擀面杖是实心的，无法吹火。比喻对某事完全外行，一点也不懂。

例句："你不是说那女孩子国文都很好吗？我想她未必瞧得起我们这～的东西。"（张恨水《金粉世家》）

gǎn lǎn zhī
橄榄枝

释义：圣经故事中曾用橄榄枝作为大地复苏的标志。据《圣经·创世纪》记述："此事发生在2月17日，天窗大开，大雨连下40个昼夜，诺亚和他的妻子乘坐方舟，在大洪水中漂流了40天以后，搁浅在高山上。为了探知大洪水是否退去，诺亚连续放了3次鸽子，等第3次鸽子衔回橄榄枝后，说明洪水已经退去。"后来西方国家把橄榄枝用作和平与友好的象征。向对方献上橄榄枝有喜爱、欢迎之意。

例句："高职学历，毕业3年，电视招聘现场6家用人单位同时抛出～，年薪30万……最难就业季，这样的经历听上去有些天方夜谭。在近日播出的《非你莫属》节目中，河北工业职业技术学院09届物流管理专业毕业生张东东，一举成名，实现职场上的华丽转身。"（乔哲《女生高职毕业3年参加电视招聘6单位抢年薪30万》）

gāng chě fān jiù yù dào dǐng tóu fēng
刚扯帆就遇到顶头风

释义：帆，非机动船挂在桅杆上的布篷，利用风力使船前进。比喻出师不利。

例句："做了一年多文书，我终于通过了司法考试，当上助理审判员。谁知～，从立案庭转过来的'骨头'分给了我。王庭长为我打气，诙谐地说：别怕，咬崩了牙齿可以算公伤。"（谢端平《靠山》）

gāng lí hǔ kǒu　yòu rù láng wō
刚离虎口，又入狼窝

释义：比喻危险接二连三。

例句："～，刚满仓大盘又杀跌了。"

gāng xué quán jiù shàng shān dǎ hǔ

刚学拳就上山打虎

释义：比喻本事不大却敢冒险。

例句：“不行，不行，你还是在我旁边仔细看着学习学习，～，损坏了工具倒是小事，弄伤了手脚可不是闹着玩的。”

gāng xué tì tóu jiù pèng shàng ge luò sāi hú

刚学剃头就碰上个络腮胡

释义：比喻事情刚开头就遇到了刺手的问题。

例句：“1995 年，李承章刚走马上任项目部经理，就遇到了难题。城建的路段，路况差、交通量大，沿线居民生活垃圾随处都是，公路边沟人为堵塞和损坏比较严重，路政管理矛盾突出，真是‘～’。”（姚舜禹《五彩路在脚下延伸……》）

gāng jǔ mù zhāng

纲举目张

释义：纲，鱼网上的总绳；目，网眼。把大绳子一提起来，一个个网眼就都张开了。比喻抓住事物的关键，带动其他环节。也比喻文章条理分明。

例句：“为实现中国—东盟的共同美好明天，联合声明可谓‘～’。所谓‘纲’，就是要不断深化中国和东盟之间的战略互信，消除彼此之间的疑虑，妥善处理和管控分歧；所谓‘目’，就是以实际行动，促进中国和东盟在政治和安全、经济、社会文化、地区及国际事务四大领域的合作。”（明金维 陈二厚《继往开来 纲举目张——携手共建中国—东盟命运共同体》）

gǎng wān

港湾

释义：供船舶避风、避浪、避水流，安全停泊或是上下乘客及装卸货物的水域。比喻安全的地方。

例句：“有人说，家是温馨、宁静、安全的～；也有人说，家是清新、甜蜜、平润的田园……”（人从众《家是温馨港湾》）

gāo bù chéng dī bù jiù

高不成低不就

释义：高的得不到，低的又不迁就。比喻事情处在两难境地，多指婚姻或工作。

例句：“他的过去的经历与资格不但不足以帮助他，反倒像是一种障碍。～，他落了空。”（老舍《四世同堂·偷生》）

gāo diào

高调

释义：调子高。比喻张扬或炫耀。

例句：“报答老师的恩情有多种形式，不一定要大费周章，弄得如此花哨，～谢师不如低调感恩。”（张会武等《谢师为何非要“宴”》）

gāo liáng gǎn zi dāng lǐn tiáo

高粱秆子当檩条

释义：比喻根本就不是那块料。

例句：“你让老五去跟他谈，那不是拿～吗？老五拙嘴笨腮根本就说不明白，还是你去吧！”

gǎo guǐ

搞鬼

释义：指暗中使用诡计或做手脚。

例句：“昨天，她觉得这事有人～，请记者帮忙，结果却大大出乎意料：～的竟是自己的丈夫，中奖次日，税后的 8 万元就被他领走了。”（林淑芳《中奖 10 万兑奖频出状况 竟是丈夫搞鬼把钱领走》）

gǎo xiǎo dòng zuò

搞 小 动 作

释义：比喻私下里偷偷做不合时宜的事情。

例句："希望菲方遵守《南海各方行为宣言》的精神，避免采取任何使争议复杂化和扩大化，影响南海地区和平与稳定的行动，不要一再～。中方将继续坚定维护国家领土主权。"（邢世伟《黄岩岛不存在国际仲裁问题》）

gǎo xiǎo quān zi

搞 小 圈 子

释义：就是以实现个人或少数人的私利为目的，以同乡、同学、同行、同宗、同爱好以及老上下级关系等为纽带，彼此建立起来的小集团或特殊关系。

例句："领导干部～，严重破坏了民主集中制原则，破坏团结统一，影响党风和政风建设，这与我们构建社会主义和谐社会是格格不入的，老百姓对此也深恶痛绝。"（文白石《领导干部如何才能不搞"小圈子"》）

gē da

疙 瘩

释义：指小球形或块状物。比喻人思想上的矛盾、疑虑、问题等。

例句："旧社会里，俺村妇女结下了好几对冤～，而今都解了。"（张保真《小先生》）

gē ge dā dā

疙 疙 瘩 瘩

释义：比喻不平滑，不顺利。

例句："这事情～的，办得很不顺手。"

gé bo nìng bù guò dà tuǐ

胳 膊 拧 不 过 大 腿

释义：比喻弱势对强势的无奈。

例句："（珍儿娘）老是觉得心气不舒，和李德才吵过几次嘴，打过几场架，可是～，又有什么办法呢?"（梁斌《播火记》）

gé bo zǒng shì yào wàng lǐ wān

胳 膊 总 是 要 往 里 弯

释义：比喻自己人总是要护着自己人。

例句："～。要是咱的粮食叫外地外村人借走，咱村上的人们那可就更受夹制了。"（刘江《太行风云》）

gé bo shé le wǎng xiù lǐ cáng

胳 膊 折 了 往 袖 里 藏

释义：比喻做了不可向外张扬的事尽量遮掩。

例句："我要往祠堂里哭太爷去。哪里承望到如今生下这些畜生来！每日家偷狗戏鸡，爬灰的爬灰，养小叔子的养小叔子，我什么不知道？咱们'～'!"（清·曹雪芹《红楼梦》）

gé bo zhǒu wǎng wài guǎi

胳 膊 肘 往 外 拐

释义：比喻替外人办事或袒护外人。也作"胳膊儿往外撇"、"胳膊肘子往外弯。"

例句："外人总是外人，自己还是自己，咱们不能～。"（峻青《最后的报告》）

gē qiǎn

搁 浅

释义：指船只误入水浅处而不能行驶。比喻事情遇到阻碍而中途停顿。

例句："然而最可恶的是她现在要用的辞句，先生都没教过，英文读本上也找不到；她写了

半行就～了。”（茅盾《子夜》）

gē ròu
割肉

释义： 股市用语。比喻像从自己身上割肉一样，忍着疼痛把高价买的股票在低价位卖出，是在绝望中做出的无奈选择。

例句： “周二，巴菲特、索罗斯等投资大鳄均公布了第二季度的股票持仓报告。结果显示，在全球受到欧债危机严重冲击的这三个月中，这些最精明的投资人也难免‘中枪’，要么股票深度套牢，要么干脆‘～’。”（朱周良《巴菲特被套索罗斯割肉，大市萎靡投资名宿齐栽跟头》）

gē wěi ba
割尾巴

释义： 尾巴，指错误或遗留问题。比喻发现了错误或遗留问题要彻底改正或处理好。也比喻舍弃落后的部分。

例句： “用～的办法提高升学率，是一些中学的惯用手法。往常都是到了初三（或高三）第二学期，由班主任动员差生离校。”（陈湘涛《又见中学“割尾巴”》）

gé àn guān huǒ
隔岸观火

释义： 站在河的对岸看大火。比喻对别人的危难采取观望的态度。

例句： “1986年巴菲特买入7亿美元的债券，这甚至超过了他所有的股票投资成本。股市的暴跌终于来了，1987年10月19日，道琼斯指数一天下跌508点，与前日收盘相比一天下跌超过30%，创下历史上最大跌幅。巴菲特却非常平静，因为他早已经把大部分股票都卖掉了，正在平静地～。”（刘建位《隔岸观火》）

gé nián de huáng lì bù guǎn yòng
隔年的黄历不管用

释义： 黄历，相传由黄帝创制，故称黄历。又因古时由钦天监计算颁订，也称皇历。黄历主要内容为二十四节气的日期表，每天的吉凶宜忌、生肖运程等，一年一变。比喻东西已经过时，没有用处了。

例句： “我连忙拿给学堂里的先生看，可是他念到后来就泄了气啦，说这是去年的报纸，～啦，叫我空欢喜一场。”（白危《垦荒曲》）

gé qiáng yǒu ěr
隔墙有耳

释义： 隔着一道墙，也有人偷听。比喻即使已经很注意保密了，别人也可能知道。

例句： “窦秀艳哭道：‘我身子重了，伺候不了他，他就去那个贱人的院子了！待我好了，定要那个贱人好受！’阿紫忙捂住她的嘴，压低声音道：‘王妃不可乱言语，小心～。’”（貌小妖《迷糊小杀手沦陷记》）

gé shān dǎ niú
隔山打牛

释义： 原指中国武术传说的一种隔着一段距离用拳掌攻击、将人击倒的功夫。比喻做事盲目，不切实际。

例句： “人社部通过释放一个个专家观点试探民意，民意通过对专家观点～式的‘误读’，给决策者打预防针——不要试图侵犯公众利益而期望公众什么也不说。一来一往中，政策的制定者和承受者逐渐试探到对方的真实想法和底线。”（兰恒敏《公众误读延迟退休，实为隔山打牛》）

gé shān de jīn zi bù rú dào shǒu de tóng
隔山的金子不如到手的铜

释义： 比喻先收获容易得到的利益。

例句：“农村娃娃考个大专不容易，谁也没胆量放弃这个大专去补习。～，考走一个算一个。”（薛林荣《高考记忆——1994年的高考》）

gé shān mǎi niú
隔山买牛

释义：比喻办事冒失，不了解情况就轻易决定。

例句：“老祖宗早就用世代流传的老话教导我们：不要‘～’。但是问问现在的‘野猪’（业主）和‘房奴’们，有几个买的不是‘期货’？要是咬着牙不买期房，估计就只剩下买尾房的份儿了。”（王青《谁逼我们隔山买牛》）

gé xuē sāo yǎng
隔靴搔痒

释义：比喻说话或做事没有抓住关键，不解决问题。

例句：“柳惠光觉得江菊霞和唐仲笙唱的都是高调，对私营中小商业的情况并不了然，讲的净是些～的话。”（周而复《上海的早晨》）

gé zhe guō tái shàng kàng
隔着锅台上炕

释义：北方普通民居建筑结构多是进门是灶房，然后到居室，因此隔着锅台是不能上居室的炕的。比喻办事情中间差一个重要环节。亦作“隔着锅台上不去炕”。

例句：“这事得你去说，你可以直接跟他对话，要是让我去，那是～。”

gé zhe pír biàn bù qīng rángr
隔着皮儿辨不清瓤儿

释义：隔着瓜皮看不到瓜瓤是什么样。比喻看不到内里或本质。

例句：“过去我还想在乡里办平民学校，提高农民的文化，教他们改良农业技术，可是～，那算是不行。”（梁斌《红旗谱》）

gé zhe yī céng chuāng hu zhǐ
隔着一层窗户纸

释义：比喻各人心里有数，只须一点就明。

例句：“后来才知道他有个姓陈的女朋友，两人的关系很好，只～，一捅就破，就是谁也不先开口。”（李英儒《野火春风斗古城》）

gè chuī gè de hào gè chàng gè de diào
各吹各的号，各唱各的调

释义：比喻各干各的，互不配合。

例句：“20位国家元首，无论来自穷国还是富国，无论刚刚上任还是马上就要下台，无论是野心勃勃还是务实求稳，他们有一个共同的特点：～。用英国首相布朗的话说：要达成一致，真难！”

gè dǎ gè de suàn pán
各打各的算盘

释义：比喻每个人都考虑自己的事情，不关心别人。

例句：“学开车的学员，主要是学生与返乡农民工。他们～：学生想的是先拿下驾照，怕以后上学、找工作难得再抽空；而返乡农民工则希望多掌握一门技能，为今后找工作多添一分机会。”

gè dǎ wǔ shí dà bǎn
各打五十大板

释义：比喻不偏不倚或是不辨是非。

例句：“一开头，他对这里边问题的症结摸不透，于是就‘～’，但问题一点也没有解决。后来，他深入到现场，把问题摸透了，才知道他们各有难处。”（程树棒《钢铁巨人》）

gè miào gè pú sà
各 庙 各 菩 萨

释义： 比喻各有各的本领。

例句： “项羽和刘邦两军对垒，项羽耀武扬威地对刘邦说：有种的你我单挑（tiǎo），决一死战。刘邦说：嘿嘿，大丈夫斗智不斗力。刘邦是聪明的，知道自己单挑不是对手，所以选择自己的方式和项羽争斗。这就是各有各法，～。”

gè qiāo gè de qìng　gè yáo gè de líng
各 敲 各 的 磬 ， 各 摇 各 的 铃

释义： 磬，古代打击乐器，用玉或石制成，形状像曲尺。比喻各行一套，不听指挥。

例句： “彭得玺和我很快就悟出了王继兴话里的玄机，我们知道工作队眼前正处于进退维谷之中。一方面，他们盼望着那些该死的“黑材料”尽快脱手，从此了断这些关系，剪断缕缕烦恼丝；另一方面，又苦于学校的各个群众组织“～”，总是扯不到一块去。他们又不敢违反组织原则，直接将“黑材料”交给某一群众组织。以致左右为难、无从下手。”

gè rén zì sǎo mén qián xuě
各 人 自 扫 门 前 雪

释义： 比喻自己顾自己，不关心别人。

例句： “他从侧面批评了耿昌龄的～的思想。”（白危《垦荒曲》）

gè zǒu gè de yáng guān dào
各 走 各 的 阳 关 道

释义： 阳关道，古丝绸之路的必经关道，在今甘肃省敦煌县西南。比喻各奔前程或自己管自己的事。

例句： “一般会员对其老印象很好，中层骨干对其老十分佩服，就是一些头儿脑儿，提出一些歪道理，想鼓动大家选他，其实～，何必互相攻击呢？”（周而复《上海的早晨》）

gěi gè bàng chui jiù dàng zhēn rèn
给 个 棒 槌 就 当 针 纫

释义： 棒槌，捶打用的木棒（多用来洗衣服）。当针，谐音当真。比喻心眼儿实在，不会转弯抹角。

例句： “‘我看你才睁着眼睛不见贼！’孙俊英愤怒地叫道，‘人家谁像你，～，一点心眼儿都没有。’”（冯德英《迎春花》）

gěi gè tái jiē xià
给 个 台 阶 下

释义： 比喻给人机会，使其摆脱窘境。

例句： “看来，决定权在俱乐部老板许家印那里。既然恒大队正值用人之际，借着孔卡的请求～，这对恒大队有好处，而许家印的脸上也不至于无光。”（黄岩《孔卡要戴罪立功，恒大给个台阶下吧》）

gěi liǎn shàng mǒ hēi
给 脸 上 抹 黑

释义： 比喻故意丑化人或使人难堪。

例句： “秀兰可是我的骨血哇！是我把她订亲给杨家的。眼时我还活着哩！不许她给我老脸上抹黑！”（柳青《创业史》）

gěi tián tou
给 甜 头

释义： 比喻给予一定的好处来达到某些目的。

例句： “就连当年带头下地的公务员都记住了‘糖来了’的前车之鉴，～再多，也不敢随便就范。”（吴晓颖《“红头”不给甜头，谁当冤大头》）

gěi xiǎo xié chuān
给 小 鞋 穿

释义：比喻背后使坏点子整人或是打击报复。

例句："她本来还以为江峻宇今天因为她说的话，～呢，没想到他提也没提那回事！"（李落一《恶魔总裁接招吧》）

gěi yán sè kàn
给 颜 色 看

释义：比喻故意以不好的态度或不友善的举止让对方知道自己的厉害。

例句："这也许就是为什么大宇只能低价出售给通用的一个原因。通用收购大宇 给现代颜色看。"（陈映璇《通用收购大宇给现代颜色看》）

gēn bù dòng shāo bù yáo
根 不 动 梢 不 摇

释义：比喻特别坚定。

例句："任凭别人有千条妙计，看来颠角牛心上有老主意一条。他～。"（刘江《太行风云》）

gēn jī bù zhèng fáng liáng wāi
根 基 不 正 房 梁 歪

释义：比喻人生基础的重要性，或是长辈没给晚辈做出好的榜样。

例句："韩墨一副恍然大悟的样子，说道：'哦，他就是传说中的那个有人养没人教的二岳？妈你常跟我说，～。二岳这么不要脸，我看二大妈也不咋地！'"

gēn shēn dì gù
根 深 蒂 固

释义：植物的根扎得很深，果实也连接得很牢固。比喻基础牢固，不易动摇。

例句："她觉得她是很爱秦殊的，小时候那个自己只能嫁给秦殊的～的念头让她对秦殊有种自然而然的认同感，觉得秦殊就是自己的男人，自己就是秦殊的老婆，他就该娶自己，而自己就该嫁给他。"（一夕渔樵话《风流狂少》）

gēn shēn yè mào
根 深 叶 茂

释义：树根扎得深，叶子就茂盛。比喻基础牢固，就会兴旺发展。

例句："邵新民并不满足于现有的成绩，他的目光又盯住了'沙漠地区后勤保障'这一大课题。他说，把理论植根于实践的大土壤，就会～产生无穷智慧，许多问题都会迎刃而解。"（王国祥等《根深叶茂——兰空某场站站长邵新民用理论成果指导工作纪事》）

gēn zi bù zhèng yāng zi wāi
根 子 不 正 秧 子 歪

释义：比喻人本质不好走邪路。

例句："蔡队长，为了争取张金龙转变，我什么话都说了，心也使碎了，可是他～，跟咱们走不到一条道儿上。"

gēn fēng
跟 风

释义：比喻盲目地跟随某种潮流。含贬义。

例句："提起近年来国内的电视剧，观众们总有些恨铁不成钢的感受。千篇一律的～，狗血到底的雷剧，让不少电视剧原本的铁杆粉丝都开始渐渐远离了曾经的最爱。"（王娇莉 谢燕南《业内人士：中国电视剧跟风因行业风险太大》）

gēn lǎo hǔ tǎo jiāo qing
跟 老 虎 讨 交 情

释义：比喻跟危险人物交往，迟早要吃大亏。

例句："高娣怕妈妈发怒，赶紧假笑一下。'妈！自从日本人一进北平，我看你和爸爸的心意和办法就都不对！你看，全胡同的人有谁看得起咱们？谁不说咱们吃日本饭？据我瞧，李空山并不厉害，他是狗仗人势，借着日本人的势力才敢欺侮我们，咱们吃了亏，也是因为咱们想从日本人手里得点好处。～的，早晚是喂了老虎！'"（老舍《四世同堂·偷生》）

gēn zhe lóng wáng duō hē shuǐ
跟着龙王多喝水

释义：比喻靠上有某一方面本事的人就能够在这一方面跟着受益。

例句："老聚财说：'看，我小气，你比我还小气，为全村办这么大事，人常说，～，只要龙王爷给咱落了好雨，哪差你这点东西。'"（刘江《太行风云》）

gōng shàng xián dāo chū qiào
弓上弦，刀出鞘

释义：比喻摆出架势，准备厮杀。

例句："看到这些和尚下山，上官雄一挥手，第一小队的二百军士立刻冲了上去，～，就将这些和尚围困了起来。"（黑土冒青烟《八零后少林方丈》）

gōng bù lí pó chèng bù lí tuó
公不离婆，秤不离砣

释义：比喻谁也离不开谁。

例句："肖容问凤英：'凤妹子，你走不走？'凤英愕然问：'我走到哪儿去？'肖容哂笑道：'～，你异日也要被人拖到拖拉机站去的。'"（陈残云《香飘四季》）

gōng jī bào wō mǔ jī dǎ míng
公鸡抱窝母鸡打鸣

释义：比喻违反常规。

例句："算啦！谁还不清楚你的杜氏门中，～啦！"（克非《春潮急》）

gōng shuō gōng yǒu lǐ pó shuō pó yǒu lǐ
公说公有理，婆说婆有理

释义：比喻有些事情难断是非。

例句："申家庄的代表讲申家庄的道理，孙家庄的代表讲孙家庄的道理，真是～，两方面又争开了。"（袁静、孔厥《新儿女英雄传》）

gōng yào hún tun pó yào miàn
公要馄饨婆要面

释义：比喻众口难调，难以满足众多方面各自的需求。

例句："如今处于社会不同阶层的民众，～，都有各自的利益诉求；而基于社会分配不公的现象长期存在，致使你有你的不满，他有他的怨气。其实，善待也好，虐待也罢，归根结底是在考量一个社会能否做到相对合理的公平公正。"（苏州生《如今处于社会不同阶层的民众，公要馄饨婆要面，都有各自的利益》）

gōng jiān zhàn
攻坚战

释义：攻坚战是一种战斗的形式，指攻克设有坚固防御的要地如城池、关隘、要塞或据点的作战。比喻去完成重要的工程或任务。

例句："新一轮国务院机构职能转变的大幕已经拉开，……只要各级政府进一步提高对这项工作重要性紧迫性的认识，……勤奋努力、扎实工作，政府职能转变这场～就一定能够打好。"（人民日报评论员《坚决打好政府职能转变攻坚战》）

gōng shǒu tóng méng
攻守同盟

释义：原指国与国之间订立盟约，战时彼此联合进攻或防卫。现多指坏人互相订约，为掩盖罪恶而一致行动。

例句："吴士奇闻言大喜，拍了拍白金涛的肩头，朗笑道：'金涛老弟，这事要成了，哥哥感激你一辈子，忘不了你的好处！''哈哈，咱哥们谁跟谁啊！不过……'白金涛事先可是打着埋伏了，脸色忽地黯淡了下来，语带期待地道：'小弟的事，大哥你也得多费心呀！''不就是那个女明星谢凝香吗？放心好了，这事包在哥哥我的身上了！''嘿嘿，多谢吴大哥！'白金涛两眼放光，感激地和吴士奇握了握手，这两个花花公子在这里算是达成了～。"（零度拉面《逍遥霸主》）

gǒng huǒr
拱火儿

释义：烧火时用棍子将燃烧的材料挑起来，以使空气进入助燃，让火烧得更旺，谓之"拱火儿"。比喻用言行促使人发火或使火气更大。

例句："他心里已经够烦的了，你就别再～了。"

gōu húnr
勾魂儿

释义：比喻被某人或某事物所吸引而心神不定。

例句："《牡丹亭》里的小娘子，《西厢记》中的小美人儿，都曾声声叫着'相公'、'夫君'，可谁也比不得施耐庵笔下的潘金莲那～一样的'大官人，大官人……'喊得更撩拨人心。演员甘婷婷幸运地出演了这个千百年背负骂名的'著名淫娃'，并借此一炮走红。"（草乙木南《甘婷婷 红了樱桃绿了芭蕉》）

gōu xīn dòu jiǎo
钩心斗角

释义：原指宫室建筑结构的交错和精巧。后比喻各用心机，互相排挤，明争暗斗。

例句："但他人谁会想到他为了争一点无聊的名声，竟肯如此～、无所不至呢。"（鲁迅《两地书》）

gǒu duō yǎo sǐ láng
狗多咬死狼

释义：比喻众多弱小者联合起来可以战胜单个的强者。

例句："还是带几个人去吧，不要过于自信，～，别以为乌合之众就好对付。"

gǒu gǎi bù liǎo chī shǐ
狗改不了吃屎

释义：比喻坏人的本性不会改变

例句："你们也知道怕听孬话，怕看脸色，可你们为什么～啊？为什么不好好劳动啊？"（秦兆阳《在田野上前进》）

gǒu jí tiào qiáng
狗急跳墙

释义：比喻人被逼到走投无路时会不顾一切。

例句："赵守义是～，人家追他善堂的账目，他急了就来这么一手！"（茅盾《霜叶红似二月花》）

gǒu ná hào zi
狗拿耗子

释义：耗子，老鼠的俗称。比喻干了不该干的事。

例句："什么孙家刘家，这是我们自己的事，你们少在这里～多管闲事。"（田汉《械斗》）

gǒu niào tái zhǎng zài jīn luán diàn shàng
狗尿苔长在金銮殿上

释义：狗尿苔，一种真菌，不能食用；金銮殿，皇帝上朝接见大臣的宫殿。比喻虽然人很卑微但却处于很高贵的地方，跟着沾光。

例句："吃早饭之前，于丽珍把天佑家里外看了个遍，不由得感叹道：'胡威，你看看姐夫多有能力，毕业才一年多就买了这么大的房子，咱们啥时候能有这个条件啊。'……胡

威不屑一顾地说：‘他就是～，我才不稀罕，他就是一个奸商。’”（天佑《地上地下》）

gǒu pí gāo yao
狗皮膏药

释义：狗皮膏药，将治疗疔疮的药涂在狗皮上制成，贴在皮肤上不易揭下来，疗效也好。比喻很难缠，甩不掉。

例句：“在这个娱乐至死的时代千万不要有什么诧异，只要你是明星，被狗仔队盯上是你的‘荣幸’，夜宵、牵手、激吻那点事就别只认为属于个人隐私。狗仔队就像～，一旦被贴上，要撕下得付出代价的。”（子云《狗仔队与狗皮膏药》）

gǒu ròu bù shàng zhuō
狗肉不上桌

释义：养狗并不是为了吃肉，过去但凡吃狗肉的大多是特别想吃这口或是吃不到猪肉的人，所以招待客人是不能用狗肉的。比喻人的素质低，上不了排场的地方。

例句：“放着排场不排场，放着光荣不光荣！我就见不得牵着不走打着倒退，～这号人！”（李准《李双双小传》）

gǒu tóu jūn shī
狗头军师

释义：比喻爱给人出主意而主意又不高明或是专门出坏主意的人。

例句：“林瞳瞳翻着英语书，突然觉得自己好累，整天就为增肥这点破事烦心，身边的‘～’也没有提出实际有效的建议……”（上官若影《疑似爱情》）

gǒu tuǐ zi
狗腿子

释义：据传，从前有个富人腿断了，一个奴才为讨好主人，主动要求截下自己的腿给主人接上。主人问：“你的腿给我接上你怎么办？”奴才说：“我可以接上一条狗腿。”“那狗腿怎么办？”“给狗用泥巴捏上一条。”打那以后，狗在撒尿时，总要把后边一条腿翘起，害怕把那条泥腿给冲掉了。比喻那些为主子出坏点子、干坏事的家伙。

例句：“小黑子心里一哆嗦。冤家路窄，怎么还是同乡啊？他爷爷是保定府的～。”（霍达《红尘》）

gǒu wěi xù diāo
狗尾续貂

释义：据《晋书·赵王伦传》载，司马伦被封为赵王之后，滥封官爵，以至于官帽上的貂尾装饰紧缺而以狗尾代替。民谣讽刺道：貂不足，狗尾续。比喻拿不好的东西接在好的东西后边，两部分极不相称。

例句：“经典难续，此话不假。无论是《新编辑部故事》还是《金枝玉孽 2》都怀抱着一颗超越前作的野心呼啸而来，……但这两部电视剧出炉的结果却让人大跌眼镜，《新编辑部故事）无论是收视率还是口碑，都实在只能称得上是～之作……”（吴敏《荧屏“剧二代”为何总狗尾续貂》）

gǒu xióng bāi bàng zi
狗熊掰棒子

释义：狗熊，即黑熊；棒子，即玉米棒。据说狗熊在玉米地里掰玉米棒子，掰一个放在前腿处夹住，再掰一个又夹住，结果前边夹住的掉下来了，所以掰到最后还是一个。比喻人一边获得一边放弃，实际上没有或极少收获。

例句：“钟跃民的人生信条或处世原则，要让他的哥们说，那就是重过程轻结果，正如‘～’，掰一个丢一个，乐此不疲。”（都梁《血色浪漫》）

gǒu xiě
狗血

释义：据说该词来源于英语的“shit”，意为该死，谐音“狗血”。形容不可思议或是很虚伪。

例句："当下中国有两个圈子最扯人眼球，口水最多：一是娱乐圈，二是房地产业。二者……异曲同工，滑稽和～是其核心看点。"（谢文轩《狗血的房产娱乐圈》）

gǒu xiě pēn tóu
狗血喷头

释义：民间认为狗血是污秽的东西。狗血喷头形容言词歹毒，大肆辱骂。

例句："范进因没有盘缠，走去同丈人商议，被胡屠户一口啐在脸上，骂了一个～。"（清·吴敬梓《儒林外史》）

gǒu yǎo cì wei méi chù xià zuǐ
狗咬刺猬，没处下嘴

释义：刺猬，哺乳动物，头小，四肢短，爪锐利，身上有硬刺，受惊吓时蜷缩成一团，刺炸开。比喻做事无从下手，不知怎么办才好。

例句："老头子照例是不先开口，其实他跟他那话匣子老婆在一起，就是想说几句，也是～的。"（李英儒《战斗在滹沱河上》）

gǒu yǎo gǒu liǎng zuǐ máo
狗咬狗两嘴毛

释义：比喻坏人之间争斗。

例句："为了这件事情，严萍也为他不平过……。可是后来才觉得这场官司，打来打去不过是两家地主为个女人争风吃醋，不由得暗笑，心想：'～罢了！'"（梁斌《红旗谱》）

gǒu yǎo lǚ dòng bīn
狗咬吕洞宾

释义：吕洞宾，传说中的八仙之一，他乐善好施，扶危救困，在八仙中名声最响。比喻分辨不出好人、坏人，错把别人的好意当歹意。

例句："二嫂子，我是好意，替你加点威风。怎么这样不懂好歹，真是～！"（田汉《械斗》）

gǒu zhàng rén shì
狗仗人势

释义：比喻坏人依靠某种势力为非作歹。

例句："刘建波彻底被林峰鄙夷的目光，～的保安，以及前台小姐激怒了。走出华夏公司办公大楼，他大声骂道：'什么东西，有什么了不起的，还不是公司养的几条狗？'"（独牧人《桃色漩涡》）

gǒu zuǐ lǐ tǔ bù chū xiàng yá
狗嘴里吐不出象牙

释义：比喻说出话不中听。

例句："袁莹莹白了他一眼，就知道他～来，还不如不说的好。'你就气我吧，没准儿哪天我就消失在你的眼前，让你以后永远也见不到我。'"（中军《血色莲花》）

gòu běnr
够本儿

释义：指做生意保本，不赚不亏。比喻划得来，合适。

例句："正是因为将'扶墙进，扶墙出'看成吃自助餐的最高境界，所以不少消费者都怀着吃～的心态走进餐厅，看见想吃的就拿……，如果由此引发疾病，其结果得不偿失。"（姚敏《吃自助餐何必"饿得扶墙进，撑得扶墙出"》）

gòu wèir
够味儿

释义：味道很浓很正。比喻达到相当高的水平。

例句："'只有做到相互批评敢较真，指出缺点不护短，接受意见坐得住。'列席该支部民主生活会的支队党委书记、政治委员周建军说，'这样的民主生活会才能个个受益匪浅，才真～。'"（卢绍福 闫峰《这次民主生活会真"够味儿"》）

gū zhǎng nán míng
孤 掌 难 鸣

释义：一个巴掌难以拍响。比喻势单力薄，难以成事。

例句：“地产板块，再次成为反弹主力，近期强势的中江地产再次涨停，无奈，地产～，其他权重板块响应并不积极。”（易少龄《地产反弹孤掌难鸣》）

gū zhù yī zhì
孤 注 一 掷

释义：赌博时把所有的钱一次押上去，决一输赢。比喻在危急时用尽所有力量做最后一次冒险，以求侥幸成功。

例句：“这一次，李华骥相信自己选的方向没有错，便开始了～的冒险之举。以前赚的所有的资金都被投到了商宝这个项目上，还找同学借了一些。”（田地《商宝CEO李华骥：孤注一掷 绝地起飞》）

gǔ gàn
骨 干

释义：指某事物的主要部分、主要支柱或最实质的成分或部分。比喻在总体中起主要作用的人或事物。

例句：“你们是全中华民族的模范人物，是推动各个方面人民事业胜利前进的～，是人民政府的可靠支柱和人民政府联系广大群众的桥梁。”（毛泽东《在全国战斗英雄代表会议和全国工农兵劳动模范代表会议上致词》）

gǔ gěng zài hóu
骨 鲠 在 喉

释义：鱼骨头卡在喉咙处，不吐出来不舒服。比喻不把心里的话说出来不痛快。

例句：“我深感我欠了他什么，又似乎是我自己欠了自己什么。～不吐不快，我应该写点什么，才能安心。”（丁玲《回忆宣侠父烈士》）

gǔ ròu
骨 肉

释义：比喻至亲、亲人。

例句：“其实自由远不是仅靠认知或者相信就能获得的一种状态。中国的子女们背负着～亲情的分量，已经背负了几千年，也许在未来的很长一段时间里，还将继续背负下去。”（默音《骨肉的力量》）

gǔ ròu xiāng lián
骨 肉 相 连

释义：比喻关系密切，不可分离。

例句：“海相隔，隔不断两岸人民的相思；～，连着两岸同心永不分。”（马卫国《骨肉相连不可分》）

gǔ xuè
骨 血

释义：比喻子女等后代。

例句：“‘因为你是李家的人，是李家的～。’老人的态度更严肃，‘只要你能保持这一点骨气，我也敢保证世界上绝没有任何人敢对你有一点轻贱。’”（古龙《飞刀，又见飞刀》）

gǔ zi lǐ
骨 子 里

释义：比喻内心或实质上的东西。

例句：“我爱上了雨，爱上了淋雨，爱上了寂寞。只是希望你们都好好的，我没变，～还是那个善良的我，只是外边让人厌恶罢了，我想让自己变坏，～我知道我变不坏。”（廖仕鸿《骨子里的我》）

gǔ bù qiāo bù xiǎng
鼓不敲不响

释义：比喻事物发展的外因作用。

例句：“～，有话你就说呀，你不说谁知道咋回事呀！”

gù tóu bù gù dìng
顾头不顾腚

释义：比喻顾此失彼，做事不周到。

例句：“皇太极只看到前一段，便忙不迭地照抄照搬……这世上，但凡照抄照搬，都是看头不看尾，～。”（雾满拦江《清朝其实很有趣儿》）

guā bù dé yuán
瓜不得圆

释义：比喻人或事不可能完美无缺，都会存在各种各样的不足之处。

例句：“人不得全，～，什么东西都不可能尽善尽美，您且想象一下，假如，无论从耗油、空间、外观等等都非常完美毫无一丝缺点，那让人家铃木的其他车型怎么卖呀！”（阳光照耀我的心《北斗星，如果说爱你》）

guā shú dì luò
瓜熟蒂落

释义：蒂，瓜与秧连接的部分，瓜熟了蒂即脱落。比喻时机和条件具备了，事情就会办成。

例句：“兴旺家的肚子终于～的时候，兴旺是既兴奋又紧张地在窗前不安地来回走着，老婆在床上折腾得满头大汗，兴旺随着王婶‘用力用力’的喊叫，自己的两只手也在一下一下地用力攥着。”（江影《大姐》）

guā tián lǐ xià
瓜田李下

释义：古训：“瓜田不纳履，李下不整冠”。从人家瓜田旁经过，即使鞋子脱落，也不要弯腰去提，否则人家会怀疑你偷瓜；在人家李子树下经过，即使帽子歪了也不要抬手去整理，否则人家会怀疑你偷李子。比喻容易引起怀疑的地方要提醒自己特别注意。

例句：“她能做的都已经做了，能说的都已经说了，淑秀不肯相信她，她说得越多，反而会越让淑秀认为她别有用心。毕竟柳家的亲事，白氏是倾向给云秀，她如今这个身份，去劝说淑秀，的确是～，惹人生疑。”（梵花觅《重生之嫡手遮天》）

guā bí zi
刮鼻子

释义：原指游戏时对失败者的处罚方式，即用食指刮对方的鼻子。引申为处罚训斥或表示难为情。

例句：“因为训练中的失误，他被连长狠狠地刮了顿鼻子。”

guā dì pí
刮地皮

释义：比喻千方百计搜刮财物。

例句：“捐官可以希望～，但捐学者文人也不会折本。”（鲁迅《准风月谈·各种捐班》）

guā qǐ sì liǎng ròu bāo le yī zhāng pí
刮起四两肉，剥了一张皮

释义：比喻极其贫穷。

例句：“自然是想法子，只是他姑爷是个著名的穷小子，～，却在哪里筹得出十万八千来？”（田汉《梵峨璘与蔷薇》）

guà gōu
挂钩

释义：比喻两者之间建立联系。

例句："国务院学位委员会在书面答复全国人大代表林燚有关建议时重申：国务院学位委员会和教育部并未制定学士学位授予与英语四级考试～的办法，教育部也从未将英语四级考试与学位授予联系在一起。"（惠铭生《英语四级与学位挂钩原来是"土政策"》）

guà huǎng zi
挂 幌 子

释义：幌子，旧时商铺外边表明所经营业务的标志。比喻显露在外面的某种迹象。

例句："鸿渐笑道：'导师制有什么专家！牛津或剑桥的任何学生，不知道得更清楚么？这些办教育的人专会～唬人。照这样下去，还要有研究留学、研究做校长的专家呢。'"（钱钟书《围城》）

guà pāi
挂 拍

释义：将球拍挂好。寓意乒乓球、羽毛球、网球等运动员结束运动员生活，不再参加正规训练和比赛。也是挂出拍卖的简称。

例句："曾夺得过法网、澳网冠军的亚洲网坛一姐李娜，日前正式宣布～。"

guà xuē
挂 靴

释义：把球靴挂起来，再也不穿了。特指具有高超球艺的足球队员退出运动队，现泛指各种行业的人结束专业生涯，停止原行业活动。

例句："对于'～'的传闻，谢晖予以了澄清。'从我个人的状况来看，也的确是可以再踢一踢的，现在还不到正式～的时候。'"（徐宏斌《谢晖：还不到正式挂靴时 2009 年身份申花助教兼队员》）

guà yáng tóu mài gǒu ròu
挂 羊 头 卖 狗 肉

释义：比喻名不符实，标明的和实际的不是一回事儿。

例句："他们这些家伙，都是～，勾结帝国主义的坏东西。"（李六如《六十年的变迁》）

guǎi diǎn
拐 点

释义：数学上指改变曲线向上或向下方向的点。比喻事物的发展趋势开始改变的地方。

例句："目前企业在土地市场拿地可能性低，开发商宁愿慢出货，也不愿意回笼资金去拿高价地。因此，短期内开发商不会急着卖，也意味着房价不会出现～。"（李琛 周祺瑾《开发商：拿地看准下半年 房价拐点短期内无希望》）

guǎi gùn
拐 棍

释义：一种辅助行走的简单器械，通常是木棍或金属棍，手握处常制成弯曲状。比喻依靠。

例句："如今的柯蓝把结不结婚看得很淡，她直言：'在感情上我自私、任性、以我为中心，所以我并不是非常好的女朋友，我也不想当任何人的～。'"（赵楠楠《 柯蓝：我不愿意做男人的拐棍》）

guǎi wānr mò jiǎo
拐 弯 儿 抹 角

释义：沿着弯弯曲曲的路走。比喻说话或做事绕弯，不直截了当。

例句："我就喜欢～地想，可是没有坚定的力量，这也是境遇使然。"（叶圣陶《倪焕之》）

guài quān
怪 圈

释义：据有关记载，麦田怪圈出现最多的季节是在春天和夏天。麦田怪圈的图案也各不相同，由一个圈慢慢进化成两个或三个相似的圆，1994 年还出现了蝎子、蜜蜂、花等动植物图案，目前尚无科学的解释。比喻难以摆脱的某种怪现象（多指恶性循环的）。

例句：“像廖少华这样的‘糊涂官’并非个例，履职一年，九谈反腐，最后亲身示范，为后人做了反面教材。究其根本，目前高官反腐是进入了一个‘只顾警示他人，放松了自己’的‘～’。”（欧佳音《高官反腐要走出“警示他人”怪圈》）

guài tāi
怪胎

释义：指母体生出与母体品种不同或者外形极不符合同类基本特征的动物。比喻行为、思想怪异的人。

例句：“菲律宾素有美式‘民主橱窗’之名，然而在众多的乱象一层一层剥离了其表面的光鲜之后，它展现出来的是美式民主融入菲律宾基因之后一个早产的～。”（青岩 丁婷婷《怪胎：当美式民主融入菲律宾基因——菲律宾大屠杀探因》）

guān gōng miàn qián shuǎ dà dāo
关公面前耍大刀

释义：关公即关羽，三国名将，擅使青龙偃月刀，几乎无人能敌。比喻在行家面前卖弄。

例句：“你这套茶经，才真是鲁班门前弄大斧，～。”（刘波泳《秦川儿女》）

guān qǐ mén lái dǎ gǒu
关起门来打狗

释义：比喻办事考虑周全，一举成功。

例句：“如果从更科学的角度看，我国全新设计的无人攻击机更能够实现‘～，堵住笼子抓鸡’的目的。”

guān fáng lòu guān mǎ shòu
官房漏，官马瘦

释义：比喻公共财物无人爱惜。

例句：“有道是～。……你把几十户人拉在一起……岂有兴旺之理?”（克非《春潮急》）

guān tǔ dǎ guān qiáng
官土打官墙

释义：比喻公款应该办公事。

例句：“～，大铜钟是全村的财产，砸钟卖铜顶公款，官司打到京城、告了御状我也不怕!”（梁斌《红旗谱》）

guān yàng wén zhāng
官样文章

释义：指旧官场中例行的公文，有固定的格式和套语，多内容空洞。比喻徒具形式、不解决实际问题的活动或语言。

例句：“计划常常停在纸上，持续久了，成为～，谁也不注意。”（谢觉哉《提高政府工作效能》）

guǎn shān de shāo chái guǎn hé de chī shuǐ
管山的烧柴，管河的吃水

释义：比喻干哪一行，就靠哪一行谋得利益。

例句：“田氏听禁子劝解，收回怒气，从袖里拿出纸包叫声：‘禁大哥，常言说，～，我丈夫坐监在此，凡事仰仗照看，奴今前来岂有空过之理？须念我夫妻贫穷，原是佣工之人，这是纹银三钱，送大爷买杯茶吃。’”（清·佚名《于公案》）

guǎn sháo de guǎn bù liǎo shāo huǒ
管勺的管不了烧火

释义：比喻干这个就干不了那个。

例句：“常言道，～。管水泵的和推车有什么关系。”（焦祖尧《时间》）

guǎn zhōng kūi bào
管中窥豹

释义：从管的小孔里看豹，只看到豹身上的一块斑纹。比喻只看到冰山一角或可以从观察的

部分推测到全貌。

例句：“中超联赛昨天结束了第六轮的争夺，虽然整个赛季只过了五分之一，但在本周日申花和上港的又一场‘上海德比’到来前，还是可以～，分析一下沪上三骏当下的优势和缺陷。”（陈华《管中窥豹 初探虚实——晒晒沪上中超三骏的前六轮成绩单》）

guàn mí hún tāng
灌迷魂汤

释义：迷魂汤，指能使人丧失意识的汤。比喻用花言巧语哄骗、迷惑人。

例句：“‘你甭给我～哩！’梁三老汉严肃地警觉着自己不被软化。”（柳青《创业史》）

guàn mǐ tāng
灌米汤

释义：比喻用巧言阿谀奉承。

例句：“朱延年尽量给徐守仁～，看准了徐守仁是一棵摇钱树。”（周而复《上海的早晨》）

guāng chī guǒ zi bù zāi shù
光吃果子不栽树

释义：比喻只知享受，却不愿意劳作。

例句：“老张那儿子真不争气，～，老张蹬一天车挣的钱还不够他去一次麦当劳呢！”

guāng gǎnr sī lìng
光杆儿司令

释义：光杆，没有任何附着物的枝干；司令，军队带兵的长官。比喻没有帮手。

例句：“谢文东是～，除了他的五个儿子一个女婿和七个马弁之外，再没有什么军事力量。”（曲波《林海雪原》）

guāng gěi rén jiā shuō miào méi jiào rén jiā kàn shén
光给人家说庙，没叫人家看神

释义：比喻光给人家讲了事情的表面或次要的东西，实质或核心的内容却没有讲。

例句：“我这个人，指山卖磨，够多糊涂，～。我这媒人先露露底，说来可不是外人，就是你三番五次到大鸡店找过的那个小伙子。”（李英儒《还我河山》）

guāng gùnr yù shàng méi pí de chái
光棍儿遇上没皮的柴

释义：比喻彼此间相差无几。

例句：“体育馆长不知内情，他对朱子峰说：‘你们厉害，不过～，我们亏的小，你们这次应该亏大了，除了南洋酒店，没见到你们拉到一单广告！’”（九龙十八滩《中国第一个公开的百万富翁》）

guāng gù shāo xiāng wàng le kē tóu
光顾烧香，忘了磕头

释义：形容忙了这件事而忘了另外一件事。

例句：“你看我，～，说了半天还有个事差点忘了。村长让你把上半年的账目整理一下，他要看一看。你可千万抓紧了！”

guāng huán
光环

释义：比喻能彰显身份、地位的官衔或荣誉。

例句：“从2006年起，黎庆洪分别当选为贵阳市青年企业家协会副会长、……并获得了贵阳市创业青年典型、第四届‘中国青年创业奖’等荣誉称号。然而，顶着‘～’的黎庆洪却长期非法持有枪支。”（柯士雨 郑意《“光环”下的罪恶——对黎庆洪及开阳“花梨黑帮案”的探访》）

guāng jiǎo de bù pà chuān xié de
光脚的不怕穿鞋的

释义： 光着脚板，泥里水里都能去。比喻没有什么牵挂，做事毫无顾忌。

例句： “常言道得好，‘～’，只要咱们穷人挺起腰来，不要说他一个门尊寿，再有十个八个，咱们也不怕。”（臧伯平《破晓风云》）

guāng jiào lā lí bù gěi chī cǎo
光叫拉犁，不给吃草

释义： 比喻只知道得益，却不肯付出代价。

例句： “做销售的工资平均不上4000，所有费用不报销，罚款制度非常严格，奖励制度不断压缩。～，这句话压得我们每个人的心中沉甸甸的。”

guāng kāi huā bù jiē guǒ
光开花，不结果

释义： 比喻徒有虚表，却没有实际的收获。

例句： “带着些许紧张情绪，忍受着凹凸不平的场地，面对着长波的铁桶阵，中能的年轻队员们虽围攻了对手120分钟，但却无奈～，最终在点球决战中被淘汰出局。”（崔恒亮 苗卫国《无奈只开花不结果》）

guāng lā gōng bù fàng jiàn
光拉弓，不放箭

释义： 比喻虚张声势。

例句： “支书正窝了一肚子气：‘你小子也不是什么好东西，就知道～，来，我有几句话要和你说。’”

guāng mào yān bù qǐ huǒ
光冒烟，不起火

释义： 比喻光见声势很大，却不见实际结果。

例句： “你们看人家三组已经干得热火朝天了，可你们这～，还在研究这研究那，我看再不抓紧，这个月你们都拿不到优胜奖。”

guāng shuō miào méi kàn shén
光说庙，没看神

释义： 比喻只顾议论次要的事而忘记或忽略了主要的事。

例句： “你看咱俩，～，不是来看强子伤得咋样了吗？光顾唠嗑了，快，进屋看强子去！”

guāng xǔ yuàn bù shāo xiāng
光许愿，不烧香

释义： 比喻嘴上说得好，却没有实际行动。

例句： “咱们头儿是～，说忙完了这批活儿请咱们吃烤全羊，几批活儿都忙完了，连根羊毛也没见着呀！”

guāng yǒu gǔ tóu méi yǒu ròu
光有骨头没有肉

释义： 比喻内容不充实。

例句： “几年前，我攻博的时候，导师是什么都不管的，不过，为了他曾经指正我的一个问题，我应该永远感谢他。他说：‘你的框架很好，很完美，可就是内容不充实。你太会搭架了。～的东西，怎么会有生命力呢？’”

guāng yǒu gǔ chuí dǎ bù xiǎng
光有鼓槌打不响

释义： 有鼓槌没有鼓肯定敲不响。比喻缺少必要条件，事情没法办。

例句： “‘那天开会，你怎不敢斗？’小王问。‘韩老六的家人，磕头的，五亲六眷，三老四

少，都在场里吹胡子，瞪眼睛，大伙谁还敢说话，我个人说顶啥用，～。’”（周立波《暴风骤雨》）

guāng yǒu tiǎo dēng de méi yǒu tiān yóu de

光有挑灯的，没有添油的

释义：比喻只贪图得利却不愿付出劳动。

例句：“他们那个寝室，一群懒蛋，～，谁也不收拾，简直像个猪窝似的。”

guǎng zhòng bó shōu

广种薄收

释义：种植的面积大，但收获的果实却很少。比喻实行得很广泛，但收效甚微。

例句：“印刷企业要清楚地认知市场现状，明确‘细分市场’策略，不应在‘～’的歧途中折戟沉沙，而应在‘精耕细作’的旅程中大放异彩。”（薛金萍《细分市场：变‘广种薄收’为‘精耕细作’》）

guǐ fǔ shén gōng

鬼斧神工

释义：像是鬼神制作出来的。形容艺术技艺高超，不是一般人力所能达到的。

例句：“这种编织技术，给人以‘浪漫主义手法’、‘～’的印象。”（秦牧《巧匠和竹》）

guǐ huà fú

鬼画符

释义：迷信用来驱鬼而画的符咒。比喻乌七八糟的东西。

例句：“已有些凉意的十月，姝娟的第二部长篇小说《红尘芬芳》在作家出版社出版了。该书装帧精美，色彩艳丽，看外表，让人感觉是充满温情的爱情小说。翻开细读，却让人感到嗖嗖凉意，不知所云，书中文字似乎变成了一道道～，在眼前飘荡。”（李雾《一部鬼画符的小说》）

guǐ huǒ bù gǎn jiàn zhēn huǒ

鬼火不敢见真火

释义：比喻阴暗的东西不敢见阳光。

例句：“俗话说：～。羊秀英肚里有鬼，一见万寿年把别人都打发走了，单单留下他们四个人，吓坏了。”（陈登科《风雷》）

guǐ mén dao

鬼门道

释义：原指戏台上场、下场的门。因为戏台上所扮演的角色都是古人，出入于此门，故称“鬼门”。苏东坡有诗云：“扮演古人事，出入鬼门道。”后引申为有玄机。

例句：“我欣然道：‘这个铜盆不同寻常，你帮我看看，到底有什么～。’”（洛水《知北游》）

guǐ mén guān

鬼门关

释义：中国神话传说中阴曹地府的一个关隘。比喻凶险之地或大灾大难。

例句：“80 条生命，在一次岩崩事故中，成功闯过‘～’，皆是因为方玉明。36 岁的方玉明，是湖北省宜昌市长阳县榔坪镇榔坪村一位农村妇女，由于她冒死示警，使得群众避开了两次岩崩灾难。”（童光来等《湖北农妇冒死拦车解救 80 人 2 次婉拒 500 元奖金》）

guǐ shǐ shén chāi

鬼使神差

释义：好像有鬼神在支使着一样，不自觉地做了原先没想到要做的事。比喻事情完全出乎意料。

例句：“毕业后，雪璇连犹豫都没有犹豫一下，就回到了家乡。当时正赶上小城里的公安部门招收公务员，生来胆小的雪璇～报了名，并被录用，一下子变成了英姿飒爽的女警

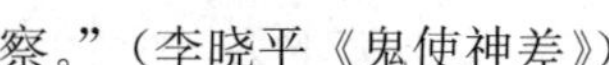

察。”（李晓平《鬼使神差》）

guǐ tóu há ma yǎn
鬼头蛤蟆眼

释义：形容人长相丑陋，心地不善良。

例句：“不知怎的，我总觉得他～的信不得。”（萧驰《家事》）

gǔn dāo ròu
滚刀肉

释义：指那种用刀切打滑的肉，肉的品质不好。比喻软硬不吃、死缠乱打、难以对付的人。

例句：“‘正龙拍虎’事件已证明，再难缠的‘～’，也经不住舆论刀锋的千刀万剐。”（石子砚《曝光局长抽天价烟 遭遇沉默的滚刀肉》）

gǔn guā làn shú
滚瓜烂熟

释义：比喻对所学的东西掌握得非常纯熟。

例句：“随后，张仁又是使出横、刺这两招，这两招快速无比，由于练了好些日子，普通人根本看不到张仁这两招如何动。就连张仁也是一样，只感到手动一下，一招带刀气刺在墙壁上面，壁像豆腐似的，无声无息被刺出小洞。我们可以说，张仁这两招练到～，出招也就是收招，快到看不清楚。”（李嘉栩《都市透视眼：异能风流》）

gǔn xuě qiú
滚雪球

释义：儿童在下雪天玩的一种游戏。先将雪弄成一个小团放在雪地上，然后滚动，雪团就会越滚越大。比喻一旦获得起始的优势就会积少成多，优势会越来越强。

例句：“关于今天的这场比赛，科比这样进行整体描述：‘我们仅仅是想努力打球，打得专注一些，打得有竞争性并且有效率。接下来每个人都变得火热起来，每个人都能够命中投篮，于是比赛就像～一样前进了。’”（少东《科比：比赛就像滚雪球》）

guō lǐ bù zhǎo wǎn lǐ zhǎo
锅里不找 碗里找

释义：比喻解决问题没抓住关键。

例句：“你这是～，问题根本就没出在我这里，你还是往上个工序查吧！”

guō lǐ yǒu wǎn lǐ cái yǒu
锅里有，碗里才有

释义：比喻集体富裕了，个人才能富有。

例句：“人常言：～。你却只看碗里，不想锅里。”（胡正《汾水长流》）

guō yuán zèng bù yuán
锅圆甑不圆

释义：甑，一种底部有小孔用来蒸食物的炊具。圆锅与不圆的甑不能严密相合，用起来不顺手。比喻事情不够圆满。

例句：“时间过了老半天，营救的主意倒也想了好几条，可是经过仔细推敲，总觉得～。”（严亚楚《龙感湖》）

guò diàn yǐng
过电影

释义：比喻把发生的事情或所学过的知识像演电影一样再现一遍。

例句：“晚上睡前‘～’是多数优秀学生经常使用的方法之一，所谓‘～’，是指闭目静思，把当天各科老师讲课的要点在大脑中重现一遍。”（王术波《学习方法三十六计》）

guò dú mù qiáo
过独木桥

释义：独木桥，即用一根木头搭起的桥。比喻走艰难的路。

例句：“爱情就像是～，这桥只容得下两个人并排行走，多一个会掉下去，少一个孤独。”（李翠萍《爱情就像是过独木桥》）

guò hé chāi qiáo
过河拆桥

释义：比喻达到目的后，就把曾经帮助过自己的人抛开。亦作“过河挪板子。”

例句：“祥子受了那么多累，～，老头子翻脸不认人。”（老舍《骆驼祥子》）

guò hé xū zhī shēn qiǎn
过河须知深浅

释义：比喻做事情要心中有数，不可蛮干。

例句：“这个项目暂时不要着急上了，俗话说，～，不做好市场调查，不做好转让，没有一定的把握，我们宁可不做，也不能冒风险。”

guò jiē lǎo shǔ
过街老鼠

释义：比喻人人痛恨的人或物。

例句：“畸高的房价，在中国的全国政协委员那里成了人人喊打的‘～’。3 日，匆匆走过北京天安门广场、赶往人民大会堂参加全国政协十一届三次会议开幕大会的全国政协委员，在被问及房价时都会直言房价过高。”（赵建华　刘育英《高房价被委员视为“过街老鼠”》）

guò le chū yī　hái yǒu shí wǔ
过了初一，还有十五

释义：比喻来日方长或是不珍惜时间得过且过。

例句：“而对于中国足球，虽然过了初一，后面还有十五。打好 20 强赛是一个过程。就今天的比赛而言，……有比分落后、顽强扳平的欣慰，更有开局谨慎甚至保守的懦弱，同时也多了憧憬未来、坚定前行的决心。”（刘建宏《过了初一，还有十五》）

guò le cǐ shān wú niǎo jiào
过了此山无鸟叫

释义：比喻机不可失。

例句：“来旅游的远方客人，谁不想点上几道极富“滇味”特色的野菜尝尝？这不仅是野菜的味道特殊，还在于此地野菜与彼地野菜不一样，到这个地方不吃，就‘～’，难免留下美食遗憾。”（李嘉林《不吃野菜，小心过了‘此山无鸟叫’》）

guò le zhè ge cūnr　méi yǒu zhè ge diànr
过了这个村儿，没有这个店儿

释义：店，指旧时的旅店、客栈。比喻遇到机会一定要抓住，否则一旦错过就很难再遇到。

例句：“自古不孝有三，无后为大，况且俗语说的‘～’，你要找我妹妹这么一个人儿，只怕你走遍天下，打着灯笼也没处找去。”（清·文康《儿女英雄传》）

guò lù cái shén
过路财神

释义：比喻暂时经手大量钱财的人。

例句：“事实上，袁隆平对挣钱这事压根不上心。……很快，他把隆平高科的董事也辞了，埋头搞他的科研，‘我就是个～’。”（周华蕾等《稻田守望者：袁隆平的世界》）

guò shāi zi
过筛子

释义：筛子，生活用具的一种，形状像脸盆，底部有均匀的小孔，可以按孔的大小滤出需要或不需要的东西。比喻加以甄别和选择。

例句：“记者走进消防监控室，看到保安队副队长王志刚正守在监控台前，目不转睛地盯着 20 多个监控画面。他说：‘我们提高了对消防设施和各类电气、线路的维护检修频

率，大到防火喷淋系统，小到一个饮水机、电熨斗，都要一一～。专业人员每天都要对电梯、扶梯进行检查。'”（高羽 李洁《安全隐患一一过筛子》）

guò wǔ guān zhǎn liù jiàng
过五关斩六将

释义：源自古典小说《三国演义》，土城之战关羽被迫降曹，曹操用尽手段也没能使关羽归顺，无奈礼送关羽；因守关大将未见关文不放关羽出关，关羽就连闯五道关卡斩杀六员守关战将。比喻值得夸耀的不平凡经历。

例句：“卖瓜的多会儿也不说瓜苦！关公就老说～，没有听他说过夜走麦城。”（刘流《烈火金刚》）

guò yǎn yún yān
过眼云烟

释义：从眼前飘过的云烟。比喻身外之物，不必重视或是很快就消失的事物。

例句：“一觉醒来，平民选秀已经成为～，不过选秀舞台依然在，只是主角换成了光鲜亮丽的各路明星，‘明星效应’这块亘古不变的金字招牌大行其道。”（钱佳芸《平民选秀成了过眼云烟 明星成为参赛专业户》）

guò zhāo
过招

释义：意思是比一比，切磋切磋技艺。

例句：“2010 年在成为世界棋后前，侯逸凡接受采访时坦言，自己的棋风和男棋手很像，也偏爱和男棋手～，‘和男棋手下棋，能学到很多东西’。”（都市快报《求过招》）

H

hǎ ba gǒu

哈巴狗

释义：狗的一个品种，特点是体小、腿短、毛长，是供玩赏的宠物犬。比喻受主子豢养的驯顺的奴才。

例句：“时下，部分外国替藏独分子说话，借奥运破坏中国形象的各种声音，就是这一令人生厌的～的‘汪汪’叫声。”（李宁《哈巴狗的叫声》）

hái bù huì zǒu jiù xiǎng pǎo

还不会走，就想跑

释义：比喻做事情操之过急。

例句：“什么技术都不会，总想一口吃个胖子，～，而且还一点不谦虚，这怎么能行呢？”

hái zi kū le bào gěi tā niáng

孩子哭了，抱给他娘

释义：比喻遇到棘手的事情时交给能办的人去办。

例句：“事情虽然平息，但一营‘～’的做法，让旅党委‘一班人’陷入深思。”（郭位 凌涛《孩子哭了不再抱给娘 成都军区某装甲旅剖析典型事例引导干部履职尽责》）

hǎi kū shí làn

海枯石烂

释义：指海水干涸、石头腐烂，比喻历时久远意志坚定。

例句：“那个老歪脖是有钱，可我享不起那福。要想让我嫁给他，除非～。”

hǎi kuò píng yú yuè tiān gāo rèn niǎo fēi

海阔凭鱼跃，天高任鸟飞

释义：大自然的广阔天地为鱼跃鸟飞提供了宽广的空间。比喻在广阔的天地间，人们可以自由地施展才华。

例句：“……培养学生创造性思维和发散性思维，还有利于学生体会探索的喜悦和快乐的数学，摆脱僵硬的翅膀，让学生在数学的海洋里尽情驰骋，在数学的天地里自由翱翔，真不愧是‘～’！”（谢青《海阔凭鱼跃，天高任鸟飞——课堂呼唤开放的数学》）

hǎi kuò tiān kōng

海阔天空

释义：像大海一样辽阔，像天空一样无边无际。比喻言谈、议论等漫无边际，没有中心。

例句：“唐汉杰当晚没有回家，他已多年没在单身宿舍过夜，想再体验一下这部分职工的生活。周麟把自己的被窝挪开，说：‘今天上午刚晒过。’唐汉杰说：‘我自己来，还有一股阳光的香味。只好委屈你睡上边一个床位。’他们不再坐在方凳上说话，一个在下床，一个在上床。关了灯，霎时屋里一片黑，又～聊起来。”（吴崇源《太阳醒着》）

hǎi shuǐ bù kě dǒu liáng

海水不可斗量

释义：斗，量粮食的器具，多用木头或竹子制成，方形或鼓形。10 升等于 1 斗，10 斗等于 1 石。浩瀚大海的水用斗是量不过来的。比喻不可根据某人或某事的现状而低估其未来。

例句：“国美的崛起，是中国流通企业的一个神话。而这条大鳄并不止于河湾之中，2004 年‘国美全球战略合作峰会’召开，中外家电制作业巨头云集。令人有～之叹。”（李晓蕾《大鳄国美》）

hǎi zài shēn yě yǒu dǐ
海再深也有底

释义： 比喻任何事物都有极点，没有绝对深不可测的。

例句： "把全球的市场都占有了，以后呢？山再高也有顶，～，市场总会有饱和点，过度了，就是经济学的'产能过剩'。"

hài qún zhī mǎ
害群之马

释义： 危害马群的劣马。比喻危害社会或集体的人。

例句： "教育部7日召开2013年全国普通高校招生考试安全工作电视电话会议。教育部党组副书记、副部长杜玉波在会上说，教育部对所有涉考违法违纪行为'零容忍'，绝不姑息、决不手软，坚决清除～并追究相关领导责任，有关情况一律向社会通报。"（林露《坚决清除高考违法违纪行为的害群之马》）

hài rén chóng
害人虫

释义： 对人有伤害的虫类。比喻干坏事的人。

例句： "鞭炮成了百姓庆贺'～'覆灭的工具，发人深思。其实，更需追问的是，是什么让这些'～'成了老百姓眼中的瘟神恶鬼？"（石朝云《老百姓为什么喜欢放鞭炮？》）

hán jīn liàng
含金量

释义： 指黄金首饰、黄金制品中的金属"金"的含量。现经常引申比喻某一事物的内在质量。

例句： "不过，道歉也不是坏事，有总比没有好，期待这能成为光明重新走向光明的第一步，以实际行动提升这声'道歉'的～。能打动消费者的，始终只有过硬的质量。"（刘佳《光明乳业一声"道歉"有多少含金量》）

hán shā shè yǐng
含沙射影

释义： 传说东汉时江淮间出产一种很特别的甲虫，名叫蜮，它口含沙粒射人或射人的影子都会使人生病。比喻暗中攻击或陷害人。

例句： "为实现本国目标，希拉里甚至不惜～地指责中国。但从非洲媒体、专家和学者的反应看，非洲似乎对她的言论并不认同。"（马述昆等《希拉里访非时含沙射影指责中国　非洲对此不买账》）

hán zài zuǐ lǐ pà huà le　pěng zài shǒu lǐ pà shuāi le
含在嘴里怕化了，捧在手里怕摔了

释义： 形容过分宠爱。

例句： "他在爱着你的时候，你就是他～的漂亮的瓷娃娃，百般疼爱千般宠溺万般珍惜。"

hán zhe gǔ tou lòu zhe ròu
含着骨头露着肉

释义： 比喻说话吞吞吐吐，没有把意思完全表达出来。

例句： "你要我收下这个东西，须先和我说明白了，要是这么～的，我倒不收。"（清·曹雪芹《红楼梦》）

hán chuāng
寒窗

释义： 比喻艰苦的学习环境。

例句： "12年的辛勤汗水终于在这个夏天得到报偿；12年的～苦读终于让我跨进了梦想的大学殿堂。未来的4年，我必将以梦为马，奔跑过最为美好的青春年华；未来的4年，不管是否有风有雨，我都必将带着一颗感恩之心，精细地耕耘每一个朝朝暮暮。"林

祺《寒窗12年，我们努力追逐梦想》

hán shuāng piān dǎ dú gēn cǎo

寒霜偏打独根草

释义： 比喻越是脆弱的东西越是容易受到伤害。

例句： “人们常用‘兔子不屙屎的地方’来形容这块土地的贫瘠。可是，～，越是这样的山沟薄地，就越容易遭受自然灾害。”（峻青《壮志录》）

hǎn pò sǎng zi bù rú shuǎi kāi bǎng zi

喊破嗓子不如甩开膀子

释义： 比喻空喊口号不如踏实行动。

例句： “～。说一千，道一万，两横一竖就靠干！”

hàn yán

汗颜

释义： 因羞愧而冒汗。比喻没有面子。

例句： “而我和你，尤其是我付出的却是那么少，以至永远感到～。”（郭小川《赠友人》）

hàn zhū diào dì shuāi bā bànr

汗珠掉地摔八瓣儿

释义： 形容劳动的艰辛。

例句： “20世纪70年代，队里年终分红，出纳员有气无力地喊了声我的名字，递给我8分钱。面朝黄土背朝天，～，一整年，才8分钱？有啥劲！我当时就把硬币狠狠摔到地上。”（孟海鹰　左娅《去打造创业文化，有破有立——新闯关东精神勃发》）

hàn dì bá cōng

旱地拔葱

释义： 在干旱的土地上葱的根扎不深，所以很容易拔起。比喻轻巧、利落地跃起。

例句： “证监会主席郭树清的一番‘支持B股公司发展’的言论，让沉寂已久的B股昨日突然来了个～。”（叶静《B股昨旱地拔葱大涨2.37%》）

hàn lào bǎo shōu

旱涝保收

释义： 发生旱灾或涝灾时都能保证收成。比喻无论发生什么情况都能保证利益不受损失。

例句： “在这种情况下，如果将资金全部投向其中的一种产业，则风险会比较大。而如果进行恰当的投资组合，两种行业都有所涉及的话，那么无论晴天还是雨天，都能保证有一项投资能够获得较好的效益，能够有效地分担风险，从而做到‘～’。”（风飞沙《写给上班族的理财书》）

hàn miáo dé yǔ

旱苗得雨

释义： 久旱的禾苗得到一场好雨。比喻在危难中得到援助。

例句： “现在他军权在握，成为独当一面的征北大元帅，自然如～，欢喜若狂，要抓住时机大展身手，重新光耀门庭。”（独钓寒江《渤海国武王传奇》）

hàn yā zi

旱鸭子

释义： 鸭子都是会浮水的，但是有些地方养鸭不让其进水，通常只在陆地上饲养，因而称为旱鸭子。旱鸭子最早的喻意指从来没下过水的人，现比喻不会游泳的人。

例句： “救人的保安施泽锋今年42岁，曾经是南通印染厂的职工，下岗后就开始在小区做保安。据了解老施其实并不会水，是个名副其实的‘～’。”（李波　徐思为　徐晨霞《“旱鸭子”保安水塘中救起两岁男童》）

hǎo chá bù zài yán sè nóng

好茶不在颜色浓

释义： 比喻观察事物不能只看表面，要深入了解，把握实质。

例句："这也让小芹不敢大肆地观察整个办公环境，于是将视线移到摆放在茶几上的那杯茶上面。茶，淡黄清澈，虽已微凉，但依旧散发着缕缕的幽香。小芹突然想到一句话'～'，那人呢？小芹拿起茶几上那本最新一期的《潮流》杂志随意翻阅着，她的注意力却完全集中在门口。"

hǎo chái shāo làn zào
好柴烧烂灶

释义：比喻好的做法却收到相反的效果。

例句："这真是好心不得好报，～！你们使我的牛，使我的犁，使我的耙，使我的水车，我使你们什么？"（欧阳山《前途似锦》）

hǎo duò shǒu huì shǐ bā miàn fēng
好舵手会使八面风

释义：比喻有才干有经验的人能够应付各个方面的问题。

例句："从这个意义上说，代表室的总代表必须是一个不折不扣的'企业家'，必须学会优化资源配置，将代表室的人力资源、信息资源、物质资源进行优化配置，确实做到'～'。"（毛景立等《管理前沿理论对航空军事代表科研工作的引导作用》）

hǎo fàn bù pà wǎn
好饭不怕晚

释义：比喻只要保证质量，时间早晚不是问题。

例句："杨子荣一边两手插向裤腰带，一边笑着离开座位，'别着忙，常言道：'～，趣话不嫌慢。越慢越逗哏，越慢越有滋味。''"（曲波《林海雪原》）

hǎo gāng yòng zài dāo rèn shàng
好钢用在刀刃上

释义：比喻要把最精的东西用在最关键的地方。

例句："能省一块钱，等于赚了一块钱。对于有车一族来说，把那些可以不花的买车费用清除出去，真正做到'～'，才是硬道理。"

hǎo huā bù cháng kāi
好花不常开

释义：比喻美好的东西不会永远存在，要知道珍惜。

例句："我不由得感叹道，真是～，好景不长有啊。真不知道她还会不会来找我玩呢，若是再不来了，我岂不是空欢喜了一场？到时我拿什么向母亲交代呢！"（原上星星《我有亲密三美女》）

hǎo jiǔ bù pà chén
好酒不怕陈

释义：比喻事物能够经得起时间的考验。

例句："'认真过好每一天'，虽然很早以前就看过，但是～，我还是很喜欢这些话，对人生确是有很多启迪。"

hǎo jiǔ bù pà xiàng zi shēn
好酒不怕巷子深

释义：比喻真正品质好的东西是不会被埋没的。

例句："～，真正的读书的乐趣、学习的乐趣和所有精神层面上的追求都不是容易得到的，……带着宁静与淡泊、毫无尘世功利的心灵去感受、去触摸让我们为之神往的境界，暂且偷安书房一隅，沉醉于书香之中，你就是圣人。"（谷云峰《好酒不怕巷子深》）

hǎo jiǔ jiǎo bù suān
好酒搅不酸

释义：比喻人要是行得正就不怕流言蜚语。

例句："好人说不坏，～，任他们说去，我还怕这些个么！"（曾秀苍《太阳从东方升起》）

H

中国俗语

hǎo le chuāng bā wàng le téng

好了疮疤忘了疼

释义：比喻境遇好转了，就忘记了过去的艰难或失败的教训。

例句：“这种人就是过河拆桥，～。”（陈登科《风雷》）

hǎo mǎ bù chī huí tóu cǎo

好马不吃回头草

释义：比喻做事要拿定主意，中途不能反悔，不走回头路。

例句：“唉，算了！过去就过去了，甭再多想了，～啊！”（程树榛《钢铁巨人》）

hǎo mǎ bù zài ān

好马不在鞍

释义：比喻真正有能力的人，从外表是看不出来的。

例句：“母亲一生勤俭，她给我们做衣服总是先给大娘的孩子做，然后我们下面弟兄再穿他因为穿小了倒下来的，我穿小了倒下来再给下面的弟弟。母亲经常对我们说：‘～，人美不在衫，学习好的孩子才有出息。’”（海的情《怀念我的母亲》）

hǎo māo bù jiào　hǎo gǒu bù tiào

好猫不叫，好狗不跳

释义：小动物如果没有什么病是不叫也不跳的。比喻人要稳重些。

例句：“你别刚长点本事就臭美，～，学稳重点，别让人瞧不起。”

hǎo mèng bù cháng

好梦不长

释义：比喻美好的时光很短暂。

例句：“每每回想起嫁给江春后那段新婚的日子，亭玉只觉得甜蜜得心颤。可惜～，一场车祸，无情地夺去了江春的生命。”

hǎo píng zi áo bù guò pò guàn zi

好瓶子熬不过破罐子

释义：比喻看上去身体很好的人却没有经常有病的人长寿。

例句：“报载，美国人寿保险公司曾对一百多位长寿老人做过调查，其结果却让人吃惊，其中的体弱多病者竟占了多数，这正应了我们中国的一句俗语：‘～’。”

hǎo qiáng nán dǎng sì miàn fēng

好墙难挡四面风

释义：比喻再有本事的人也不能方方面面都做得很好。

例句：“‘～’，这事情不能让同学们知道，否则，这孩子就难回头了。”（张筱心《在关爱与鼓励中实施德育》）

hǎo shì zǒng guī huā dà jiě　huài shì cháng yuàn tū yā tou

好事总归花大姐，坏事常怨秃丫头

释义：比喻不问事实真相，光凭老经验或印象判断问题。

例句：“刘震振笑眯眯地对比蒙国王说道：‘这些牲口可真会算计啊，～，所有脏脏勾当全推给我们比蒙来干！’”

hǎo shǒu nán xiù méi xiàn huā

好手难绣没线花

释义：比喻缺少必要的条件，事情很难办成。

例句：“你就别难为我了，我再是顶尖高手，你这连个像样的工具都没有，～，总不能让我用牙当钳子吧！”

hǎo sǔn zuān chū lí ba wài

好笋钻出篱笆外

释义：比喻好处或利益被别人得到了。

例句："希真看了笑道：'我真有这般儿子，却不是！可惜是个假的，～。'"

hǎo xié bù cǎi chòu gǒu shǐ
好鞋不踩臭狗屎

释义：比喻不要同自己厌恶的人一般见识。

例句："坏人尽管摇头摆尾的得意，好人还得做好人！咱们得忍着点，不必多得罪人，～。"（老舍《四世同堂·惶惑》）

hǎo xīn dāng zuò lǘ gān fèi
好心当作驴肝肺

释义：比喻本来是一片好心好意却被人误解了。

例句："真是～，好人不得好报呀！这可把人冤枉死了。"（丁玲《太阳照在桑干河上》）

hē kǒu liáng shuǐ dōu sāi yá
喝口凉水都塞牙

释义：比喻人在倒霉的时候，无论做什么事情都不顺心。

例句："这几天我这当队长的，还真是不知该干啥了，～！"（谌容《万年青》）

hē mí hún tāng
喝迷魂汤

释义：比喻人被迷惑而辨不清是非曲直。"亦作"吃迷魂药"。

例句：你～啦！大队长！你知道她是什么人啊！"（柳杞《长城烟尘》）

hē mò shuǐr
喝墨水儿

释义：我国历史上的北齐朝廷曾下过命令，在考试时对"成绩滥劣者"要罚喝墨水，喝多少按滥劣程度而定。这条荒唐的法规沿袭了几个朝代。后用来比喻上学、读书，与不同的词搭配表示或高或低的文化水平。

例句："广泛开展'文明新风进农家'等活动，引导农民自觉摒弃陈规陋习，逐步养成健康文明的生活方式。'说文明话，办文明事，做文明人'，'不上牌桌上书桌，不喝酒水～'，已经成为都昌人讲文明的真实写照。"（李文艳　石浩均《不上牌桌上书桌　不喝酒水"喝墨水儿"，都昌兴起一股文明之风》）

hē xī běi fēng
喝西北风

释义：比喻忍饥受饿。

例句："你再去总会里切实交涉一下。明天还能勉强对付着，后天是一粒也不剩了，只好～！"（茅盾《锻炼》）

hē yī hú
喝一壶

释义：在酒桌上罚酒一般以杯来计，如果以壶来计罚就是很重的处罚了。比喻对某个事情后果的承受能力。

例句："台湾有'地利'之便，大陆有'实力'之优，即便不进行实质性的合作，只要达成默契性的呼应，就够菲律宾'～'的。"（罗援《菲律宾进一寸，我就进一尺》）

hé chàng yī tái xì
合唱一台戏

释义：比喻串通一气或合作共事。

例句："前不久，来宾市兴宾区检察院查处兴宾区航务管理所原会计江某、出纳韦某挪用公款一案时，发现会计出纳～，共谋挪用公款 50 多万元用于购买广西风采、体育彩票和个人住房。"（罗友才《会计出纳暗谋合唱一台戏，用公款 50 万博彩博走人生》）

hé chuān yī tiáo kù zi
合穿一条裤子

释义： 比喻两个人关系密切。

例句： “著名笑星穿着法学硕士的裤子，与其他利益均沾者～欺骗老百姓，不，简直就是在明抢，这确实是最令人后怕的。”（梁江涛《法学硕士与谁合穿一条裤子》）

hé pāi
合拍

释义： 拍，音乐中计算乐音长短的单位，合于节拍才能合节奏。比喻动作协调一致，配合默契。

例句： “只有找准人大工作与经济社会发展的结合点和切入点，只有抓住人民群众普遍关心的热点、难点问题，适时做出决定，才能使人大工作与党委中心工作～、与人民群众合心、与政府工作合力，更好地发挥地方国家权力机关的职能作用。”（英竹《合拍　合心　合力》）

hé zhé
合辙

释义： 辙，车轮压出的痕迹，合辙就是若干辆车的车轮在地上轧出来的痕迹重合。比喻一致。

例句： “五四新文化运动之后，胡适和鲁迅因价值选择不同而分道扬镳，从此再也没有走到一起。但，饶有意味的是，就在20年代中后期，对胡适来说是1926年，对鲁迅来讲是1927年，分道扬镳的他们在各自的思想路线图上却意外地出现了‘～’，即他们一致表现出对斯大林统治下的‘苏俄式社会主义’的趋同，肯定它的制度和政治试验。”（邵建《一次奇异的思想合辙》）

hé fēng xì yǔ
和风细雨

释义： 温和的风，细密的雨。比喻和缓，不粗暴。

例句： “一些地方楼市调控政策近期陆续出台。与北京调控政策的严厉程度相比，显得‘～’，力度‘温和’。”（于萍《多地楼市调控细则“和风细雨”》）

hé shàng bù qīn maor qīn
和尚不亲帽儿亲

释义： 比喻虽然人不熟悉但却有共同的爱好或共同的职业。

例句： “说白了。我们仍是文友。见了面，～。我称他忠实兄，他称我雅华兄，两人好不亲热，笑话常比正话多。”（魏雅华《陈忠实：白鹿原上一砺石》）

hé shàng hǎo zuò　wǔ gēng nán áo
和尚好做，五更难熬

释义： 从黄昏到拂晓，一夜分为五更，五更即是拂晓那一更。做和尚没有过多烦恼，但必须每日早起做功课，也很辛苦。比喻事情都有利有弊。

例句： “丁达生这些年在外边漂着，钱是挣到了，可是每当闲下来时，那种思亲之情就会袭上心头，真是～啊！”

hé shàng zhì shū bì
和尚置梳篦

释义： 和尚备下梳子和篦子。比喻一点用处也没有。

例句： “你这把年纪了，腿又不好，还能跑多少地方，照多少相？用你那智能手机随手拍一拍就行了，还要花好几万买什么高级相机！简直是～！”

hé gōu lǐ liàn bù chū shāo gōng
河沟里练不出艄公

释义： 艄公，撑船的人。比喻不到艰险的大环境中去闯荡就学不到真本事。

例句："～，驴背上练不出好骑手。革命战士只有在大风大浪中才会真得到锻炼和改造。"（王厚选《古城青史》）

hé lǐ wú yú shì shàng qǔ
河里无鱼市上取

释义：河里没有打上鱼来，可以到市场上买。比喻办事情总会是有办法的。

例句："两位执法首先驾祥云来到天宫，因为这里是仙人成堆的地方。常言道：'～。'在这里找一个转世包文正的仙人应该是很容易的。"（董春怀《封仙演义》）

hé lǐ wú yú xiā yě guì
河里无鱼虾也贵

释义：比喻精品短缺后一般的商品价钱也会提高。

例句："'黄小鹏？你在哪里？'林雨郎心里还真有点激动，～，就这么一个朋友，不就是抱了一下亲了一下那个女同学吗？竟被学校开除了，害得现在连一个搭理自己的同学也没有了。"（徐湾根《生命源》）

hé shuǐ kuān jǐng shuǐ mǎn
河水宽，井水满

释义：比喻集体利益有保证，个人利益才能够有保证。

例句："～这个道理大家应该懂得，只有咱们团队共同努力，才能取得更大的效益；团体发达了，个人才能发达。"

hè lì jī qún
鹤立鸡群

释义：像鹤站在鸡群中一样。比喻一个人的仪表或才华在其所处的一群人里显得很突出。

例句："假若《第22条婚规》的女主角不是黄圣依，而是'赵家班'的一位女演员，那么马上会显得不伦不类起来。黄圣依在剧里有～的感觉，恰好符合这部戏的需要。"（韩浩月《鹤立鸡群》）

hēi bái bù fēn
黑白不分

释义：不能分辨黑色和白色。比喻不辨是非，不分好坏。

例句："搞错讽刺的对象，便～，很难成为宣传的工具。"（老舍《出口成章：谈相声的改造》）

hēi chī hēi
黑吃黑

释义：比喻以暴制暴，以毒攻毒，坏人与坏人之间为利益而进行的争斗。

例句："'要等多久？我不知道，只能拼命去做，要用多少子弹、制造多少尸体都在所不惜。也许十年？二十年？届时台湾的黑道只剩下一个帮派，从此不再有火并，不再有～，不再有背叛。'庆之站起，擦去眼泪，做了最后的批注：'那便是不杀。那便是和平。'"（九把刀《杀手》）

hēi liǎn xià chǎng bái liǎn chàng
黑脸下场白脸唱

释义：黑脸，戏剧脸谱，表示忠耿正直、铁面无私或粗率莽撞的人物；白脸，戏剧脸谱，表示阴险奸诈或刚愎自用的人物。比喻转换交替地换人。

例句："这个季度销售状况不太理想。在调度会上，老总、处长～，把我们一顿修理。"

hēi mǎ
黑马

释义：指在赛马场上本来不被看好的马匹，却在比赛中成为出乎意料的获胜者。比喻实力难测的竞争者或出人意料的优胜者。

例句："每年高考总会有不少'～'脱颖而出，同时，也有一些尖子失手落马，这主要是心态好坏决定的。"（兰君《如何成为"黑马"》）

hēi māo bái māo zhuō zhao lǎo shǔ jiù shì hǎo māo

黑猫白猫，捉着老鼠就是好猫

释义： 比喻只要是被实践证明是有效的方法就是好方法，不要在枝节上做无谓的争议。

例句： “我同意！～。这个建议既能增产，又能节约，我们当然应该这样干！”（艾明之《伟大的起点》）

hēi míng dān

黑名单

释义： 该词来源于世界著名的英国的牛津和剑桥等大学。在中世纪初，这些学校规定，对于出现不端行为的学生，将其姓名、行为列案记录在黑皮书上，谁的名字上了黑皮书，即使不是终生臭名昭著，也会在相当时间内名誉扫地。这个方法后被应用于社会的政治、经济等领域。

例句： “省高院执行局相关负责人介绍，将‘老赖’列入全国‘～’，最主要的目的是利用社会力量对失信被执行人进行信用惩戒。”（汤炜玮　沈法《湖北239名老赖被列入全国黑名单》）

hēi rén

黑人

释义： 比喻没有户籍的人。

例句： “当今社会，没个户口还真办不了事，上学、找工作、买房子、结婚，哪一样都离不开户口。20岁的王忠敏是贵阳市云岩区大凹村一位特殊的村民，她这20年来没有户口，是我们常说的‘～’。如今这位姑娘终于摆脱了‘～’的尴尬身份。”（竹林《“黑人”姑娘终于有了户口本》）

hēi shàor

黑哨儿

释义： 体育运动中裁判员违反公平性原则的行为。一般指裁判员收受贿赂或受人指使违背公平、公正执法的裁判原则，在比赛中通过有意的误判、错判、漏判等个人行为来主导比赛结果。

例句： “引起争议的足球裁判很多，比较公认的‘～’是挪威裁判赫宁，他在2009年一手导演了‘斯坦福桥惨案’。”（刘毅《一个“黑哨”的自白》）

hēi shǒu

黑手

释义： 指罪恶的手或毒手。比喻暗中做坏事的人或势力。

例句： “今年3月下旬以来，面对城区扒窃案件高发局面，越城公安分局侦防大队在城区范围内开展专项反扒行动，善用自己的火眼金睛，巧用社会‘电子眼’，有效控制了扒窃案件的高发态势。截至目前，已有30多双～被抓获。”（阮伟萍　金少峰《出“黑手”时，必有“眼睛”盯着》）

hèn tiě bù chéng gāng

恨铁不成钢

释义： 比喻对寄予厚望的人不上进的一种痛惜心态。

例句： “你呀！你把我看成什么人了，我对你还不是～啊！”（雪克《战斗的青春》）

hēng hā èr jiàng

哼哈二将

释义： 佛教中守护庙门的两个神，形象威武凶恶。在《封神演义》中描写成两个有法术的督粮官，一个鼻子里哼出白气制敌，名郑伦；一个鼻子里哈出黄气擒将，名陈奇。比喻权势者得力的干将或配合默契的两个人。

例句： “长老领着春光和我到火车站附近拉别人不用了的二手货。北风那个吹，我和春光抱着胳膊缩着脑袋在轨道边焦急地等待……一个多钟头后，长老和他的朋友姗姗来迟。

那朋友见到我俩鼻涕横流的衰像，哈哈大笑道：‘你的这两位可真是～啊!’”（阿坤《青春正当年少》）

héng cǎo bù dòng　shù cǎo bù ná
横草不动，竖草不拿

释义：比喻人十分懒惰。

例句：“你们～地不劳动，还不是小姐?”（老舍《青年突击队》）

héng chā yī gàng zi
横插一杠子

释义：比喻从中作梗，插手干涉。

例句：“我起先跟老崔不错，本来说好要跟他结婚的，没想到郭三麻子～。”（袁静　孔厥《新儿女英雄传》）

héng chuī dí zi shù chuī xiāo
横吹笛子竖吹箫

释义：笛子、箫，都是用竹子挖洞制成的乐器，但从吹奏姿势分，笛子要横着吹，而箫是要竖着吹的。比喻处理问题要根据实际情况来确定。

例句：“你说，你知道，你和昨夜吹箫的人爱好归爱好，但一定是一个吹箫，一个捏眼儿，就像～一样，各有各道，只要看各人到底能够走好不走好，走俏不走俏。”（云追月《谁在吹箫》）

héng méi shù yǎn
横眉竖眼

释义：形容强横或凶恶的神情。

例句：“来了长安一个半月，在我面前，总看见你～，满脸的怨气。”（曹禺《王昭君》）

héng qī shù bā
横七竖八

释义：有的横，有的竖。形容杂乱不堪。

例句：“万盛米行的河埠头，～停泊着乡村里出来的敞口船。船里载的是新米，把船身压得很低。”（叶圣陶《多收了三五斗》）

héng tiāo bí zi shù tiāo yǎn
横挑鼻子竖挑眼

释义：鼻子是竖着长的，却用横的标准去评价；眼睛是横着长的，却用竖的标准去评价。比喻故意找茬、刁难。

例句：“哼！你等着瞧！他在外面受了累回来，我的罪过可大了！他～，倒好像他立下了汗马功劳，得由我跪接跪送才行。”（老舍《龙须沟》）

hóng bāor
红包儿

释义：人们在送喜礼时习惯用红色的纸包上，谓之红包。现也指用金钱去买通以谋求照顾、谋得好处。

例句：“当俺家闺女扭着屁股，甩着膀子，一颠一颠地跑到她爷爷和姥爷面前，弯腰、拱手、作揖、伸出两手时，她那天真无邪的眼神，还有那微微上翘的嘴角，把两个老头儿高兴得是一塌糊涂，非得从棉袄内兜里掏出自己的私房钱给俺闺女包～。”（火柴《恭喜发财　红包拿来》）

hóng chén
红尘

释义：比喻繁华的社会。泛指人世间。

例句：“宝玉本来颖悟，又经点化，早把～看破。”（清·曹雪芹《红楼梦》）

hóng de fā zǐ
红 得发紫

释义：古代的官服以颜色区分官位，称为“品色衣”制度。该制度起始于北周，形成于唐朝，后代皆沿用。就唐朝而言，官服颜色从低到高依次为九品浅青，八品深青，七品浅绿，六品深绿，五品浅红，四品深红，三品以上为紫色。红得发紫说明受到重视快到紫的高层了。故而，人们常以“红得发紫”来形容那些官运亨通、仕途畅达或是备受关注的人。

例句：“‘将近五千点的罪恶值，太剽悍了。’叶凡逃离落月平原，向落叶森林靠拢。他现在的名字～，谁看到都会起杀他的心，很是心烦。”（猪头向上《网游之找老婆》）

hóng huā děi yǒu lǜ yè fú
红 花 得 有 绿 叶 扶

释义：比喻无论多优秀的人才也离不开众人的支持。

例句：“俗话说：～，这个道理我明白。不过，我算什么绿叶，就怕扶不了红花！”

hóng liǎn hàn
红 脸 汉

释义：比喻讲义气、有魄力的男人。

例句：“冯奎章这么一骂，朱森受不了啦。他是个～，哪能受这种侮辱。”（单田芳《燕王扫北》）

hóng niáng
红 娘

释义：红娘出自唐代元稹的《会真记》，成名于元代王实甫的《西厢记》，是崔莺莺的侍婢，由于她的牵线搭桥才促成了张生与崔莺莺的结合。后来“红娘”成为媒人的代名词。

例句：“‘如此重情重义的男孩，我们一定尽全力找到准新娘，玉成一段美满姻缘！’凉亭派出所民警立即行动，为小刚和小莉当起了～。”（李本全《民警当红娘》）

hóng yǎn bìng
红 眼 病

释义：医学术语，学名传染性结膜炎。特点是结膜高度充血，水肿、怕光、流泪，有剧烈的疼痛感。由于人在情绪激动时眼球也容易充血而发红，因此用“红眼病”比喻嫉妒别人取得成绩或名利。

例句：“肖汉明……，回过头来笑着对阿康说：‘悠着点儿，小心害～。’”（叶逸《人家闺秀》）

hóng shuǐ měng shòu
洪 水 猛 兽

释义：比喻极大的祸害。

例句：“说了这么多，一句话，老师和家长别再视性教育如～。思想解放都那么多年了，不怕被骂老古董，明天就把孩子叫到身边，让他们看教育片完成‘成人礼’吧。”（小指《性教育不是洪水猛兽》）

hóu nián mǎ yuè
猴 年 马 月

释义：泛指无可指望的未来岁月。

例句：“那时，因缺少绿色，人们打心眼里渴望绿色，祈盼绿色，但山上山下就是很难绿起来。住在山村的人们心里总在叨念着：‘我们这儿的座座山梁～能葱郁起来呀？’”（周振华《义务植树运动的由来——邓小平植树的日子》）

hóur jīng
猴 儿 精

释义：比喻人聪明伶俐。

例句：“直到现在，年幼的荣博走起路来跌跌撞撞却特别喜欢骑儿童车的样子，在她的脑海里仍旧记忆犹新。‘虽然才 3 岁 10 个月，可这孩子特别活泼、好问，跟一般的孩子不

一样。整天缠着人，从小就那样，～，老得有人陪着，我还搂着他睡过一宿觉呢。'"（李佳《脑瘫儿童荣博最喜欢用英语交流》）

hour xì
猴儿戏

释义：由经过驯服的猴子表演的节目。比喻人们装模作样流于表面的行为。

例句："在奥运会男足最后一轮小组赛上，只要踢成平局双方就能出线，出线的意大利队和喀麦隆队在天津"水滴"现场4万多观众的热切期待中上演了一场'～'，更难让人容忍的是，双方还是在国际足联主席布拉特的眼皮底下消极比赛。"（谢黎明《意喀之战眼皮下要"猴戏"双方教练舌战发布会》）

hòu lù
后路

释义：比喻余地、退路。

例句："日本鬼子终究完了蛋，你们落个什么下场？也该想想～呀！"（马烽　西戎《吕梁英雄传》）

hòu nǎo sháo zhǎng yǎn jing
后脑勺长眼睛

释义：比喻感觉非常敏锐。

例句："对于奇骏这么庞大的车身来说，～是非常必要的。而实现这一切，只用了两个广角摄像头而已，一个在右倒车镜上，一个在后保险杠上。"

hòu tái
后台

释义：指舞台台口后面的全部和任何一个地方，支持前台演出的全部工作都在这里进行。比喻在背后操纵、支持的人或集团。

例句："学生母亲见到后上前理论，却遭到女司机殴打，过路群众看不下去，上前声讨，女司机不但不悔过反而扬言：'知道我是谁吗，我～硬着呢！'一句话激怒了围观市民，对其进行围堵。"

hòu tái lǎo bǎn
后台老板

释义：老板，来自英文board，中文翻译为"板"，按照中国人说话习惯，加一个尊敬的"老"字就成了"老板"。旧时演艺界大多的名角搭班子，名角即称为老板，那么在舞台后面从事管理的就是后台老板了。比喻在背后操纵、支持的人或集团。

例句："有党的领导，和供销社拉上关系，又有国家银行做～，咱怕什么？"（柳青《创业史》）

hòu yí zhèng
后遗症

释义：病情基本好转后遗留下来的某种组织、器官的缺损或者功能上的障碍。如患脊髓灰质炎（小儿麻痹症）后的下肢瘫痪。比喻某种事情没完全处理好，留下某些遗留问题。

例句："分析认为，以学大教育为代表的一对一培训机构，受制于前几年的疯狂扩张，各种'～'直至今日仍未消失，随着非理性消费的降温，一对一市场正渐回归理性。"（李立勋《一对一培训仍存扩张"后遗症"》）

hòu yuàn qǐ huǒ
后院起火

释义：比喻内部闹矛盾，发生纠纷。

例句："刘邦刚刚起义不久，人不多兵不壮，现在又～，已陷入进退两难的境地。正在他焦头烂额之际，却幸运地遇到了一个人，这个人的出现无异于雪中送炭，使得他这把微弱的革命之火不至于熄灭。这个人就是日后被称为'关中三杰'之一的张良。"（飘雪楼主《汉朝那些事儿》）

hū fēng huàn yǔ
呼风唤雨

释义：比喻能量很大。
例句：“某种意义上讲，汉堡主打‘荷兰牌’的时代已经过去，回想起过去十余年里，荷兰人在汉堡～的岁月，不禁令人唏嘘不已。”

hū you
忽悠

释义：原指物体晃动。东北方言引申为能说、能吹、能骗。
例句：“赵本山：今天卖拐，一双好腿我能给他～瘸了！”（何庆魁等《卖拐》）

hú lún tūn zǎo
囫囵吞枣

释义：把枣子整个咽下去，没尝出味道。比喻糊里糊涂地接受某事物，而实际上并未理解。
例句：“那时先生不讲解，只让学生背诵，不但背正文，而且得背朱熹的小注。只要～的念～的背。”（朱自清《经典常谈》）

hú li zài jiǎo huá yě dòu bù guò hǎo liè shǒu
狐狸再狡猾也斗不过好猎手

释义：比喻正义的总能够战胜邪恶。
例句：“骗子频频作案，引起港区家属派出所干警们的注意，～，一张法网已经悄悄张开，等待着骗子自投罗网。”（杨叶军　杨林忠《狐狸再狡猾也斗不过好猎手》）

hú lu lǐ mài de shén me yào
葫芦里卖的什么药

释义：葫芦，一年生草本植物，果实中间细，像两个球连在一起，可做器皿。旧时江湖郎中用它装药，悬壶济世说的“壶”就是这个葫芦。比喻不知人心里想的是什么，要搞出什么名堂来。
例句：“那班兵役都怀着鬼胎，面面相觑，不晓得金方伯～。”（张春帆《宦海》）

hú tu miào hú tu shén
糊涂庙糊涂神

释义：据《清稗类钞·糊涂庙》载：河北宣化县北有座糊涂庙。这座庙本来是供奉晋太子申生老师狐突的，由于音讹，误会是供奉胡人的庙，所以庙里的神像也塑成了古波斯人的模样。庙名题错了，神像也塑错了，因而生出了“糊涂庙糊涂神”之语。比喻都弄不明白，全糊涂到一块儿了。
例句：“我和龚见秀的关系现在真是～，稀里糊涂发生了关系，糊糊涂涂的不知道将来会有怎样的结果。但事情已经发生，男子汉大豆腐，怎么也得承担责任啊！”（魏育民《衰商》）

hǔ dú bù shí zǐ
虎毒不食子

释义：凶猛的老虎也不会吃掉自己的幼崽。比喻人人都会疼爱自己的孩子。
例句：“不是，我是来代劳的。叶夫人，你这一掌拍下去，将会后悔终生，所谓～，还没听说过哪一个母亲会狠心杀死自己的孩子。”

hǔ kǒu zhōng tǎo ròu chī
虎口中讨肉吃

释义：比喻根本办不到的事。
例句：“散户还想跟庄家斗？这就等于从～，真正能从虎口中抢到肉的有几个？”

hǔ luò píng yáng bèi quǎn qī
虎落平阳被犬欺

释义：虎离开森林到平地，狗也敢欺辱它。比喻英雄在失势时，会受小人的气；也比喻有

本事的人离开了自己适应的环境，可能被比自己弱的人欺侮。常与“龙游浅滩遭虾戏”连用。

例句：“轮船还没开，吴七奋拉着脑袋坐在统舱里，双手扣着手铐，想起‘～’这句老话，不由得暗自辛酸。”（高云览《小城春秋》）

hǔ mén wú quǎn zhǒng

虎门无犬种

释义：比喻父亲的本领强，在其父亲的影响和教育下，儿子也不会差。

例句：“他呵呵大笑，拍着儿子的肩膀说：‘这就出山了！我原说的，～！’”（茅盾《子夜》）

hǔ shòu xióng xīn zài

虎瘦雄心在

释义：比喻人虽然身处困境或身体虚弱，但仍旧不忘远大志向。

例句：“好行者，～，自然的气象昂昂，声音朗朗：‘见我怎的？’”（明·吴承恩《西游记》）

hǔ sǐ bù dǎo wēi

虎死不倒威

释义：比喻人虽然不在了，但威风犹存。

例句：“阮门自阮瑀后家族衰落，仕途艰险，始终没有出现过真正居高位、掌大权的人物。但是，～，从阮门走出来的可都是文化精英……。”

hǔ tóu hǔ nǎo

虎头虎脑

释义：形容男孩子雄健憨厚的样子。

例句：“提起这些事，大娘还有些心酸，可是大伯却乐呵呵地说：‘谁说没孩子？全村那么多孩子哩，～的，摸摸哪个也喜欢。’”（韩映山《夏加大伯》）

hǔ xué lóng tán

虎穴龙潭

释义：老虎藏身的巢穴，蛟龙潜居的深水。比喻极其险恶的地方。

例句：“感谢众位豪杰不避凶险，来～，力救残生。”（明·施耐庵《水浒全传》）

hù shēn fú

护身符

释义：道士或巫师等所画的符或念过咒的物件，迷信的人认为随身佩带，可以驱邪免灾。比喻保护自己，借以避免困难或惩罚的人或事物。

例句：“正当大家讨论这次事件会不会出现临时工的时候，延安城管局迅速发表声明说‘双脚跳起踩踏商户’者属临时聘用人员。这一声明的发布不禁让广大民众哄然大笑。临时工真的能成为免责的‘～’吗？”（朝波《莫把临时工当成领导免责的“护身符”》）

huā gāng yán nǎo dài

花岗岩脑袋

释义：花岗岩，火成岩的一种，是岩浆在地壳深处逐渐冷却凝结成的结晶岩体，质地坚硬。比喻人顽固不化，不开窍。

例句：“‘你这～，少说话，多动脑子，难怪你长得肥胖，敢情大脑沙土化了。’谢飞正在主持着一个关于合同被撬的亡羊补牢会议，刚刚发言的是自己的司机，人称和尚。”（执子巨手《一个风流青年的私生活》）

huā hǎo yuè yuán

花好月圆

释义：比喻美好圆满。

例句：“谁不渴望～？但天下真正能得到～者有几？于是升起一种希望，一种寄托，也就有了这如此美丽灵动却透着哀愁的字眼。”（幽幽兰草香《又是一年花好月圆时》）

huā jì
花季

释义：鲜花开放最好的季节。比喻15～18岁的年龄段。一般被认为这是孩子与成人的交界阶段，这个年龄段的孩子基本上无忧无虑，心灵纯洁，看世界都是美好的，所以称为花季。

例句：“记忆会随着时间，慢慢淡忘。这里的笔迹，记载着我的过去、现在，还会有我的将来，有快乐有悲伤，尽管想要忘记的很多，但还是都亲手写下，记载点滴过去，是为了让我在年迈黄昏时有个可以回想的动感‘～’……”（小奶酪儿《记载“花季”》）

huā kāi néng yǒu jǐ shí xiān
花开能有几时鲜

释义：比喻好光景不长，提醒人们要珍惜。

例句：“……说到这里，剑萧微微一叹：‘人生实在是太短了，人生世间几年少，～，花开花败年年有，人过青春无少年！’”（七重世界《六龙丽天》）

huā li hú shào
花里胡哨

释义：形容颜色过分鲜艳繁杂。比喻浮华而不实在。

例句：“《金证券》记者发现，对于年报的新面貌，有人赞之为‘一股清新的风，不似以往A股年报的模式化’；有人则直言，‘对～的财报要保持警惕，难以因为年报里的调调就去买它的股票。’”（江芬芬《世联地产年报诗词被批花里胡哨称房价难快涨》）

huā pén lǐ zhǎng bù chū cān tiān sōng
花盆里长不出参天松

释义：比喻在舒适的小环境里生活，不经风雨、不见世面，是不可能锻炼成坚强的人的。

例句：“～，庭院里练不出千里马。如果你此生只愿做温室小花待在花盆里，直到老死也无妨，但是如果你胸怀大志，就必须当机立断，不要惧怕恶劣的环境。”

huā píng
花瓶

释义：一种器皿，多为陶瓷或玻璃制成，名贵者有用水晶等材料制成，外表美观光滑，用来盛放花枝等装饰植物或用品。比喻外表美丽而无内涵的人或物，仅是摆设而已。

例句：“现在许多学校都成立了教科室，试问，是不是有了教科室就说明该校重视教学科研？答案一定为否。的确，我们不应该让教科室成为学校职能部门的虚设，成为学校对外形象的～，而应切实发挥其实效。”（申清《不能让教科室成为学校的花瓶》）

huā qián yuè xià
花前月下

释义：原指游乐休息的环境，后多指谈情说爱的处所。

例句：“老公下厨房后，厨房成了我们交流感情的～。有时我操刀，他就打下手；他执铲，我就当二厨。在厨房锅碗瓢盆的撞击声中，我们的生活如加了一勺激情、两根浪漫、三片幽默、四块欢乐煲就的一锅情意浓浓的龙凤满坛香。”（小娟《老公下厨房后，厨房成了我们交流感情的花前月下》）

huā quán xiù tuǐ
花拳绣腿

释义：原指只有好看的姿势而无实战作用的拳术套路，后比喻一些人徒有虚名而无实际本领。也常用来讽刺那些只图表面好看而不顾实际效果的形式主义者的行为与作风。

例句：“我认为，A股市场迫切需要一场改革来改变这种局面，这种改革不能只是‘～’式的表面文章，而是要直指制度缺陷进行‘刮骨疗伤’，最重要的是必须要求行政部门放弃对股市的功利需求，不能让市场成为‘融资巨兽’单兵突进的场地。”（周俊生

《“花拳绣腿”式改革治不了股市病》)

huā shao
花 哨

释义：指花样多、颜色鲜艳。比喻炫耀、卖弄。

例句：“冠先生，尽管嘴里～，心中却没有这一股子气。他说什么，与相信什么，完全是两回事。”(老舍《四世同堂》)

huā tiān jiǔ dì
花 天 酒 地

释义：比喻沉迷在酒色之中。

例句：“谁知四下里物色遍了，遇着的，倒大多数是醉生梦死、～的浪子，不然就是胆小怕事、买进卖出的商人。”(清・曾朴《孽海花》)

huā wú bǎi rì hǎo
花 无 百 日 好

释义：比喻繁盛时期不会永久。

例句：“～石头也有翻转时，我们母子就背时倒运一辈子吗?”(李六如《六十年的变迁》)

huā xīn
花 心

释义：比喻在爱情方面不专一。

例句：“在新婚妻子怀孕时就要劈腿，小女儿不过 8 个月嗷嗷待哺就要另觅新欢，～渣男，谁与争‘峰’?”(河西《当花心男遇上精明章》)

huā xù
花 絮

释义：多指柳絮。比喻各种有趣的零碎新闻或片段。

例句：“联络官每天都举行新闻发布会，但‘透露’的都是些～，诸如三巨头午餐席上的菜谱”。(萧乾《一本褪色的相册・未带地图的旅人》)

huā zhī zhāo zhǎn
花 枝 招 展

释义：花枝迎风摆动的样子。比喻打扮得十分艳丽。

例句：“墙边一排一排的板凳上，坐着粉白黛绿、～的妇女们，笑语盈盈的不休。”(冰心《六一姊》)

huá lì zhuǎn shēn
华 丽 转 身

释义：一个漂亮的转身动作。比喻在巅峰辉煌时离开、引退或是改变发展方向。

例句：“一年前，兰州新区晋升国家级新区，秦王川人迎来第三次、也是最重要的命运转折。农村将变为现代化新城，辖区农民也将变居民。如今，他们正以主人翁的姿态投入到新区的开发建设中，正在实现～。”(张鹏伟《转型农民华丽转身》)

huá pō
滑 坡

释义：指斜坡上的土体或者岩体，受河流冲刷、地下水活动、雨水浸泡、地震及人工切坡等因素影响，在重力作用下，沿着一定的软弱面或者软弱带，整体地或者分散地顺坡向下滑动的自然现象。比喻事物出现了背离正常发展轨道的退化现象。

例句：“社会舆论在抨击诚信缺失、道德～的同时，应该担负起弘扬社会正气、鼓励道德提升的责任，多挖掘、宣传一些百姓身边的好人好事，这些平凡人的善行义举更贴近大众生活，使人看到日常生活中不乏好人，不乏真善美，从而拉近道德模范与大众的距离，在全社会营造良好的道德风尚。”(华婧《拿什么拯救道德滑坡》)

huá tóu
滑 头

释义：比喻为人处世圆滑、不老实。

例句：“他说话一点也不负责，真是个～。”（巴金《家》）

huá tóu huá nǎo
滑 头 滑 脑

释义：形容人狡诈。也指圆滑，不肯负责任。

例句：“西方风俗以询问女士芳龄为失礼，而中国官场以打探‘真年’为禁忌，恰能相映成趣。与靠好爸爸做官者大多虚增年龄的做法相反，通过科举得官者有不少人自减年龄。就连《儒林外史》中的那个‘忠厚人’范进都一减就是24年，那些～的人该减多少？”（白丁《古代官场潜规则：好制度不如有个“好爸爸”》）

huà gàng gang
划 杠 杠

释义：比喻规定标准、界限或尺度。

例句：“当前，一些地方把干部学历作为选人用人的‘硬指标’，动不动就以学历为标准～。……这与以实绩看德才、凭德才用干部的导向背道而驰，危害不容忽视。”（千乘《切不可以干部学历“划杠杠”》）

huà bǐng chōng jī
画 饼 充 饥

释义：画个饼来解除饥饿。比喻用空想来安慰自己或是欺骗别人。

例句：“然而，笔者认为本次欧盟峰会仍是‘～’，必须依靠‘喂饭’才能维持生存的欧元高负债国家能否从欧元区以外国家获得额外金援，才是解决危机的最关键因素。”（何志成《欧盟峰会利好是“画饼充饥”》）

huà děng hào
画 等 号

释义：等号，数学符号，两条短横线，表示等于。比喻对等或完全相同。

例句：“韦蕊梅愕然……对普通人来说，也许这个问题不好回答。但对于有钱人来说，相对健康和生命，别说是五百万，就算是五千万，五个亿，这也不能～啊！”（掠痕《校园超级霸主》）

huà dì wéi láo
画 地 为 牢

释义：在地上画一个圈当做监禁的地方。相传上古时刑律宽缓，在地上画圈，令罪人立圈中以示惩罚。比喻只许在指定的范围内活动，不得逾越。

例句：“如果只满足现状，就是～，那还要专业作家干什么？”（郭沫若《就目前创作中的几个问题答〈人文〉编者问》）

huà guǐ róng yì huà rén nán
画 鬼 容 易 画 人 难

释义：齐王问一位画师画什么最难，答曰画狗马难。齐王又问画什么最容易，答曰画鬼怪最容易。齐王问为什么，答曰：狗马，人们都认识，不容易画得很像，所以难；而鬼怪，没有人见过是什么样子，所以画起来容易。后比喻凭空瞎说很容易，但要想有真才实学必须下功夫才行。

例句：“说实在的，不是写史的人不想写人，一边是多年的积习难改，一边是写人也的确有难度。俗话说，～，难就难在人是现实中存在的，有的人，还是另外一些人熟悉的。写史不同于写小说，可以乱加虚构，写得不好，也许连人都不像了，更何况真实存在过的张三李四？”（张鸣《画鬼容易画人难——给尹钛的序》）

huà hǔ bù chéng fǎn lèi quǎn
画虎不成反类犬

释义：虎没有画好，画得像狗了。比喻不从自身情况出发，好高骛远，反而弄巧成拙。

例句："她那脾气，真比生铁还硬，要是把她说愣了，无论什么人，也不能转圜，那可成了～了。"（张恨水《金粉世家》）

huà hǔ huà pí nán huà gǔ
画虎画皮难画骨

释义：比喻表面的东西容易理解和掌握，而实质的东西要理解和掌握就有难度了。常与"知人知面难知心"连用。

例句："只听王老太太对一个中年女人说：'唉，真是～，知人知面难知心那！谁晓得平常那么好的先生，会是个汉奸！'"（冯德英《苦菜花》）

huà jù hào
画句号

释义：句号，标点符号之一，用于陈述句的末尾，表示一句话的结束。比喻事情结束或告一段落。

例句："打假斗士方舟子与作家韩寒之战从龙年前开始至今硝烟未散，已沸沸扬扬。除报道韩寒正通过起诉，要用法律讨公道外，到目前为止没有哪个部门、单位还社会以公道。我认为，作家协会应给方韩之战以评判，澄清是非，还社会以公道，为方韩之战'～'。"（程龙《作家协会应给方韩之战"画句号"》）

huà lóng diǎn jīng
画龙点睛

释义：据记载，南朝梁时期的画家张僧繇在金陵安乐寺墙壁上画了四条龙，但没有画眼睛，他说要是画上眼睛龙就飞走了。人们认为他是吹牛，于是张僧繇就给其中一条龙画上眼睛，一会儿，雷电打破墙壁，那条龙乘云上天，没画眼睛的龙仍在。后多比喻写文章或讲话时，在关键地方简明地点明要旨，使内容更加传神或重点更加突出。

例句："然而一个好题目，却常常对作品有～之妙，激发人们的阅读的兴趣。"（秦牧《车窗文学欣赏》）

huà pí
画皮

释义：传说中妖怪伪装美女时所披的人皮，可以取下来描画。比喻用来掩盖狰狞面目或丑恶本质的漂亮外表。

例句："谁来保证培训产品货真价实，是目前此类问题的关键所在。面对专业知识甚强的培训内容，没有人肯给出一个明确的界定。仅凭消费者的'慧眼'是无法看清～后面是西施还是无盐的？"（叶志军《谁来剥下天价培训班的"画皮"?》）

huà quānr
画圈儿

释义：指在文件上画个圈儿，表示已经阅过。比喻事情得到领导者的首肯。

例句："如果我们继续满足于无休止的集体议论，沉湎于浩如烟海的文件，旷日持久地挨着个儿～……那是不堪设想的。"（《红旗》1982年第11期）

huà shé tiān zú
画蛇添足

释义：楚国有个官员给几个手下人一壶酒。酒少人多，几个人就约定在地上画蛇，先画成的人先喝酒，一个人先画好了，别人还在画，他就一手拿酒壶一手给蛇画脚；还没等他画完，另一个人的蛇画成了，夺过酒壶说，蛇本来没有脚，你怎么给它添上脚呢？于是把酒喝了。比喻做了多余的事，反倒弄巧成拙了。

例句："他想接上去说，又觉得是～，只好惋惜地坐着没动。"（周而复《上海的早晨》）

huà xiū zhǐ fú

画休止符

释义：休止符，乐谱中的一种符号，意为“停止”。比喻事情到此为止或圆满结束。

例句：“一个审批项目要盖几十枚公章，跑上一年半载的‘公章旅行’现象，将随着今年7月1日实施的《行政许可法》而～。”（李爱金《公章旅行画“休止符”南宁行政审批“变脸”》）

huà bǐng

话柄

释义：比喻被人拿来做谈笑资料的言论或行为。

例句：“‘书记您放心，这绝不会影响到您。一会我去跟主任讲，让他严格按照行政机关内部管理的条款来处理，记过也好，开除也罢，绝不会留给人任何～！’舒祈安注视着顾元柏的脸，那僵刻在心中的一幕又浮现在眼前，心仿佛被密密麻麻的针扎着般难受。”（晓晓《女县长的男秘书：权欲迷局》）

huà xiá zi

话匣子

释义：比喻话多的人。

例句：“杨嫂的～一旦打开，便不容易收场。”（巴金《春》）

huái guǐ tāi

怀鬼胎

释义：比喻内心有见不得人的隐情或阴谋。

例句：“不偷东西的人，倒～，不知主人疑心的是谁。”（清·吴趼人《二十年目睹之怪现状》）

huái lǐ chuāi ge xiǎo tù zi

怀里揣个小兔子

释义：形容心情紧张或惶恐不安。

例句：“第一次参加战斗，心中很是紧张，就像～，怦怦直跳。”

huán yuàn

还愿

释义：迷信的人向神明祈求，目的达到后实践对神许下的报酬。比喻实践诺言。

例句：“‘其实，去年学校开学典礼我就该来的，今天算是～吧。’两年前，姚明在广元亲手为姚基金捐建的希望小学培土奠基，并许下第二年再来看望小朋友们的诺言。但由于脚伤手术，他无奈爽约。7月30日，姚明来到广元，兑现他的诺言。”（钱晞《姚明四川“还愿”》）

huǎn bīng zhī jì

缓兵之计

释义：延缓对方进攻的计策。指拖延时间，然后再想办法。

例句：“小米挠挠头苦笑，天哪，这是什么世界，明明是怕他不及格而不是她会不及格好不好。就这样，整整一上午的课，他全都在睡觉，她忍不住严重怀疑他的答应只不过是～。”（明晓溪《会有天使替我爱你：一生只想靠近你》）

huàn nǎo jīn

换脑筋

释义：比喻用新的思想、新的意识去代替旧的思想、旧的意识。

例句：“桂东县沙田镇江湾村村民将新采摘的5000千克超甜玉米销往长沙，数着上万元的钞票，村主任刘维生乐呵呵地说：‘如果不是县里组织村干部培训，让我们～，恐怕我们现在还守着几亩田土过穷日子！’”（周巍　罗小虎　郭冠湘《桂东为895个村官“换脑筋”》）

huàn pái zi
换 牌 子

释义：牌子，指招牌或产品名称。比喻更改名号、称呼或改变事物的性质、归属。

例句：“中国保监会主席吴定富目前指出，保险业股改不是～，而是要真正转换经营机制和理念。一定要充分认识到保险业加快发展的必要性和可能性。”（财经纵横《保险业股改不是换牌子》）

huàn tāng bù huàn yào
换 汤 不 换 药

释义：比喻只是外表、形式发生了变化，而内容、实质都没有变化。

例句：“北伐军来了，只是多添了些新军阀和新政客……于是在广大民众里，流露的一些革命热情，也就冷淡下来。人们都说，这是～，也不过如此而已。”（梁斌《红旗谱》）

huàn xiě
换 血

释义：指用更换人体血液来治疗某些疾病的医疗方法。比喻对组织机构的人员进行大的调整和更换。

例句：“同时也有人指出，扬纳基斯的球员根本不是自己选择的，他只能从篮协所给的大名单中选择球员，这样很有可能将影响他组建适合自己打法的国家队，而这恰恰凸显了目前国家队选材和训练中的问题。要想让男篮顺利完成‘～’，必须要解决这方面的问题。”（周赫《中国男篮“换血”加速更要好调度》）

huáng dì bù jí tài jiàn jí
皇 帝 不 急 太 监 急

释义：比喻当事人不着急，而与此事没有直接利益关系的人却很着急。

例句：“看着身边玩得起劲儿的张舒君，石林突然发现自己还真是～，他都不急，自己这个外人急什么？”

huáng dì nǚr bù chóu jià
皇 帝 女 儿 不 愁 嫁

释义：比喻好的东西不愁没人要。

例句：“而今机器抢手，～，哪能让你挑老婆一般地挑选？”（陈残云《香飘四季》）

huáng dì yě yǒu qióng qīn qi
皇 帝 也 有 穷 亲 戚

释义：比喻事物都不是绝对的。

例句：“俗话说：‘～’，反过来说，百姓中也有官亲戚。所以当官者绝不能看扁任何人。”（张敬华《大气成大器》）

huáng guā cài dōu liáng le
黄 瓜 菜 都 凉 了

释义：黄瓜菜本来就是凉拌菜。比喻时间过得太久了。

例句：“算了吧，等着你回来再办这件事，～！”

huáng hè lóu shàng kàn fān chuán
黄 鹤 楼 上 看 翻 船

释义：黄鹤楼，位于湖北武昌南岸蛇山之上，相传始建于三国，唐时名声始盛，后屡毁屡建。现黄鹤楼 1985 年落成，为国家 5A 级景点。登楼远眺，武汉三镇风光尽收眼底，蔚为壮观。比喻站在高处观看而幸灾乐祸。

例句：“被敌人追赶的，当然是好人，既是好人，就不能‘～’，得要想办法营救。”（严亚楚《龙感湖》）

huáng liáng mèng
黄 粱 梦

释义：传说有一个叫卢生的年青人，在邯郸的一个客栈里碰上了吕洞宾，诉说自己的贫困。

吕洞宾拿出一个枕头说用这个枕头睡觉，你就会享尽人间的荣华富贵。此时店主人正在给他们蒸小米饭。卢枕着枕头入梦，在梦里果然是娶妻、中举、做官好事接踵而来。但等到他醒来，还是老样子，店主人蒸的小米饭还没有熟。年青人对吕洞宾说，这不是梦吗？吕洞宾答道，人生就是这样啊！卢生从此大彻大悟。后比喻虚幻不实的事和欲望的破灭。

例句：“趁着宝姝怔愣间隙，他微微扬手，在她眼前晃了晃：‘姝儿，你现在所看到的一切，不过只是～一场，通通忘了吧！’”（乔家小桥《天下欢歌》）

huáng niú
黄 牛

释义：牛的一种。角短，皮毛黄褐色，或黑色，也有杂色的。常用来耕地或拉车。现在将那些以黑市价格倒卖证券、外汇、车票、船票、影剧票、球赛票、挂号条的人称为黄牛。

例句：“听说南京东路是月饼券～的聚集地，《国际金融报》记者前往想一探究竟。问了两个停车场的保安，记者来到了二号线南京东路站四号门口。还没进站就听见一声地道的上海口音：‘月饼票有哦？’这是一个身背单肩包、穿着亮黄色短袖衫、身材矮小、皮肤黝黑的中年人。”（史燕君　洪治《听“黄牛”说经验》）

huáng shǔ láng dān yǎo bìng yā zi
黄 鼠 狼 单 咬 病 鸭 子

释义：黄鼠狼，即鼬，哺乳动物，身体细长，四肢短，昼伏夜出，主要捕食鼠类，有时也吃家禽。比喻灾祸偏偏降到不幸者的头上。

例句：“快急死了，还顾得歇歇？～，倒霉的事都让我遇见了。”（老舍《青年突击队》）

huáng shǔ láng gěi jī bài nián
黄 鼠 狼 给 鸡 拜 年

释义：比喻表面装作亲热和善，实际上居心险恶。

例句：“我看这是～，没安好心。也许把钱花了，人还是回不来。”（张孟良《儿女风尘记》）

huáng zhōng rén lǎo dāo bù lǎo
黄 忠 人 老 刀 不 老

释义：黄忠，三国时蜀国名将，《三国演义》中受封五虎上将，说他在与魏将张郃交战时被嘲笑老不自量力。黄忠说，我人老了，手里的刀却不老。比喻虽然年龄大，但本领和勇气还在。

例句：“别说老了，咱一辈子都是斗争过来的，～！”（梁斌《播火记》）

huī liū liū
灰 溜 溜

释义：形容颜色暗淡。比喻人精神懊丧或消沉。

例句：“德国代表，本来声誉很高的地质学者，往日也是骄横不可一世的，现在～地坐在会场角隅。”（徐迟《哥德巴赫猜想》）

huī sè
灰 色

释义：介于黑和白之间的一系列颜色，可大致分为深灰和浅灰。比喻颓废、失望或态度暧昧。

例句：“～生存是游离在合法与非法边缘的一种状态，它利用传统的熟人社会，游走于法律边缘，使社会规则模糊混沌，以便从中取利。”（宗承灏《中国历史中的生存游戏与权力博弈：灰色生存》）

huī tóu tǔ liǎn
灰 头 土 脸

释义：面容很脏的样子。比喻人神情懊丧或消沉。

例句：“晁大舍送了珍哥到监，自己讨了保，～，……走到家中。”（清·西周生《醒世姻缘传》）

huí cháo
回 潮

释义：指已经晒干或烤干的东西又变潮湿。比喻已消失的事物或习惯又重新出现。

例句：“住房和城乡建设部副部长齐骥指出，各级住房和城乡建设部门要与国土资源部门密切配合，制定具体方案，全面摸清底数，既要处理事，还要依法依规追究有关人员责任，坚决遏制近期‘小产权房’～之势。”（龚俞勇《两部委联手，坚决遏制近期小产权房回潮之势》）

huí guāng fǎn zhào
回 光 返 照

释义：指太阳刚落山时，由于光线反射而发生的天空中短时发亮的现象，由此引申称人死前精神突然兴奋的状态为回光返照。比喻事物灭亡前夕的表面兴旺。

例句：“所以唐末宋初，骈体文又～了一下。”（朱自清《经典常谈》）

huí lú
回 炉

释义：指金属或食品重新过火加工。比喻人重新接受教育和培养。

例句：“有的同学在考大学的时候就有严重的‘瘸腿’现象，偏科非常严重，特别是很多理科成绩非常优秀的学生，却可能英语成绩不好。到了大学要考四级，很多学生发现基础太差，参加四六级补习班根本跟不上，于是干脆～，到针对高中生的补习班学习英语。”（孙娓娓《大学生‘回炉’高中补习班》）

huí mǎ bù yòng biān
回 马 不 用 鞭

释义：马知道回家，往回走时不用鞭打也会走得很快。比喻驾轻就熟的事情办得又快又顺利。

例句：“道犹未了，这正叫做～，早已到了宝船上，拜见二位元帅。”（二南里人《三宝太监西洋记》）

huí tóu shì àn
回 头 是 岸

释义：佛家有“苦海无边，回头是岸”之语，指有罪的人只要回心转意，痛改前非，就能登上“彼岸”，获得超度。比喻只要悔改就有出路。

例句：“然而，认为可以～的小任，却在一次为吸毒者做艾滋病快速检测时，意外发现自己的检测结果呈阳性。”（刘海川《“回头是岸，我们想开始新的生活。”》）

huì dǎ chuí bù zài tóu sān xià
会 打 锤 不 在 头 三 下

释义：比喻看人是否有本事不要被初始印象所左右，要经过一段时间考察，才能定论。

例句：“我看不能这样，～，大强是从农大毕业的，理论实践都应该行，不能出了一点小插曲就否定这个项目!”

huì dǎ dǎ yī gùn　bù huì dǎ dǎ yī dùn
会 打 打 一 棍 ， 不 会 打 打 一 顿

释义：比喻做事情要善于抓关键。

例句：“打仗要多长眼。鬼子的心狠毒，不要吃了它的亏。俗话说：～。全仗自己有本事。”（黎明《祖国的儿子黄继光》）

huì nào de wá yǒu nǎi chī
会 闹 的 娃 有 奶 吃

释义：比喻喜欢提要求、伸手要的人会得到更多的实惠。

例句：“民众则通过‘到北京去’越级反映问题这样的维权方式和‘～’这样的维权思维，给处于底层级的权力机构增加压力。”（刘刚《“管控型”稳定，当前我国农村基层稳

定的一个分析框架》）

huì shuǐ de yú làng dǎ sǐ

会水的鱼浪打死

释义：比喻事情发展有着看似意外但又是必然的结果。

例句：“庄扬来了兴致，起身把司光荣拉到了沙发上，说：‘好了，我不提那件事了，你真不经逗，范局的死跟你送枪根本就没有关系，你不送枪他也有枪，～，常走夜路迟早碰鬼，他出事是迟早的。’”（高和《局长》）

huì zhuō lǎo shǔ de māo bù jiào

会捉老鼠的猫不叫

释义：比喻有真本事的人不在人前卖弄。

例句：“～，会偷情的人不躁，我在此日夜思想要戏窦娥，怎奈他（今用“她”——编者注）站定在婆婆面前，不好动手。”（明·叶宪祖《金锁记》）

huì jí jì yī

讳疾忌医

释义：隐瞒疾病，不愿医治。比喻怕人批评而掩饰自己的缺点和错误。

例句：“我说未治好的伤痕比所谓伤痕文学更厉害，更可怕，我们必须面对现实，不能～。”（巴金《探索与回忆·再谈探索》）

hūn tiān hēi dì

昏天黑地

释义：形容天色昏暗。比喻人的意识或场面混乱。

例句：“加以像现在的～，你若打开窗子说亮话，还是免不了做牺牲。”（鲁迅《两地书》）

hún shēn shì tiě néng dǎ duō shǎo dīng

浑身是铁能打多少钉

释义：比喻个人的能力有限。

例句：“奴是个妇人家，大门边儿也没去，能走不能飞，晓得什么？认得何人？哪里寻人情？～!”（明·兰陵笑笑生《金瓶梅词话》）

hún shuǐ hǎo mō yú

浑水好摸鱼

释义：比喻趁着乱的时候捞好处。

例句：“其余那些人，有的是～，乘机会弄个资格。”（老舍《四世同堂》）

hún bù fù tǐ

魂不附体

释义：灵魂离开了身体。形容人因为受到刺激而失去常态的样子。

例句：“这纳林布禄吓得～，忙转身向寨后逃走，各部兵见主寨已破，尚有何心再与抵敌，人人丧魄，个个逃生。”（蔡东藩《清史演义》）

hún fēi pò sàn

魂飞魄散

释义：吓得连魂魄都离开身体飞散了。形容惊恐万分，极端害怕。

例句：“猛然间一个人从身后冒冒失失地按住，也不出声，二人唬得～。”（清·曹雪芹《红楼梦》）

hùn xiáo hēi bái

混淆黑白

释义：把黑的和白的混在一起。比喻故意颠倒是非，制造混乱，使人辨别不清。

例句：“小公主和他，严格来说仍是仇人的关系，是有深仇大恨的仇人的关系，虽然他靠颠倒是非、～的口才，硬是把忤逆杀头的大罪形容成了为公主排遣寂寞，小公主也信

了，可毕竟小公主被他绑架、被他威胁、被他耍都是铁一样的事实，摆在那里改不了的。”（春公子《天下第一丁》）

huō zuǐ luó zi mài gè lǘ jià qián
豁嘴骡子卖个驴价钱

释义：比喻有的人吃亏倒霉都是因为说话不小心或是不会说话。

例句：“钱向阳说：‘唉，你这个人啊，啥都可以说得过去，就是～，吃亏就吃在嘴上了。’”（高和《后院——常委大院里的女人》）

huó dì tú
活地图

释义：比喻对某地区地理情况很熟悉的人。

例句：“辖区有多少境外人员，他心中有数。这些人什么时候来，什么时候走，从事什么工作，住哪里，他一清二楚，简直就是一张境外人员的‘～’。他就是大岭山公安分局连平派出所‘80后’科员李宜彬。”（王佳《活地图》）

huó rén bù néng ràng niào biē sǐ
活人不能让尿憋死

释义：比喻脑子机灵的人，总会有办法解决问题。

例句：“反正我有我的主意，～，这里混不下去了，就得向外跑。”

huó yán wang
活阎王

释义：阎王，民间传说中阴间的主宰，掌管人的生死和轮回。比喻极其凶恶的人。

例句：“对于女子来说，眼前的分明不是个人，而是～。一个只要违拗了他，就永世不得翻身的～。”（腰女《萧皇后》）

huó zì diǎn
活字典

释义：指字、词等知识特别丰富的人。泛指对某一方面情况非常熟悉能随时提供情况、数据等的人。

例句：“他一定知道许多故事，记着许多故事。我想当他作一册～，在这里两个月把他翻个透熟。”（沈从文《八骏图》）

huǒ bù diǎn bù zháo
火不点不着

释义：比喻做事情要把握好时机和关键点。

例句：“嘿，眼下可是个好时辰。要让众人都起来跟李宝泰干，就得戳破天，大翻脸。～。”（刘江《太行风云》）

huǒ dà méi shī chái
火大没湿柴

释义：比喻功夫到了事情就好办了。

例句：“俗话说：～……我们多一把柴，火就大一些，旺一些！”（柳杞《长城烟尘》）

huǒ dào zhū tóu làn
火到猪头烂

释义：比喻功夫用到了就能办成大事。

例句：“又一天就这样开始了，我也思考着：俗话说～。为了见到根生老爷，我豁出去翻白眼了，翻几天都可以。只是害怕鸡飞蛋打一场空。”

huǒ hòu bù dào bù jiē guō
火候不到不揭锅

释义：比喻不到时机成熟不能采取行动。

例句："袁坚呢？喜欢仔细观察，理出头绪来，～。"

huǒ hòu bù dào fàn bù shóu
火候不到饭不熟

释义：比喻时机未到事情就办不成。

例句："敌人是不跳黄河心不死，我们是～！……我们不搞那种打草惊蛇，敲山震虎，咱要的是一网打尽！"（张长弓等《边城风雪》）

huǒ jí huǒ liǎo
火急火燎

释义：像被火燎着一样。比喻心情焦急或行动急促。

例句："可是红军一开拔，弄得我心里～的，说不出是什么滋味。"（王愿坚《党费·粮食的故事》）

huǒ là là
火辣辣

释义：指被火烧或鞭打等而产生疼痛感觉。比喻激动的情绪。

例句："白雪皑皑、千里冰封、寒风刺骨、足以把冬季淋漓尽致深情地描绘，～的情、～的爱更能体现出北疆人那份心情、那份热情……。"（肖边丽《火辣辣的情，火辣辣的爱》）

huǒ mào sān zhàng
火冒三丈

释义：形容愤怒到了极点。

例句："章太炎以自己惨淡经营《民报》多年，一旦复刊，竟被摈斥，不由得～。"（陶菊隐《筹安会六君子传》）

huǒ rè
火热

释义：火一样的热。比喻热烈、热闹。

例句："我们有坚强的精神堡垒建筑在民众的～的心脏上！"（杨朔《昨日的临汾》）

huǒ shàng fáng
火上房

释义：火如果烧到房顶就很难扑救了。比喻形势十分紧急，刻不容缓。

例句："眼看着'高考''中考'的日子越来越近，考生家长们都有一种'～'的感觉，不断寻求能让孩子的分数在短时间内提高的途径。而在这各种提分的手段中，最走俏的就是被考生家长称之为'一对一'的补课形式。"（姜珊　刘钢《"两考"临近备考"火上房"，揭秘"一对一"》）

huǒ shàng jiāo yóu
火上浇油

释义：比喻把事情弄得越来越大。

例句："行了，行了。事情已经到了这个地步，你也不要再～了，把你儿子逼出毛病来，你可是没处买后悔药！"

huǒ shāo huǒ liǎo
火烧火燎

释义：被火烧烤。比喻心里非常着急或身上热得难受。

例句："她遭到了不幸，比个寡妇还不如。往后怎么办？想到这里，她心里～，呆呆坐着，急得一身汗。"（老舍《鼓书艺人》）

huǒ shāo méi mao bù zhāo jí
火烧眉毛不着急

释义：比喻危急时刻十分镇定或是慢性子。

例句：“‘什么？月儿……你怎么还是这么～的样子？你可知问题的严重性？’一向舍不得对我大声的十三也忍不住提高了声调。”（清韵悠然《大清盛世之桃花乱》）

huǒ shāo méi mao gù yǎn qián
火烧眉毛顾眼前

释义：比喻人在危急的关头只顾最近利益。

例句：“（他）何去何从，没了主意。背着手，踱几步，唉！～嘛。”（李六如《六十年的变迁》）

huǒ yǎn jīn jīng
火眼金睛

释义：据古典小说《西游记》中记载，孙大圣大闹天宫被抓，天庭的刑罚奈何不了他，被太上老君投入八卦炉中，欲用三昧真火烧化他，未曾想，不但没置大圣于死地，还炼就了大圣的火眼金睛，可以识得妖怪。后比喻眼光犀利，能够识别真伪。

例句：“凭猎人的～，识别出羊群里有狼冒充。”（春溪《北京的歌·雷达兵》）

huǒ yào weir
火药味儿

释义：火药爆炸的气味。比喻矛盾冲突前的紧张气氛。

例句：“‘有人反映你工作中应酬多，高标准宴请’‘廉洁从政方面你不够严，下基层时有收受烟酒及土特产的情况’……这是湖南省纪委质询省内 15 名厅局级‘一把手’的现场，不少‘～’十足的问题，让一些‘一把手’直冒汗。”（刘容《厅局级“一把手”述廉“火药味”十足，三公经费将全面公开》）

huǒ zhōng qǔ lì
火中取栗

释义：栗子，一种坚果，果肉淡黄，果实含糖、淀粉、蛋白质、脂肪及多种维生素、矿物质。从火中拿烤熟的栗子。此语出自17世纪法国寓言诗人拉·封丹的寓言《猴子与猫》：猴子骗猫取火中栗子，栗子让猴子吃了，猫却把爪子上的毛烧掉了。比喻受人利用，冒险出力却一无所得。

例句：“我们目前自顾不暇，郑成功不来就是天主保佑了，我们还好去惹他么？我们不能为别人～。”（郭沫若《郑成功》）

huǒ zhǒng luò jìn gān chái duī
火种落进干柴堆

释义：比喻事情已经到了一触即发的程度。

例句：“虽然厂子倒闭的消息早就在工人们当中传开了，但今天破产通告一贴出来，就像～，人们的情绪一下子炸开了，有的人骂，有的人叹，还有老工人掉下眼泪：‘那可是咱一砖一瓦创办起来的呀，怎么说不行就不行了呢？’”

huò xī ní
和稀泥

释义：用土坯造房时抹墙需要和泥，这是比较累的活计。如果水加多了和成稀泥会省劲些，可稀泥又抹不上墙。比喻在实际生活中无原则地调解或折中，不敢明确表态。

例句：“冯子贤两面～，凭他的资历，曾长耀的手腕，谁能保住他们不会推倒城墙扶外围？”（张行《武陵山下》）

J

jī bù zé shí
饥不择食

释义：人到了饿急的时候有吃的就行。比喻处在急迫关头没有什么挑剔了。

例句：“自古有几般：～，寒不择衣，慌不择路，贫不择妻。鲁达心慌抢路，正不知投哪里去的是。”（明·施耐庵《水浒全传》）

jī bào yā zi gān máng huo
鸡抱鸭子干忙活

释义：家鸭是由野鸭驯化过来的，为了让鸭子多生蛋，经过一代一代的培育，家鸭已不会孵蛋，而孵小鸭的工作就由母鸡来承担。比喻为别人白干活。

例句：“工友劳动了七六十三着，还是～。”（曲波《林海雪原》）

jī dàn lǐ tiāo gǔ tou
鸡蛋里挑骨头

释义：比喻无中生有地挑剔别人的毛病，故意找茬。

例句：“梁建坐在桌子跟前，一手卡住下巴，一手执笔，反复研究着调度员写的草稿，要让词句和语气准确有力，要让～的人也找不出毛病。”（杜鹏程《在和平的日子里》）

jī dàn pèng shí tou
鸡蛋碰石头

释义：比喻自不量力白受损失。

例句：“咱们是经过大风大浪的人，如果反动派真敢来碰一碰，那就好比～。”（峻青《女英雄孙玉敏》）

jī duō bù xià dàn
鸡多不下蛋

释义：比喻组织不力就容易人浮于事，降低效率，影响工作成果。

例句：“春果他们眼下是挺欢热，～，不定搞出什么名堂！”（刘绍棠《青枝绿叶》）

jī fēi gǒu tiào qiáng
鸡飞狗跳墙

释义：比喻受到很大惊扰。

例句：“待运动进行到审干、清理阶级队伍阶段时，别的区、县都在查三代，‘搬石头’，‘斗争’基层干部，闹得～时，崞县的基层公安干部只在工作团开了三天会，整顿思想，清查历史，进行批评与自我批评，就基本都顺利过关了。”（姜鹏《我和谭政文》）

jī lèi
鸡肋

释义：鸡的肋骨没什么肉，扔掉又觉得可惜。比喻做没有多大意义而又不忍舍弃的事情。

例句：“市场化运作使长庆油田可以充分发挥市场配置资源的优势，引进一切有利于油气田快速高效开发的社会资源，为长庆油田的快速发展贡献力量。从原来弃之可惜的‘～’到如今令人爱不释手的‘香饽饽’，长庆油田已站在新的历史高点上。”（袁朝旭 张新民《“鸡肋”如何变成“香饽饽”》）

jī líng gǒu suì
鸡零狗碎

释义：指鸡、狗宰杀后，除了肉以外的零碎，如爪、内脏等。比喻零碎细小、不成系统的东西。

例句：“那～的事，恕不细说，但值得大书特书的奇迹，放过未免可惜。”（高晓声《李顺大造屋》）

jī máo fēi shàng tiān
鸡毛飞上天

释义：比喻创造出了奇迹。

例句：“穷要穷得有志气，定叫～。”（丁是娥 等《鸡毛飞上天》）

jī máo suàn pí
鸡毛蒜皮

释义：鸡毛蒜皮都是很轻薄的东西。比喻无关紧要的小事或毫无价值的东西。

例句：“目前大敌当前，同心协力还怕迟误，谁还记着～的小事！”（姚雪垠《李自成》）

jī míng gǒu dào
鸡鸣狗盗

释义：学雄鸡啼叫，装狗进行盗窃。后比喻那些本领微不足道的人或偷偷摸摸的行为。

例句：“报仇的这桩事，是桩光明磊落、见得天地鬼神的事，何须这等～，遮遮掩掩。”（清·文康《儿女英雄传》）

jī quǎn bù níng
鸡犬不宁

释义：形容骚扰得厉害，连鸡、狗都不得安宁。

例句：“他们像一群凶神恶煞似的，随意打人骂人抢东西，污辱妇女，把一个西十里铺闹得天翻地覆，～。”（峻青《秋色赋·云安》）

jī quǎn shēng tiān
鸡犬升天

释义：见“一人得道鸡犬升天”。

例句：“小皮痴呆地看着我，一秒钟，两秒钟，终于目露恨意，冷笑道：‘你就转（zhuǎi）吧。我～的梦想迟早破灭在你手里。’”（阮棹《金龟记》）

jī wō lǐ fēi chū jīn fèng huáng
鸡窝里飞出金凤凰

释义：比喻在条件很差的地方出现了人才或是做出了突出的成绩。

例句：“今天举行的奥斯卡颁奖典礼，成本低廉的《贫民富翁》，没有一个大牌明星，再创‘～’的美丽神话，确实是实至名归。”

jī xià yī ge dàn bù zhī yào jiào duō shǎo shēng
鸡下一个蛋不知要叫多少声

释义：比喻有一点成绩就炫耀不停。

例句：“唉，～呢，我听你说得那么热闹，还是没听明白你怎么把这事儿办成的呀？”

jī yě fēi le dàn yě dǎ le
鸡也飞了，蛋也打了

释义：比喻两头落空，什么都没得到。

例句：“虎妞心中打了个闪似的，看清楚自己的计划是没有多大用处了，急不如快，得赶紧抓住祥子，别～！”（老舍《骆驼祥子》）

jī yī zuǐ yā yī zuǐ
鸡一嘴，鸭一嘴

释义：比喻七嘴八舌讲话的状态或是乱插话。

例句：“想起那个互助组，就叫人头痛，满共不到四五个人，～，事情满多！”（孙犁《村歌》）

jí shí yǔ
及时雨

释义：指在农作物需要雨水时下的雨。比喻在紧急关头解救危难的人或事物。

例句：“让农村金融服务中心充当银农合作‘红娘’，去年7月，辰溪县在全省率先吃了‘螃

蟹’，为亟盼贷款发展生产的农民送去‘～’。”（肖军等《辰溪县政府引导架“鹊桥”农家喜得“及时雨”——辰溪县农村金融服务调查》）

jí bìng pèng shàng màn láng zhōng
急病碰上慢郎中

释义：郎中，一些地方对中医医生的称呼。比喻很急的事却碰上一个慢性子的人。

例句：“明天，林老板又将中午才到公司，这份报告等他审完了再修改，不知又要费去多少时间！做点事怎么这么累呢？真是～！”

jí huǒ zhǔ bù chū hǎo fàn
急火煮不出好饭

释义：比喻做事情不要急躁，急躁可能会把事情弄糟。

例句：“作为市场经济，需要强大的资金支持才能保证经济稳定和发展，取消一些不合理的政策，提高外资利用水平是必须的，但我不赞同大跃进式的修改投资法律，～，外资利用改革要循序渐进。”（吕国新《必须循序渐进》）

jí lái bào fó jiǎo
急来抱佛脚

释义：据传古代有一个小国家，崇尚佛教。有犯罪应处死刑之人，临急逃往寺庙中，抱住佛脚表示愿意出家，痛改前非，悔过自新，官府就可赦免其罪。比喻平时不准备，事到临头才慌忙应对。

例句：“可怜那一班老翰林手是生了，眼是花了，得了这个消息，个个急得屁滚尿流，琉璃厂墨浆都涨了价了，正是应着句俗话叫‘～’了。”（清·曾朴《孽海花》）

jí shā chē
急刹车

释义：原指正在行驶的车遇到情况突然停车。比喻突然停止正在做的事情。

例句：“《每日经济新闻》记者注意到，在大盘重挫的 6 月，新股发行也出现‘～’，包括中信重工等 15 支新股募资总额不足百亿元，……IPO 融资额更创出近 3 年来新低。”（李智《新股发行 6 月“急刹车”上半年 IPO 融资创 3 年新低》）

jí shuǐ yě yǒu huí tóu làng
急水也有回头浪

释义：比喻任何事情都有例外的情况发生。

例句：“依我看，现在也不背时。走马有个失前蹄，～，胜败是兵家常事嘛！”（罗旋《南国烽烟》）

jí xiān fēng
急先锋

释义：比喻冲锋在前或积极领头的人。

例句：“我们今天纪念鲁迅先生，首先要认识鲁迅先生，要懂得他在中国革命史中所占的地位。我们纪念他，不仅因为他的文章写得好，是一个伟大的文学家，而且因为他是一个民族解放的～，给革命以很大的助力。他并不是共产党组织中的一人，然而他的思想、行动、著作，都是马克思主义的。”（毛泽东《论鲁迅》）

jí xìng zi chī bù dé rè dòu fu
急性子吃不得热豆腐

释义：比喻性情急躁的人因为急于求成，反而把事情弄糟。

例句：“‘～，急婆娘嫁不到好汉子。光急有什么用，干事不能由着性子来，否则是会吃亏的。’柳月殷数落着林子放。”（网络小说《仰面朝天》）

jí zhuǎn wān
急转弯

释义：指车辆突然转向。比喻人们的思想或形势突然向别的方向发展。

例句：“两笔账算下来，被骗走了近200元。小张说，自己是新手，根本没想到还要有数学头脑，还要和骗子玩脑筋～……”（周俊　袁菲易《当营业员要会脑筋急转弯》）

jí fēng zhī jìng cǎo
疾风知劲草

释义：比喻只有经过严峻的考验才能看出谁真正坚强。

例句：“～，在暴风雨中，这棵‘小草’依然不肯低下高贵的头。你批你的，我相信我的：‘肖洛霍夫是当代最能传承托尔斯泰精神的，肖氏作品怎么看都是好的，我的译作是忠实于原著的。不管你把它骂成是什么毒草，它本身的价值是不会改变的’。”（楼乘震《疾风知劲草》）

jǐ yá gāo
挤牙膏

释义：比喻说话、办事不痛快，不和盘托出。

例句：“6月19日，顺德区新闻工作会议召开，区委常委、宣传部部长曹洪彬表示，面对突发事件，要第一时间发布已认定的紧要信息，不能等事情处理完了再对外公布，也不要被动地～式地挤出来。”（黄敏施《广东顺德区宣传部部长：面对突发不要被动挤牙膏》）

jǐ yóu shui
挤油水

释义：比喻通过压迫来榨取钱财或利益。

例句：“在他身后一席上，一共有五个茶客。全是江湖上的朋友，曾经凭着手枪或者骰子使人侧目，但是现在已经规矩起来，主要靠各种生意～了。”（沙汀《淘金记》）

jì chī bù jì dǎ
记吃不记打

释义：比喻只想得利却忘了教训。

例句：“毛泽东愤愤道：‘……向北没走多远一头钻进了敌人的大口袋，红六军团严重受挫的甘溪，离这里才多远啊！我们怎么能～呢？蒋介石不笨，如果我们笨，将会在同一条路上被同一块石头绊倒两次……’。”（阎欣宁《遵义，遵义》）

jì gē da
系疙瘩

释义：比喻人与人之间因矛盾而形成隔阂或心理障碍。

例句：“陆昶鸿看着文件，怎么也静不下心来，闭上眼睛，满脑子里都是洛君惜充满恨意的表情。他不知道洛君惜为什么会说那样的话，总觉得心乱如麻，所有的事情都像是在滚雪球，～，越滚越大，越系越紧，无论如何都解不开。”（杜雨《愿君惜》）

jì zài ǎi yán xià　zěn néng bù dī tóu
既在矮檐下，怎能不低头

释义：比喻身处困境只好忍耐。

例句：“他晓得‘～’的道理，可是他豪横了一生，难道就真把以前的光荣一笔抹去，而甘心向敌人低头吗？”（老舍《四世同堂》）

jì shēng chóng
寄生虫

释义：寄生虫是寄生在别的动物或植物体内或体表的动物，从宿主取得养分，有的能传染疾病，对宿主有害。比喻在生活、事业、学习中依赖别人而自己不努力的人，或是能劳动而不劳动、靠剥削为生的人。

例句：“‘马云建立的淘宝好比种下一棵大树，我们的行为就是树上～的角色。’刚刚看完马云谢幕演出的山东人张明回顾自己的淘宝经历，感慨地说：‘淘宝能赚钱，谁都想分一杯羹。’”（王琛　杨林《淘宝“寄生虫”10个月赚取佣金12万》）

jiā yóu
加 油

释义：指在汽车、飞机、拖拉机等的油箱里添加油类燃料或在机械的运转部分加润滑油。比喻给人鼓励。

例句：“虽然已经结束了自己奥运会的比赛，但是21号晚的110米栏决赛，刘翔很有可能出现在现场，他也许会去给史冬鹏～。”（新体《专访刘翔：我一定要振作起来　要让别人知道我行》）

jiā bǎnr
夹 板 儿

释义：是牲口拉车或耕地时的重要用具，用两根长短一致、粗细均匀的圆木做成，棍上打眼穿绳套，使用前先给牲口套上套包，再套夹板，从下边把夹板系上就可以拉车了。比喻约束、控制。

例句：“再让你蹦跶几天，一开学，这小～就套上啦！”

jiā bǎnr qì
夹 板 儿气

释义：比喻受到有矛盾冲突的双方的责怪，两面不讨好，两面受气。

例句：“大胡的未婚妻刘惠荣脸上一红一白，在中间受了不少～。”（蒋子龙《血往心里流》）

jiā fèngr
夹 缝 儿

释义：指两个邻近物体间的狭窄空隙。比喻难以回旋的境地。

例句：“上班早出晚归，路上交通拥堵。物价一个劲儿地上涨，开车如同烧钱。年纪向老龄靠近，说话老提‘从前’。上有古稀老人，下有大把花钱的孩子……～中的中年人，如何突出重围，停下急匆匆的脚步，放松紧绷的神经，享受一下生活呢?”（徐凤民《我们一起去钓鱼》）

jiā qiāng dài bàng
夹 枪 带 棒

释义：比喻言语中暗藏讽刺。

例句：“敏之究竟持重一点，她怕太说得明白了，二姨太～一阵乱嚷嚷，就更是不好收拾，因之找了别的几件事来谈着，把这话扯了开去。”（张恨水《金粉世家》）

jiā wěi ba
夹 尾 巴

释义：狗在逃跑时要夹起尾巴。比喻为人处事谨慎小心，不张扬。

例句：“马来西亚政坛只相信马来族人。华人族群在马来西亚主要从事商业活动，想要进入政坛十分艰难，而且一旦进入政坛，万一被马来族抓住把柄，生意也将做不下去。为了安全起见，华人都～低调做人，普遍不太关心马来西亚的政局演变。”（欧贤安　陶短房《马来西亚华人独家吐露：为了安全都夹尾巴做人》）

jiā cháng biàn fàn
家 常 便 饭

释义：家中日常吃的饭食。比喻极为平常的事情。

例句：“风沙是司空见惯的～，有谁会留心它的来源，又有谁会去注意它的去向呢?”（峻青《秋色赋·焦裕禄的光辉》）

jiā jiā yǒu běn nán niàn de jīng
家家有 本 难 念 的 经

释义：比喻每家都有难办的事情。

例句：“他改了话，以免老愣着：‘～’!”（老舍《四世同堂·惶惑》）

jiǎ miàn jù
假面具

释义：仿照人的脸形或动物制成的面具。比喻伪装的外表。

例句：“倘若没有发自内心的‘想百姓之所想，忧百姓之所忧’，去切身体会老百姓的悲苦与诉求，真心想为老百姓解决问题，那么，无论你摆出怎样和善之表情，都无法掩盖～之下的冷漠与失职。”（玉言《不要让微笑沦为假面具》）

jiǎ xì zhēn zuò
假戏真做

释义：比喻把假的事情当成真的来做。

例句：“云心原本是‘租’个男友回老家过年，免得被爹妈催婚闹得烦心。年过完了，回到城里，紧张工作之余，云心竟不由自主地时常想起‘男友’。云心自问：‘我喜欢上他了？还整成～啦。’”

jià qīng jiù shú
驾轻就熟

释义：驾轻车，走熟路。比喻对某事有经验，很熟悉，做起来容易。

例句：“由于初中教学水平的差异及各种客观因素导致高中学生的信息技术水平参差不齐，有的学生对电脑的基本操作～，能够非常熟练地运用电脑上网，有的学生则可能连电脑都没用过，学生们的信息技术水平呈现出一种两极分化的局面。”（潘跃晗《高中信息技术教学反思》）

jià kōng
架空

释义：将物体用柱子等撑住而使之离开地面。比喻没有基础或是没有实际的东西。

例句：“文学作品，如果离开了思想、丰富的生活经验，而只是去追求～的情节，这自然是邪道。”（秦牧《艺海拾贝·高高翘起的象鼻子》）

jià yāng zi
架秧子

释义：架，支撑，高抬；秧子，多指幼小的动物。清室覆亡后，没有生存能力的八旗子弟只好靠变卖家里那点儿值钱东西维持生活，古董商人往往带个“托儿”登门造访，首先把少爷及其家族一通吹捧高抬，少爷被捧得晕晕乎乎、迷迷瞪瞪，一高兴，挺值钱的东西仨瓜俩枣就卖出去了。人们背地里把不识货的少爷叫“秧子”。连捧带哄，把少爷弄得五迷三道，这就叫“架秧子”。比喻哄闹、起哄。

例句：“他打人，多半是从劝架开始的，哪边……不听，他就跟哪打起来，成了主角。这说明动机还是好的，比袖手旁观好，比在边上起哄～更好。”（柯岩《特邀代表》）

jià chū qù de gū niang　pō chū qù de shuǐ
嫁出去的姑娘，泼出去的水

释义：比喻对某人、某物、某事不再照管。

例句：“前些日子，通过朋友买了一台某知名厂家生产的电脑，没用几天就‘花屏’了。找经销商说要找厂家，找厂家说是过了一个月的包换期。这叫什么事儿呀？这产品怎么成了～，到了消费者手里就没人管了呢？”

jiān zuǐ hóu sāi
尖嘴猴腮

释义：尖嘴巴，像猴子一样的瘦面颊。形容人相貌丑陋粗俗。

例句：“像你这～，也该撒泡尿自己照照！不三不四，就想天鹅肉吃。”（清·吴敬梓《儒林外史》）

jiǎn dào kuāng lǐ jiù shì cài
捡到筐里就是菜

释义：比喻做事情急于求成，不问是非里表。

例句："'以前引项目眉毛胡子一起抓，～。经过五年的发展，丹东'洼地'效应已经形成，高耗能、高污染和对丹东发展没有拉动作用的项目一律拒之门外。'市招商局副局长林学玮说……"（管洪辉《再造发展新引擎》）

jiǎn jī máo còu dǎn zi
捡鸡毛凑掸子

释义：比喻东拼西凑或是一点一点地积累也会有成形的东西。
例句："新医改方案是～，东一把，西一把，就是不抓根本，只是最后一项'公立医院改革'涉及根本，却仅是个标题，没有内容。"（巴图《医改方案是捡鸡毛凑掸子》）

jiǎn le māo diū le niú
捡了猫丢了牛

释义：比喻因小失大。
例句："我说不让你为奖金这点事去找老总吧，这下可倒好，你的话倒是说痛快了，可老总对咱们的印象还能好？这不是～吗"

jiǎn le zhī ma　diū le xī guā
捡了芝麻，丢了西瓜

释义：比喻只顾小的却把大的丢掉了。
例句："他羡慕首长分析问题的卓越能力。自己也知道用脑子观察问题分析问题，也能摆出这种或那种矛盾，所差的是抓不住关键，往往是这也有理那也有理，有时候～。"（李英儒《野火春风斗古城》）

jiàn ān sī mǎ
见鞍思马

释义：见到马鞍就想起了马。比喻见物思人或伤情。
例句："狄太后道：'王儿有所不知，此对鸳鸯，狄门已经传了三世，真是镇家之宝。今日为娘～，你外祖母与舅舅得病而亡，倒也罢了，只是你舅母遭殃被水而亡，骨肉沉流波底，不得共享安闲，哪得不伤心啊！'"（李雨堂《万花楼》）

jiàn bǎ cái fàng jiàn
见靶才放箭

释义：比喻做事稳妥。
例句："中长线投资者应继续耐心等待，'～'，不破压力不入市。"

jiàn dào miào mén jiù shāo xiāng
见到庙门就烧香

释义：比喻被难办的事弄得到处央求。
例句："覃垒拿着一沓子求职简介，在人才市场～。半个月过去了，还是没找到满意的工作。"

jiàn fēng shǐ duò　jiù shuǐ wān chuán
见风使舵，就水弯船

释义：比喻处理问题要见机行事，随机应变。
例句："上官剑龙道：'打蛇先打头，擒匪须擒首；～。我们只须在雷虎身旁，一有行动见机行事……就行了！'"（唐子文《魔狱三侠传》）

jiàn fèng chā zhēn
见缝插针

释义：比喻善于利用一切可能利用的时间或空间，善于利用一切机会和可能性。
例句："母亲被撞个趔趄，随即站稳，……趁机会～地钻入人圈中。"（浩然《乐土》）

jiàn fèng xià qū
见缝下蛆

释义：蛆，苍蝇的幼虫。比喻一有机会就做坏事。

例句：“武则天了不起，可最终还是妥协。不仅是怕失去民心，更头疼的是，立太子的储位问题还影响到民族关系。契丹、突厥等族～，伺机起兵。圣历元年（公元698年），契丹孙万荣带兵侵犯幽州，打出的旗号竟然是拥立李显，复辟李唐。”（罗杰《不忍细读的史案真相：历史罪》）

jiàn gāo dī

见高低

释义：比喻通过竞争、打斗等方式分出胜负。

例句：“为了让每一次安全检查都起到应有的作用，为了能进一步规范企业的安全行为，为了切实做到安全监管到位，市安监局精心组织了这次比赛活动。比赛紧张有序、有奖有惩；各队统一服装，强强对决，‘盟战战场’真刀真枪～。”（苏晓勇《广安市安全监察执法大比武，真刀真枪见高低》）

jiàn guò guǐ pà hēi

见过鬼怕黑

释义：比喻受过挫折之后心有余悸。

例句：“俗话说，‘～’，她是个受过骗的人，心灵中不免留着痛苦的旧痕，仔细一想，又害怕起来，呆了大半天，暗暗地哭了一场，不敢表示态度。”（陈残云《香飘四季》）

jiàn le guān cai dōu bù luò lèi

见了棺材都不落泪

释义：比喻铁石心肠。

例句：“难怪有人说，矿业安全管理在许多地方～。将两次矿难对比，不难发现许多惊人的巧合：审批混乱，小矿扎堆，越层越界，乱采滥挖；……”（杨世光《邢台矿难追问：矿业管理岂能见了棺材都不落泪》）

jiàn le lǎo hǔ jiù shāo xiāng jiàn le tù zi jiù kāi qiāng

见了老虎就烧香，见了兔子就开枪

释义：比喻欺软怕硬。

例句：“好久不见的田发展却突然上门了，鼻青脸肿地坐在餐桌前，告诉田丰他破产了。田丰欲问情况，田发展饿得跟忆文要饭吃……忆文打开饭锅对田发展说，没饭了。田发展说，忆文不能～。田丰让忆文出去买去。”（赵华南　安森阳《田教授家的二十八个亲戚》）

jiàn shù bù jiàn lín

见树不见林

释义：只看局部，不看全局。比喻目光狭隘、短浅。

例句：“无论是从日本福岛核电厂事件，或是全球核能事故史看，都说明了核电问题不能只从国家地区角度来看，而必须从区域与地球村角度考虑，因为全球运转中的核电厂，不管是哪一个电厂发生类似事件，其影响是全球的，而非地区性的辐射事件，要谈核能安全的问题，都必须从此一角度思考，不可～。”（台媒《核能安全是全球议题　不可见树不见林》）

jiàn yán wang

见阎王

释义：阎王，民间传说中阴间的主宰，掌管人的生死和轮回。据说人死后要去阴间报道，接受阎王的审判。比喻死亡。

例句：“肖扬双手交叉在胸前，黑白分明的眸子里充满了无尽的凌厉杀气，冷望着孙大毛一伙人，如看一群小蝼蚁一样，沉声说道：‘谁还敢把老子往死里做？……谁他妈要再发出一个声响，老子让他马上～！’”（必杀《鬼手痞子王》）

jiàn bá nǔ zhāng

剑拔弩张

释义：剑拔出鞘，弩张开了。比喻双方摆开了阵势，形势紧张，一触即发。

例句：“法国兵舰在闽江口出入频繁，而交涉方面～，看样子福州船局必难幸免法国兵舰的炮火。”（高阳《清宫外史》）

jiàn zài xián shàng bù dé bù fā

箭在弦上不得不发

释义：比喻事情到了非做不可的关键时刻。

例句：“我觉得以文字结怨于小人，是不值得的。至于我，其实乃是～。”（鲁迅《书信集·致杨霁云》）

jiāng hé rì xià

江河日下

释义：江河的水一天天地向下流。比喻情况一天天地坏下去。

例句：“不瞒大师说，现在的时势，实在是～了！”（清·李宝嘉《官场现形记》）

jiāng yī jūn

将一军

释义：象棋术语，指攻击对方主帅的一步棋。比喻使人为难的话语或做法。

例句：“大家都知道手机广告吧？今晚她威胁说如果我不来餐厅就会自杀。为了个人名誉，我只好来了，还带了一个符合我条件的女友标准。他看了看怀里的女人，面不改色极度流畅地编造故事，反～。”（黑夜幼灵《冷面总裁不好惹》）

jiāng hái shì lǎo de là

姜还是老的辣

释义：姜，多年生草本植物，根茎有辣味，是常用的调味品，也可入药。比喻老年人阅历深，经验丰富。

例句：“‘～’，范增这一招真是神机妙算，逼得章邯乖乖地投降了楚军。”（林汉达《前后汉故事新编》）

jiāng tài gōng diào yú　yuàn zhě shàng gōu

姜太公钓鱼，愿者上钩

释义：姜太公，即姜尚，又称姜子牙，是辅佐周文王、周武王灭商的功臣。他在没得到文王重用的时候，常在溪边用鱼钩不挂鱼饵，离水面三尺并边钓边自言自语地说：不想活命的鱼上钩吧（愿者上钩）。这句话后来成为不需要任何条件就主动过来的代名词。

例句：“我都把咱们的地址告诉她了。～，她不来就算了。”（草明《乘风破浪》）

jiǎng jià qian

讲价钱

释义：买东西时讨价还价。比喻在接受任务或举行谈判时提出要求和条件。

例句：“3月25日上午，湖南省委书记、省长徐守盛主持召开了履新后的第一次省委常委会议，对把好干部选拔任用关、严格职数管理、严格限制党政分设等提出明确要求。……‘各级各部门要严格执行《干部任用条例》规定和省委、省政府有关规定，不允许搞上有政策、下有对策，不能讲理由，～。’”（吕明军　颜珂《执行规定，不能讲理由讲价钱》）

jiāo bái juàn

交白卷

释义：考试时一个字不写就交上去了。比喻任务没有完成。

例句：“拿过签瓶……他口中说道：‘伏羲、文王、周公、孔子，这两支中拣我肚里有的发一支，千万保佑我莫要～。’”（清·王浚卿《冷眼观》）

jiāo xué fèi

交学费

释义：学费，为学习而缴纳的费用。比喻因做事失败而付出的代价。

例句：“‘有时候还是要～的，虽然教训惨痛一点。’周继红无奈地总结说。”（周欣　李嘉

《周继红遗憾邱波有实力没发挥：交学费但教训惨痛》）

jiāo shù yào jiāo gēn
浇 树 要 浇 根

释义：比喻教育人要从思想教育入手，也比喻做事要把握关键。

例句：“俗话说：‘～’。咱教育人也要朝‘根’上下功夫，根本问题是提高民工的阶级觉悟。”（张峻《擒龙图》）

jiāo diǎn
焦 点

释义：在物理学上指平行光线经透镜折射或曲面镜反射后的会聚点，在数学上指二次曲线的交点。比喻问题的关键所在或争论的集中点。

例句：“党的群众路线教育实践活动开展以来，教育系统各单位围绕解决‘四风’问题，既集中解决好当前群众最关心的教育～问题，又注重建章立制，抓紧研究建立加强和改进作风建设的长效机制，努力办好人民满意的教育。”（殷莹《解决好焦点问题　办人民满意教育》）

jiāo tóu làn é
焦 头 烂 额

释义：烧焦了头，灼伤了额。比喻非常狼狈窘迫或是忙得不知如何是好。

例句：“这次她没有想到遇上了个对手，差点逼着她说出了实情。还好，她聪明机智，动用对方家人来施加压力，最后阴谋虽然得逞，她仍然将对方折磨得遍体鳞伤，但自己也被此事纠缠得～，每天晚上都是噩梦连连，害怕谎言被揭穿，被身边的男人瞧不起。”（寒冬《山城花痴》）

jiāo lóng dé shuǐ
蛟 龙 得 水

释义：传说蛟龙得水后就能兴云作雨、飞腾升天。比喻有才能的人获得施展的机会。也比喻摆脱困境。

例句：“龙年虽未必走出单边上扬的大牛市，但结构性机会存在，因此，操作好的股民钱袋子会有‘龙腾虎跃’的可能，兔年“被困”的小散户有望‘～’。”（马燕　薛蓓《五大网络流行体描述兔年股市和小散　蓝精灵体最给力》）

jiáo guò de gān zhe bù tián
嚼 过 的 甘 蔗 不 甜

释义：甘蔗被嚼过后剩下的是渣滓了。比喻做事情要有自己的特色。

例句：“搞小发明就要动脑筋，用学过的知识去创造，～，绝不能跟在人家屁股后头，那样的话会限制你的灵感的！”

jiáo shé tou
嚼 舌 头

释义：比喻信口胡说，搬弄是非。

例句：“‘冯硕！’苏静云恼怒地说，‘像个男人的话就不要乱～。’她真没想到冯硕会跟吴东认识，万一婷婷的事情被吴东知道，那岂不是要闹得鸡飞狗跳？她简直不敢去想。”（清影弄蝶《拒当下堂妻》）

jiǎo cǎi dāo jiānr
脚 踩 刀 尖 儿

释义：比喻时刻处在危险当中。

例句：“说到这儿，他（介万富）稍稍地停顿了一会儿，然后又接着说道：‘四哥，这件事我是王八吃秤砣——铁了心了，庆礼三哥的小子我是抱了，四哥，你就是～头拱地，也得帮我把这件事办成喽！’”（赋匀《百年村事》）

jiǎo cǎi liǎng zhī chuán
脚踩两只船

释义：比喻摇摆不定，两边都想沾光。

例句：“这年月似乎应当拖住一头儿，不便～吧！”（老舍《四世同堂·偷生》）

jiǎo dǐ bǎn mǒ yóu
脚底板抹油

释义：比喻溜得快。

例句：“‘这可怎么办？’‘我说，找个机会，～’。”（张行《武陵山下》）

jiǎo hòu gēn dǎ hòu nǎo sháor
脚后跟打后脑勺儿

释义：比喻忙碌的样子。

例句：“于大璋：你知道在机关里做事的有多么忙！管清波：连我都一天到晚～嘛，不用说你啦！”（老舍《春华秋实》）

jiǎo shàng de pào shì zì jǐ zǒu de
脚上的泡是自己走的

释义：比喻自作自受。

例句：“问小队长吗？在地上面、天下头呢！有本事去找呀！～！这叫‘来而不往，非礼也！’”

jiǎo tà shí dì
脚踏实地

释义：脚踩在坚实的土地上。比喻做事踏实，实事求是，认真、自信，不虚浮，不浮躁。

例句：“他不是脱离现实的幻想家，不是侃侃议论的空谈家，他是～的战斗者。”（袁鹰《悲欢·飞》）

jiǎo zhèng bù pà xié wāi
脚正不怕鞋歪

释义：比喻光明正大，作风正派，走得正行得端，不怕流言蜚语。

例句：“走就走，谁还怕啥呀？你告我，架不住我没有过，～……”（周立波《暴风骤雨》）

jiǎo hún shuǐ
搅浑水

释义：把水搅浑。比喻故意使事情或局面变得混乱，以达到掩盖真相的目的。

例句：“两岸应认清日本妄想对两岸分化、离间的邪恶用心，面对其～的举动，两岸不能自乱阵脚，应该保持清醒。”（王国红《日本搅浑水，两岸不能自乱阵脚》）

jiǎo shǐ gùn
搅屎棍

释义：比喻故意打乱正常秩序、令人生厌的人。

例句：“这个老～，追到这儿来找我，准没好事。”（所云平　史超《东进！东进》）

jiào bǎn
叫板

释义：戏曲术语，指在戏曲中把道白的最后一句节奏化，以便引到下面的唱腔上去或是用动作规定下面唱段的节奏，谓之“叫板”。比喻不服挑战或去挑衅。

例句：“北京大集上，青海特色商品与北京市民零距离接触，以优良、绿色的品质赢得了首都消费者的青睐，还～全国驰名商品。”（张雅宁《青海特产叫板全国驰名商品》）

jiào dǎ gǒu bù gǎn mà jī
叫打狗不敢骂鸡

释义：比喻绝对听从指挥。

例句：“哪能啊，丁大哥教得好，以后大哥叫我往东不敢向西，～，大哥你是我的再造父母啊！”（老丁大哥《武禁全集之翠色连荒岸》）

jiào hào
叫号

释义：呼唤表示先后次序的号。引申为用言语向对方挑战或挑衅。

例句：“周秀梅往前一步，瞪着眼睛尖声说道：‘怎么的？我家少荣就是人厚道，不爱出声，你们就想怎么欺负就怎么欺负啊？贺立国你还真别跟我～，你自己说，你家贺伟在我家住了这么长时间，我收过你一分钱没有！’”（三叹《重生之云绮》））

jiào huā zi pèng shàng ge yào fàn de
叫花子碰上个要饭的

释义：比喻两个心思或状况一样的人碰到一起。

例句：“魏强一听，知道这是想敲他的竹杠，心里捉摸：‘这可是～，穷对穷啦。’”（冯志《敌后武工队》）

jiào tiān tiān bù yìng　jiào dì dì bù líng
叫天天不应，叫地地不灵

释义：比喻有冤有难求助无门，一筹莫展。

例句：“那次亏吃得真憋气，咱只认为他们也是中国人，怎么也会比小鬼子好些，就因为这个上了当。如今～，两手握空拳，连个出气的家伙也没有。”（曲波《林海雪原》）

jiào tíng
叫停

释义：在某些球类比赛中应教练员、裁判员、运动员等要求暂时停止比赛。引申为有关部门或人员命令停止某种活动或行为。

例句：“昨晚，恒大星光音乐节上海站在上海江湾体育中心开唱。郑钧压轴出场并连唱7首歌曲。就在他准备返场演唱《私奔》时，却因周围居民报警投诉而被～。”（成长《郑钧演出被叫停　准备返场演唱《私奔》时却被周围居民报警投诉》）

jiē tī
阶梯

释义：台阶和梯子。比喻进身的凭借或途径。

例句：“聂天齐终于拿小女人当成公司复活的筹码，来与自己换取钱财利益，她成了男人向上爬的～，被狠狠地踩在脚下，助那人平步青云。”（凝露流香《独宠禁妻，总裁欺上身》）

jiē è guǒ
结恶果

释义：比喻因不好的起因而导致糟糕的结局。

例句：“《医生防暴指南》本存善意，但善意的结果，却过度渲染了某些负面形象，烙下某种群体印记。善意～，这才是最让人担忧的地方。”（堂吉伟德《医生“防暴指南”，善意结恶果》）

jiē kǔ guǒ
结苦果

释义：比喻由于错误的起因而导致令人痛苦的结果。

例句：“团党委‘一班人’反思‘常委车’由登场示范受好评到逢场作秀～的经历，感到领导干部必须时时处处重实际、求实效，思想作风‘变了味’，好经也会被念歪。”（张日军　王敬中《登场示范受好评　逢场作秀结苦果》）

jiē liáng zi
结梁子

释义：江湖上的黑话，意思是结下了死仇，现也指一般的矛盾或过节儿。

例句：“‘哈哈，我蛇五什么都怕，就是不怕～，你奈我何。’蛇五知道这些家伙是一些小镇

的武者，根本不是他的对手。”（独枭客《血枭弥天》）

jiē shuò guǒ
结硕果

释义：硕果，巨大的果实。比喻工作取得巨大的成就。

例句：“2011年，江北区农民人均纯收入达到10473元，是全市平均水平的1.6倍，同比增长20%，这是江北区统筹城乡发展结出的硕果。”（桂锡波《统筹城乡结硕果》）

jiē dì qì
接地气

释义：比喻要广泛接触老百姓，不能让自己高高在上。

例句：“我们是共产党的干部，来自老百姓，不能忘了老百姓。要经常～，要认真倾听老百姓的呼声。”

jiē fēng
接风

释义：送人走时通常说一路顺风，接人时正好就接着这一股风把人接到，所以叫接风。

例句：“多年来工作上疲塌不堪的老翟却在应酬上累死累活地把‘～’进行到底，就这样艰难地支撑着那摇摇欲坠的股长宝座。”（惠安顽石《接风》）

jiē guǐ
接轨

释义：指分别修筑的两条或两条以上的铁路轨道并轨连接起来。比喻把一件事情与另一件事情连接起来。

例句：“‘转型升级关键看老板的理念，我们就要静下心来，在一个领域做专做精，不断加入创新元素，完善管理模式，从而不断增强竞争力，增加市场占有率。我们要用始终与国际保持～的理念，将沪光发展成百年老店。’成三荣说。”（金晶　陈坚《沪光：打造接轨国际的“百年老店”》）

jiē jià
接驾

释义：古代指迎接皇帝。现指迎接客人。含戏谑义。

例句：“‘方薇，下周我准备回泰城住一段时间，你就准备好～吧！’‘真的？你是准备回家住还是……’倪敏此次出远门主要是跟母亲闹气。有人给倪敏介绍一个官员的儿子，倪母很喜欢，但倪敏死活不同意，最后干脆从家里跑出去，所以方薇才有此一问。”（夏三小姐《当官场遭遇情场：一日恋人》）

jiē bù kāi guō
揭不开锅

释义：比喻非常贫困，已经没米做饭了。

例句：“家里～，兄弟妹妹饿得老哭，爷爷急得要上吊。”（杨沫　《青春之歌（电影）》）

jiē chuāng bā
揭疮疤

释义：疮疤，创伤或溃疡愈后留下的疤痕。比喻揭露人的短处或痛苦之处。

例句：“陈凯歌：‘我自己就觉得真的要拍文革的作品，其目的并不是为了要～，而是为了怎么把这点病给治好。’”

jiē gài zi
揭盖子

释义：比喻揭露被掩盖的事实真相。

例句：“只要腊英揭开盖子，我开个农会代表会，当场把冯老殿揭出来，把他搞臭，叫他再也不敢胡闹。”（王英先《枫香树》）

jiē lǎo dǐ
揭老底

释义：比喻将人或事的最深层的隐秘曝光，公之于众。

例句：“你不该这样对待朋友，为什么在一个中央大员面前揭我老底？”（司马文森《风雨桐江》）

jié gǔ yǎnr
节骨眼儿

释义：比喻关键的环节或时机。

例句：“连工程队伍老阎，也因为梁建在这～上回到队部而觉得自己的力量大大地增加。”（杜鹏程《在和平的日子里》）

jié wài shēng zhī
节外生枝

释义：在本不该长出树枝的地方生出了枝杈。比喻在原有问题之外又岔出了新问题。

例句：“课堂教学是一个预设与生成、封闭与开放的矛盾统一体。在这一过程中，学生会因多种因素而‘～’。老师要能正确认识并合理引导与利用，使之转化成教学中宝贵的课程资源和财富，营造出精彩纷呈的课堂。”（杨康梅《“节外生枝”瑕不掩瑜》）

jié jīng
结晶

释义：指物质从液态或气态形成晶体。比喻珍贵的成果。

例句：“《中华印刷通史》的编纂、修订与出版，凝聚着海峡两岸众多同仁的心血，是两岸三地出版印刷同仁合作的～。”（张树栋《两岸三地出版印刷同仁合作的结晶——记〈中华印刷通史〉的编纂与出版始末》）

jié zú xiān dēng
捷足先登

释义：腿脚利索的人先登上高处。比喻行动快的人先达到目的或先得到所求的东西。

例句：“谈到塞阿拉与中国的经贸关系现状时，卡斯特罗·内托说，我们相信巴中互补合作的双边关系，我们对两国未来的经贸合作抱非常乐观的态度。……对外国投资者来说，谁～塞阿拉市场，谁就会得到最多的好处。”（朱幸福《巴西塞阿拉州政府官员向海外投资者伸出“胡萝卜”——捷足先登者会得到最好报酬》）

jié zé ér yú
竭泽而渔

释义：把水抽没了，把鱼捉干净。比喻做事只顾眼前，不留余地。

例句：“在中国实现民族伟大复兴的进程中，阻力很多。放水养鱼还是～，考验的是这个国家的战略思维能力。”（刘志明《竭泽而渔》）

jié cháng bǔ duǎn
截长补短

释义：截取长的，补充短的。比喻用长处补短处。

例句：“‘两岸应该借大好形势，进行大开大合的合作，～，携手同心搭建起华语电影制播合作的平台，共同打造华语影视的精品。’台湾中华文化推广协会理事长赵怡的倡议得到了两岸电影人的认同。”（郑娜《两岸影视“你来我往”更需“你唱我和”》）

jiě gē da
解疙瘩

释义：比喻消除双方关系上的矛盾或是解除思想上的顾虑，去掉心病。

例句：“老书记坦率真诚地跟他谈过两次话，帮他解了多年思想上的疙瘩。”

jiě kě

解渴

释义： 比喻满足欲望。

例句： “因为种地他既种不好，同时他也觉着种地老不～。”（李准《不能走那条路》）

jiě kòu zi

解扣子

释义： 比喻清除内心的疑团。

例句： “要针对干部群众关心的一些重大理论和实际问题搞好专题演讲，释疑点，～，把宣讲活动引向深入……”（鄂理《释“疑点” 解“扣子” 把宣讲活动引向深入》）

jiě líng hái yào xì líng rén

解铃还要系铃人

释义： 比喻由谁引起的问题还要由谁来解决。

例句： “许司令多次向我提出，要我转告特派员，那沈常青的事，～，非特派员设法不行。”（司马文森《风雨桐江》）

jiě náng

解囊

释义： 囊，口袋。解开口袋。比喻拿出钱财以帮助人。

例句： “劝人～赈灾的文章，并不少见，而文中自述年纪曰‘余年九十六岁矣’者，却只有马相伯先生。”（鲁迅《且介亭杂文二集·六论“文人相轻”》）

jiě pōu má què

解剖麻雀

释义： 麻雀虽小，五脏俱全，解剖一只小麻雀就可以知道鸟类的内部结构。比喻在进行某项工作之前，先选一个有代表性的事物加以分析。

例句： “常言说，麻雀虽小，五脏俱全。我所在的局是一个小局，局办只有四人。办公室虽小，但职责一点也不少。因此，我认为，作为机关工作人员，都要有～的本领，不管所处单位大小，都要恪尽职守，全心全意做好工作。”（张文康《要学会解剖麻雀》）

jiě tào

解套

释义： 把套住的东西解开。特指在股票交易中股价回升到买进价以上的时候，原来投入的资金补回亏损或略有盈余。

例句： “～的最佳时机其实是没有的，因为每一种策略～都有各自不同的特点，适用的时机也各不相同，大家需要在股市运行的不同阶段中，采用不同的～策略，才能达到理想的～效果。”（高志远《如何寻找解套的最佳时机?》）

jiě wéi

解围

释义： 指解除敌军的包围。比喻解除困境。

例句： “我真的没有勇气去选择，如果再这样下去，我们相互之间都是受害者。活得真是好累、好累，退出真的可以～吗？没人可以给我一个好的回答。”（清逸的我《退出可以解围吗?》）

jiè dāo shā rén

借刀杀人

释义： 比喻自己不出面，借别人的手去害人。

例句： “‘新到修炼场的学员敢闹事，你们当这里是菜市场么？全他妈的给我蹲拷魂阁三个时辰，让你们知道斗气修炼场的厉害。’一听到蹲三个时辰拷魂阁，程浩东神色顿时一变，知道这是萧宇的～之计。”（跳舞骑士《废物是怎样成神的》）

jiè dōng fēng
借东风

释义：《三国演义》载，曹操与孙权大军对峙于长江赤壁，周瑜与诸葛亮设计火攻破曹。时值冬季多刮西北风，而孙刘联军在南赤壁，诸葛亮设坛作法，巧借东风。黄盖率船队乘着东风快速冲进曹军水寨，火烧战船，曹军败北。比喻借助有利的条件或时机。

例句：“机缘巧合下，宏远顺利完成了跨国的第三次‘～’，改变了中国不能生产超高压电机箱的状况。”（丁俊《扬州宏远：三借东风成就王者基业》）

jiè fēng shǐ duò
借风使舵

释义：风向哪里吹，船往哪里行。比喻凭借别人的、外部的力量以达到自己的目的。

例句：“～，旁敲侧击，使对方束手就擒，这也是小人实现不可告人目的的一种刁钻手段。小人的心性是冷硬的，小人招术却是千变万化，在必要的时候，小人们顺势就势，借助‘引力’实现目的是他们的拿手好戏。”（杨在田《君子为什么斗不过小人》）

jiè huā xiàn fó
借花献佛

释义：比喻用别人的东西做人情。

例句：“来来来，今天不是我请客，但我～，敬大家一杯!”

jiè jī xià dàn
借鸡下蛋

释义：比喻借别人的力量来创造自己的财富。

例句：“在赵芬她们创业过程中，以及未来发展战略中，借贷经营是一个重要手段。就此，曾有专家给出了形象比喻：借贷经营就像～，有聪明才智、肯付出辛勤劳动的人，能让借来的‘鸡’下许多‘蛋’，最后还了‘鸡’，得了‘蛋’，就成了富人。”（齐新《借鸡下蛋　抓住机遇效果更佳》）

jiè jīng zhōu
借荆州

释义：赤壁之战后，刘备以借的名义占据了东吴的荆州，后来东吴多次索要未果。比喻只借不还。

例句：“为了给语文学科开创更为广阔的空间，我们不妨采用向其他学科～的教学方法，在教学中重视学科知识整合，以让学生的思维更开放，思路更清晰，视野更开阔，头脑更灵活。”（严有松《巧借荆州，激活课堂》）

jiè shī huán hún
借尸还魂

释义：迷信传说人死后还会借别人的尸体复活。比喻陈腐的旧事物改头换面，在冠冕堂皇的口号下再一次冒出来。

例句：“可是地主就在那边，工作团刚刚走，斗争刚刚过后，人家就来报仇，也能够～哩!”（孙犁《白洋淀纪事·诉苦翻身》）

jiè tī zi xià lóu
借梯子下楼

释义：比喻顺应情势摆脱困境。

例句：“吕雉见有客人来家，马上表现得像什么事没发生似的，况且是她故意找茬躲开刘邦的，此时正好～，既给了刘邦面子，也在客人面前表现了她的贤惠，多么划算的事!”

jiè tí fā huī
借题发挥

释义：比喻假借某事为由，去做其他的事。

例句：“尽管～，而且是借错了题，我对王芸生的手法，依然是佩服的。”（郭沫若《摩登唐

吉诃德的一种手法》）

jiè zhī ma hái dòu zi
借芝麻还豆子

释义：芝麻、豆子都属于油料作物。比喻一报还一报，相差无几。

例句：“这些年，你们俩生意上相互照应，也算是～了，挺让人羡慕的。”

jiè zhī ma hái gǔ zi
借芝麻还谷子

释义：比喻在交往中不是平等的，一方占了另一方的便宜。

例句：“你小子不够意思，～，这回要不是我给你揽点责任，主任非收拾你不可，你还说我不尽力？”

jīn zhāo yǒu jiǔ jīn zhāo zuì
今朝有酒今朝醉

释义：比喻只顾眼前，不做长远打算，过一天算一天。

例句：“不能～，还应该节省点，拿出一部分救济穷苦的老百姓。”（魏文建《华阳游击队》）

jīn chán tuō qiào
金蝉脱壳

释义：蝉变为成虫时要脱去一层壳。比喻用计脱身，使人不能及时发觉。

例句：“屋里就剩下杨司机一个人。只见他喜上眉梢乐滋滋的，来回踱了两圈，一屁股坐在金主任的位子上，拿起电话，拨了个号码，小声地对着话筒说：‘喂，陈总调度吗？我是老杨，告诉你，万事大吉，用不着将计就计，～了。一阵风终于过去了，真的……”（红色剑客《金蝉脱壳》）

jīn dàn zi dǎ niǎo
金弹子打鸟

释义：比喻得不偿失。

例句：“比如在积弱的市场，大盘下降通道的途中，有个别股票搔首弄姿表演一番，你心动，说做强势，然后介入，其结果绝大部分是～。”

jīn fàn wǎn
金饭碗

释义：古时指皇帝吃饭的碗。比喻待遇非常优厚且稳定的职位。

例句：“不管你端的是一只什么饭碗，都要增加自身的含金量，提高自己的综合能力，有本事、有能耐的人会把一只不起眼的泥饭碗打磨成一只人见人抢、身价倍增的～。”（徐俊霞《“泥饭碗”变“金饭碗”》）

jīn pén xǐ shǒu
金盆洗手

释义：原指某些黑道人物发财后准备安享晚年，公开宣布改邪归正。现也指放弃以前长期从事的行业或不再做某件事。

例句：“新闻一播出，很快就引起了轰动，丁老蛮～，改过自新，为保护生态平衡而自觉放弃眼前利益的先进事迹，一时在群众中传为佳话。”（红了樱桃《金盆洗手》）

jīn wō yín wō bù rú zì jǐ de qióng wō
金窝银窝不如自己的穷窝

释义：比喻一种思乡恋家的情结。

例句：“又问：‘老乡，不是说你们早就撤退了么？怎么，你们还挤在这里？’老乡们乱哄哄地回答：‘穷家难离，热土难舍啊！’‘～嘛！’”（杜鹏程《保卫延安》）

jīn yù qí wài bài xù qí zhōng
金玉其外败絮其中

释义：外面像金像玉，里边却是破棉絮。比喻外表漂亮，内里破败，徒有其表。

例句：“达芬奇家具号称‘100%意大利生产’，而央视记者发现，其中相当一部分家具实际产于东莞，原料为树脂和密度板，价格30多万元的双人床出厂价仅3万元。这些家具从东莞经深圳被运往意大利，再运回上海，变身天价洋家具。检测发现，有的家具属不合格产品。本以为一分钱一分货，却不料这些昂贵家具～。企业诚信如此缺乏，消费者还能相信什么？”（蒋立冬《金玉其外败絮其中》）

jīn zhī yù yè
金枝玉叶

释义：原形容花木枝叶美好，后多指皇族子孙。现比喻出身高贵或娇嫩柔弱的人。

例句：“嫂子～，吹股风都要生病。”（沙汀《一个秋天的晚上》）

jīn zì zhāo pai
金字招牌

释义：旧时店铺为显示资金雄厚而用金箔贴字的招牌。现比喻可以炫耀的品牌或称号。

例句：“只要敬爱他的人，多发挥这一点，不要七手八脚，专门把他拖进自己所好的油或泥里去做～就好了。”（鲁迅《花边文学·趋时与复古》）

jǐn gū zhòu
紧箍咒

释义：古典小说《西游记》中唐僧为能管住孙悟空而念的咒语，能使孙悟空头上的金箍越来越紧，头痛欲裂。比喻束缚人的东西。

例句：“厂家与经销商之间的关系一直不平等。厂家由于掌控着返利与资源两个‘～’，经销商要想做得更好，只能甘当听话的学生，认真执行厂家合理的或不合理的要求，以免招来横祸：轻则资源分配不公，减少畅销车型的分配；重则，记录各项指标不达标，扣分扣返利。”（邵玉梅《汽车限购是“紧箍咒”还是“金钟罩”?》）

jǐn luó mì gǔ
紧锣密鼓

释义：锣敲得很紧，鼓点打得也很密。比喻公开活动前的紧张氛围和舆论准备。

例句：“我市（浙江金华）已被国家住房和城乡建设部列为国家首批‘智慧城市’试点，其中‘智慧车联网’项目已列入第三批省级‘智慧城市’试点项目，‘智慧金华’建设已在～地实施之中。”（周朗明　廖宏威《“智慧金华”建设紧锣密鼓》）

jǐn náng miào jì
锦囊妙计

释义：比喻能及时解决危急或疑难问题的巧妙办法。

例句：“胸口里虽难免有些气闷，但一想到再过不多时就能饱餐一顿外焦里嫩的烤鱼，顿时口舌生津，咽了几口口水，一边又为自个儿能想到这样一个自食其力的～得意不已。”（小美《为君解绯衣：冷帝的一夕宠婢》）

jǐn shàng tiān huā
锦上添花

释义：锦，有彩色花纹的丝织品，在锦上再绣花。比喻好上加好，美上添美。

例句：“但在日常生活中，～的机会要多得多，比如在你的生日送你999朵玫瑰，在节日送你名贵首饰，出差时送你当地的土特产……”（申霞艳《雪中送炭与锦上添花》）

jìn le sān bǎo diàn　dōu shì shāo xiāng rén
进了三宝殿，都是烧香人

释义：佛教以佛、法、僧为三宝，佛指大知大觉之人，法是佛所说的教义，僧是继承和宣扬教义的人，三宝所在的殿即为三宝殿，为佛教的三个活动场所。比喻到了特殊的地方，大家的目的应该是一样的了。

例句：“臭鱼见来的美女不是鬼怪，顿时来了精神，招呼藤明月和陆雅楠坐下，围在火炉前喝水取暖，他倒成了这间屋子的主人，还说什么～，人海茫茫能遇上即是缘分，千万

别见外。”

jìn lù bù zǒu zǒu yuǎn lù

近路不走走远路

释义：比喻办事不用省力气的办法、途径。

例句：“总怪我们～，有事不找他，偏要找社长。要找他吧，一天到黑，见不到他的影子。”（周立波《山乡巨变》）

jìn shuǐ lóu tái xiān dé yuè

近水楼台先得月

释义：比喻由于某种特殊条件而会优先得到好处，亦可简作“近水楼台”。

例句：“老朋友，这里是农业技术研究所，～，你要是不错过学习的机会，你就能成为专家！”（老舍《西望长安》）

jìn shuǐ zhī yú xìng　jìn shān shí niǎo yīn

近水知鱼性，近山识鸟音

释义：比喻由于经常接近某一事物，就会了解得深透一些。

例句：“俗话说，～。新闻工作者只有深入到基层，深深扎根于人民群众的实践沃土中，才会挖掘出新闻的力量、新闻价值，才能创作出无愧于人民、无愧于时代的好作品。”

jìn zhū zhě chì　jìn mò zhě hēi

近朱者赤，近墨者黑

释义：接近朱砂的会被染红，接近墨的会被染黑。比喻环境对人的影响很大。

例句：“～，你总跟着二秃子那帮人，能学好吗？”

jìn guǒ

禁果

释义：在《圣经》故事中上帝禁止亚当及其妻夏娃采食的果子。亚当和夏娃住在伊甸园中，上帝允许他们食用园中的果实，惟独知善恶树上的果实不能吃。狡猾的蛇引诱他们吃了禁果，从此他们懂得了善恶，辨别出真假，而且产生了羞耻之心。上帝因此将他们逐出伊甸园。比喻渴望得到但很难得到的事物或很想做但明知不应该做或做了会受到惩罚的事情。

例句：“暑假期间，很多同学一早就制定出‘周密’的暑期计划，比如打工，比如旅游，比如‘恶补’功课。但也有另类——记者近日采访广州市青少年健康热线，得到的惊人消息是：不少大学、高中甚至初中学生，趁着暑期偷尝～，该热线最多一天接到近80个性行为求助电话。”（林靖峻等《青少年暑假偷吃禁果现象令人忧》）

jīng wèi fēn míng

泾渭分明

释义：渭河是黄河的最大支流，泾河又是渭河的最大支流，泾河与渭河在古城西安北郊交汇时，由于含沙量不同，呈现出泾河清渭河浊、同入一河后互不相融的奇特景观，成为关中八景之一而闻名天下。后用泾渭清浊不混比喻界限清楚或是非分明。

例句：“奥巴马和国会两党领导人定于12日在白宫连续第三天磋商，讨论削减财政赤字措施，以促成国会8月2日前批准上调国债上限。围绕税收在减赤方面将发挥何等作用，两党立场依然～。”（卜晓明《美国减赤谈判难破纠结　两党立场依然泾渭分明》）

jīng gōng zhī niǎo

惊弓之鸟

释义：比喻受过惊吓，心有余悸。

例句：“（她是）栽过跟头的人，所谓‘～夜不投林’，一有风吹草动，她就吓得胆战心惊，坐卧不安。”（白危《垦荒曲》）

jīng tāo hài làng
惊 涛 骇 浪

释义：汹涌的浪涛。比喻险恶的环境、遭遇或艰难的考验。

例句：“耗资4亿美元的好莱坞魔幻冒险大片《加勒比海盗4：惊涛怪浪》本周末在北美市场‘波澜不兴’，但在海外市场却掀起‘～’，一举刷新好莱坞电影在海外的首映纪录。首映周末，影片在全球席卷3.46亿美元。”（张炜《“加勒比海盗4”票房北美波澜不兴海外惊涛骇浪》）

jīng tūn
鲸 吞

释义：像鲸鱼一样地吞食。鲸，生长在海洋中的哺乳动物，形状像鱼，胎生，鼻孔在头的上部，用肺呼吸。体长可达几十米，是现在世界上最大的动物。比喻大量的吞进财或物。

例句：“近日，不少媒体纷纷报道，‘中国大妈’10天～300吨黄金。据工信部统计，作为世界黄金第一生产大国，中国黄金的年生产量在360吨左右。”（魏莱　陶短房《“中国大妈”鲸吞黄金　专家不建议散户买期货》）

jīng diāo xì zhuó
精 雕 细 琢

释义：对玉器进行精细的雕琢。比喻做事情精益求精，认真细致。

例句：“建筑无言，品质自现。在长春，有这样一些楼盘，它们或系出名门，或为地方豪杰，它们的～刻入骨髓，震撼业界，打动人心。这些楼盘的出现，不仅给长春购房者带来全新的居住体验，更让这座城市因有它们而增添一抹雍容。”（马琳等《精雕细琢：他们的品质震撼业界》）

jǐng dǐ zhī wā
井 底 之 蛙

释义：此语出自《庄子·秋水》，说的是一只在井里的青蛙，对着从大海里来的鳖吹嘘自己生活得多么得意，并知道很多的东西。当鳖对它讲起外边的世界时青蛙听傻了，瞪着眼睛嘴都合不上了。比喻见识短浅、妄自尊大者。

例句：“很多人仍在争辩未来的国际板对中国资本市场带来的影响究竟是正面多还是负面大？毫无疑问，从长远看，作为内地资本市场对外开放和上海国际金融中心建设的重要组成部分，国际板是大势所趋。如果我们因为短期的一些不确定因素，而阻挠一些长远性的变化趋势，那我们就成为～了。”

jǐng gān le cái zhī shuǐ guì
井 干 了 才 知 水 贵

释义：比喻事情到了无可挽回时才有所醒悟。

例句：“小伟呀，听叔的话，你爸挣那点钱不容易，别等～，到那个时候你连稀粥能不能喝上都保不住呀！”

jǐng lǐ dǎ shuǐ wǎng hé lǐ dào
井 里 打 水　往 河 里 倒

释义：比喻干的是没有用的事情。

例句：“快打住吧，你把东西都放在那里，过两天还得挪地方，你这不是～吗？”

jǐng pēn
井 喷

释义：为石油专业用语，是地层中流体喷出地面或流入井内其他地层的现象。大多发生在开采石油天然气的现场。井喷是石油或石油气开采中非常忌讳的意外事故，钻井时要把泥浆注入井筒来平衡地层的压力。比喻某事出现特别火爆、热门的状况。

例句：“昨日是黄金周的第三天，良好的天气让广东省内多个景区出现游客‘～’。记者从旅行社获悉，继‘返乡车流’过后，高速公路从2日起将迎来新一轮的自驾游高峰，省

内景区的热度将持续升温。”（姚嘉莉《天气良好广东省内多个景区游客“井喷”》）

jǐng shuǐ bù fàn hé shuǐ
井水不犯河水

释义：比喻互不相干。亦作“河水不犯井水”。

例句：“自古道：有钱的是财主，有势的是官府。咱们就跟他～，犯不着去招惹这种人。”（白危《垦荒曲》）

jìng jiǔ bù chī chī fá jiǔ
敬酒不吃吃罚酒

释义：比喻不听好言劝说，只顺从强力逼迫。

例句：“这班人刁得很，也贱得很，～；先前不是咬定牙根说一个钱也付不出么？要他们搬，就四块五块的塞老虎屁眼来了。”（茅盾《多角关系》）

jìng huā shuǐ yuè
镜花水月

释义：镜子里的花，水中的月亮。比喻虚幻的景象。参见“水中月，镜中花”。

例句：“这些～式的幻想早被现实的罡风吹了个烟消云散。”（柯灵《香雪海·春节书红》）

jiū zhàn què cháo
鸠占鹊巢

释义：鸠，即布谷鸟，不会筑巢；喜鹊，是一种体型较大的鸟，善于筑巢，被民间称为吉祥的象征。不会筑巢的鸠侵占鹊的巢做自己产卵的地方。比喻强占别人的住置。

例句：“近日，长宁区法院成功执行了一个自2007年以来就难以解决的案件，将位于虹桥路1860号、属于上海市盲童学校的沿街楼房收回。尽管执行过程困难重重，但在法官们的不懈努力下，‘～’4年的被告最后挪了窝。”（王夏迎　袁玮《鸠占鹊巢4年迟迟不肯挪窝》）

jiū biàn zi
揪辫子

释义：满清入关后，强迫男人留辫子。当两人争斗时，往往去揪对方的辫子以制服对方。比喻抓住了把柄。

例句：“这阵儿高金凤又提起这事，他猛地觉得高金凤居然揪他的小辫子，心上老大不悦。”（王东满《漳河春》）

jiū wěi bā
揪尾巴

释义：比喻抓住别人的问题。

例句：“当前，在农业普查的试点工作中出现一些值得注意的问题，包括部分被调查对象出于自身利益的考虑，配合调查的意愿有所下降。对此，普查领导小组办公室负责人表示：农业普查中，被调查对象提供的数据会被严格保密，不会被事后‘抓小辫’‘～’。”（刘铮《我国农业普查在即，配合者无须担心“揪尾巴”》）

jiū xīn
揪心

释义：形容极其焦虑、痛苦。

例句：“我在床上躺着，心里好发愁……想起了俺爹的嘱托，越想越～。”（李准《耕云记》）

jiǔ niú lā bù zhuàn
九牛拉不转

释义：九头牛都拉不回来，比喻意志十分坚定，绝不动摇。

例句：“旁人只说是慢慢的劝着就劝转来了，哪知他早打定了个～的主意，一言抄百总，任是谁说，算是去定了。”（清·文康《儿女英雄传》）

jiǔ niú shēn shàng bá yī gēn máo

九牛身上拔一根毛

释义：比喻损失极小。

例句：“‘顶有钱的家伙，我们也搞哪！’‘那不过～！’”（艾芜《私烟贩子》）

jiǔ shí jiǔ bài dōu bài le

九十九拜都拜了

释义：比喻历尽艰辛，要办的事情就要办成了。常与“不差最后一哆嗦”连用。

例句：“毕竟，管理层在努力中，利好政策的积累总会由量变到质变，虽然过程艰辛，但既然～，何差最后一哆嗦？相信后续仍会有不少政策性利好使经济回稳，股市提前回稳也是可期的。”

jiǔ sǐ yī shēng

九死一生

释义：比喻经历很大危险而幸存或处在生死关头。

例句：“他，出生在淳安，是一名老党员。1949年参军，经历了解放四川战役、抗美援朝战争、抗美援越战争，在枪林弹雨中他～。在接受采访中，他说得最多的一句话就是：‘幸亏我命大！’他的名字叫方丹，今年81岁。”（方俊勇《战争年代，一个老党员的九死一生》）

jiǔ xiāo yún wài

九霄云外

释义：九霄，指高空。比喻无限远的地方或远得无影无踪。

例句：“江采萍沉吟了半晌之后，这时却反问杨云枫道：‘还记得我在蜀中的时候，给你的上半阕诗么？’杨云枫闻言心中一动，暗骂道，他娘的，早忘到～了，嘴上却依然道：‘自然记得，怎么？……姑娘要我吟诵么？’”（东门吹牛《妻妾成群II》）

jiǔ bìng chéng liáng yī

久病成良医

释义：比喻对某些事情接触的时间久了，就会对其有比较深刻的了解，还可能成为这一方面的内行。

例句：“几次购房经历，让我彻底明白了，要想买到理想的房子，必须积累丰富的经验，以应付各种复杂的情况和未知变化。～，我竟然成了购房行家，同事买房都想听听我的意见，因为我的几次购房教训实在是惨痛呀！”

jiǔ hàn féng gān yǔ

久旱逢甘雨

释义：旱了很久，忽然下了一场透雨。比喻渴望已久的愿望突然得到满足，喜出望外。

例句：“‘哎呀，～！’他把带着羊脂玉扳指的右手拇指挺起来，喊着：‘郑大将军，祝你千秋万岁，长春不老！’”（郭沫若《郑成功》）

jiǔ náng fàn dài

酒囊饭袋

释义：比喻只会吃喝、不会做事的无能的人。

例句：“明边吏将此书上达明廷，此时正在明朝万历年间，老成凋谢，佞人用事，文武各官，多半是～，误国该死。”（蔡东藩《清史演义》）

jiǔ xiāng bù pà xiàng zi shēn

酒香不怕巷子深

释义：酒香货真，尽管地处偏僻也会顾客盈门，生意红火。比喻好品质的人或事物总会被发现，不会埋没。

例句：“一次服务长期服务，对于加盟商来说，可有更稳定的客源，其本身的效果也决定了盈利的大小，正所谓‘～嘛！’”

jiù píng zhuāng xīn jiǔ

旧瓶装新酒

释义：比喻用旧形式表现新内容。

例句：“要使艺术大众化，常常用了～，并且很重视这一项。”（丁玲《本团抵陕后的公演》）

jiù dì wān kēng

就地剜坑

释义：比喻十分急迫地立即去办某件事情。

例句：“有一天，马之悦忽然变了脸，按着马立本，要他～，马上把所有的账目都拉出清单来。”（浩然《艳阳天》）

jiù pō xià lǘ

就坡下驴

释义：比喻借势办事情。

例句：“……徐天翔多聪明啊，他一听张之文的话就知道张之文这是要给自己台阶下，而既然如此，徐天翔也就～地说道：‘我之所以参与这件事也是迫不得已啊！’”

jiù rè guō chǎo rè cài

就热锅炒热菜

释义：比喻趁势加速进行。

例句：“史更新他们要～——把敌人一勺儿烩了！”（刘流《烈火金刚》）

jū gāo lín xià

居高临下

释义：站在高处往下边看。比喻处于十分有利的地位。

例句：“各级领导机关、领导干部特别是主要负责同志，必须率先垂范，带头学习、带头听取意见、带头查找问题、带头开展批评与自我批评、带头进行整改。领导干部要把自己摆进去，灯光不要总是聚焦在别人身上，自己‘灯下黑’；站位不要总是～，自以为是，要以普通党员身份，以更加虚心的态度，听意见，摆问题，抓整改，从自己做起。”（寒征《领导干部不要总是居高临下》）

jǔ qí bù dìng

举棋不定

释义：手里拿着棋子不知放在哪个位置好。比喻犹豫不决，拿不定主意。

例句：“阁老大人，大敌当前，难道还可以～？”（姚雪垠《李自成》）

jǔ shǒu tóu zú

举手投足

释义：一抬手，一踏步，泛指一举一动。

例句：“他抓紧机会，稳扎稳打。他知道钱是好的，活下来多不容易，～都要代价。”（汪曾祺《落魄》）

jǔ zhòng ruò qīng

举重若轻

释义：举起沉重的东西像是在摆弄轻的东西。比喻能力强，能够轻松地胜任繁重的工作或处理困难的问题。

例句：“她看见李无忌那种兴高采烈、～的神气，忍不住要笑。”（茅盾《虹》）

jù kuài bù pà shù cū

锯快不怕树粗

释义：比喻本领过硬就不怕对手强大。

例句：“这就如同懂得艺术的高贵性，它只能在辛勤耕耘中获得。一个人的想法不同，自然结果与众不同，做事就要‘～’，舍得下真功夫。”（栖文斋《成都的院落》）

jù le zuǐ de hú lu

锯了嘴的葫芦

释义：比喻不善言辞。

例句："他见了丈人，一半是害怕，一半是羞愧，赛如～一般，不问不敢张嘴。"（清·李宝嘉《官场现形记》）

jù bǎo pén

聚宝盆

释义：传说中装满金银财宝而且取之不尽的盆。比喻资源丰富的地方。

例句："引导农户积极调整种养结构等方式，利用房前屋后的零星土地，建起小禽（畜）场、小果园、小菜园等，把农家庭院'方寸地'建成各具特色的'～'，既能美化环境、改善村容村貌，又能提高经济效益、增加农民收入。"（农贵平《庭院"方寸地"成农民致富增收"聚宝盆"》）

jù shā chéng tǎ

聚沙成塔

释义：把细沙聚成宝塔。比喻积少成多。

例句："方孝琴说，如果市场不搞恶性竞争，饰品配件的利润可以'～'。在义乌做生意，关键是以跑量取胜。只要有客户，有订单，几毫钱的微薄利润同样能赚钱。"（冯俊江《"蚂蚁商人"聚沙成塔》）

juǎn pū gai

卷铺盖

释义：铺盖，即被褥行李。工厂或店铺的员工大多是集体住宿，一旦卷铺盖则表示要离开这里，比喻走人或是被解雇。

例句："得知弹劾结果，卢戈发表讲话。'作为总统，我得说再见了，'电视画面中的卢戈微笑着说，'但是，巴拉圭的民主深深地受了伤。'卢戈随后～离开总统府。军警按礼节为他举行了'道别'仪式。"（新华社《巴拉圭被弹劾总统卷铺盖走人》）

juǎn tǔ chóng lái

卷土重来

释义：卷土，马奔跑扬起的尘土。比喻失败之后重新恢复势力，也比喻消失了的人或事物重新出现。

例句："要相信我们革命，纵然一时失败，还是可以～。"（孙中山《革命能得最后之成功》）

jué cí xióng

决雌雄

释义：比喻通过比试分出胜负、高下。

例句："可见，没有哪家运营商或者哪款明星机希望绑在唯一一棵树上，希望以明星机一举定乾坤，在中国市场绝无可能，更何况中国市场多层次的消费结构。中国运营商～恐怕还更多依靠服务等软因素。"（秦姗《黑莓再袭：运营商能靠明星机决雌雄吗?》）

K

kāi chuán yù shàng dǐng tóu fēng

开船遇上顶头风

释义： 比喻做事情开始就遇到困难。

例句：“2005年9月28日，45岁的惠庆立怀着异常沉重的心情来到辉县市矿产资源管理局走马上任。……～，惠庆立上任后的第一个任务就是关闭小煤矿。”（梁发章　胡学海《踏遍青山情未了——记河南省辉县市矿产资源管理局党组书记、局长惠庆立》）

kāi dāo

开刀

释义： 指医生用手术刀给病人做手术。比喻处理事情先从某处下手。

例句：“日本人也很精明，看清楚了这个，所以暂时不但不拿他们～，而且给他们种种便利。”（老舍《四世同堂》）

kāi dào chē

开倒车

释义： 倒车，车向后退。比喻与发展趋势背道而驰。

例句：“学生们耻笑他，说他～去尽孝道。”（老舍《牛天赐传》）

kāi dǐng fēng chuán

开顶风船

释义： 比喻不怕困难，迎难而上。

例句：“要搞好创作，必须解决一个问题，那就是，妥善处理好业余爱好和本职工作的关系。在遇到风言风语的时候，在遇到来自上边的压力的时候，要无所畏惧，敢～，敢于坚持下去……”（杨从彪《亲情》）

kāi gōng bù fàng jiàn

开弓不放箭

释义： 比喻故作姿态、虚张声势，或拉开架势、待机行事。

例句：“他也唱了这么些年戏，怎么‘～’的规矩也不懂？”（田汉《梨园英烈》）

kāi gōng méi yǒu huí tóu jiàn

开弓没有回头箭

释义： 拉开的弓弦一松，箭就射出去回不来了。比喻事情一旦开始做了，就要坚定地做下去，不能犹豫，不能反悔。

例句：“告诉你，我吴七～，冤仇要结就结到底！”（高云览《小城春秋》）

kāi hòu ménr

开后门儿

释义： 比喻通过不正常的途径，得到正常渠道难以得到的方便或利益。

例句：“想尽办法一直到逝世前三个星期，靠～她才住进了医院。”（巴金《怀念萧珊》）

kāi hūn

开荤

释义： 指信奉宗教的人解除吃素食的戒律或已满吃斋的期限而开始食肉。比喻经历某种从未经历或是很久没有经历的事情。

例句：“等待了五轮比赛，四川爱家168队终于在主场～，而且还是以逆转的方式，这让到现场观战的6000多位球迷兴奋不已。”（孟武斌《川军“开荤”球迷HIGH翻》）

kāi kōng tóu zhī piào

开空头支票

释义：空头支票，指不能兑现的支票。比喻不能或不想实现的允诺。

例句："吃板鸭，鬼话，听厌了。今天说打到那里去过重阳，明天说打到那里去过年，总喜欢～。"（李六如《六十年的变迁》）

kāi kǒu zi

开口子

释义：比喻突破原有的规定，为某事或某种行动提供方便。

例句："一直以来，政府采购备受诟病，尤其是奢侈采购频频曝光，在这种现实环境下，财政部门却不顾现实需要，以提高限价标准的方式为奢侈采购～，显然偏离了其责任的要义。"（禹海君《笔记本电脑 8000 元，限价还是开口子》）

kāi kuài chē

开快车

释义：比喻做事情加快速度。

例句："这两天咱们都得～，好上班子挣钱哪！"（老舍《方珍珠》）

kāi lǜ dēng

开绿灯

释义：在交通信号中，绿灯表示准许通行。比喻允许。

例句："有人反对，认为小说已经过时，有人认为作者没有给读者指路，作品有缺点。争论不休之后，终于给小说开了绿灯。"（巴金《关于激流》）

kāi luó róng yì shōu chǎng nán

开锣容易收场难

释义：比喻做事情开始容易，但要坚持到底圆满结束却很难。

例句："窗外八阿哥与琴雅、小顺子，还有那想来已经跪了一地的仆人仍在纠缠，我的耳朵却嗡嗡作响，再也听不出所以然，看胤禛，他倒像是得了什么趣，脸上竟挂了笑。'你，你笑什么？''老八啊，这戏～喽。'"（灵鹊儿《一诺缘》）

kāi mén hóng

开门红

释义：比喻学习、工作、事业一开始就取得了好成绩。

例句："伦敦水上中心 29 日诞生了跳水比赛的首金，中国选手吴敏霞与何姿以稳定的发挥轻松取得女子双人 3 米板冠军，为中国跳水'梦之队'取得了～，这是中国队连续第三次赢得奥运会此项目金牌。"（张玮　陈华《"霞姿"跳水开门红》）

kāi mén yī dào

开门揖盗

释义：揖，拱手作礼。开门请强盗进来。比喻引进坏人，招致祸患。

例句："英法联军的恐吓再次奏效。此时北京城内的守军尚有一万多人，城外也有多路外省援兵不断赶来。无奈留京的文武大臣恐于'抚局'有碍，又慑于英法联军的淫威，最后竟'～'，将安定门拱手交给了英法联军。"（范伟　金铁木《一个帝国的兴盛与衰亡：日落圆明园》）

kāi mén jiàn shān

开门见山

释义：比喻说话或写文章直截了当，不拐弯抹角。

例句："说话要～，谭兄之意，欲以世兄读书之事，烦潜老照管。"（清·李绿园《歧路灯》）

kāi shuàn

开涮

释义：涮，原意为拿东西在水里摆动。引申为耍弄人，开玩笑。

K

中国俗语

例句：“在英国，王室成员总是享有很高的名望，威廉、哈里两位王子以及凯特王妃更是备受英国民众的喜欢。然而英国《每日邮报》最近却拿王室～，称如果威廉王子和王妃的婚姻中出现了第三者，这个人很可能是哈里王子。”（阿里《英媒体拿王室开涮，哈里被称威廉凯特“第三者”》）

kāi shuǐ bù xiǎng　xiǎng shuǐ bù kāi

开水不响，响水不开

释义：烧水没烧开时壶里有较大响动，水烧开后响动就很小了。比喻有真才实学的人不自吹自擂。

例句：“俗话说：～。平日里最凸显自我、张扬自己知识的人其实真正的知识并不多，只是喜欢卖弄罢了；倒是平时不张扬的人，说不定才是那种饱读诗书的人。”

kāi shùn fēng chuán

开顺风船

释义：比喻非常顺利。

例句：“当企业经营机制改革的热潮给武装部机构设置带来冲击、一些企业撤并武装部之际，在我国大型造船企业大连造船厂，却别有一番情形：武装部机构没变，人员未减，党政领导重视和支持武装工作，民兵、预备役工作仍然扎扎实实、有条不紊地进行，真可谓‘任凭大潮起，稳～。’”（姚广发等《任凭大潮起稳开顺风船——大连造船厂武装部在改革中探索发展之路》）

kāi tái luó gǔ

开台锣鼓

释义：戏开演前打的锣鼓。比喻说话、写文章的开头部分或事件的开头。

例句：“如今只写一个故事，虽然仅是一个小村子里的事情，但也可以看出晋绥解放区人民在八年抗日战争中，艰苦奋斗的轮廓。这些闲言淡语，只当作一段～吧！”（马烽《〈吕梁英雄传〉起头的话》）

kāi xiǎo zào

开小灶

释义：小灶相比大灶而言，其伙食标准高。比喻提供超出一般的优越待遇和条件。

例句：“孩子的学习成绩不太理想，老师放学后常给他～。”

kāi yáng hūn

开洋荤

释义：洋荤，指外国的食品、物品。比喻吃到或看到某些罕见的食品、物品。

例句：“小水咂着嘴，做个鬼脸儿说：‘哈，真不赖！甜丝丝的呢，这可是～啦。”（袁静　孔厥《新儿女英雄传》）

kāi yè chē

开夜车

释义：比喻为了赶任务在夜间继续学习或工作。

例句：“每天夜里，我们两人都～，预备考试的功课到两三点钟，疲顿得不堪言状。“（邹韬奋《经历·踏进了约翰》）

kāi zá huò pù

开杂货铺

释义：杂货铺，指卖日用品的小店铺。比喻东西种类繁多。有时含贬义。

例句：“医院和诊所是救死扶伤的地方，人命关天。但是，在河南汝州市，近些年像～一样，相继开业了数百家诊所。别看这些诊所小，条件差，却什么病都敢看，就连癌症都不在话下。”（央视焦点访谈《河南汝州像开杂货铺一样开诊所，谁在包治百病?》）

kāi zhōng yào pù

开中药铺

释义：中药铺的药匣子一样一样地罗列，十分规矩、整齐。比喻做事程序化，只会罗列，不生动。

例句：“经常听到年青朋友在聊天时说，学过的东西记不住。我这里告诉大家一个自己琢磨出来的小贴士——在大脑里‘～’。”（戴世强《在大脑里“开中药铺”》）

kāi yóu

揩 油

释义：比喻占便宜。

例句：“如果仍然不觉得8套校服属于增加学生负担，仍然不承认是在赚更多的回扣，那就请到贫困山区的中学生那里推销推销8套校服，看看这些贫困孩子有什么反映，能否选择全套购买？不仅连一套都推销不出去，甚至还可能引来贫困孩子的嫉妒。那么，城市的孩子就一定富得流了油，学校就一定要～吗？“（李振忠《8套校服里的“揩油经济”学》）

kǎn dà shān

侃 大 山

释义：比喻漫无边际的闲扯聊天。

例句：“如同曾经出现的所有网络‘红人’一样，‘史上最牛历史老师’的出现也引起了很多网友的争议。而这主要针对的是袁腾飞用～式的语气解释历史现象。”（林丹　满羿《侃大山式教历史惹争议》）

kǎn de bù rú xuàn de yuán

砍 的 不 如 旋 的 圆

释义：比喻说话或做事生硬固执不如灵活点儿好．

例句：“想起锦瑞方才所言，生起一股怨气，阴阳怪气道：‘您别急着打包票，岂不知世上的事，常常～，岂能都随人愿?’”

kǎn le tóu bù guò wǎn dà de bā

砍 了 头 不 过 碗 大 的 疤

释义：比喻把生命置之度外，无所畏惧。

例句：“应聘者将在相对短暂的时间里，与浩翔各主要成员分别面对，……这样的一番流程，正是采众卿之意见，权衡利弊维系一人之手，总之横竖一句话，所谓一将功成则万骨枯，～，排队进门的伸头一刀缩头也是一刀，是生是死，那就是最后这位牛主的圈圈或者叉叉罢了。”（石头帽《奇迹之羽》）

kǎn yī zhī　sǔn bǎi zhī

砍 一 枝 ， 损 百 枝

释义：比喻打击一个人会使许多相关的人受到伤害。

例句：“众人讲的是一笔写不出俩绿林来，～，看好了海马周三，就如同看到众人一样。”（清·文康《儿女英雄传》）

kàn cài chī fàn　liáng tǐ cái yī

看 菜 吃 饭 ， 量 体 裁 衣

释义：比喻做事情要依据具体情况来做。

例句：“俗话说，‘到什么山上唱什么歌’。又说：‘～’。我们无论做什么事情都要看情形办理，文章和演说也是这样。”（毛泽东《反对党八股》）

kàn fēng xiàng

看 风 向

释义：比喻审察事态动向或发展趋势。

例句：“一个成熟的投资者，应该懂得～，知气候，学会等待，学会张驰有度，把握好市场的节奏，这样才能事半功倍，才能获取良好收益。”（陈宝林《学会等待》）

kàn huā róng yì xiù huā nán

看 花 容 易 绣 花 难

释义：比喻事情看起来简单，而真正做起来就不那么容易了。

例句：“看到他一篇篇博文汩汩而出，好生羡慕，于是斗胆一试，这才试出水深水浅，真是应了那句老话：～。”

kàn huǒ hou
看 火 候

释义：火候，即烧火的火力大小和时间长短。比喻密切关注采取某种行动的最佳时机。

例句：“28年来，在无外部资金支持的情况下，河北邯郸宇康集团有限公司从一个生产小锅、锄板、犁钩等小型生产生活用具的手工业联合体，发展到目前生产具备高科技含量的农用车、大型联合收割机的大型农机产品的骨干企业和集团公司，靠的是紧密结合市场进行产品开发的‘看家宝’。董事长兼总经理董培成说：‘打铁要～，适应市场更应～。’”（李桂廷《“打铁看火候”——邯郸宇康集团公司紧跟市场开发产品》）

kàn jiàn yú ér xià zhào
看 见 鱼 儿 下 罩

释义：比喻看准了时机再行动。

例句：“要是有机会，把这个铁杆汉奸一块儿抓住，那就更好了。反正～，你瞧着办吧！”（袁静　孔厥《新儿女英雄传》）

kàn jiàn yún cai jiù duǒ yǔ
看 见 云 彩 就 躲 雨

释义：比喻过于敏感。

例句：“大秋这小子滑透了，～，我敢说，要是有点危险情况，这小子比兔子都跑得快！”

kàn liǎo pír　qiáo bù liǎo rángr
看 了 皮 儿， 瞧 不 了 瓤 儿

释义：比喻只能看到表面却看不到内部。

例句：“蒋爷暗忖道：‘可惜这样一个容貌，品行却不端方，所谓～’！”（清·石玉昆《三侠五义》）

kàn miáo tou
看 苗 头

释义：比喻观察事物早期的发展趋势和状况。

例句：“说给胡妹妹听了，放在心上，随时～，一两天内，自然明白。”（清·汤颐琐《黄绣球》）

kàn rén xià cài diér
看 人 下 菜 碟 儿

释义：比喻对不同身份的人给予不同的对待。

例句：“我家里下三等奴才也比你高贵些，你却会～。宝玉要给东西，你拦在里头，莫不是要了你的了！”（清·曹雪芹《红楼梦》）

kàn xì bù pà tái gāo
看 戏 不 怕 台 高

释义：比喻事不关己看热闹.

例句：“在处理医疗纠纷的过程中，医务人员对病人及家属一定要有同情心，要做到说话和气，接待周到，切忌生硬、冷漠，更不能～，激化矛盾。”

kàn zhǔn bǎ zi fàng jiàn
看 准 靶 子 放 箭

释义：比喻说话做事有针对性。

例句：“必须坚持理论联系实际。就像毛泽东所提倡的：要善于应用马克思列宁主义的立场、观点和方法，从中国的历史实际和革命实际出发，理论和实际相联系，～。”

kāng lǐ zhà bù chū yóu lai
糠 里 榨 不 出 油 来

释义：比喻穷困窘迫。

例句：“朱延年的信用扫地，～，现在不过是死马当成活马医。”（周而复《上海的早晨》）

káng pái zi
扛 牌 子

释义：比喻打着某种旗号。

例句：“找工作时，我没有参加任何招聘会，也没有参加公务员考试，心里想，扛着北大的牌子找个穷教书和搞研究的工作，应该还是比较轻松的吧。”（李效东《扛着牌子找工作：一位2003届北大博士求职经历》）

káng shùn fēng qí
扛 顺 风 旗

释义：比喻顺势迎合，奉承别人。

例句：“诚然，因发电、供电企业成本因素，适当上调电价不是不可以的。但是，专家们不应～，当‘墙头草’，而应当理性对待物价政策的调整，实事求事地分析电价上调的利弊得失，据实告示可能产生的影响，让百姓有一个先期的心理承受。”（管祖煌《电价上涨“不影响论”是自欺欺人之说》）

kào biān zhàn
靠 边 站

释义：比喻从主要队伍中分离出去，不许参加整体活动。

例句：“我们不能撂下生产搞革命。现在领导干部～，生产由我们自己搞，不尽心、不团结能搞好吗？”（陈明《三访汤原》）

kào pǔr
靠 谱 儿

释义：比喻说话办事可靠。

例句：“按孩子的生辰八字，每个名字都有一项让家人不满意：要么说婚姻不顺，要么说仕途不济，而王女士将同样的名字输入不同的网站中，测试的结果却大相径庭。王女士觉得，网上起名字太不～了。”（郑文晶《网上起名不靠谱儿》）

kào shān
靠 山

释义：比喻足以凭借和依靠的人或势力。

例句：“作为中国民营快递业的领头羊，顺丰速运公司成立20年后首度融资一度被市场解读为IPO铺路，不过该公司副总裁王立顺向网易财经否认了该观点，并表示顺丰短期内不会上市。公司同时也否认此举是为了所谓的‘找～’‘被招安’等外界比较另类的观点解读。”。”（胡雯《顺丰坚称融资不为找靠山 短期内不会寻求上市》）

kào shān chī shān kào shuǐ chī shuǐ
靠 山 吃 山 ， 靠 水 吃 水

释义：比喻有什么样的客观条件就依赖什么生存.

例句：“一方水土养一方人嘛，～。水淀里人，凭着治鱼……维持生活，不靠土地。”（梁斌《播火记》）

kào shān shān dǎo kào shuǐ shuǐ gān
靠 山 山 倒 ， 靠 水 水 干

释义：比喻事事倒霉，时时不顺。

例句：“经过思考他（指韩愈）又选择了另一条路——跑官。首先他连连向当时的宰相上书，展示自己的才能，发表政见，但毫无效果。于是他又求其次，投靠地方军事集团。然而又选择不当，先后投靠两个地方军阀当幕僚，两次都未来得及展现自己的才能，其幕主就死了。此时韩愈真是～啊！”

kào zhe dà hé yǒu shuǐ chī
靠 着 大 河 有 水 吃

释义：“见靠着大树有柴烧。”

kào zhe dà shù yǒu chái shāo

靠着大树有柴烧

释义：比喻依附有权势的人，就会得到利益和好处。

例句：“这不是一张好看的脸，会喜欢他的女人并不多；而之所以喜欢他都是觉得他可以成为一名有头有脸的老大，～，就算长相不好，也不是什么大问题。试问江湖上有几个老大长得好看呢？”（书友《没有你的城市》）

kē bān

科班

释义：指旧时学、演结合的戏剧班子，是成为演员（旧称戏子）的必需的也是唯一的途径。比喻正规的职业技能教育。

例句：“‘我们这里迫切需要～出身的专业英语教师。’记者走访河北石家庄太行山区一些小学发现，～出身的英语教师普遍紧缺，山区孩子和家长热切期盼高校英语专业毕业生前来执教。”（齐雷杰、马天云《初中底子教小学　太行山区小学亟盼科班英语教师》）

kē kē bàn bàn

磕磕绊绊

释义：因道路不平坦或腿脚有毛病而行走不方便。比喻办事不顺利。

例句：“一路走来，～，我自己感觉其实挺不容易的。三个月的比赛、生活，今生难忘。好几次以为已经要绝望了，结果却又熬了过来，回头想想，幸亏每次我都坚持着没有泄气。”（付辛博《在磕磕绊绊中成长》）

kē tóu pèng nǎo

磕头碰脑

释义：比喻人多而拥挤、碰撞或是发生冲突、矛盾。

例句：“平日里免不了的～的，有点矛盾。谁家孩子淘气把别人家锁眼堵上了，谁没留神把院儿当中的下水道给当垃圾道了，于是吵包子、翻秧子、骂咧子的事儿常有。即便如此，并不妨碍老街坊们的彼此往来。”（九球虐花《真正的北京人》）

kē shuì jiù dé le gè zhěn tou

瞌睡就得了个枕头

释义：比喻需要的东西来得及时。

例句：“工商管理硕士？王楠这下子乐了，千辛万苦要找的人居然送上门来，这是不是～，他真不相信自己想干点事能够这么顺畅！”

kě dīng kě mǎo

可钉可铆

释义：比喻恰好，不多不少，程度正适合，也比喻办事认真、严谨。

例句：“徐开垒感动得不知说什么好，只是握着小王的手久久不放。作家想起了黄省长，他办事如此认真，～地落到了实处。”（王宗仁《省长派车》）

kě pén zi kě wǎn

可盆子可碗

释义：比喻做事精打细算，不浪费。

例句：“过日子就讲究个勤俭，干工程也一样，一定要～，不能浪费。”

kě quān kě diǎn

可圈可点

释义：古人读书时用圈、点加在字句的旁边，表示精彩或重要。比喻值得肯定或赞扬。

例句：“荟萃三大专场——‘中国古代书画’、‘中国古代书法’及‘扬州画派’的嘉德春拍古代书画部分，其中的精品～。”（京言《古代书画可圈可点》）

kě tāng xià miàn

可汤下面

释义：比喻按现有的条件办事情。

例句：“在经费筹集上，部分财力困难市县配套资金未能足额落实到位，只用中央和省级补助资金，实行‘～’的预算政策。”（李继学《吉林公共卫生服务不再“可汤下面”》）

kě zhe tóu zuò mào zi
可着头做帽子

释义：比喻要根据实际情况做事情。

例句：“鸳鸯道：‘如今都是～了，要一点儿富余也不能的。’”（清·曹雪芹《红楼梦》）

kě le cái xiǎng qǐ dǎ jǐng
渴了才想起打井

释义：比喻做事情没有长远的眼光和计划，需要时就来不及了。

例句：“如果疾病已经形成而再去医治，乱子已经形成而再去治理，敌人打来了才想起铸造兵器，那就犹如～。”

kè gǔ míng xīn
刻骨铭心

释义：刻在骨头和心上。形容永远不忘。

例句：“强拆，不是什么新鲜的新闻，或许有人会说，整个中国的发展进程都是伴随着拆了建、建了拆才有今天的。的确，我们不能否认，强拆在一个地区乃至一个国家的发展中扮演着必不可少的角色。但鉴于强拆而带来的种种负面影响甚至是～的伤痛，强拆，真的引人深思。”（李宏杨《莫让暴力强拆成为弱势群体刻骨铭心的伤痛》）

kè huà
刻画

释义：指雕刻和绘画。比喻精细地描摹和细致地描写。

例句：“同样是将镜头对准蓝色的海洋，该片与《亚特兰蒂斯》、《深蓝》等优秀海洋纪录片最大的区别在哪里？‘我们不是为了介绍动物的习性，而是为了～它们的情感。’上周五，在接受记者采访时，雅克·贝汉的多年搭档、《海洋》的另一位导演雅克·克鲁佐这样表示。”（邵岭《镜头刻画海洋动物的情感》）

kěn gǔ tou
啃骨头

释义：比喻一点一点地克服困难，解决难以解决的问题。

例句：“刘向华一拍台子，激动地向戴继宏道：‘老戴，难道咱们车间真没种啃这块大骨头？’”（程树榛《钢铁巨人》）

kōng chē zi xiǎng shēng dà
空车子，响声大

释义：车子不负重时走起来响声大。比喻没有真才实学的人，才会虚张声势，到处炫耀。

例句：“我觉得晓伟是～，上次我的电脑出了毛病，他说能给我修好，结果又让他多鼓捣出几个毛病来。”

kōng jià zi
空架子

释义：比喻徒有形式而没有具体内容的东西。

例句：“小的生长在京城，见的旗人最多，大约都是喜欢摆～的。”（清·吴趼人《二十年目睹之怪现状》）

kōng jiàng
空降

释义：指人员或物资通过航空器从空中降落到地面。比喻从中央直接派干部到地方任职。

例句：“梳理‘～’的省级纪委书记简历不难发现，多人具有纪检监察工作经历，其中3省市纪委书记直接由外省纪委书记调任。”（李钢《19位省级纪委书记是“空降”鲜有连任》）

kōng kǒu dai lì bù zhù
空口袋立不住

释义：比喻没有真本事是站不住脚的。

例句：“我跟你说，这一次去厨师班可要认真学，当今的社会就是可以个人打拼的社会，有本事你就能过得更好，要记住：～!”

kōng shǒu tào bái láng
空手套白狼

释义：比喻不付出任何代价就获得好处.

例句：“你想～我也不反对，不过你一分钱都不出，也说不过去，我看不如这样，游戏机你可以先拉回去试营业，等赚钱后再补回来就可以了。”（萧十七郎《家有仙士》）

kōng xīn luó bo
空心萝卜

释义：萝卜放的时间久了要失掉水分，外面看着变化不大，实际上已经不能食用了，俗称糠了。比喻表面好看而里面很糟的人或物。

例句：“‘什么是标准化作业，不仅要看结果，也得看操作行为上有无违章，标准化不是外表光滑内里糠的～’。6月4日，在重庆能源打通一矿机电二队井筒电工班民主生活会上，班长陈明泽跟大伙说。”（张伦《标准化作业不是“空心萝卜”》）

kōng zhōng lóu gé
空中楼阁

释义：悬在半空中的阁楼。比喻虚幻的事物或脱离实际的空想。

例句：“稳健产品，才能占据市场。再好的技术，如果没有稳定的产品，也就只是‘～’。”（张思玮　李瑜《碳纤维：没有好产品等于“空中楼阁”》）

kōu ménr
抠门儿

释义：比喻人吝啬。

例句：“奶奶实在是太‘～’了，一分钱恨不得掰成两半儿花！做的那些事啊，真让我没法理解。一次，妈妈给奶奶买了件上衣，奶奶听说那件衣服300多元，就悄悄地给退了。理由是：自已成天在家做家务，用不着穿那么贵的。”（李博《抠门儿的奶奶》）

kōu zì yǎnr
抠字眼儿

释义：指在字句上钻研或挑毛病。

例句：“政协经济界第36组的小组讨论会上，大家都记住了刘克崮委员，不仅因为他发言时洪亮的嗓门儿，更因他对其他委员的插话‘挑刺儿’、～，而且句句都是基于亲自调研。”（石家友《代表委员就是要“挑刺儿”》）

kǒu bēi
口碑

释义：碑，刻上文字纪念事业、功勋或作为标记的石头。比喻众人口头上的称颂。有时也指群众口头的评价。

例句：“大部分饭店表示，尽管物价上涨、员工工资上升等使利润空间下降，但今年的年夜饭不涨价，坚持做年夜饭只是为了饭店的～着想。”（王星明《兰州饭店开始预订年夜饭　多数不涨价只赚口碑》）

kǒu chǐ
口齿

释义：比喻语言表达能力。

例句：“NBA冠军赛打得火热，也让央视体育台转播NBA的女主播刘语熙爆红。她因长相清秀美丽，～有条不紊，被戏称为‘央视最美体育女主播’”（东森《央视最美体育女

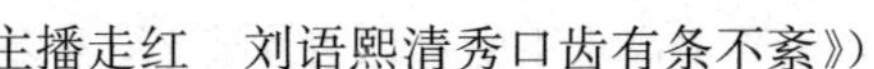

主播走红 刘语熙清秀口齿有条不紊》）

kǒu dai dǎo xī guā
口 袋 倒 西 瓜

释义：西瓜是圆的，扯着口袋一倒就都出来了。比喻把要说的话都说出来。

例句：“今天共产党八路军来，就好像阴天出了太阳，有什么话就放大胆子，～，都往出倒！”（马烽 西戎《吕梁英雄传》）

kǒu mì fù jiàn
口 蜜 腹 剑

释义：嘴里含着蜜，肚里藏着刀。嘴上说得很甜，肚子里却怀着害人的坏主意。比喻嘴甜心狠、阴险毒辣的两面派。

例句：“（日本）这个民族就有不讲信用、～的传统。这次钓鱼岛事件的处理方式，日本政客又展现了这一特点。那就是，我还是跟你讲好话，但该干什么干什么。比如，中国外交部多次抗议，温家宝总理也要求日本方面立即放人，日本政府抓了中国船长，反倒要求中国政府‘要克制，要冷静，不要因此影响日中关系’，这是典型的～。”（刘德秦《日本钓鱼岛事件处理与其民族性格有关》）

kǒu shé
口 舌

释义：指劝说、争辩、交涉时的言辞、言语。比喻言语引起的误会或纠纷。

例句：“她宁愿话不投机，招丈夫对她发怒，也不愿看着他们兄弟之间起了～。”（老舍《四世同堂》）

kǒu tóu chán
口 头 禅

释义：该词来源于佛教的禅宗，本意指不去用心领悟，而把一些现成的经验挂在口头，装作有思想。演变到今天，口头禅已经完全成了个人习惯用语的意思。

例句：“几乎每个人都有自己的～，在某个时段或者贯穿一生。～可以暴露个性，也起到某种心理暗示作用。～是无意形成的，也可以有意去培养强化。”（罗西《通往幸福的五个阶梯》）

kǒu wèi
口 味

释义：指人对食品味道的爱好。比喻个人的爱好。

例句：“上级的决议、指示，合～的就执行，不合的就不执行，这叫闹独立性。”（刘少奇《论党》）

kǒu zi dà xiǎo zǒng yào féng
口 子 大 小 总 要 缝

释义：比喻问题不管大小都要解决，事情不管大小总要去做。

例句：“魏头儿说：‘又是什么事？昨天进监探老方，许了我们一个酒儿，还没给我喝呢。今日又怎么来了？’宁婆道：‘～，事情也要办。姐姐今儿来，特为此一封书信，可是要面见你们官府的。’”（清·石玉昆《三侠五义》）

kòu mào zi
扣 帽 子

释义：比喻不经调查研究轻率地给人加上罪名。

例句：“你可别给我～！我没说瞧不起妇女。”（老舍《红大院》）

kòu shǐ pén zi
扣 屎 盆 子

释义：比喻把坏名声强加在某人的头上，把人搞臭。

例句：“中国队的基础如此糟糕，又怎能指望米卢把他们带到日、韩那样的高度呢？笔者斗

胆放言：以中国足球的现状，即使把当今世界最高水平的足球教练请来，也不可能有大作为！别往米卢头上～！”（江连锋《别给米卢扣屎盆子》）

kòu zi
扣子

释义：用条状物打成的结。比喻心里的疙瘩或嫌隙。

例句：“只是他心里的劲儿一时背住～了，转不过磨盘儿来。”（清·文康《儿女英雄传》）

kū mù féng chūn
枯木逢春

释义：已经干朽的树又发出了新芽。比喻人或物重新获得生机。

例句：“～，陈花重放，旧作再版，自然是值得高兴的。”（峻青《写在百花重放的时候》）

kū mù sǐ huī
枯木死灰

释义：枯死的木头，燃烧后没有温度的冷灰。比喻极其消极悲观。

例句：“有了这些前因，又因为栀子有了身孕上，许杨氏多少多了点底气，她也不再～一般的样子了，翻过来掉过去地给女儿讲古……”（梦里闲人《一枕黄粱梦》）

kū cuò le fén tóu
哭错了坟头

释义：比喻办事马虎轻率导致白费力气，事与愿违。讽刺办事者的大意和愚蠢。

例句：“开拓团在殖民过程中，不仅掠夺了中国人民的大量田产，而且变成了所谓满洲国的统治者、上等人，高度参与了日本对中国的侵略，对中国民众的压迫，一直就是日本军队控制东北和镇压民众反抗的辅助力量，可以说属于一种半军事化的侵略团体。他们中间，有的人还参与过对抗联的围剿。显然，为日本开拓团立碑是～。“（王锦思《为日本“开拓团”立碑是哭错了坟头》）

kū le bàn tiān bù zhī dào shuí sǐ le
哭了半天不知道谁死了

释义：比喻盲目做事，不了解，不调查。

例句：“锋尘一听，心想：‘又给人说话，又给人送水果的，还不知人家叫什么，当真可笑。真是～呢！”（武林书生《保卫科的故事》）

kǔ guǒ
苦果

释义：味道苦的果实。比喻痛苦的结果。

例句：“自己用肩头承担了一切，自己吃尽一切的～，不再给别人留下痛苦，请你原谅我。”（巴金《将军集·父亲买新皮鞋回来的时候》）

kǔ jìn tián lái
苦尽甜来

释义：比喻艰难的日子过去了，美好的日子来到了。

例句：“不能太多的抱怨，学会宽容，学会舍与得，一切在学会中成熟。年过四十，真切感悟：风吹雨打是生活，～知人生。”（宋建通《风吹雨打是生活　苦尽甜来知人生》）

kǔ kǒu pó xīn
苦口婆心

释义：苦口，反复规劝；婆心，仁慈的心肠。比喻善意而又耐心地劝导。

例句：“驾驶农用车违法载人被公安局长查纠，驾驶员竟然叫板公安局长看着办，驻马店市公安局副局长刘斌、交警支队长李国彬面对眼前这些情绪有些激动的农民，～耐心教育3个小时，终于让他们心悦诚服：安全出行才能幸福相随。”（陈磊　朱剑锋　张振宇《公安局长苦口婆心3小时》）

kǔ ròu jì
苦肉计

释义：故意伤害自己的身体以骗取对方信任的计策。

例句：“‘请几天假吧，别去上班了，好好在家休息一下！’看老公一脸心疼的样子，感动之余，我突然想和他开个玩笑。‘不用请假，我摔得又不重，实话告诉你吧，这是我故意使的～，就是为了让你心疼的！’我笑着说。”（董春华《我的“苦肉计”》）

kǔ shuǐ
苦水

释义：味道苦的水。比喻遭受的痛苦。

例句：“我们都是吃野菜、吃草根长大的。满肚～，满腹仇恨。”（陈残云《山谷风烟》）

kǔ xíng sēng
苦行僧

释义：苦行僧在古印度时期盛行，通过经历各种常人难以忍受的痛苦磨炼而达到修行的目的。现一般比喻能够拒绝诱惑、自我节制、忍受痛苦的人。

例句：“共产主义者不是～。我们的自我牺牲的目的不是死亡而是生命，不是自己（更不必说别人）的痛苦，而是人民（当然也包括自己）的幸福。”（胡乔木《痛惜之余的愿望》）

kǔ yǔ qī fēng
苦雨凄风

释义：苦雨，久下成灾的雨；凄风，寒冷的风。比喻境遇悲惨。

例句：“她像一棵大树，用柔弱而又坚强的臂膀，用朴实而又宽大的胸怀，在～中支撑了一个家。”（佳佳妈妈《苦雨凄风中不倒的大树》）

kù
酷

释义：源于外来文化“cool”，表示帅气的、时髦的、令人羡慕的。

例句：“他创作了很多令人感觉非常～的画。”

kuā hǎi kǒu
夸海口

释义：比喻漫无边际地说大话。

例句：“不要向我～，省得呀，我的胜利叫你难为情！”（老舍《青蛙骑手》）

kuǎ tái
垮台

释义：台子坍塌了。比喻瓦解、溃败。

例句：“她须代丈夫支持这个家，使它不会马上～。”（老舍《四世同堂》）

kuài dāo bù mó shì kuài tiě
快刀不磨是块铁

释义：比喻有才能的人也要不断学习，不断实践，否则才能也会衰退，变得无所作为。

例句：“别总耍小聪明，～，学习就是需要踏实的态度，不然你就要退步。”

kuài dāo kǎn xī gua
快刀砍西瓜

释义：比喻干得痛快。

例句：“许福从炕上跳下来，把丁疤拉眼的膀子一拍：‘老丁，郑三炮在市里一联络，那时我们就不是现在的一百五十人，而是上千人，咱们这千只猛虎，要在牡丹江市里来它个～，嘿！得劲！”（曲波《林海雪原》）

kuài dāo zhǎn luàn má
快刀斩乱麻

释义：比喻采取果断措施，迅速解决错综复杂的问题。

例句：“多少年来的戎马生活，战争中血与火的洗礼，早给王永刚练就一种～的性格。”（程树榛《钢铁巨人》）

kuài mǎ jiā biān

快 马 加 鞭

释义：跑得很快的马再加上一鞭子，使马跑得更快。比喻快上加快，加速前进。

例句：“更好的消息，是在弗格森承认鲁尼可能离开曼联之后，穆里尼奥可能凭借自己的影响力，将这名悍将招至麾下。到那时，皇马真的是～了。”（王伟宏《快马加鞭》）

kuān xīn wán

宽 心 丸

释义：比喻能让人解除心绪烦恼的话语。

例句：“杜山皱眉思索了下，就微微一笑，抬起手，极为自信地道：‘放心吧，老许，要调查你，必须经过省委讨论，那道关王思宇过不了，你只管安心工作，有什么情况，我会及时和你沟通。’许伯鸿吃了～，心里舒坦多了。”（低手寂寞《官道之色戒》）

kuáng fēng chuī shé nèn zhī tiáo

狂 风 吹 折 嫩 枝 条

释义：比喻新生的事物由于嫩弱容易受到打击和摧残，需要加强锻炼增加抵抗力。

例句：“信心十足的小敏怎么也没有想到，在初试这一轮就被刷下来，～，她立即感到一种莫名的惆怅袭上心头。下一步该怎么办呢？”

kuáng fēng è làng

狂 风 恶 浪

释义：激烈的风，凶猛的浪。比喻形势或处境非常险恶、危急。

例句：“然而‘～’硬是没有将他击倒，即使是被‘批斗’，都不能使他放弃自己的学术追求和技术思考，因为他诚秉‘恒志’，深信自己所做的一切都是为了报效国家，何罪之有？”（田世江　葛晨光《恒守科学兴邦之志　力建技术强国之功——访中国工程院院士大学教授傅恒志先生》）

kuàng kuang

框 框

释义：在文字、图画周围所加的线条。比喻固有的格式、传统的做法。

例句：“武警广东总队二支队打破老～，结合官兵思想实际开展活动，取得了卓有成效的成果。”（王汉波　冷冰霜　祝俊业《打破框框学理论“小胸襟”变“大胸怀”》）

kǔn bǎng bù chéng fū qī

捆 绑 不 成 夫 妻

释义：比喻用强制的办法解决不了实际问题。

例句：“～。何况这种事，强作不得。”（冯德英《山菊花》）

kùn lóng yě yǒu shàng tiān shí

困 龙 也 有 上 天 时

释义：比喻人有怀才不遇的时候，但终究会有脱颖而出的那一天。

例句：“夏浔正色道：‘臣只是觉得，公道自在人心，王爷光明磊落，谨身自爱，素无不轨，此去，当有上苍庇佑……，现在的些许困境算得了什么，常言说得好：猛虎不在当道卧，～！’”（月关《锦衣夜行》）

L

lā bù chū shǐ yuàn máo fáng

拉不出屎怨茅房

释义：茅房，即厕所。比喻有问题不从主观上找原因，而强调客观条件不好。

例句：“甭～！东交民巷、紫禁城倒不臭不脏，也得有尊驾的份儿呀！”（老舍《龙须沟》）

lā bù kāi shuān

拉不开栓

释义：指枪拉不开枪栓不能射击。比喻遇到了特殊的困难。

例句：“这个人非常热情，乐于帮忙，出主意，有时，对特别困难的，一时之间～，他还会赞助几个钱。”

lā chē bù kàn lù

拉车不看路

释义：比喻工作盲目，干不到点子上。

例句：“老老实实一辈子，被人称作～；什么难事险事都冲锋在前，到头来落一身不是，这也活得太窝囊啦！”

lā chē bù sōng tào

拉车不松套

释义：比喻工作干劲十足，不拖拉，不偷懒。

例句：“姬永堂，这位永不疲倦、～的‘啃山牛’，先后 11 次被县乡有关部门树立为残疾人的先进典型，受到表彰和奖励。”（王卫权《拉车不松套的“老黄牛”》）

lā che

拉扯

释义：包括牵扯、抚养、维持、闲谈等含义。

例句：“我太相信自己，总以为凭自己的努力能把孩子～大的。”（陆文夫《小贩世家》）

lā chōu ti

拉抽屉

释义：比喻在同一个幅度上来来去去，也比喻做事犹豫、举棋不定。

例句：“目前乐观机构依然较为活跃，A 股市场将继续上演‘～’走势，大盘进入周线级别调整的时点恐要向后延。”（经济参考报《A 股将继续演绎“拉抽屉”走势》）

lā dà qí zuò hǔ pí

拉大旗作虎皮

释义：比喻打着有威风的旗号来吓唬别人。

例句：“～的现象近年来在艺术界屡见不鲜，而且往往与当事人在海外留学与生活有很大的关系。一些年轻的艺术工作者在海外学习几年或去工作几年，为了回国发展有更好的前景，就夸大在海外的艺术成就……”（伦兵《拉大旗作虎皮何时了?》）

lā hòu tuǐ

拉后腿

释义：比喻利用亲密关系或感情设法牵制、阻拦别人行动。

例句：“她工作挺积极，东奔西跑，多会儿也不闲着；对同志挺关心；以前家里～，也不妥协。反正她挺好！”（袁静　孔厥《新儿女英雄传》）

lā jù

拉锯

释义：两个人用锯一来一往地锯东西。比喻双方来回往复。

例句："灵山地区从此不断地进行着～式的争夺战，今天敌人占领了灵山，明天我军又歼灭了敌人。"（峻青《秋色赋·夜宿灵山》）

lā qiàn

拉 纤

释义：在岸上拉着纤绳使船前进。比喻为双方介绍、说合。

例句："二十五岁，突然多了很多亲戚，七大姑八大婆一下子都冒出来说媒～，这个家有钱，那个爹当官。去见吧，觉得相亲太庸俗；不见吧，又怕真错过了钻石王老五。"（古大《二十五岁的女人》）

lā shān tóu

拉 山 头

释义：原指土匪占山为王。比喻拉帮结伙，搞宗派。

例句："洪大磊知道常万水、刘士卿此时最关心的就是这些问题了，他不敢怠慢，连忙把调查的情况说了出来，'根据我的了解，高精度数控机床的管理和研究团队有严重的～的现象，相互之间斗争得很厉害……"（大秦骑兵《未来接收器》）

lā xià mǎ

拉 下 马

释义：比喻把对手弄垮台。

例句："近年来，网络在将一些贪腐官员～的同时，也存在网络谣言泛滥、网络语言暴力等负面影响，一些人通过'花边信息'满足偷窥欲望，通过'人肉搜索'侵犯他人隐私，'选择性反腐'等问题也饱受诟病。"（陈文广《网络反腐，能把多少贪官拉下马?》）

lā xià shuǐ

拉 下 水

释义：比喻引诱、教唆其他人跟自己一同干坏事。

例句："杨晓东知道敌人是玩弄拉他下水的把戏，当即严词拒绝。"（李英儒《野火春风斗古城》）

lá kǒu zi yào jiàn xiě

拉 口 子 要 见 血

释义：比喻事情总要寻根问底弄个明白。

例句："这姑娘是天生的半分不认错，一字不饶人，～，刨树要搜根儿的脾气，早把那要刀的话且搁起，先要和尹先生辨明这'迟早'两个字。"（清·文康《儿女英雄传》）

lài há ma xiǎng chī tiān é ròu

癞 蛤 蟆 想 吃 天 鹅 肉

释义：癞蛤蟆，即蟾蜍，两栖动物，身体表面有许多疙瘩，内有毒腺，以昆虫、蜗牛为食物，对农作物有益。天鹅，鸟的一种，形状像鹅，体形较大，善飞，能浮水，被人赋予高贵的象征。讥讽人痴迷根本不能实现的事情。

例句："哼，～，我宁可给驾驶员压断腰，也不叫农工招一招!"（白危《垦荒曲》）

lài pí gǒu

癞 皮 狗

释义：长了疥癣的狗。比喻令人反感或憎恶的人。

例句："老朱把眼光横扫过去，现出颇不耐烦的脸色，轻蔑地说：'你是一只～，只会吃人家痾出的现成屎!'"（艾芜《伙伴》）

lán lù hǔ

拦 路 虎

释义：旧时指拦路打劫的土匪。比喻人学习、生活和工作中的障碍和困难。

例句："小范，你这次下基层本身，我不认为是什么坏事儿，厅一级的一把手、党委一把手

都有基层经历，那是一项受重用的资本，……但有句话说枪打出头鸟儿，人生当中总有那么几个～，我现在就很担心你去了石桥县的工作不好开展啊。”（哥子《逐鹿官场：争夺市长妻》）

lán lǐng
蓝 领

释义： 以工作时着蓝色工作服而得名，就是从事体力劳动工作的雇员，与在办公桌前工作的白领相对而言。

例句： “我们要倡导学历教育和职业教育同样重要、文凭和技术一样吃香的理念，让～成为年轻人的职业追求甚至是人生追求。”（江耘《人大代表忧思“蓝领断层” 建议多培养大学生蓝领》）

lán lǐ yú jǐng zhōng hǔ
篮里鱼，阱中虎

释义： 竹篮里的鱼，陷阱中的虎。比喻逃脱不掉了。

例句： “故此黄凤仙就中了他毒手，一个倒栽葱栽下马来。百夫人只说这是～，走近前套上一索，只指望套将去，哪里又想摸个空。”（明·二南里人《三宝太监西洋记》）

lǎn pó niang de guǒ jiǎo bù
懒婆娘的裹脚布

释义： 裹脚布，旧时女性为缠小脚用的长布条，因懒婆娘不经常换洗，所以又长又臭。比喻写文章或讲话长却没有实际内容。

例句： “有些同志喜欢写长文章，但是没有什么内容，真是‘～，又臭又长’。”（毛泽东《反对党八股》）

làn bǎn dā qiáo
烂板搭桥

释义： 比喻白白浪费精力。

例句： “我是告饶了，再说下去也是～，他俩的关系我是调解不好了。”

làn chuán hái yǒu sān qiān dīng
烂船还有三千钉

释义： 比喻实力雄厚，即使破败了也能够支撑一阵子。亦作“破船还有三千钉”。

例句： “邢夫人道：‘三丫头！你以为就只有我想分家呀？不不不，除开宝丫头的心事我摸不透外，难道珠儿媳妇他们两母亲不想分家？……难道珍儿两口子不想分家？琏儿两口子不想分家？蓉哥儿两口子不想分家吗？恐怕连怎么分法都想妥了，都想趁～的时候，等政老爷病好了，早点分家。’”（萧赛《红楼外传》）

làn má níng chéng shéng
烂麻拧成绳

释义： 比喻团结起来力量大。

例句： “嘿，～，力量大千斤。不要说我们还是人民战士！”（杜鹏程《保卫延安》）

làn ní ba hū bù shàng qiáng
烂泥巴糊不上墙

释义： 比喻没有出息不争气的人，别人怎样帮也不顶事。

例句： “他规矩了半天，勤恳了半天，又不规矩啦，懒啦，这叫～。”（陈残云《香飘四季》）

làn ròu zhāo cāng ying
烂肉招苍蝇

释义： 比喻坏人招引坏人。

例句： “……美溶挪用国家银行贷款，给她父亲去搞粮食投机。嗯，～啊！”（陈登科《风雷》）

làn tān zi

烂摊子

释义：比喻难以收拾整顿的混乱局面。

例句：“当时，接管的银行、粮库又完全是些～，既没钱、也缺粮。”（秦牧《长河浪花集·湘阴热浪记》）

láng bèi wéi jiān

狼狈为奸

释义：狼，哺乳类动物，居住在洞穴中，比狗大，尖头尖嘴，身体前高后宽，腿不很长，吃鸡、鸭、鼠类；狈，传说的一种动物，犬属，为狼的近亲。狈的前腿特别短，所以走路时要趴在狼的身上，一旦没有狼的扶助，就不能行动。比喻互相勾结干坏事。

例句：“电信运营商如果的确因技术原因阻止不了手机诈骗，那么底线应是不能助纣为虐。但运营商却口是心非，与‘响一声’电话～，这种毫无道德的骗钱把戏实在让人寒心！”（霜重叶红《响一声电话骗了谁》）

láng duō ròu shǎo

狼多肉少

释义：比喻东西不多，但需要的人很多。

例句：“有人说，正是B超和重男轻女的思想，造就了中国的3000万光棍。无论怎样，这样的格局将成为事实。在今后20年达到适婚年龄的男性及这些男性的亲人，都将亲眼见证和经历‘～’的历史现实。”（吕忱《中国进入“狼多肉少”时代》）

láng gǎi bù liǎo chī rén

狼改不了吃人

释义：比喻坏人本性难改。

例句：“不是正经东西，～，留下以后还是祸害！”（马烽　西戎《吕梁英雄传》）

láng tūn hǔ yàn

狼吞虎咽

释义：比喻人吃东西又猛又急。

例句：“一个寒冷的冬天，南加州沃尔逊小镇上来了一群逃难的人，他们面呈菜色，疲惫不堪。善良而朴实的沃尔逊人，家家烧火做饭，款待他们。这些逃难的人，显然很久没有吃到这么好的食物了，他们连一句感谢的话也顾不上说，就～地吃起来。”（李雪峰《尊严》）

láng xīn gǒu fèi

狼心狗肺

释义：形容心肠像狼和狗一样的凶恶狠毒。

例句：“你这个～的烂货，你想把我气死了，你们去过快活的日子。”（清·李宝嘉《官场现形记》）

láng yān sì qǐ

狼烟四起

释义：狼烟，古代边防报警时烧狼粪腾起的烟。四处都是报警的烟火。比喻到处都在打仗。

例句：“尽管缺少准确的行业统计，但据业内人士调查，武汉现有的汽车租赁企业约有600家。随着公车改革的信号趋强，各大财团、风投机构的青睐，日趋火爆的武汉汽车租赁市场正‘～’。”（孙滨《风投财团相继入驻汽车厂家大举进攻：武汉汽车租赁市场“狼烟四起”》）

làng cháo

浪潮

释义：潮水般汹涌起伏的波涛。比喻大规模或声势浩大的运动、行动。

例句：“整个的农村算是暂时地安定了。安定在那儿等着，等着，等着某一个巨大的～来毁

灭它!”（叶紫《丰收》）

lāo dào cǎo

捞稻草

释义：比喻贪财或心术不正的人趁机捞好处。

例句：“有那么几个人蹦蹦跳跳，说三道四，想～，我们心里明白，不上他们的当。”（陈明《三访汤原》）

lāo yī bǎ

捞一把

释义：比喻用不正当手段获取利益。

例句：“益大庄上是他拿钱拿惯的，趁这浑水里的鱼，保不～?”（清·汤颐琐《黄绣球》）

lāo yóu shui

捞油水

释义：比喻用不正当的手段获取额外的利益。

例句：“你今晚又来做啥子？是不是想捞点油水？我的东西都在这，少了一件，就是你拿去的。”（巴金《兄与弟》）

láo yàn fēn fēi

劳燕分飞

释义：劳，指伯劳鸟，我国大部分种类属留鸟，领地意识很强；而燕子则是众所周知的候鸟，随着季节的变换而迁徙，于是在古人眼中伯劳和燕子的习性差异成了别离的代名词。比喻恋人或夫妻别离。

例句：“夫妻俩越吵越凶，矛盾一再激化，从小吵到大闹，日日不得安宁，一对恩爱的夫妻最终一拍两散，～。”（常桦《有一种毒药叫成功》）

lǎo bí zi

老鼻子

释义：流行于北方的俗语，做形容词时表示“多”的意思，做副词时表示“非常、很、特别”等。这种说法起源于哈尔滨。清朝末期由俄国人修的中东铁路竣工后，以“大鼻子”为特征的俄国人蜂拥而来。人们形容某事物比大鼻子还多，就说“大鼻子他爹——老鼻子了!”因为“老”鼻子比“大”鼻子还高一级，逐渐地人们就把“大鼻子他爹——”省掉，只说“老鼻子了!”。

例句：“二十天，二十宿，没有睡觉，一天吃两顿橡子面，吃了肚子胀，连饿带冻，死的人～啦。”（周立波《暴风骤雨》）

lǎo cháo

老巢

释义：居住时间很久的地方。常比喻居住过的旧地或是坏人藏身的地方。

例句：“‘走，小倩，去难离城，一定可以找到那一帮人的～，他们肯定是鬼庄派出来的。’西门宇和杨倩前往附近的难离城。这是印之国南海岸边上的一个沿海城市。”（柳江南《校园绝品狂徒》）

lǎo diào chóng tán

老调重弹

释义：比喻把过去的东西重新搬出来。

例句：“如今不过是略换花样，实际是～罢了。”（邹韬奋《无政府与民主政治》）

lǎo diào zi

老调子

释义：大家都熟悉的流传很久的曲调。比喻没有新意。

例句：“战争一完结，环境也改变了，～无从再唱，所以现在文学上也有些寂寞。”（鲁迅《老调子已经唱完》）

lǎo diào yá

老 掉 牙

释义：比喻陈腐的事物或是不合时宜的思想观念。

例句：“说到人生观，好像又是～的问题，其实不然。”（丁玲《还是要人文并进》）

lǎo gē da

老 疙 瘩

释义：指最小的儿子或女儿。

例句：“～是我们宿舍的老小，大名阎茂林，一个很老气的名字。……据说～在家也是老小，一直受宠爱。高考时他的成绩很好，看来这个小弟弟还真不简单。”（曹桂峰《老疙瘩》）

lǎo gǔ dǒng

老 古 董

释义：古董，指古代或先人留下的旧物，也叫古玩、文物，有重要的价值还可以叫国宝。过去人们对旧物的认识不深，所以古董也成了废物的代名词。比喻古老过时的东西和思想陈腐的人。

例句：“你近三十岁的人了，自己该有分寸，照理用不到我们背时的～来多嘴。”（钱钟书《围城》）

lǎo gua bié xián zhū hēi

老 鸹 别 嫌 猪 黑

释义：老鸹，即乌鸦。乌鸦是黑的，黑猪也是黑的。比喻各有缺点就不要互相嫌弃。

例句：“人肉搜索，是侵犯隐私权，而导演据实拍摄影片，是不是对当事人的隐私也算是一种侵犯，～。”（何殊我《现实沈佳仪遭人肉　九把刀呼吁放过她》）（注：九把刀，台湾网络作家）

lǎo guā mà zhū hēi

老 鸹 骂 猪 黑

释义：老鸹，即乌鸦，全身羽毛黑色，以谷物、果实、昆虫为食物。比喻没有自知之明。

例句：“～，你就不是牛贩子么?”（克非《春潮急》）

lǎo hé shang niàn jīng

老 和 尚 念 经

释义：比喻敷衍了事，得过且过。

例句：“你想他那么大年纪了，还能怎么样？还不是～，过一天算一天。”（白危《垦荒曲》）

lǎo hú li

老 狐 狸

释义：狐狸是一种狡猾多疑的动物，老狐狸就更狡猾了。比喻非常狡猾的人。

例句：“听着这话，看着袁仁仲那眼角的笑意，欧阳羽心里大骂：‘这不是玩我吗？怎么跟～一样，什么下不了山，不是明摆着坑我吗?’”（梦忆筱筱《悍女斗中校》）

lǎo hǔ bù xián huáng yáng shòu

老 虎 不 嫌 黄 羊 瘦

释义：比喻会过日子的人不会因为东西不好而浪费，一定会物尽其用。

例句：“情况不同。这次水也要！我是～哇！捞不干，让老百姓灌田，旱田改成水浇地，有什么不好?”（张天民《创业》）

lǎo hǔ chī tiān méi chù xià zuǐ

老 虎 吃 天 没 处 下 嘴

释义：比喻对想要做的事情不知如何开始。

例句：“我们的大计划是～。”（韦任敏《穿云山》）

lǎo hǔ pì gu mō bù dé

老虎屁股摸不得

释义： 比喻自以为是，别人不敢批评。

例句： “要谦虚一点儿，欢迎人家提意见嘛，像你这样～早晚要栽跟头的呀！”（林予 等《咆哮的松花江》）

lǎo hǔ tóu shàng pāi cāng ying

老虎头上拍苍蝇

释义： 比喻做非常危险的事。

例句： “聂玉姣怒道：‘他敢来～，我就敢吃掉他！”（张行《武陵山下》）

lǎo hǔ yě yǒu dǎ dǔnr de shí hòu

老虎也有打盹儿的时候

释义： 比喻能力再强的人也有失手的时候，就是再难办的事也会出现转机。

例句： “三哥，别把话说满了，～呢！设若咱们走进树林，有个闷棍手抽后就是一棍，你敢准说躲闪的开吗？”（清・石玉昆《小五义》）

lǎo hǔ zuǐ biān qiǎng ròu chī

老虎嘴边抢肉吃

释义： 比喻为着利益去冒很大风险。

例句： “你们那位平原君也太聪明了，专会从～。”（郭沫若《虎符》）

lǎo hǔ zuǐ lǐ bá yá

老虎嘴里拔牙

释义： 比喻冒着极大的风险去触犯强者。

例句： “大水啊！你这一去，是到～，可得多加小心，千万别有个闪失。”（袁静 孔厥《新儿女英雄传》）

lǎo hǔ zuǐ lǐ luò xià lai jiào láng chī

老虎嘴里落下来叫狼吃

释义： 比喻捡到了便宜。

例句： “贤弟，你害怕做什么？这是～。咱们得到了‘狼葬儿’岂不是个大便宜呢！”（清・石玉昆《三侠五义》）

lǎo huáng li

老黄历

释义： 黄历，相传是由轩辕黄帝创制，故称为黄历。古时的黄历主要由钦天监颁订，因此也称皇历，其内容有指导农民耕种时机，故又称农历。黄历的主要内容为二十四节气的日期表，每日的吉凶宜忌、生肖运程等，是老百姓日常生活不可缺少的生活工具书。已经用过的就是老黄历，比喻已经过时的人或事。

例句： “你知道的那些情况都是～啦，这些年你跟同学接触得少，都快成外星人了。小地主去深圳做生意了，嘎蛋在乡里当乡长呢；最惨的是大白脸子，早就下岗了，媳妇得了脑血栓，女儿精神还不大好。”

lǎo huáng niú

老黄牛

释义： 老黄牛拉车、犁地不紧不慢，埋头苦干。比喻老老实实、勤勤恳恳工作的人。

例句： “只有树立正确的人生观、价值观，在工作中发扬‘～’精神，才能使自己不断进步，才能保证我们党和国家的事业蒸蒸日上。”（李琴《时代需要老黄牛》）

lǎo jiāng hú

老江湖

释义： 指阅历深、非常世故的人。

例句："老朱比老何瘦削些，黄黄的大脸瓜上，放了一双富于机智的眼睛，一看就知道他是个走过许多地方的～。"（艾芜《伙伴》）

lǎo jiàng chū mǎ
老 将 出 马

释义：比喻年龄大，经验丰富，办事能力强。

例句："观战的同志也跟着叫：'姜还是老的辣！～一个顶俩！"（金敬迈《欧阳海之歌》）

lǎo mǎ shí tú
老 马 识 途

释义：老马熟悉自己走过的道路，不会迷路。比喻人的年纪大了，积累了很多的经验，干什么事情不会手足无措。

例句："如今张福端老师早已过了花甲之年，从教育战线第一线上退下来以后，……继续发挥着他的余热，……这匹识途老马，再次孜孜不倦地踏上了征程。"（龚林《老马识途志亦千里——记张福端老师》）

lǎo miàn kǒng
老 面 孔

释义：指都是过去熟悉的人。

例句："但说来说去，中国女队的这些强劲对手都还是一些～，其个人实力都在中国女将们之下，所以中国女队最大的敌人还是自己。"（许恺玲《还是老面孔　撒下包围网》）

lǎo niú jīn
老 牛 筋

释义：牛筋很韧，老牛筋更韧。比喻性格耿直认死理的人。

例句："大伙说的'～'名叫赵世让，今年 72 岁。因为他为人正直、性格倔强，他认准了的事就是八头牛也拉不回，所以村民给他送个绰号'～'。"（赵永昌等《"老牛筋"买牛记》）

lǎo niú lā pò chē
老 牛 拉 破 车

释义：比喻工作效率低。

例句："那么，什么时候解决战斗？还是～吗？"（吴强《红日》）

lǎo shǔ jí le huì yǎo māo
老 鼠 急 了 会 咬 猫

释义：比喻再老实的人因为被逼无奈也会有过激的行动。

例句："谁知他们（朝鲜队）一点也不松懈，在比赛进行到 89 分钟，人们认为结果已成定局，巴西门将老虎打盹儿的时候，朝鲜队 8 号球员从门将的右侧以迅雷不及掩耳之势踢进了一球，～呢，这一口总算把巴西队咬醒了：不可小看，不可小看！"

lǎo shǔ jiàn le māo
老 鼠 见 了 猫

释义：比喻遇上克星了。

例句："'季先生，我正在工作，可以走了吗？'在那阴冷目光的注视下，薛羽微强迫自己镇定，可她就是怕他，就像～，胆怯从心底渗出，冷得她全身颤抖。"（秦时明月《婚内无爱婚外缠绵：高官的女人》）

lǎo shǔ lā mù xiān　dà tóu zài hòu biān

老鼠拉木锨，大头在后边

释义：木锨是农民打场用的木制农具，长柄大头。比喻更重大的人、事或目标、目的还在后边。

例句：“～，将来还要革你的命哩！”（李晓明　韩安庆《平原枪声》）

lǎo shǔ zǒu dào māo kǒu biān

老鼠走到猫口边

释义：比喻猎物自己到了猎者跟前。

例句：“是日师徒正在门首闲站，忽见一个美貌妇女，走进来避雨。正是～，怎不动火？”（明·凌濛初《初刻拍案惊奇》）

lǎo shǔ zuān fēng xiāng　liǎng tóu shòu qì

老鼠钻风箱，两头受气

释义：比喻两头不讨好，两头受指责。

例句：“谢庆元像是‘～’，气得跟公鸭子一样，喉咙都哑了，倒在床铺上，哼天哼地。”

lǎo tào zi

老套子

释义：指老的一套风俗习惯或经验。

例句：“问题的关键是，我们的国产电影创作始终还固着在一个～里。说它‘老套’，是因为它基本还在沿袭多年来走的那条老路。”（陆天明《国产电影，想说爱你不容易》）

lǎo tiān yé è bù sǐ xiā jiā qiǎor

老天爷饿不死瞎家雀儿

释义：家雀儿，即麻雀。比喻不管生活能力如何差，都会有办法活下去。

例句：“放心吧，到那儿再说，～，还能饿死咱老虎吗？”（老舍《王老虎》）

lǎo tiān yé yǒu yǎn jing

老天爷有眼睛

释义：指什么样的事都逃不过老天的眼睛。比喻人世间的事总是善恶有报。

例句：“我不怕吃苦，可是让翠珊随着我受罪，我的心中实在不安。习仁你说，～，要晓得咱们做好事并不为有好报应呀！”（老舍《桃李春风》）

lǎo wōr

老窝儿

释义：比喻生活最久的地方。

例句：“一向以来，都是他们主动地来骚扰西北，却没有想到自己也有被别人端～的时候。”（叨狼《赝品》）

lǎo yīng bù chī wō xià shí

老鹰不吃窝下食

释义：比喻坏人一般不在自己住处附近作案。

例句：“但赵太爷以为不然，说这也怕要结怨，况且做这路生意的大概是～，本村倒不必担心的，只要自己夜里警醒点就是了。”（鲁迅《阿Q正传》）

lǎo yīng zhuō xiǎo jī

老鹰捉小鸡

释义：比喻动作又轻、又猛、又狠。

例句：“那老鬼大出意外，早已如老鼠见到猫，缩成一团。老六怒火正上，一手提住他的衣领，正如～：‘你有自己打算？好呀，我立刻就叫你滚！’”（司马文森《风雨桐江》）

lǎo yóu tiáo

老油条

释义：油条，是一种长条形的油炸面食，口感外脆内韧，但油条若是炸老（指炸的时间长）

了就难咬动了。比喻世故、刁钻、圆滑的人。

例句：“经验丰富的地区经理刚刚新官上任，三把火还没烧起来，就遭到‘～’员工的当头一棒。你对他恨得牙痒痒，却也无可奈何，要改造‘～’、重整河山，这盘棋该怎么下呢？”（夏圣明《如何管好“老油条”》）

lǎo yóu zi

老油子

释义：指处事经验多而油滑的人。亦作“老油条”。

例句：“至于讲价争座，他的嘴慢气盛，弄不过那些～们。”（老舍《骆驼祥子》）

lǎo lao bù téng　jiù jiu bù ài

姥姥不疼，舅舅不爱

释义：比喻得不到别人的关心和疼爱。

例句：“老李是光绪末年那拨子～的孩子们中的一位，说不上来为什么那样不起眼。”（老舍《离婚》）

lào yìn

烙印

释义：用作标志而烫上的火印。比喻难以磨灭的痕迹。

例句：“邓亚萍曾经这样评价过百度：‘我们（人民搜索）本身代表的是国家，最重要的不是赚钱，而是履行国家职责。你不用打败我们，你应该多帮助我们，多给我们出主意。’这种‘体制内’的～就像是‘双刃剑’，使得即刻搜索走得很‘艰难’。”（韩朝《邓亚萍离开即刻搜索背后　体制内烙印是双刃剑》）

lēi jǐn kù yāo dài

勒紧裤腰带

释义：比喻要节衣缩食过苦日子。

例句：“昨天一天的反弹，显然无法让私募马上就有好日子过，有稀饭喝已经很不错了。我认为，要想将来好吃好喝，现在还是继续～为好，只要坚持到下半年，就能等来好日子。”（张道达《老法师看盘：继续勒紧裤腰带》）

léi

雷

释义：一种自然现象，天空中带不同电荷的云相互接近时，产生的一种大规模的放电现象。引入网络流行后有新的含义，是出人意料且令人格外震惊、很无语的意思。

例句：“75 岁的琼瑶奶奶力作《花非花雾非雾》荣登榜首。这部“纯爱花海古堡迷恋”剧能取胜，关键字就是‘～’。”（黄晓雅　关敏薏《“爱情教母”变“雷母”》）

léi dǎ bù dòng

雷打不动

释义：比喻态度坚定、不可动摇，或是严格遵守规定，决不变更。

例句：“这次战役后，陈锋这个团由于抵抗住了日军密集的炮击，毫无溃散、逃兵，被很多兄弟部队称赞为：～，定是陈锋。”（张磊《雪亮军刀》）

léi lì fēng xíng

雷厉风行

释义：像雷那样猛烈，像风那样快。比喻执行政策法令严厉迅速，也比喻办事声势猛烈，行动迅速。

例句：“他到了学校，～，每天带着训育员，早、午、晚三次查堂查斋，闹得学生无法进行抗日活动。”（梁斌《红旗谱》）

léi qū

雷区

释义：埋藏地雷的危险地区。比喻危险的应该避免的区域或情形。

例句：“步入夏季，爱美人士开始了减肥瘦身的计划。对于一些通过饮食调节来达到减肥目的的人士，美国加州大学洛杉矶分校人类营养学研究中心副主任苏珊·鲍尔曼博士提出建议：……需要制定适合的作战方略，以免误入‘～’。”（王之兴《夏日瘦身别误入“雷区”》）

léi shēng dà yǔ diǎnr xiǎo
雷声大，雨点儿小

释义：比喻对外宣传的声势很大，而却没有多少落到实处。

例句：“～，光说大话，不做实际事情，俺还有啥可说的！”（陈登科《风雷》）

léi tíng wàn jūn
雷霆万钧

释义：霆，急雷；钧，古代重量单位。比喻威力极大，无法阻挡。

例句：“唯独共产主义的思想体系和社会制度正以排山倒海之势，～之力，磅礴于全世界。”（毛泽东《新民主主义论》）

léng jiǎo
棱角

释义：物体的边角或尖角。比喻人所显露出来的锋芒。

例句：“周大爷忍气吞声，一辈子受的这类苦楚，数也数不清，就把他磨得没一点～，只要能讨好人，尽量讨好。”（杨朔《十年》）

lěng bīng bīng
冷冰冰

释义：比喻不热情或不温和。

例句：“他住在这个～的家庭中毫无快感，叔母每天出去打牌，一个小弟弟交给老妈子，叔父差不多要在夜十二点方坐了包车回来，有时连着三几夜不见人。”（王统照《游离》）

lěng chǎng
冷场

释义：指演员或者主持人由于忘词、误场等原因，造成舞台演出的突然停止或者节目进行中无法接词。比喻开会无人发言时的沉默局面。

例句：“有些朝臣本来有不少重要事要当面陈奏，因见皇上如此震怒，便一声不响了。～片刻，崇祯正要退朝，忽然远处的人声更嘈杂了，而且还夹杂着哭声。”（姚雪垠《李自成》）

lěng chǔ lǐ
冷处理

释义：冷处理是材料科学中改善金属工件性能的一种工艺，有大幅度提高工件稳定性、提高强度的作用。在社会生活中，有些矛盾发生后，不急于马上处理，而是放一放降降温再行处理，效果会更好，这就是生活中的“冷处理”。

例句：“在与学生接触过程中，一些突发事件难免会激化师生之间的矛盾。这些矛盾一激化，我们的教育工作就会面临困境。矛盾是不可避免的，重要的是该如何去解决它。本人认为，在一些特殊的场合里，～就是解决这些矛盾的好办法。”（蓝仁义《教育中的“冷处理”》）

lěng ménr
冷门儿

释义：原指赌博时很少有人下注的一门。比喻很少有人从事的、不时兴的专业、事业或工作。参见“爆冷门”。

例句：“其实有些～专业，未必真的那么～。你若是认真琢磨后选择填报，这次高考录取的几率会大许多。”

lěng rè bìng
冷热病

释义：俗称“打摆子”，是疟原虫通过蚊子传播的人类最严重的寄生原虫感染性疾病。多在

夏秋季发病，病人大都突然发冷、发抖，面色苍白，口唇与指甲发紫。发冷停止后继发高热、头痛，接着就是全身大汗，体温又恢复正常。多次发作时可引起贫血、肝脾肿大，严重者可引起死亡。比喻情绪高低不稳定。

例句：“说句良心话，人家也不像先前了。他的话，你听十句，可以信八九句了。就是有点～，毛病一来，蒙着头睡大觉，无缘无故就不高兴。”（杨朔《三千里江山》）

lěng shǒu zhuā rè mán tou

冷手抓热馒头

释义：手冷时抓热馒头，会感觉不到热的程度而容易将手烫伤。比喻棘手的问题，难以下手解决。

例句：“听到韩干事这么说，我感觉好似～，一时想不起该用什么办法解决它。”

lěng shuǐ jiāo bèi

冷水浇背

释义：冷水从后背上浇下来。比喻突然遭受意外的打击或刺激。

例句：“蒋志清此番东渡，就是直奔振武学校而来的！在他的想象中，一旦进入振武学校，不出三年五载，他就摇身变成少尉军官了！然而，学校方面给他的回答却似～，让他浑身上下，一下子凉透了！”（郭宝平《蒋介石秘史之沉浮》）

lěng shuǐ yào rén tiāo　rè shuǐ yào rén shāo

冷水要人挑，热水要人烧

释义：比喻什么事情都要有人去做。

例句：“～。你帮我洗碗，我咋能不谢呢？”（陈登科《赤龙与丹凤》）

lěng xuè dòng wù

冷血动物

释义：变温动物的俗称，体温随外界温度改变，除鸟类和哺乳类外，其他动物都是变温动物。人们把热血动物称为感情动物，而把变温动物想象为冷酷杀手，依据这样的认识比喻缺乏情感、对人对事冷漠的人。

例句：“李先生本来像冬蛰的～，被顾先生当众恭维得春气入身，蠕蠕欲活。”（钱钟书《围城》）

lěng yī sháo zi　rè yī sháo zi

冷一勺子，热一勺子

释义：比喻处事不稳定，忽冷忽热。

例句：“我觉得咱们市的市容面貌真是改变不大，城管工作～，管得严的时候就稍好些，一阵风过后又是脏、乱、差！”

lěng yī zhèn　rè yī zhèn

冷一阵，热一阵

释义：比喻情绪忽高忽低。

例句：“他们几个人，高一声，低一气，～，说道起来没个完。”（刘江《太行风云》）

lèng tóur　qīng

愣头儿青

释义：比喻行事鲁莽的人。

例句：“你又不是三岁两岁，怎么听刘连太这个～的话，要出了什么事，我拿什么话回你婆婆？”（逯斐《夜航》）

lí māo huàn tài zǐ

狸猫换太子

释义：这是一段传奇，说的是宋真宗时，刘妃与郭槐合谋，以剥皮的狸猫调换李宸妃所生的婴儿，反诬李妃生的是妖，将李妃打入冷宫。真宗死后，仁宗继位，包拯奉旨赴陈州勘察国舅庞煜放赈舞弊案。途中，包拯受理李妃冤案并为其平反，迎李妃还朝与仁宗相认。比喻以假换真。

例句：“电话里老陈得知他在新酒店上班后，就问他有没有酒卖。两人一拍即合，商量出一个‘～’的方法来：约好时间地点，老陈在酒店外面等，由小文把真酒从酒水房拿出来给老陈，老陈则给他相同数量相同包装的假酒放回原处，这样就能瞒天过海。”（何蒋勇《80后酒水员“狸猫换太子” 掉包茅台等名酒出售》）

lí pǔr
离谱儿

释义：比喻人（团体）说话办事脱离常规。

例句：“即便是中国球迷，也都不愿意看到国乒当常胜将军。但是反过来说，国乒即便输球，也不能输得太～。2月27日，2012年亚洲乒乓球锦标赛继续在澳门进行，男双第二轮比赛中，中国名将马琳/张继科惨遭爆冷，0：3不敌印度组合阿昌塔、萨哈。”（黄岩《这冷门有点离谱儿》）

lí xián zǒu bǎn
离弦走板

释义：弦，琴弦；板，板眼。指唱戏偏离了琴弦定的调子和板眼控制的节奏。比喻说话或做事偏离公认的准则。

例句：“段简原本还在心存侥幸，但王虞素却根本不加半点儿的收敛，那神情面貌配着愈来愈～儿的字句，使段简愈听愈觉有些异样……”（索嘉楠《肆夜红楼》）

lí yuán
梨园

释义：梨园是唐代都城皇家园林中种植梨树的园子，因唐明皇在此园教演艺人，后世遂将戏曲界称为梨园，戏曲演员亦称为梨园弟子。

例句：“八岁的小杨帅仅仅学习了两年的戏曲表演，那中规中矩的一招一式表演在市票友节上获得行家的赞扬，被称为‘～’新秀。”

lí ba zhā de jǐn yě gǒu zuān bù jìn
篱笆扎得紧，野狗钻不进

释义：比喻洁身自好就可以防范钻空子.

例句：“对于干部个人腐败来说，制度缺陷是其产生腐败的外因；对于干部群体腐败来说，制度缺陷又是其产生腐败的内因。因此，～!”

lǐ dài táo jiāng
李代桃僵

释义：僵，枯死。李树代替桃树而死。比喻互相顶替或代人受过。

例句：“淑媛中毒身亡。这事情发生在尚书家里，他怎么也脱不了干系，太子党的人岂能放过这次消灭刘骏势力的好机会？因此才想出这个～的计策。”（荆棘鸟《青楼宝贝》）

lǐ guǐ yù shàng lǐ kuí
李鬼遇上李逵

释义：李逵，水泊梁山好汉之一，擅使两柄板斧。《水浒传》里记载，李逵回家探母的路上，碰上李鬼假冒自己劫道。比喻假的碰上真的就原形毕露了。

例句：“一个人伪造交警执勤证四处帮人‘了难’，结果将‘难’了到了真交警头上。昨天下午，～，‘李鬼’被扭送到了派出所处理。”

lǐ chéng bēi
里程碑

释义：设于道路旁边指示公路里程的标志。比喻在历史发展过程中可以作为标志的大事件。

例句：“这次会议是标志着我国人民从一九四九年以来的新胜利和发展的～。”（毛泽东《为建设一个伟大的社会主义国家而奋斗》）

lǐ tiǎo wài juē

里挑外撅

释义： 比喻阳奉阴违，搬弄是非。

例句： “……有你这么说话的吗？我告诉你祝十良，海岚我们是姐妹，她怎么对我，我怎么对她，那是我们姐妹之间自个儿的事儿，不管谁怎么着也轮不上跟你有什么关系，要你操这份心，搁这儿风言风语～啊？”（大好江山《燃情2000》）

lì gān jiàn yǐng

立竿见影

释义： 在阳光下把竿子竖起来，立刻就看到影子。比喻立见功效。

例句： “等我下班回到家，儿子拿出手机，特别不满地对我说：‘同样一条短信，老妈就回复我，放学给我送外套，而你却只让我多运动，差距啊！’我辩解道：‘送衣服，你不是还得冻着等，我让你多运动取暖，效果～。’”（李宇轩《欢乐家庭：立竿见影》）

lì jūn lìng zhuàng

立军令状

释义： 指将领在接到军令后为完成任务而写的保证书。后泛指各行业为保证完成任务而写的保证书.

例句： “俗话说‘人无压力轻飘飘。’蒙敬杭局长提出任期内坚决消灭深圳地沟油，这是自加压力，是～。”（马虎城《官员立军令状体现责任担当》）

lián gēn bá

连根拔

释义： 比喻彻底铲除，不给再生的机会。

例句： “张桂芳说，要继续严打严治，保持高压态势。……把‘黄赌毒’势力～，绝不让其坐成大势！”（陈翔　穗综宣《黄赌毒势力连根拔，绝不让其坐成大势》）

lián guō duān

连锅端

释义： 比喻全部除掉或拿走。

例句： “谁知道半腰里杀出一支解放军的小分队，打伤李荣厚，把那些‘人质’放走了，还差一点把司令部也～掉。”（张行《武陵山下》）

lián suǒ fǎn yìng

连锁反应

释义： 连锁，像锁链似的一环扣一环。比喻相关的事物发生相应的变化。

例句： “李嘉诚此举，不是现在才有的，香港回归之前，他的整个集团就已开始国际化部署。……现在要重点关注的，是他的行为会不会在香港引起一些～。”（陈新焱　徐庭芳《现在最重要的是看有无连锁反应》）

lián zhóur zhuàn

连轴儿转

释义： 比喻不分昼夜地连续工作。

例句： “前一天夜场作战，第二天接着日场出赛，不只日本和韩国，澳大利亚女队、泰国男队、日本男队以及印尼男队、女队都碰上了这种～的事，也包括东道主中国女队。只不过由于一些比赛结束得很快，产生的争议不像日韩那样突出。”（彭延媛《汤龙杯赛程安排日夜“连轴转”惹争议》）

lián zhū pào

连珠炮

释义： 指能够连续炸响的炮。比喻说话很快。

例句： “秦波并不屈服，她向焦成思开起～来。”（谌容《人到中年》）

lián xiāng xī yù
怜香惜玉

释义：比喻男子对所爱女子的照顾体贴。

例句："'不对，明明刚擦干眼泪嘛，我这个人最～了，见不得女人流泪。'陈富忠一把搂住林娟娟，端详着林娟娟的玉脸说。"（王晓方《驻京办主任》）

liǎn cháo huáng tǔ bèi cháo tiān
脸朝黄土背朝天

释义：形容农民在地里劳作的辛苦。

例句："我是个地道的农民的儿子，童年时光是在～的苦难中度过的。"

liǎn chǒu guài bù de jìng zi
脸丑怪不得镜子

释义：比喻自己有问题不能把责任推给别人。

例句："得了，你别胡说啦。～。牛大水不是那样的人！"（袁静　孔厥《新儿女英雄传》）

liǎn hóng bó zi cū
脸红脖子粗

释义：形容发急、发怒或激动时面部、颈部红胀的样子。

例句："在街上买菜，为了多要一把葱、一头蒜，常和小贩争吵得～。"（马烽　西戎《吕梁英雄传》）

liǎn pí báo
脸皮薄

释义：比喻性格内向，经受不住批评或玩笑。

例句："老人家～，不好意思严词拒绝。"（老舍《四世同堂》）

liǎn pí hòu
脸皮厚

释义：比喻不怕失体面，不会感到不好意思。

例句："第二天一起床，我就跑到一位已婚的学兄那里去讨对策，不料一开口，就遭到学兄的一顿训斥：'你小子干什么都行，就是在这方面不开化，我早就传授你七字诀'胆大心细～，你不听，现在急了吧。"（李萧《胆大心细脸皮厚》）

liàn yù
炼狱

释义：天主教指人的生前罪恶未赎尽，死后灵魂暂时受罚的地方。比喻人经受磨炼的艰苦环境。

例句："历史和现实——特别是'文革'中～般的磨难，让草婴先生清醒地认识到，缺乏人道主义的社会有时候会变得多么可怕。他从托尔斯泰的作品里看到了人道主义的力量，尽管身体羸弱，他却以顽强的毅力和专注，作为独立翻译家，持之以恒二十年翻译了托尔斯泰的全部小说作品。"（曹元勇《做一个有信念的编辑》）

liàn tiáo
链条

释义：多用于机械传动的金属链环或环形物。比喻完整事物的有机组成部分。

例句："在一个社区周围找一个幼儿园不难，进一所小学也很简单，即使初中、高中，就算附近没有，坐几站车也总能找得到。但是，上学是个长期持续的过程，需要有一个从幼儿园到大学的教育～来服务于孩子成长的每个阶段，而在安宁，这样的～不止一个，它们相互搭接，构成了一个完备的教育网络。"（柴立华《一个完美的教育链条，一种闲适的"陪读生活"》）

liáng tǐ cái yī
量体裁衣

释义：见"看菜吃饭"。

liáng yào kǔ kǒu

良药苦口

释义：能治病的好药往往很苦。比喻尖锐的批评听起来不舒服，却对改正缺点有好处。

例句：“网络‘实名制’的目的只有一个，就是为了引导网游市场绿色良性发展，切实保障未成年人的身心健康成长，～，我们一定要为之奋斗！”

liáng le bàn jié

凉了半截

释义：比喻事情的结果让人失去信心，失望、郁闷。

例句：“等到十一点多钟了，还是没人来。瑞丰的心～。他的话，他的酒量，他的应酬天才，今天全没法施展了。”（老舍《四世同堂·惶惑》）

liǎng gǔ dào shàng pǎo de chē

两股道上跑的车

释义：比喻走的不是一条路，志不同，道不合。

例句：“有的家长说：‘不管这办法那办法，能让孩子考上大学就是好办法。’结果，学生在学校刚走出应试教育的阴影，回到家里又走进家长们为之设计的应试教育的‘围城’。学校和家庭在教育思想上几乎形成～。”（赵显坤《学校设法驱走阴影，家长倾心设计围城，学校和家庭成了“两股道上跑的车”》）

liǎng hǔ xiāng dòu bì yǒu yī shāng

两虎相斗，必有一伤

释义：比喻双方争斗一定会有损伤。

例句：“今～，须误了我大事。吾与你二人劝解，休得争论。”（明·罗贯中《三国演义》）

liǎng miàn guāng

两面光

释义：比喻为人虚伪，谁都不得罪，两面讨好。

例句：“‘不知道，这人很密实，会要～，’金枝似乎很了解这个老奸巨滑的人。”（陈残云《山谷风烟》）

liǎng miàn sān dāo

两面三刀

释义：比喻居心不良、当面一套背后一套的人。

例句：“我后来再见王太太时，并没有把事实的真相告诉她，我怕她伤心，唯有说现在这个现实社会，人情比纸薄，小心～的人，这种两面派是千万不能推心置腹，更不能结交为好朋友，不然会令你大吃苦头的。”（朵拉珞歆《两面三刀的人》）

liǎng qī

两栖

释义：指幼年只可以在水中生活，不可以在陆地上生活；成年可以在水中生活，也可以在陆地上生活；用肺呼吸、皮肤辅助呼吸的动物。比喻工作或活动在两个领域。

例句：“近几年，一些农民纷纷搬到了城里，过起了城里人的生活。这在城里不足为奇。可是，令人不可思议的是，城里一些市民却截然相反，他们深入到乡村，悠然享受着农村的田园生活，这些人被人开玩笑地称为‘～’市民。”（董伟忠《佳木斯市悄然出现“两栖”市民》）

liǎng shǒu

两手

释义：比喻有两下子（本领或技能）或是做事备两种方案。

例句：“鲍福小时候学过拳，在扑打和擒拿方面也很有～。”（陈登科《赤龙与丹凤》）

liǎng shǒu tuō cì wei

两手托刺猬

释义：比喻事情不好办，左右为难。

例句：“李掌柜越来越心烦，有心将他们父子赶走，怕坑了店饭账；留他们父子在店里担心欠的钱越来越多，占着一间房子，天保的病不知何年何月才愈，一旦病故，店家免不了还要受连累，真是～，扔出去舍不得，托在手里刺得疼。”（张孟良《儿女风尘记》）

liǎng tiáo tuǐ zǒu lù
两条腿走路

释义：比喻同时用两种方法或从两个方面去办一件事。
例句：“教育还是要～。就高等教育来说，大专院校是一条腿，各种半工半读的和业余的大学是一条腿。”

liǎng xià zi
两下子

释义：比喻办法或本领。
例句：“在那里主事的，可得有～，账房先生也得有一套。”（孙犁《白洋淀纪事·石猴》）

liǎng xiù qīng fēng
两袖清风

释义：原指迎风走路轻快潇洒的样子。比喻为官清廉，勤政为民。也比喻没什么钱财。
例句：“有什么要你的命？反正比我强吧，我现在真是～了。”（张恨水《金粉世家》）

liǎng zhāng pí
两张皮

释义：比喻事物两方面缺乏有机的联系，互不关联，无法合成一个整体。
例句：“该经济开发区副主任肖通富从事多年招商工作，他认为，在西航港范围内聚集着7所高等院校、40多所科研机构，是优势，但也存在劣势。……需要破解科研与经济～的难题。”（丁斌　张守帅《校地集体‘突围’破解科研与经济“两张皮”难题》）

liàng dǐ pái
亮底牌

释义：底牌，扑克游戏中没有亮出来的牌。比喻揭示出事物的实情、内幕，以便于行事。
例句：“网上评先树优何惧～，因为公推过程接地气、有底气，方能在～时有勇气、沉住气。”（涵山寺《网络评先树优何惧“亮底牌”》）

liàng diǎn
亮点

释义：比喻有吸引力的人或事物。
例句：“2012年国土资源部信息化工作～纷呈，在促进政府管理职能转变、提升社会服务能力等方面发挥出重要作用。”（刘维《国土资源部信息化工作亮点纷呈》）

liàng hóng dēng
亮红灯

释义：红灯，交通信号表示停止通行的指示灯。比喻权力部门不批准，不能再继续下去。
例句：“吴剑雄指出，房企中报业绩～更加凸显房地产作为经济增长动力的作用将被弱化。”（赵晓婧《销售利润摊薄，中报亮“红灯”》）

liàng hóng pái
亮红牌

释义：红牌，指在体育比赛中，裁判要取消运动员参赛资格亮的牌。比喻对某项活动的取消或禁止。
例句：“不过你有没有想过，当你牺牲睡眠彻夜守在电视机前奋战的时候，你的身体正在向你～！”（宁恣《熬夜看“欧洲杯” 身体亮红牌》）

liàng pái zi
亮牌子

释义：比喻说出名字、表明身份等。

例句：“近日，市总工会下发通知，要在全市企业工会中实施‘双亮’工作，昨日还在杭锅集团召开现场会，交流经验，总结推广。所谓‘双亮’，就是‘工会组织～’和‘工会主席亮身份’。”（孙钥　胡大森《工会组织亮牌子　工会主席亮身份——市总工会在全市企业工会中推“双亮”》）

liàng xiàng
亮　相

释义：指戏曲上的表演动作。主要角色上场、下场前，或是一段舞蹈动作完毕后的一个短促停顿，集中而突出地显示出人物的精神状态，以便给观众留下深刻印象。比喻公开表示态度，亮明观点。

例句：“俺们套上大骡子大马满街里这么一转，干多干少，也算是表了表态，亮了～呀!”（贾大山《取经》）

liàng zài yī biān
晾在一边

释义：比喻受到冷落。

例句：“记者在事故现场看到两位驾驶员很激动，但是最为激动的还是乘客，‘他们撞了车，就把我们～了，这么热的天，这样做对吗?’崔先生说。”（李玮　昌旭光《两公交车别在一起 司机较上劲 乘客被晾在一边》）

liào juě zi
尥蹶子

释义：原指骡马等用后腿向后踢跳。比喻倔强的人不服管束。

例句：“张主任知道刘书记话里有话，是说自己越权行事了。这老家伙，嘴上说不行，可还是～。她后悔不该半夜接手这个事情，吃力不讨好。”（西部井水《封校令》）

liào zi
料子

释义：比喻适于做某种事情的人才。

例句：“我们正愁无人管理马匹，他自告奋勇要干这活，看里看表，都是个人材～。”（柳杞《好年胜景》）

liào tiāo zi
撂挑子

释义：挑子，即担子。比喻丢下本应该担负的工作，甩手不干了。

例句：“安南～了，和平解决叙利亚问题的大门又关上了一扇，这是否意味着政治解决叙危机的努力已经到了山穷水尽的地步?”（贾秀东《安南撂挑子谁之过》）

liào xià tián jī zhuō má què
撂下田鸡捉麻雀

释义：比喻因为贪图小利而造成大的损失，或是为了小事而耽误了大事。

例句：“旅游中需要掌握的一点，是要了解最佳的景点和最具特色的地方，如果没有看到这些该看的景点，就等于是～，等到离开景点就悔之莫及了。”

liè huǒ gān chái
烈火干柴

释义：比喻男女欢情很深。参见“干柴遇烈火”。

例句：“真是一对～，如胶似漆，燕尔新婚，连日哪里拆的开。”（清·曹雪芹《红楼梦》）。

liè huǒ jiàn zhēn jīn
烈火见真金

释义：金子的化学稳定性较高，不容易与其他化学物质发生化学反应，即使高温下也不会氧化变色；而铜或铁就不一样了，在高温下氧化程度会增大，因此冷却后的质量就会发生变化；所以，经过火烧，很容易辨别金、银、铜等。比喻经过磨练和考验才能发现真正勇敢坚强的人。

例句：“说空话谁也会，烈火才见真金哩！”（马烽《刘胡兰传》）

liè huǒ pēng yóu　xiān huā zhuó jǐn
烈火烹油，鲜花着锦

释义：在烈火上浇油使火烧得更旺，把鲜花附着在锦缎上使之更美丽。比喻好上加好，更加热闹。

例句：“雪芹斟酒道：‘我在北京也能觉到，如今真是到了～的极盛之世。我们这一代人是赶上了。可下一代呢？盛盛之世迟一点，或许将来人少一点悲凄呢！”（二月河《乾隆皇帝》）

liè tóu
猎头

释义：该词来源于拉丁文，原来是指美洲食人部落，作战的时候把对方的头颅砍下来，作为炫耀挂在腰间的行为。“二战”以后，欧美一些战胜国从德国等地寻找需要的科学家，他们像猎人狩猎一样派专业公司到处物色优秀人才，“猎头”一词被借用并逐渐流传开来。现在多指物色人才的人。

例句：“对于大多数人来说，国际顶级～行事向来神秘，比如从不做广告，也从不去一般的人才招聘市场。只有为数不多的高管才能进入他们的视野。”（张璐晶《国际顶级猎头的中国生意》）

lín zi dà le　shén me niǎo dōu yǒu
林子大了，什么鸟都有

释义：比喻社会很复杂，充满着形形色色的事，各种各样的人。

例句：“秦刚说，中国有一句俗话～。世界之大，无奇不有，什么人都有，也有各种各样的噪音。有些人、有些组织以为，如果缺少了他们这些噪音，世界就不够热闹。他们对中国历来如此，特别是在北京奥运会前，尽显趁火打劫、歪曲夸张之能事，唯恐天下不乱。”（陈志新《外交部发言人交锋媒体：林子大了，什么鸟都有》）

lín shàng jiào shí xiàn chán jiǎo
临上轿时现缠脚

释义：缠脚，是中国封建社会特有的摧残妇女的陋习，始于何代无从考察，但从有些资料看，应该是在宋代已经较为普遍，而到清代，因为对抗满清习俗使缠脚发展到鼎盛时期。绝大多数女子约从四五岁开始缠脚，直到成年骨骼定型后方能解开，也有缠至终老者。比喻事到临头才慌忙准备。

例句：“所以秋猎不过是借田猎讲武，调来各处军队练练把式。不要弄到皇帝手无缚鸡之力，三军战阵不成行伍，出了乱子，～，那就迟了。”（二月河《乾隆皇帝》）

lín zhèn mó qiāng
临阵磨枪

释义：比喻做事情事前不准备，而是临时想办法应付。

例句：“～，也不中用。有这会子着急，天天写写念念，有多少完不了的。”（清·曹雪芹《红楼梦》）

líng dān miào yào
灵丹妙药

释义：指灵验有效、包治百病的药。比喻能够解决一切问题的好办法。

例句：“由于各国的发展阶段、历史文化、政治制度等条件的千差万别，解决腐败问题不应该也不可能只是一种模式。历史和现实都已证明并将继续证明：多党制从来不是也不可能是有效防治腐败的～，多党制本身并没有、也难以解决腐败问题。”（戴立言《政党制度与反腐败》）

líng yá lì chǐ
伶牙俐齿

释义：形容口齿伶俐，能说会道。

例句：“碰巧那马吉儿又～，样样都能解答，真使他喜上加喜。”（欧阳山《高干大》）

líng jiao mó zuò jī tóu

菱角磨作鸡头

释义：菱角，一年生草本植物，根生在泥里，叶子浮在水面，果实的硬壳有角；鸡头，即芡实，为睡莲科植物芡的干燥成熟种仁。比喻历经无数次挫折而变得圆滑了。

例句：“我的前途，如同～，波折太多，困难太大。雾里看花的事儿，我早就不想了。这么久没公示，我已经预感到事情不妙。尽管我嘴上说得轻松，但心里却如万箭攒心。”（南君子《菱角磨作鸡头》）

líng dǎ suì qiāo

零打碎敲

释义：形容以零零碎碎、断断续续的办法做事。

例句：“他就指使他的两个兄弟，～地把粮食运出去，以高价出售。”（胡天培《山村新人》）

lǐng tóu yàn

领头雁

释义：每当秋冬季节，大雁就从老家西伯利亚一带，成群结队、浩浩荡荡地飞到我国的南方过冬。第二年春天，它们经过长途旅行，回到西伯利亚产蛋繁殖。在长途旅行中，雁群的队伍组织得十分严密，常常排成人字形或一字形，这种队形在飞行时可以省力。最前面的大雁拍打几下翅膀，会产生一股上升气流，后面的雁紧紧跟着，可以利用这股气流，飞得更快、更省力。前面的大雁，大多是很有力量、很有经验的，因而称为领头雁。比喻具有导向性的人，具备整体领导能力，是整个队伍的组织者、领导者和带头人。

例句：“一把手当好～，使班子成员安其位、谋其政、尽其责、竭其智、展其长、成其事，为地区部门带好头，为人民群众干好事，通过教育实践活动，促进各项工作。”（人民日报评论员《一把手要当好领头雁》）

lǐng tóu yáng

领头羊

释义：领头羊是羊群自己优胜劣汰、自我竞争、脱颖而出的，因而具有天然的崇高威望，是“权”和“威”二者自然合一的。领头羊一定是其中体格最健壮、跑得最快、听力最好，眼观六路、耳听八方最为敏锐的。羊群在领头羊之后，是充满信任地、甘心情愿地跟着它向前走。比喻在某项工作中起带头作用的人、在某个领域处于领先地位的个人或者集体。

例句：“显然，中国希望把博鳌论坛打造为新兴经济体版本的‘达沃斯论坛’，并借此树立和巩固在新兴经济体中的～地位。”（周慧来《中国能成为新兴经济体“领头羊”吗?》）

lìng lì mén hù

另立门户

释义：比喻家庭或门派分出去一支独立创业。

例句：“日本民主党前干事长小泽一郎 21 日表示，如果众议院就社会保障与税制一体化改革相关法案进行表决，他将投反对票，并有可能在其后退出民主党，～，组建新党。”（郭一娜《小泽一郎称可能退出民主党“另立门户”》）

lìng qǐ lú zào

另起炉灶

释义：在另外一个地方支起炉灶。比喻放弃原来的一切再从头做起。

例句：“师范解散，要～重新招生，重新招聘教职员。”（梁斌《红旗谱》）

liū hào

溜号

释义：指偷偷走开，也比喻注意力不集中。

例句：“大夫忍住了笑，知道他刚才是尝试～去偷看庙会的。”（草明《乘风破浪》）

liū xū pāi mǎ
溜须拍马

释义：溜须，据传宋朝寇准有一门生叫丁谓。一次二人共同进餐，寇准的胡须上不小心沾上一个饭粒，丁谓瞧见忙上前将饭粒从寇准的胡须上小心顺下并将胡须梳理整齐，极尽奴媚之像。拍马，源于我国北方养马的游牧地区，下级见到了上司，往往要对上司的马夸赞几句，一边拍着上司的马背一边用尽天下最美的词夸赞这匹马。两个词合并起来比喻讨好、奉承。

例句：“跟在李乡长的屁股后边，～，可神气啦。”（浩然《艳阳天》）

liú lǎo lao jìn dà guān yuán
刘姥姥进大观园

释义：刘姥姥，《红楼梦》里的人物，凭借与贾府拐弯抹角的关系，三进荣国府；大观园，是《红楼梦》中为贾妃省亲修的别墅，省亲后赐给宝玉等居住。刘姥姥二进荣国府时进了大观园，由于没见过世面闹出不少笑话。后把没有见过世面、看什么都觉新鲜有趣称为刘姥姥进大观园。

例句：“‘阿拉这些人到都市菜园去浏览，就像～，真是大开眼界。’在会议开始前，本次活动的承办单位——上海新天地国际旅行社有限公司董事长兼总经理周广和，先带领大家去都市菜园的原生态大棚参观。……看到菜园里这些不种在土里的蔬果后，大家不由得发出阵阵感叹。”（徐可奇《CEO看菜园犹如刘姥姥进大观园》）

liú bǎ bǐng
留把柄

释义：比喻因为言行不当给人留下议论的口实。

例句：“吕大发道：‘放心吧，你还不知道我吗？怎么可能～给人？”（常谕《权财》）

liú dé qīng shān zài　bù pà méi chái shāo
留得青山在，不怕没柴烧

释义：比喻只要保存住最根本的力量，就不怕日后没发展。

例句：“砍了林子是可惜。可是我们只要保住这地方，～，往后还不是要啥有啥！”（马烽西戎《吕梁英雄传》）

liú hòu lù
留后路

释义：指说话、做事留有余地，以防备有可能发生的紧急情况。

例句：“她说：‘为了让你一往无前，不再回头。如果你决定从事这个行业，你就要下定决心，不给自己～。’”（王二《金牌推销员胜过公务员——王百万发财记》）

liú hòu shǒu
留后手

释义：传说老虎拜猫为师，学会了扑、跳、咬，老虎以为本领大了，就想吃掉猫，以便成为霸王。没想到猫灵活地爬到树上，老虎干瞪眼抓不到猫。这就是猫留了后手，没有把本领都教给老虎，这才保住了性命。比喻保留最后能制胜的绝招。

例句：“我们得～，不要再得罪田大瞎子。”（孙犁《风云初记》）

liú wěi ba
留尾巴

释义：比喻事情做得不彻底，有遗留问题没有解决。

例句：“‘三大原则’是不给政府添麻烦，不给职工～，不给银行甩债务。”（《广东建设报》）

liú yī shǒu
留一手

释义：指保留一些本领、技能不拿出来。

例句：“我们常常听到：拳师教徒弟是～的，怕他学会了要打死自己，好让他称雄。”（鲁迅《南腔北调集·作文秘诀》）

liú chǎn
流　产

释义：医学术语，指妊娠在28周前终止。比喻某一项计划或方案因某种原因而无法实现。
例句：“《华尔街日报》则说，有IMF官员称，尽管本周二的希腊救助协议能够帮助希腊让债务回归可持续水平，但未来几天存在的一些风险可能会令该计划～。”（管克江《希腊援助计划被忧流产》）

liú shuǐ
流　水

释义：流动的水。比喻商店的销货金额。
例句：“‘雷老板，你老是吵吵生意越来越难做，可你这流水却是越来越高啊！’‘大税务科长，您别光看流水呀，这年头，原料、成本、人工，啥不涨啊！’”

liú shuǐ bù fǔ
流　水　不腐

释义：流动的水不会发臭。比喻经常运动的东西不易受侵蚀，才有旺盛的活力，才能持久。
例句：“～。一个社会如果各阶层呈现固化的态势，往往会使底层民众以至整个社会失去前进的动力，其后果是可怕的。因此，如何补救现行考试制度在增加社会阶层流动性方面的缺陷，这需要进一步的思考。”（任宇波《流水不腐》）

liú shuǐ luò huā
流　水　落　花

释义：指春残的景象。比喻好时光的消逝。
例句：“说起来有几分悲切，但人的青春确是～，所以，只能珍惜，容不得挥霍！”

liú shuǐ zhàng
流　水　账

释义：每天记载金钱或货物出入的、不分类别的账目。比喻不加分析归纳而罗列现象的记述或记载。
例句：“工作总结不能写成～，要把一年的工作归纳成几个部分，这样人家才能看得明白，在总结会上人家也能听得进去。”

liú xīng gǎn yuè
流　星　赶　月

释义：像流星追赶月亮一样。比喻行动迅速。
例句：“伏炎为自己的大意付出了惨痛的代价，顿时感到烈风压境，呼吸都变得困难起来。他虽是筋骨齐鸣的武者，可在完全没有防备的情况下受一烈腿，也会吃不消。伏君这～的一腿，重重地劈了下去，狠狠地砸在了伏炎的肩头，巨大的力道传到了他的颈脖之间，让他登时双腿一软，失去了知觉。”（长天一剑《九转金身》）

liǔ àn huā míng
柳　暗　花　明

释义：柳树成阴、繁花似锦的景象。比喻在困难中遇到转机，由逆境转变为充满希望的顺境。
例句：“一次又一次看来是不可逾越的艰险，也总是豁然开朗，～。”（魏巍《东方》）

liù shén wú zhǔ
六　神　无　主

释义：六神，道家指主宰人的心、肺、肝、肾、脾、胆的神灵。形容心慌意乱，拿不定主意。
例句：“崇祯皇帝心烦意乱，～，勉强耐下心看了一阵文书”。（姚雪垠《李自成》）

lóng bù lí hǎi　hǔ bù lí shān
龙不离海，虎不离山

释义：比喻权贵者不能离开对自己最有优势的地方。

例句："～，做官也做地方官，县官不如现管。"（古立高《隆冬》）

lóng duō bù zhì shuǐ
龙多不治水

释义：比喻人多做事互相推诿，没有成效。

例句："这种会，人多遮得眼黑，～。"（刘江《太行风云》）

lóng duō hàn
龙多旱

释义：龙，是我国古代传说中的神异动物，能兴风降雨。龙多了相互依赖反倒耽误了事。比喻干事情管事的多，主意多，反倒不能把事情干好。

例句："我想来想去，觉得不妥，～，人多乱，几十户人家搞到一起，怕出问题。"（周立波《暴风骤雨》）

lóng fēi fèng wǔ
龙飞凤舞

释义：原是形容山势的蜿蜒雄壮，后比喻书法笔势有力，灵活舒展。

例句："抬头看见北墙上挂着四幅大屏，草书得～，出色惊人。"（清·刘鹗《老残游记》）

lóng guī dà hǎi　hǔ jìn gāo shān
龙归大海，虎进高山

释义：比喻有才干的人都往适合自己能发挥所长的地方去。

例句："今天，带着胜利的喜讯，钻进了这建立了深厚感情的青纱帐里，真好比～，他怎么能不感到格外兴奋和激动呢?"（王厚选《古城青史》）

lóng pà jiē lín　hǔ pà chōu jīn
龙怕揭鳞，虎怕抽筋

释义：比喻害怕被人揭短。

例句："满怀希望而去的钱为民却意外地遭遇了他事业上的第一个'滑铁卢'，被那个原先由省厅领导捂得严严实实的闷棍猛击了一下。他无论如何也猜不到，这次全省公安机关目标管理责任制检查评比，他所领导的东源市公安局竟然名列全省十四个地州市倒数第一名！这一意外的结果……让这位一贯心高气傲、争强好胜绝不做皮蛋的市委常委、市政法委书记兼公安局长下不了台，……～，他突然意识到这其中一定有名堂。"（一钱不值《警营传奇》）

lóng píng dà hǎi hǔ píng shān
龙凭大海虎凭山

释义：比喻客观条件是不可缺少的。

例句："～，我杨涛凭的就是金山这里的地气啊。别看在这个地方，我也是人模狗样的，但是只要一跳出这个小圈子，就再也什么都不是了……"（晋原平《换届》）

lóng shé hùn zá
龙蛇混杂

释义：比喻不同类型的人杂处在一起。

例句："如果我们承认在北京的确存在'地头蛇'和'外来强龙'这样两种类型的地产商的话，那么有关北京地产'～'的判断也应该基本成立。"（旺财《龙蛇混杂》）

lóng shēng jiǔ zhǒng　zhǒng zhǒng bù tóng
龙生九种，种种不同

释义：传说龙生了九个儿子，但每个儿子性格各异，各有所长。比喻在同一环境下生活，聪

愚好坏可以各不相同。

例句：“‘瑞丰！他简直不像是你的同胞兄弟！怎那么别扭呢？我没有见过这样的人！’‘倒也别说。～！’”（老舍《四世同堂·偷生》）

lóng shēng lóng fèng shēng fèng

龙生龙，凤生凤

释义：比喻有什么样的父母，就会有什么样的孩子；有什么样的宗师，就会有什么样的信徒。

例句：“罢，罢！～。有那不思家乞丐天涯的父亲，定然生这不顾母流落沟渠的儿子。”（明·天然痴叟《石点头》）

lóng tán hǔ xué

龙潭虎穴

释义：见“虎穴龙潭”。

lóng téng hǔ yuè

龙腾虎跃

释义：像龙一样腾飞，像虎一样跳跃，形容跑跳时的动作。比喻奋起行动，有所作为。

例句：“坚信只要度过这段困难日子，局势就会好转，任自己～。”（姚雪垠《李自成》）

lóng tóu

龙头

释义：龙的头。比喻杰出的人、团体、事物。

例句：“据了解，主要布局于三四线城市～房企的资金链紧张已成普遍现象，主要的原因是‘大本营’楼市降温、销售回款缓慢，而融资渠道又相对狭窄。”（潘彧《三四线龙头房企或转让项目断臂求生》）

lóng yǎn shí zhū fèng yǎn shí bǎo niú yǎn shí qīng cǎo

龙眼识珠，凤眼识宝，牛眼识青草

释义：比喻有眼力的人识货，没有眼力的人不识货。

例句：“嘿嘿，～。我金某人在这方圆几百里的地界看了十几年的风水，像这样好的山形地势见着的还不多。”（奚青《朱蕾》）

lóng zhēng hǔ dòu

龙争虎斗

释义：比喻双方势均力敌，斗争或竞赛激烈。

例句：“宝玉本不善管理，袭人又是个老好人，这样一来，怡红院中下级丫鬟间的～愈演愈烈。搞得下级丫鬟们没有出路，苦不堪言，只好偷东西，占便宜，要不就是跳槽。”（凭栏翠袖《龙争虎斗怡红院》）

lóng zi de ěr duo

聋子的耳朵

释义：比喻没有实际用处。

例句：“这个社会貌似充满了太多的黑色幽默，当现实成为理想的反讽时，理想就沦落为～，不过一个可悲的摆设。”（风马之梦《聋子的耳朵》）

lóng zi zhì chéng le yǎ ba

聋子治成了哑巴

释义：比喻把问题弄得比原来更麻烦、更严重了。

例句：“中国滥用抗生素是世界第一，滥用激素也是世界领先。医生把病人当前出现的症状给消除掉，副作用一般就不考虑了，结果呢，很可能就把～。”

lóng zhōng niǎo

笼中鸟

释义：关在笼子里的鸟。比喻受到禁锢。

例句：“在她完全不熟悉的这个空间，在这个精致的院子里，在这座豪华的府邸中，一层层的围墙，禁锢着她的行动范围，想要看看落日，她就算爬上屋顶也不够。这些日子，她越发觉得自己就是那～，看不到外面的缤纷，走不出牢笼。”（车珠子《悍夫囚妻》）

lōu cǎo dǎ tù zi

搂草打兔子

释义：比喻做一件事顺便又做了另一件事，两件事都不耽误，一举两得。

例句：“马律师对他说：‘你不是法律科班出身，不如利用当助理的三年时间，再读个法律硕士。在学校里，你可以学到理论知识，建立人脉关系，获得硕士文凭。毕业实习，毕业论文就用我这里的现成的案子来做，这样你又可以获得实战经验，这也算是～一举两得的事。”（池月荷风《搂草打兔子》）

lòu dòng

漏洞

释义：比喻破绽和不周密的地方。

例句：“想来王伯申也很精明，这件事他一定另有布置，～是早已补好了的。”（茅盾《霜叶红似二月花》）

lòu wǎng zhī yú

漏网之鱼

释义：从鱼网中逃脱的鱼。比喻侥幸逃脱。

例句：“记者实地探访榆树市5个考点后发现：考生普遍反映，不同考场、不同科目的安检宽严度‘不一’，信号屏弊好不好也有多种说法。但受罚考生或家长均承认：‘史上最严高考安检’下，依然存在‘～’。”（中国青年报《作弊器缝进卫生巾　史上最严高考仍有漏网之鱼》）

lòu chū le hú li wěi ba

露出了狐狸尾巴

释义：传说狐狸能变人形，但却变不掉尾巴。比喻坏人暴露了本来面目。亦简作“露尾巴”。

例句：“因为不够吃，居于统治的异族～。”（老舍《四世同堂·饥荒》）

lòu liǎn

露脸

释义：比喻获得荣誉、受到表扬而脸上有光彩或是显示才能。也表示露面，被人看见。

例句：“老田，你今天扮的这个角色可不够～。”（蒋子龙《赤橙黄绿青蓝紫》）

lòu mǎ jiǎo

露马脚

释义：此词在唐代已出现。当时有一种游戏，在节日庆典时，将描绘好的麒麟皮装饰于驴或马的身上，借以喜庆助兴。但马脚或驴脚却难免在耍弄时露出来，于是有“露马脚”一说。北宋《续传灯录》载：“后来风幡事起，卷簟义彰，佛手难藏，驴脚自露。”《元曲选·佚名·陈州粜米》有这样的话：“这一来怕我们露出马脚了。”
另据民间传说，明太祖朱元璋原配马皇后是个没有缠过的大脚，在那个女人小脚为美的时代，大脚是不能让人发现的，但无论怎样掩饰，还是在不经意间露出她的大脚来，因有“露马脚”一说。“露马脚”后比喻无意中泄露了真相。

例句：“没有经过训练、没有见过仗火的人，无论平常是怎样的热心，怎样的夸口，一到临场便要～。”（郭沫若《北伐途次》）

lòu tóu

露头

释义：比喻刚出现，显出迹象。

例句：“据北京市公安局网站消息，北京警方表示将继续全面强化社会面巡逻防控力度，确

保首都治安秩序良好，对严重刑事犯罪坚持主动出击、～就打。”（贾玥《北京警方：对严重刑事犯罪坚持主动出击露头就打》）

lòu wěi cáng tóu

露尾藏头

释义：把头藏起来，却露出了尾巴。比喻躲躲闪闪，不说明全部真实情况。

例句：“我虽然句句的～，被你二人层层的寻根觅活，话也大概说明白了。”（清·文康《儿女英雄传》）

lòu xiànr

露馅儿

释义：带馅的食品如饺子、包子等都是用面皮把馅包起来，从外表看并不知道什么馅。一旦面皮破裂，馅就露出来了。比喻不肯让人知道而隐瞒的事暴露出来。

例句：“依着孙定邦是要再好好地盘问盘问他，他要是假的，一定得～。（刘流《烈火金刚》）

lòu yī shǒu

露一手

释义：比喻显示某种本事给人看。

例句：“虎姑娘一向野调野腔惯了，今天头上脚下都打扮着，而且得装模作样地应酬客人，既为得到大家的称赞，也为在祥子面前～。”（老舍《骆驼祥子》）

lú shān zhēn miàn mù

庐山真面目

释义：此语源自苏轼诗《题西林壁》：“横看成岭侧成峰，远近高低各不同；不识庐山真面目，只缘身在此山中。”后比喻事物的真相或人的本来面目。

例句：“据国外媒体报道，埃及科学家 4 月将古埃及法老图坦卡蒙的木乃伊从镀金石棺中转移到特别的玻璃陈列柜中，3000 年来首次对公众展出，游客将有幸一睹这位早逝法老的～。”（杨孝文《埃及法老图坦卡蒙露出庐山真面目》）

lú huǒ chún qīng

炉火纯青

释义：道士炼丹，认为炼到炉里发出纯青色的火焰就算成功了。后比喻功夫达到了纯熟完美的境界。

例句：“很快，连赵云山都对他写的材料赞赏不已，惊叹他用词准确、言简意赅，表达到位且富于力度，这种简练精到一旦～，甚至产生了一种别致的公文美感和文采，那种境界连老笔杆子赵云山都望尘莫及。……这样一来，钱秘书就成了大家公认的省府头号笔杆子。”（野狐《夫人指点升官路：封疆大吏》）

lǔ bān mén qián shuǎ dà fǔ

鲁班门前耍大斧

释义：鲁班，亦称鲁磐、公输磐，鲁国（今山东省）人，出身于工匠世家，从小跟随家人参加过许多土木建筑工程劳作，是一位杰出的发明家；传说木匠用的锯子就是他发明的，被后来的土木工匠尊为祖师。讽刺人在行家面前卖弄逞能。

例句：“他们下车以后，首先要碰到商业局……非要留住他们细细谈谈采购、运转当中的经验和问题！好老天！这不是叫他们～！”（康濯《东方红》）

lù bù xiū bù píng

路不修不平

释义：比喻人或事必须经过磨炼的过程，去其劣处，才能更加完美。

例句：“说着来人已走到兆瑞身边，抬手就是一巴掌，把兆瑞抽了个趔趄：‘小小年纪就不学乖，长大了还了得，还不知能日弄个啥玩艺呢！……～，老子今天就好好教训教训你。’说着又是一巴掌，直打得兆瑞摺了个跟头。”（任峰《风雨人生》）

lù yáo zhī mǎ lì
路遥知马力

释义：路行得远才能知道马的强弱。比喻相处时间长了才能真正认识一个人。

例句："真是～，日久见人心！过去算我瞎了眼睛，没看出你是这种人！"（雪克《战斗的青春》）

lù zi yě
路子野

释义：指某人的社会关系非常复杂，办事的门路多或指办事的风格与别人不一样。

例句："大坊县的人算是看明白了，王泽荣这～得都到了商务厅那里了！"（鸿蒙树《官气》）

lù sǐ shuí shǒu
鹿死谁手

释义：鹿，猎取的对象，比喻争夺的政权。原比喻不知政权会落在谁的手里。现在也泛指在竞赛中不知谁会取得最后的胜利。

例句："本周最大娱乐事件就是《白鹿原》终于攻克技术难关公映。凡事出发点不一样，海拔不一样，就是所谓精神指向各不同，才有了分手之后有复合。当女王遇到女王，太后驾到，～，谁比谁狠。"（黄啸《鹿死谁手　谁比谁狠》）

lù gǔ
露骨

释义：比喻用意十分显露，语不含蓄，毫无掩饰或假装的状态。

例句："秀苇一看见刘眉的画高高挂在世界名画中间，不禁又格格笑起来，笑声公开地带着～的嘲讽。"（高云览《小城春秋》）

lù fēng máng
露锋芒

释义：比喻显露出才干或事物的尖利部分。

例句："《今日快评》一改一些报纸评论四平八稳的语言，其亲切、如娓娓道来的文风犹如与读者面对面随意聊天。这种聊天时而幽默诙谐，时而'尖酸刻薄'，观点～，语言极犀利，颇具个性化。"（冯小红　冯晓芳《在展露锋芒中保持理性》）

lù shui jiě bù liǎo kě
露水解不了渴

释义：比喻已有的东西与需求的东西在量的方面相差太远。

例句："开始听说农村信用站可以贷款的，他就到了信用站请求帮助，信用站也算'开恩'了，贷了几千元给予支持，随着时间的推移，～，又重新出现了资金不足的困难，……怎么办？只有按信用站业务员的指点向信用社请求帮助解决。"（林忠生《扶持毛竹加工行业　拓展竹制品知名度》）

lù tóu jiǎo
露头角

释义：头角，主要指头上长角的动物，如牛、羊等。露头角说明已脱离幼年期向成熟期发展。用头角比喻人的气概与才华，露头角比喻初次显露才华。

例句："这种作家和革命尚未～时，大多数是在学校那两个特别组织里活动的。"（沈从文《大小阮》）

lǘ chún bù duì mǎ zuǐ
驴唇不对马嘴

释义：比喻二者毫不相干，根本扯不到一起。

例句："年幼的时候，她说笑话给他听，他转转眼珠又把她的笑话改编一回，说给她听，有时编得～。"（老舍《老张的哲学》）

lǘ dǎ gǔnr

驴打滚儿

释义：驴在卸下绳套以后喜欢躺在地上打滚，左一下右一下来回滚动。比喻一种高利贷，利上加利，越滚越多。

例句："唉，大喜的日子也不能歇一班，借了人家～的钱！"（彭永辉　李洪辛《燎原》）

lǘ fèn qiú wài miàn guāng

驴粪球外面光

释义：比喻人或事物外表看上去不错，实际却是一团糟，很差劲。

例句："看一个人，如果对自己好就好，对自己坏就坏，那不一定对。因为有的人是～。"（冯德英《迎春花》）

lǘ jià yuán　mǎ lā tào

驴驾辕，马拉套

释义：正常情况下是由马来驾辕，因为驾辕比拉套重要。比喻用人不当。

例句："这些人哈哈大笑说，～，老娘们当家瞎胡闹。一个还没开怀的大姑娘，有什么能力领导我们？还是趁早把黑账户上的钱分了，各奔东西。王蓉不答应，说，你们可以走，我可以资助你们路费。但是，任何人无权要求分得黑账户上的钱，我只是财产的代管人。将来，我要将这些财产交给真正的主人。"

lǘ yǒu

驴友

释义：源自网络，"驴"是旅游的"旅"的谐音，是对户外运动、自助旅行爱好者的谑称。

例句："由此我也发现，如果说十年前的刘剑只是一个有着强大征服欲、荣誉感的单纯'～'，那么现在他已经成了充满爱心的天使、传递真情的纽带，是他及他的队友们让爱不再有高山大河的阻隔，让你的心与我的心贴得更近！"（吕秋璇　司晓丹《藏区孩子是我们"驴友"的牵挂》）

lǚ hǔ xū

捋虎须

释义：比喻冒着风险去触犯强者。

例句："哎哟哟，好山贼野寇，俺艾虎正要寻他，他反来～。待他来，有俺自对付他！"（清·石玉昆《七侠五义》）

luàn chéng yī guō zhōu

乱成一锅粥

释义：像粥那样很难分清米和水了。比喻已经乱得无法收拾了。

例句："到了公元3世纪，罗马帝国已然处在崩溃的边缘，简直～。国内，军事混乱、皇权衰落；国外，波斯人、日耳曼人挤兑得它没处藏没处躲。"（孙　琳　不　戒《中世纪千年史话——暗幕降临》）

luàn diǎn yuān yāng pǔ

乱点鸳鸯谱

释义：鸳鸯，鸟，像野鸭，体形较小，善浮水，能飞，雌雄多成对生活在水边，文学上用来比喻夫妻。鸳鸯谱，旧时指夙缘冥数注定做夫妻的谱牒。比喻给人乱配夫妻或指不根据实际情况胡乱安排事情。

例句："沈翼微微一怔，想起幕容凝仙子般的容颜，心中一荡，不过还是摇头道：'幕容小姐对我一向没什么好感，老爷子你这样～，也不怕她埋怨你？"（白色黄昏《傲世乾坤》）

luàn fàng pào

乱放炮

释义：比喻没有事实根据，只凭主观想象而胡乱发表言论。

例句："整治她们，要钻空子，找出正当理由，不能～和放空炮，那既浪费时间，又没有实

际意义。”（离离原上草《落红》）

luàn le zhèn jiǎo

乱 了 阵 脚

释义：古代作战队伍的行列或组合方式称为“阵”，阵的最前列为阵脚。乱阵脚指的是作战队伍由于某种原因造成了阵法的混乱，违背了布阵者原有的布阵意图，阵脚一乱往往导致失败。比喻处理某种事情时失去应有的控制或调度能力，而出现混乱的局面。

例句：“两岸应认清日本妄想对两岸分化、离间的邪恶用心，而对其搅浑水的举动，两岸不能自～。”（王国红《日本搅浑水，两岸不能自乱阵脚》）

luàn tán qín

乱 弹 琴

释义：弹琴不按节拍，弹的不是调。比喻乱来一气。

例句：“你这个警卫员真是～，就连首长也看不住。要是旅首长碰到特务出了差错，保卫科会砍你的头！”（杜鹏程《保卫延安》）

luàn tào

乱 套

释义：马车都是用绳套把马与车连在一起，如果在行进过程中绳套乱了不仅影响马的正常走路，还会伤害马甚至有翻车的危险。比喻乱了次序或秩序。

例句：“（关于异地高考）小城市放开没有多少人去，但北京、上海如放开就会～。”（杨凡 等《全国政协委员王玉凤称北京人才济济，放开高考会乱套》）

lún kuò

轮 廓

释义：物体的外周或图形的外框。比喻事情的概况。

例句：“这个观念萌生在他心头已有一二年了，不过并不清晰，只粗粗地有这么个～。”（叶圣陶《倪焕之》）

luó quān jià

罗 圈 架

释义：罗圈，用竹子或木片制成的圆形框子，蒙上网后可以筛选较细的物质。比喻为一件纠纷而牵扯了若干人。

例句：“张连长的训话还没有结束就被打断了，一个知青惊慌地跑过来：‘带队，那边打起来了。’‘谁跟谁打起来了？’‘北京的和哈尔滨的，啊不！是哈尔滨的和北京的、上海的打～！’”（梁晓声《知青》）

luó bo bái cài gè yǒu suǒ ài

萝 卜 白 菜 各 有 所 爱

释义：比喻各有各的爱好，不能强求一致。

例句：“‘浑小子，我不知道你平时的眼光都跑哪儿去了？昆家的丫头又黑又不漂亮，脾气据说还有点刁蛮，你看上谁不好，偏偏看上她？’陈卓麟有些不满地说道。‘爸，～，我就喜欢昆钰这样的。不管了，反正我就要娶她当我老婆了！’陈俊珠断然说道。”（大秦骑兵《未来接收器》）

luó bo bù jì zhǎng zài gěng shàng

萝 卜 不 济 长 在 埂 上

释义：比喻人或物品很一般但所处的位置却不一般。

例句：“商玉芬用筷子杵了冬冬一下：‘跟你老舅咋说话呢，～，好歹他也是你老舅。’”（胡九光《农民》）

luó bo kuài le bù xǐ ní

萝 卜 快 了 不 洗 泥

释义：比喻由于商品销路好而忽视了质量。

例句：“如果保障建设一味追求速度，～，很容易像最近频频出事的某些工程，建成后问题不断，甚至发生事故、酿成悲剧。”（王炜《别让速度掩盖了隐患》）

luó gǔ bù qiāo bù xiǎng
锣鼓不敲不响

释义：比喻有话就要说得明明白白，不然人家就不知道你的想法。

例句：“听我说，～，话不说不透，其实你们俩根本也没啥大的矛盾，就是有些误会再由别人七传八传的，让你们误会越来越深，今天，你俩就当着我的面好好唠唠，咋样？”

luó gǔ cháng le wú hǎo xì
锣鼓长了无好戏

释义：演戏时若后台遇到突发状况不能正常演出时，就连续敲锣鼓点来占用时间，观众也由此来判断下一段戏出了问题。比喻有些问题的过程超出了常规，下一步会出现不好的结果。

例句：“事不宜迟，越快越好。俗话说：‘～。’”（王厚选《古城青史》）

luó qí gǔ bù qí
锣齐鼓不齐

释义：比喻做事情缺少必要的若干条件。

例句：“因离退休党员住地分散或外出走亲会友等诸多原因，不易集中，常常是～，加强党支部的建设，确实存在一定困难，因而造成党员学习和组织生活不能较好地落实。”

luò yáng zhǐ guì
洛阳纸贵

释义：西晋文学家左思，曾做一首《三都赋》，名士观后欣然为之作序，自此名声大噪。由于都城洛阳的权贵之家皆争相传抄《三都赋》，遂使纸价上扬。“洛阳纸贵”一时成了佳话。比喻作品有价值，广为流传。

例句：“杨朝明可能没有想到，《孔子家语通解》这本书，当时一度要自己贴钱才能出版，现在，这本书‘～’。”（李攻《孔院向习近平赠书续：书籍由赔钱出版到“洛阳纸贵”》）

luò huā liú shuǐ
落花流水

释义：原形容暮春景色的衰败。比喻景象凄惨或被打得大败。

例句：“这薛公子的诨名，人称他‘呆霸子’，最是天下第一个弄性尚气的人，而且使钱如土。只打了个～，生拖死拽，把个英莲拖去，如今也不知死活。”（清·曹雪芹《红楼梦》）

luò huā yǒu yì　liú shuǐ wú qíng
落花有意，流水无情

释义：比喻一方有意，一方无情。

例句：“此时此刻，我的心被他们敲碎了，真的是欲求盛景无路，欲劝流水无语，只能发出～的嗟叹。”（陈怿徽《落花有意，流水无情》）

luò jǐng xià shí
落井下石

释义：指看见有人掉到井里，不但不救，反而向井里扔下石头。比喻乘人之危加以陷害。

例句：“话落，不再瞧尚莞，尚莞一脸焦慌，这个时候谢丰和是想撇清干系，想想当初见她调到邵栾晟身边当差，还一脸狗腿，现如今她有难，倒撇得远远的，这就是～的薄凉吧！”（颜紫潋《总裁，敢动我试试》）

luò mǎ
落马

释义：从马上掉下来。比喻失败或丢官。

例句：“刘志军的～对我们领导干部是个很响的警钟，很及时的警示。要让那些还在侥幸的

腐败分子们知道，虽然暂时能不可一世，但是如果再不悬崖勒马，那会和刘志军一样的结局，不是不报，时辰未到。”（练红宁《刘志军落马的警示与思考》）

luò shuǐ gǒu
落水狗

释义：掉在水里的狼狈不堪的狗。比喻失势的人。

例句：“总而言之，不过说是～未始不可打，或者简直应该打而已。”（鲁迅《论费厄泼赖应该缓行》）

luò tāng jī
落汤鸡

释义：本意为落水或浑身湿透的鸡。比喻浑身湿透或名利受到极大损失的人。

例句：“刘建波赶忙去关窗户，突然，他透过窗户看见何莹被雨淋得像～似地，正从楼下冲进楼道。”（独牧人《桃色漩涡》）

luò wǎng
落网

释义：指坏人被抓住，落入法网。

例句：“还有，老百姓要不亲眼看见他～，总不放心。”（周立波《暴风骤雨》）

luò xià wéi mù
落下帷幕

释义：帷幕，舞台上的大幕布。比喻事情结束。

例句：“7 月 22 日晚，‘两岸同心我们同行’两岸万名青年大型交流活动国侨办分团——2011 年台湾青少年夏令营北京、武汉、广东三地的台湾青少年夏令营～。”（张勤《台湾青少年夏令营落下帷幕》）

luò yè guī gēn
落叶归根

释义：落下来的树叶掉到树根旁，化作肥料滋养大树。比喻事物有一定的归宿。多指客居他乡的人，终要回到故乡。亦作“落叶归根”。

例句：“她说‘～的思想占据和主宰了老一辈华侨的人生，而到我们这一代，由于交通便利和经济全球化等诸多因素，使我们有了落地生根的条件。’”（冯俊伟《从“落叶归根”到“落地生根”——访西班牙中西女企业家协会主席林京煌》）

luò zài guǐ shǒu lǐ， bú pà jiàn yán wang
落在鬼手里，不怕见阎王

释义：比喻到了艰难的境地，索性什么都不怕。

例句：“‘这我已想过了。俗话说，～。我的生命属于人民，属于我们的党。我想，只要我是为党而死，为人民失去生命，我就心满意足了。而且，我比那些一心只为自己苟活的人要高尚得多。’陈立夫见难以劝动林育南，只好起身说：‘我是好心肠，你当驴肝肺。你不听我的一切后果由你自己负责。’‘当然由我负责！’”（汪幸福《林氏三兄弟——林育英　林育南　林彪》）

M

mā bù xià liǎn
抹不下脸

释义：比喻碍于脸面或情面不好意思说破，只好应付。

例句：“人家见他说得如此恳切，有些～的，不免都应酬他几块，然而大注捐款一注没有。”（清·李宝嘉《官场现形记》）

má dài shàng miàn xiù bù de huā
麻袋上面绣不得花

释义：麻袋，用粗麻线编织的袋子。比喻底子较差，很难有出色的地方。

例句：“～，没有主力参与的股票千万不能碰，你要不信这个邪，你就去交学费好了！”

má gǎnr dǎ láng liǎng tóu hài pà
麻秆儿打狼两头害怕

释义：麻秆，麻类植物剥掉皮后即为麻秆，质地较脆，多用做薪柴。比喻双方不知底细而均有所顾忌。亦可简作“麻秆儿打狼”。

例句：“如今做生意最怕被骗，买卖双方经常是～：买方期望货到付款，卖方则是坚持款到发货。很多可以互惠互利的商机，就在这相持不下的‘互怕’中丧失。”（士心《“麻秆打狼、两头害怕” 提存公证、后顾无忧》）

má mù
麻木

释义：身体某部分感觉发麻或丧失感觉。比喻对外界事物反应不灵敏。

例句：“想不到的悲哀的袭击使她～了。”（周立波《暴风骤雨》）

má què fēi guò yě yǒu yǐng zi
麻雀飞过也有影子

释义：比喻人无论做过什么事情或是到过某地总会留下痕迹。也作“鸟儿飞过都有影”。

例句：“～，做了的事怎么瞒得住人呢？”（罗旋《南国烽烟》）

má què suī xiǎo wǔ zàng jù quán
麻雀虽小，五脏俱全

释义：比喻虽然规模不大但功能却很完备。

例句：“别看我们单位人少，但～，跟上级对口的工作都要有人负责，所以我们要身兼数职。”

má zuì
麻醉

释义：医学上用药物或其他方法使病人整体或局部暂时失去感觉，从而在无痛的状态下进行手术治疗。比喻设法使自己处在无知觉的状态。

例句：“我常常会用酒精来～自己，直到忘记这个世界的存在，也许这是一种释放自己的最好方法；一个人，坐在这个世界的某个角落，静静的借酒消愁；压力、伤痛、对错、是非，没有谁承担这一切，只有酒才是最好的知己。”（小戴《用酒精麻醉自己》）

mǎ bù chī yè cǎo bù féi
马不吃夜草不肥

释义：马是食草动物，草料中所含能量较低，所以马经过一天劳累后，夜间要给马补一次

“夜宵”，不然的话，马不及时补充能量就会越来越瘦。比喻人在正常之外又得到额外的收获。

例句：“突然想起了这句话，～。我想现在就是这个状况，老师就像老骥伏枥，只顾埋头耕耘，而忽略了自身能力、专业技能的提高。这次班主任远程培训，就给了我们这种机会。”（谢经敏《马不吃夜草不肥》）

mǎ bù tíng tí
马不停蹄

释义：马不停地跑动。比喻一刻也不停留，一直前进或活动、工作。

例句：“温谅已经～地开始了商业上的推进，11 月 19 日，青河餐饮有限公司正式成立，……”（地黄丸《重生之平行线》）

mǎ dà hā
马大哈

释义：此语出自何迟的相声《买猴儿》，说的是一个叫马大哈的人，单位领导让他去采购猴牌肥皂五十箱，结果他却买来五十只猴子，弄出一大堆笑话的故事，讥讽领导官僚主义和属下盲从的工作作风。马是马虎，大是大意，哈是打哈哈，即开玩笑、不认真。“马大哈”指马马虎虎、大大咧咧、嘻嘻哈哈全无所谓的草率办事的人。

例句：“中国人的‘～’习惯从一些词语和俗语上可见一斑，比如：‘差不多’‘就这样’‘拉倒’‘大概其’‘点到为止’‘只可意会，不可言传’。”（汪中求《再也不能继续“马大哈”下去——〈精细化管理实用全案〉序》）

mǎ dào chéng gōng
马到成功

释义：指战马一到，立即成功。比喻成功容易而且迅速，一开始就取得胜利。

例句：“你今天旗开得胜，～，连喝三盅。”（杨朔《雪花飘飘》）

mǎ guì bù zài ān
马贵不在鞍

释义：比喻看问题不能光看表面，而应该重本质。

例句：“在中国传统文化中，‘贫穷’并不可耻，在某些特定的年代，‘贫穷’是好出身的同义词。‘～’‘人贵不在财’‘人穷志不短’等俗语反映了中国人的一种价值观。”

mǎ hòu pào
马后炮

释义：中国象棋术语，一方的马与对方的将处于同一直线或同一横线，中间隔一步，再用炮在马后将军，是残局或中局阶段颇有杀伤力的一招。此招必须及早发现并做好准备才能破解，如果棋局已形成“马后炮“之势就晚了，无法破解，只能认输。因此在生活中把事后才发现问题称为“马后炮”。

例句：“‘谁说人家伊然没跟你说，这不来短信了……’沫然强忍着笑说。‘伊然这家伙，就会搞～,我都知道了，还用她说。’筱安生气地说。”（落小然《腹黑丫头杠上明星四少》）

mǎ hu
马虎

释义：据传宋代时京城有一位画家，作画往往随心所欲。一次，他刚画好一个虎头，碰上有人来请他画马，他就随手在虎头后画上马的身子。来人问他画的是马还是虎，他答：“马马虎虎！”来人不要，他就将画挂在厅堂。大儿子见了问他画里是什么，他说是虎，小儿子问他却说是马。不久，大儿子外出打猎时，把人家的马当老虎射死了，画家不得不给马主赔钱。他的小儿子外出碰上老虎，却以为是马想去骑，结果被老虎活活咬死了。画家悲痛万分，把画烧了，还写了一首诗自责："马虎图，马虎图，似马又似虎，长子依图射死马，次子依图喂了虎。草堂焚毁马虎图，奉劝诸君莫学吾。""马虎"一词从此传开。比喻草率、敷衍、疏忽大意、不细心。

例句："虽然艺术是一个整体，不容对某一部分～从事，但这点道理却是和'突出重点'的道理辩证地统一起来的。"（秦牧《艺海拾贝·广州城徽》）

mǎ lā sōng
马拉松

释义：长跑比赛项目，其距离为42.193公里。这个比赛项目的距离的确定要从公元前490年9月12日发生的一场战役讲起。这场战役是波斯人和雅典人在离雅典不远的马拉松海边发生的，史称希波战争，雅典人最终获得了反侵略的胜利。统帅米勒狄派一个叫菲迪皮茨的士兵回去报信。菲迪皮茨是个有名的"飞毛腿"，为了让故乡人早知道好消息，他一个劲地快跑，当他跑到雅典时，已上气不接下气，激动地喊道"欢……乐吧，雅典人，我们……胜利了……"话没说完，就倒地身亡。为了纪念这一事件，在1896年举行的现代第一届奥林匹克运动会上，设立了马拉松赛跑这个项目，把当年菲迪皮茨送信跑的里程——42.193公里作为赛跑的距离。比喻无意义的拖沓行为。

例句："给会议发言者限定发言时间，在现在'开会～，发言长而空'的会风下是有着积极意义的。它可以变长会为短会，节约时间，让领导有时间和精力去办实事。"（匡生元《发言限时为"马拉松"瘦身》）

mǎ pì jīng
马屁精

释义：马屁拍得很精到（见"拍马屁"词条）。讽喻阿谀奉迎者。

例句："杨用成生性愚憨，又是个～，除了自家上司，任谁都不认。"（熊召政《张居正》）

mǎ qián bù kē tóu　mǎ hòu qù zuō yī
马前不磕头，马后去作揖

释义：比喻说话或做事情没有赶在点子上。

例句："中国有句老话叫～，不要等到把人都搞得厌倦了、离开了再出来宣告你们有多辛苦多努力，那还有用吗？"

mǎ qián zú
马前卒

释义：旧时在马前吆喝开路的兵卒差役。现比喻为人奔走效力的人。

例句："袁振英晚年曾评价当年的自己，'五四运动急先锋，共产主义～'。"（新京报《袁振英：从"急先锋"到"马前卒"》）

mǎ shī qián tí
马失前蹄

释义：马的前蹄滑了一下，摔倒了。比喻偶然发生差错而受挫。

例句："但如果凭此就把《听风者》钉到失败者的十字架上显然有失偏颇，《听风者》失败的真正原因在于剧本，这两个以编剧见长的男人居然在这里～。"（信息时报《好编剧马失前蹄》）

mǎ shòu máo cháng
马瘦毛长

释义：比喻人境遇穷困，精神就振作不起来。

例句："与兽王猎人的英雄气短相比，许多人眼中平庸的射击猎人就只能用～来形容了。"（忧郁小华《英雄气短与马瘦毛长》）

mǎ yǒu shī tí
马有失蹄

释义：比喻人做事情很难十全十美。

例句：“但人有失手，～，一百件事情里面，也可能做错一两件吧？”（于逢《金沙洲》）

mǎ yǐ bān tài shān

蚂蚁搬泰山

释义：比喻人多力量大，齐心协力就可以完成艰难、巨大的任务。

例句：“这些跨境、跨国经营者，长途跋涉，不畏艰险，依靠人力畜力，终年累月地把本地茶叶、盐巴、药材、皮货和进口的棉纱、布匹、纸张、日用百货，如～般，运进输出。”（李巨涛《全球化视野下的侨乡文化研究》）

mǎ yǐ kěn gǔ tou

蚂蚁啃骨头

释义：蚂蚁，昆虫，体小，黑色或褐色，在地下筑巢，成群穴居。比喻很弱小的力量通过一点一点的努力而干成大事业。

例句：“没有大的机床，他们就用～的方法；没有专业夹具，他们就用土办法夹持；没有成熟的加工经验，他们就自己摸索。”（程树榛《钢铁巨人》）

mái dīng zi

埋钉子

释义：比喻暗设障碍、搞破坏。

例句：“然而，美国的威胁是现实的。美国就是要拿军售问题在处于蜜月期的中欧之间埋下一颗‘钉子’。”（苏北《美国　不要在中欧间“埋钉子”》）

mǎi de qǐ mǎ zhì bù qǐ ān

买得起马置不起鞍

释义：比喻大钱都花出去了，花小钱却又舍不得了。

例句：“她从炕上捞摸起那丈五蓝布，隔炕沿就扔到了地上，说：‘真不嫌寒碜！～！俺就小家罕识没见过个大，谁家彩礼还能下单数！’”（刘江《太行风云》）

mǎi dòu fu huā le ròu jià qián

买豆腐花了肉价钱

释义：比喻支出和所得不匹配，吃了大亏。

例句：“影楼说得天花乱坠的婚纱摄影价格都挺优惠，很令人心动，但这些新婚夫妇，最后几乎都花了高价，等于是～。”

mǎi gè niú dài dú lái

买个牛带犊来

释义：比喻运气好，有意外的收获。

例句：“今天运气好，上午就在市场把一天的菜卖光了，一高兴在彩票站花了两块钱买了一注刮刮乐，居然中了个三等奖，你说这不是～吗？”

mǎi jiàng yóu de qián bù néng mǎi cù

买酱油的钱不能买醋

释义：比喻办事情拘泥古板、不灵活。

例句：“你们这些人，真是～，谁定这个章程，非打一百块的不可？就改为五十块的，又有什么呢？”（张恨水《金粉世家》）

mǎi le pián yi chái　shāo le jiā shēng fàn

买了便宜柴，烧了夹生饭

释义：夹生饭，没有熟透的米饭，原因是火候未到。比喻本想占便宜却吃了亏。

例句：“张先生在去商场买燃气灶的路上碰上一男子，自称是给电器商场送货的司机，剩下一台包装完好的‘樱花’燃气灶，想便宜处理掉。张先生几经砍价，要价980元的燃气灶出价400元成交。回到家后，儿子发现这是个‘山寨’版。这种骗术已不新鲜。张先生后悔地说：‘这不是～吗？’”

mǎi sì liǎng mián hua fǎng yī fǎng

买四两 棉 花 纺 一 纺

释义：“纺”谐音“访”，意思说去打听打听，表示在此地不是无名鼠辈。

例句：“话说水禄、刁七见公子不讲理，不由说了他几句。那公子喊道：‘好个不知进退的奴才，你～，莫说在此小小的地方，就是京城汴梁，哪个见了本少爷，不谦让几分？……惹恼了你家少爷，可没有你的好处！’”（花枝影《乾天剑》）

mǎi yī gè ráo yī gè

买 一个 饶 一个

释义：买一件东西，卖主又白给搭上一件。多比喻做事情赔了。

例句：“小丽，你别跟着了，就让夏耘一个人去办，就这点事咋还～呢！”

mài zi bù gē kǎn gāo liang

麦 子 不 割 砍 高 粱

释义：比喻专找硬茬儿。

例句：“董事长，这次咱公司仓库失火，多亏了卓强带领的那帮小伙子，那是～，专往困难、危险的地方冲，该好好犒劳才是！”

mài fàn de bù pà dà dǔ hàn

卖 饭 的 不 怕 大 肚 汉

释义：肚（dǔ），家畜的胃，谑称人的胃。比喻做生意不怕顾客多。

例句：“常言道：～，店小二巴不得这一声，……登时收拾打了两盘大饼，擀了一锅面汤，遂即送进客房，摆在桌上。”（清·吴璿《飞龙全传》）

mài gǒu pí gāo yao

卖 狗 皮 膏 药

释义：狗皮膏药，传说为八仙之一的铁拐李所创，他把膏药敷在狗皮上专治疔毒疮疥，疗效显著。由于该药神奇，于是有许多江湖医生假造狗皮膏药骗钱。因此卖狗皮膏药成为说假话大话、卖假货的代名词。

例句：“打仗就打仗，不是～！这儿没有演讲台，说几句漂亮话，就能挡住炮弹了?!”（陈立德《前驱》）

mài guā de bù shuō guā kǔ

卖 瓜 的 不 说 瓜 苦

释义：比喻对自己的东西只是夸耀，而不说瑕疵。

例句：“～，哲学家都说自己的理论是真理。要想弄清瓜甜还是瓜苦，不妨尝一尝；要想弄清是真理还是谬误，不妨实践一下。”

mài guān zi

卖 关 子

释义：说书人说长篇故事，每说到重要关节处停止，借以吸引听众接着往下听，称为‘卖关子。’比喻说话做事在紧要的时候故弄玄虚，使对方着急，吊人胃口。

例句：“你的话，我又不懂了。你就别～了吧！”（高阳《慈禧全传》）

mài shén me yāo hè shén me

卖 什 么 吆 喝 什 么

释义：比喻做什么事就说什么事。

例句：“你就别跟我兜圈子了，干干脆脆～。”

mài yú de bù guǎn xiā shì

卖 鱼 的 不 管 虾 事

释义：虾，谐音瞎。比喻只干自己的事情而不关心其他。

例句：“你们相互说这说那的都不要来找我，咱们处这么长时间了，还不了解我吗？我是～，从来不掺乎乱七八糟的！”

mài zuǐ pí zi

卖嘴皮子

释义：比喻夸夸其谈。

例句：“周祖义那个三十多岁的婆娘，也杂在群众里～，说风凉话。”（张行《武陵山下》）

mài luò

脉络

释义：中医指全身的血管和经络。比喻条理或头绪。

例句：“认知中国特色社会主义理论体系发展的～，必须首先把握中国特色社会主义理论体系的理论主题，总结当代中国发展的主要问题和中国特色社会主义理论体系的形成发展的逻辑……”（宋福范《中国特色社会主义理论体系发展的基本脉络》）

mán tiān guò hǎi

瞒天过海

释义：比喻用欺骗的手段在暗地里活动。

例句：“也许有人要问了，这种账难道高层不会算吗？能给刘志军放行，让他蛮干吗？原铁道部的一位官员说，刘志军～的手段非同一般，细心的读者可以去发改委网站上查高铁的项目建议书和可行性研究报告，在那里，每条客专线路的标准是用“高于 200 公里时速”这样的模糊字眼表述的，到底高到何种程度呢？没有上限。”（孙春芳《刘志军曾与发改委结梁子：高铁设计标准瞒天过海》）

mǎn chéng fēng yǔ

满城风雨

释义：比喻某一事件传播很广，到处议论纷纷。

例句：“楚南风用一种足以杀人的目光注视着宇文成，宇文成本想再戏谑他一番，可是看到楚南风如此动怒，也不得不敛起笑客，说：‘现在全京城都已传开了，我也是听大家说的，反正外面沸沸扬扬的，已是～了。’”（浪也白头《杠上丫鬟擒做妃》）

mǎn miàn chūn fēng

满面春风

释义：比喻人喜悦舒畅的表情。

例句：“无论是俱乐部的领导还是队员们都已经知道了申花在长春落败的结果，因此，……大家都是～。”（董宏磊　王兴步《鲁能上下满面春风》）

mǎn táng hóng

满堂红

释义：比喻各方面都取得好成绩或到处都很兴旺。

例句：“记者走进沸腾的三峡工地。无论是大坝上挥汗劳作的浇筑工人，还是发电厂紧张值守的发电调度，都在为三峡工程迎来开工以来的第一个‘～’而兴奋和自豪。（施勇峰《三峡工程迎来开工以来的第一个“满堂红”》）

mǎn tiān fēi

满天飞

释义：形容到处都是。

例句：“近日，打开各个机票搜索引擎，‘白菜’价机票～，涵盖了不少省市。其中，天津到石家庄的航班最低票价仅为 20 元。除此之外，也有不少不足百元的航线机票。”（马雨彤《白菜价机票满天飞　变相培养潜在客户》）

mǎn zuǐ lǐ pǎo huǒ chē

满嘴里跑火车

释义：比喻人说话太不着边际，乱说一气。

例句：“这简直是～，从几个楼市分析文章摘几段拼拼凑凑，就成了他房地产协会副秘书长

的高论……"

màn gōng chū qiǎo jiàng

慢工出巧匠

释义：比喻只有长时间的学习锻炼才能培养出真正的人才。

例句："祝永康道：'～。我不会编席子，按照我的眼力，你们编的席子的质量，不比她们差，是好。'"（陈登科《风雷》）

màn gōng chū xì huó

慢工出细活

释义：比喻急于求成出不了精品。

例句："赵光在创作时喜欢寻找感觉，感觉有了，灵感也就出现了。但是，这需要～的劲头。所以，他不算出手很快的作曲家。不过，自从接受了任务马上开始酝酿，他为世博会慢慢磨出了6个版本的主题歌音乐。"（杨建国《慢工出细活"磨"出6个版本》）

màn zǒu diē bù dǎo

慢走跌不倒

释义：比喻稳重才能做好事情，急躁容易出错。

例句："丁文涛号称'成语大王'，一张嘴就是一串成语。丁文涛嘴上功夫利索，手上功夫就差了，做事情很慢。你如果去问他：'丁文涛，你还没做完呀？'你不过才问了一句，丁文涛早就十句在那里等着了：'慢又怎么啦？慢工出巧匠，慢工出细活。～，小心错不了。'"（杨红樱《淘气包马小跳系列：小大人丁文涛》）

máng rén mō xiàng

盲人摸象

释义：传说有个国王命人牵来一头大象让众盲人去摸，然后问盲人：象长什么样？摸到牙齿的盲人说长得像长萝卜，摸到耳朵的说像簸箕，摸到头的说像石头，摸到鼻子的说像棒子，摸到脚的说像舂米的臼，摸到背的说像床，摸到肚子的说像瓮，摸到尾巴的说像绳子。比喻看问题不全面就会以点代面、以偏概全。

例句："给名人作传的人，也大抵一味铺张其特点……于是所见的人或事，就如同～。"（鲁迅《这也是生活》）

máng rén qí xiā mǎ

盲人骑瞎马

释义：比喻诸多的不利因素合在一起容易出大问题。

例句："所以托独身者来造贤母良妻，简直是请～上道，更何论于能否适合现代的新潮流。"（鲁迅《坟·寡妇主义》）

māo bù zài jiā　hào zi zào fǎn

猫不在家，耗子造反

释义：比喻管理者不在，下属胡作非为。

例句："这时，就听见屋里三人拉扯的声音，接着又是"卜通"一声响。燕西嚷道：'～了！'"（张恨水《金粉世家》）

māo kū lǎo shǔ

猫哭老鼠

释义：比喻外在表现与内心实际根本不一致，虚伪。

例句："坐在客厅东下角的是知事赵惠文……伪装着～假慈悲的姿态，喊一声：'师长，'举起手搔搔脑袋，向座上的人们瞥一眼，'这几年市面上是差些，莫怪他们诉苦，请师长原谅，减一点吧。'"（李六如《六十年的变迁》）

māo nì

猫腻

释义：猫腻的"腻"应该是"溺"的讹传，猫在便溺以后要把自己的排泄物盖上。所以猫腻

用来比喻一些见不得光、躲躲藏藏、偷偷摸摸的暗箱操作。

例句：“信誉良好的4S店、维修店，笑容可掬的服务人员……谁会想到，爱车交给他们，也会遭到～?”（赵路《修车行修车猫腻多　车主应多注意》）

māo tiǎn hǔ bí liáng
猫舔虎鼻梁

释义：比喻做非常危险的事情。

例句：“共军没有十万八万，他还敢进威虎山，哼！那叫～，找死!”（曲波《林海雪原》）

māo yī tiān　gǒu yī tiān
猫一天，狗一天

释义：比喻变化不定，没有规律。

例句：“哎，这生意就是～，有时一天也不进一个人，愁死了，照这样下去，别说赚钱，恐怕连房租都挣不出来。”

máo mao yǔ
毛毛雨

释义：指水滴极细小、不能形成雨点的雨。比喻微不足道，意思意思。

例句：“也许从法律赋予证监会的处罚权限来看，证监会确实下手‘不轻’，然而从南京中北行为的性质来看，这样的处罚或许只是‘～’。”（付明德《南京中北顶风作案占用22亿巨资　处罚或只是毛毛雨》）

máo shǒu máo jiǎo
毛手毛脚

释义：比喻做事粗率、慌张。

例句：“他越说越气，～地喝酒，把酒杯都打翻了。”（袁静　孔厥《新儿女英雄传》）

máo tóu
矛头

释义：矛的尖端。比喻攻击的锋芒。

例句：“这一回，如何会让郎平面临如此困境？网帖爆料，排管中心的领导不止一位，在联赛的工作上，势必出现不统一的声音，帖子里直接将～对准排管中心副主任张蓉芳，认为只有张蓉芳有这个能量。”（丁媛媛《曝郎平与排协领导生嫌隙　网友将矛头指向张蓉芳》）

máo cè lǐ de shí tou
茅厕里的石头

释义：比喻人又坏又顽固。

例句：“人家好意，关照你去找李书记，你说‘我不愿意’，好体面的角色，真是～，又臭又硬!”（周立波《山乡巨变》）

mào huài shuǐr
冒坏水儿

释义：比喻人不安好心，出坏主意。

例句：“‘事不宜迟，必须连夜采取行动，’楚天舒说，‘等到明天举报之后，有关部门再组织调查，袁炯他们完全有时间转移货物、销毁证据，然后换个地方继续造假。而且，小瓷已经暴露了，会很危险的。’白云朵听了，看了一眼小瓷，着急地说：‘可是，这大半夜里，我们能做什么呢？’楚天舒想了想，突然自顾自地笑了起来。白云朵白了他一眼，说：‘老楚，你又要～了。’”（北岸《小科员如鱼得水：官场桃花运》）

mào jiānr
冒尖儿

释义：比喻突出，超出一般。

例句：“马慕韩为了表现自己，向来个人英雄主义很厉害，在众人面前～。”（周而复《上海

的早晨》）

mào zi xì fǎ

帽子戏法

释义：本为一种魔术，指演员从帽子中变出鸽子等（一般以3只为限）。后来，英国板球协会借用其意，给连续3次击中门柱或横木、使对方3人出局的那个投手奖帽子一顶，以奖励其出神入化的投球技巧，这就是板球的“帽子戏法”。后在足球比赛中也指一名球员在同一场比赛中连进3球，意为和魔术师变戏法差不多，令人叹服。现“帽子戏法”的应用范围不只限于体育领域，还比喻其他事物连续3次的成功。

例句：“杭州这个夏天非比寻常。24日40.4℃，25日40.3℃，今天14时05分又达到了40℃，3连击成功上演‘～’，创造一个新纪录！这是自1951年有气象资料以来首次连续3天最高气温突破40℃，这在杭州高温史上绝对值得铭记。”（吕卫星《杭州近几日温度连续赶超40℃，活像一个大火炉》）

méi bìng bù sǐ rén

没病不死人

释义：比喻事出有因。

例句：“电脑早上就罢工了，显示屏正常，猫也正常，就是主机没电。马上给修电脑的打电话，连打两个都关机，真是郁闷。没办法只好自己鼓捣修，把该拆的都拆了，可就是找不到毛病，只好呆呆地看着电脑愣神。愣着愣着，毛病发现了，原来是开关的线断了一根，很简单，接上就OK了，真是～啊！”

méi bìng lǎn shāng hán

没病揽伤寒

释义：伤寒，一种急性肠道传染病，症状是持续高烧。比喻自讨苦吃。

例句：“满囤的表舅沉着一副脸，他心想：‘东勾西扯，攀上这号亲戚才倒霉，真是～！’”（刘江《太行风云》）

méi chī sān tiān sù　jiù xiǎng shàng xī tiān

没吃三天素，就想上西天

释义：比喻不经过艰苦奋斗就想一步登天。

例句：“山上只有三位老僧人，白天释延鲁砍柴烧饭，晚上苦读佛经，就这样过了将近一年的时间。对于一个小小少年来说，日子清苦而又乏味，释延鲁动摇了，决定回家。～。经过了一番痛苦的思想斗争，释延鲁决定再上少林寺。”

méi chī shān zhā　xiān bié shuō suān

没吃山楂，先别说酸

释义：山楂，落叶乔木，花白色，果实球形，深红色，味酸，可吃，也可入药。比喻没有亲自尝试过就没资格下结论。

例句：“～，关于咱村里上酒厂的事，还要搞好市场调查，然后再谈资金问题。说办不成的没根据，说能办好的也缺少调查，村委会的意见是先拿出调研方案，再交村民委员会讨论。”

méi chī zhao yáng ròu kōng rě yī shēn shān

没吃着羊肉空惹一身膻

释义：比喻没得到好处却招来了麻烦。

例句：“完了，完了，战刀心凉了半截，自己怎么就这么倒霉，刚看了没到一分钟就出事了，真是～。”（清晨过路人《吓死鬼》）

méi dǎ zhao hú li　fǎn rě le yī shēn sāo

没打着狐狸，反惹了一身骚

释义：比喻要得到的利益没得到，反倒落一身不是。

例句：“克林顿绯闻案照样进行。共和党骑虎难下，此案的始作俑者金理奇～，牵出自己的作风问题，结果连议长的位子也丢了。”

méi fèng yě yào xià qū

没缝也要下蛆

释义：蛆，苍蝇的幼虫。比喻故意寻衅制造事端。

例句：“公公在村里名声最不好，没人愿意招惹。事变之前，仗着那座店，臭酸臭美不和凡人说话，～，霸人霸地全干过。”（孙犁《走出之后》）

méi gǔ tou

没骨头

释义：比喻软弱，没有志气和魄力。

例句：“这消息传到他妈耳朵里，他妈把他叫到背地里，骂了他一顿～。”赵树理《登记》）

méi hǎo guǒ zi chī

没好馃子吃

释义：馃子，泛指点心。比喻没有好的待遇。

例句：“惨了，真的是凌倩，她用冷冷的语调对我说：‘你跟我来。’妈的，有难了，凌倩这个语调，跟她去百分之九十九肯定～。”（令狐老梅《情迷女老板》）

méi jiā qīn yǐn bù chū wài guǐ lái

没家亲引不出外鬼来

释义：比喻没有内部人串通，外边的坏人就很难进来。

例句：“凤姐听了，翻身起来说：‘我有三千五万，不是赚你的。如今里里外外上上下下背着我嚼说我的不少，就差你来说了，可知～。”（清·曹雪芹《红楼梦》）

méi jiàn zhao bǎ zi xiā fàng jiàn

没见着靶子瞎放箭

释义：比喻盲目做事。

例句：“与此相反，在作画的过程中，我则喜欢有些‘原形’作为参照，画里的东西再怎么‘高于生活’，也要先在画外的‘生活’里搞到些‘源于’的东西，有个眼里瞧得见模样、手上能开弓瞄射的‘靶子’，否则，会觉得自己是在搞‘空手道’，没有‘对手’瞎使力气，～，没有‘面壁’和‘破壁’的感觉比较，不过瘾。”（周京新《水墨雕塑笔象琳琅》）

méi lóng tou de mǎ

没笼头的马

释义：笼头，用皮条或绳子做成，套在马头上用来系缰绳或嚼子的用具，没有笼头的马不容易拉住。比喻不受约束。

例句：“他是～，天天逛不了，哪里肯在家一日吗?”（清·曹雪芹《红楼梦》）

méi ménr

没门儿

释义：没有门就无法通行。比喻行不通、没办法、没对策。

例句：“指望日本人能良心发现、改邪归正、重新做人，是一桩根本就～的事儿，指望美国不支持日本也是一桩～的事儿。这个世界上有很多事情都是～的，基本上一厢情愿的结果都是～的。”（山野文选《没门儿》）

méi pǔr

没谱儿

释义：比喻心中无数，没有一定的计划。

例句：“‘修液晶彩电开口就要500多元，投诉后只收60元。’日前，家住武昌的王先生称，家电维修价格太～。”（胡勇谋　石学文　严念《开口要价500元　投诉后只收60元——电视维修费没谱儿?》）

méi qián hòu yǎn
没前后眼

释义：比喻无法预料将要发生的情况或事情发展的最终结果。

例句："'其实想换房子已经很久了，看房也看了很多年，总是觉得会越来越好，但是人～，有好的机会也都错过了。'在交流中，人怎么没有前后眼是王女士用的最多的一个词语。"（刘万新《人，怎么没有前后眼》）

méi qīng méi zhòng
没轻没重

释义：指言语或动作鲁莽。

例句："管秀芬这丫头，打断我们的谈话，～的。"（周而复《上海的早晨》）

méi qǐng lái cái shén　dào tiē le xiē xiāng biǎo zhǐ yín
没请来财神，倒贴了些香裱纸银

释义：比喻没达到目的，反而受了损失。

例句："孙茂良眼看着牲口拉不成，误了今天说好的买卖，到手的一笔钱丢了不算，还要赔水瓮，还要受处分，这才是～。"（胡正《汾水长流》）

méi tóu de cāng ying
没头的苍蝇

释义：比喻做事情没有章法，瞎撞乱弄。

例句："输球之后，央视解说员于嘉在微博上感慨，'上赛季开季对阵勇士，不就这样了吗？布丁（布鲁克斯和马丁）组合没了命中率，看出来火箭那股～劲了吗！'"

méi tǔ dǎ bù chéng qiáng
没土打不成墙

释义：比喻缺少必要的条件就办不成事。

例句："～。旧社会咱群众没权不由咱，只能眼看着地主、资本家手里钱多，过好时光。"（崔复生《太行志》）

méi xì
没戏

释义：戏是有头有尾有情节的，没戏就是没有可看可听的了。比喻事情办不起来或维持不下去，没有成功的期望。

例句："别硬挺着了，你这盘棋已经～了。"

méi xì chàng
没戏唱

释义：比喻没有找到解决问题的办法或途径，没事干，没希望。

例句："卖箱子？还了得！就～了！你没钱我借钱给你。"（清·吴敬梓《儒林外史》）

méi xīn méi fèi
没心没肺

释义：比喻人不动脑筋，没有心计。

例句："蓝东阳是个无聊的人，老二也是个无聊的人；可是蓝东阳无聊而有野心，老二无聊而～，所以老二吃了亏。"（老舍《四世同堂》）

méi yǎnr　mèn hú lu
没眼儿闷葫芦

释义：比喻人缺心眼儿。

例句："马家怪把大眼睛一转，说：'你才是个～，……李宝泰不放屁，董寿昌他敢出口气！'"（刘江《太行风云》）"

méi yǐngr
没影儿

释义：比喻毫无根据，瞎编乱造。

例句：“由于满汉全席来头颇大，各地还繁衍出不少版本，有扬州版、广东版、四川版、香港版，当然更少不了北京版。但了解内情的人都知道，这种说法纯粹是……～的事。清朝宫廷中从来就没有过满汉全席。”（汪朗《宫廷满汉全席，没影儿的事》）

méi yǒu bù chī xīng de māo
没有不吃腥的猫

释义：比喻贪婪的人本性难改。

例句：“前两天他俩闲拉呱，提起他爷爷老在田和他爹满囤，老全还差一点掉了泪。他说：‘～，地主老财都是些牙爪货。’”

méi yǒu bù tòu fēng de qiáng
没有不透风的墙

释义：比喻没有永远不泄露的机密。

例句：“俗话说，～，难道自己老住在一个村子，敌人就不会知道吗？”（李晓明　韩安庆《平原枪声》）

méi yǒu dǎ bù kāi de suǒ
没有打不开的锁

释义：比喻任何问题都会有解决的办法。

例句：“未来民进党谁主浮沉？当然非新任党主席莫属。在新任党主席个人主张足以左右党的路线下，纵然当下大鸣大放地进行败选检讨，纵然中常会对党的路线取得共识，但还得看新任党主席如何一槌定音。世上～，如果民进党未来仍不承认‘九二共识’，那就真有打不开的锁把民进党锁在意识形态的牢笼。”

méi yǒu dié zi bù pèng wǎn de
没有碟子不碰碗的

释义：比喻经常在一起总会有矛盾、有分歧的。

例句：“‘最近总和老公吵架，今天吵得烦了我说干脆离婚！哪知他说离就离，早就不在乎你了！真让我好伤心！’芳萍流着眼泪对好友梅菊说道。‘过日子，～，吵架时说的都是气话，过去了就会好起来的。’梅菊劝道。”

méi yǒu fān bù guò qù de huǒ yàn shān
没有翻不过去的火焰山

释义：火焰山，《西游记》中唐僧取经路过的地方，烈火熊熊无法翻越，后由孙悟空借来铁扇公主的芭蕉扇，将火煽灭才得以通过。比喻没有克服不了的困难和过不去的难关。

例句：“他有这样一身好武艺，就～！两家一起过日子，显得更红火。”（张行《武陵山下》）

méi yǒu gāo shān　bù xiǎn píng dì
没有高山，不显平地

释义：比喻没有比较就看不出差别。

例句：“～。你每日只说是我厉害，你拿出公道良心，我从来像这般打你不曾。”（清·西周生《醒世姻缘传》）

méi yǒu guī ju　bù chéng fāng yuán
没有规矩，不成方圆

释义：规，是画圆形的工具；矩，是画直角或正方形的工具。没有这两种工具，就不能画出方形和圆形。比喻做任何事情都是有规则和法度的，不然就会乱套。

例句：“俗话说，‘家有家法，铺有铺规’，～。咱们既然是队伍，首先得制定个纪律，大家

有章可循，才不致像一盘散沙。”（王厚选《古城青史》）

méi yǒu hǎo yá kou bié chī yìng dòu zi
没有好牙口，别吃硬豆子

释义：比喻只有具备条件才能办好事情。

例句：“值得注意的是，目前大盘的点位仍处在迷离之中，基本属于闪电式的个股行情，～，最好还是坚守轻仓防御的原则，耐心等待机会的来临。”

méi yǒu jīn gāng zuàn bié lǎn cí qì huó
没有金刚钻，别揽瓷器活

释义：金刚钻，用金刚石做钻头的钻子，修补瓷器时用来钻眼。比喻没有某一方面的本事就不要应承那一方面的事。

例句：“俗话说，～。面对危机，表现出勇于担当的态度是好的，但如果勇于担当却没有解决问题的能力，就不太妙了。能力足够，机会来了一定要勇于抓住；能力不够，就不要强出头。”（谭云《没有金刚钻，别揽瓷器活》）

méi yǒu miǎn fèi de wǔ cān
没有免费的午餐

释义：比喻做什么事情都需要付出代价，不劳而获是不可能的。

例句：“看来，任何一个国家或地区的发展，不付出成本是不可能的，举其要者，发生于本世纪20年代末30年代初的西方发达国家有史以来最为严重的经济危机，仍为人们所记忆犹新。‘～’似乎也适用于发展中国家与地区的社会经济发展……”（张朝尊　文力《发展：“没有免费的午餐”》）

méi yǒu sì liǎng tiě nǎ gǎn dǎ dà dāo
没有四两铁，哪敢打大刀

释义：比喻做事情必须具备一定的先决条件。

例句：“‘别说，大亮你还真有两下子，我的电动车还真让你给鼓捣转了！’‘那是，～，我那个电动车让我拆多少回了，一般毛病难不倒我！’”

méi yǒu wān wān dǔ bié tūn lián dāo tóu
没有弯弯肚，别吞镰刀头

释义：肚（dǔ），动物的胃；镰刀，收割庄稼和割草的农具，多制成月牙形。比喻没有某方面的能力就不要应承此方面的事。

例句：“于队长既然放把火点起来，他就敢负责任。俗话说：～。”（郭先红《征途》）

méi yǒu wú tóng shù nán zhāo fèng huáng lái
没有梧桐树，难招凤凰来

释义：传说中梧桐树是有灵性的植物，只有凤凰才能栖息。比喻有了适合的条件才能吸引真正的人才。

例句：“有个姑娘，也可以招来个上门的女婿。老二奶奶又孤，又穷，虽然一二十年来早就有过这伤心，可是，～啊。”（刘澍德《新来的社员》）

méi zhǎng nà dà jiǎo jiù bié chuān nà dà xié
没长那大脚，就别穿那大鞋

释义：比喻没有大的能耐就不要揽重要的事情。

例句：“如果他是洛青痕的朋友，那么，她就放他一马，小惩大戒，以后别再口出狂言，乱放厥词。～，不然只知道耍些嘴皮子功夫，在外栽了跟头那可就是活该了！”（清风逐月《邪媚妻主》）

méi zhé
没辙

释义：辙，车轮压出的痕迹。没辙表明没有车走过，也就是不是路，走不通。比喻没有办

法，行不通。

例句：“‘哎!’夜风残叹了口气，头摇得像个拨浪鼓似的，一脸的歉。‘对不起，这毒，我～!’‘不会吧？师兄，这世上还有你解不了的毒?’冷亦殇问道。”（残梦蝶殇《绝色随心戏天下》）

méi zhì
没治

释义：指没有办法了。比喻好或者坏都达到了极致。

例句：“东五楼的小华叔叔就会炒，真正的糖炒栗子，～了!”（牛志强《香甜》）

méi zhòu niàn
没咒念

释义：咒，咒语，宗教里认为可以除灾或降灾的语言。比喻没有办法或手段，束手无策。

例句：“他们想从你身上拷问春节那件事，只要你躲开，他们就～啦!”（李英儒《野火春风斗古城》）

méi zuǐ de hú lu
没嘴的葫芦

释义：葫芦不打开称为闷葫芦。比喻不善辞令、沉默寡言的人。

例句：“我的哥是个泥菩萨，成天不开腔，你呢，你也是～，真叫人闷。”（艾芜《边寨人家的历史》）

méi zuì zhǎo jiā káng
没罪找枷扛

释义：枷，旧时套在罪犯脖子上的木制刑具。比喻给自己找麻烦。

例句：“搞好了，没得说，搞不好，会说你有意破坏。多一事不如少一事，不要～。”（晓征《魔线》）

méi lái yǎn qù
眉来眼去

释义：比喻用眉眼传情。

例句：“只是两人～这样的举动，……落进了邵栾晟的眸底，他那浓眉顿时打了个结，眉结下的眸潭即时深晦如海，渗出凛凛寒意。”（颜紫潋《总裁，敢动我试试》）

méi mao hú zi yī bǎ zhuā
眉毛胡子一把抓

释义：比喻做事情不分条理，稀里糊涂一起弄。

例句：“你不能～，不分青红皂白。”（周而复《上海的早晨》）

méi mù
眉目

释义：指眉毛和眼睛。比喻要做的事情有了个大概，有一定的进展。就像从远至近看一个人，眉毛和眼睛能分辨出来了。

例句：“老刘……在肖寒的对面坐了下来，笑着说：‘我查到了那座房子的主人是谁了。’……肖寒心里头一阵高兴，终于有一件事是有～了。”（魏林香《血凝》）

méi yǎn gāo dī
眉眼高低

释义：面部表情。泛指为人处世的道理或辨貌观色的本领。

例句：“所以，子晴总是选择性地答应她部分的要求，以为她能看得出个～，知难而退，可谁知，她就是这个糊涂性子，偏生又贪婪。”（千年书一桐《晴儿的田园生活》）

měi mèng
美梦

释义：指令人愉快的梦。比喻美好但不能实现的幻想。

例句：“曾经给钻石行业带来革命性影响的网络钻石营销模式，现在遇到了不可忽视的麻烦。原本在线上发展得如火如荼的钻石行业，一时间，一个～面临破灭。”（吴娓婷　王芳　李亚蝉《钻石网络营销　一个美梦的破灭》）

mén dāng hù duì
门当户对

释义：门当，建筑学上指“门枕石”的一部分，俗称门墩，又称门座、门台、门鼓，形状有圆形与方形之分：圆形为武官，象征战鼓；方形为文官，象征砚台。户对，就是嵌在门楣上的六角形的方木或者圆木，有两个户对的，对应的是五至七品官员；有四个户对的，对应四品以上官员。有“门当”的宅院，必须有“户对”，因此，“门当”“户对”常同呼并称。后成了社会观念中男女婚嫁衡量条件的常用语。

例句：“我想他两家也就算～了，一说去，自然成的；谁知他这会子来了，说不中用。”（清·曹雪芹《红楼梦》）

mén dao
门道

释义：比喻做事的门路、窍门或方法。

例句：“在这一带，看搭瓜棚人的手艺高低，经验多少，～主要在这檐子上。”（郭澄清《大刀记》）

mén fèng lǐ chǒu rén
门缝里瞅人

释义：比喻小看人。

例句：“你真～，俺是个正正经经三十多年的铆工匠啦，你叫俺烧钉子？”（于敏《桥》）

mén hù
门户

释义：原意是指正门和房屋的出入口。比喻派别、门第等。

例句：“对于区域内‘一核多带’上的‘节点’～城镇而言，更要好好谋划，率先打破‘～之见’，掂量自己手里的“牌”时，千万不要老是‘眼光向内’，要更多想想外部资源有多少。”（李荣《长三角：“谋划“门户”发展　先破“门户之见”》）

mén kǎn
门槛

释义：门框下部挨着地面的横木或长石等。比喻界限、关口。

例句：“据说老年人对《望乡》持反对态度的多，我已经踏进了七十五岁的～，可是我很喜欢这部电影，我认为这是一部好电影。”（巴金《谈〈望乡〉》）

mén kě luó què
门可罗雀

释义：罗，张网捕捉。门前可以张起网来捕麻雀。比喻十分冷清，宾客稀少。

例句：“而不少曾经‘订位难’的高端餐饮、酒店企业，如今也是‘～’，因公务宴请和高端接待业务下滑，……今年以来，广州珠江新城关门的高端餐饮酒店已有十多家。”（国际金融报《四大行业被反腐拳击中　高端餐饮门可罗雀》）

mén lu
门路

释义：比喻实现某种目的的道路或途径。

例句：“人家城里的～可大啦。国民党部，县衙门，哪处没人家的亲朋好友，你可惹不起。”（杨朔《红花草》）

mén mian
门面

释义：指店铺外表。比喻外表、表面。

例句：“认真读书学习，对领导干部来讲，这是个好事，但必须注意方法，讲究实效，且

不可图形式，走过场，装潢～。”（周广生《领导干部装门面　书到用时方恨“多”》）

ménr qīng
门儿清

释义：麻将术语，意为不吃不碰，门前干净。后引申为对某一行的事情特别熟悉、明白。

例句：“小小年纪，为什么对垃圾分类知识如此‘～’？李泓燕母亲透露，孩子平时在家就特别注意节能环保，洗脸水用来冲厕所、吃饭不剩饭等，还经常去公交车站、商场等地劝阻乱扔垃圾。”（白洁《9岁女孩垃圾分类赛当评委　分类知识“门儿清”》）

mén wài hàn
门外汉

释义：原为佛教用语，指佛门以外或是不解佛法的人。后比喻对某一事物一点也不了解的人。

例句：“但我于中西的画都是～，所说的话不免为内行所笑。”（朱自清《温州的踪迹》）

mén yǒu fèng chuāng yǒu ěr
门有缝，窗有耳

释义：比喻私下说的话也可能被人知晓。

例句：“黄洛夫一时兴起，很想把什么都告诉她。但静姑却警告他：～，说话可得小心。”（司马文森《风雨桐江》）

mèn hú lu
闷葫芦

释义：比喻很难猜透而令人纳闷的话或事情。

例句：“他们要早告诉我，何苦叫我打这半天～呢？”（清·文康《儿女英雄传》）

mèn zài hú lu lǐ
闷在葫芦里

释义：比喻受蒙蔽，不明真相。

例句：“就这么隔不久他吃我十块八块，我始终～。”（老舍《全家福》）

méng zài gǔ lǐ
蒙在鼓里

释义：鼓是两面都被牛皮盖住的，若蒙在鼓里，外界的什么情况都不会知道。比喻对事情的本质和真相完全不清楚，一无所知。

例句：“这完全是你一个人安排好的，我和智君都～。”（巴金《雨》）

měng zhāng fēi
猛张飞

释义：张飞，三国蜀汉开国名将，字翼德，勇猛善战。在当阳长坂坡拒曹操追兵，曹兵不敢近前，号万人敌。后用“猛张飞”比喻那些勇气过人而鲁莽、少谋略的人。

例句：“这时车门打开了，下来一位虎背熊腰、满脸络腮胡子的～大汉，让人望而生畏，心生忌惮……”（任妖咪《重生温馨小日子》）

mí dǐ
谜底

释义：指谜语的答案。比喻事情的真相。

例句：“倘使揭穿了这～，便是所谓‘杀风景’。”（鲁迅《且介亭杂文·论俗人应避雅人》）

mí gōng
迷宫

释义：一种充满复杂通道的建筑物，很难找到从其内部到达入口或从入口到达中心的道路。比喻复杂艰深的问题或难以捉摸的局面。

例句：“楼上四壁都是书橱，纵横还放着许多书架书摊。这儿真是一座～!”（郭沫若《塔·万引》）

miǎn lǐ cáng zhēn
绵 里 藏 针

释义：比喻外柔内刚。
例句：“冯小刚说：演员演得特别好，电影非常值得看，非常有刘老师（刘震云）的风格，刘老师这个电影～，我得好好消化消化。”（王瑾《刘老师这部电影是绵里藏针》）

miàn mù quán fēi
面 目 全 非

释义：面貌完全不是原来的样子。比喻事物变化很大。
例句：“它的厄运，是在好书被有权者用相似的本子来掉换，年深月久，弄得～。”（鲁迅《而已集·谈所谓“大内档案”》）

miàn mù yì xīn
面 目 一 新

释义：比喻样子（向好的方面）完全改变了。
例句：“他所说的过去没有而现在有了的东西，就是指的贫农团、新农会、区村人民代表会议，以及由于土地改革工作和整党工作所造成的农村中～的气象。”（毛泽东《在晋绥干部会议上的讲话》）

miàn shā
面 纱

释义：原指妇女蒙在脸上的纱，后亦泛指头上的遮盖物。比喻掩盖真实面目的东西。
例句：“揭开品牌利益的神秘～，不仅能帮助企业预测消费者的品牌偏好倾向，确认品牌定位；还能为企业评估品牌客户满意度提供一种创新的测量指标，这对品牌战略的调整与完善也会起到重要的指导作用。”（黎怡兰《揭开品牌利益的面纱》）

miáo zi
苗 子

释义：指动植物的出生状态，如秧苗、鱼苗等。比喻在某方面将来会有巨大成就的人、物或者刚刚显露的事物发展的趋势、迹象。
例句：“张燕表示，济南市京剧院的老师每年都会去幼儿园挑学生，新生入校后，更是要挨个看一遍。先挑模样，看哪个学生适合唱什么角色，再看嗓音和表现力，还有就是学生本身要喜欢。学生是不是京剧‘～’，老师一眼就能看出来。（张雯雯《一人学，京剧老师挨个挑苗子》）

miáo zhǔn bǎ zi zài fàng jiàn
瞄 准 靶 子 再 放 箭

释义：比喻做事情要认准方向和目标。
例句：“首先要号准‘脉博’。摒弃一个处方治百病的做法，既吃透上面精神，又摸准下面实情，做到‘～，号准脉博再下药，’增强工作的实效性。”（高颖《党员领导干部要历练三大素质》）

miào shǒu huí chūn
妙 手 回 春

释义：回春，使春天重返。比喻人在某个方面技术精湛，能使病人或破损的事物恢复生机。
例句：“人需要医生，文物也需要‘医生’。今天，请跟随记者的镜头，走近这些～，让老古董延年益寿、焕发青春的文物‘医生’。”（常世峰《文物“医生”妙手回春》）

miào xiǎo pú sa dà
庙 小 菩 萨 大

释义：比喻小地方也有大人物。

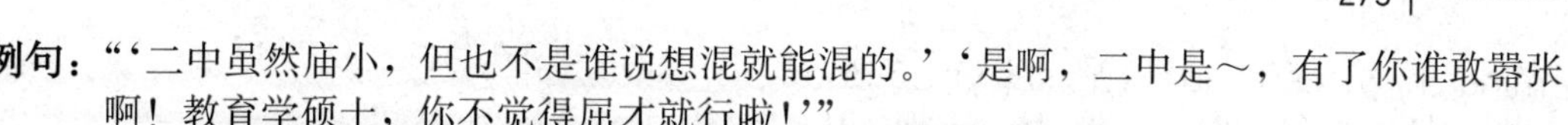

例句：“‘二中虽然庙小，但也不是谁说想混就能混的。’‘是啊，二中是～，有了你谁敢嚣张啊！教育学硕士，你不觉得屈才就行啦！’”

miào xiǎo yāo fēng dà
庙小妖风大

释义：比喻地方虽然小，是非麻烦却不少。

例句：“一个小报社，拢共才一百多号人，去了老弱病残孕，剩下的就不多了。就这几条枪，还成天兴风作浪，弄得民不聊生。真是应了那句话：～!”

miào xiǎo zhuāng bù xià dà pú sa
庙小装不下大菩萨

释义：比喻地方太小留不住人才。

例句：“从雄鹿到篮网，是～，易建联飞越杜鹃窝；而今年夏天从篮网被交易到奇才，很多人就认为这是NBA球队对中国易失去了耐心。今年夏天，易建联用世锦赛上让人惊异的表现为自己做出了最有力的背书。”（曹惠良《太空易暴扣回应续约流言　飞越新泽西终遇伯乐》）

miè huǒ tī dǎo yóu guàn zi
灭火踢倒油罐子

释义：比喻忙中出错，帮了倒忙。

例句：“我说你的技术不行吧，你还不服，断了一个钻头倒不值几个钱，可是你耽误了我的事，真是～，净给我添乱!”

mín zhī mín gāo
民脂民膏

释义：比喻人民用血汗换来的财富。

例句：公款吃喝讲了多少年了，严禁文件也不知道下了多少，可还是让饭局成为了领导们的‘负担’，让喝小米汤成为了领导们的‘梦想’。这些吐槽的官员有没有想过，这里面有多少～？（盛翔《官员吃累的鲍鱼饭局有多少民脂民膏》）

míng luò sūn shān
名落孙山

释义：传说古时有个叫孙山的人去城里参加科举，同乡人托孙山带他儿子一同前往。同乡人的儿子没有考取，孙山的名字是列在榜上的最后一名。孙山先回到故乡，同乡来问他儿子有没有考取，孙山说：“中举人的名单上最后一名是我，您的儿子排在我后面呢。”后比喻参加考试或选拔没有被录取。

例句：“落榜，对学生与家长都是一场心灵‘磨难’。恨铁不成钢的家长难免唉声叹气……而为高考艰辛奋斗一年甚至多年后，那些～的学子们，背负着无颜面对父母的压力，饱受着和同学相比的自卑，面临着自信心的受挫，他们无助、失意、彷徨……”（蔡君彦等《落榜后，心里最苦的人是我》）

míng qiāng àn jiàn
明枪暗箭

释义：比喻种种公开的和隐蔽的攻击、伤害。

例句：“现在正有许多正人君子和革命文学家，用～，在办我革命及不革命之罪。”（鲁迅《三闲集·通信》）

míng qiāng yì duǒ　àn jiàn nán fáng
明枪易躲，暗箭难防

释义：比喻明的、正面的攻击容易对付，而暗的、隐蔽的伤害却难以防范。

例句：“沉吟了半晌，老关终于同意了，他也爽声说：‘好吧，既然你如此坚决，我也只得表示支持。不过～，不管在哪儿，最最关键的是你自己注意安全呀……’”

míng shì yī pén huǒ　àn shì yī bǎ dāo
明是一盆火，暗是一把刀

释义：比喻表面上很热情，而内心却很阴毒。

例句：“我告诉奶奶，一辈子别见他才好。嘴甜心苦，两面三刀；上头一脸笑，脚下使绊子；～；都占全了。”（清·曹雪芹《红楼梦》）

míng xiū zhàn dào　àn dù chén cāng
明修栈道，暗度陈仓

释义：栈道，在悬崖绝壁上凿孔支木桩，铺上木板而成的窄路；陈仓，古县名，在今陕西省宝鸡市东。楚汉相争时，刘邦采纳韩信的计策，表面上大张旗鼓地抢修早先烧毁的栈道，麻痹了楚王在陈仓的守将章邯，刘邦的精锐部队出奇不意地偷袭了陈仓，顺利地挺进关中，拉开了开创汉王朝的大幕。比喻用明的行动麻痹、迷惑对方，暗地里采取另一种行动而达到目的。亦可简作“暗度陈仓”。

例句：“在看到背靠华渝大学后山院墙的一个汽车修理厂时，林凯的眼睛一亮。这个修理厂简直就是为他实施～之计的绝佳场地！”（六正《星际之商业霸主》）

míng zhī huǒ kēng yě děi tiào
明知火坑也得跳

释义：比喻已经知道结果不利，但别无选择。

例句：“‘不客气地讲，很多人～。’在华人聚集的列治文市从事保险业的一位华裔说。据他的观察，事实上不少‘上当’的中国家庭和留学生并非对‘欺诈’一无所知，而是另有所图。”（环球时报《加拿大私立学校问题多》）

míng zhī shān yǒu hǔ　piān xiàng hǔ shān xíng
明知山有虎，偏向虎山行

释义：比喻知难而上，勇往直前。

例句：“～。这汉子去往那里。”（明·佘翘《量江记》）

míng zhū àn tóu
明珠暗投

释义：明亮的珍珠，黑暗中丢弃在路上。比喻有才能的人得不到重视，也比喻好东西落入不识货者手里。

例句：“但一面又很为我的那两本书痛惜：落到捕房的手里，真是～了。”（鲁迅《南腔北调集·为了忘却的记念》

míng luó kāi dào
鸣锣开道

释义：封建官吏出行时，前面开路的人要喝令行人让路，到了清朝增加了鸣锣的做法，并以鸣锣的次数代表官位的品级。比如县官上街鸣七下，意思是“军民人等齐闪开”，道、府级的鸣九下，在军民前加上“官吏”两字，提督、巡抚级的鸣十一下，在军民前加“文武官吏”四个字，而都统以上官员上街则要鸣锣十三下，代表的意思是“大小文武官吏军民人等齐闪开”。比喻为某种事物的出现，制造声势，开辟道路。

例句：“二十年前的一幕，至今仍记忆犹新。……只见烟潍路十字路口两侧，十几辆警车一字排开，过往的车辆排起了长龙，被挡在离路口百米左右的地方。一会儿，几辆警车～，引领着几十辆轿车从我身旁疾驰而过。……当天的新闻报道，一要员来我县视察。”（潍水春来早《鸣锣开道》）

mìng gēn zi
命根子

释义：被认为是有生命或精力来源的东西。比喻最受人重视的晚辈，也比喻最重要或最受重视的事物。

例句：“最后我跟她的遗体告别，女儿望着遗容哀哭，儿子在隔离病房，还不知道把他当

作～的妈妈已经死亡。”（巴金《怀念萧珊》）

mō lǎo hǔ pì gu
摸老虎屁股

释义：比喻触犯有势力或难以对付的人。
例句：“他胆子大，简直想～了！”（艾芜《流浪人》）

mō ménr
摸门儿

释义：指找到做某件事情的门径。
例句：“校园里的集体生活和以前在球队过的那种集体生活并不一样，学习之外的很多事儿，孙建军还都不～，因此班里的同学成了孙建军熟悉大学生活的纽带。”（李航《在食堂吃饭特便宜》）

mō zhe shí tou guò hé
摸着石头过河

释义：比喻办事情稳妥，一步步来。
例句：“我这个人一辈子做事，你清楚的，总是～。唉，依你看，将来不会有麻烦吧？”（沙汀《淘金记》）

mó quán cā zhǎng
摩拳擦掌

释义：形容人们在行动前精神振奋、跃跃欲试的样子。
例句：“这是第一次出马，人们都～，心里突突跳着准备战斗。”（梁斌《红旗谱》）

mó dāo bù wù kǎn chái gōng
磨刀不误砍柴工

释义：比喻做事情事先把准备工作做好，不仅不会浪费时间，反而能够加快工作进程。
例句：“人们哗地站起来，怒火冲天，冲着王洪喊道：‘你说怎么办吧！’王洪高兴地对龙眼说：‘真是～。好，你讲第二个问题吧！’”（王英先《枫香树》）

mó hé
磨合

释义：指新组装的机器经过一定时间的使用，将摩擦面上的加工痕迹磨光而使得其更加密合。比喻两个或两个以上的人或事物，处于同类别，但却存在着事实上或价值上的差异，要经过一段时间的调整、改善，融合同化为共同体的过程。
例句：“主教练郎平在赛后认为，全队的发挥比上一场有进步，毕竟新赛季的主力阵容中只有自由人尉颖是‘旧将’，其他均为首次配合，所以恒大女排目前的注意力不在对手而在自身的～上。身兼中国女排主教练的她，坦言在带队参赛的同时，也在考察国手的表现。”（杨敏《郎平称新赛季开局重磨合　不忘考察女排国手表现》）

mó yáng gōng
磨洋工

释义：给外国人干活就叫洋工。“辛丑条约”签订后，美国用“庚子赔款”在北京建造协和医院和医学院，建筑质量要求甚高，外观上采用中国传统的磨砖对缝、琉璃瓦顶。磨砖的工程十分浩繁，这一工序被称为“磨洋工”。后来成为消极懈怠的代名词。
例句：“有的人挨日头，～，做好做赖，好像跟他们没关系。”（李满天《水向东流》）

mó zuǐ pí zi
磨嘴皮子

释义：比喻费口舌或说废话。
例句：“我说丫头们，别净磕闲牙了，干活儿吧，看人家不～的，棉花籽摘了一大堆了。”（李满天《水向东流》）

mó gu
蘑菇

释义： 指供食用的菌类。比喻故意纠缠或行动缓慢，拖延时间。

例句： "'好了！快走啦，要迟到了。'羽落不停地催雪凝。'……今天南风哥哥不送我们啊？''哥哥在外面等我们呢，快点吧，别～了。'羽落不耐烦了。"（林晓凌《等待樱花盛开的爱恋》）

mó zhǎo
魔爪

释义： 比喻邪恶的势力。

例句： "帝国主义的炮舰马蹄，从东西南北一齐杀来，把～伸进中国。"（袁鹰《飞》）

mǒ hēi
抹黑

释义： 比喻丑化、耻辱、蒙羞。

例句： "利用电脑游戏、热播影视进行国家政治传播，宣传自身价值观，～他国国家形象，是文化渗透和侵略的新形式。"（宫玉聪《国外游戏抹黑中国形象　学者称扭曲事实会误导青年》）

mǒ xī ní
抹稀泥

释义： 比喻做无原则的调解。

例句： "妈妈是条条有理，不许别人说话；爸爸是马马虎虎，凡事～。"（老舍《牛天赐传》）

mò bān chē
末班车

释义： 按班次行驶的最后一趟车。比喻最后的机会。

例句： "二十岁的大女孩，最怕有人说自己天真幼稚。等待成熟是件烦恼的事，因为有时要假装老成来掩饰自己的幼稚。似乎只是弹指一挥间，蓦然发现自己已踏上了青春～。"（慕宁《青春末班车》）

mò shuǐr
墨水儿

释义： 有颜色能够用来书写的液体。比喻文化水平。

例句： "'都是一天栽的花儿，这大学生的长得就比咱的快，花开得也比咱的大，这～真没白喝……'瞧着那满棚长势喜人、缤纷绽放的非洲菊，花卉种植大户赵月兰赞不绝口。"（任永生等《迁西：9名大学生村官养花帮花农致富》）

mò bù kāi
磨不开

释义： 磨，石磨，能够把米、麦、豆等粮食加工成粉、浆的一种机械，通常由两个圆石做成，两层的接合处都有纹理，粮食从上方的孔进入两层中间，沿着纹理向外移动，在滚动过两个层面时被磨碎。石磨需要较大的场地才能运行，地方小了就会转不开。比喻行不通、拉不下脸。

例句： "拉车的人晓得怎么赊东西，所以他～脸不许熟人们欠账。"（老舍《骆驼祥子》）

mò dào shàng de lǘ
磨道上的驴

释义： 磨道，石磨四周走出的道，驴在拉磨时是在固定的道上绕圈子，由不得自己乱跑。比喻任人摆布，自己做不了主。

例句： "真正是'为人莫当差，当差不自在。'这两句戏台上的牢骚话，现在竟变成了他心中的诗。可是有什么办法呢？已经是～，左右全由不得自己。"（柳杞《长城烟尘》）

mù jiang dài jiā　zì zuò zì shòu
木匠戴枷，自作自受

释义：枷，古时犯人戴的刑具，由木匠用木头制成。木匠戴自己做的刑具即是自作自受。

例句：“王红眼见高学田来了硬的，也动了肝火：‘你别不识抬举，俗话说：人随王法草随风，小胳膊要硬和大腿别劲，那可是～。’”（高玉宝《高玉宝》）

mù jiang duō le gài wāi fáng
木匠多了盖歪房

释义：比喻做事情有许多人出主意，意见不统一反倒把事情弄坏了。

例句：“文学写作其实是一件很私人化的事情，是一个个体化的作业。文人宜散不宜聚。文人聚在一起，～。所以，对于作家来说，重要的是自己写东西，而不是聚在一起搞联欢。”（水中村人《听肖复兴谈文学》）

mù jiang fǔ zi yī miàn kǎn
木匠斧子一面砍

释义：比喻说话办事片面，或处理矛盾时偏袒一方。

例句：“六老汉提议应该给行政一个说话的机会，以免往后用木匠的一面斧砍了他。”（柳青《种谷记》）

mù tou yě yǒu sān fēn huǒ xìng
木头也有三分火性

释义：比喻老实人被逼急了也会发火。

例句：“若要人似我，除非两个我，～，没有个性，人类的伟大就不存在了。”

mù yǐ chéng zhōu
木已成舟

释义：木头已经做成了船。比喻事情已成定局，不能再改变。

例句：“事情到了这样，可说～。姑少爷再不好，大小姐也只得忍耐着好好过活下去。”（巴金《春》）

mù dèng kǒu dāi
目瞪口呆

释义：指瞪着眼睛说不出话来。形容因吃惊或害怕而发愣的样子。

例句：“3月4日，全国人大代表、湖北省统计局副局长叶青作客人民网强国博客。访谈过程中，叶青谈到目前公车滥用的极端例子，令他‘～’。”（徐叔宏　耿宽谋《人大代表叶青：公车滥用让我“目瞪口呆”》）

mù yù
沐浴

释义：洗澡，洗浴。比喻受润泽或沉浸在某种环境中。

例句：“近年来，温泉县不断推进文化事业发展，让各族群众～在现代文化的阳光下，不断提升百姓的幸福指数。”（王飞　肖俊扬《沐浴在阳光下》）

mù hòu
幕后

释义：舞台帐幕的后面。比喻公开活动的后面。

例句：“假使我走至～，将我二十年的历史和一切都更变了，再走出到她面前，世界上都没有一个人认识我，只要我仍是她的女儿，她就仍用她坚强无尽的爱来包围我。”（冰心《寄小读者》）

mù gǔ chén zhōng
暮鼓晨钟

释义：寺庙里晚上打鼓，早晨敲钟。比喻使人警悟的言语，也比喻时光推移。

例句：“清代小说《红楼梦》自问世以来深受读者欢迎，不少人……说它如～唤醒痴迷众生，有大功于天下。”（孙赟《暮鼓晨钟醒世人》）

N

ná bù wěn tuór

拿不稳砣儿

释义：比喻不好决断，拿不定主意。

例句：“三叔，你说这份活儿我能不能接下来，我有点～……”

ná dòu bāo bù dàng gān liang

拿豆包不当干粮

释义：比喻小看人。

例句：“戴手套和别人握手，是最不礼貌的事情，只能说明一个问题：完全没有瞧得起对方。胖子虽然心胸宽广，也有点不大高兴，这家伙是～啊……”（如莲如玉《小地主》）

ná dòu fu zuò dǎng jiàn pái

拿豆腐做挡箭牌

释义：挡箭牌，古时作战用来抵挡对方射过来的箭的盾牌，多用皮革或藤条制成。比喻不堪一击。

例句：“民国无力，当时民国接的是晚清腐朽落魄的接力棒！日本是世界军事强国，一个举着刀来了，一个只是～，当时换做哪个中国政府都是这幅惨景啊！”

ná fǔ de dé chái huo zhāng wǎng de dé yú xiā

拿斧的得柴火，张网的得鱼虾

释义：比喻做什么就会得到什么回报。

例句：“凡是为学堂立过功出过力的，都不会被漏掉。～。”（陆地《瀑布》）

ná jià zi

拿架子

释义：装模作样地摆架子。

例句：“你们这位女老师好小意呵，亲身来教你，不～，也不厌烦，你还不好好用功，对得起人吗？”（周立波《调皮角色》）

ná liǔ tiáo dàng bàng chui

拿柳条当棒槌

释义：比喻措施无力，无济于事。

例句：“你别～！叫我啊，闲呆着也不闹这个。亏你上民校学政治，连心窍都没开哩！”（李满天《水向东流》）”

ná niào piàn zi zhē liǎn

拿尿片子遮脸

释义：比喻为掩盖而不顾一切，或是采用不恰当的方法、手段做事情。

例句：“杜若的条件，唉，低着呢，只要是个女的，不～，不影响市容就行。”（九如村人《杜若的爱情季节》）

ná niē

拿捏

释义：比喻要挟、刁难或故作姿态，也比喻看不透，不知如何对待。

例句：“他们真会～人，他以为这里就没人挑水了！我自己下山去找！”（冰心《关于女人张嫂》）

ná qiāng ná diào

拿腔拿调

释义：腔、调，指戏曲里的唱腔和声调。比喻说话时故意用某种声音和语气。

例句：“昨天，一篇题为‘2013年春晚流行歌的语文错误’的文章在网上引起热议，作者石毓智不仅指出了春晚歌曲的歌词错误，还提出了修改意见。他在文中指出，‘很多流行歌词就成了词语的瞎凑合，乱堆砌，不仅听者迷糊，恐怕连词作者都不知道自己在说什么，演唱者只能在华丽舞台上无病呻吟、～表演。’”（杨奕《学者给春晚流行歌纠错称无病呻吟、拿腔拿调》）

ná shǒu xì
拿 手 戏

释义：原指演员演出最能发挥自己的特长、最有自己风格特点的剧目。比喻最精通、最擅长的技术、本领。特指本人的特长。亦可简作“拿手”。

例句：“剪窗花是她的～。”“小王做的红烧狮子头最拿手。”

ná táng
拿 糖

释义：比喻摆架子，装腔作势。

例句：“这会子替奶奶办了一点子事，况且关会着好几层儿呢，就这么～作醋起来，也不怕人家寒心？”（清·曹雪芹《红楼梦》）

ná yú gěi māo dàng zhěn tou
拿鱼给 猫 当 枕 头

释义：比喻送上门去。

例句：“咱们春游午饭的香肠，你让胖墩儿背着，那不是‘～’吗？”

ná zhe bàng zi jiào gǒu
拿着 棒 子 叫 狗

释义：比喻行为与实际上想做的事情相背离，越做效果越不好。

例句：“‘通什么气？’江风看着窗外冷笑道：‘谁气不顺就憋着，我就这态度，有我在这儿，谁也别想来这一亩三分地当我的家，～，全给我远点躲着。’”

ná zhe féi ròu huàn gǔ tou
拿着肥肉 换 骨 头

释义：比喻吃了大亏。

例句：“高危行业建立安全生产费用提取使用制度，固然是一件好事，但令人担心的是有关部门或企业～，等到真的需要这笔钱的时候账面上剩的只是骨头！”

ná zhe jī dàn pèng shí tou
拿着鸡蛋 碰 石 头

释义：比喻自不量力，自讨苦吃。

例句：“妈，俺不像俺爹一个人，～，俺们有很多人。妈，你放心好啦，俺一定替全家人报仇！”（冯德英《苦菜花》）

ná zhe jī máo dàng lìng jiàn
拿着鸡毛 当 令 箭

释义：令箭，古时军队发布命令时用作凭据的东西，形状像箭。比喻把别人随便说的话当作重要的依据，小题大做，借题发挥。

例句：“他一听白振西神气活现地向他传达着‘太君的三不准命令’，便恶声恶气地发牢骚说：‘你不要给我～。’”（张恩忠《龙岗战火》）

ná zhe jīn tiáo dǔ qiáng fèng
拿着金条堵 墙 缝

释义：比喻大材小用。

例句：“据报道，有些中小学招聘时居然有博士和硕士去报名。博士生去教小学生，这简直是～！这个事件值得反思，这究竟是为什么呢？”

ná zhe zhū tóu xún bù zháo miào mén

拿着猪头寻不着庙门

释义：比喻想求人办事却找不到可求之人，也比喻办事情找不到门路。

例句：“今天去一家户外体育用品店购置装备，真有～的感觉，东西不全不说，服务也不到位，难怪他们生意这样冷清。”

ná zhù dāo bà zi

拿住刀把子

释义：比喻抓住把柄。

例句：“你兄弟不在家，又没个商议，少不得拿钱去垫补，谁知越使钱越被人～，越发来讹。”（清·曹雪芹《红楼梦》）

nǎ dǎ huá　nǎ zhù lí

哪打铧，哪住犁

释义：铧，安装在犁的下端，用来翻土的铁器，略呈三角形。翻土时若碰上土里较大的石块就容易把铁铧打碎，必须换一个铧才能接着犁地。比喻做事情哪里出了问题就在哪里解决。

例句：“大棚种蓝莓，我只知皮毛，咱先试着来，～，出了问题再查资料或请教专家。”

nǎ ge māor　bù chī xīng

哪个猫儿不吃腥

释义：比喻贪婪的人习性难改。

例句：“做公人的，～？阎罗王前须没放回的鬼，你待瞒谁？”（明·施耐庵《水浒全传》）

nǎ ge miào méi yǒu qū sǐ guǐ

哪个庙没有屈死鬼

释义：比喻天下事不可能都公平合理，蒙怨受屈是常有的事。

例句：“他和别人谈到我时说：‘～啊！’”（丁玲《我这二十多年是怎么过来的》）

nǎ hú bù kāi tí nǎ hú

哪壶不开提哪壶

释义：比喻专拣别人的忌讳或弱处去说。

例句：“‘皮绠他们要跟我赛诗？’梁王也笑了：‘这不是～吗？’”（凌力《星星草》）

nǎ lǐ huáng tǔ bù mái rén

哪里黄土不埋人

释义：比喻要随遇而安。

例句：“这事我已早看透了，人离原地活，树离原地死，～哪！”（刘江《太行风云》）

nǎ yǒu mǎ sháo bú pèng guō yán de

哪有马勺不碰锅沿的

释义：马勺，原是喂马的器具，圆形的用来盛水，长形的用来添加饲料。农村把大锅炒菜用的长柄大铁勺称为马勺。做饭时勺子和锅总会相碰的。比喻人与人之间相处总会产生些矛盾。

例句：“……三个女人就已经是一台戏，四个女人还不是场大戏？这要是萧素素掺合进来，根本不用去想，李天羽猜得到会是怎么样的一种情形。别看现在相处得融洽，要是久了，～？”（坐墙等红杏《合租情人》）

nán yuán běi zhé

南辕北辙

释义：战国时，魏王要去攻打邯郸，季梁忙去见魏王，给魏王讲了个故事：我碰到一个向北走想去楚国的人，我告诉他去楚国应该向南走。那个人说他的马跑得快，带的路费多，驾车的技术高超。我告诉他，你这几个条件越好离楚国就越远。季梁用这个故事劝魏王，想成就霸业要取信于天下而不是征伐，不然就同这个人一样。比喻行动和目

的相反。

例句：“你想这六条要求，与中央开出的六条款约，简直是～，相去甚远，有什么和议可言。”（蔡东藩　许廑父《民国通俗演义》）

nán chán
难　缠

释义：比喻难以对付，不好打交道。

例句：“阎昌浩笑着说，这个巢里住着一对喜鹊，其中一只腹面是污白色的，上个月开始就坚持在这里（高压线杆）安家，我们已经帮它搬过两次家了，可它又搬了回来。真是个～的钉子户。”（石岩松《这个“钉子户”真难缠》）

nán chǎn
难　产

释义：医学用语，指怀孕足月，妊妇临产娩出困难。比喻不易完成或难以实现。

例句：“每一次伟大的反对‘思想上的僵尸化’的战斗，都含孕着新的文化和文艺的胚胎。问题是在于怎样在～的过程里争得新的生命的权利。”（瞿秋白《关于高尔基的书》）

nán tì de tóu
难剃的头

释义：比喻棘手的问题或是难以管束的人。

例句：“在部队，若碰到难带的兵，常常被基层干部比方为‘～’。和风运气好，走了许多部队，从未遇见这样的兵。即使是别的部队通过关系调来的调皮捣蛋兵，一进和风的一亩三分地，‘再难剃的头’也被和风化雨。”（和风《难剃的头》）

náng zhōng wù
囊　中　物

释义：囊，口袋。自己口袋里的东西。比喻随手就可以取到的东西。

例句：“他要请他到郭金娃馆子里大吃一台，那么，那个毫无社会经验的青年人，一定会是他的～了。”（沙汀《淘金记》）

náo tóu
挠　头

释义：人们在遇到需要思考或难办的事情时往往有挠头的习惯动作。比喻事情不好办，令人为难。

例句：“换棺材不换，和怎样抬埋，马上都得打主意！嘿！我这一辈子净帮人家的忙，就没遇见过这么～的事！”（老舍《四世同堂》）

nǎo dai diào le wǎn dà ge bā
脑袋掉了碗大个疤

释义：脖子粗细与碗口相似，脑袋掉了自然是碗大的疤。比喻不惧生死，很豪气。

例句：“他倒不是担心自己的干系，～，个人算得了什么？”（陈立德《前驱》）

nǎo dai jìn shuǐ le
脑袋进水了

释义：比喻某人的思维不正常了。

例句：“会所经理看着龙宇凡他们走后，走到老输的身边小声问道：‘老板，现在咱们怎么办？要不要叫人弄死这几个人？’‘妈的，你的～吗？’老输生气地骂道，‘你又不是没看到人家有军方的背景，他们的身上有枪，你叫谁过去弄他们呀？也叫军队的人？还是叫你身边的小混混？’”

nǎo dai pò le yòng shàn zi shān
脑袋破了用扇子扇

释义：比喻大事临头，泰然处之。

例句：“至于将来的事，他早已想通；～，就只当万贯家财叫儿子糟了，管不了那么许多。”

（孙犁《风云初记》）

nǎo dai yē zài kù yāo dài shàng

脑袋掖在裤腰带上

释义：比喻做的事情随时都有生命危险。亦作“脑袋别在腰带上”。

例句：“连山，这种事儿得从长思量，～，闹得不好，家里边也连累啦，你为哪一门儿?”（李满天《水向东流》）

nǎo mǎn cháng féi

脑满肠肥

释义：脑满，指肥头大耳；肠肥，指身体胖，肚子大。形容饱食终日的富人形象。

例句：“‘爹，我不嫁那个杜员外，长得～，跟头猪似的，又好色。’叶晴柔不情愿地说。”（翠翘《逃跑秀女将军妻》）

nǎo zi rè

脑子热

释义：比喻人办事冲动，意气用事。

例句：“老毛病犯了，总会在一些关键的时候自以为是，脑袋却还卡壳了，一件一件的错事干下去，～的时候想出很多馊主意，忘记了本来应该做的事，好多事就这样耽搁了，反正没少挨骂。”（不死战神《脑子发热，很热》）

nèi gōng

内功

释义：武林术语，指针对锻炼身体内部器官所习的武术或气功。比喻人的内在能力及修养、素质。

例句：“以我个人在西方从事中华文化传播工作以及在国内长期调研经验来看，要实现文化更好地‘走出去’，需要解决好我国文化事业建设中的一些问题，简而言之，根本的是要修炼‘～’。”（孙萍《文化：“走出去”与“修内功”》）

nèi hào

内耗

释义：指机器或其他装置本身所消耗的没有对外做功的能量。比喻内部因不协调、闹矛盾而无谓地消耗精力、物力等。

例句：“业内专家也认为，民族热水器产业应抵制～争斗，用尽量多的资源进行核心技术研发和品质控制，本土媒体也应该承担起民族工业崛起复兴过程中品牌保护的重任。”（王罗浩《拒绝内耗　消除民族热水器产业危机》）

nèn cǎo pà shuāng shuāng pà rì

嫩草怕霜霜怕日

释义：比喻一物降一物。

例句：“后周末年，……韩通霸占刘员外的庄子，手下养了几百号人，经常干一些敲诈勒索的事情，赵匡胤见了韩通挥棒就打，打得韩通跪地求饶，众人旁观，拍手称快，正是～,恶人却被恶人磨。”

nèn jiāng méi yǒu lǎo jiāng là

嫩姜没有老姜辣

释义：比喻年轻人没有老年人经验丰富。

例句：“你再看看我们 1996 年问世的帕萨特 B5 吧。在底盘与车架原封不动的情况下只改了内饰、前后大灯与中网，再另外起个好名字——领驭。刚一上市就如泰山压卵，所向披靡，终于一炮走红，都说～，一点不假!”（佚名《我是大众，我是牛》）

ní fó quàn tǔ fó

泥佛劝土佛

释义：比喻劝说与自己境遇相同的人。

例句：“我的哥哥，你自顾了你罢，又～！你也成日不着个家，在外养女调妇，又劝人家汉

子！”（明·兰陵笑笑生《金瓶梅词话》）

ní niē de rén yě yào yǒu shí jiān shài gān
泥捏的人也要有时间晒干

释义：比喻人才的成长总得有个过程。

例句：“你说的‘可靠人员’‘强干部’在哪垯？辛辛苦苦几年培养起来的好党员干部，全上前线了！有句俗话说：～。”（柳青《铜墙铁壁》）

ní niú rù hǎi
泥牛入海

释义：泥塑的牛掉到海里。比喻一去不返，杳无音信。

例句：“司法建议的核心在于它的实效性，即法院在发出司法建议后，要看有没有真正帮助一个行业、一个单位改正存在的问题。然而，由于缺乏跟踪监督，建议发出后，法院与被建议单位沟通联系较少，使许多司法建议～…”（邵海林《不要让司法建议“泥牛入海”》）

ní pú sa guò hé
泥菩萨过河

释义：比喻自身也难保了。

例句：“而那个乔玄也许有急事，立即在一旁帮腔道：‘小公子，救人救到底，你就先把她带上，等有合适的机会再把她安排了也不迟，不然，她真的被逼去妓院可就不太好了。’‘这……’刘辩眼珠子一转，自己现在是～，怎么还能拖上这么一个累赘？”

ní qiu xiān bù qǐ dà làng
泥鳅掀不起大浪

释义：泥鳅，生活于淡水底层的鱼类，体较小而细长。比喻本事不大惹不了大麻烦。

例句：“曹汝霖对学生的抗议，并不在意，认为～。”（叶曙明《重返五四现场》）

ní rén jīng bù qǐ yǔ dǎ
泥人经不起雨打

释义：比喻假话经不起事实的检验。

例句：“‘～，谎言经不起调查’。既然2011年当地就发现翟局长‘利用职务便利为亲属谋取利益及其他违纪行为’，那就应及时处罚，以儆效尤，不能让事情一拖再拖，不了了之。”（华声在线《“房妹”父亲被查　反腐莫要再折腾》）

ní rén yě yǒu ge tǔ xìng
泥人也有个土性

释义：比喻凡是人都有自己的脾气性格。

例句：“卖力气挣钱，不是奴才；你有你的臭钱，我～。”（老舍《骆驼祥子》）

ní shā jù xià
泥沙俱下

释义：在江河的急流中泥土和沙子随着水一起冲下。比喻好人和坏人混杂在一起。

例句：“以假充真的‘有机菜’被央视曝光，使得原本并不十分受关注的有机食品行业一下被抛到了风口浪尖。而老百姓在惊讶于不法企业如此猖獗地赚取高额利润的同时，也不禁产生更多疑问：到底什么才是真正的有机食品？有机食品行业的认证机构是否真如媒体所评价的‘～’？”陈璞《有机食品行业泥沙俱下　业内人士称难获公众信任》

ní sù mù diāo
泥塑木雕

释义：泥塑的和木雕的像。比喻人的表情和举止呆板。

例句：“这时会场鸦雀无声，坐在蒲团上的高级干部们，一个个瞪大了眼睛，竟像～的神像一般都愣住了。”（魏巍《地球的红飘带》）

nǐ qiāo nǐ de gǔ　wǒ dǎ wǒ de luó

你敲你的鼓，我打我的锣

释义：比喻各干各的，互不相干。

例句：“某些机关在指导和服务基层上，～。……对那些打基础、利长远却又默默无闻的事不感兴趣……”（姚柏林《敲锣打鼓一个点》）

nǐ zǒu nǐ de yáng guān dào　wǒ zǒu wǒ de dú mù qiáo

你走你的阳关道，我走我的独木桥

释义：比喻各走各的路，互不干涉。

例句：“我们要把这桩事体谈清爽，从此一刀两断，～。今后，你要是再跨进我徐家的门，小心我一刀砍断你的腿！”（周而复《上海的早晨》）

nì fēng diǎn huǒ

逆风点火

释义：比喻做坏事最终要害了自己。

例句：“我平日怀害人肚肠，具杀人手段。……不道暗地损人，轮到我～自烧身。”（明・梁辰鱼《浣纱记》）

nì liú

逆流

释义：指倒流的水。比喻反动的潮流。

例句：“历史多少次地证明了科学的预见的神奇，但在险恶的～中我们仍容易迷惘。”（何其芳《新中国的梦想》）

nì shuǐ xíng zhōu

逆水行舟

释义：逆着水流的方向行船。比喻不努力就要后退。

例句：“作风建设好比～，整改落实阶段如同到了重要关节处，是人的思想容易出现懈怠疲态、意志开始变得薄弱、不良风气与不当利益最要割舍的时候。因而，在思想上不能有丝毫放松，标准上不能有丝毫降低，力度上不能有丝毫减弱。”（人民日报评论员《越往后越要防“偷工减料”》）

niān bù de qīng　fù bù de zhòng

拈不得轻，负不得重

释义：比喻什么事都不想干。

例句：“啊呀贤侄！你这等就不是过日子的道理。你又～，但做了些小活路儿，还强如乞食，免教人耻笑。”（明・兰陵笑笑生《金瓶梅词话》）

niān huā rě cǎo

拈花惹草

释义：拈，捏；惹，招惹；草、花，指女子。比喻到处挑逗、引诱女子。

例句：“曹女士怀疑丈夫在外面～欲离婚，可苦于没有证据，于是心生一计，冒充‘小姐’与丈夫对话并录音，想以此作为丈夫不忠的证据。记者昨天获悉，通州法院以录音证据不能证明其丈夫有过错为由驳回了曹女士的离婚请求。”（颜斐《妻子使“美人计”诉离婚被驳回》）

niān qīng pà zhòng

拈轻怕重

释义：拈：用两三个手指夹取（东西）。指接受工作时挑拣容易的工作，害怕繁重的工作。

例句：“不少人对工作不负责任，～，把重担子推给人家，自己挑轻的。”（毛泽东《纪念白求恩》）

niān tóu dā nǎo

蔫头耷脑

释义：蔫，枯萎；耷，垂。形容没精打采的样子。

例句：“满银～走出门，惊讶地看见是他的小舅子，便把罗着的腰直了一下，脸上倒显出了几分羞愧的颜色。”（路遥《平凡的世界》）

nián hu
黏糊

释义：像糨糊一样的黏稠。比喻人行动缓慢，精神不振作。

例句：“‘小陈你做事真是越来越～了，’林桓不满意地哼一声。林主席此人，长处和短处都很明显，老年月过来的干部，做事有的时候只求本心，家长作风比较严重。”（陈风笑《官仙》）

niǎn zǒu hú li lái le láng
撵走狐狸来了狼

释义：比喻一个比一个凶狠。

例句：“这个租房期满我得好好看看——这租房的是～，再这样，我宁把房闲着也不租了，实在受不了啦！”

niàn bà le jīng dǎ hé shang
念罢了经打和尚

释义：比喻达到目的后，就把帮助自己的人一脚踢开。

例句：“……想当初谁说的‘就是他让我死，我也去死’？有能耐，当初别像个孙子一样去巴结他啊，现在倒好，他犯事了，你～……”（一夫《招还不招》）

niǎor tān shí zāo lóng xiàn
鸟儿贪食遭笼陷

释义：小鸟因为贪食而被笼子扣住。比喻因为贪婪而遭受挫折或遇到危险。

例句：“看那些腐败分子，成百万上千万地敛财，难道他们还缺钱吗？不，就是一个字：贪！这正应～这句老话。”

niǎo jìn gōng cáng
鸟尽弓藏

释义：鸟被打没了，弓箭就收起来了。比喻一旦达到目的，用来帮助达到目的的工具或人就没有用处了。

例句：“小弟从征方腊回来，苦劝我东人隐逸。明知有‘～’之祸，东人欲享富贵，坚执不从。”（清·陈忱《水浒后传》）

niǎo qiāng huàn pào
鸟枪换炮

释义：比喻情况和条件有了根本的改善。

例句：“那个气好比烟袋换吹筒，吹筒换鸟枪，～，越吹越壮了。”（清·文康《儿女英雄传》）

niǎo wú chì bù fēi
鸟无翅不飞

释义：鸟如果没有翅膀就飞不起来。比喻做事情不能缺少基本条件。

例句：“俗话说，～，作为学生，要努力学习，掌握本领，即练就强壮的翅膀，这样才能在未来事业的天空展翅飞翔。”

niǎo zhàn gāo zhī
鸟占高枝

释义：比喻人追求上进。

例句：“全国大大小小的工业园不计其数，比湖口条件优越的多得是。俗话说‘～’，客商当然会选择最有利于自己的地方去投资。”（黄英华《潮涌金沙湾》）

niào bù dào yī ge hú
尿不到一个壶

释义：比喻不能在一起共事。

例句：“所以有分析指出，普京的上台和奥巴马在未来将面临着很多考验，因为一直以来美国和俄罗斯都是～去。”（胡明军《普京与奥巴马难尿到一个壶去》）

niē yī bǎ hàn
捏一把汗

释义：因心情极度紧张，手心出汗。形容担心、忧虑。

例句：“安太太方才见老爷说公子慌的有些外务，正～，怕丈夫动气，儿子吃亏。”（清·文康《儿女英雄传》）

niē zhe bí zi hǒng yǎn jing
捏着鼻子哄眼睛

释义：比喻自己骗自己。

例句：“‘这样，换成你爱人的名字！’邬士发忽然灵机一动，‘横竖你早调走了。’陶青山带笑地紧接着反驳道：‘这不是～么！”（沙汀《堰沟边》）

nìng ái gàng zi bù ái zhēn
宁挨杠子不挨针

释义：比喻本末倒置，小亏不吃吃大亏。

例句：“李二红睁开独眼说：‘土财主都是宁舍人不舍钱，～，不拄哀杖不知道掉泪！过几天先把他二哥的耳朵割一只送到他家去，太客气了反而误事！”（姚雪垠《长夜》）

N

nìng chī xiān táo yī kǒu　bù chī làn xìng yī kuāng
宁吃鲜桃一口，不吃烂杏一筐

释义：比喻宁可少而精，而不要多而滥。

例句：“用长材料写短篇并不吃亏，因为要从够写十几万字的事实中提出一段来，当然是提出那最好的一段。这就是～了。”（老舍《我怎样写短篇小说》）

nìng dāng jī tóu bù dāng fèng wěi
宁当鸡头不当凤尾

释义：比喻宁可在小地方当家，也不去大地方受制于人。

例句：“晋江是沿海地区经济发展较快的地方，造就了许多企业家，当老板因此成了许多晋江人的梦想，有相当一部分农民特别是农村青年抱着‘～’的传统观念，不愿意进入企业打工。”（王建新　李宇思《泉州：“宁当鸡头不当凤尾”观念转变》）

nìng kě shēn shòu kǔ　bú ràng liǎn fā shāo
宁可身受苦，不让脸发烧

释义：比喻不做丢脸的事。

例句：“在这里要介绍一下我大姑的性格。她从小吃苦，很要强、要脸。大姑常说‘～’。这么多年，大姑对这些亲戚，都是付出，从没索取过。”（胡东晨《大姑常说“宁可身受苦，不让脸发烧”》）

nìng qiàn yán wang zhàng　bù shǐ xiǎo guǐ qián
宁欠阎王账，不使小鬼钱

释义：宁可从阎王那里借钱也不从小鬼那里借钱。比喻帮凶有时比主子还凶狠。

例句：“你咋跟二秃子有经济来往呢？没听说过吗，～，这不是给家里惹麻烦嘛！”

nìng qiāo dāng miàn luó　bù dǎ bèi hòu gǔ
宁敲当面锣，不打背后鼓

释义：比喻做人要光明正大，不在背后搞小动作。

例句：“这就要求每个干部、职工采取正确的方式，处理同事之间的关系与矛盾，不能讲面子不讲原则，讲私情不讲党性；要实事求是，怨别人不对不如先检查自己不足；要以诚相待，～。”（玫昆仑《宁敲“当面锣”不打“背后鼓”》）

nìng wèi yù suì bù wèi wǎ quán
宁为玉碎不为瓦全

释义：比喻甘愿壮烈死去，绝不苟且偷生。

例句：“‘～！’我不愿意我的一生就这么平庸地……过去。”（杨沫《青春之歌》）

nìng yǎng yī tiáo lóng bù yǎng shí ge xióng
宁养一条龙，不养十个熊

释义：比喻培养人才应注重质量。

例句：“出去好好干，我准提拔你！我是～！”（袁静 孔厥《新儿女英雄传》）

nìng zhuàng jīn zhōng yī xià bù dǎ pò gǔ sān qiān
宁撞金钟一下，不打破鼓三千

释义：比喻只向有威望的人求援，不愿随便向没多大作为的人求援。

例句：“不是我扯谎，若论除了姐姐，也还有人手里管得起千数两银子的，只是他们为人都不如你明白有胆量。……所以我‘～’。”（清·曹雪芹《红楼梦》）

niú
牛

释义：哺乳动物，趾端有蹄，头上长一对角，是反刍类动物，力量很大，能耕田拉车，肉和奶可食，角、皮、骨可作器物。比喻人固执或骄傲。

例句：“像任兴平家这样几乎完好无损的民房，在碧口镇没有第二家，堪称此次地震中碧口镇灾区的‘最～民房’。”（杨涛《甘肃“最牛民房”震后独存 地震局前往考察》）

niú bù hē shuǐ qiǎng àn tóu
牛不喝水强按头

释义：比喻强迫人做不愿做的事。

例句：“你们听完我的话，再骂不迟！去不去由你们，我能～么？”（艾芜《乡愁》）

niú bù zhī jiǎo wān mǎ bù shí liǎn cháng
牛不知角弯，马不识脸长

释义：比喻人看不到自己的短处。

例句：“～。阿榕这犟仔，就是看不见自己的短处。”（周肖《霞岛》）

niú dāo xiǎo shì
牛刀小试

释义：牛刀，宰牛的刀；小试，稍微用一下，初显身手。比喻有大本领的人，先在小事情上显示一下身手或是有能力的人刚开始工作就表现出才能。

例句：“为慎重初战，务求必胜，张爱萍先搞了实战试验，来了个‘～’，即动用部分空军歼击机、海军护卫舰，配合陆军分队攻占了有少数匪特盘踞的由头门山、田岙和蒋儿岙三岛组成的东矶列岛，试了试陆军登陆作战的战斗力，并使我前沿直接与一江山岛对峙。”（咏慷《一江山登陆大血战》）

niú gēng tián mǎ chī gǔ
牛耕田，马吃谷

释义：比喻待遇不公平。

例句：“你将来打算归田，还是出洋？……～！这就是革命成功的下场！’”（李六如《六十年的变迁》）

niú guǐ shé shén
牛鬼蛇神

释义：比喻形形色色的坏人。

例句：“新中国破除迷信，从旧社会来的巫婆、阴阳先生、道士等被叫做～，不准他们再传播迷信，危害社会，危害人民。”（邹安童《中国记忆》）

niú kǒu lǐ chě bù chū cǎo lai
牛口里扯不出草来

释义：比喻事情难以办到。

例句：“这明明是欺死瞒生发横财的圈套。不要他的，可是自己拿不出什么真凭实据，又没有人帮我说半句公道话，～。”（李六如《六十年的变迁》）

niú lán lǐ guān māo
牛栏里关猫

释义：比喻采取的防御措施漏洞太大，根本不起作用。

例句：“通地坪的一扇耳门打开了，显然贼人是从这里大摇大摆出去的。‘忘了把耳门子从外边反锁，’陈大春十分丧气，‘你这是～！’”（周立波《山乡巨变》）

niú pí bù shì chuī de huǒ chē bù shì tuī de
牛皮不是吹的，火车不是推的

释义：比喻要有真本事。

例句：“～，这碌碡摆在当场，跟你没交情，跟我没来往，没多的，也没少的，咱们比一比才见出谁真谁假。”（李满天《水向东流》）

niú pí táng
牛皮糖

释义：一种用白糖加各种辅料熬成的饴糖，特点是有韧性、有弹性、有柔性。比喻具有牛皮糖特点的人或物。

例句：“涨不上去，跌不下来。近两个月来，国际黄金市场呈现出了小幅震荡、方向不明的‘～’行情。”（陆文军《黄金陷入“牛皮糖”行情，炒金是否还有机会?》）

niú shǐ duī lǐ shǎo bù liǎo shǐ ke làng
牛屎堆里少不了屎壳郎

释义：屎壳郎，学名蜣螂，多以动物粪便为食，有“自然界清道夫”的称号。比喻物以类聚，臭味相投。

例句：“我一接你老师电话心里就咕咚一下，真是～，你说学生们捣蛋哪次少了你啦!”

niú tí zi liǎng bànr
牛蹄子两半儿

释义：比喻两类人，根本合不到一块儿。

例句：“都是同志，都是为抗日救国，为什么老是～着呢?”（阎瑞赓《遍地八路》）

niú tóu bù duì mǎ zuǐ
牛头不对马嘴

释义：比喻胡拉乱扯，毫不相干。

例句：“看你们多啰嗦！妈，你怎能把我结婚的问题扯到炼钢上去哩，那不是～么？“（草明《乘风破浪》）

niǔ dài
纽带

释义：起连接作用的带子。比喻起联系作用的人或事物。

例句：“一个窗口，一份责任，也是一条～。坐在窗口里忙碌和站在窗口外等待，是完全不同的体验。我常想，如果不将心比心、以位换位，就很难建立服务者与被服务者的和谐关系。”（陈轩《一个窗口，就是一条纽带》）

nóng mò zhòng cǎi
浓墨重彩

释义：用浓重的墨汁和颜色来描绘。比喻着力描写。

例句：“世上本无路，走的人多了，自然成了路；走在最前面的，我们称之为开路先锋或者说领路人。在巴新，奉坚成功扮演着开路先锋的角色，写下了人生中～的第一笔。（罗志贵《浓墨重彩第一笔》）

nóng suō
浓缩

释义：使溶液中溶剂蒸发、溶液浓度增大的过程。比喻用一定方法减少事物中不需要的部

分，从而使需要部分的相对含量增加。

例句：“不论怎么吹嘘现在是中华盛世，无论怎么讴歌现在是文学的春天，我们都不得不承认唐诗宋词才是中国文学的高峰，也是中国文化精华的一种～。”（王大年《惊魂斗艳24小时〈写在前面：浓缩的都是精华〉》）

nóng bāo

脓　包

释义：身体某部位组织化脓时因脓液积聚而形成的隆起物。比喻无用的人。

例句：“打胜了不要笑，打败了不许哭，哭的就是～！”（夏衍《上海屋檐下》）

nuó wō

挪　窝

释义：比喻换环境。

例句：“泰沂山脉有座油青山，沟壑纵横，济南军区某军械仓库就在其间的一个山沟里。仓库主任孙孝博从战士干起，30年没～，整天与武器弹药打交道，却从没发生一起事故。”（张庆祝　张宏宇《孙主任的“硬规矩”》）

O

ǒu duàn sī bù duàn

藕断丝不断

释义：藕，莲的地下茎，长形，肥大有节，白色，中间有许多管状的孔，折断有丝，可以食用。比喻表面上好像已经断了关系，实际上仍然牵挂着。

例句：“恩深如海，情重似山；佳期非偶，离别最难。常言道～。”（明·兰陵笑笑生《金瓶梅词话》）

ǒu xīn lì xuè

呕心沥血

释义：形容做事用尽心思。

例句：“塘里中学党支部书记洪富介绍说：今年7月学校放假，但叶德龙校长还是很忙，一天到晚连轴转，为学校发展～，终于因太累而意外跌倒。他的妻子要送他去医院检查，但叶德龙说：‘我太累了，想睡会。’这是叶德龙留下的最后一句话。”（斯信忠 陶晓庆《呕心沥血为育人》）

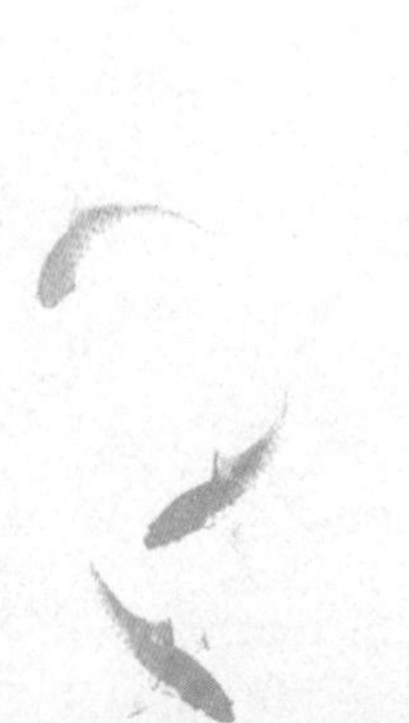

pā wō
趴窝

释义：母鸡下蛋或孵小鸡时趴在鸡窝里。比喻人因生病、劳累、没活儿干等原因歇在家中，也比喻车、机械等因故障而不能工作。

例句：“一台破‘东方红’，三天两头坏，烧一次轴瓦得～半个月，拆一次汽缸得～一个月。”（刘亚舟《男婚女嫁》）

pá de gāo　diē de zhòng
爬得高，跌得重

释义：物体落下时，距离地面越高，物体与地面接触时的压强越大。告诫人们越是处于高位，越是要谨言慎行。

例句：“地里出一石（音担，计量单位——编者注）的，能跳到两石上去，那洋技术，使人～呀！”（李满天《水向东流》）

pá gé zi
爬格子

释义：写文章用带格子的稿纸，所以将写作戏称为“爬格子。”

例句：“老章有时也觉得老了，因为久坐，‘～’，落下了严重的腰间盘突出和颈椎劳损，需要时不时站起来扭扭腰晃晃头……”（范晓燕《“爬格子”老章》）

pà de lǎo hǔ wèi bù de zhū
怕得老虎喂不得猪

释义：比喻顾虑太多成不了事。

例句：“～。况且……老谢有几十年的经验，只要肯用心。”（周立波《山乡巨变》）

pà hǔ bù shàng shān　pà lóng bù xià tān
怕虎不上山，怕龙不下滩

释义：比喻如果惧怕困难、不敢拼搏就办不成大事。

例句：“团长，放心好了，～，不管有多大困难，我们保证完成任务。”

pà shuāi jiāo xiān tǎng dǎo
怕摔跤先躺倒

释义：比喻对预知的困难不是积极去克服而是先行消极承受。

例句：“不如干脆把树花嫁给本村一个穷瘪了的老实光棍汉，闹平分时他可以当防空洞，平分以后他可以帮助她家干活，女儿也有了终身依靠，正是一举两得。这正像俗话说的：‘～’。”（秦兆阳《说媒》）

pāi bǎn
拍板

释义：商行、交易所拍卖货物采用竞争买卖方式时，竞买方经过激烈叫价，最后在没有新的竞争价格时，由拍卖师用木板拍一下桌子，表示按此价格成交。因此，“拍板”成了达成交易的代名词。后比喻决定事情。

例句：“他说一不二，敢～也敢负责，许了愿并还。”（蒋子龙《乔厂长上任记》）

pāi mǎ pì
拍马屁

释义：草原的牧民以养骏马为荣，当他们相遇时，常常拍着对方马的屁股，摸摸马膘，顺口夸上几声“好马”，以博得马主人的欢心。久而久之，有的人不管好马劣马，都一味地说奉承话，“拍马屁”就成了不顾客观实际，谄媚奉承、讨好别人的代名词。

例句：“这老小子，专爱攀高结贵，是把～的好手！”（郭澄清《大刀记》）

pāi mǎ pì pāi dào mǎ tí shàng

拍马屁拍到马蹄上

释义：比喻本想讨好却讨个没趣。

例句：“为了避免再发生此类事件，我取消了与鸡蛋有关的赠送菜，以免生出‘滚蛋’的误会。总厨问为什么，我告诉他，小心为妙，不要～！”

pāi xiōng pú

拍胸脯

释义：比喻信心足，对事情敢于负责。有时含贬义。

例句：“决策前‘拍脑袋’，决策时‘～’，出了问题‘拍屁股’走人，这样的决策被称为‘三拍’决策，这样的干部被称为‘三拍干部’。”（何勇《治理“拍脑袋”“拍胸脯”“拍屁股”的灵丹妙药》）

pāi zhuō zi xià hào zi

拍桌子吓耗子

释义：比喻虚张声势，故作威严。

例句：“以后你少给我‘～’，哥们儿今年三十多了，可不是吓大的！”

pái shān dǎo hǎi

排山倒海

释义：推开高山，翻倒大海。形容力量强盛，声势浩大。

例句：“随着嘹亮的军号声，埋伏在四面山头的八路军如～般杀向山谷里的日寇，打了一场漂亮的歼灭战！”

pái tóu bīng

排头兵

释义：动作要领最规范的战士，可以作为其他人的示范，通常站在队伍的最前面。比喻带头的人或最优秀者。

例句：“依托首都科技资源开放共享的‘北京模式’，北京自主创新能力大幅提升，涌现出了一批重大科技成果。这些成果支撑了首都的发展建设，北京也成为了为国家战略服务的～。”（方彬楠《北京已成我国科技创新排头兵》）

pái zi yìng

牌子硬

释义：比喻单位或产品信誉好。

例句：“无论是首次置业的刚需族还是二次或多次置业的购房者，近七成选择万科的原因皆由于‘万科～’。”（邹莹《背靠“万科”好乘凉》）

pān gāo zhīr

攀高枝儿

释义：比喻跟比自己地位高的人交朋友或结亲，也比喻爬上高位或选择更好的职业。

例句：“黑嫂越来越感到，丈夫并不是一个本分的庄稼人，总想‘～’，当个官什么的。”

pān lóng fù fèng

攀龙附凤

释义：见“附凤攀龙”。

pán gēn cuò jié

盘根错节

释义：树根盘绕，枝节交错。比喻事情复杂，纠缠不清。

例句：“难道是朱晓琳垄断云州开发项目，惹了谁的忌讳？更深地引申下去，就不好说了。

祝炎既然要升上去做省委副书记，背后就有天大的网络，肯定和朱小勇的背景出于不同派别，～，更扑朔迷离不好界定了。”（弓长射天郎《官路正道》）

pàn xīng xing pàn yuè liang
盼星星盼月亮

释义：比喻心情十分迫切。

例句：“我们～似的盼望有一天能打鬼子。”（田汉《卢沟桥》）

páng mén zuǒ dào
旁门左道

释义：不是正门、正道。比喻非正统的学术派别、宗教派别或不正当的方法、门径。

例句：“白衣少年怒道：‘此等～，又怎能与我的武功相比！’小鱼儿道：‘你的武功，嗯，……倒也不错，但你瞧你这种文文静静、秀秀气气的模样，实在猜不出你竟会学那种疯子般不要命的招式。’”（古龙《绝代双骄》）

páng qiāo cè jī
旁敲侧击

释义：在旁边敲，在一侧打。比喻说话、写文章不从正面直接点明，而是从侧面曲折地表明观点或加以讽刺、抨击。

例句：“安徒生很多作品用～的写法，有很多弦外之音，这是很高的艺术。”（孙犁《秀露集·文学和生活的路》）

páng rén de ròu tiē bù dào zì jǐ shēn shàng
旁人的肉贴不到自己身上

释义：比喻没有内在联系的两样东西，用强硬的手段也合不到一起。

例句：“周伯伯看出他是长生，上去抓住他的袖口质问说：‘长生啊！你疯啦，你懂不懂～？’”（李英儒《野火春风斗古城》）

páng xiè bù wàng héng zhe pá
螃蟹不忘横着爬

释义：比喻横行霸道的人本性难改。

例句：“那独眼龙就是这条街上的恶棍，‘～’，他每次上街，后边是一帮跟屁虫，见着不顺眼的说砸就砸，没人敢惹。今天他就倒在一个外地人手里，被人打了满地找牙，还让人家大摇大摆地离开了镇子。”

pāo máo
抛锚

释义：锚，金属制的停船器具，用铁链连在船上，抛到水底可以使船停稳。引申为汽车等发生故障而停止行驶。

例句：“由于车子在炸弹坑里终年颠簸，长期失修，在刚刚接近一个小山顶时～了。”（魏巍《东方》）

pāo zhuān yǐn yù
抛砖引玉

释义：抛出砖，引回玉。比喻用自己的不成熟的意见或作品引出别人更好的意见或作品。

例句：“这样薄薄的一本书肯定不足以涵盖那么多优秀的经曲名著，我想，它起到了～的作用，目的是把你带进国外经典名著的大门，让你见识经典的魅力，让你爱上阅读经典，然后自己进行更多的选择，领略更多的经典名著。”（杜鹃花儿花《抛砖引玉》）

páo gēnr
刨根儿

释义：从根子上开始挖。比喻追根寻底。

例句：“当时，胡其俊已经退休。为了找到他，赵新风先到天安门管理委员会查了资料，又找到北京市供电局，‘一点儿一点儿～’，才找到胡其俊当时的一个同事，然后找到了

胡其俊。”（张伟《一个人的升旗仪式》）

páo le luó bo téng chū kēng

刨了萝卜腾出坑

释义：比喻不做事的人就不要占着位置，腾出地方让别人干。

例句：“实行聘用制的目的就是要‘～’，让能者上，庸者下，彻底改变事业单位庸、懒、散和吃大锅饭的现象。”

páo shù yào xún gēn

刨树要寻根

释义：比喻遇事要追根究底。

例句：“‘～’哩！小白脸凭谁抖威风？还不是凭的队长。”（马烽　西戎《吕梁英雄传》）

páo zhì

炮制

释义：中药材在应用或制成剂型前，进行必要加工处理的过程。比喻编造。含贬义。

例句：“北京工商、食品安全部门对该报道高度重视，迅速组织执法人员，每天对全市的早点市场进行彻底检查，均没有发现‘纸箱馅包子’。北京警方也为此专门成立专案组，全力核查此事，于7月16日初步查明事实的真相——该报道系‘透明度’编导～的新闻。”（卢国强　张晗　郭莹《“纸箱馅包子”报道纯属炮制　北京电视台道歉》）

pǎo dān bāng

跑单帮

释义：旧时对从事异地贩运的小本生意人的一种称呼，这些生意人通常是独自来回奔波于两地之间，使用自备的交通工具贩运物资，以牟取差价的利润。现比喻自己单独做某些事情。

例句：“很快的，小缎发现～的生活并不像她想象中那么轻松。旅游？开什么玩笑，五天的采买行程排得满满的，有时连坐下来好好享受当地美食的时间都没有，哪里有时间享受旅游的乐趣。”（陶妍《爱情跑单帮》）

pǎo jiāng hú

跑江湖

释义：见“闯江湖”。

pǎo le hé shang pǎo bù liǎo miào

跑了和尚跑不了庙

释义：比喻虽然一时躲掉了，但由于其他无法摆脱的牵累，最终还是无法躲掉。

例句：“～，他的家还在任大庄哩，还怕抓不住他？”（陈登科《风雷》）

pǎo lóng tào

跑龙套

释义：龙套，指演员身穿的戏服。跑龙套是指扮演随从的配角演员，由四个人组成一个单位（称为营），一般舞台上用一营或两营，扮演戏中的待从或兵卒，负责呐喊助威。龙套演员只要记住站位、队形变化和少许唱词即可承担。有些名角到外地演出往往就从当地临时招聘戏迷票友充当龙套演员，以便减少演出成本。由于跑龙套的作用是陪衬主角，因此把替人帮衬、打杂或跑腿，做些无关紧要很普通的工作称为“跑龙套”。

例句：“从1962年到现在，我走了多长的路！我就像一个平庸的演员，跑了十几年的龙套，戏装脱了，我应当成为我自己了。”（巴金《关于还魂草》）

pǎo lù

跑路

释义：即逃走。比喻因遇到特殊问题不得不逃走，先躲避一阵子。

例句：“‘明知对方砍了人、犯了罪，他们不但不规劝对方投案自首，反而提供财物，帮对方～,实在太傻了……’三亚一市民说。昨日，记者获悉，三亚海棠湾镇东溪村两名

村民因犯窝藏罪，分别获刑。”（王忠新《帮他人“跑路”两人分别获刑》）

pǎo mǎ tóu

跑 码 头

释义：旧时对往来于沿海（江、河）的城市做买卖为生的称为跑码头。后泛指四处闯荡谋生。

例句：“他从小就爱‘～’，去过张家口，不知道是哪一年还上过北京。”（丁玲《太阳照在桑干河上》）

pǎo piān

跑 偏

释义：比喻事物没有按照预定的想法或轨迹进行。

例句：“其实，寸土寸金的背后反映了个别地方对GDP的偏执认识，更让‘～’了的政绩观一览无余，必须及时刹住。……习主席曾高屋建瓴地指出，不再简单以GDP增长率论英雄，而是强调以提高经济增长质量和效益为立足点。”（晟达者《“寸土寸金”背后是“跑偏”的政绩观》）

pào mó gu

泡 蘑 菇

释义：蘑菇采回来后需要晒干，待食用时用水泡发。由于泡蘑菇需要时间，因此把故意纠缠、拖延时间称为泡蘑菇。

例句：“不让进就是不让进！少在这～，泡也没用！赶紧走！”（王朔《我是你爸爸》）

pào mò

泡 沫

释义：聚在一起的许多小气泡，会慢慢地消失掉。比喻某一事物所存在的表面上繁荣、兴旺而实际上虚浮不实的成分。

例句：“银河期货首席宏观经济顾问付鹏认为，美国退出量化宽松对我国股市的冲击相对较小。首先，我国有充足的外汇储备，可以有效抵御资本外流对我国金融市场的冲击；其次，我国的资本项目还未完全市场化，也在一定程度上减缓了冲击力；最后，我国股市的权重股～不大，即便美国货币政策缩减对中国股市的影响也不大。”（赵鹏飞《美收紧货币预期不会冲击A股》）

pào tāng

泡 汤

释义：比喻计划落空，或事情办“砸”了。

例句：随着“快船”和“凯尔特人”有关里弗斯的谈判宣告破裂，加内特赴洛杉矶打球的谈判也随之～。据知情人士爆料称，KG将会留在波士顿，这意味着里弗斯也很有可能继续执教绿军。（清河村《快船追加内特谈判泡汤　KG有望和恩师集体留队》）

pào yǐng

泡 影

释义：比喻落空的事情或希望。

例句：“受骗的人起先妄想会得到黄金百斤，宝剑二口，到头全成了～，反而丧失了大批财富。”（马南邨《燕山夜话·黄金和宝剑的骗局》）

pào huī

炮 灰

释义：炮弹爆炸后落下的灰烬。比喻被迫参加非正义战争而送命的士兵。

例句：“人民如果不愿充当帝国主义的～，他们就一定会起来用各种方式去反对帝国主义战争。”（毛泽东《关于国际新形势对新华日报记者的谈话》）

pào tǒng zi

炮 筒 子

释义：火炮无论是从炮口装弹还是底部填弹，发射炮弹的都是一个直的金属筒子。比喻性格

急躁、心直口快、好发议论的人。

例句：“孙茂良倒是个～，可就是嘴上少了个笼头。”（胡正《汾水长流》）

péi běnr zhuàn yāo he
赔本儿赚吆喝

释义：指做生意赔了本钱，只落得个空喊一场。比喻事情没办成，白忙活一场。

例句：“达成的协议是：畜力由田大瞎子担负，担下的粮食，除去支差交公粮，全在夜间背到田家。如果不方便，则由老蒋背到集上出粜，把粮价交来。老蒋想，这真是‘～’。”（孙犁《风云初记》）

péi le fū rén yòu zhé bīng
赔了夫人又折兵

释义：《三国演义》载，孙权想收回借给刘备的荆州，周瑜献计用假招亲把刘备骗到东吴作人质。此计被诸葛亮识破，安排赵云陪伴前往，结果孙权母亲吴国太很中意刘备，孙权的妹妹孙尚香也喜欢刘备。按照诸葛亮的安排，刘备带着孙尚香安全返回，孙权与周瑜被人嘲笑“周郎妙计安天下，赔了夫人又折兵。”后比喻想占便宜反受了双重的损失。

例句：“不行不行！你这办法我用了多少次，都是‘～’的买卖。”（张行《武陵山下》）。

péi qián jià nǚ er
赔钱嫁女儿

释义：旧时女子婚配，男方是要下聘礼的，所以女儿出嫁时父母能挣钱。比喻做事违反了常规，没占到便宜吃了大亏，但一般都是自愿的。

例句：“对于这种‘～’的做法，惠特曼似乎并不计较，而且相当满意，认为本次合作是‘公平、平衡的’，因为‘TOM能够向合资公司分享强大的本地资源。’并将这解释为eBay在中国市场的‘战略演变’。”（张见悦《eBay“赔钱嫁女”谈出新公司TOM低价控股有玄机》）

pèi jué
配角

释义：在艺术表演中扮演次要的角色。比喻做辅助工作或次要工作的人。

例句：“董老的儿女回忆说，‘父亲说，他就是跑了一辈子龙套，人要甘当～，不要老想当主帅。’”（石湖　净雁《从董必武“要甘当配角”说起》）

pēn yún tǔ wù
喷云吐雾

释义：喷吐出云雾来。形容抽烟的样子。

例句：“炕上还斜躺着几个，正在～抽大烟。”（安正福《敌后插刀》）

pén cháo tiān wǎn cháo dì
盆朝天，碗朝地

释义：比喻各样东西弄得一片狼籍，混乱不堪。

例句：“方太太他们都疯了，我还没疯！看，这里～，没人管。火灭了，开水没有一点，我连碗热茶都喝不到嘴！”（老舍《方珍珠》）

pén mǎn guō mǎn
盆满锅满

释义：盆和锅都装满了。比喻赚的钱很多。

例句：“收费公路被指斥为地方政府的‘提款机’，并非空穴来风。有人调查后发现，当下公路收费的暴利甚至超过了房地产、石油等行业。巨额的利润让一些部门和地方政府难以割舍，不少路桥已经收到～还不肯罢手。”（毕晓哲《没具体规划的“收费公路占3%”背后是心虚》）

pénr shuō pénr guànr shuō guànr
盆儿说盆儿，罐儿说罐儿

释义：比喻只顾自己说自己的理由，而不理会别人怎么说。

例句：“你们俩呀，就‘～’，陈芝麻烂谷子的事就别提了，要不你们的疙瘩就难解开。”

péng chéng wàn lǐ
鹏程万里

释义：相传鹏鸟能飞万里路程。比喻前程远大。

例句：“6 月 25 日，电子信息与电气工程学院举行了隆重的 2013 届本科生毕业典礼。学院院长毛军发、副院长罗文广、党委副书记杨一帆，各系老师与全体 2013 届本科毕业生参加了欢送会。各系领导分别为在座的毕业生致祝酒辞，祝福大家前程似锦，～。”（潘艳茜《前程似锦鹏程万里　电院欢送本科毕业生》）

péng zhàng
膨胀

释义：由于温度升高或其他因素，物体的长度增加或体积增大。比喻某些事物扩大或增长。

例句：“但正是这份‘～’的野心，支撑着孙正义在 37 岁时即成为 10 亿美元富翁，更支撑着他建立起了如今这般庞大的国际互联网帝国。”（王峻涛《成功始于野心的膨胀》）

pěng chòu jiǎo
捧臭脚

释义：据传宋朝宦官李宪的脚很臭。宋神宗令其巡边，所到之处，戍边的官员争先为其洗脚，脱靴捧脚之时常常嗅上一番后赞叹道：“太尉之足，何其香也！”后比喻为博取上司或有权势者好感而极力地奉承讨好。

例句：“有的官看皇帝眼色办事，明知道皇帝错了，他却溜须拍马，～，一个劲儿地奉承：‘万岁圣明！万岁圣明！’”（管桦《竹》）

pěng jīn wá wa
捧金娃娃

释义：金娃娃，用金子打制的娃娃。比喻获得了巨大的利益。

例句：“甘草在药房里像是‘～’一样捧着黑豆嘎吱嘎吱，每吃一颗就跟吞了一口蜜水儿似的，浑身上下洋溢着甜腻腻的光泽……”（红娘子《情系红娘子》）

pěng zài shǒu lǐ pà suì le hán zài zuǐ lǐ pà huà le
捧在手里怕碎了，含在嘴里怕化了

释义：比喻十分珍视，唯恐出差错。

例句：见“含在嘴里怕化了，捧在手里怕摔了。”

pěng zhe jīn fàn wǎn tǎo fàn chī
捧着金饭碗讨饭吃

释义：比喻手中拥有丰富的资源却不知道利用。

例句：“我们是～的叫花子，有这许多的优秀工人不去培养，却叫干部不够。”（周而复《上海的早晨》）

pèng bì
碰壁

释义：比喻遇到严重阻碍或遭到拒绝，事情行不通。

例句：“可是到了这中国的社会里，你这唯一的自我发现者，就不得不到处～了。”（郁达夫《蜃楼》）

pèng bù zháo bí zi bù guǎi wān
碰不着鼻子不拐弯

释义：比喻很固执，只有受到严重阻碍或是遭受重大挫折才肯放弃原来的做法。

例句：“林兆阳就是这么个人，犟得让你心疼，他是～，我看必须让他真疼到骨头里，他才能接受教训!”

pèng cír
碰瓷儿

释义：把瓷器碰坏了。据说“碰瓷”是清朝末年的一些没落的八旗子弟“发明”的。这些人平日里手捧一件“名贵”的瓷器，行走于闹市街巷，瞅准机会，故意让人、车“碰”他一下，他手中的瓷器随即落地摔碎，以此进行讹诈。后比喻不法之徒投机取巧、敲诈勒索的行为。

例句：“省交警总队法制处负责人说，制造‘～’事故，借机敲诈勒索，不仅给特定对象带来财产损失，还有可能引发严重交通事故，对公众安全造成严重危害；同时外地车辆在本地遭遇‘～’，也破坏了当地形象。”（薄庭庭　何森玲《“碰瓷”，你遭遇了吗?》）

pèng dīng zi
碰钉子

释义：比喻遭到拒绝或是遇到阻碍、挫折。

例句：“他认定了今天于他不利，到处要～。”（茅盾《子夜》）。

pèng jiàn guǐ zǒng děi shāo bǎ zhǐ qián
碰见鬼总得烧把纸钱

释义：比喻遇到了特殊的情况，破费一些是必要的。

例句：“他料准了这是一种必然的结果，否则，粮户便不成其为粮户，光棍也不成其为光棍了，这恰如俗话所说，～”。（沙汀《淘金记》）

pèng yī bí zi huī
碰一鼻子灰

释义：比喻想讨好，结果却落个没趣。

例句：“在德国的街头经常可见有关世界杯的彩票出售，有单场的，也有连场的，投注不限，丰俭由人。……我也曾花几欧元想碰运气，谁知碰了一鼻子灰。”（靳鹏《碰运气》）

pī zi
坯子

释义：指未烧制加工的砖瓦、陶瓷器以及其他待加工的半成品。比喻未来可能成为能做某种事情的人。

例句：“永远不要低估了运动员特有的自信心和可塑性，他们中不乏有潜质做演员的～。当然，还有刘翔这样的‘非本色演出’。”（关军《做戏的本事》）

pī jīng zhǎn jí
披荆斩棘

释义：披，拨开；斩，砍断；荆棘，丛生多刺的小灌木。拨开荆，砍掉棘，比喻清除前进道路上的障碍。

例句：“项曙红说：‘瞄准月亮的人永远比瞄准树梢的人射得得更高更远!’这就是项曙红，一个在创业路上～、一往无前、永不停息的跋涉者!”（康卫华《披荆斩棘创业路—记江西省十大井冈之子、江西翔云企业集团党总支书记项曙红》）

pī xīng dài yuè
披星戴月

释义：身披星星，头顶月亮。形容连夜奔波或早出晚归，十分辛苦。

例句：“经过二十多天～的风尘奔波，到襄阳后一定要休息几天。”（姚雪垠《李自成》）

pī bō zhǎn làng
劈波斩浪

释义：船只行进时冲开波浪。比喻排除前进中的困难和障碍，勇敢向前。

例句：“十四年的时间，对漫长的历史而言，仅仅是短短的一瞬间；对哈电集团动力科贸公

司这个按照现代企业制度建立的全新企业而言，则意味着克服重重困难，在商海～、扬帆远航的艰苦历程……”（王晓宏《劈波斩浪在商海中扬帆远航—哈电集团哈尔滨动力科技贸易股份有限公司发展历程》）

pī le dà liáng dàng shāo huǒ gùn
劈了大梁当烧火棍

释义：比喻大材小用，浪费人或物。

例句：“我不同意你这样安排梁宇，你是～，糟蹋人才呀！你不想用他，可以放他走嘛！”

pī tóu gài liǎn
劈头盖脸

释义：形容（打击、冲击、批评等）来势很猛。

例句：“宋贵堂可气坏了，他举起手杖～就要朝王老增打去。”（杨沫《青春之歌》）

pír báo nán miǎn yào lòu xiànr
皮儿薄难免要露馅儿

释义：包子、饺子等用面皮包馅的食品如果皮薄了，就容易破了把馅露出来。比喻措施不健全，危险或麻烦早晚会出现。

例句：“咱单位可是一级防火单位，防范措施如果不完善，～，出了事可就是大事，马虎不得！”

pí máo
皮毛

释义：指表皮和毫毛。比喻表面的、肤浅的东西（多指学识）。

例句：“何况我们不过略知～，岂敢乱谈，贻笑大方！”（清·李汝珍《镜花缘》）

pí xiào ròu bù xiào
皮笑肉不笑

释义：不是真心的笑。形容笑得很虚伪或心怀恶意。

例句：“王氏看见陈姨太的粉脸上～的神情，知道陈姨太在挖苦她。”（巴金《秋》）

pí ruǎn
疲软

释义：疲乏无力。比喻不振作、低迷。

例句：“从抗战题材娱乐化受到舆论批评，到家庭剧扎堆暴露创作乏力，2013 年就要过去，国产剧播出量虽比 2012 年大幅度增加，但是收视却持续～。”（孙佳音《2013 电视剧现状：收视疲软　雷剧继续横行》）

pí fú hàn shù
蚍蜉撼树

释义：蚍蜉，大蚂蚁。蚂蚁想撼动参天的大树。比喻自不量力。

例句：“县委书记凌安国在陵川县经营多年，隐隐的已经是根深蒂固的地头蛇，以唐天宇的能力，无疑是～，又怎么能斗得过？”（烟斗老哥《官道之权色撩人》）

pì gu bù gān jìng
屁股不干净

释义：比喻有缺点错误或把柄在别人手中。

例句：“问：喊了这么多年的黑哨、假球，为什么一直没有实质性进展？答：因为中国体育总局和中国足协一直下不了这个决心。为什么下不了决心呢？我看很多人自己～，怕拔出萝卜带出泥。”（薛军《很多人屁股不干净——陈培德专访》）

pì gu méi zuò wěn
屁股没坐稳

释义：比喻在一个地方或位置上时间太短或是没扎下根基。

例句：“刚开始，重庆的摩托车把日本人从中国赶跑了，接着又从日本人手中夺得了大半个

越南市场，可好景不长，重庆摩托在越南～，又很快被越南本土摩托挤出去了。”（古槐《举起的板子都能打着屁股吗?》）

pì gu zuò wāi le
屁股坐歪了

释义：比喻偏向了非正义的一方。

例句：“商贩辩解‘对人体无害’，与此同时，专家也站出来说话了：‘注胶虾’对人体无害，无须过多担心。商贩之所以说‘对人体无害’是转移视线、避重就轻、避实就虚、淡化责任，而专家说‘对人体无害，’那问题就大了，这明显是～。”（五味子《专家屁股别坐歪》）

pì gǔn niào liú
屁滚尿流

释义：比喻受到某种刺激后的惊慌、恐惧。

例句：“再看见你冒充学生走进来，叫你～滚出去!”（杨沫《青春之歌》）

pì xiāng chū hǎo jiǔ
僻乡出好酒

释义：偏僻的地方往往有好的泉水，能酿出醇香的好酒。比喻看问题要抓住本质，看主流。

例句：“秦邦昕笑着说：‘山里的娃子吗，木里木气的，哪儿比得上你们外出的。’贾有喜说：‘自古道，深山出俊鸟，～，可不要小看了这里呀!’”（平湖秋水《跳农门》）

piān fāng zhì dà bìng
偏方治大病

释义：偏方，指民间流传的不见于医学著作的中药方。比喻有些土办法可能解决大问题。

例句：“‘～!’大姐的婆婆引经据典地说。‘生娃娃用不着偏方!’姑母开始进攻。”（老舍《正红旗下》）

pián yi méi hǎo huò
便宜没好货

释义：商品如果价格太低了可能不是好商品。比喻某件事情超出了常规的状态就应该引起注意。

例句：“一贴药至少六七十块洋钱起码；若是便宜了，太太一定要闹着说：‘～，这药是吃了不中用的。’”（清·李宝嘉《官场现形记》）

piàn jiǎ bù liú
片甲不留

释义：甲，铠甲。古代用皮革或金属制成的用来防身护体的战衣。连一片铠甲也没留下。比喻彻底消灭干净。

例句：“‘鬼子们都给我记住了，他日我必定会杀你们个～!’其他的五人连同张管家在内，听到这句热血沸腾的话，心中的悲愤立刻像黄河之怒般咆哮了出来，……怒吼压过了枪声，久久回荡在这片杂草里，让连同昭野大佐在内的几百名鬼子心中都冒起了丝丝的凉意。”（蓝志坚《血色生涯》）

piāo bó
漂泊

释义：随波浮动、停留。比喻职业、生活不固定，到处奔走，居无定所。

例句：“这群人不是拆迁人员，也不是黑恶势力，而是李桂君原来的邻居们，因为李桂君等‘钉子户’的存在，他们已在外～了5年无法回迁。”（孟宪峰《回迁户和“钉子户”的一场交锋》）

pīn lǎo běnr
拼老本儿

释义：比喻把原有的积累都拿出来搏一把。

例句："阑珊：'杰子，我就想睡你的床，你的床干净。'也不知道是为什么，现在的女孩子都能这么的大胆，看来她是为了追到李杰，豁出去，要～了。"（枯木部落《兄弟之热血传奇》）

pīn zhe yī shēn guǎ gǎn bǎ huáng dì lā xià mǎ
拼着一身剐，敢把皇帝拉下马

释义：比喻豁出一条命来干大事。

例句："俗话说：'～。'他穷疯了的人，什么事做不出来，况且他又拿着这满理，不告等请不成。"（清·曹雪芹《红楼梦》）

pǐn zī wèi
品滋味

释义：品尝食物的滋味。比喻对事物细心琢磨、体味感觉。

例句："从盘面上看，表现为反弹乏力、成交量萎缩、市场热点持续下降等。可见目前市场仍处于阶段性调整之中，仍宜控制乏仓位减少盲目。目前是'稍坐～'的时候，而不是'快跑练体魄'的时候。"（智多盈《A股终结四连阴　新股悄然崛起》）

píng bù qīng yún
平步青云

释义：平，平稳；步，行走；青云，高空。比喻人一下子升到很高的地位上去。

例句："马空成不过二十出头就这般老成持重，最重要的是他有头脑，也有手段，这样的人才是真正能在仕途上～的。"（御史大夫《平步青云》）

píng dì lǐ qǐ fēng làng
平地里起风浪

释义：比喻突然发生变故。

例句："爹，你怎的恁没羞！娘干坏了你的甚么事？你信淫妇言语，来～，要便搜寻娘，还教人和你一心一计哩！"（明·兰陵笑笑生《金瓶梅词话》）

píng dì shuāi gēn tou
平地摔跟头

释义：比喻在顺境当中由于大意而招致祸端。

例句："凡是经小筛子一筛，永远会走到极端上去；走极端是使生命失去平衡，而要～的。"（老舍《离婚》）

píng dì yī shēng léi
平地一声雷

释义：比喻突然发生一件意想不到的大事。

例句："～，震动了锁井镇一带四十八村：'狠心的恶霸冯兰池，他要砸掉这古钟了！'"（梁斌《红旗谱》）

píng fēn qiū sè
平分秋色

释义：秋色，秋天的景色。比喻双方各得一半，不分高低。

例句："而日韩品牌在北京、上海、广东和四川四省市占据着超过四成的市场份额，几与欧美品牌～，无疑说明日韩品牌在上述四省市也已经成为继欧美品牌之后最受消费者喜爱的汽车品牌之一。"（周磊《一线城市日韩品牌增长迅速　与欧美系平分秋色》）

píng qǐ píng zuò
平起平坐

释义：比喻彼此地位平等。

例句："若是家门口这些做田的，扒粪的，不过是平头百姓，你若同他拱手作揖，～，这就是坏了学校规矩，连我脸上都无光了。"（清·吴敬梓《儒林外史》）

píng tái
平 台

释义：通常指高于附近区域的平面。比喻进行某项工作所需要的环境或条件。
例句：“青海电网移动通信信息～系统的建成，标志着青海电网应急通信水平迈上了一个新台阶，进一步增强了电网应对突发事件的能力，具有较好的经济效益和社会效益，同时也为其他高海拔严寒地区移动应急通信建设工程提供了借鉴。”（王华《青海电网移动通信信息平台系统投入正式应用》）

píng tāng
平 蹚

释义：蹚，指用犁把土翻开。平蹚即为全部弄平。比喻没有对手，没有阻力。
例句：“咱打东单，震西单，脚踩着海淀，连炮儿局都～，咱要的就是拔份儿。”（刘争争《京城最后一个顽主》）

píng tóu lùn zú
评 头 论 足

释义：原指轻浮地议论妇女的容貌。现比喻随心所欲地批评。
例句：“建立党的中央机关民意调查工作机制，是发展党内民主的有效途径，是保障人民群众知情权、参与权、表达权、监督权的重要渠道。开展组织工作满意度民意调查，就是要让干部群众对组织工作‘～’，充分发表意见，提出真实看法。”（董宏君《中组部负责人就组织工作满意度民意调查答本报记者问：就是要让干部群众对组织工作“评头论足”》）

P

píng shuǐ xiāng féng
萍 水 相 逢

释义：萍，浮萍，是水上随风飘荡、聚散不定的一种蕨类植物。像浮萍随水漂泊聚在一起。比喻互不相识的人偶然相遇。
例句：“于是，车里的气氛活跃起来。司机大哥问，谁是第一次来丽江的，有住店的我这有名片，有吃饭的也有名片，有订返程车票的跟我联系，……～，温暖涌上心头。”（于雪梅《萍水相逢》）

píng zōng làng jì
萍 踪 浪 迹

释义：像浮萍、波浪一样的无定。比喻到处漂泊，没有固定的安身之处。
例句：“在她以后，身强力壮的他也许不会就此与所有女人绝缘，继续～。这与我们曾听过的王子公主的童话不符……”（金玲珑《〈廊桥遗梦〉：“存天理灭人欲”的道德悲剧》）

píng jǐng
瓶 颈

释义：瓶嘴下面较细的一段。比喻易生阻碍的部分。
例句：“同广发华福的同业竞争以及净资本不足是目前制约公司发展的两大～。按照承诺，同业竞争将在年底之前解决，而定向增发也已启动，这两大～即将突破，公司竞争力将跃上新台阶。”（国泰君安《广发证券：突破瓶颈再上台阶》）

pō lěng shuǐ
泼 冷 水

释义：比喻打击别人的热情和积极性，或是告诫人不要头脑发热。
例句：“就没见过你这样的人，不但不帮你妈做点事，还尽～！”（白危《垦荒曲》）

pō shuǐ róng yì shōu shuǐ nán
泼 水 容 易 收 水 难

释义：见“覆水难收”。
例句：“从日前熊猫在通信方面投入的比率（超过集团全部投入的一半）不断加大来看，熊猫是根据新时期的热点进行的战略转移。虽然熊猫说自己永远不会放弃也不可放弃赖以发家的彩电事业，并一再声称日前的投入不如通信只是适应时代发展的需要，但是～。彩电事业的实力经此调整后还能否再缓过气来重复当年的辉煌，值得怀疑。”（千王之王《狂赌通信不放彩电　熊猫双线作战能否双盈?》）

pō yóu jiù huǒ
泼油救火

释义：比喻处理不得法，反而使事态更严重。

例句：“争议林地是祸端之源，雷州市林业部门在未经深入调查的情况下就将林权证颁给了其中一方，让村庄矛盾陡然升级；当地镇政府虽在事发后协调南山乙村给付了一笔赔偿款，但相比起事前调解和及时预警，已是‘马后炮’。悲剧发生虽然并非公权部门之过，然其不当作为，却似～，适得其反。”（李世敏《公权作为不当无异泼油救火》）

pō zāng shuǐ
泼脏水

释义：比喻对人进行诬蔑和打击。

例句：“每逢西太平洋上一有军事动作，不管中国是否参加，不管军演矛头所向是否皆是‘剑指中国’，总有那么一些人，唯恐天下不乱，通过军演这个噱头借机往中国身上～，认为‘中国因素’是造成地区动荡的诱因，军演‘众矢’之所向，皆为中国这个军力‘强大’的存在。”（孟彦　周勇《勿以周边军演为噱头往中国身上泼脏水》）

pó po mā mā
婆婆妈妈

释义：形容人动作缓慢琐细，言语啰嗦。也形容人感情脆弱。

例句：“凤姐儿心中虽十分难过，但恐怕病人见了众人这个样儿反添心酸，倒不是开导劝解的意思了。见宝玉这个样子，因说道：‘宝兄弟，你忒～的了。他病人不过是这么说，哪里就到得这个田地了?’”（清·曹雪芹《红楼梦》）

pò zài méi jié
迫在眉睫

释义：形容情势十分紧迫。

例句：“中投顾问产业研究部经理郭凡礼表示，治理雾霾～，节能环保产业早已磨刀霍霍，准备大展拳脚，但是要与工业进行实质性对接仍需要‘量身定制’，才能与污染排放企业一拍即合，减少磨合的时间，加快环保的进程。”（侯宇轩《南北方均难逃“霾”伏　治理雾霾迫在眉睫》）

pò chǎn
破产

释义：指当债务人的全部资产无法清偿到期债务时，债权人通过一定法律程序将债务人的全部资产供其平均受偿，从而使债务人免除不能清偿的其他债务。一般将无力经营下去或无法偿还债务而停止经营也称为破产。比喻失败、破灭。

例句：“还在12月上旬，胡宗南部工兵团团长李培根与黄埔军校同学孙家明在顺城街相遇，这一极偶然的邂逅，竟也为……又一起爆破成都的阴谋～埋下了伏笔。”（陈宇《南国大爆炸》）

pò chuán jīng bù qǐ dǐng tóu làng
破船经不起顶头浪

释义：比喻处境已经很艰难，再也经受不起新的打击。

例句：“～，李木心上吃的那一惊，比他胸口吃的那一拳还厉害。他挨不到三天，就咽气了。”（高云览《小城春秋》）

pò fǔ chén zhōu
破釜沉舟

释义：釜，煮饭用的一种锅；舟，船。打破饭锅，凿沉渡船。形容不给自己留退路，横下心来决一死战。

例句："11月下旬以后，东北军与红军屡次发生冲突互有伤亡。眼看'剿共'战争难免，中共河东部队准备转移南下；取得苏联援助、实行'西北大联合'毫无结果，张学良只好～，采取非常行动，以求其举国一致抗日愿望有最后一线实现的可能。"（陈铁健《破釜沉舟》）

pò gǔ luàn rén chuí

破鼓乱人捶

释义：比喻人一旦失势或倒霉，众人就趁机打击。

例句："她一个女流之辈，怎么能通开一丈宽的大堤？你们不要～，什么坏事都往她身上推呀！"（孙犁《风云初记》）

pò guàn zi pò shuāi

破罐子破摔

释义：比喻人有了缺点或错误后，不加以改正，自暴自弃，不顾后果，有意朝更坏的方向发展。

例句："好些年来，他自轻自贱，成了习惯，～，不想学好了。"（周立波《暴风骤雨》）

pò jiǎn chū jùn é

破茧出俊蛾

释义：比喻地位低下或容貌丑陋的女子生出俊美的孩子（多指女孩）。

例句："老樊道：'～，真正是黄毛丫头，抱了个玉碾的孩儿。"（清·李绿园《歧路灯》）

P

pò jìng chóng yuán

破镜重圆

释义：已经破开的镜子又重新合在一起。比喻夫妻失散或离异后重新团聚或和好。

例句：龙雯君看了看他们，继而说道：'你们的能力我心知肚明，你们的点子多如牛毛。那你们是否有办法让～呢？''你的意思是让我们推波助澜？'不愧是柳梦茗，马上就猜到了龙雯君的心思。"（梦舞潇湘《缘是唯一》）

pò tiān huāng

破天荒

释义：据宋·孙光宪《北梦琐言》载，唐朝的荆州（今湖北湖南一带）每年应考的人很多，却多年没有考中过。因此，人们称之"天荒"。唐宣宗大中四年，荆南考生刘蜕考中了进士，被称为"破天荒"。后用破天荒来比喻出现了以往未出现过的事。

例句："这是几千年来中国历史上农民～地改变自己命运的标志。"（峻青《翡翠谷》）

pò yáo chū hǎo wǎn

破窑出好碗

释义：比喻在条件极差的环境中出了人才。

例句："～，没想到我们祖辈农民家，出了个全县的高考状元。"

pò zhàn

破绽

释义：绽，衣缝脱线裂开。比喻说话的漏洞或做某事时露出的弱点。

例句："人生不像球场比赛那样，有活生生的对手；……但每个人的人生都会有一个对手，紧盯着你生命中的～，在你意想不到的时候给你致命一击，这个对手就是命运。"（高胥文《善待人生破绽》）

pū diàn

铺垫

释义：比喻为事情下一步的进程做准备。

例句："我不由得心生埋怨，这个小卉，不就是想让我帮忙买对折优惠的时装嘛，明说好了，还搞这么个挺能迷惑人的大～！"（阎养民《铺垫》）

pū lù shí
铺路石

释义：指在架桥、铺路、地基中用于底层架构的石头，特点是抗压、坚韧。比喻像铺路石那样默默无闻地承受压力，不屈不挠，甘心为社会的进步而奉献的模范人物。

例句：“然而为了集体的荣誉，他放弃了自己的梦想，甘当‘牦牛’。上山前他动情地说：‘我会当好～。’”（邹谨《铺路石》）

pū lù zi
铺路子

释义：比喻为下步行动做好准备工作。

例句：“近年来，唐海县在加强农村实用人才队伍建设上，注重给位子、搭台子、～，充分发挥带动农民致富、促进农业增产增收的主力军作用，有力地推进了新农村建设。”（周纬经　周国辉《唐海让农村实用人才成为“香饽饽”》）

pū tái jiē
铺台阶

释义：比喻为人才的成长甘当人梯。

例句：“在政治环境日臻清明、商品经济原则已为人普遍接受的今天，如何从‘下台阶’的自恋情结中走出来，敢于‘～’，是在上位者面前的一道‘门槛’。这‘门槛’应该是政治周期率的晴雨表！”（金新《“下台阶”与“铺台阶”》）

pū tiān gài dì
铺天盖地

释义：遮住天、盖住地。比喻到处都是。

例句：“20世纪80年代初期，人们在美国市场只不过‘偶遇’电熨斗等中国制造的简单电子产品，而如今，‘中国制造’～地出现在美国的日用消费品商店里。”（林良旗　林希鹤《中国制造》）

Q

qī bǎi nián gǔ zi bā bǎi nián kāng
七百年谷子八百年糠

释义：比喻往年旧事或是陈年老账。

例句：“‘记得当年你爸和老喻头一起进山采人参的事吗？’大鹏知道他要说什么，于是，转移话题：‘～的，陈年老事，还提它干啥？’”（飞雪过孤村《发财秘籍》）

qī ge hóu zi bā ge qiāng
七个猴子八个腔

释义：比喻众人意见不一致。

例句：“咱们还是听听儒科的意见，他是念大书的。像咱们这样‘～’的，拿不出个准主意。”

qī qiào shēng yān
七窍生烟

释义：七窍，指两耳、两眼、两鼻孔和口。形容气愤或焦急到极点。

例句：“在炮艇上指挥攻击的清水正夫从打一开战就没有把这支小小的阻击队伍放在眼里，因为从散乱的枪声中他就能够清楚地判断出：在岸上阻击的部队不是什么正规部队，只是一些散兵游勇。……可是，令他万万没有想到的是，还没较量上几个回合，上岸的三四十个皇军武士就报销了一大半，直气得他～。在这种情况下，他才决定孤注一掷地把全部人马都拉了上来。”（阿明《抗日之黑龙港风云录》）

qí huò kě jū
奇货可居

释义：奇，少有的；居，存储。指把少有的货物囤积起来，等待高价出售。比喻拿某种专长或独占的东西作为资本，等待时机，以捞取名利地位。

例句：“俞如薇突然往前趴在俞宪薇肩头，哽咽不止：‘我原以为舅舅是全心帮我，帮母亲，他来了我就有依靠了，谁知道，他竟存了这样～的心思。那我又算什么？他鼓励我去考试，到底是为了我，还是为了他自己？’”（林似眠《重生富贵嫡女》）

qí hǔ nán xià
骑虎难下

释义：比喻事情进行到中途，迫于形势既难以继续又不能停止，只好硬着头皮做下去。

例句：“本月三日抛出的一百万公债，都成了～之势，我们只有硬着头皮干到哪里是哪里了！”（茅盾《子夜》）

qí lǘ de bù zhī gǎn jiǎo de kǔ
骑驴的不知赶脚的苦

释义：赶脚，赶马、驴的脚夫。骑毛驴的人，不知道赶脚人的辛苦。比喻处境好的不体谅处境差的困难。

例句：“你别～啦，你困难我更困难，我去北京一趟，你晓得首席顾问给我的任务吗？他把千斤担子都放在我的身上了。”（李英儒《野火春风斗古城》）

qí lǘ wàng zhe zuò jiào de
骑驴望着坐轿的

释义：骑驴不如坐轿的，但比走路还强。比喻比上不足，比下有余。

例句：“生活要靠我们去创造，命运对于每个人都是公平的，人生只要是努力了就不会后悔。～，不要追求过于奢侈的生活，平安就是幸福。”

qí mǎ zhǎo mǎ
骑马找马

释义：比喻同时干两件事。

例句：“他得一边找事，还得一边拉散座；～，他不能闲起来。”（老舍《骆驼祥子》）

qí zài bó gěngr shàng lā shǐ
骑在脖颈儿上拉屎

释义：比喻欺人太甚。

例句：“他觉得自己已经够低调了，再低调下去难道让人家～吗?!”

qí zhe lǘ zhǎo lǘ
骑着驴找驴

释义：比喻东西就在自己这里，还到处去找。

例句：“什么都带来了，就是忘记带盐，急头赖脸往回跑，跑两步才想起来，盐拿在手里呢——真是～!”（杨朔《三千里江山》）

qí féng duì shǒu jiàng yù liáng cái
棋逢对手，将遇良材

释义：下棋的时候碰上高强的对手，对阵的时候遇到优秀的将领。比喻双方本领不相上下，比拼十分激烈。

例句：“虎力大仙道：‘陛下，左右是～。贫道将钟南山幼时学的武艺，索性与他赌一赌。’”（明·吴承恩《西游记》）

qí zǒu yí bù cuò
棋走一步错

释义：下棋的时候输的原因也许就是走错了一步。比喻做事情必须十分谨慎，一步都不能有差错。

例句：“俗话说：‘～—满盘皆输’，此语本指下棋，……现在，此语常用来说人的生活、工作，若在最关键的地方出错，或是本来非关键的地方，因屡屡出错而成了关键的所在，会像输棋一样前途尽毁!”

qí gǔ xiāng dāng
旗鼓相当

释义：古代作战以摇旗击鼓指挥进退。比喻双方力量不相上下。

例句：“辛梓枫是辛书记的亲侄子，也是他的劲敌，两家的实力～。杨辉明白，这次选举，如果不大破血财，自己很难竞选成功。”（山东大妮子《城边村的事儿》）

qí hào
旗号

释义：标明军队名称或将领姓氏的旗子。比喻某种名义。

例句：“我这人就是见不得这种神气——说句话先把局长的～打在前边，好像他是局长的传令官。”（赵树理《张来兴》）

qí kāi dé shèng
旗开得胜

释义：原指军旗一展开，战斗就取得了胜利。比喻事情刚开始就获得胜利。

例句：“2013—2014 年‘孚日家纺杯’全国象棋女子甲级联赛预选赛 29 日在中国棋院打响，广东碧桂园队～以 4 比 0 大胜黑龙江队取得开门红。”（葛万里《女子象甲联赛广东队旗开得胜 4 比 0 大胜黑龙江队》）

qí shǒu
旗手

释义：举着旗帜走在行列前面的人。比喻领导人或先行者。

例句：“穆尔西还颇有魄力地访问了中国和伊朗，并成功边缘化了长期主导埃及政治的军方将领，迫使军方退出了政治舞台。他的支持率一度达到 60%。然而仅仅 7 个月后，这位 2011 年埃及革命的～……却被赶下了台。”（何黎《埃及“革命旗手”的陨落》）

qí zhì
旗帜

释义：指用绸、布、纸做的悬挂在杆子上具有特定的颜色、图案和意义的标志。比喻某一领域具有先锋模范作用的人或事物。

例句：“在蒋忠的带领下，修理车间不断掀起学理论、学技术、比贡献的热潮，蒋忠的榜样犹如平凡岗位的一面～，感召和引导着身边的党员和职工。”（蒋予昕《平凡岗位的一面旗帜——记优秀共产党员、广西八一铁合金公司修理车间党支部书记蒋忠》）

qí zhì xiān míng
旗帜鲜明

释义：比喻立场、观点、态度等十分明确。

例句：“这些杂文～、爱憎分明、切中时弊而又短小精悍、妙趣横生、富有寓意，博得了广大读者的欢迎和支持。（丁一岚《不单是为了纪念》）

qǐ rén yōu tiān
杞人忧天

释义：杞，周代诸侯国名；忧天，担心天会塌下来。杞国有个人老是怕天塌下来，以至于吃不下饭睡不好觉。比喻不必要或缺乏根据的忧虑和担心。

例句：“玛雅传说，虚无缥缈；流言欺骗，可耻可笑。但在摒弃迷信和谣言之外，保持一颗‘～’的敬畏之心，对我们来说，并非坏事。”（李建中《杞人忧天》）

Q

qǐ bù
起步

释义：比喻开始。

例句：“中国为什么会在改革开放近 30 年后的时间才出台自己的《反垄断法》，这和中国本身是从国家垄断经济～有关，我们是从垄断中一步步放开走向市场。中国原有的体制就是国家垄断，因而反垄断反而是一个全新的概念。”（张天兵《中国反垄断起步晚与体制有关》）

qǐ gāo diào
起高调

释义：唱歌时如果调子起高了，高音会唱不上去。比喻许诺可能做不到的事情。

例句：“别的都还好说，这出勤率百分之百能保证么？纯粹是～！”（于敏《第一个回合》）

qǐ ge dà zǎo　gǎn ge wǎn jí
起个大早，赶个晚集

释义：比喻开始准备工作做得很好，但却由于某种原因耽搁，反而落在别人后面。

例句：“云建华表示，‘……而我们自己，应该说早在 2009 年乃至更早以前，提出了新能源汽车产业化的问题，现在我们还在犹豫。我们不能再犹豫，更不能再失去机会了。这样下去，也许我们会～…’”（王月菊《起个大早，赶个晚集?》）

qǐ pǎo xiàn
起跑线

释义：赛跑时起跑的标志线。比喻事业、人生的起步之处。

例句：“20 多年前，若干神童家喻户晓。如今，这些神童几乎全军覆没，没有一个成为栋梁之才。这些孩子没有输在～上，但是他们或父母将人生的马拉松赛跑误判为短跑，拼尽全力赢在～上后，后劲不足，最终败北……”（郑渊洁《请让孩子输在起跑线上》）

qǐ sǐ huí shēng
起死回生

释义：使死人或死的动物、植物复活。比喻把处于毁灭境地的事物挽救过来。

例句：“让一个濒临倒闭的小企业～、变成现在的总资产30多亿元的集团公司，河北诚信有限责任公司党委书记、董事长褚现英做到了。这个有着执着创业和无私奉献精神的企业家，凭着对党的事业的无限忠诚，带领广大员工塑造了河北诚信今天的辉煌。”（张艳超《他使企业起死回生——记河北诚信党委书记、董事长褚现英》）

qì tǒng zi
气筒子

释义：为自行车打气的工具。比喻爱生气的人。

例句：“我是气蛤蟆，还是～？不快告诉我，还打你的屁股蛋子！”（浩然《老人和树》）

qiā tóu qù wěi
掐头去尾

释义：除去前后两部分，也比喻除去没用的部分。

例句：“一个月赶上俩节日，～，一个月连半个月的活也干不上了！”（蒋子龙《拜年》）

qiǎ bó zi
卡脖子

释义：脖子处是气管、血管通往大脑的关键部位，卡住脖子就卡住了致人于死地的关键部位。比喻一个关键的环节能影响全局的发展。

例句：“敌人要用饥饿和停电来卡我们的脖子，这是白日做梦。”（洪洋《长江的黎明》）

qiǎ ké
卡壳

释义：指枪械中的弹壳不能退出来而影响发射。比喻说话或办事不顺利而停顿。

例句：“电梯刚关上，‘啪’一声，居然～了。更让人担心的是，瞬间电梯里一片黑暗。在电梯里有7个大人，其中1位是孕妇，2位老人，另外还有2个婴儿。因为通讯受阻，且紧急按钮失灵，导致众人被困了近2个小时。昨日15时许，这一幕发生在祁门路一购物中心。”（庞静静　陈童　刘忠玉《安徽一商场电梯卡壳闷热难耐　孕妇被困近2小时瘫倒》）

qiān chuāng bǎi kǒng
千疮百孔

释义：到处都是破洞和创口。比喻漏洞、弊病很多或破坏的程度非常严重。

例句：“让他们都显显身手，谁能把这个～的中国从热火里救出来，算谁有本事。”（梁斌《红旗谱》）

qiān chuí bǎi liàn
千锤百炼

释义：经过无数次的锤打和冶炼。比喻久经艰苦的斗争和考验，也指对文章和作品多次精心修改。

例句：“这一政策虽表明了管理层对于经济结构加快转型的决心，但也可能在短期影响相关上市公司的业绩，利好利空的频出再度使得短期均线支撑的局面扑朔迷离，操作策略仍以谨慎为主。铁底的形成不是一蹴而就的，要～才能形成。”（李雁程《利空突袭　大盘犹豫　千锤百炼　才成铁底》）

qiān chuí dǎ luó　yī chuí dìng yīn
千锤打锣，一锤定音

释义：据说在打制铜锣时最后的一锤是决定铜锣音质的关键一锤。比喻讨论任何事情最终要由一个权威的人来决定。

例句：“争论固然好。可是，照这么个争法，争到驴年也争不出名堂来。～。队长，你就决定了吧！”（郭澄清《大刀记》）

qiān jiā chī jiǔ　yì jiā huán qián
千家吃酒，一家还钱

释义：比喻众人受惠一人担责。

例句：“俺们生受小玉姐许多钱钞，倒惹起黄衫豪客来与这段烟花结了公案，真乃是～，事不偶然也。”（明·汤显祖《紫钗记》）

qiān jīn
千 金

释义：千，数量词，很多；金，指金银之类的东西。千金原指极多的钱，后成为对别人女儿的客气称呼。

例句：“虽然身为知名财团秦氏的富家～，但秦紫莲却因为从小被命理师批命为‘福多易折’的缘故而被家长们刻意隐瞒了真实的身份。不过，即便没有家族的光环环绕，天生的优秀基因还是让她在高中的转学生涯中一举成为了贵族学院的风云人物。”（穆筱欧《贵族学院俏皮千金记事簿》）

qiān jūn yì dé　yī jiàng nán qiú
千军易得，一将难求

释义：比喻人才难得。

例句：“21世纪的竞争主要就是人才的竞争，特别是‘将’才的竞争。‘～’，还等什么，赶紧筑起‘招贤台’吧。”（张笑恒《30岁后，你拿什么养活自己》）

qiān jūn yī fà
千钧一发

释义：钧，古代重量单位，一钧等于30斤；发，头发。一根头发系着3万斤的东西。比喻情况万分危急。

例句：“外交部副部长张志军18日表示，当前朝鲜半岛局势～，高度复杂敏感，中方对此深表关切和忧虑。”（新华网《外交部：当前朝鲜半岛局势千钧一发，高度复杂敏感》）

qiān lǐ cháng dī kuì yú yǐ xué
千里长堤溃于蚁穴

释义：一个小小蚂蚁洞，可以使千里长堤溃决。比喻在小的方面不加以重视将酿成大祸。

例句：“职业道德修养既要从根本着眼又要从小处着手，既要抓大又要抓小。所谓‘～’。我们新闻工作者……要从一地一人一事去采访，一字一句一篇去撰写，一天一月一年去宣传，方可奏效，方可成功。但一着不慎，宣传错了，又可能整个报道毁于一旦，前功尽弃……”（何光先《千里长堤溃于蚁穴》）

qiān lǐ mǎ
千里马

释义：指善跑的骏马，可以日行千里。比喻人才。

例句：“现在的教育缺失的是‘因材施教’，个性化教育就是万万不能把～和老黄牛放在一起教，正如孔子讲的因材施教。”（朱玲《严介和：一流的商人先要面子再要钱》）

qiān lǐ sòng é máo
千里送鹅毛

释义：传说古时有个地方官得到一只天鹅，派手下人千里迢迢赶赴京城贡献给皇上。手下人中途给天鹅洗澡，不料天鹅飞跑了，只扯下几根羽毛。手下人只好拿着鹅毛去见皇上，说明原委后，皇上连声说：“难能可贵！难能可贵！千里送鹅毛，礼轻情意重。”后比喻送的礼物虽价值不高，但所蕴含的情意是很深厚的。

例句：“不过，这是一点意思，咱们表示表示，倒不在乎钱的多少。～，不是么？”（茅盾《劫后拾遗》）

qiān nián de bì hǔ zhǎng bù chéng shé
千年的壁虎长不成蛇

释义：壁虎，蜥蜴目的一种，可在墙壁、天花板或光滑的平面上迅速爬行，身体扁平，四肢短，样子有点像小蛇。比喻无论经过多少年，发生什么变化，事物的本质不会改变。

例句：“老‘台独’分子彭明敏自出道以来，从台湾的阶下囚到美国的座上客，从‘台独烂

党’到‘台湾人公共事务会’，如跳梁小丑那样上蹿下跳，但～，不管其如何变来变去，都是在扮演一个分裂中华民族、分裂祖国的丑角。”

qiān rì dǎ chái yī rì shāo
千日打柴一日烧

释义：比喻长期的努力是为了一时的需要。也比喻长期的积累在短时间内就消耗掉了。

例句：“从 6124 点到上周五收盘时的 3796 点，面对沪指俯冲式的深幅调整，即使是曾经沧海、经历过‘熊市’洗礼的老股民，也难以镇定自若。‘～’！在这轮令人猝不及防的恐怖暴跌中，绝大多数股民的账面利润已被‘洗白’，甚至本金也搭进去不少。”

qiān rì zào chuán yī rì guò jiāng
千日造船，一日过江

释义：比喻有了丰富的积累才能完成任务或达到目的。

例句：“‘咦？你在干什么呢！’我问。小淘看了我一眼回答：‘我在培育新的花种呢，～，不知这次能不能活。’”（乐园《伊妲女巫》）

qiān tiáo jiāng hé guī dà hǎi
千条江河归大海

释义：陆地上江、河的水最后大都流入大海。比喻最后的结果。

例句：“别看举报信雪花一样漫天飞来，省领导的指示一个紧似一个，阳城社会舆论更是风起云涌，然而，～，关键之处皆在年副部长一人之手。真查与假查，查深与查浅，全赖于那个年副部长。”（黄明桥《中国式秘书》）

qiān zhàng má shéng zǒng yǒu ge jié
千丈麻绳总有个结

释义：比喻问题拖得再久，总得有个了结。

例句：“这事再拖下去，～，还是趁此机会弄出个结果最好。”（清·陈端生《再生缘》）

qiān zhī wàn yè yī tiáo gēn
千枝万叶一条根

释义：比喻无论多么繁杂，但本源就是一个。

例句：“雷刚：久旱的禾苗逢甘霖，点点记在心。杜妈妈：～，都是受苦人。”（京剧《杜鹃山》）

qiān cháng guà dǔ
牵肠挂肚

释义：形容十分惦念，放心不下。

例句：“为灾情，我们～，为生活，我们坚强前行。”（卓奇文《为你牵肠挂肚》）

qiān niú yào qiān niú bí zi
牵牛要牵牛鼻子

释义：牛是一种慢性子而且很犟的家畜，而牛鼻子处神经丰富，肉质较嫩，所以牵牛要牵鼻子，牛才能顺顺当当地跟你走，否则的话无论怎样抽打也没有效果。比喻做事要抓住关键或主要矛盾。

例句：“调查组表示：‘没有调查，就没有发言权’，‘打蛇要打七寸，～’。流行病学调查就是艾滋病防控最关键的第一步，就是七寸，就是牛鼻子。”（韦锦田《牵牛要牵牛鼻子》）

qiān yī fà ér dòng quán shēn
牵一发而动全身

释义：比喻动极小的部分就会影响全局。

例句：“股票发行注册制改革是资本市场～的改革，需要有步骤地推进。近日，中国证监会制定并发布《关于进一步推进新股发行体制改革的意见》。这是以市场化、法制化取向完善股票发行制度改革的重要步骤，将为注册制改革打下良好基础。”（潘正彦《资

本市场牵一发而动全身的改革》）

qiān zhe bí zi zǒu

牵着鼻子走

释义：牛很倔犟，但牛鼻子是脆弱的地方，只要牵住牛鼻子，它就会乖乖地跟人走。比喻受制于人，完全按别人的意图做事。

例句：“自己多么不中用啊！只会给人家～，一点也不能坚决执行自己的主张。”（艾芜《暮夜行》

qiān zhe bù zǒu dǎ zhe zǒu

牵着不走打着走

释义：比喻吃硬不吃软。

例句：“两个伪军无奈，提着包袱送她下楼。到大路口将包袱交给金环，金环接过包袱白着眼说：‘～，天生的不吃好粮食的东西！’”（李英儒《野火春风斗古城》）

qián chē kě jiàn

前车可鉴

释义：前边的车出过问题，后边的车就要注意。比喻后人要吸取前人失败的教训。

例句：“凡有见识的人，皆知道社会革命，欧美是决不能免的。这真是～。”（孙中山《三民主义与中国前途》）

qián chē zhī jiàn

前车之鉴

释义：鉴，铜镜，引申为教训。前面的车翻了，后面的车就要接受教训。比喻把前人或以前的失败作为借鉴。

例句：“民众的希望是那么单纯，在类似的惨剧过后，党纪国法能驱动某些人切实承担公众问责，无论责任涉及什么层面，即便是深重的贪腐或者渎职。尽管屡有～，……但对灾难的问责却是那么轻浮。”（南都社论《曾有前车之鉴足为后事之师》）

qián mén qù hǔ hòu mén jìn láng

前门去虎，后门进狼

释义：比喻赶走了一拨敌人，又来了一拨敌人，处境十分危险。

例句：“在营房军猖獗的时候，谁都兢兢业业预感到一定会作什么乱子，乱子终于出现了。现在又来了第二个兢兢业业的预感。你想，那样的草莽英雄又闯进了成都城，这不正好是‘～’?”（郭沫若《反正前后》）

qián pà láng hòu pà hǔ

前怕狼，后怕虎

释义：比喻胆小怕事，顾虑太多。

例句：“他明白，上了年纪的人都是～，事事有顾虑。”（周立波《暴风骤雨》）

qián yǒu chē hòu yǒu zhé

前有车，后有辙

释义：前边有车走过后就会留下车辙。比喻前人的经验教训，后人可作为借鉴。

例句：“那还能亏待你们吗？～，你放心就是了。”（白危《垦荒曲》）

qián zòu qǔ

前奏曲

释义：指大型乐曲、戏剧等开场前所奏的乐曲。比喻大事件的前期准备工作。

例句：“他们在县城倡导各种新鲜事物，这是辛亥革命的～。”（丁玲《向警予烈士给我的影响》）

qián chuàn zi

钱串子

释义：指穿铜钱的绳子。比喻过分看重金钱的人。

例句：“应试教育本身就是功利教育，一切都是为了考试而存在的。而考试是为了上一个好学校，上了好学校有个好工作，有个好工作可以多赚钱，多赚钱就是幸福。这个逻辑就是我们现在教育的逻辑，以及很多家长的逻辑。在这种逻辑熏陶下的孩子，想不成为～脑袋而不可得。”（五岳散人《“钱串子脑袋”与留学低龄化》）

qián yǎnr lǐ fān jīn dou
钱眼儿里翻筋斗

释义：比喻想的做的总离不开钱。

例句：“你想天下吃钱店饭的人，著名的都叫做钱鬼。苏州人还起他个诨号，叫个‘钱猢狲’，专门在～。”（清·汤颐琐《黄绣球》）

qiǎn hé yào dàng shēn hé dù
浅河要当深河渡

释义：比喻做事要小心谨慎，不可大意。

例句：“我工作和学习中有一个原则就是谨小慎微，～。但是，在这个过程中仍然会遇到这样那样的问题和麻烦。……找不到出现问题的真正原因，这样就会影响到下一步工作的执行和效果。”（佚名《读〈细节决定成败〉有感》）

qiǎn jiàng bù rú jī jiàng
遣将不如激将

释义：比喻做事要讲究方法。

例句：“其次，～，迫使我自动挺身而出，担当重任。战场上实施战斗，主动与被动，对其斗志之高低有极大出入。”（葛先才　李祖鹏《长沙、常德、衡阳血战亲历记》）

qiàn huǒ hou
欠火候

释义：指用火烧制的食物还没熟。比喻时机不成熟或是条件差些。

例句：“有分析认为，金价走低期间，实现高收益的看跌型产品很少，可见不少产品踏错了‘节奏’，这也反映出银行在该类产品设计上仍欠一些火候。”（蔡颖《银行理财猛贴金，成色不足凸显设计欠火候》）

qiāng dǎ chū tóu niǎo
枪打出头鸟

释义：露出头的鸟容易被猎枪打中。比喻凡事好出风头的人会被打压打击。

例句：“……有报道称，广电总局‘～’，对湖南卫视档期中几乎所有的重头节目和电视剧提出了整改意见。其中，观众耳熟能详的‘快女’、《快乐大本营》、《天天向上》及新版《还珠格格》几乎无一幸免。”

qiāng lín dàn yǔ
枪林弹雨

释义：枪杆像树林，子弹像下雨。比喻所处的环境险恶。

例句：“～战火纷飞的日子，江水山觉得还是才开始，却一晃就过去了四年多。”（冯德英《迎春花》）

qiāng shǒu
枪手

释义：原指射击手。现多指拿某人钱顶替某人做事。

例句：“湖北省考试院相关负责人称，目前全省四、六级英语考试作弊人数还没最后统计出来，代考‘～’仍是今年英语考级的主要顽症。”（从玉华《大学英语四级考试再度泄题　考试管理面临挑战》）

qiáng jiàng shǒu xià wú ruò bīng
强将手下无弱兵

释义：比喻领导能力强的人必然能带出好的部属。

例句："～，有老虎班长就有老虎兵呵！"（丁洪 等《董存瑞》）

qiáng lóng bù yā dì tóu shé

强龙不压地头蛇

释义：地头蛇，指地方上的恶势力。比喻外来的强权不惹当地的恶霸，也泛指外来的力量再强，也不容易对付地方势力。

例句："据阿土仔来看，像主场作战的阿根廷或瑞典等强队，不败几乎是注定的，但做客的巴西、韩国等队，则需要提防冷门，～嘛。"（阿土仔《强龙不压地头蛇》）

qiáng niǔ de guā bù tián

强扭的瓜不甜

释义：瓜果成熟以后与瓜蒂连接的地方就会萎缩，很容易摘下来；如果摘时费力气，表明瓜果还没成熟。比喻用强迫手段办成的事不会有好结果。

例句："严知孝说：'咳！你净装些个糊涂，你要是萍儿，你不愿和大小子们在一块玩？孩子们自然会选择自己的道路，打着鸭子上架不行，～！'"（梁斌《红旗谱》）

qiáng dǎo zhòng rén tuī

墙倒众人推

释义：比喻在一个人受挫折的时候，旁人往往乘机打击。

例句："老张，我是倒了楣，可也不能～！"杜鹏程《在和平的日子里》）

qiáng lǐ kāi huā qiáng wài xiāng

墙里开花墙外香

释义：比喻成绩不为本地重视而为他处所重视。

例句："他的作品在本国没多大反响，却在美国引起轰动，可谓是'～'。"

Q

qiáng tóu cǎo

墙头草

释义：长在墙头上的草，由于长在高处，所以随着风向摆动。比喻不坚持原则，没有自己的立场。

例句："值得注意的是在演讲中，奥巴马五次提及中国，并把中美贸易分歧归咎于中国。外媒称，对比前两次国情咨文，奥巴马对华态度忽左忽右，为了竞选不惜'～'般地动摇。"程磊（《奥巴马将贸易分歧归咎中国，为大选不惜做墙头草》）

qiǎng fàn wǎn

抢饭碗

释义：比喻夺取别人谋生的岗位、差事等。

例句："对于和老公～的说法，李娜说：'不会的，因为我当教练想从小朋友教起。'姜山是职业运动员教练，李娜想做青少年教练工作。"（华奥《李娜：退役才会要孩子，当教练也不和老公抢饭碗》）

qiǎng fēng tou

抢风头

释义：比喻炫耀自己或争占优势，争主动权。

例句："昨天，第26届北京国际礼品展在老国展开幕。因为'7.21特大暴雨'，以前很少出现在展会上的车载应急用品这次大～。"（邵泽慧《车载应急锦囊展会抢风头》）

qiǎng shǒu huò

抢手货

释义：比喻备受欢迎的人或物。

例句："7月30日，上证所发布的《风险警示股票交易实施细则（征求意见稿）》重挫ST股，但8月3日深交所对退市制度表态，以及随后上证反对退市制度的重新解读，让接连下挫的ST股一夕之间成了～。"（宗璇《ST股仓皇自救惹资金追捧，重组股成抢手货》）

qiǎng tān
抢 滩

释义：为使处于险境中的船只脱险，而设法使其搁靠于浅滩上。比喻抢先占领时间上、地点上的优势。

例句：“对地方政府来说，需要在经济增速下调的背景下，通过制度变革吸引更多的外部资本来支持实体经济。对大型资本机构来说，则看到了金融行业‘玻璃门’被拆除的强烈愿景。二者合力之下，一些地方的金融改革热情井喷而出，各地金融中心设计方案争相出炉，似有～金融改革之势。”（郭璐　张庆源《抢滩金融改革：地方角逐金改如何改写未来金融版图》）

qiāo biān gǔ
敲 边 鼓

释义：见“打边鼓”。

qiāo gǔ xī suǐ
敲 骨 吸 髓

释义：敲碎骨头来吸骨髓。比喻剥削压榨极其残酷。

例句：“虽然高层已意识到了这种～的盘剥对民众的巨大伤害，但终明一代，这些弊病不但没有根除，反而随着这个王朝末日的临近而更加丧心病狂。”（聂作平《晚明：官吏敲骨吸髓》）

qiāo jǐng zhōng
敲 警 钟

释义：比喻对别人做事进行提醒、警告。

例句：“蔡晓斌表示，组织这次培训就是要给大家～，打招呼，保证大家始终保持艰苦奋斗、清正廉洁的优良作风。”（赵万波　杜明彦　杨之辉《云南电网曲靖供电局为领导干部廉洁从业敲警钟》）

qiāo mén zhuān
敲 门 砖

释义：敲门用的砖，门敲开后砖就无用了。比喻用来获取目标所用的手段或工具。

例句：“诗不是一种空洞的主义，也不是一种～。”（朱光潜《给一位写新诗的青年朋友》）

qiāo sāng zhōng
敲 丧 钟

释义：西方风俗，教堂在宣告本区教徒死亡或为死者举行宗教仪式时敲钟。比喻发出死亡或灭亡的信号。

例句：“今日于此间召开的首届中华廉洁文化论坛上，中纪委副部级巡视专员戴俭明指出，在反腐防腐问题上，绝大多数人的问题只能通过加强教育而非采取办案的方法来解决，要常敲警钟而免～。”（赵晶《中纪委巡视专员：反腐要常敲警钟而免敲丧钟》）

qiāo shān zhèn hǔ
敲 山 震 虎

释义：比喻有意示警，使人震动、畏惧。

例句：“反贪人员果断‘～’，对王某和程某进行了询问。他们承认，为讨好唐某，程某租住房屋的租金和房内家用电器等，都由王某一手买单。”（欧阳晶等《敲山震虎》）

qiāo zhú gàng
敲 竹 杠

释义：清朝末年，政府查禁鸦片，贩毒者把鸦片装入打通的竹杆做成的船篙里，以逃避检查。官员上船盘查时，无意中用旱烟袋的烟锅在船篙上磕烟灰，贩毒者大惊失色，以为秘密被察觉，急忙给官员塞银子，官员心领神会。以后每次盘查时，官员都故作不经意地敲敲船篙，贩毒者只好每次都塞银子。从此，“敲竹杠”成为敲诈勒索的代名词。

例句：“《木刻纪程》是用原木版印的，因为版面不平，被印刷厂～，上当不浅。”鲁迅《书信集·致郑振铎》)

qiáo guī qiáo lù guī lù
桥归桥，路归路

释义：比喻互不相干，是怎样的道理就怎样说，不能混淆。

例句：“我点起了一根烟，对石洪说道：‘学长，那么我们这次的合作就已经全部结束了。接下来我们～。我的迅雷组会对那些日本员工进行打击，你的夜游神如果也有这个兴趣的话，也可以参加，大家互不干涉。’”(老牛《我的传奇一生》)

qiáo liáng
桥梁

释义：供铁路、道路、渠道、管线等跨越河流、山谷或其他交通线使用的建筑物。比喻能起沟通作用的人或事物。

例句：“今年7月，刚刚从西藏拉萨师范学校支教一年返回青岛的谭骏，来不及洗去身上的征尘，就加入了海洋大学大学生‘三下乡’实践服务团。……当记者问及他西部支教的感受和收获时，他说：‘作为支教团的一员是一种骄傲，也是一种拿得起又放不下的责任。我们愿做一粒沙石，架起西部儿童希望的～。’”(凌翔《架起希望的桥梁》)

qiǎo fù nán wéi wú mǐ zhī chuī
巧妇难为无米之炊

释义：比喻缺少必要的条件，事情就很难办成。

例句：“什么是苦呢？院里设备不全，药品不全，～，这便是苦。”(茅盾《锻炼》)

qiǎo shāo gōng shàn shǐ bā miàn fēng
巧艄公善使八面风

释义：艄公，船尾掌舵的人，也泛指撑船的人。比喻聪明人善于利用各种有利的条件。

例句：“‘～。我知道你的鬼心思，你想让我当卧底使绊呀！那活儿人不人鬼不鬼的，我不去。’九香红嘟着红色的嘴唇。”(郭昭阳《红色县令》)

qiǎo shé tou zhuàn bù chū sāi bāng zi
巧舌头转不出腮帮子

释义：比喻光靠花言巧语是干不成事的。

例句：“俗话说：‘～’。不靠艰苦实践，只想侥幸取巧，干什么事情都不会成功。”(李存让《手长衣袖短　不敢下东吴》)

qiǎo shǒu nán shǐ liǎng gēn zhēn
巧手难使两根针

释义：比喻一心不能二用。

例句：“有的司机一边开车，一边打手机，这是很危险的。要知道～，一心不能二用。”

qiào pi
俏皮

释义：形容活泼可爱，还有点调皮。

例句：“王菲早年罕见的性感短裙照，照片中，王菲一头清爽短发，身穿抹胸短裙，脚蹬白色高跟鞋，～地单脚踩地，美腿暴露无遗，姣好身材一览无余。”(我是弥尔《王菲早年俏皮短裙照　玉腿纤细惹人羡》)

qiào wěi ba
翘尾巴

释义：比喻人骄傲或自鸣得意。

例句：“一万年也不要骄傲，永远不要～。”(毛泽东《关于中华人民共和国宪法草案》)

qié zi huáng guā yī guō zhǔ
茄子黄瓜一锅煮

释义： 比喻不区分情况，同样对待。

例句： “拆迁是政策性很强的工作，要做好调查摸底，不同情况要不同对待，绝不能～，这样会出乱子的!”

qīn diē gù bù de rè niáng
亲爹顾不得热娘

释义： 比喻自顾不暇，谁都管不了谁了。

例句： “小鬼子被游击队一阵土炮加地雷，打得～，拖死带活，狼狈不堪地逃回了据点。”

qīn xiōng di míng suàn zhàng
亲兄弟，明算账

释义： 比喻在钱财方面要相互清楚，免留后患。

例句： “赤诚的心意比金钱更宝贵，但金钱却能轻易地摧毁感情。借贷时，还是‘～’为好。”（虞颖《亲兄弟最好明算账》）

qīn chāi dà chén
钦差大臣

释义： 钦，意为皇帝，钦差即是皇帝差遣之意，是由皇帝专门派出办理某事的官员。因为代表了皇帝本人，所以其地位十分了得。比喻上级机关派到下面去可以发号施令的人。

例句： “赵锡永案，给了我们一个重新审视‘领导考察’运作机制的机会。地方政府对中央‘～’，是否已经失去了质疑的能力？中央相关机构的内部科室设置和人员组成，是否应该更加开放透明？”（韩福东《冒充“钦差大臣”诈骗根源何在》）

qín jìn
秦晋

释义： 春秋时，秦晋两国不止一代互相婚嫁，史称“秦晋之好”，亦作“秦晋之匹”“秦晋之偶”“秦晋之盟”“秦晋之约”。后泛指两家联姻。

例句： “1930年，袁晓园在赴法的轮船上，邂逅了时为江苏省政府主席叶楚伧的公子叶南。落花无意，流水有情。叶南执着，终使他如愿以偿成为袁晓园的‘护花使’，两人结为～。”（张昌华《百岁老人袁晓园》）

qín shòu
禽兽

释义： 飞禽走兽。比喻卑鄙、无人性的人。

例句： “说着说着，老人开始用手拍打床沿，‘这群～，把我整得遍体鳞伤——他们将我打得胯骨骨裂，肋骨几处折断，胸部完全畸形。特别是原本165厘米的身高萎缩到只有不到147厘米。直到他们确认我已经不省人事，就将我赤身裸体地扔到冰冷的河水里……’老人说永远不会忘记，1944年1月28日。”（贺涵甫《实名指控日军性暴行第一人万爱花：谁能替我拭去痛楚之泪》）

qín zéi xiān qín wáng
擒贼先擒王

释义： 语出唐杜甫诗“挽弓当挽强，用箭当用长。射人先射马，擒贼先擒王。杀人亦有限，列国自有疆。苟能制侵凌，岂在多杀伤。”说的是在两军对战中，如果把对方的主帅擒获或者击毙，对方就可能不战而自败。比喻解决问题要抓住主要矛盾，主要矛盾解决了，其他的枝节问题即可迎刃而解。

例句： “是的，～，把主使人拿住，学生就自然老实了。”（老舍《且说屋里》）

qīng cài luó bo fēn bù qīng
青菜萝卜分不清

释义： 比喻人是非不清，遇事糊涂。

例句："嘎老三是个啥人？你跟着他跑？你呀，真是～，糊涂到家啦！"

qīng chū yú lán

青出于蓝

释义：青，靛青；蓝，蓼蓝之类可提炼染料的草。青这种染料是从蓝草里提炼出来的，但颜色比蓝草更深。比喻学生超过老师或后人胜过前人。

例句："简童也在这眼泪中看出了这场闹剧的原委。原来没有什么虐待，根本都是依依亲历亲为的苦肉计，真苦了这养尊处优的小公主，这么损的招也能想出来，果然是～，孺子可教。"（菜刀又见菜刀《不爱会死》）

qīng huáng bù jiē

青黄不接

释义：青，指的是田里的青苗；黄，指的是已成熟的谷物。庄稼还没有成熟，陈粮已经吃完，两头接不上，出现了粮食暂时短缺的情况。比喻人或事出现了衔接不上、断档的现象。

例句："目前是～的时期，旧的要批判掉，新的还没有吸收来，大部分工商界朋友彷徨等待，对生产经营产生消极情绪。"（周而复《上海的早晨》）

qīng méi zhú mǎ

青梅竹马

释义：青梅，青的梅子；竹马，儿童以竹竿当马骑。男女儿童天真无邪、玩耍游戏的样子。比喻自幼相好的青年男女。

例句："那少年时的～在他的心灵里留下了多少难忘的记忆啊！"（魏巍《东方》）

qīng sè

青涩

释义：指果子未熟时的苦涩味。比喻涉世未深的年轻人身上表现出来处事不成熟的羞涩。

例句："70后80后文学之～特征，还可以从女性文学的角度来解读。从女性文学发展的轨迹看，20世纪末以来，女性文学直接地无所顾忌地投入了商业化的生存模式，丢掉旗帜，直接着装比基尼，成为'泼尽了水的空碗'，一头扎入了文学市场化的汹涌潮水中忘情狂欢。"（于文秀《青涩　过渡：谈谈我国当代青春文学》）

qīng yún zhí shàng

青云直上

释义：比喻迅速升到很高的地位（多指官职）。

例句："洪承畴是万历年间的进士出身，登第时年岁很轻，从此步步～，一帆风顺。"（姚雪垠《李自成》）

qīng chē shú lù

轻车熟路

释义：赶着装载很轻的车子走熟悉的路。比喻要办的事情又熟悉又容易。

例句："全国政协委员、中国核能协会副理事长李永江在接受《中国之声》记者专访的时候表示，在核电站项目上，中国已经～，是往外走的时候了。"（柴华《李永江：中国核电站项目已轻车熟路　出口条件成熟》）

qīng miáo dàn xiě

轻描淡写

释义：指绘画时用浅淡的颜色轻轻地着笔。比喻把重要的问题轻轻带过，敷衍了事。

例句："郑州一开发商在未完成考古发掘的情况下，违法施工建设，使距今四千多年的龙山文化遗址遭到严重破坏。他们还～地表示，没挖出啥值钱的东西。目前，郑州市文物执法部门已立案调查。"（孙绍波《轻描淡写》）

qīng zhuāng shàng zhèn

轻装上阵

释义：指作战时不披盔甲。比喻放下负担投入工作。

例句：“妈妈是考虑到音乐会即将来临，你应该～，抛弃一切杂念，一心一意干好这件事情，利用这次机会把自己进一步推向世界音乐舞台，让更多的听众喜欢你的钢琴声。”（吴章鸿《每天进步一点点——从平凡到卓越的183个道理》）

qīng guī jiè lǜ
清规戒律

释义：指佛教徒所遵守的规则和戒条。比喻束缚人的烦琐、不合理的规章制度。

例句：“女生仅露了一下腿，学校管理都受不了了。把当今的学校当成了教堂，把当今的女生当成了修女，难道她们只能恪守～，整天把自己浑身上下裹得严严实实，不能显露出半点女性婀娜多姿的身材？”（汪昌莲《女生穿超短裙犯了谁的“清规戒律”》）

qīng shuǐ yá men
清水衙门

释义：衙门，旧时官署。清水衙门，谑语，旧指不经手大量钱财，不能从中捞取钱财的官府。比喻没有额外进项的机构或地方。

例句：“在人们的习惯意识里，像统战部门和民族宗教事务管理部门是典型的‘～’。然而，是不是真的‘水至清则无腐’了？也不尽然。”（康泰克《“清水衙门”水不清》）

qīng yí sè
清一色

释义：麻将术语，指某一家的牌由一种花色组成。比喻全部由一种成分构成或全部一个样子。

例句：“至于经常的事务，她可以放心的由职员们代办，因为职员们都～的换上了她的娘家的人。”（老舍《四世同堂》）

qīng cháo
倾巢

释义：比喻人马全部出动。含贬义。

例句：“贵州德江发文要求干部～旅游，之所以被笔者认为是一种行为艺术，在于这种公权主导下的旅游已经成了变相的福利，隐藏在其背后的是公共理性的丧失。”（舒锋《官员“倾巢旅游”背后的公共管理缺失》）

qīng tíng diǎn shuǐ
蜻蜓点水

释义：蜻蜓在水面飞行时用尾部轻触水面的动作。比喻人做事肤浅不深入。

例句：“下乡只是～式的，还要带白馒头。”（郭小川《沉重的教训》）

qíng rén yǎn lǐ chū xī shī
情人眼里出西施

释义：西施，春秋末期浙江诸暨人，天生丽质，为中国古代四大美人之首。形容对钟情的女性，即使她长相平常，也感到和西施一样美丽。

例句：“～，你单就你说，你看她是不是比谁都美些呢？”（张恨水《啼笑因缘》）

qíng tiān fáng zhe xià yǔ
晴天防着下雨

释义：比喻顺境时要想到逆境，早做准备。

例句：“往好处作，往坏处想。就是要‘～’，咱千万不能光想过太平日子，忘了战争啊！”（肖驰《决战之前》）

qíng tiān pī lì
晴天霹雳

释义：大晴天响起炸雷。比喻突然听到令人震惊、害怕的消息。

例句：“吕志文本来今天一大早心情还不错的，结果刚坐到办公室，屁股还没坐热呢，先是传来消息，制药厂被省公安厅突击，伪劣膏药的事情被抓个正着。然后拨弟弟的电话又拨不通，正烦躁着，秘书再次冲了进来。这才得知弟弟因涉嫌制造煤矿爆炸被当场

抓获。两个消息就宛如两道～，吕志文呆呆地坐在办公室里竟然整整半个小时说不出一句话来!”（青云之路无终点《官妖》）

qíng yǔ biǎo
晴 雨 表

释义：预测天气晴或雨的气压表。比喻能敏锐地反映某种变化的事物。

例句：“草花产量全国第一，杜鹃产量全国第二，蝴蝶兰产销量占国内市场的2/3，大花蕙兰、凤梨、红掌等品种的花卉产销量也位居国内前列……山东青州的价格、储量和销售等‘指数’，对全国草花市场起着举足轻重的作用，成为全国花卉市场的‘～’。”（卢姝言　孙方凯　史海莹《山东青州“指数”成全国花卉市场“晴雨表”》）

qǐng shén qǐng dào guǐ
请 神 请 到 鬼

释义：比喻本想请好人，却请来坏人；也比喻办事的初衷是好的，但结果却相反。

例句：“算啦，算啦，我他妈的是倒血霉了！本来是请哥们到我这里来热闹热闹，谁知道‘～’啦，喝几两猫尿你们还打起来了，都给我滚出去!”

qǐng shén róng yì sòng shén nán
请 神 容 易 送 神 难

释义：比喻招聘或邀请一个人很容易，可要是打发走就不那么容易了。

例句：“皇家马德里俱乐部在转会市场上向来出手阔绰，一掷千金，但是当他们打算出售球员时却发现，原来‘～’。”

qióng miào fù fāng zhàng
穷 庙 富 方 丈

释义：方丈，原为道教固有的称谓，佛教传入借用此称，指禅寺长老或住持所居之处，因其卧室一丈见方，故名。佛教中用方丈代表住持和尚，他是寺院的最高领导者。比喻企业虽然很穷，但企业的领导却很富有，暗喻官僚腐败。

例句：“一边是公司业绩不断下滑，一边是高管大幅加薪。应引入类别股东表决机构，用一票否决权，彻底避免出现‘～’问题。”（曹金《穷庙富方丈》）

qiū fēng sǎo luò yè
秋 风 扫 落 叶

释义：秋天的风把落叶一扫而光。比喻强大的力量迅速而轻易地把腐朽衰败的事物扫除得一干二净。

例句：“对敌人应像～一样的无情，让他们当永不能翻身的咸鱼。（薄情人《命定王妃》）

qiū hòu de mà zha
秋 后 的 蚂 蚱

释义：蚂蚱，即蝗虫，幼虫只能跳跃，成虫可以跳跃，可以飞行，大多以植物为食物。每年夏秋季繁殖，冬天绝迹。多比喻做坏事的人没有几天猖狂了。

例句：“贴墙根站着的贾正，不耐烦地朝炮楼的方向一瞥：‘妈的，看你这～，还能蹦几蹦?’”（冯志《敌后武工队》）

qiū hòu de shàn zi
秋 后 的 扇 子

释义：扇子是纳凉的工具，秋后天气渐凉，扇子就用不上了。比喻失去利用价值的人或物。

例句：“会不会哪一天，大王又添新宠，而我，也就如～，重复着申后的命运，被束之高阁?”（星缘《倾国》）

qiū hòu suàn zhàng
秋 后 算 账

释义：北方的农作物每年只耕作一次，秋后打下粮食后才有经济收入，在这之前的日常开销不足时就用赊欠的办法来解决，等到秋后一齐算清，称之为“秋后算账”。比喻等事

情积累到一定程度时再一并了断。

例句："第二天，小翟眼睛红红地来上班，无精打采地说：'昨夜睡了一宿沙发，我想了一宿，总算明白了，哥们儿这是～呢！唉，都怪我以前不讲口德，哥几个没少受这种委屈吧？'小翟话音刚落，大家都哈哈大笑起来。"（徐如涛《秋后算账》）

qiú fó qiú yī zūn

求佛求一尊

释义：比喻办事情求人要看准了，求一位就行，不要乱求人。

例句："你总不学点交际手段，怎样混得出来？连七爷这样好说话的人，都不高兴了，别人还行吗？～，你这样子，还是请七爷多帮忙吧。"（张恨水《金粉世家》）

qiú lái de yǔ xià bù dà

求来的雨下不大

释义：比喻靠求人得到的帮助是有限的，凡事主要靠自己。

例句："真是～，满指望这次新房装修，几个小哥们能帮我盯两天，可结果只帮我盯了半天，剩下的都得靠我自己想辙了。"

qiú yé ye gào nǎi nai

求爷爷告奶奶

释义：比喻低三下四地求人。

例句："孟先生，这层人就好在这里，痛快，用不着你去～的。"（艾芜《某校纪事》）

qiú yǔ lái dào huǒ shén miào

求雨来到火神庙

释义：比喻办事走错了地方。

例句："你要让我帮助你选股呀，那你可是～了，别看我入市十多年了，从来就没有赚到过钱！这还是跟你说实话，跟别人还得硬撑着，愣说没赔呢！"

qǔ cháng bǔ duǎn

取长补短

释义：吸取别人的长处，来弥补自己的不足之处。参见"截长补短"。

例句："外来干部和本地干部各有长处，也各有短处，必须互相～，才能有进步。"（毛泽东《整顿党的作风》）

qù bìng gēn

去病根

释义：比喻彻底解决问题或改正错误。

例句："为吸取襄阳 4.14 重大亡人事故教训，预防群死群伤火灾的发生，4 月 15 日以来，固原市消防支队对全市网吧、宾馆等场所进行了一次消防安全'体检'，查找病因～。"（李良　丁建强《固原消防"体检"　网吧宾馆"去病根"》）

qù le ké sou tiān le chuǎn

去了咳嗽添了喘

释义：比喻刚解决一个问题，又发现了另一个问题。

例句："你看，这～，刚把汽车的油路修好，电路又出了问题。"

quān tào

圈套

释义：指诱捕动物用的装置。比喻引诱人受骗上当、受害的计谋。参见"中圈套"。

例句："你们都是骗子，明明是做好～来害我们！"（巴金《砂丁》）

quān zi

圈子

释义：指圆而中空的形状，环形。比喻集体的范围或活动的范围。

例句：“尽管微信中的‘朋友圈’只有好友才能看到和评论你分享的照片，然而这个相对封闭的～却留有一扇‘后门’，一旦‘附近的人’被启用，即便不是微信好友，你的照片也会被非好友的陌生人尽览眼底。值得一提的是，记者调查的很多微信用户并没意识到这扇‘后门’的敞开会导致自己隐私的外泄。”（姚克勤等《智能手机时代社交软件盛行　当心寻缘不成反被坑》）

quán wǔ háng
全 武 行

释义：戏曲中指规模较大的武打。比喻暴力行动中使用上了各种招式。

例句：“自由主义的日本政治家和言论家的亲善剧退了场，法西斯蒂的军阀及其爪牙的～，正打得锣鼓喧天。”（郭沫若《羽书集·‘侵略日本’的两种姿态》）

quán xū quán yǐr
全 须 全 尾儿

释义：北京土话，源于民间斗蛐蛐（蟋蟀）游戏，指一场争斗下来蛐蛐没有丝毫损伤，头上的须没折，尾上的针没断。比喻人身体健康，什么零件都不缺。

例句：“冯小刚首先感谢老天，‘今天是我的生日，55岁，像我这么不老实的，年过半百还～没病没灾，老天爷真是厚道了。’”（中新网《冯小刚过55岁生日：年过半百没病没灾老天真厚道》）

quán tou chǎn pǐn
拳 头 产 品

释义：指能够打得出去品牌的产品。比喻企业特有的、别人难以胜过的看家产品。

例句：“中国政府今年对教育投入首次达到国内生产总值的4%，高等教育工作着眼于优化教育结构、大力培养应用型人才、大力提高民办教育和中外合作，而中美高校交流合作无疑可在其中发挥应有作用，双方尤应紧密结合实际发展需求，精心打造中美交流合作‘品牌项目’和‘～’。”（孙浩《中美教育合作需精心打造“拳头产品”》）

quǎn yá jiāo cuò
犬 牙 交 错

释义：比喻交界线像狗牙那样参差不齐。也比喻情况复杂，双方有多种因素参差交错。

例句：“继中国划设了东海防空识别区后，韩国近日也宣布扩大自己的防空识别区。根据已经公布的方案，调整后的韩国防空识别区与日本、中国的防空识别区的重叠面积都扩大了很多。这样一来，东海上空就形成了三国空防范围～的状况，安全局势变得更加复杂了。”（曹岳《犬牙交错的东海天空“出路”何在》）

quàn le ěr duo quàn bù dòng xīn
劝 了耳朵 劝 不 动 心

释义：比喻没有从根本上解决问题。

例句：“……进门看见父亲，好说歹说地劝他休息。……哪知道，隔过几日，村里来人，一问情况，父亲还是老样子，每日一早就忙上了。这才理解了一句俗话：～。”（乔忠延《只要你过得比我好》）

quàn pír quàn bù liǎo rángr
劝 皮儿 劝 不 了 瓤 儿

释义：比喻不能从根本上说服人。

例句：“……买卖赔了钱谁都不会高兴，但转念一想，老爷子是一家之主，不能愁坏了老爷子，又找各式各样的话语宽慰劝说老爷子。可～，小刘二先生说什么也高兴不起来……”（金石声《从大槐树下走出的人》）

quē gē bo shǎo tuǐ
缺 胳 膊 少 腿

释义：比喻事情办得不周全。

例句：“笔者在多条街道上发现，商铺招牌上的字‘～’现象屡见不鲜，犹如城市的一道‘疤痕’，在一定程度上对市容环境造成不良影响。”（巍然《招牌缺胳膊又少腿》）

quē kǒu
缺口

释义：物体边沿上缺掉一块所形成的空隙。比喻事物的短缺部分。

例句：“从昨天在津举办的电子商务发展高峰论坛上获悉，伴随电子商务快速发展，电子商务人才成稀缺资源，未来3年人才～将达到445.7万。”（张蕾《电子商务人才稀缺 未来3年人才缺口将达445.7万》）

quē le chòu jī dàn　zhào zuò cáo zi gāo
缺了臭鸡蛋，照做槽子糕

释义：槽子糕，糕点的一个品种，主料为鸡蛋、糖和面粉，由于是将调好的原料倒入槽形模具中烘制，所以称为“槽子糕”。比喻做事情少了什么、缺了谁，都难以影响预期的结果。

例句：“挂了电话以后又去找日航，老冰今天要奢侈一下，买正规机票回去。俗话说，死了张屠夫，不吃混毛猪，～！”

qiǎor　jiǎn zhe liàng chù fēi
雀儿拣着亮处飞

释义：比喻人趋财慕势。

例句：“唉，别生气了，你对他是不错，但给的工资并不高，～，也情有可原。”

què cháo jiū zhàn
鹊巢鸠占

释义：见“鸠占鹊巢”。

例句：“这里是许紫烟的心血，是她一点点将此地建立起来的，是她一个个将族人召集起来的。如今竟然有人～，让她的十几年心血付诸东流，这不仅仅是怒的问题，许紫烟如今简直就是想大开杀戒。”（金铃动《极品女仙》）

qún dài
裙带

释义：女子束裙衣的腰带，借指跟妻女姊妹等有关的亲戚关系。后比喻相互勾结攀援的姻亲关系。

例句：“其实，依靠派系和～关系来实现中国统治者或上层领导人权力交接是最不稳定的政治过程，历史上无数事实都证明了这个血的教训。”（郭苏建《中共领导集体权力交接：派系裙带关系还是制度因素?》）

qún lóng wú shǒu
群龙无首

释义：比喻没有领袖人物，事情无法进行。

例句：“青龙岗流民军营寨大哗，刘安儿死，青龙岗流民军一时间也～。”（更俗《枭臣》）

qún mó luàn wǔ
群魔乱舞

释义：成群的魔鬼乱跳乱蹦。比喻一批坏人在政治舞台上猖狂活动。

例句：“在乌云密布～的日子里，这个纯朴的老农，昂首挺立，用自己的行动谱写了一首悲壮的正气之歌!”（穆青《为了周总理的嘱托》）

R

rǎn fáng lǐ bù chū bái bù
染房里不出白布

释义：比喻环境对人会产生重要影响。

例句："'我想下基层！'毛岸英像他父亲那样把手一挥，'从营长干起，你给我一个营怎么样？'好家伙，梁兴初为之一惊，他被毛岸英那股子气势给镇住了。到底是毛泽东的儿子，帅门出虎子，～！……"（武立金《毛岸英在朝鲜战场》）

rǎn gāng
染缸

释义：用来染东西的大缸。比喻对人产生不良影响的环境。

例句："根据我的经验，哪怕旧社会是多大的～，要染黑一个人，也不是容易的事。"（巴金《关于》）

rǎn zhǐ
染指

释义：比喻插手以获取不应得的利益或参与分外的某种事情。

例句："家住遵义老城的胡都海算得上是有钱人，坐拥遵义老城黄金地段一间160平方米的大门面，月租金4万元，且在老城拥有6套住房，面积共计500多平方米。但7年前～高利贷后，他由富变穷，迄今还身背3000万元债务。"（莫莉　刘鸿《染指高利贷　贵州一富翁变"负翁"》）

ràng le tián táo qù xún suān lǐ
让了甜桃，去寻酸李

释义：比喻把好的给了别人，自己去找差的。表示自愿吃苦。

例句："～。奴将你这定盘星儿错认了。"（明·兰陵笑笑生《金瓶梅词话》）

ràng lù
让路

释义：指给对方让开通路。比喻为保证主要工作的顺利进行，放弃或暂缓其他工作。

例句："如何更好地进行保护？这需要从工程规划设计做起，为文物'～'。这或许会增加建设费用，或许会延长建筑工期，但从文化保护来说是值得的。"（王红军《施工工程让路文物保护该当成常态》）

ràng yī mǎ
让一马

释义：下棋时一方让另一方一个马。比喻宽容饶恕一次。

例句："有交情的～，没交情的卡一卡。个别民警以权谋私、违法违纪的现象，一度成为群众说事的对象，矛头直指的是大同交警的作风。"（赵志成《以新作风赢得新挑战——记城市大拆大建中的大同交警》）

rào bó zi
绕脖子

释义：比喻说话办事不直接了当，令人费解。

例句："嗬，这么～的话，你怎么想出来的？"（老舍《茶馆》）

rào dào zǒu
绕道走

释义：因为正在走的路上有障碍而避开，改从别的路走。比喻害怕困难、逃避责任。

例句：“领导干部下基层，老百姓是真心盼望的。他们真心希望各级领导干部能够想群众之所想，急群众之所急，盼群众之所盼。‘～’让老百姓的希望化为泡影，寒了老百姓的心！”（新华网《莫让“绕道走”寒了百姓心》）

rào quān zi
绕 圈 子

释义：比喻说话拐弯抹角，不直说。

例句：“你们说要单刀直入，怎么老是在～？我想要知道的，是你们有什么办法来应付？”（郭沫若《武则天》）

rào wān zi
绕 弯 子

释义：比喻说话拐弯抹角，不直接说清楚。

例句：“湖南省环保厅要求，要直面问题，不～，有问题就指出问题，是什么问题就解决什么问题，不回避矛盾，不掩疵护短，主动回应社会关切。”（刘立平　谭康美《湖南直面问题不绕弯子》）

rě huǒ shāo shēn
惹 火 烧 身

释义：比喻自讨苦吃。

例句：“火母道：‘你今日出阵，也要煮吃于我么？’天师道：‘你自家～，哪个要来煮你？’”（明·二南里人《三宝太监西洋记》）

rè chǎo
热 炒

释义：炒出来趁热吃的菜肴。比喻通过各种手段把某件事情、某个事件弄成热点。

例句：“近期比特币的～，引发了人们对金融安全的忧虑。央行等 5 部门 5 日下发文件，称比特币不能作为货币在市场上流通使用。”（范卫锋《热炒藏危机》）

rè guō shàng de mǎ yǐ
热 锅 上 的 蚂 蚁

释义：比喻人在困境时焦躁不安的样子。

例句：“冯家等了一个上午，却突然听说杨副司令带了家小怒气冲冲返回了重庆。冯鸿举还正在纳闷，中午就听说冯文超调戏司令家小的事情。冯家得此消息，大小师爷们顿时乱作一团，急得人人都像～，不知该怎么办。”（古月《微尘》）

rè huǒ cháo tiān
热 火 朝 天

释义：比喻情绪热烈，气氛高涨，就像炽热的火焰朝天燃烧一样。

例句：“但这几天～的参军运动，也冲击着他们的身心。”（冯德英《迎春花》）

rè liǎn tiē ge lěng pì gu
热 脸 贴 个 冷 屁 股

释义：比喻满腔的热情碰到了冷遇。

例句：“那种好心好意前来报信，但却～的感觉，瞬间就让叶淳想灭了眼前这个傻叉一样的‘自己人’。”（胖熊猫《黑暗裁决》）

rè shēn
热 身

释义：指在运动之前，用短时间低强度的动作增加局部和全身的温度以及血液循环，来减少运动伤害的发生。比喻做某事前的准备工作。

例句：“《龙行天下》电影拍于 1989 年。当时徐克在美国进修电影，去拜会闲居美国的李连杰，然后拍了这部《龙行天下》。当然，这部电影只能算是李连杰和徐克的一次～。两年后，两个人合作的真正杰作《黄飞鸿》才横空出世。”（小樾《黄飞鸿的热身》）

rè tǔ

热土

释义：比喻长期居住过的或有深厚感情的地方。

例句："大水瞧他爹年纪大了，兄弟还小，自己又是穷家难舍，～难离，心眼儿里也很活动。"（袁静　孔厥《新儿女英雄传》）

rè xuè fèi téng

热血沸腾

释义：比喻激情高涨。

例句："中国的天空在燃烧、大地在流血。不甘心做亡国奴隶的亿万人民满腔怒火，～。"（刘白羽《红太阳颂》）

rè zào bù pà shī chái

热灶不怕湿柴

释义：灶膛里温度高，填进湿柴也能烧。比喻有本事的人，什么样的对手都能征服。

例句："醋八姐骂道：'～，烧弗着，难道就罢了不成?'"（清·张南庄《何典》）

rè zào yī bǎ　lěng zào yī bǎ

热灶一把，冷灶一把

释义：热灶烧一把火，冷灶也烧一把火。比喻同等待人，不趋炎附势。

例句："母亲离开多年了，我时常忆起她的那句话：'儿啊，人生在世，总要～才好哩。'"（彭南栋《冷灶热灶都要烧一把》）

rén dào wān yāo chù　bù dé bù dī tóu

人到弯腰处，不得不低头

释义：比喻在有求于人的时候不得不放下架子。

例句："何之瑜和九中总务主任潘赞化谈起陈独秀，潘赞化说：'陈独秀不行了，没有了英雄气概，儿女情长。'何之瑜说：'他现在关心米价，过去是不讲这些的。''～，上半年在康庄，他还讲房子事。'潘赞化说。"（朱洪《陈独秀风雨人生》）

rén hǎi zhàn shù

人海战术

释义：指以数量和巨大的消耗换取其他方面优势的战术。多为贬义。

例句："发现施工组织得不够好，用的是～，缺乏计划性，劳动力有些浪费。"（李云德《沸腾的群山》）

rén jia chī ròu zán hē tāng

人家吃肉咱喝汤

释义：比喻勉强维持生存。

例句："徐董事长重重叹口气，'一个华辰就压得我们喘不过气，～，等这个公司再起来了，我们更没好日子过，汤都喝不上了。'"（君达《栀子花香》）

rén jiān zi

人尖子

释义：比喻出类拔萃、特别优秀的人。

例句："像人民大学这样的高等学府，每个学生都是来自全国各地的'～'，'～'往'尖子'堆中一站，谁也显不出谁的锐气来。在这种环境中，学生们都隐灭了曾经的星光与荣耀，在这人才荟萃的地方想不夹着尾巴做人都不成。"（醇酒美人《人大女生》）

rén kùn mǎ fá

人困马乏

释义：人马都很疲乏。形容非常劳累。

例句："泰山队此次山城之行舟车劳顿，可谓～，不过最终在赛前抵达赛地，图巴和队员心

里一直悬着的石头总算落了地。”（王兴步　李志刚《泰山队机场被困6个多小时　山城之行可谓人困马乏》）

rén máng shén bù máng
人忙神不忙

释义：比喻求人的人心切，被求的人却不当一回事。

例句：“任凭你把头都磕破，自古～！急有什么用？”（罗旋《南国烽烟》）

rén yǎng mǎ fān
人仰马翻

释义：人马被打得仰翻在地。比喻乱得一塌糊涂，不可收拾。

例句：“晴朗的天气，天空湛蓝湛蓝的，真不像双方就要杀得～！”（姚雪垠《李自成》）

rén yī zǒu　chá jiù liáng
人一走，茶就凉

释义：比喻人一旦离开原来的位置，别人与此人的感情就会淡漠。

例句：“群众的眼睛是雪亮的，群众的心是公道的。你好，群众不会说你坏；你不好，群众也不会说你好。当领导的，没有必要忧虑自己的‘～’，倒是该多想想‘我未走，茶凉否？’”（渔夫《话说“人一走茶就凉”》）

rén zhù mǎ bù zhù
人住马不住

释义：比喻事态一经发展就很难收住。

例句：“老头儿口里乱叫乱喊道：‘不要打，不要打，你们错了。’众人多是兴头上，～，哪里听他？”（明·凌濛初《二刻拍案惊奇》）

rěn ge dù zi téng
忍个肚子疼

释义：比喻吃个哑巴亏。

例句：“他若往歪里一问，只怕再花上十封，也未必能结案。依我说，这十封银子只好～，算是丢了吧。”（清·石玉昆《三侠五义》）

rěn qì tūn shēng
忍气吞声

释义：忍气，受了气不发作；吞声，不敢出声。指受了气极力忍耐，有话不敢说出来。

例句：“事业成功与否并不完全取决于自己做到了什么或没做到什么，而是取决于是否曾冒犯别人或者能对别人的冒犯～。高手们早已学会了将屈辱默默地吞下，就好像它们是用银盘呈上的美味牡蛎。”（美·刘易斯·拉普曼《名流：上流社会交际圈潜规则》）

rèn píng fēng làng qǐ　wěn zuò diào yú tái
任凭风浪起，稳坐钓鱼台

释义：比喻在错综复杂的环境中能够沉着镇定，泰然处之。

例句：“他知道形势是紧急的，责任是重大的，所有的眼睛都在望着他。在这时候，他真有‘～’的气魄。”

rì bó xī shān
日薄西山

释义：薄，靠近，迫近。太阳快落山了。比喻人已经衰老或事物衰败腐朽，临近死亡。

例句：“近日，日本松下公司确认将于今年12月份停止生产等离子显示面板，使得等离子阵营中少了一位重要成员，让不少业内人士感慨‘等离子电视真的是～了’。”（田理渊《等离子电视日薄西山》）

rì tou cóng xī biān chū lái
日头从西边出来

释义：比喻反常，不可能出现的事出现了。

例句：“你们这些坏蛋，想杀就杀吧！想叫我们投降，除非～！”（冯德英《迎春花》）

róng lú
熔 炉

释义：冶炼金属的炉子。比喻能锻炼人各方面素质的场合或岗位。

例句：“8年前那场令人难忘的抗洪抢险中，李向群以其20岁的短暂生命和20个月的短暂军龄，谱写了壮丽的人生凯歌。中央军委授予李向群‘新时期英雄战士’光荣称号。军营是座大～，李向群之所以成为英雄，是军营锻造的必然。”（申长江《军营是个大熔炉》）

ròu
肉

释义：人和动物体内接近皮的较软的部分，或植物去除硬质余下的部分。比喻性子慢、动作迟缓，或不利落、迟钝。

例句：“老大奇怪了，说这孩子不是你男朋友吗？不是对你挺好的吗？小五一口否认，说我们俩根本不可能，主要原因是他这人太～、太面，不是我要找的类型。”（电视剧《老大的幸福》）

ròu bāo zi dǎ gǒu
肉 包 子 打 狗

释义：比喻人或物件回不来了。

例句：“‘郝军，钱，我可以借给你，我也知道是～，但你一定要保密。’‘姐，你放心，只要你肯借给我钱，我一定……’”（野小草《两个女人那些事：外地媳妇》）

ròu féi tāng yě féi
肉 肥 汤 也 肥

释义：比喻跟着沾光。

例句：“我们应该明白～这个道理，损害团队利益，其实也就是在损害个人利益。”

ròu làn gǔ tou zài
肉 烂 骨 头 在

释义：比喻主要的部分还在，没关系。

例句：“这场火的确给咱们商场造成了很大的损失，但～，很快就会渡过难关的，我们应该有这个信心！”

ròu làn zài tāng guō lǐ
肉 烂 在 汤 锅 里

释义：比喻利益不会外流。

例句：“凌翥翔心里虽也不免有点难过，但又觉得大家都输，反正是盟兄弟交恕，一个人赢了，于是说：‘横竖～，还不是一样。’”（李六如《六十年的变迁》）

ròu làn zuǐ bù làn
肉 烂 嘴 不 烂

释义：鸡鸭在煮制时，肉煮烂了，但嘴是骨质的所以煮不烂。比喻人的嘴巴不饶人。

例句：“你这个小家伙，真是～的。”（张孟良《儿女风尘记》）

ròu mái zài wǎn lǐ le
肉 埋 在 碗 里 了

释义：比喻好的东西被埋没了。

例句：“（对平价医院）一些地方政府态度不积极，主要原因有两条：一是该地区财力不足；二是政绩观导向所致。把资金投到城建项目上易出‘政绩’，投到‘平价医院’上则‘～’。”（郑有义《“平价医院”难在哪里》）

rú fǎ páo zhì
如法炮制

释义：炮制，将药材用烘、炒等方法制成中药。比喻照着现成的样子做。

例句：“为了在万人相亲大会上有所斩获，33 岁的周小姐提前一个月就付费上千元参加了一个‘恋爱培训班’，课程内容包括‘男性爱听怎样的恭维’‘学会搭讪、了解放电’‘暗示的艺术’等多种‘实用技巧’。周小姐在相亲会上～，结果却被中意的对象婉拒，理由是觉得她谈吐‘如同品牌销售，显得假而做作’。”（沈轶伦　贾佳《单身男女婚恋催生“恋爱培训班”——如法炮制“技巧”，被人视为“做作”》）

rú hǔ tiān yì
如虎添翼

释义：如同老虎长上了翅膀。比喻强大的事物得到了帮助变得更加强有力。

例句：“因为匪徒们深知，这两件东西一掌握在姜青山手里，就～，再多的人也奈何不了他。”（曲波《林海雪原》）

rú jī sì kě
如饥似渴

释义：形容要求很迫切，好像饿了急着要吃饭、渴了急着要喝水一样。

例句：“我们那代人，被‘文革’耽误了很多年，一进大学，大家读起书来一个个～，好朋友见面，开口就问最近读什么书。”（彭敏《那个如饥似渴阅读的年代》）

rú jiāo sì qī
如胶似漆

释义：形容感情炽烈，难舍难分。

例句：“3 月 17 日，荣威 350 在南京浦口高调但不张扬地下线了。荣威 350 落户南京，继而在南京浦口基地二期下线，标志着上汽自主品牌平台化战略布局基本完成，也意味着上汽、南汽融合两年多来，从最早的蜜月期，已经过渡到～的幸福生活。”（徐晨华《上汽南汽如胶似漆》）

rú léi guàn ěr
如雷贯耳

释义：贯，贯穿，进入。响亮得像雷声传进耳朵里。形容名声很大。

例句：“如今，马未都是中国第一家私立博物馆—‘观复’古典艺术博物馆的馆长，成了中国古玩收藏圈子里～的人物。”（林天宏《马未都——古玩界如雷贯耳的人物》）

rú mèng chū xǐng
如梦初醒

释义：好似刚从梦中醒来。比喻过去一直糊涂，在别人的启发下或事实的教育下，刚刚明白过来。

例句：“伊佳佳看到过豪门的别墅，但是没有看到过这么令人震撼的别墅，高贵、霸气……俨然一座王者之居！罗微然笑嘻嘻地走过来圈住她的手臂，‘怎么样，佳佳喜欢吗？’伊佳佳方才～，脸倏地一红，为自己刚才乡巴佬的模样羞愧不已，‘嗯。’”（要睡懒觉的鱼《豪门童养媳》）

rú shì zhòng fù
如释重负

释义：释，放下；重负，重担。像放下重担那样轻松。形容紧张心情过去以后的的轻松愉快。

例句：“菲尔普斯看到 200 米混合泳决赛后大屏幕上的成绩时，脸上只有一种表情—～。这位 4 年前在北京奥运会上夺金如探囊取物的‘八金王’，直到伦敦奥运会游泳比赛的第 6 天才拿到了自己个人项目的首金，不过，他也凭借这枚金牌，成为历史上第一位男子奥运游泳项目的三连冠得主。”（李嘉　周欣《如释重负的菲尔普斯》）

rú shǔ jiā zhēn
如数家珍

释义：像数自己家里的珍宝一样。比喻对所列举的事物或所讲的事情十分熟悉。

例句：“我……跟着老工程师来到七二七所成果展览室，他～，讲得很详细。”（蒋子龙《阴错阳差》）

rú yǐng suí xíng
如影随形

释义：如同影子跟着身体一样。比喻两个事物或两个人关系密切不能分离。

例句：“10年后的纽约，洋溢着活力，似乎看不到这个城市内心的伤痕；但对纽约来说，也许那些噩梦般的记忆仍然～。许多人心理上受到的伤害难以愈合，很长时间都走不出那种阴影。”（娄晓青《噩梦般9·11事件仍然如影随形》）

rú yú dé shuǐ
如鱼得水

释义：鱼是离不开水的，把一条刚离开水的鱼放回水里，鱼会像箭一样地钻入水中，快乐地畅游。比喻找到了依靠。

例句：“另外一个不同的地方是，在大公司里，会有一定的不同部门的协调，说的好听是协调合作，说的不好听是职场政治斗争，或者说不同部门之间的竞争等等问题。在创新工场，大家都是同心协力，没什么政治斗争，也没有派系和猜忌，所以在这里我是～的感觉。”（李翔《“工友”李开复这一年：在创新工场我如鱼得水》）

rú zuò zhēn zhān
如坐针毡

释义：像坐在插着针的毡子上。形容心神不定、坐立不安。

例句：“全庄的群众和领导人员都焦急地等待着，～。”（谷峪《萝北半月》）

rǔ xiù wèi gān
乳臭未干

释义：身上的奶腥气还没有退尽。形容人幼稚，不懂事理。

例句：“成瑶，量她一个～的黄毛丫头，逃不出我的手心！”（罗广斌　杨益言《红岩》）

rù lìng cè
入另册

释义：另册，满清地方造丁口册时分为正册和另册两种，好人入正册，匪盗等坏人入另册。比喻受歧视的人或事物所归入的范围。

例句：“‘祖籍山东，出生安徽，童年南京，移居开封。’这是王立群对自己人生轨迹的概括。曾经，他是一个被～的孩子。8岁移居开封，1958年小学毕业，学习成绩全部5分，学校决定保送王立群到当地最有名的中学读书。但是命运偏偏喜欢跟他开玩笑，因为家庭成分，王立群收到了录取通知书：开封市新新中学，这是一家民办中学。”（张永　李颖《一座小城·一所大学·一位夫子》）

rù ménr
入门儿

释义：进门。比喻刚开始学习某种知识或技艺。

例句：“经过半个月的教育实习，我认识到，当人民教师也有一个从‘～’到‘深造’的过程。只要‘～’不停步，刻苦钻研，不怕花气力，逐步地提高，‘深造’也是可以办得到的。”（姚迎利《“入门”并不难“深造”也办得到》）

rù mù sān fēn
入木三分

释义：相传王羲之在木板上写字，让木工拿去雕刻，木工发现木板上三分（分，旧时长度单位）深的地方还渗透有墨迹。形容书法极有笔力。现多比喻分析问题很深刻。

例句：“自后蜀皇帝孟昶创立了对联这一独特的文化形式后，它就逐渐成为一种抒情言志的重要载体。而来自草根阶层对于官员的讽喻之作，由于心为笔，血为墨，因而往往～,辛辣无情，格外为百姓所喜欢。”（马军《入木三分的民心联》）

rù shān wèn qiáo　rù shuǐ wèn yú
入山问樵，入水问渔

释义：进山要向打柴的问路，过河要向渔夫问水情。比喻有问题要向内行或知情人请教。

例句：“新情况新问题的出现，要求各级党组织必须及时了解掌握各种法规制度，并结合担负的任务和本单位党员的实际情况搞好分类指导，强化教育管理，不断总结新鲜经验，如此才能‘～’，切实不断提高党员队伍建设的水平。”（超然《研究新情况　拿出新办法》）

rù shǒu
入手

释义：指着手做某事。

例句：“《晏子春秋》现有上海石印本，容易～的了，这古典就在该石印本的卷二之内。”（鲁迅《华盖集续编·再来一次》）

ruǎn dàn
软蛋

释义：由于疾病、环境等因素，母鸡对钙或维生素D的吸收出现障碍，因而产下软壳的蛋。比喻怯懦的人。

例句：“李无忧正在得意中，突然被声音惊吓，接着感觉到耳朵一疼，就被来人揪住扭了个圈。他不禁大怒着几乎要跳起来，脾气就要发作：‘奶奶的，谁敢扭老子的耳朵，当我是～啊……’”（空爆《我不是软蛋》）

ruǎn dāo zi
软刀子

释义：比喻让人在毫无察觉的情况下受尽折磨。

例句：“说穿了，‘散户歧视’无非就是一把杀人不见血的～。当所谓的‘散户歧视’被演变为掩饰一切市场黑洞现象的借口，而‘买者自负’则轻而易举地成为开脱一切监管责任之绝遁词的时候，其不可告人的终极目标归根结底只有一个，那就是‘消灭散户’。”（黄湘源《散户歧视是杀人不见血的软刀子》）

ruǎn dāo zi shā rén bù jiàn xiě
软刀子杀人不见血

释义：比喻手段阴险凶狠，做了以后不留痕迹。

例句：“请大家注意那家媒体的首席评论员，他是～啊，比那个外国队教练还阴险。”

ruǎn dīng zi
软钉子

释义：比喻委婉的拒绝或批评。

例句：“姚主任现在的心情糟极了。讲话稿一事，在靳局长那里，算是碰了个～，而这已是第二次了。……。这钉子碰得太大了，她都没办法跟任何人说，只好一直戳在心里头，刺疼着呢！”（鲁敏《机关》）

ruǎn gǔ tou
软骨头

释义：比喻没有气节的人。

例句：“毛泽东向来认为自杀只能说明问题的性质变了。而且他一直认为，对于一个人来说，自杀不是什么本事，自杀是～的行为，他看不起～。”（尹家民《红墙见证录》）

ruǎn lèi
软肋

释义：指胸腔的肋骨，依靠软肋扩张可以帮助呼吸，比较柔软的肋骨比较容易受到损伤。比喻事物的缺陷、弱点等容易发生问题或遭受破坏的地方。

例句：“记者透过‘毒豇豆’事件调查发现，当前农产品质量安全监管存在生产源头控制难、瓜菜检测难、责任追溯难三大‘～’，是导致‘毒豇豆’事件影响不断扩大的主要原因。”（赵叶苹　郑玮娜《海南有毒豇豆事件凸显农产品质监三大软肋》）

ruǎn mó yìng pào
软磨硬泡

释义：比喻用各种手段长时间地纠缠。含贬义。

例句：“他知道，女孩子都是这样，一开始架子都很高，但是，真正搞到手了，就会反过来，像只乖猫一样倒贴在男人身上了，更何况像蓝卡这种家世显赫的女人，更应该～，她才能对自己动心，所以，现在吃点苦头没有什么。”（金朵儿《绝恋樱花雨》）

ruǎn zhuó lù
软着陆

释义：指航天器经专门减速装置减速后，以一定的速度安全着陆的方式。比喻采取稳妥的措施使重大的问题和缓地得到解决或是用委婉的方式拒绝对方的某种要求。

例句：“总部位于华盛顿的国际货币基金组织（IMF）24日说，尽管全球经济风险日益加剧，但数据显示中国经济正在实现‘～’，预计中国经济今年将增长8%，中国政府也已经准备好在必要时刻全力应对外部环境恶化。”（蒋旭峰　樊宇《IMF认为中国经济正在“软着陆”》）

rùn bǐ
润笔

释义：古代人们用毛笔写字，使用毛笔之前，通常要先用水泡一泡，把笔毛泡开、泡软，这样毛笔较容易吸收墨汁，写字时会感觉比较圆润。因此，毛笔泡水这个程序就叫“润笔”。后来“润笔”被泛指为请人家写文章、写字、作画的报酬。

例句：“投稿的地方，先定为《幸福月报》社，因为～似乎比较的丰。”（鲁迅《彷徨·幸福的家庭》）

ruò míng ruò àn
若明若暗

释义：好像明亮，又好像昏暗。比喻对情况的了解或对问题的认识不清楚。

例句：“在这种态度下，就是对周围环境不作系统的周密的研究，单凭主观热情去工作，对于中国今天的面目～。”（毛泽东《改造我们的学习》）

ruò ròu qiáng shí
弱肉强食

释义：指动物界中弱者被强者吃掉。比喻弱者被强者欺凌。

例句：“在弱小的状态下，他似乎变得可爱一点了，让我有了与之平静交流的欲望。他其实和我一样，都是无根无梢，独自在这～的世界上讨生活罢了。”（夏岚馨《广州，我把爱抛弃》）

S

sā guā liǎ zǎor
仨瓜俩枣儿

释义：比喻事情微不足道或数量很少。

例句：“我教育孩子说：‘……别看～的，东西贵贱是小事，和和气气才是大事。大家讲交情，不是讲交易。下次你还愿不愿意为邻居做点事？’坐在电脑旁盯着股市大盘的丈夫插嘴说：‘～，和气生财啊！’”（于华《仨瓜俩枣》）

sā shǒu
撒手

释义：松开手。引申为放弃，抛开不管。

例句：“他有多少思想在翻腾，有多少话要倾吐，他不能就这样～而去，他还有多少美好的东西要留下来啊！”（巴金《探索集·怀念老舍同志》）

sā yā zi
撒丫子

释义：丫子，即脚。形容奔跑或开溜。

例句：“车停住后，满身酒气的驾驶员一见民警手中的酒精测试仪，下车后扔下车不管，～就跑。”（李珊　陈德泽《酒后驾车遇交警　扔车撒丫子就跑》）

sǎ gǒu xiě
洒狗血

释义：古时认为狗血可以用来避邪：以狗血洒于变成人形的妖物身上，使之现出原形。延伸到梨园行，比喻演员脱离情节而卖弄技巧或做一些过火表演。

例句：“家庭剧真的要没完没了地～吗？近期热播的几部家庭剧，终于不再矛盾连连、苦大仇深。观众反馈称，喜剧风格的家庭剧更贴近生活本身，与不停争吵、虐心的剧情相比，可以缓解压力，也有很强的‘代入感’。”（骆俊澎《不洒狗血，家庭剧依然红火》）

sān bǎn fǔ
三板斧

释义：典故见“程咬金三板斧”。比喻解决问题的方法不多，但却非常管用。

例句：“王家卫的电影风格，招式不多，变化也不多，也就那么～，做到极致，‘打’动很多影迷，似乎也够用了。”（段菁菁《“一代宗师”王家卫的“三板斧”》）

sān cháng liǎng duǎn
三长两短

释义：有人认为三长两短为没有盖上盖儿的棺材，因为棺材正好是由三块长板、两块短板构成的一个匣子，用棺材来形容性命不保。还有人认为古时棺木不用钉，而是用皮条横的方向捆三道，纵的方向捆两道，然后加上木楔来固定棺材，“三长两短”亦来源于此。另有道家按同烧五枝香来看燃烧的速度，如出现三长两短则为催命香。后比喻意外的灾祸或事故，特指人的死亡。

例句：“万一海儿有个～，那我也活不下去了。”（巴金《春》）

sān cùn bù làn zhī shé
三寸不烂之舌

释义：据《史记·平原君虞卿列传》载，公元前257年，秦军进攻赵国，赵王派平原君去楚国请求救兵。平原君决定带20个文武双全的勇士同去，但挑来挑去还差一人。后来一个貌不惊人语不出众叫毛遂的人自荐随平原君前往，经过考察，平原君勉强同意他

一起去。到了楚国，毛遂以能言善辩的本领和过人的胆识说服楚王一同抗秦。平原君回来后感慨万分地说："毛先生以三寸不烂之舌，强于百万之师。"后比喻能言善辩的人。

例句："凭借～，编造'子虚乌有'的工程项目，以签订施工合同为由，累计骗取12名受害人146万元。6月21日，韶山市法院对外宣布，被告人韩某犯合同诈骗罪，一审判处其有期徒刑12年，并处罚金人民币10万元。"（李涛　肖凯《男子凭借三寸不烂之舌　虚构工程诈骗146万元》）

sān fēn zhōng rè xuè
三分钟热血

释义：比喻做事情没有长性，只有一股猛劲。

例句："凡是具有创造性、努力工作的人，其最终目的就是为了实现自己的愿望。如果一个人没有了自己的愿望，那他根本不可能有什么动力；而如果他的愿望一会一个，太多变化，那么他很可能只有～，什么事都做不成。"（庄燕《最绝的家训故事》）

sān gàng zi yā bù chū ge xiǎng pì lái
三杠子压不出个响屁来

释义：讥讽人怯懦无能，不爽快。参见"一脚踢不出屁来"。

例句："老妈妈一提他儿子，那女子插嘴说：'提他们干啥？苦泥巴腿子，～！"（王英先《枫香树》）

sān ge chòu pí jiàng　dǐng ge zhū gě liàng
三个臭皮匠，顶个诸葛亮

释义：皮匠，缝制皮件活计的手艺人；诸葛亮，三国时蜀国丞相，足智多谋，帮助刘备完成三国鼎足大业，有杰出的政治军事才能，在《三国演义》中是智慧的化身。比喻人多可以出智慧。

例句："'～'，这就是说，群众有伟大的创造力。"（毛泽东《组织起来》）

sān gè hé shang méi shuǐ chī
三个和尚没水吃

释义：这是一个寓言故事，说的是庙里只有一个和尚时，吃水由他一个人从河边挑到庙里来；不久庙里又来了一个和尚，两个人谁也不愿意去挑水，只好两个人去抬水；后来又来了一个和尚，结果三个人互相推诿，既不愿意一个人去挑，也不情愿两个人去抬，三个人干瞪眼忍受着干渴的痛苦。比喻责任不明确，人多反倒办不成事。

例句："不过从今年1月份大盘回升以来的趋势分析，该公司（东阿阿胶）股价反而十分抗涨，甚至出现低位放量逆市下行的走势，不能不让人怀疑众基金有低位减持的可能性，即通过套现该股完成对大盘指标类个股的参与，进而实现持股结构的调整。因此，投资者在看盘时要提防'～'的尴尬的结果。"（怀新投资《提防"三个和尚没水吃"》）

sān ge lǎo po yī tái xì
三个老婆一台戏

释义：比喻女人闲话多，爱唠叨。

例句："真是～，一见面，就像是几辈没到一打里。说一阵，哭一阵，不知道苦楚多少，积攒了多少话。"（刘江《太行风云》）

sān háng bí tì liǎng háng lèi
三行鼻涕两行泪

释义：形容哭得伤心。

例句："他又从'触'字之余波，改成了'吓'字之机变，～，无故的关门不语，呼之不应，平空的嘱托后事，仿佛是临别赠言。"（清·石玉昆《三侠五义》）

sān hún shī le liǎng hún
三魂失了两魂

释义：比喻魂不守舍，心神不定。

例句：“可怜陈与权，在法司威严之下，已吓得～，只抖个不住，哪里还讲得一句话来。”（清·娥川主人《世无匹》）

sān jīn yā zi èr jīn zuǐ
三斤鸭子二斤嘴

释义：比喻人的嘴巴厉害，能说善讲。参见“四两鸭子半斤嘴”。

例句：“于是我到水利局找踢派战友徐文竹，那家伙能言善辩，～。老头子没文化，准喜欢听这种人夸夸其谈。”（纵古今《长篇纪实——文革琐记》）

sān shí nián hé dōng　sān shí nián hé xī
三十年河东，三十年河西

释义：比喻事情会随着时间而发生轮转变化。

例句：“咱们得诉诉咱们的苦情，想想咱们的冤仇，～，鹅卵石子也有翻身日，咱们得团结起来推倒五道庙，打碎五道神……”（丁玲《太阳照在桑干河上》）

sān tiān dǎ yú liǎng tiān shài wǎng
三天打鱼两天晒网

释义：比喻做事情时断时续，不能持久。

例句：“大鼻子上课总是～，高兴时教孩子们个把字，不高兴就不教。”（张孟良《儿女风尘记》）

sān tóu liù bì
三头六臂

释义：三个脑袋，六条胳臂。神话传说人物哪吒，一旦打不过对手，就变成三头六臂，勇猛无比。比喻神奇的本领。

例句：“妻子露丝也是满腹委屈，顿时泪眼婆娑地说：‘我愿意烦你么？我知道你忙，可我自己忙不过来怎么办啊？我又没有～。’”（阴玉军《三头六臂》）

sān xià wǔ chú èr
三下五除二

释义：用算盘计算3加2时，下档有两个珠，加上三时，只要从上档拨下一个珠，去掉下档两个珠即可。这是珠算简单易学的口诀，可以非常迅速、快捷地得出结果。比喻做事情动作干脆利落。

例句：“甭盘算我的产业！我这份产业是父亲一辈子费尽心机挣下的，不能叫个书呆子～地弄光了。”（老舍《荷珠配》）

sān yī sān shí yī
三一三十一

释义：珠算口诀，即“三一三剩一”，用10除以3后得3剩1。比喻把东西平分为3份。

例句：“包海之妻李氏抽空回到自己房中，只见包海坐在那里发呆。李氏道：‘好好的二一添作五的家当，如今弄成了～了。你到底想个主意呀。’”（清·石玉昆《三侠五义》）

sān zhī shǒu
三只手

释义：小偷的代名词。一说来自于“掱”字，“掱”既读pa，也读shou，“掱手”时读pa，“扒掱”时读shou，字的组成就是三只手。另一说来自古罗马剧作家普劳图斯的喜剧《一坛黄金》，剧里的主人公尤克里奥，是个吝啬鬼，他丢了一坛金子，气急败坏地到处寻找，要一个奴隶伸出手来看拿没拿他的金子，他看了第一只，又看第二只，最后要奴才伸出第三只手给他看，“三只手”由此而来。

例句：“林旭东迎出来：‘你嘴巴放干净点，谁是～的王八羔子？’”（赤蝶飞飞《三只手》）

sān zú dǐng lì
三足鼎立

释义：鼎，古代烹煮食物的器具，多用青铜制成，圆形，三足两耳，也有长方四足的，盛行于商周时期，汉朝仍流行。比喻三方面势均力敌对峙的局势。

例句：“对于华谊兄弟来说，橙天娱乐无疑是目前该娱乐集团的最大威胁之一，也是娱乐时代‘～’的超强实力派。”（鸿　水《大，才有未来——论娱乐时代的“三足鼎立”》）

sǎn bīng yóu yǒng
散兵游勇

释义：指军队中没有组织性、纪律性，失去统属、行动散乱的士兵。比喻没有组织独自行动的人。

例句：“经销机动车配件是台前县农民的生存之道。近年来，台前县将其列为主导产业来抓，成立了以县主要领导任组长的高规格机动车配件产业领导小组，通过建基地、拓市场、招大商，培育企业上规模、上档次、创品牌，实现了从‘～’到‘集团军’的转型升级。”（段宝生　王为峰《台前：集聚让“散兵游勇”成“集团军”》）

sǎn jià
散架

释义：架子散开了。比喻组织、结构解体。

例句：“答应你们两户进来，别的户也要来呢，那你们的社不就～啦!”（崔璇《在区委会里》）

sàn tān zi
散摊子

释义：摊子，指卖东西的货位或是组织机构。比喻散伙、解体。

例句：“工厂倒闭了，他苦心经营的企业就这样～了。”

sàng hún luò pò
丧魂落魄

释义：比喻人惊慌忧虑，心神不定，行动失常。

例句：“鬼子山本踉跄了一下，岔开两腿，～地瞥了一眼从死尸堆里露出半个脸的川岛。”（管桦《惩罚》）

S

sàng jiā quǎn
丧家犬

释义：死了主人、没了家的狗。比喻那些无处投奔、到处乱窜的人。

例句：“只不过现在的赵适之远没有在灵堂前见到的气势，一脸扭曲狰狞之色的他，身上血迹斑斑，而且衣衫破烂，看上去像是惶惶不可终日的～。”（圣都晨雷《技压群芳》）

sàng mén xīng
丧门星

释义：比喻带来灾祸或者晦气的人。

例句：“叔叔你这是怎么了？叔叔醒醒……叔叔起来月儿带你去看病……’回过神的夕月哭泣着扯下药篓，吃力地背起叔叔，纤细的双腿禁不住一阵颤栗。‘滚！你这个～！’吴叶看见夕月回来，恨意顿时爆发，瞪着血红的双眼扑上去，一脚狠狠踹向夕月小腿。”（火腿肠《秋水了无痕》）

sāo dào yǎng chù
搔到痒处

释义：比喻事情办到了点子上。

例句：“论常何官职也该具奏，正欲访求饱学之士，请他代笔，恰好王媪说起马秀才，分明是饥时饭，渴时浆，正～。”（明·冯梦龙《喻世明言》）

sǎo dì
扫地

释义：用扫帚等工具清扫地面。比喻名誉、威信等全部丧失。

例句：“从这个意义上来说，意甲西甲败于英超，谈不上实力的差距巨大，‘不行’之说更是无从说起。也许可以说的是，在今年的欧冠赛场，上帝没有站在他们这边，他们只是威风～而已。”（飞雨成蓝《英超统治欧冠四强半壁江山　意甲西甲均威风扫地》）

sǎo dì chū mén
扫地出门

释义：比喻被彻底清除。

例句：“文化大革命运动中，她父亲被～，遣返原籍，身染重病。”（黄宗英《大雁情》）

sào zhou xīng
扫帚星

释义：学名是彗星，以其后拖长尾而得名。旧时迷信说扫帚星主扫除，见则有战祸或天灾。比喻将会带来灾难或厄运的人，是骂人的说法。

例句：“有英国网友在微博上直言：‘卡梅伦到现场看比赛，只能让队员们压力更大，他真是～。’”（广州日报《英国首相看奥运英国失利　网友怒骂其“扫帚星”》）

sè cǎi
色彩

释义：指颜色。比喻某种情调或思想倾向。

例句：“清朝末年，带些革命～的英雄，不但恨辫子，也恨马褂和袍子，因为这是满洲服。”（鲁迅《花边文学·洋服的没落》）

sēng bù sēng　sú bù sú
僧不僧，俗不俗

释义：比喻人或事不伦不类。

例句：“岫烟笑道：‘他这脾气竟不能改，竟是生成这等放诞诡僻了。从来没见拜帖上下别号的，这也是俗话说的：～，女不女，男不男，成个什么道理。’”（清·曹雪芹《红楼梦》）

sēng duō zhōu shǎo
僧多粥少

释义：比喻人多东西少，不够分配。亦作“粥少僧多”。

例句：“大学生暑期打工～，一些不法分子乘机坑蒙拐骗，有关人士提醒学生打工前别忘签订用工协议。”（鲍小东《大学生暑期打工僧多粥少》）

sēng lái kàn fó miàn
僧来看佛面

释义：比喻接待来的人主要看与其相关者的面子。

例句：“这个人是你王公公荐来的，～，不可轻慢于他。”（清·李宝嘉《官场现形记》）

shā fēng jǐng
杀风景

释义：破坏美好的景色。比喻在大家高兴的时候，突然做出使人扫兴的事，或在美好的事物中间出现不和谐的元素。也作煞风景。

例句：“生活中我们常遇见‘～’的事情，如几个好友吃酒聊天正快活时，某妇忽从外面闯入，指着她的老公骂个不休，众人不欢而散。”（神秘园《话说芜湖十大杀风景事》）

shā huí mǎ qiāng
杀回马枪

释义：回马枪，古代马战枪法之一，就是回过马来向追击的对手突然袭击。比喻做过的事情回过头来再干。

例句：“赵队长，他想叫我们思想上解除武装，等我们真的睡了大觉，杀我们一个回马枪。”（王英先《枫香树》）

shā jī gěi hóur kàn
杀鸡给猴儿看

释义：据说耍猴人训不听话的猴子时，就当着猴子的面杀一只鸡，这样就把猴子吓得服服帖帖听使唤了。比喻通过惩治一个（少数）来警告更多人。

例句：“他和我们并没有什么仇恨，他们何尝不知道我们也并不是可以左右全校的人，他不过使用了小小的权术，～。”（郭沫若《反正前后》）

shā jī qǔ luǎn

杀鸡取卵

释义：为了要得到鸡蛋，不惜把鸡杀了。比喻贪图眼前的好处而不顾长远的利益。

例句：“请皇上勿再竭泽而渔，～，为小民留一线生机。”（姚雪垠《李自成》）

shā jī yòng bù zháo niú dāo

杀鸡用不着牛刀

释义：比喻小题不必大做。

例句：“那些小毛贼，～。要是不从大处着眼，反倒惹得打草惊蛇。”（刘江《太行风云》）

shā rén bái lào liǎng shǒu xiě

杀人白落两手血

释义：比喻白干了一场，反倒招来麻烦。

例句：“听说各村值钱的果实，边区都要拿走。穷人斗争半天，只能分点破补拆烂套的，～。”（孙犁《石猴》）

shā rén bù jiàn xiě

杀人不见血

释义：比喻害人手段阴险毒辣。

例句：“李鸿云做事实在可恶，不光是～，还要在众人口里买好。”（刘江《太行风云》）

shā rén bù zhǎ yǎn

杀人不眨眼

释义：比喻十分凶残。

例句：“武大有个兄弟，便是前日景阳冈上打虎的武都头。他是个～的男子，倘或早晚归来，此事必然要发。”（明·施耐庵《水浒全传》）

shā shǒu jiǎn

杀手锏

释义：锏，古代兵器，金属制成，长条形，有四棱，无刃，上端略小，下端有柄。旧小说中指厮杀时出其不意用锏投掷敌人的招数，据称是唐朝大将秦琼家传。比喻最关键的时刻使出最拿手的招数。

例句：“此外，今年1月至6月美国、俄罗斯、印度、法国、伊朗等举行的一系列联合军演，均一改以往保密、隐匿的做法，纷纷亮出各自的‘～’，彰显实力。”（黄世海《环太平洋军演落幕　各国纷纷亮“杀手锏”显实力》）

shā wēi bàng

杀威棒

释义：古时被发配充军的犯人一到边镇，为了杀杀犯人的气焰，一般都先打个十棍二十棍，称为“杀威棒”。后比喻警示人的各种手段。

例句：“丁伟知道自己既然留在机关学习，这入官门的训诫犹如一顿过门的～，是少不了的，只是没想到不是科室长给自己过堂，反倒是李政委这局里的二把手亲自操刀，这里面倒大有学问了。”（昆仑绝顶《警察的故事》）

shā bù zhù zhá

刹不住闸

释义：刹，止住；闸，制动器。制动器止不住了，车或者机器仍在动。比喻止不住的事情。

例句：“货叫响了，～了，不能让每天提着篮子等他的顾客失望呀！”（石玉新《个体户张老三》）

shā chē

刹车

释义：用闸止住车的行进，或切断动力来源使机器停下来。比喻某事停止或被禁止。

例句："深圳飞北京只需350元！昨日，南航与国航经过紧急商谈，才使中国民航业一场少见的惨烈价格战紧急～，深圳市场上放出深圳至北京2折的机票恢复到4.5～5折的正常水平。"（方常君《民航业惨烈价格战紧急刹车 深圳2折机票已叫停》）

shā guō bù dǎ bù lòu
砂锅不打不漏

释义：比喻有些事情必须主动去做。

例句："罗长脖一听大怒，指着魏启纯：'魏启纯！话不说不透，～，听了你刚才这两句话，我才明白过来，原来你这是早就对我有恨呀！"

shā guō dǎo suàn
砂锅捣蒜

释义：砂锅质地脆，一捣就碎。比喻一下就了结了。

例句："只要叫三大件逮到手里，那就算是～，非把你砸烂不成。"（刘江《太行风云》）

shǎ yǎn
傻眼

释义：比喻事出意外而使人目瞪口呆，不知所措。

例句："大夫把周扒皮的衣服解开，屋里的人更～了。"（高玉宝《高玉宝》）

shāi kāng
筛糠

释义：筛，即筛子，用竹子或金属等做成的一种有孔的器具，可以把细东西漏下去，粗的留下；糠，米糠。用碾子碾过的米和糠是掺合在一起的，需要用筛子把糠筛出去。形容身体像筛米糠一样的抖动。

例句："庄稼人蹲在草棚屋里，两腿～，胸腔里捣鼓。每家人都求神保佑别让人来捣自己的板门。"（柳青《创业史》）

shài
晒

释义：在阳光下曝干或取暖。比喻置之不理。网络语言引申为将自己的罕有物或特殊技能等展现给别人的行为。

例句："生个娃当然不容易，人生最多一两次。但～完了肚子，你们还想干点嘛呢？"（钱江晚报《女明星为何爱晒大肚子孕照》）

shān bù zhuàn shuǐ zhuàn
山不转水转

释义：比喻事物总会发生变化的。

例句："为什么你讲三十年河东，三十年河西，～，总有一天仇恨要用血洗？"（杨佩瑾《霹雳》）

shān gāo huáng dì yuǎn
山高皇帝远

释义：比喻地处偏远，中央政府的权力也难以达到。亦作"天高皇帝远。"

例句："这地方山连着山，从前人们说'～'，现在也可以说是'山高政府远'吧，离区公所还有四五十里。"

shān gāo shuǐ dī
山高水低

释义：比喻不幸或意外的事情。

例句："若是留提辖在此，诚恐有些～，教提辖怨怅。若不留提辖来，许多面皮都不好看。"（明·施耐庵《水浒全传》）

shān gāo zhē bù zhù tài yáng
山高遮不住太阳

释义：比喻自然规律不可违背。

例句："你说完啦？不怕，有理不在高言，～。"（马烽　西戎《吕梁英雄传》）

shān jī fēi qǐ lái hǎo dǎ　tù zi pǎo qǐ lái hǎo dǎ

山鸡飞起来好打，兔子跑起来好打

释义：比喻趁对方活动时打击，容易奏效。

例句："所以我们要派人参加，看他们玩什么鬼花样。俗话说：'～'，捉奸要捉双，抓贼要抓赃，到时候我们把他们的阴谋一揭露，群众就会醒悟过来。"（黎汝清《万山红遍》）

shān nán hǎi běi

山南海北

释义：比喻很遥远的地方。

例句："比如你姐妹两个的婚姻，此刻也不知在眼前，也不知在～呢？"（清·曹雪芹《红楼梦》）

shān qióng shuǐ jìn

山穷水尽

释义：山和水都到了尽头。比喻无路可走陷入绝境。

例句："安染染就这样站着，望着浩瀚无边的蓝天，竟有种走投无路、～的惶然无助。"（烟雨锁《总裁，动你没商量》）

shān yǔ yù lái fēng mǎn lóu

山雨欲来风满楼

释义：此语来自唐朝许浑的《咸阳城西楼晚眺》："一上高楼万里愁，蒹葭杨柳似汀洲；溪云初起日沉阁，山雨欲来风满楼。鸟下绿芜秦苑夕，蝉鸣黄叶汉宫秋；行人莫问当年事，故国东来渭水流。"后用"山雨欲来风满楼"来比喻局势将有重大变化前的迹象。

例句："许少峰凭多年的官场经验感觉到，这一次，恐怕是～。一定是上面有人对这次调查组处理的结果不满意，或者是有什么人告了状，否则，打算撤走的省调查组不会再来一个回马枪。"（唐天达《官太太》）

shān zhōng wú lǎo hǔ　hóu zi chēng dà wáng

山中无老虎，猴子称大王

释义：比喻没有优秀的人才，稍有能力的人就可以成为领头人了。

例句："所以，今天的行情有 14 个股票涨停板，就像'～'一样，一旦联通回来，大家就可以看到龙头股的风采。"（徐泽林《看盘：山中无老虎　猴子称大王》）

shān yīn fēng　diǎn guǐ huǒ

煽阴风，点鬼火

释义：比喻暗中挑起事端。

例句："长陵同志，皇甫，我看，这事儿也从一个侧面暴露你们区里教育系统存在非常严重的问题！是谁给了他们占用午休时间让孩子们背诵领导名字的权力了？是你皇甫，还是长陵同志？嗯？事情虽然不大，但性质非常严重，我希望你们回去之后，马上抓一抓这个事情，究竟谁在背后～！"（格鱼《官声》）

shǎn guāng diǎn

闪光点

释义：指人或者事物在某方面较为突出的优点和优越之处。

例句："在班主任工作中，我开始注重以人为本，面向全体，细心观察，捕捉他们身上的每一个～，及时把赞美送给每一个学生，使之发扬光大。使每个学生都感到'我能行'，'我会成功'。"（何春燕《善于发现学生身上的闪光点》）

shāng jīn dòng gǔ

伤筋动骨

释义：比喻人或事物受到重大损害。

例句："有报道认为，在这一场全球性的经济危机中，美国不过是受了'皮外伤'，而欧洲经济是'～'。"（郇公弟《美国小受"皮外伤"，欧洲经济已是"伤筋动骨"》）

shāng nǎo jīn
伤 脑 筋

释义：形容事情难办，费心思。

例句：“他们多半是司机的熟手，但是开这趟列车可真～，个个都提心吊胆的，肩膀上像压着几千斤重的担子。”（杨朔《秘密列车》）

shāng qí shí zhǐ bù rú duàn qí yī zhǐ
伤 其 十 指 不 如 断 其 一 指

释义：比喻全面出击不如各个歼灭。

例句：“有了措施就一定要严格执行，这才能对付垄断企业的公子哥脾气。还是老话说得好：‘～！’应该来一招‘狠’的。因为，单纯的旁敲侧击，只会让垄断企业感到无关痛痒，到最后越来越嚣张，‘拿村长不当干部’，拿政策不当回事了。”（王石川《伤其十指不如断其一指》）

shāng yuán qì
伤 元 气

释义：元气，指宇宙自然之气和人的精气，也指国家或社会团体得以生存发展的物质力量和精神力量。比喻伤害到最基本的支撑力量。

例句：“2004 年 11 月，皇明曾经的经销商郭建由于货款纠纷向山东德州市德城区人民法院提起诉讼，……看来本身或只是一场普通的纠纷，然而由这场纠纷牵扯出的‘偷税门’却让皇明大～。”（郭觐《皇明太阳能偷税门大伤元气，上市受挫考验 PE 耐心》）

shàng bù de tái miàn
上 不 得 台 面

释义：比喻无法公之于众的人或事，也比喻登不上大雅之堂。

例句：“我脑中迅速闪过一个念头，不禁微微冷笑，他也就只能搞这种～的戏码，这个猥琐的家伙！我慢条斯理地在栏杆边缘处选了块较干净的地方坐好，才朝着那棵大树笑笑：‘出来吧，别装模作样的，我知道你是谁。’”（珠珠《打翻前世柜之代嫁丫鬟》）

shàng bù zháo tiān　xià bù zháo dì
上 不 着 天 ， 下 不 着 地

释义：比喻两头没有着落，没有依靠。

例句：“唐可林～地又说一句，弄得大家莫名其妙。”（郑义《迷雾》）

shàng cuān xià tiào
上 蹿 下 跳

释义：指动物到处蹿蹦。比喻人四处奔走，多方串连，策划活动。含贬义。

例句：“历史总是惊人地相似。去年黄岩岛之争时，菲律宾也曾举行反华示威活动，最后却依然没能改变被中国赶出黄岩岛的命运。此次恐怕也不例外，菲律宾急躁地～尽显一个失败者的丑陋。”（环球网《菲律宾反华示威上蹿下跳　尽显失败者丑陋》）

shàng dāo shān　chuǎng huǒ hǎi
上 刀 山 ， 闯 火 海

释义：比喻完成一种使命的艰险程度或是决心。亦作“上刀山，下火海”。

例句：“人民渴望着打败帝国主义，眼前我们就是～，也非要把这批钢管提到手不可！”（张渭清 等《51 号兵站》）

shàng diào yě děi zhǎo kē dà shù
上 吊 也 得 找 棵 大 树

释义：讥讽人做事太追求完美。

例句：“上世纪 80 年代，银行工资高、奖金多、福利好，是令人神往的单位。柳剑南想：自己仕途不顺，那就去求财吧，即使～呀！于是，就找到在省委组织部当处长的舅舅，向舅舅倾诉自己的苦衷，并提出了请舅舅帮忙调进银行的要求。”

shàng fáng chè tī zi
上房撤梯子

释义：比喻自己达到目的后就把别人也要达到这个目的的路给堵死了。

例句：“你小子真不够意思，～。当时要不是我们哥几个上蹿下跳地帮你拉票，你能坐上处长的位子吗？现在可倒好，你在局长屁股后面紧拍，把我们都忘到爪哇国去啦！”

shàng gǎn zhe bù shì mǎi mài
上赶着不是买卖

释义：比喻做事情不能太急于求成，否则会让对方产生怀疑。

例句：“李凯提醒着：‘多留神啊，你这个人可别好了疮疤忘了疼。’钱多不在意地说：‘没事，我之前那个是人品不行，王涛不是那样的人，我们出去吃饭，都是他抢着结账，还给我买个羽绒服，三百多呢。’李凯忙说：‘我可没说王涛是坏人，我就怕你投入得太多，……我就怕你还发傻，～，知道不？“（金大《上赶着不是买卖》）

shàng gòng
上供

释义：指在诸神、诸佛、祖宗圣像前，用鲜花果物或其他物品供奉，以表示虔诚礼敬。比喻将财物送给上级或有关部门、人员，以求得到照顾。

例句：“杨学东为该社区配套设施进行核算，陈中华为感谢杨学东并希望他尽快核算好，又送给杨 5000 元现金。此外，要想加快规划审批的速度，也要向这名规划股股长‘～’。”（赵丽　陈祥《小官贪腐路线：全方位提携开发商　加快审批收上供》）

shàng gōu
上钩

释义：钓鱼时鱼因吞下饵钩而被钓住。比喻人被引诱上当。

例句：李国楼躲在深沟里，偷窥着山梁上的敌人。他离敌人最多一千多米距离。……敌人果然～了，和他料想的一样。（乔尼小样儿《晚清神捕》）

shàng liáng bù zhèng xià liáng wāi
上梁不正下梁歪

释义：比喻上面的人行为不正，下面的人也会跟着效仿。

例句：“俗话常说：～。当干部就得公公正正。”（王英先《枫香树》）

shàng mǎ
上马

释义：特指较大的工作或工程启动。

例句：“今年，合肥还将有 2000 家农户危旧住房通过改造变得焕然一新，此外，涉及 15 个乡镇的农村清洁工程也将全面启动，这两大民生工程项目正在紧锣密鼓组织‘～’。”（吴奇《合肥农村两大民生工程上马》）

shàng mén de mǎi mai hǎo zuò
上门的买卖好做

释义：比喻对方主动找上门来的事情容易办成。

例句：“～，不怕他走别家去。”（明·东鲁古狂生《醉醒石》）

shàng shān dǎ chái　guò hé tuō xié
上山打柴，过河脱鞋

释义：比喻做事情要视具体情况，灵活掌握。

例句：“连长！～，到哪里说哪里的话，你看现在情况这样紧张，你又成了这个样子。”（杜鹏程《保卫延安》）

shàng shān róng yì xià shān nán
上山容易下山难

释义：上山时体力充沛，虽然费力，但并不觉得很难；下山时体力已经消耗较大，且重心发生变化，下山时就需加倍小心，所以觉得比上山难。比喻做事情能坚持到最后是不容易的。

例句：“～，在贪腐官员身上能得到验证：衢州原政协主席贪渎之路显示：‘上山’没有摔倒优秀的县委书记郑樟林，‘下山’却放倒了行将退休的‘双料腐败’官员。”（金雷《“上山”容易“下山”难》）

shàng shān zhuō hǔ　xià hǎi qín lóng

上山捉虎，下海擒龙

释义：比喻冒着生命危险去做事。

例句：“漫讲～，就是赴汤蹈火，粉身碎骨，我安龙媒此时都敢替你去作。”（清·文康《儿女英雄传》）

shàng shuǐ chuán yòu yù dǐng tóu fēng

上水船又遇顶头风

释义：比喻遇到重重的困难。

例句：“我们的中板是长线，有3万吨订不出去，垫板有2万吨订不出去，加上增产资源共有10多万吨钢材没有销路，真是‘～’。”（百科名片《重庆钢铁（集团）有限责任公司》）

shàng tái

上台

释义：比喻掌握政权或是就任要职。

例句：“旧官僚想要再～，简直是无论什么手段都会用出来的。”（茅盾《色盲》）

shàng tái jiē

上台阶

释义：台阶一级比一级高。比喻达到一个更高的标准，取得了新的进步。

例句：“要进一步加强政法宣传工作主阵地建设，强化日常宣传阵地，着力形成以传统主流媒体、自有媒体和新兴媒体为主的大宣传工作格局，推动政法政体工作～。”（祁飞章衡《加大宣传力度　推动政法整体工作上台阶》）

shàng tiān wú lù　rù dì wú mén

上天无路，入地无门

释义：比喻身处绝境。

例句：“现在是人民坐天下，聂罗跑那么远都抓回来了，你想跑，～，不要做那个梦了！”（张行《武陵山下》）

shàng tóu yī liǎn xiào　jiǎo xià shǐ bàn zi

上头一脸笑，脚下使绊子

释义：比喻人表里不一，暗中使坏。

例句：“我告诉奶奶，一辈子别见他才好。嘴甜心苦，两面三刀；～；明是一盆火，暗是一把刀；都占全了。”（清·曹雪芹《红楼梦》）

shàng xī tiān

上西天

释义：西天，佛教的极乐世界，僧侣圆寂（即去世）谓之升天或去极乐世界，因此“上西天”泛指人的死亡，亦作“升西天”。

例句：“手榴弹的拉火索挂在柜板的一个钉子上，敌人……只要一动这块板，保准叫他～。”（郭澄清《大刀记》）

shàng yǎn yào

上眼药

释义：眼睛是很娇贵的人体器官，进不得杂质。眼药一般都比较刺激眼睛，特别是得了眼病以后，虽然只是滴上一滴两滴，还是相当难受的。比喻就某个人的情况添油加醋向领导打小报告，暗地里使坏整人。

例句："乾隆一听，脸色立马一黑，认为皇后是在给令妃～，刚对皇后好点的印象，一下子就没了………"（晨心夜月风《还球之凤于九天》）

shàng yóu
上　游

释义：紧接着河源的河流上段。比喻先进。

例句："珠江自西向东穿过广州腹地蜿蜒而去，而合资品牌就像江面上这一艘艘满载收获的渔船，把好舵、不放松，在市场的鼓点和号角声中力争～。"（张笑《合资力争上游》）

shàng zéi chuán
上　贼　船

释义：比喻陷入罪恶的团伙。

例句："甘婆道：'三个人搭帮过日子，专干这些营生，大爷怎么上了他的贼船呢？'武伯南道：'俺也是一时粗心，失于检点。'"（清·俞樾《七侠五义》）

shàng fāng bǎo jiàn
尚　方　宝　剑

释义：尚方，秦汉少府属官，制造供御器物，所制剑，锐利可以斩马，号尚方斩马剑。本来是皇帝御用兵器，赐与元老重臣，赋予特权，在外即可先斩后奏。比喻上级特许的权力。

例句："'如果这个草案获得通过，将意味着中国的地方政府首次拥有了一把～，即对于法律明文规定的某些行政审批项目，可以在本行政区域内自行决定停止实施和调整。'中国社会科学院法学所宪法行政研究室主任周汉华说。"（周英峰　贾钊《中国拟授予地方政府"尚方宝剑"力推行政审批》）

shāo bāo
烧　包

释义：原是宗教学名词，意思是除难、求财。在北方方言中的意思是"有点钱总想花出去"。比喻很得意，有炫耀的意思。

例句："'他那是有俩钱～！'我气哼哼的，'就他那个水平也开馆子？还叫什么三羊、三牛、三鱼，一看就觉得是贩牲口的。就等着看热闹吧。'"（圆月弯刀《绿帽子》）

shāo de zhǐ duō　rě de guǐ duō
烧　的　纸　多，惹　的　鬼　多

释义：比喻做事情要注意适度，过度了反倒会惹出麻烦来。

例句："～！我也觉得定额太细了，有毛病！"（赵树理《老定额》）

shāo gāo xiāng
烧　高　香

释义：高香，民间求神拜佛祭祖的香烛，比普通的香体积大。比喻向人表示超出一般的敬意。

例句："咱们这条路上都修下你这样好心的队长，老百姓还不乐得～？"（冯志《敌后武工队》）

shāo lěng zào
烧　冷　灶

释义：比喻关心受冷遇或穷困的人。

例句："雷世明这个人是有野心和抱负的，他通过'～'的方式搭上了当时还是基层官员的张宗海，随着张宗海的步步高升而获得了更大的回报。"（周远征《惊爆一民企老板"烧冷灶"的发家史》）

shāo tóu xiāng
烧　头　香

释义：指敬神时烧的头炷香，以求得比别人更受神灵的青睐。比喻赶在别人前面，最先表示敬意。

例句："要知道他是最会～的人，所以哪个领导来了对他都挺好。"

shāo xiāng chù le fó
烧香触了佛

释义：比喻事与愿违。

例句：“这次季度奖的发放就是因为工作不过细，结果是～，好事没办好，大部分员工有意见，我们必须要接受教训，绝不能再出现这类的情况。”

shāo xiāng dé zuì pú sà
烧香得罪菩萨

释义：见“烧香触了佛”。

shāo xiāng yǐn chū guǐ lái
烧香引出鬼来

释义：比喻存心做好事却招引来麻烦。

例句：“当初为什么那么冒失，搞那么一次奔袭战斗；这可好，～！”（王愿坚《支队政委》）

shāo gōng duō le dǎ làn chuán
艄公多了打烂船

释义：比喻多头领导，下面无所适从，反倒把事情弄糟了。

例句：“只怕社一办起来，人多嘴杂，反倒搞不好，俗话说‘～’。”（周立波《山乡巨变》）

sháo zi miǎn bù liǎo pèng guō yán
勺子免不了碰锅沿

释义：见“马勺哪有不碰锅沿的”

shǎo chī xián yú shǎo kǒu gān
少吃咸鱼少口干

释义：比喻少管事就少麻烦。

例句：“如今老人家不肯放心，自己要管，他正乐得～，情愿把账簿、钥匙、谷米杂粮、大小家什，通通交出去。”（周立波《山乡巨变》）

shǎo le yī lì zhī ma yě bù quē yóu
少了一粒芝麻也不缺油

释义：芝麻，一年生草本植物，种子小而扁平，是重要的油料作物。比喻缺少这一份无足轻重，无碍大局。

例句：“别把自己看得太重，～，找份工作你先将就干吧！”

shé gēn yìng
舌根硬

释义：比喻态度固执，嘴上不服输，不认账。

例句：“‘瞎了狗眼啦？谁要你们随便打枪？叫你们队长来见我！’这个家伙～，口气粗，厉害得真想一口吃掉一个人，根本就没把炮楼里的人放在眼里。”（冯志《敌后武工队》）

shé tou dǐ xià yā sǐ rén
舌头底下压死人

释义：比喻流言蜚语能置人于死地。

例句：“我这姨妹乳名如玉，虽长成十七岁，从来不到门前顽耍，不意有这异事。虽蒙老兄拔救，但他寡妇人家的女儿，当不得外谈论，俗话说～。”（明·不题撰人《梼杌闲评》）

shé tóu
蛇头

释义：偷渡国外的人，不敢走正常渠道，只能沿着崎岖山道，或者借着漆黑的夜幕进行活动，故而称之为人蛇；蛇头，就是这些人的带路人，一般是指那些把偷渡的人带出国境、从中赚钱的人。

例句：“陈河上周接受本报采访，他称不仅将自己的经历融入了小说，其中的很多人物也都有原型。例如，他在经营中餐馆的时候就接触到了一些～，‘他们用做生意的态度帮人偷渡，就像做快递一样’。”（吕莉红《蛇头帮人偷渡就像快递一样》）

shé wú tóu bù xíng niǎo wú tóu bù fēi

蛇无头不行，鸟无头不飞

释义：比喻一个群体没有领头人不能成事。

例句：“再说还得有个领头人哩，古话说：～。”（马烽　西戎《吕梁英雄传》）

shé yǒu shé lù shǔ yǒu shǔ lù

蛇有蛇路，鼠有鼠路

释义：比喻各有各的门路。

例句：“家里面大家都担心着你，二姨更是急得不得了。我说：‘～’，让我来找，我就一个劲儿跑到这里来了。”（欧阳山《三家巷》）

shé zuān kū long shé zhī dào

蛇钻窟窿蛇知道

释义：比喻自己做的事自己最清楚。

例句：“～，心肝五脏都烂枯了，还充什么好人！”（刘江《太行风云》）

shě bù de hái zi tào bù zhù láng

舍不得孩子套不住狼

释义：比喻做事不付出大的代价，就不能达到一定的目的。

例句：“对！对！对！～。是这样，就是这样！”（雪克《战斗的青春》）

shě jìn qiú yuǎn

舍近求远

释义：舍弃近处的，追求远处的。形容做事走弯路。

例句：“黛玉湘云二人称赞不已，説：‘可见咱们天天是～。现有这样诗人在此，却天天去纸上谈兵。’”（清・曹雪芹《红楼梦》）

shě jū mǎ bǎo jiàng shuài

舍车马，保将帅

释义：下象棋时，如果将帅受到威胁，就要果断地舍弃车马，以保住将帅。比喻在关键时候为了保住主要的，就要舍弃次要的。

例句：“心里美甘心冒着暴露自己的危险，掩护周任民，演的是一出～的丑戏。”（马春《龙滩春色》）

shě zhe jīn zhōng zhuàng pò pén

舍着金钟撞破盆

释义：比喻不顾一切地豁出去了。

例句：“我～，好鞋踏臭屎。但得个轴头儿也有抹着时。我拼的撅皇城，挝怨鼓，插状子。怕什么金瓜武士！我和那泼奴胎情愿打官司。”（元・张国宝《罗李郎》）

shēn shǒu

伸手

释义：比喻倚仗自身有权等因素，向人索取财物。

例句：“手莫伸，～必被捉。党与人民在监督，万目睽睽难逃脱。”（陈毅《感事书怀・手莫伸》）

shēn tóu yī dāo suō tóu yě yī dāo

伸头一刀，缩头也一刀

释义：比喻反正都是一样的结果。

例句：“咬金道：‘说不得了！～，怕不得许多。”（清・佚名《说唐》）

shēn zhe bó zi děng ái dāo

伸着脖子等挨刀

释义：比喻任人宰割。

例句：“今天逆市翻红，很多人脑子一热就进去了，都忙着抢反弹；我劝你仔细看看大盘的走势，如果不冷静明天就～吧！”

shēn shǒu
身 手

释义：借指本领、武艺。

例句：“侍卫抱拳：‘主子，那名说书先生～不凡，属下看见他两招之内，便使两个地痞倒地不醒，还抱着一名女子飞跃而去。’……众人皆面露讶色。”（也湛《女中堂》）

shēn zài ǎi yán xià zěn néng bù dī tóu
身在矮檐下，怎能不低头

释义：见“人到弯腰处，不得不低头”。

shēn zài cáo yíng xīn zài hàn
身在曹营心在汉

释义：据《三国演义》载，关羽在屯土山被迫投降曹操后，曹操对关羽礼遇有加，意在留住关羽，但关羽不为所动，最后挂印封金，不辞而别，过五关斩六将与刘备、张飞相聚，人称关羽“身在曹营心在汉”。另载徐庶曾做过刘备的谋士，曹操假冒其母亲家书将其骗到曹营，但徐庶却从未给曹操献过谋策，亦是“身在曹营心在汉”的典范。后比喻身在此地而心想的却是别处。

例句：“赵兴亚并不是真的当了汉奸，实际情况是‘～’。”（柳杞《长城烟尘》）

shēn zhèng bù pà yǐng zi xié
身正不怕影子斜

释义：比喻行为端正，就不怕流言蜚语。

例句：“～，肚里没有病不怕吃西瓜。”（马烽《刘胡兰传》）

shēn zi diào xià jǐng ěr duo guà bù zhù
身子掉下井，耳朵挂不住

释义：比喻结局已定，无法挽回。

例句：“这时保安团的人开始进街，来到杨家屋前围了上去。～，活命要紧，几个没有被打死的土匪真的把枪丢到了屋外，他们乖乖地投了降，不再反抗了，成了俘虏。”（一钱不值《警营传奇》）

shēn qiǎn
深 浅

释义：指水的深浅程度。比喻事物的轻重、大小、多少等，也比喻说话的分寸。

例句：“在机关写报告给领导看，做企业则写报告给客户看，赵民剖析自己的核心竞争力就是：知识和笔杆子。而当时，国内管理咨询行业刚起步，赵民打算一试～。”（王培莲《赵民：执着乐观的咨询专家》）

shén me rén wán shén me niǎo
什么人玩什么鸟

释义：比喻什么样的人，只适合做什么样的事。

例句：“老九，怎么样？俺不是事后诸葛亮吧！～，你只能和俺这号人在一起磨磨牙，不是那些老娘们的对手。”（陈登科《风雷》）

shén me yào shi kāi shén me suǒ
什么钥匙开什么锁

释义：比喻做事情要有针对性。

例句：“～，如果女人没本事让她的男人离不开她，那就最好选择自己离开！”

shén bù zhī guǐ bù jué
神不知，鬼不觉

释义：比喻行事极其隐秘，谁都未察觉。

例句：“等到节礼收齐，安安稳稳，过完了节，我再回省，～，岂不太妙！”（清·李宝嘉《官场现形记》）

shén chū guǐ mò

神出鬼没

释义：像神鬼那样出没无常。比喻变化无常，或隐或现，迅速、巧妙而难以捉摸。

例句：“这两天，央行的动作颇有些‘～’。先是上周连续逆回购，引发市场对流动性的良好预期。本周一，却突然续发三年期央票，这让大家对央行的调控思路变得有些茫然。”（张道达《神出鬼没》）

shén guǐ pà lèng rén

神鬼怕愣人

释义：愣人，指性格倔强、敢说敢干的人。比喻敢于斗争的人就少受欺负。

例句：“俗话说：～。你只要有胆量对付它，它就再也不敢欺侮你。要是它看你绵软可欺，就编着法儿找寻你，你说是不？”（梁斌《播火记》）

shén jīng guò mǐn

神经过敏

释义：神经系统的感觉机能异常敏锐。比喻人多疑、大惊小怪。

例句：“其实，市场对紧缩政策预期是有些～了。事实上，在当前形势下，管理层祭出加息等重磅调控措施的可能性很小。”（陈志文《股市对调控神经过敏》）

shén lóng jiàn shǒu bù jiàn wěi

神龙见首不见尾

释义：比喻来去匆匆，不见踪影。

例句：“作为道教史和武术史上的一个神秘莫测的人物，～的张三丰的确令人叹为观止。”（保康王《丹江口：神龙见首不见尾的张三丰》）

S

shén tōng guǎng dà

神通广大

释义：神通，佛家用语，指神奇的法术。法术广大无边。形容本领高超，无所不能。

例句：“总而言之，电脑网络已经充分融入我们的生活、学习、工作过程当中，成为我们不可或缺的助手，它真是～，无所不能呀！”（闵荣华《电脑网络神通广大》）

shén xiān qiú duō le bù líng

神仙求多了不灵

释义：比喻做事情要掌握好尺度。

例句：“有些事情还是要多动脑筋，自己琢磨怎么去做，～，有时会把自己的思路弄乱了。”

shēng huá

升华

释义：指固态物质不经过液态阶段直接变为气体。比喻某些事物的精炼和提高。

例句：“雕塑应该跟环境、社会文化等方面互相衬托。它是一个地方的文化～，而不是简单的‘多余空间’的点缀。”（赵旭虹　梁志钦《雕塑是地方文化的升华　不是多余点缀》）

shēng táng rù shì

升堂入室

释义：古代的建筑格局一般为前堂后室。比喻学识或技能由浅入深，循序渐进，逐步达到很高的程度。

例句：“国际政治专业的学生‘～’的最终目的是掌握创造知识的能力。就目前的学科教育而言，重知识的灌输而轻能力的培养是一个较突出的问题。这个问题的存在，根源是对专业学习的认识不到位。”（李少军《国际政治学概论·前言》）

shēng wēn
升温

释义：温度提升。比喻事物发展程度加深、提高。

例句：“会议强调，各级各部门一定要按照省委、市委的要求部署，树立率先意识，加快部署动员，为教育实践活动扎实开展做好预热～。”（王更　齐亚宁《努力推动教育实践活动预热升温》）

shēng bān yìng tào
生搬硬套

释义：指不顾实际情况，机械地运用别人的经验，照抄别人的办法。

例句：“有人背诵了几篇祭文，背得烂熟，到了考试的时候，题目是祝寿的，他居然～地把祭文抄上去，弄得牛头不对马嘴。”（马南邨《燕山夜话·不吃羊肉吃菜羹》）

shēng guā gé
生瓜葛

释义：瓜和葛都是蔓生的植物，能缠绕和攀附在别的物体上。比喻发生了矛盾和纠纷。

例句：“你也该知道皇上好像不愿我嫁给四阿哥，虽然我现在活下来了，但观音泪入体，将来的变数谁也说不定。而今四阿哥娶了年宝珠，木已成舟。既如此，索性借这个机会大家做个了断，以后免～。”（明珠《情倾天下》）

shēng huā miào bǐ
生花妙笔

释义：比喻杰出的写作才能或绘画才能。

例句：“这是作者在描绘了这种奇特的山水后所抒发的感叹。……我更要感叹作者神奇的～。”（李锦文《描绘神奇山水的生花妙笔——〈曾国藩的故园〉的写作特色》）

shēng lā yìng zhuài
生拉硬拽

释义：指按主观愿望办事而不管别人的意愿或客观的条件是否允许。比喻牵强附会。

例句：“当然，那些对企业品牌进行调性分析后，认为与奥运～地扯关系并不见得捡到便宜，从而按兵不动的企业同样也是值得称道的。为与不为，都是策略。毕竟，奥运不是包治百病的蟠桃。”（李天　朱明刚《奥运营销道与术的思辨》）

shēng lóng huó hǔ
生龙活虎

释义：比喻像很有生气的蛟龙和富有活力的猛虎，矫健不凡，生机勃勃。

例句：“休息了一晚，第二日晴方就又～了，清晨起来神清气爽，在门外打起太极。晴方没有武功，想要舒筋活血，除了广播体操，能想起的就只有太极了。”（且笑一生《一世还愿：修罗公主》）

shēng mǐ zhǔ chéng shú fàn
生米煮成熟饭

释义：比喻事情已成定局，无法再改变了。

例句：“现在还有什么放心不放心，大女儿刚才说得好，～，我也没有别的好办法。”（巴金《春》）

shēng tūn huó bō
生吞活剥

释义：比喻对别人的经验、理论、方法生硬地接受，机械地照搬。

例句：“晚香白天跟在兄嫂们的后边耩耪犁刈，挑着担儿爬上爬下；晚上走家串户，学着那些工作队的人们，宣传党和政府的各项政策。她懂的，就现身说法；她不懂的，就把听来的～地逐条念一遍。”（丁玲《杜晚香》）

shéng cóng xì chù duàn
绳从细处断

释义：比喻事情最容易在薄弱的环节出问题。

例句：“在这个管理链中，最薄弱的环节就是组织当前最重要的管理问题，即所谓～的‘瓶颈’效应。因此，无论“战略决定成败”，还是“细节决定成败”，都只是从管理链的某一个环节视角观察影响管理成败的工作要点，而未能站在管理的全局角度审视管理问题。”（王博荣《论管理的本质》）

shéng jù mù duàn shuǐ dī shí chuān
绳锯木断，水滴石穿

释义：比喻只要持之以恒，不断努力，事情就一定能成功。

例句：“同学们因为痴迷于电脑、小说等往往放松学业，甚至放弃学习。我们在教育学生时要以人为本，付出师爱；要因材施教，循循善诱；更要本着～的精神，把他们塑造成对社会有益的人。”（夏盛群《绳锯木断 水滴石穿》）

shěng le yī bǎ yán suān le yī gāng jiàng
省了一把盐，酸了一缸酱

释义：比喻因为不当的节俭，反倒会因小失大。

例句：“寿亭宽慰他：‘家驹，我没上过学，也不认字儿，就是知道这点事儿，也是你天天给我念报纸念来的。咱是买卖人，这干买卖有些钱可以省下，有些钱就是要花了。你～。咱花的是小钱，挣回来的是大钱。别想钱的事，回去收拾吧。领上老二奔渤海，也让她高兴高兴。’”（陈杰《大染坊》）

shèng rén miàn qián mài zì huà
圣人面前卖字画

释义：比喻在行家面前显耀自己。

例句：“‘叔！你看，他要拉垮咱！’伍老拔直起腰来看了看，不慌不忙，点着烟袋叼在嘴上，说：‘唔！可就是，他要～。’”（梁斌《播火记》）

shī hún luò pò
失魂落魄

释义：魂，旧指人身中离开形体能存在的精神；魄，指依附形体而显现的精神。魂魄失落了，精神也显现不出来了。比喻人惊慌忧虑、心神不定、行动失常。

例句：“那时候我时常做梦，梦里总有个～的小孩，反反复复游走在铁轨边缘，一列火车轰隆隆地开过来，小孩想要躲开，却突然被人拉上了车去，从那以后，那辆火车就再也没有停过，小孩再也没有下过车……”（苏无印《你是我的哪一座城》）

shī zú
失足

释义：行走时不慎跌倒。比喻堕落或犯错误。

例句：“‘我想上学，我保证做个好人……’这是一个～少年悔悟后的哭诉，检察官给了他一个机会。17 岁的小刘是朝阳检察院试点未成年人附条件不起诉制度以来，第一个适用该制度进入监督考察期的未成年犯罪嫌疑人。”（张蕾《给失足少年一个做好人的机会——检察院试点轻罪未成年人附条件不起诉》）

shī zi duōle shēn bù yǎng
虱子多了身不痒

释义：虱，昆虫，头小，没有翅膀，腹部大，寄生在人和畜的身上，吸食血液，被它咬过的地方奇痒，能传染伤寒等疾病。比喻难事太多弄得麻木了。

例句：“‘不少了，今天又支了五元。’‘也怪，看他样子一点也不急。’‘～’”（周立波《山乡巨变》）

shī zi dà kāi kǒu
狮子大开口

释义：狮子，哺乳动物，四肢强壮，吼声很大，捕食羚羊、斑马等动物，有“兽王”之称。比喻贪得无厌，追求财物没有满足的时候。

例句：“傅雪冬这时候才知道，原来方逸尘不是什么谦虚又替学校考虑之类的三好青年，根本就是在‘～’啊。”（高钙奶宝《美奴军团的贴身保镖》）

shí bā bān wǔ yì
十八般武艺

释义：一般指精通使用刀、枪、剑、戟、斧、钺、鞭、锏等十八种兵器。比喻人有多种技能。

例句：“我的身边总有些人让我眼前一亮。他们揣着特殊的能耐，有的是独具的特长，有的是某种技能。这些能耐离现实的生活越远，我就越觉得这些人～俱全。”（林特特《十八般武艺》）

shí ge zhǐ tou bù yī bān qí
十个指头不一般齐

释义：比喻人或事物总有一些差别，不可能都一样。

例句：“～，一娘生的一个样。”（马烽　西戎《吕梁英雄传》）

shí jiā guō zào jiǔ bù tóng
十家锅灶九不同

释义：比喻人的境遇、思想等各不相同。

例句：“你姓张，他姓李，人多心多，～。”（李茂荣《人望幸福树望春》）

shí ná jiǔ wěn
十拿九稳

释义：十成的几率，占了九成。比喻很有把握，相当可靠。

例句：“自从有媒体曝出春晚总导演被指定为冯小刚后，相关消息层出不穷。据了解，冯小刚执导春晚已经～，而早前作为央视内部竞聘春晚导演的12位导演新锐，也将成为辅助冯小刚完成‘任务’的人选。”（张漪《冯小刚当春晚总导演十拿九稳》）

shí nián shù mù
十年树木

释义：栽下一棵树苗得需要十年才能长成挺拔的大树。比喻培养人才是长久之计。

例句：“1998年开始接手四川全兴梯队的翟飙或许没有想到，他手下的这群孩子会在十年之后担起四川足球振兴的重任……仅通过两年的时间就能够打上中甲联赛。可谓～终获成功。”（钱晞《十年树木今成材》）

shí quán dà bǔ
十全大补

释义：药名，其中含有十种名贵的滋补药物。比喻某种办法、方案对事情有巨大益处。

例句：“劝人安贫乐道是古今治国平天下的大经络，开过的方子也很多，但都没有～的功效。”（鲁迅《花边文学·安贫乐道法》）

shí wàn bā qiān lǐ
十万八千里

释义：表示距离遥远的一个概数，古典小说《西游记》里孙悟空一个筋斗云可以从长安到灵山，就是十万八千里。比喻两个相联系事物之间的夸张距离。

例句：“编著历史的人，说那是老袁有意指使的，固与事实相去～。”（冯玉祥《我的生活》）

shí wǎng jiǔ kōng　yī wǎng chéng gōng
十网九空，一网成功

释义：捕鱼时下去九网都没捕到什么，再下一网就获得了大丰收。比喻做事情要经得起失败的考验，坚持不懈才会成功。

例句：“我们曾经为网络所动，但这次不一样，因为康力真水和天成系统与以往遇见的不一样。～！看懂康力，洞悉机会，我们要的是倍增。”（吴坚《系统成功模板》）

shí yǒu bā jiǔ
十有八九

释义：十里面已经占了八九，只差一二了。比喻离目的已经很近了。

例句：“帕切科是去是留？昨晚，在国安俱乐部召开的媒体通气会上，尽管名誉董事长罗宁表示双方还在谈，但是据了解，帕切科～要走人。”（郑楠　郑小龙《国安静态双方都面临选择　帕切科十有八九走人》）

shí zhǐ lián xīn
十指连心

释义：比喻骨肉情深。

例句：“‘你没听说过～吗？那么如果手有多冷心就有多冷了。两颗同样冷的心在一起怎么可能会发生热传递呢？’梁桐一脸认真地解释道。”（黑色的阳光《1℃的爱》）

shí zì lù kǒu
十字路口

释义：东西、南北两条路交叉的地方。比喻关键的地方。

例句：“那时候，铁柱在职业、前途的问题上，正在～徘徊，于老五瞅准了这个机会，鬼魂似地缠着他。”

shí chén dà hǎi
石沉大海

释义：石头沉入海底。比喻从此没有消息。

例句：“蕙回去以后就如～，没有一点音信传回高家。”（巴金《春》）

shí liu qún
石榴裙

释义：石榴裙，红裙子。借指女子貌美。

例句：“市委书记的千金孙菁菁是校里出了名的美女，很多相貌英俊的男孩拜倒在她的～下。马不才第一眼见到孙菁菁时，就迷恋上了她的姿色。”（杀向苍穹《石榴裙下的交易》）

shí pò tiān jīng
石破天惊

释义：此语出自唐朝诗人李贺的《李凭箜篌引》中的“女娲炼石补天处，石破天惊逗秋雨”之句，形容箜篌的声音之妙惊动了女娲，击破了补天的五彩石，逼落了漫天绵绵的秋雨。后多用来比喻人或事的新奇惊人。

例句：“把党性当作做人的‘地’，把党性当作为官的‘天’，我总认为，‘党性’二字，不可随便说。一旦说出来，必～。”（刘亚洲《坚守神圣的“党性”》）

shí tou kāi huā mǎ zhǎng jiǎo
石头开花马长角

释义：比喻不可能的事情。

例句：“劳教人员彭革说，他本人并不吸毒，但在他的监舍中，十有八九的人是‘药娃’（吸毒者），这些劳教人员大都认为，要是毒品能戒除，那是‘～’。”（李剑锋《劳教期间：回家的感觉真好》）

shí tou suī dà yā bù sǐ páng xiè
石头虽大压不死螃蟹

释义：比喻自己找到能够生活的空间。

例句：“然而，一些重特大事故频发的态势却没能得到很好的遏制，这正应了一句俗话‘～’。‘一票否决’只在一定程度上加大了政府职能部门的压力，但对企业这个安全

生产的责任主体，没产生本质的触动，更难见人们意想中的立竿见影的效果。”（李炳来《石头何以压不死螃蟹》）

shǐ bànr
使绊儿

释义：绊儿，民间摔跤用脚把对方弄倒的技巧。比喻使手段，暗地里整人。

例句：“‘怎么会是他?’冯清妃和林依依同时看向门口，脸色一变！来的人，冯清妃两人都是认识的，甚至清妃堂内不少人都认识。冯清妃知道这肯定是郭浩宇在～了。”（二十四殊《都市仙武》）

shǐ shǒu wànr
使手腕儿

释义：比喻使用伎俩，玩弄招数。

例句：“儿子善良纯朴，没有心计，不～，我一点也不担心他会吃亏，优秀的品行是人生最珍贵的财富。”（吴爱玲《你只需要负责好自己的健康和快乐》）

shǐ ke làng zuò bù chū mì lái
屎壳郎做不出蜜来

释义：比喻坏人做不出好事来。

例句：“～！狼的脖子上戴上佛珠，它还是要吃人的！”（郭澄清《大刀记》）

shì hòu zhū gě liàng
事后诸葛亮

释义：诸葛亮，三国时期蜀汉政治家、军事家，以足智多谋为世人称颂。比喻事情过去后才想出主意或才弄明白。

例句：“这倒并不是什么～，而是早已料到，这个奇异的姑娘，根本不会真心实意接受邀请。”（张作为《原林深处》）

shì jīn shí
试金石

释义：一种黑色坚硬的石头，用黄金在上面画一条纹，就可以看出黄金的成色。比喻精确可靠的检验方法。

例句：“在十七届中央纪委第七次全会上，胡锦涛总书记强调要大力保持党员干部‘作风纯洁’，并鲜明地提出‘把实现好、维护好、发展好最广大人民根本利益作为检验纯洁性的～’”

shì shēn qiǎn
试深浅

释义：比喻通过言语和行动试探事情的底细。

例句：“CBA联赛的水深水浅不是谁都能试的。几个赛季以来，不管是东来的美国派，还是西来的欧洲人，没有几个教练能站住脚，……但是，前仆总有后继，有的（当然指请洋帅的双方，中国俱乐部和洋帅们）偏不信邪。进入第七个赛季，又有至少三名洋帅将登陆中国甲A赛场，一～！”（阎志强《又见洋帅试深浅——新赛季联赛前瞻之四》）

shì shuǐ
试水

释义：试探水的深浅缓急。比喻试探、探路、尝试等。

例句：“为早日解决看病难、看病贵的难题，近年来，中国各地基层的医改频频‘～’医改‘深水区’，为改革积累了经验。”（李惊亚《中国农村医改“试水”深水区》）

shì gǒu jiù huì chī shǐ　shì shé jiù yào yǎo rén
是狗就会吃屎，是蛇就要咬人

释义：比喻坏人的本性难改。

例句：“读到这里，只听得大阿公高永太咂着嘴说：‘听见了，记住了，～!’”（张行《武陵山下》）

shì huī bǐ tǔ rè　shì yán bǐ jiàng xián
是灰比土热，是盐比酱咸

释义：比喻有亲缘关系就比没有亲缘关系的感情深厚。

例句：“朱老星、伍老拔、朱大贵，和他们的老战友们，都围上来看着，低下头，一声不响，偷偷地饮泣。～，他们想尽可能为老战友分担一点创痛。”（梁斌《播火记》）

shì jiē zi zǎo wǎn děi chū nóng
是疖子早晚得出脓

释义：比喻问题迟早会有了结。

例句：“因此，明知这不是一两个人的事，这是一个马蜂窝，也得捅。～。目的是让他们知道，世界上的事情并不单是由他们说了算。”

shì jīn zi zǒng huì shǎn guāng
是金子总会闪光

释义：比喻人才早晚会被人发现。

例句：“回忆起自己走过的坎坷历程，刘西良不无感慨。他要告诉人们的是：只要勤劳努力，历史就没有失落者。条条道路通罗马，只要～。”（王林　路树军《是金子总会闪光——记自学成才的青年作家刘西良》）

shì luó zi shì mǎ　qiān chū lái liù liu
是骡子是马，牵出来蹓蹓

释义：骡子是由马和驴交配产下的后代，比马更有力气，更强壮。比喻通过比试就可以分辨一个人的才能大小。

例句：“‘我给你个地址，你去江州电脑有限责任公司找杨总，他要见你。他对你的系统很感兴趣。’感个屁兴趣啊，都已经十几天了，到现在才放个屁。展腾飞骂的是那个杨总，……不过人还是要见的，～不是?”（莫道不销魂《也纯也暧昧》）

shì mǎ jiù chōng bù liǎo qí lín
是马就充不了麒麟

释义：麒麟，古代传说中的一种像鹿的动物，象征祥瑞。比喻普通人冒充不了杰出的人。

例句：“反正你在这里多待几天，慢慢就都品得出来了，～。”（陆地《美丽的南方》）

shì mǎ yǒu sān fēn lóng gǔ
是马有三分龙骨

释义：比喻平常人也有不平常的地方。

例句：“～，何况他是出洋在医学校毕业的人，你我宁叫做过，莫要错过呀！”（清·八宝王郎《冷眼观》）

shì zhōu shì shuǐ　jiē kāi guō gài
是粥是水，揭开锅盖

释义：比喻揭开表层就能看清真相。

例句：“唉！丑媳妇迟早要见公婆面，～，比这么慢磨着好受。”（李满天《水向东流》）

shōu chuán yào zài shùn fēng shí
收船要在顺风时

释义：比喻在恰当的时候收场。

例句：“这年到了八十岁了，我说：～，告诉亲友们，我可要摘鞍下马咧！”（清·文康《儿女英雄传》）

shǒu àn bù tòu fēng
手暗不透风

释义：比喻没露出一点破绽。

例句：“俺这个成日只在外边胡干，把正经事儿通不理一理儿，今日，～，却教人弄下来

了。”（明·兰陵笑笑生《金瓶梅词话》）

shǒu chā yú lán bì bù de xīng
手插鱼篮避不得腥

释义：比喻某件事已经插手了，就不必顾忌什么了。

例句：“古人说得好：‘～’。一不做，二不休；左右帅领家兵杀那和尚去来。”（明·吴承恩《西游记》）

shǒu cháo
手潮

释义：因心情紧张手心出汗了。比喻新手做事，技术不熟。

例句：“都说新手上路叫～，因为紧张手心出汗。殊不知我们这陪练的更惨，紧张得后背都湿了，我们叫背潮！”（醉鱼《手潮》）

shǒu dà zhē bù guò tiān
手大遮不过天

释义：比喻恶势力再强大，也压不倒正义；或比喻个人力量有限。

例句：“我做这几行都很开心。很难评价自己是否成功。依我的性格，交友给了我很大的帮助，俗话说～，你就是再有能力，一个人也不可能完成一项事业，朋友给了我在人力资源上的巨大支持，做电影也是如此。”（马上从《黄金甲制片张伟平：张艺谋的“黄金”搭档》）

shǒu dào bìng chú
手到病除

释义：形容医术高超，只要动手治疗就会把病治好。比喻工作做得好，解决问题迅速。

例句：“但当看到崔士兵的相关材料时，记者不得不对这个有着‘～’之称的电气一班的领头雁刮目相看：2006 年六盘水市劳动模范，2007 年水钢先进生产者……”（印红梅 艾敏如《“手到病除”的士兵——记 2011 年度劳动模范，水钢炼铁厂电气车间电气一班班长崔士兵》）

shǒu dào qín lái
手到擒来

释义：擒：捕捉。较量时一动手就把敌人捕获过来了。比喻做事有把握，不费力就做好了。

例句：“这就是一个大量丢失体液的患者，只要补充一下水分，调解一下酸碱平衡，纠正一下内环境的紊乱，一切就都解决了。这点小事儿，对于刘晨阳来说，没有丝毫的难度，做起来自然是～，不费吹灰之力了。”（无影灯的诱惑《圣手战医》）

shǒu jí yǎn kuài
手疾眼快

释义：疾，迅速。动作迅速，眼光敏锐。形容机警敏捷。

例句：“大连格致中学九年三班师生在乘坐客车返校途中发生惊险一幕：客车司机突然发病不省人事，教师单连富～紧急调整方向盘并及时踩下刹车，车在离黄河桥桥上栏杆仅 10 多厘米处停下，从而避免了一次重大事故的发生。”（韩继增　于洪全《教师手疾眼快踩刹车　学生争分夺秒救司机》）

shǒu jiǎo bù gān jìng
手脚不干净

释义：比喻犯有贪污、盗窃等不法行为。

例句：“‘我说这是贺伯伯贺伯母太仁慈了，收留这么个～的毒瘤在家里！’蒋娜娜补充道，讥讽之意明显。”（草莓小熊《老婆，休想逃！》）

shǒu máng jiǎo luàn
手忙脚乱

释义：形容做事慌张而没有条理，不知如何是好。

例句："这场已持续4天的暴风雪到周六已减弱不少，但以色列、约旦、黎巴嫩、叙利亚北部、伊朗、土耳其、埃及和巴勒斯坦仍是白茫茫的一片，地势低洼的地带还遭到暴雨和严重洪灾的侵袭。中东许多城市都在～地应对暴风雪带来的洪灾、电力中断和燃料紧缺等困难。"（焦翔　王晓雄《60年最大暴雪席卷中东　多城市手忙脚乱抗灾》）

shǒu ná bǎ qiā
手拿把掐

释义：比喻做事把握十足，轻而易举。

例句："而特让郑榕遗憾的是，'要是黄宗洛还健在，朱旭演的半仙儿，他也～，这老哥俩都够神的，让黄半仙和朱半仙两个文丑斗法那才过瘾呢！'"（王润《老艺术家给〈甲子园〉添底气》）

shǒu pěng zhe pà tàng le　zuǐ hán zhe pà huà le
手捧着怕烫了，嘴含着怕化了

释义：比喻过分喜爱而不知道如何呵护。

例句：见"捧在手里怕摔了，含在嘴里怕化了"。

shǒu ruǎn
手软

释义：比喻不忍下手或下手不狠。

例句："我们原是彼此心下雪亮，只是～心酸，不敢揭破这一层纸。"（冰心《往事》）

shǒu wǔ zú dǎo
手舞足蹈

释义：手臂和双足皆在挥舞跳动。形容情绪高涨到极点。

例句："当下刘姥姥听见这般音乐，且又有了酒，越发喜得～起来。"（清·曹雪芹《红楼梦》）

shǒu xīn shǒu bèi dōu shì ròu
手心手背都是肉

释义：比喻面对的都是亲人、朋友，应同样看待。

例句："每个班级，或多或少都存在着问题生，这些对于整个班级的进步有着很大影响。如何帮助他们从困境中走出来，在老师的正确教育引导下，学习、能力等各方面有所提升，是我们最大的心愿。我们不愿意让任何一个孩子落下，因为～。"（巧巧　司春霞《手心手背都是肉》）

shǒu yǎn tōng tiān
手眼通天

释义：天，指上层。比喻跟有权势的高层人物有交往。

例句："'是，你简直是～！'安宁翻了翻白眼，琼儿每次都捎带着自我吹嘘，不过，心里却隐隐地觉得有些不对劲：琼儿的本事未免太大了吧，她爹到底是哪位大官。在一起这么久了，她也从未仔细问过，因为她只想跟琼儿是好朋友，与身份无关。"（谢殊殊《妖颜惑君王：亡国公主》）

shǒu zhǎng xīnr
手掌心儿

释义：手掌的中心部分。比喻所控制的范围。

例句："她知道这个虽然颇为荒唐然而并不滑头的唐少爷，逃不出她的～的。"（茅盾《多角关系》）

shǒu zhǐ bù néng dàng mén shuān
手指不能当门闩

释义：门闩，门关上后，插在门内使门推不开的木质或金属的棍子。比喻肯定不行。

例句："～，就你现在这点本钱，只能踏踏实实地从小生意做起，不能好高骛远。"

shǒu zhōng méi bǎ mǐ jiào jī jī bù lái
手中没把米，叫鸡鸡不来

释义：比喻做事不能给人实际利益，就不可能有人响应。

例句：“～哩，你拿实在的利益给人家，人家才肯跟你干嘛!”（陆地《瀑布》）

shǒu zú
手足

释义：手和脚。比喻关系密切，不可分割。

例句：“这个‘大兔子’，至今也不知道‘录用通知书’事件的真相。而他的那句‘兄弟如～’的话，我一直记在心里。也因为这句话，我们哥俩不是亲兄弟却胜似亲兄弟……”（王琪《兄弟如手足》）

shǒu de yún kāi yuè zì míng
守得云开月自明

释义：比喻艰难困境是暂时的，坚持下去就能胜利。

例句：“市场合力的形成是行情产生的关键，而成交量的再度放大是合力形成的具体表现。对中小投资者来说，～，千万不要在天亮前倒下。耐得住寂寞、坚持到行情来临是成功的必要条件。”（新浪财经《多空对峙智者胜　守得云开月自明》）

shǒu duō dà de wǎn chī duō dà de fàn
守多大的碗吃多大的饭

释义：比喻做任何事情都要量力而行。

例句：“咱们村庄人，哪一个不是老老诚诚的，～。你皆因年纪小的时候，托着你那老家的福，吃喝惯了，如今所以把持不住。”（清・曹雪芹《红楼梦》）

shǒu tān zi
守摊子

释义：看守卖东西的摊子。比喻思想保守，满足现状，没有创造性。

例句：“～的村干部坐不住了！近来，石嘴山市不断规范村干部教育管理考评办法，大力推行‘五个注重’培训考评机制、‘两考一问责’奖惩考评和‘12321’述职考评，用‘三把标尺’丈量村官工作业绩，有效解决了村干部干好干坏一个样的问题，激发了农村干部队伍活力。”（李刚　李徽《“三把标尺”丈量干部业绩，石市“守摊子”村官坐不住》）

shǒu zhe qīng shān méi chái shāo
守着青山没柴烧

释义：比喻不会利用有利条件。

例句：“过去咱们就知道外出打工挣个仨瓜两枣儿的，叫农业专家这一分析，咱们还真是～，没好好地利用咱这山里的优势，光是山野菜这一资源，就够咱村‘小康’啦!”

shǒu zhe zào wáng bài shān shén
守着灶王拜山神

释义：比喻舍近求远，办事走弯路。

例句：“黑丫说：‘～，舍近求远！白胡子老人点化你，不要远找，要近求！’二牤子说：‘怎么个求法？你快说!’黑丫诡秘一笑说：‘你让嫂子找村长呀，他能办!’”（杨絮《丢下灶王拜山神》）

shǒu qū yī zhǐ
首屈一指

释义：扳指头计算，首先弯下大拇指，表示第一。引申为最好的。

例句：“经过近几年的发展，山东高唐县锦鲤产业发展在山东省～，在全国也有一定的影响力。目前，高唐年繁育锦鲤鱼苗7000万尾，产值已达1.2亿元，可谓是‘北方锦鲤看山东，山东锦鲤看高唐’。”（赵永斌　朱金芬《高唐县锦鲤“游出”大产业》）

shòu qì bāo
受气包

释义：比喻经常被当作抱怨或泄愤对象的人。

例句：“来来来，老孔，往前坐，别像～似的，开会就往旮旯钻！”

shòu shāng de há ma bèng sān bèng
受伤的蛤蟆蹦三蹦

释义：比喻人受到打击后不会甘心，总是要抗争的。

例句：“做生意遇到点挫折是正常的，不能这样垂头丧气的，振作起来，不是有句话吗，～，大不了从头再来！”

shòu xìng
兽性

释义：指野兽的本性。比喻极端野蛮和残忍的性情。

例句：“1942 年 12 月，日军发动了大别山战役，企图肃清坚持大别山抗战的第五战区国民党军官兵，……占领茅坪后，日军～大发，将镇中军民 561 人，无论老少尽皆屠杀。”（辉煌《大别山劫难》）

shòu yī duō le zhì sǐ niú
兽医多了治死牛

释义：比喻各自为政，人人自以为是反倒会误了事。

例句：“但在这家企业我没能坚持下去。三个老板娘，每个人都掌握生杀大权。得罪谁都不好使，俗话说～。因为我不是牛也不想做牛，所以最终我走了。”（平淡生活《一个漂在温州的外地人》）

shòu lǘ lā yìng shǐ
瘦驴拉硬屎

释义：比喻硬摆架子，强充硬汉。

例句：“咱们家六张嘴一个劳力，不算缺粮的困难户吗？亏你还有神气，～逞啥能啊？”（林予　等《咆哮的松花江》）

shòu sǐ de luò tuo bǐ mǎ dà
瘦死的骆驼比马大

释义：比喻具有强势的人或事物，即使失势了，也会比一般的强出许多。

例句：“‘梅超风’变‘梅干菜’，奔着山东去了。但‘～’，受台风影响，江苏东南仍有暴雨和 8～9 级大风。”（苏方　于英杰《“梅超风”变“梅干菜”　瘦死的骆驼比马大》）

shū chóng
书虫

释义：比喻埋头苦读的人或死读书的人。

例句：“‘我是～’阅读漂流活动是外研社联合牛津大学出版社等推出的大型校园双语阅读活动。自 2013 年 7 月启动以来，全国有 200 余所中小学报名参加。”（张晓鸽《“我是书虫”阅读漂流活动展演》）

shū biàn zi
梳辫子

释义：比喻对问题像梳理头发那样，弄得条理清晰。

例句：“来，我们给 1·28 案子梳～，看能不能找到新的突破口。”

shū xuè
输血

释义：是指将血液通过静脉输注给病人的一种治疗方法。比喻得到外部的大力支持。

例句：“在拉动中国经济、保证就业方面屡建奇功的铁路建设，年内再获政策支持。……而

中国铁路总公司债务压力的问题似乎也将通过过渡性财政补贴这一中央'～'的方式得以缓解。"（张智《铁总再获政策性输血》）

shǔ yā zi de

属鸭子的

释义：比喻人不认输，嘴硬。

例句："孟可妍的下巴哐一下落了下来，她没想到这个杨开远不只是狐狸，还是～。她佩服不已：'国舅真是了解王思千啊，竟然时时处处能猜到他的想法！'"（烟雨亦可《我的警花王妃》）

shǔ hé tao dǎ zǎo

数核桃打枣

释义：比喻胡乱训斥人。

例句："在你领导下做事情，开台锣鼓一响，总是～，先把人收拾一大气。"（刘江《太行风云》）

shǔ huáng guā dào qié zi

数黄瓜，道茄子

释义：比喻唠叨个没完没了。

例句："你既是知道了好歹，我倒回心转意地待你，你倒引了两个贼老婆来家，～的，我倒是二房了！"（明·西周生《醒世姻缘传》）

shǔ mù cùn guāng

鼠目寸光

释义：据说老鼠只能看到一寸之远。比喻缺少见识、目光短浅。

例句："邓艾一听曹智这么没出息的话，恼火道：'周昕之流～，他围水自闭，所以才会自取灭亡，你想想，如果不是他不懂利用水道，怎会走鸡笼山，而遭了你的伏击……'"（孙一凡《搅乱三国》）

shǔ zhōng wú dà jiàng liào huà zuò xiān fēng

蜀中无大将，廖化作先锋

释义：《三国演义》记载，蜀汉景耀元年冬，大将军姜维以廖化、张翼为先锋，起兵二十万，拜辞后主，径到汉中。此时的蜀汉有名上将大多作古，廖化较之五虎上将武艺一般，于是有此语。比喻团队里没有出众的人才，即使担负重任也是能力平庸。

例句："你当家，我好有一比。～呀，'无牛捉了马耕田'……"（周立波《山乡巨变》）

shù shǒu shù jiǎo

束手束脚

释义：形容胆子小，顾虑多。

例句："在慢慢走出急功近利、模仿和拿来主义的时候，营造一个创新创意的氛围，别～，让全民族真正放手去创新创意，全社会真正投入创新创意，这才有盼头。"（吴成贵《束手束脚难有创造力》）

shù zhī gāo gé

束之高阁

释义：束，捆扎起来；高阁，储藏书籍、器物的高架子。捆起来以后放在高高的架子上。比喻放着不用、丢在一旁不管。

例句："然而，有些单位，经验刚形成，做法刚出炉，上级知道了，做法推广了，就完事大吉，将经验材料～，重打锣鼓另开戏，去打造新的'亮点'，展示新的'花样'，宛如出经验就是让领导过目，给众人展览一般。"（张修良　胡卫卫《别让经验束之高阁》）

shù dà dǎng fēng

树大挡风

释义：比喻德高望重的人可以阻挡各方面的干扰。

例句："真是～，有这几位专家坐镇，我这个工程总指挥心里踏实多了！"

shù dà gēn shēn
树大根深

释义： 比喻人根基牢固，势力强大。
例句： “仗着陆家在陆川～，他 1974 年被推荐上了大学。”（柳建伟《英雄时代》）

shù dà yǒu kū zhī
树大有枯枝

释义： 比喻事物都是一分为二的，纯粹的东西是没有的。
例句： “俗语说的，～，一国之大，自然是有好有坏的，何必一棍打一船呢?”（梁启超《新中国未来记》）

shù dà zhāo fēng
树大招风

释义： 比喻人出了名或有钱财就容易惹人注意，甚至引来麻烦。
例句： “我一直想找个跟在身边的人，～，出出进进的不能不防着一点。”（艾明之《火种》）

shù dǎo hú sūn sàn
树倒猢狲散

释义： 猢狲，猕猴的一种，为灵长类动物，生活在山林中。树倒了，树上的猴子就散去了。比喻靠山一旦垮台，依附的人也就一哄而散了。
例句： “现在许天雄不行了，去归附他，不免会落个～。”（司马文森《风雨桐江》）

shù gāo bù néng chēng zhe tiān
树高不能撑着天

释义： 比喻本事再大也有个限度。
例句： “俗话说得好，～。孙悟空本事大，跳不出如来佛的手掌。”（曲波《林海雪原》）

shù huó yī céng pí
树活一层皮

释义： 树皮是保护树身的，并防止病虫害入侵，没有树皮，树就不能成活。比喻面子很重要。
例句： “‘～’是争‘面子’，但不是争个人的虚荣，而是活得有尊严。”

shù jīng jí dé cì　shù táo lǐ dé yīn
树荆棘得刺，树桃李得阴

释义： 比喻付出什么样的努力，就会得到什么样的回报。
例句： “蒯公大喜，想到：‘～’。若不曾中得这个老门生，今日身家也难保。”（明·冯梦龙《警世通言》）

shù pà bāo pí
树怕剥皮

释义： 比喻人害怕被别人当面揭自己的短处。
例句： “俗话说得好，～，人怕揭短。因为她有短处在我手里，所以恨我恨得要命。”（老舍《国家至上》）

shù yè diào xià pà zá pò tóu
树叶掉下怕砸破头

释义： 比喻过于胆小怕事。
例句： “他一向就是这样，～，干啥事不求有功，但求无过。”（程树榛《钢铁巨人》）

shù yǒu gēn　shuǐ yǒu yuán
树有根，水有源

释义： 告诫人们不要忘记本源。
例句： “～。回眸三十多年的改革开放历程，追寻经济的发展轨迹，是国家改革开放和富民政策使企业走上快速发展之路，是中国特色社会主义市场经济这块沃土养育企业成长

壮大。”（搜狐焦点《大连正源地产践行社会利益最大化责字当头》）

shuǎ bǎ xì
耍把戏

释义：杂技表演的俗称。比喻耍花招。

例句：“师长，我会作不少的事，就是不会‘～’。”（老舍《西望长安》）

shuǎ bǐ gǎn
耍笔杆

释义：比喻舞文弄墨。

例句：“朋友劝我：‘～’是熬眼磨屁股的苦差事，也得不到多少钱，还不如心安理得地干些别的！我付之一笑，无动于衷。”（韩幸福《“耍笔杆子”的甘苦》）

shuǎ dà pái
耍大牌

释义：指明星人物自以为了不起，看不起对方甚至众人。

例句：“内地小生韩庚不仅人气和身价上涨，排场和派头也涨了起来。日前，记者遇见韩庚出行，不仅四保镖把韩庚团团围住，就连送行的歌迷也遭冷遇，被指～。”（昭阳阳《韩庚赤膊秀肌肉　出行不理歌迷耍大牌》）

shuǎ hóur
耍猴儿

释义：指训练猴子来模仿和表演的一种娱乐或营生。借指耍弄、戏弄、捉弄、出洋相。

例句：“前脚儿嚷嚷‘要离婚、一分钟也等不了了’，后脚儿就立马向妻子道歉称：‘我爱你，对不起！’两天内态度三百六十度大转弯，黄奕的老公黄毅清被网友吐槽称‘精神错乱’，简直是在～。”（小西《黄奕老公致歉称我爱你　网友怒骂：耍猴儿呢?》）

shuǎ huā qiāng
耍花枪

释义：古代长枪的一种，枪杆长五尺，枪头下系红缨，耍弄时因枪杆细，枪头抖动不停，令对方眼花缭乱，捉摸不到枪尖方向，故得此名。后比喻耍虚招、卖弄小聪明。

例句：“也怪我不好，～耍得自己扎伤自己。”（高阳《胡雪岩全传》）

shuǎ huā qiāng
耍花腔

释义：花腔，通常指声乐旋律中的各种装饰音、急速的音阶或琶音进行以及华彩乐段等。比喻用花言巧语骗人。

例句：“凡是耍着花腔，说什么要怜惜一下这类恶人呀……决不是中国人民的踏实朋友。”（毛泽东《将革命进行到底》）

shuǎ huá
耍滑

释义：指耍弄手段使自己少出力或不担责任。亦作“耍滑头”。

例句：“万一老狐狸金俊山～，这事归根结底还得他来办。”（路遥《平凡的世界》）

shuǎ shǒu wàn
耍手腕

释义：见“使手腕”。

shuǎ zuǐ pí zi
耍嘴皮子

释义：指光说不做或是卖弄口才。

例句：“为党选好用好干部，关键要把‘干事’作为干部选拔任用的重要标准，让一心谋事、真心干事‘有真功夫’的干部有为有位，让只说不干、碌碌无为‘～’的干部丢权丢

位。”（阎华《让“耍嘴皮子”的干部丢权丢位》）

shuāi da
摔 打

释义：比喻在艰苦环境中磨炼。

例句：“你看大贵这身子骨，当了几年兵，在操场上～得多么结实。”（梁斌《红旗谱》）

shuāi gēn tou
摔 跟 头

释义：指跌跤。比喻人犯错误，受挫折。

例句：“千万不要因为一点失利就不敢干了，怕～就不学走路，那就只好一辈子躺在娘怀里，成了个瘫子。”（李晓明　韩安庆《平原枪声》）

shuāi pá zi
摔 耙 子

释义：耙子，归拢谷物、柴草或平整土地用的一种农具，柄长，装有木、竹或铁制的齿。原意摔掉正在劳作的耙子。引申为闹情绪，放下正在做的事情。歇后语中有猪八戒摔耙子——不伺猴（候）了。

例句：“这个等不是主办人在等，而是中间人大舅子等好处。今天推明天，明天推后天，见等不来好处，大舅子～走了。当然也留下一大串美丽的谎言，谦称与主办人关系一般般，自己是副职人家不买账，让李大白另请高明。”（木空《中国式酒场的那点人事儿》）

shuǎi bāo fu
甩 包 袱

释义：包袱，用布包起来的包，借指负担。比喻放弃给自己带来负担的人或事。

例句：“政府如果只是因为觉得负担重，单纯～，把一些事情推给社会的话，社会基础就会崩塌，社会将会更糟糕。”

shuǎi liǎn zi
甩 脸 子

释义：指以不愉快的脸色示人。

例句：“所以，面对打麻将、打扑克，朝你～的公务员，大可据理力争或者投诉，只有内外监督都做到位了，公务员队伍才能够摆脱当‘老爷’的心态，良性发展。”（陈媛媛《对甩脸子的公务员态度要硬》）

shuǎi shǒu
甩 手

释义：比喻扔下正在做的工作不干了。

例句：“处境不同、原因各异，但这些高管们都选择了～走人，留下一个个难收拾的摊子。无论是无奈之举还是另有他求，～走人的高管们，让这些本已内忧外患的老牌手机厂商遇到了又一个难关——在销量下滑、业绩惨淡、品牌受损、竞争乏力、高管流失之后，这些伤痕累累的手机厂商如何翻身?”（陈敏《高管们甩手走人　老牌手机厂商再遇难关》）

shuǎi shǒu zhǎng guì
甩 手 掌 柜

释义：掌柜，旧时商铺替东家掌管柜台事务的人，甩手掌柜指光指挥别人、自己什么事也不干的人，也指只挂名、不负责、也不做事的主管人员。

例句：“对他们而言，最好的风控方式就是找人‘兜底’和‘转移’风险，自己做‘～’，但他们却忽视了银行本身就具备经营风险的特有属性。”（嵇磊《银行不能当风控甩手掌柜》）

shuāng guǎn qí xià
双 管 齐 下

释义：管，画笔。指双手执笔同时作画。比喻做一件事时两个方面同时进行或两种方法同时使用。

例句：“一日通报四案的背后，是监管层～，打击内幕交易违规行动升级的表现。”（杨颖桦《证监会一日通报四案　双管齐下严打升级》

shuāng jiān tiāo
双　肩　挑

释义：指在管理岗位上工作的具有专业技术职称的技术干部。

例句：“在高等学校中，越来越多的学术业务骨干被选拔到各级各类管理岗位上，他们既当专家，又当领导，同时挑起学术和管理两副重担，这就是所谓的‘～’干部。”（高建林　陆少林《高校“双肩挑”管理干部要强化五种意识》）

shuāng quán bù dí sì shǒu
双　拳　不敌四　手

释义：比喻个人的力量有限。

例句：“常言道：～。钮成独自一人，如何抵挡得许多人，着实受了一顿拳脚。”（明·冯梦龙《醒世恒言》）

shuāng dǎ de qié zi
霜　打的 茄子

释义：茄子遇到霜后，叶子和果实就蔫了变成铁黑色，由此有霜打的茄子——蔫了的歇后语。但在使用时后缀部分不必出现人们也能明白。比喻人提不起精神或发蔫。

例句：“一着不慎，拉贾特·古普塔埋下了从金融风云人物走向牢狱之灾的种子。这位曾经叱咤风云的大人物，就像一只～，静静等待着命运的审判。”（中国广播网《高盛前董事被指控2008年金融危机期间涉嫌内幕交易》）

shuí dǎ luó　shuí chī fàn
谁 打 锣 ， 谁 吃 饭

释义：比喻谁动手做事谁就有资格享用成果。

例句：“常言一鸡死了一鸡鸣，～。”（明·兰陵笑笑生《金瓶梅词话》）

shuí jiā guō dǐ méi yǒu hēi
谁 家 锅 底 没 有 黑

释义：比喻对人不能求全责备。

例句：“唉！这也是劫数啊！其实这也没有关系，～？这种年月，睁一只眼闭一只眼就对了。”（马烽　西戎《吕梁英雄传》）

shuí jiā guò nián bù chī dùn jiǎo zi
谁 家 过　年 不 吃　顿　饺 子

释义：北方人对饺子情有独钟，民谚有“坐着不如倒着，好吃不如饺子”之语。但由于过去生活水平较低，一般人家并不是想吃就能吃到的。但不管如何困难，大年初一的饺子必须要吃，不管是什么样的馅，就是要讨一年的吉利，因此有“谁家过年不吃顿饺子”的说法。比喻偶尔的超出常规也不值得大惊小怪。

例句：“如果中国男足在昨天输给韩国队或是打平，没有人会觉得意外，32年，太久了，久到足以渐渐习惯甚至是麻木。俗话说，～？可中国足球这顿“克韩馅”的饺子，还真就32年没吃到嘴。”（刘柳《谁家过年还不吃顿饺子》）

shuí yǒu fěn bù wǎng liǎn shàng chá
谁 有 粉 不 往　脸　上　搽

释义：比喻好（hào）面子是有共性的。

例句：“所以，我买了几千块的衣服，所以，我一狠心给老公也上了一万块一套的行头，～？”（雪小禅《女人心思：闺蜜，请你过得比我差》）

shuǐ cóng yuán liú shù cóng gēn
水　从　源 流 树　从　根

释义：比喻事物都有其本源。

例句："～。这厮既然有投邓车之说，还须上邓家堡去找寻。"（清·石玉昆《三侠五义》）

shuǐ dà màn bù guò chuán
水大漫不过船

释义：比喻做事不能越过常理。
例句："'且慢'，何大学问打断他的话，'莲姑娘还是我跟你大嫂的干闺女，我们也是她的一层父母；～去，我们两口子不乐意，你也白搭。'"（刘绍棠《蒲柳人家》）

shuǐ dà màn bù guò yā zi
水大漫不过鸭子

释义：比喻地位低的人盖不过地位高的人，也比喻一般人的水平或能力超不过地位高的人的水平或能力。
例句："人家胡助理是区上的领导，～，咱总得要听人家的。"（李英儒《上一代人》）

shuǐ dào qú chéng
水到渠成

释义：指水流到之处自然成渠。比喻具备了条件后，做事自然会成功。
例句："从武汉惠达公司方面来讲，在脚手架出口量遭受重创之后，由于急于想借助台湾恒泰公司在生产技术方面的优势开辟出一片新天地，尽快将机械公司救拔出奄奄待毙的水深火热之中，故而对于台湾恒泰公司的合作更是迫不及待。有了共同的利益和共同的追求，双方的合作成功自然是～的事情了。"（阿明《人在江湖》）

shuǐ dǐ lāo yuè jìng lǐ zhāi huā
水底捞月，镜里摘花

释义：比喻根本做不到的事情，白费力气，徒劳无功。
例句："如果把语文教学比作种庄稼，那么，学生就好比种子，基础知识好比土壤、水肥、阳光、空气。基础不雄厚，不可能有茁壮的秧苗、丰硕的果实。因此，离开基础知识的教学去奢谈能力的培养，无异于～。"（龚尔思笑《语文教学必须从基础知识入手》）

S

shuǐ fèn
水分

释义：指含在物体内部的水。比喻某些事物中不切实、虚夸的成分。
例句："各大队签订责任制合同的单位，到底落实了多少？生产组报的五十七，我看有～。"（谌容《关于仔猪过冬问题》）

shuǐ guò dì pí shī
水过地皮湿

释义：比喻工作只做在表面上，不深入，不扎实。
例句："咱这游击运动，应该从零星的行动，到大规模的军事行动，再全面地暴动。不能一下子轰起来，一下子又散了，～。"（梁斌《播火记》）

shuǐ hěn shēn
水很深

释义：比喻事物或人背景很复杂，令人捉摸不透。
例句："作为古都，北京的那种大气是中国、当然包括台湾的其他地方所没有的，李明勋认为。上一趟，他回台湾时跟朋友说：你知道北京有多大吗？你去故宫、去紫禁城走一走，没有四个小时，你走不完；你去颐和园，走马观花地看，两天两夜，你都看不完，更别说去细细地品味了。他用了一句北京人常说的话，我终于了解什么叫'北京的～'了。"（高晓春《北京的水很深》）

shuǐ huǒ bù xiāng róng
水火不相容

释义：比喻两种事物完全对立，不能共存。
例句："慈禧同光绪从戊戌变法以来，～。"（李六如《六十年的变迁》）

shuǐ jūn
水 军

释义：指利用舰船在水上作战的军队。网络语言，指在论坛大量灌水的人员。

例句：“～人员构成既有全职网络枪手，也有公司职员或家庭主妇。周某等人承接了炒作业务后会通过发包的形式给QQ群中的～成员，然后根据炒作效果支付一定的报酬。”（新华社《恶意炒作百起 4个“水军头”被拘》）

shuǐ lǐ méi lóng biē dāng jiā
水 里 没 龙 鳖 当 家

释义：鳖，爬行动物，生活在水中，也叫甲鱼或团鱼，俗称王八。比喻部门或单位由庸才执政。

例句：“咱们部门业务性这么强，可上边偏要派一个不懂行的来给咱当头儿，据说是省里一个什么领导的小舅子，真是～。这下子工作可不好干啦！”

shuǐ liú qiān zhuǎn guī dà hǎi
水 流 千 转 归 大 海

释义：比喻人无论走到哪里，终究还得回归。

例句：“～，是自己的弟兄总会回来的。”（凌力《星星草》）

shuǐ liú yún zài
水 流 云 在

释义：取自杜甫的诗《江亭》：“水流心不竞，云在意俱迟。”意思是江水滔滔，好像为了什么事情，争着向前奔跑；而我此时观水，却是心情平静，无意与流水相争。白云在天上移动，那种舒缓悠闲，与我此时的闲适心情全没两样。

例句：“从前的一切都变为风景，我庆幸自己曾有过那么一段美好的时光，如今，～，我想我会一直努力保持着那份纯粹与坚毅，但愿逝去的只是如水的时光，我仍然会保留着自己的梦想，去勇敢地迈向一个个未知的茫然。”（余鸟《水流云在》）

shuǐ luó bo pí hóng dù lǐ bái
水 萝 卜 皮 红 肚 里 白

释义：比喻表里不一样。

例句：“他是脚踏两只船，别看他儿子当八路，～。”（丁玲《太阳照在桑干河上》）

shuǐ luò shí chū
水 落 石 出

释义：水落下去，水底的石头就露出来。比喻事情的真相完全显露出来。

例句：“抗震救灾款物的审计要对党、国家、人民和历史高度负责，一旦发现问题，决不能姑息迁就，要查个～，促进救灾资金和物资分配的公开、公平、公正。”（王朝霞《刘家义：审计救灾物资中一旦发现问题要查个水落石出》）

shuǐ qiǎn bù róng dà chuán
水 浅 不 容 大 船

释义：比喻地方小或条件差，留不住有才华的人。

例句：“不行啊！咱这里～，好不容易盼着来了个教英语的，可不到一年，人家就嫌咱这里太偏僻，说啥也留不住，真愁死人啦！”

shuǐ qiǎn yǎng bù liǎo dà yú
水 浅 养 不 了 大 鱼

释义：比喻条件差的地方留不住有能力的人。

例句：“现在好老师难找，我们这儿～。”（司马文森《风雨桐江》）

shuǐ qīng shí zì xiàn
水 清 石 自 现

释义：比喻理顺复杂的关系，事情的真相自然就一清二楚。

例句：“你叫我辩白什么？有什么可辩白的？我心里是亮堂的，‘～’。”（曹禺《王昭君》）

shuǐ rǔ jiāo róng

水乳交融

释义：水和乳汁融合在一起。比喻感情融洽，意气相投。也比喻事物之间结合紧密。

例句：“《悲惨世界》被称为是超越电影和音乐的成功实验，电影手法与音乐剧～，引发了各界的关注。观影团成员说，就凭此片从头唱到尾，这样新颖的模式就值得中国影迷们进电影院一看。”（李佳珊《电影与音乐水乳交融，超赞》）

shuǐ tǔ bù fú

水土不服

释义：指对于一个地方的气候条件或饮食习惯不能适应。比喻不适应变化了的情况。

例句：“14日，全国大学英语四六级考试举行，这是改革后的新版四六级考试首次亮相，也是继2005年四六级考试改革后题型的再次大变动。昨天上午的四级考试一结束，考生们关于四六级考试的相关讨论立即登上微博热门话题前三名，一些考生高呼‘～’。”（侯艳　刘玉蕾《英语四六级变脸大玩中国风　考生“水土不服”》）

shuǐ wèi lái xiān dié bà

水未来先叠坝

释义：比喻防患于未然，事先做好准备。

例句：“李四说：‘他到咱们这儿来要钱，对咱们可没有好处，宝局就是个毁人炉。常言说久赌无胜家，早晚有一天他得输急了，那时他要跟你们瞪眼，先生，你可记住我的话，不管什么时候跟你们瞪了眼，千万可别用大话拍他，他可不怕。我要是在柜上来告诉我，我要是不在柜上，你们用话把他稳住了，打发人找我去，我自有办法。’李四高哇，这叫～，……”（晚村先生《传统艺术——八大棍儿》）

shuǐ xiè bù tōng

水泄不通

S

释义：连水也流不出去。形容非常拥挤或包围得非常严密。

例句：“正在加拿大多伦多参加罗杰斯杯网球赛的中国选手李娜，当地时间6日下午在多伦多太古商场同球迷见面。多伦多华人球迷给予李娜主场式的欢迎。见面会原定下午2时开始，但为了一睹李娜风采，一些热心的球迷提前4、5个小时就来到现场。到中午1时，会场已经被数百名球迷围得～。”（胡彦鹏《李娜在多伦多受球迷热捧　见面会被围得水泄不通》）

shuǐ zhǎng chuán gāo

水涨船高

释义：比喻事物凭借所依靠的基础变化而变化。

例句：“子翁这番话，倒叫我想起了一句俗语：～。轮船公司的票价自然要跟着水走。”（茅盾《霜叶红似二月花》）

shuǐ zhì qīng zé wú yú

水至清则无鱼

释义：水太清了，鱼就无法生存。告诫人们对人或物不可要求太高。

例句：“一个企业要做到‘严守原则、宽严相济’，管理者首先要有明确的价值观和清晰的道德准则，否则，‘～’与‘浑水摸鱼’只是一步之遥。”（张斌《水至清则无鱼?》）

shuǐ zhōng lāo yuè

水中捞月

释义：到水中去捞月亮，徒劳而无功。比喻那些自以为是、分不清是非虚实、害己害人的做法。

例句：“许多国家的经济危机都是因为房地产泡沫而引发的。房地产泡沫出现的原因不在房地产行业本身，而在于货币政策；房地产泡沫引爆的原因也不在于房地产本身，还是在于货币政策。在房地产泡沫中寻找经济危机的原因，就像猴子在～。”（潘石屹《水

中捞月》)

shuǐ zhōng yuè jìng zhōng huā
水中月，镜中花

释义：比喻看得到却得不到的东西。

例句：“合作建房，好但很遥远，～。祝福勇于探索的人们，祝福孙志群们!”(陈云峰《合作建房是水中月镜中花》)

shuì bù zháo jiào guài chuáng wāi
睡不着觉怪床歪

释义：比喻遇事强调客观原因。

例句：“对于这场热身赛，足协官员曹景伟这样解释：‘我们一定会尽力给国家队找来高水平或者有针对性的热身对手，因为我们国字号球员在联赛中得到的锻炼远远不够。中超节奏太慢，所以一到正式大赛，球员适应不了。’足协这样说，怎么听也像是～，似乎在继续为上次亚洲杯的失利找借口。”(多情应笑我《睡不着觉怪床歪　足协启动新一轮“热身赛”》)

shùn fēng chuī huǒ
顺风吹火

释义：比喻充分利用有利条件，事情就会好办得多。

例句：“一时间，英美关系显得异常热烈。英国此次紧跟美国～，纯系英美关系的惯性使然，尤其显示了他们当前特别需要相互借助的一面。”(李文政《顺风吹火》)

shùn fēng ěr
顺风耳

释义：顺风耳，古代神话中的一位神仙，地位不高，名气很大，长有能够听到随风而来的声音的耳朵。《西游记》里玉皇大帝就是派顺风耳在南天门外听到了花果山石猴的声音。比喻消息灵通的人。

例句：“你真是个～，比接电话还快，你听谁说的?”(草明《乘风破浪》)

shùn fēng shùn shuǐ
顺风顺水

释义：指船行驶的方向与水流和风的方向相一致。比喻顺利，碰上了好运气、好机遇。

例句：“私下里销售假药，两年来～，没想到一张发票让自己‘阴沟里翻了船’。今天上午，江苏海安县法院对此起销售假药案作出一审判决，判处被告人李强（化名）拘役3个月，缓刑6个月，并处罚金人民币2000元。”(王林谭　成德　戚阜生《男子卖假药2年顺风顺水　因未开发票被举报获刑》)

shùn fēng zhuǎn duò
顺风转舵

释义：比喻顺着势头行事。

例句：“民族主义文学家也只好～，改为对于这事件的啼哭、叫喊了。”(鲁迅《中国文坛上的鬼魅》)

shùn gānr pá
顺竿儿爬

释义：比喻说话或办事善于迎合别人的意图。

例句：“后来读《红楼梦》，看出王熙凤就是一个善于‘～’的机灵鬼。贾母爱吃什么菜，她就一个劲儿地为其点；贾母爱看什么戏，她往‘戏簿子’上打勾准合其意。”(邓高如《半轮秋》)

shùn máo lǘ
顺毛驴

释义：驴的性情倔强，往往越是抽打它就越不听使唤，如果对它顺着毛捋一捋，它就会服帖听话。比喻那些喜欢听恭维话和奉承话，不喜欢听批评话，凡事不考虑后果，处处按自己性子来的人。

例句：“他竟那么地介意？怀玉的傲骨，叫他决意非演一台好戏不可。师父也看他是头～，就是受不了气。”（李碧华《生死桥》）

shùn pō shàng lǘ

顺 坡 上 驴

释义：比喻顺应形势的发展做事。

例句：“‘总之，在没有合适的女佣之前，你就要做好你的工作。’钟吴昊宇一看她犹豫不决，忙下了结论，省得她反悔，改变主意。‘好吧！’悦遥～，反正她现在也舍不得离开他，就先这样吧。”（顽皮可爱《偷心女佣》）

shùn shǒu qiān yáng

顺 手 牵 羊

释义：顺手把羊牵走了。比喻顺便行事，毫不费力。

例句：“据说座山雕部下有个～的老方子，一撮毛可能是想施展这个伎俩。”（曲波《林海雪原》）

shùn shuǐ tuī zhōu

顺 水 推 舟

释义：比喻顺应情势或乘便行事。亦作“顺水推船”。

例句：“吴婉儿在收拾床铺时捡到了楚天那颗硕大无比的珍珠，楚大少爷刚刚在苏家大门口白赚了一大把银子，从一无所有一下子跨入了有钱人行列，心里高兴，就～将假珍珠送给了吴婉儿。”（楚大少《明盗》）

shùn téng mō guā

顺 藤 摸 瓜

释义：顺着瓜的藤蔓就能摸到瓜。比喻按照某个线索探查事情真相。

例句：“依我看，我们现在应该抓紧，但不要惊扰他，同时可以～，最后弄清情况。”（王士美《铁旋风》）

shùn zhe hǎo chī héng zhe nán yàn

顺 着 好 吃， 横 着 难 咽

释义：比喻人都喜欢恭维。

例句：“‘好了，不耽误你的时间了。’秀儿出门翻身上墙走了。人都是这样，～，人家多说了那么多好话，自己再计较就不对了。”（小宇《抗战先锋》）

shùn zhe lǒng gōu zhǎo dòu bāo

顺 着 垄 沟 找 豆 包

释义：见“顺着垄沟找土豆”。

shùn zhe lǒng gōu zhǎo tǔ dòu

顺 着 垄 沟 找 土 豆

释义：比喻心存侥幸，总想得到意外的收获。

例句：“最后我就割肉出局，滚蛋了！我姐夫把我好好嘲笑了一顿，说我是～的命，想赚股票上的钱，纯粹是癞蛤蟆想吃天鹅肉！”（罗萌《鄂大男爵有点烦》）

shuō bù chū ge zǐ chǒu yín mǎo

说 不 出 个 子 丑 寅 卯

释义：子丑寅卯，地支从第一到第四的排列顺序。比喻说话意思含混，别人听不出头绪来。

例句：“一位干部模样的中年人站在挖掘机旁大声说：‘张无赖，李无聊，现在就要打开棺材了，你们先说说你们的祖先是什么模样？是长脸，还是圆脸？’张无赖和李无聊，你看看我，我看看你，都～来。”（绍庆《他们的爷爷是条狗》）

shuō cáo cāo cáo cāo dào
说曹操，曹操到

释义：曹操，三国时期的重要人物，著名的政治家、军事家，死后被追封为魏武帝。比喻说到某人时，恰巧某人就来了。

例句：“接着就听到梅丽问话的声音道：‘你们少奶奶的病好些了吗?’二姨太道：‘你瞧，～了。’”（张恨水《金粉世家》）

shuō cháng dào duǎn
说长道短

释义：指议论别人的好坏是非。

例句：“可以说，他们对中国的认识正在进入一个充满矛盾的阶段，交织着羡慕与敌意、惊奇与恐惧、犹豫与不安，那些‘～’，就是这一心态的生动体现。”（郑直《理性面对西方对华综合征》）

shuō dà huà shǐ xiǎo qián
说大话，使小钱

释义：比喻只会虚张声势却胆小如鼠的人。

例句：“刘茂林是个～的家伙，一见韦青云变成个凶煞神，吓得浑身哆嗦。”（冯志《敌后武工队》）

shuō de bǐ chàng de hái hǎo tīng
说的比唱的还好听

释义：比喻说的话虽然动听，但都是骗人的空话。

例句：“真是～！前些日子朝你家串换点苞米面，不但不借给，大姐还在背地里说三道四，把我们好顿编排。”（林予 等《咆哮的松花江》）

shuō de yǒu bí zi yǒu yǎn
说得有鼻子有眼

释义：比喻把虚构的事物说得如同真实的一样。

例句：“孙桂英心里狐狐疑疑的，听马凤兰～，也就信了。”（浩然《艳阳天》）

shuō pàng jiù chuǎn
说胖就喘

释义：比喻自我感觉良好。

例句：“‘你以为你是什么东西，要要你而已，你还当真了，真是说你胖，你还就喘了。’林宇说完便动手，而上官也一时没有反应过来……”（古刹野狐《苍天锁道》）

shuō sān dào sì
说三道四

释义：形容不负责任地胡乱议论。

例句：“25日，日本首相安倍晋三在美国发表讲话称，日本近邻的军费开支仅次于美国，至少是日本两倍。外交部发言人洪磊在昨天的例行记者会上说，中国发展正常和正当的国防能力不对任何国家构成威胁，日本无权对此～。”（韩娜《外交部：中国发展国防能力　日本无权说三道四》）

shuō yī bù èr
说一不二

释义：比喻说话算数，说了就不改变。也指人独断专行。

例句：“自从忠大伯从关东回来，在父亲面前说～，忠大伯说怎么办，父亲就怎么办。”（梁斌《红旗谱》）

shuō yī shì yī shuō èr shì èr
说一是一，说二是二

释义：比喻说话斩钉截铁，毫不含糊。

例句：“你看人家阚子仲多痛快，～，一点不含糊。”（白危《垦荒曲》）

shuō zhe hóng liǎn de jiù lái le guān gōng

说着红脸的就来了关公

释义：关公即关羽，三国名将，《三国演义》中描写关羽“面如重枣”。比喻事情非常凑巧。

例句：“～。你来得正好，要不，还要上门去请呢！”（王厚选《古城青史》）

shuō zuǐ láng zhōng wú hǎo yào

说嘴郎中无好药

释义：郎中，民间对中医医生的称谓。比喻光靠嘴上自夸的人不一定有真本事。

例句：“俗话说‘～’，基层党组织和领导干部应该时刻警惕脱离实际、脱离基层群众，积极深入到基层群众中去，坚持群众路线，为基层群众排忧解难，提高群众的满意度，造福一方百姓。”（天佑中华《创先争优切勿“掩眼捕雀”》）

shuò guǒ jǐn cún

硕果仅存

释义：唯一留存下来的大果子。比喻经变迁、淘汰，留存下来的稀少而可贵的人或事物。

例句：“到了上个世纪 80 年代，青岛市商业局认证首批糕点技师，高培义成为六位技师中的一位。而如今其他几位糕点技师相继离世，高培义是～的一位。”（王猛《探访传统手工月饼制作流程　82 岁老师傅支招》）

sī sī rù kòu

丝丝入扣

释义：丝，织布的丝线；扣，即筘，织机上的主要机件之一。织布时每条丝线都要从筘齿间穿过。比喻做得十分细致，有条不紊，一一合拍。

例句：“对孩子的教育是～的事情。帮助孩子在重要关头做出正确的选择，是父母的责任。但每个选择都有利有弊，如何趋利避害，就看家长是否成熟，是否能在选择后细致入微地处理好相应的问题。”（陆小娅《教育是丝丝入扣的事情》）

sī huǐ

撕毁

释义：撕破毁坏。比喻单方面背弃协议、条约等。

例句：“你和房主不是签好了买卖合同了吗？房主一看房价涨了，就不卖房了，这叫～合同。你可以理直气壮地去告他。”

sī pò liǎn

撕破脸

释义：比喻关系破裂，相互不再顾及对方的脸面。

例句：“愿赌不服输。一夜之间，‘双赌协议’成为了 PE（私募股投资机构）与被投企业间‘～’的直接导火线。”（英才《PE 与企业“撕破脸”的“双输”诅咒》）

sǐ bào hú lu bù kāi piáo

死抱葫芦不开瓢

释义：比喻固执己见，至死不悟。

例句：“你张七也是劳动人家出身，不要抓条岔道跑到底，～。”（姜树茂《渔港之夜》）

sǐ bù míng mù

死不瞑目

释义：死了也不闭眼。指人死的时候心里还有放不下的事。形容极不甘心。

例句：“昨日，当年亲自引入面粉增白剂、如今却成为最大反对者的前国家粮油局局长王瑞元接受晨报记者电话采访时直言：‘增白剂不禁，我～。’”（李晓明　葛志浩《面粉增白剂引进者态度转变：不禁增白剂死不瞑目》）

sǐ huī fù rán

死灰复燃

释义：指已经熄灭的灰烬又重新燃烧起来。比喻已经沉寂、消失的人或事物又重新活动起来。含贬义。

例句："对内政策果得实现，则军阀不致～，民治之基础莫能动摇。"（孙中山《历年政治宣言》）

sǐ jiǎo
死角

释义：指在视野之内而观察不到的地方。比喻管理或运动、潮流风气尚未影响到的地方。

例句："个别地方的垂直领导系统甚至声称其信息系统集中建在上级部门，本级机关无权掌握和公开，从而拒绝地方政府信息公开主管部门对其行使职权。如此一来，公开条例的实施效果必将大打折扣，垂直部门势必成为阳光照不到的'～'。"（李亮《政府信息公开条例实施调查：垂直部门成"死角"》）

sǐ jié
死结

释义：不能一拉就解开的结子。比喻难以解决的问题。

例句："口口相传的话难免会走调，那些断章取义、添油加醋、面目全非的言语传到他的耳中只会令他更加愤怒，只会令误会越陷越深，无可收拾。再明了的线，不肯花心思去解，只会成为～。"（七七未央《闭一只眼看男人》）

sǐ le zhāng tú fū bù chī dài máo zhū
死了张屠夫，不吃带毛猪

释义：屠夫，指以宰杀牲畜为职业的人。比喻做事情即使缺少某个人或某个条件照样能做。

例句："它封锁它的，我们照样干我们该干的活。～。"（刘彦林《东风浩荡》）

sǐ mǎ dāng zuò huó mǎ yī
死马当做活马医

释义：比喻在无望的情况下，做最后的努力。

例句："也好吧，～，就照他的意思办吧。"（曹禺《北京人》）

sǐ nǎo jīn
死脑筋

释义：指那些拒绝接受别人的劝告或想法、思想僵化固执的人。

例句："小爷叔，你真是～，旁人的话，哪里听得那么多。"（高阳《胡雪岩全传》）

sǐ pí lài liǎn
死皮赖脸

释义：形容厚着脸皮，纠缠不休。

例句："还亏是我呢，要是别个，～的三日两头儿来缠舅舅，要三升米两升豆子的，舅舅也就没有法儿呢。"（清·曹雪芹《红楼梦》）

sǐ qí
死棋

释义：棋局中救不活的棋子或败局无法挽回。比喻必败的局面。

例句："敌人的残兵败将早被各路解放大军团团围住，剩下的无非是收场的一步～了。"（杨朔《百花山》）

sǐ qù huó lái
死去活来

释义：指因极度的疼痛、悲哀或惊吓，晕过去又醒过来。

例句："她的身子骨那么坏，我要偷偷的走了，她还不哭个～。"（老舍《四世同堂》）

sǐ rén dōu gěi shuō huó le
死人都给说活了

释义：比喻能说会道。

例句："有些做保险的业务员真是差劲，找你买保险的时候，把～，等你真出险有事的时候，连电话都不接。”

sǐ shuǐ yī tán
死水一潭

释义：一池子不流动的水。比喻死气沉沉、停滞不前的沉闷局面。

例句：“火力攻击最猛的，自然是共和党议员面对美国有可能出现的首次债务违约无动于衷，让他（奥巴马）眼下主抓的债务谈判～。”（蒋旭峰《债务谈判死水一潭》）

sǐ zhī fǔ bù rú yī ge huó lǎo shǔ
死知府不如一个活老鼠

释义：知府，古代官名，下了台的知府官还不如一只活老鼠有用。比喻世态炎凉。

例句：“……（那）是过去的事了！他眼下又没人在朝……。俗话说得好：‘～’。哪个理他？而今人情是势利的！”（清·吴敬梓《儒林外史》）

sǐ zhū bù pà kāi shuǐ tàng
死猪不怕开水烫

释义：比喻已经到了最坏的境地，豁出去了，怎样对待都无所谓了。

例句：“冯春娘还没睡着，忽听得楼梯响，立时起了一身鸡皮疙瘩。她腾地坐起又倒下了，反正～，由他去吧。”（王英先《枫香树》）

sǐ zhū gě xià zǒu shēng zhòng dá
死诸葛吓走生仲达

释义：诸葛，即诸葛亮；仲达，即司马懿，字仲达。诸葛亮死后，司马懿将信将疑，率军追赶蜀军，蜀军按诸葛亮生前之计将其雕像推出吓退了魏军。比喻人死了，余威还在。

例句：“近两年来，大开了印卖遗著的风气，虽是期刊，也常有死人和活人合作的，但这已不是先前的所谓‘骸骨的迷恋’，倒是活人在依靠死人的余光，想用‘～’。”（鲁迅《且介亭杂文末编·续记》）

sì bù xiàng
四不像

释义：四不像，中国的特有动物，称为麋鹿，因为它头脸像马、角像鹿、颈像骆驼、尾像驴而得名。由于环境的变化和猎杀，19世纪末期在中国消失。值得庆幸的是，英国的十一世贝福特公爵花重金收养了世界仅存的18头麋鹿，放养在他的乌邦寺庄园，保留了这一物种。在世界动物保护组织的协调下，英国政府在1985年无偿向中国提供22只，1986年又提供39只，放养在4个麋鹿保护区中，目前全世界麋鹿总数达4000只，大部分在中国。比喻不伦不类的事物。

例句：“地方语言运用得好，总比勉强的用～的、毫无精力的、普通官话强得多。”（老舍《我的“话”》）

sì fēn wǔ liè
四分五裂

释义：形容不完整，不集中，不团结，不统一。

例句：“今日中国正是万国眈眈虎视的时候，如果革命家自己相争，～，岂不是自亡其国！”（孙中山《中国前途问题》）

sì liǎng bō qiān jīn
四两拨千斤

释义：武术技巧术语，初见于太极拳《打手歌》：“任他巨力来打我，牵动四两拨千斤。”原指太极拳避实就虚，以小力胜大力的办法。比喻用巧妙的手段以弱胜强。

例句：“至少从现在看来，上交所的这条新规极有可能～，就此终结一个时代，一个ST股亏损深重但誓死不退的时代，ST股壳身价不菲的时代，只要广泛投资ST就稳赚不赔的时代。”（智梦寻《ST新规“四两拨千斤”》）

sì liǎng yā zǐ bàn jīn zuǐ
四两鸭子半斤嘴

释义：比喻能说会道或是东西质量太差。参见“三斤鸭子二斤嘴”。

例句：“汤一清问，可知道一个叫笪达的人，丁唯富、何碧天异口同声地回答‘知道’，何碧天介绍了有关他的情况。‘这个人聪明，水平是有，但是书读多了，思维与别人不一样，不能适应工作……’丁唯富插话，‘据说这人是～，不干实事，清谈算一个。’”（醒然《白楼梦》）

sì miàn bā fāng
四面八方

释义：四面指东、南、西、北，八方指东、东南、南、西南、西、西北、北、东北。泛指各个方面或各个地方。

例句：“牧民们扶老携幼，载歌载舞，从～向会场聚来。”（玛拉沁夫《花的草原》）

sì miàn qǐ huǒ bā chù mào yān
四面起火，八处冒烟

释义：比喻陷入困难，无法收拾。

例句：“美国鼓捣的那些经济刺激计划如果真的贯彻下去，本质就是三个字：印钞票。其结果就是美元崩盘。可不印钞票，又怎么拯救～的美国经济呢？”

sì píng bā wěn
四平八稳

释义：四平：东、西、南、北四方太平；八稳：东、西、南、北、东南、东北、西南、西北八面稳定。比喻说话、做事、写文章稳重。

例句：“他被绍介进中国来，～，反对的比赞成的少。”（鲁迅《南腔北调集·论语一年》）

sì tōng bā dá
四通八达

释义：四面八方都有路可通，形容交通便利。比喻事理融会贯通。

例句：“和谐的社会需要平等和公平作基础，需要公平正义的引领，需要将这些种子种在孩童的心田，让《义务教育法》的阳光……照到整个校园，在这样的校园中成长的学生，就会去创造～的社会。”（储朝晖《四通八达的教育之路需要阳光铺就》）

sōng bǎng
松绑

释义：把绑着的绳子解开。比喻放宽约束、限制。

例句：“民众与企业对国务院的真正期望是：‘向市场放权，就要放大权，恒放权；要为企业～，就要松大绑，恒～。’”（王涌《为企业松绑不只是削减行政审批》）

sòng fó dào xī tiān
送佛到西天

释义：西天，指佛教的极乐世界，众佛生活的地方。比喻好事要做到底。

例句：“～，你明白了么？你替秋菊争得自由，可是你怎么安置这‘自由’的秋菊呢？”（茅盾《三人行》）

sōu cháng guā dǔ
搜肠刮肚

释义：比喻绞尽脑汁，苦思苦想。

例句：“出身流氓无产者的乞丐、和尚朱元璋从参加起义到当上皇帝花了仅仅十六年的时间，现在看来也是个天大的奇迹。他成为四海之君后最担心的就是如何把朱家江山世世代代传下去。为此，这个没有读过书但精明过人的农家子弟～设计了一整套看似天衣无缝的制度来规范子孙的行为。这些制度的精致和完善令人叹为观止。”（佚名《朱元璋的皇明祖训》）

suān liū liū
酸溜溜

释义：酸的味道或气味。形容轻微酸痛的感觉、轻微嫉妒或心里难过的感觉和迂腐的言谈等。

例句：“……谈话中她感到这位校长有点儿庸俗，～的不像个校长，倒像个绅士。”（杨沫《青春之歌》）

suàn zhàng
算账

释义：比喻计较某事。

例句：“大家都说他一生不肯认真，不肯～，不肯计较，真是一位有德行的人。”（胡适《差不多先生传》）

suí bō zhú liú
随波逐流

释义：随着波浪起伏，追着流水漂荡。比喻没有坚定的立场，缺乏判断是非的能力，只能追随着别人走。

例句：“你心胸开阔，气度那么从容！你不～，也不固步自封。”（郭沫若《屈原》）

suí dà liú
随大流

释义：大流，指河心流速快的水流。比喻跟着多数人说话或行事。

例句：“他说得没错，他的确是赶上潮流了，～地成了浩浩荡荡的穿越大军中的一员。”（林问雀《真武世界》）

suí fāng jiù yuán
随方就圆

释义：指方的行，圆的也行。比喻非常随和。

例问：“他这个人没啥说道，～，跟谁都能相处得很好。”

suí fēng dǎo
随风倒

释义：比喻人没有主见，总是倒向势力强大的一边。

例句：“对此，杨廷宝说我不反对大屋顶，但那太浪费钱了，我们搞设计不能赶浪头，～。他‘顶风’设计的简约美观的北京和平宾馆，后来成为中国公共建筑的经典之作。”（何亮《杨廷宝：搞设计不能赶浪头随风倒》）

suì hán zhī sōng bǎi
岁寒知松柏

释义：比喻只有经过恶劣环境的磨炼和长时间的考验，才能真正认识一个人的品质。

例句：“娱乐圈是个大染缸，太多的风风雨雨，太多的磕磕碰碰，太多的是是非非。在难关面前，明星们往往要比普通人多几倍的压力，而明星夫妻尤甚。～，患难见真情，经历了痛苦和挣扎后，他们携手相依、共度余生的爱的力量让人为之钦佩、为之动容。”（佚名《岁寒知松柏、患难见真情的十对明星夫妻》）

suì zuǐ zi
碎嘴子

释义：指说话絮烦的人。

例句：“白老太太耳朵还好，外间屋里说的话，她全听见了。她咳嗽了一声，伸手在枕边摸索到了小痰罐子，吐了一口痰，方才说道：‘你四嫂就是这样～，你可不能跟她一样的见识。’”（张爱玲《倾城之恋》）

sūn wù kōng zài biàn yě mán bù guò èr láng shén
孙悟空再变也瞒不过二郎神

释义：古典小说《西游记》载，孙悟空在大闹王母娘娘蟠桃宴之后，玉皇大帝派遣天兵天将

捉拿他，都被他打败了。玉皇大帝无奈请来二郎神参战，两人斗法，孙悟空先后变成小鸟、蛇、庙宇等，均被二郎神识破。比喻做事情瞒不过行家里手。

例句：“肖光虎猫着腰来到了她家围墙外，门推不开，里面上了闩。从门缝中看不清里面什么东西，只听到叽叽咕咕的说话声。听不清具体内容，他更加着急。一着急就想进去，……他一想，心头一乐，哼哼，你有关门计，我有跳墙法，～，只好当一次小偷翻墙头。”（刘峻《六十花甲》）

sǔn bīng zhé jiàng

损 兵 折 将

释义：士兵和将领都有伤亡。比喻遭受到重大的损失。

例句：“呼延灼不由得心里一阵发凉——他明白了，从一开始自己就陷入了……圈套当中，一步一步～，落到现在这步田地。”（十二星座《驶神诀》）

suō shǒu suō jiǎo

缩 手 缩 脚

释义：比喻做事胆小，顾虑太多，不敢放手。

例句：“我希望每一个高管，对越是打招牌的，越是要严格管理，不要有顾虑。越大胆管理，我越认为你是个人才；越是～，我越认为你不是一个人才。”（刘道明《以大我心态做名流人》）

suō shuǐ

缩 水

释义：指纺织品、纤维等遇水后收缩。比喻在原有的基础上减少了。

例句：“在这种内在变化机制下，一方面进行股票的变现大大增加了执行成本，另一方面在操作的过程中，也将当前在其投资组合中其他股票存在的流动性压力扩散出去，造成更大的流动性风险，从而使投资者遭受严重的资产～。”（姚亚伟《警惕流动性风险引致金融财富大幅缩水》）

suō tóu suō nǎo

缩 头 缩 脑

释义：形容畏缩不前，或胆小不敢出头。

例句：“但是我也说明了几句我所以来校的理由，并要求学校当局做出对今天～办法的解答。”（鲁迅《华盖集·“碰壁”之后》）

suō tóu wū guī

缩 头 乌 龟

释义：乌龟，爬行动物，体扁有硬甲，生活在河流湖泊里，吃杂草或鱼虾等，碰到危险时头尾四肢能缩入壳内。比喻胆小怕事。

例句：“其实，我一直觉得，这件事不简单，而且很可能会和我发生些关系。但到目前为止，我一点线索也没有，就只好当～，等哪一天事情找上我了。”（那多《过年》）

T

tā ná wǒ bù dàng gān liáng　wǒ ná tā bù dàng xián cài

他拿我不当干粮，我拿他不当咸菜

释义：比喻互不尊重。

例句：“我这个人还就这个脾气，他要敬我一尺，我就敬他一丈，～！”

tā niàn tā de jīng　wǒ bài wǒ de fé

他念他的经，我拜我的佛

释义：比喻互不相干，各干各的。

例句：“国内外每天世事纷扰，～，卖醋卖糖，各管各的事。”

tā shān zhī shí　kě yǐ gōng yù

他山之石，可以攻玉

释义：比喻借助外力来发展和完善自己。

例句：“这套丛书取名‘当代学术棱镜译丛’，意有透过所选篇幅，折射出国外知识面貌和当代进展，并反映出选编者的理解和匠心，进而实现‘～’的目的。”（林讷《他山之石可以攻玉》）

tā yāng

塌秧

释义：指花草、蔬菜等发蔫、枯萎。比喻人垂头丧气、精神不振。

例句：“老穆头儿笑了笑说：‘活儿虽不难，但却需要技巧、耐力和韧性。甭说你们这帮臭小子了，就是大老爷们儿，三天下来都～。’他转向胖墩儿，把镰刀递到胖墩儿的手里，‘这样吧，你只要能连续割两天草，手不起泡，腰还能直起来，就算你赢，我请你吃两根小豆冰棍儿。’”（沈轼《与共和国共同成长的一代》）

tā pò le mén kǎnr

踏破了门槛儿

释义：形容找上门来的人非常多。

例句：“‘鼓励社会力量以多种形式举办幼儿园’的措施引发了个人办园热。记者日前从海淀、朝阳、丰台等区教委了解到，个人前去咨询办园情况的现象非常火爆，用工作人员的话形容：‘高峰时差点儿～。’”（贾晓燕《咨询者差点踏破教委门槛儿》）

tāi sǐ fù zhōng

胎死腹中

释义：指胎儿在出生前就死在母亲的子宫里。比喻计划或设想在没有付诸实施的情况下，因为某种原因而被中止。

例句：“接近国务院法制办的人士说，拆迁修法已非当前工作着力点。而了解情况的法律学者和律师说，新‘拆迁条例’或已～。”（贾华杰《新拆迁条例或已胎死腹中，仍无出台时间表》）

tái zhù zi

台柱子

释义：指剧团里的主要演员。比喻团体当中挑大梁的人。

例句：“数字是枯燥的，但却是令人振奋的。平果县非公有制经济已从昔日的‘跑龙套’发展成如今的‘～’，撑起了县域经济的‘半壁江山。’”（葛军献 廖根梅《从“跑龙套”变为“台柱子”——喜看平果非公经济华丽转身》）

tái bù qǐ tóu
抬不起头

释义：比喻尊严受到了伤害。

例句：“他的突然一嗓子，让烟儿的奶奶感到惊愕和不解，而烟儿面对这个没有礼貌的豪门大少男朋友，在奶奶的面前也有些尴尬～来。”（小小米粒《独宠撩人小娇妻》）

tái gàng
抬杠

释义：抬杠是两个人的活儿，必须同时抬，否则就抬不起来。比喻两人互不相让，争辩不休。

例句：“嘻嘻！我这位老乡，生成的犟脾气，爱～。”（老舍《王老虎》）

tái jiào zi
抬轿子

释义：古时以轿代步，而抬轿子的人有两个、四个、八个人甚至更多，抬轿子的人越多表明乘轿子的人身份越高，如众星捧月一般。比喻吹捧、奉承有权势的人。

例句：“现在有的干部职务升了，权力大了，对自己的要求却放松了；权力一大，直接监督他的人少了，利用他、为他～的人多了。”

tái tóu
抬头

释义：指把头抬起来。比喻受压制的人得以伸展或是被禁止的东西又重新出现。

例句：“历城交警大队交通科科长林松介绍，假日期间各种聚会和宴请活动增多，酒后驾车现象会有所～，严重危害其他交通参与者及自身的安全，交警部门将对此类交通违法行为进行严查。”（韩磊《酒驾行为有所抬头》）

tái tóu bù jiàn dī tóu jiàn
抬头不见低头见

释义：比喻经常在一起。亦作“低头不见抬头见”。

例句：“咱们一个屯子的人，～，平日都是你兄我弟的，日子长远了，彼此有些言语不周，照应不到的地方，也是有的。”（周立波《暴风骤雨》）

tài shàng huáng
太上皇

释义：特指把皇位让给太子而自己退位的皇帝。比喻在幕后操纵、掌握实权的人物。

例句：“监控不严和失职显然是这场金融危机的重要原因。但如果认为美联储是美国金融系统真正的‘～’，让它背上‘祸首’的罪名，似乎有点冤枉。”（王嵎生《谁是真正的“太上皇”》）

tài suì tóu shàng dòng tǔ
太岁头上动土

释义：太岁，即土星。迷信认为土星所在的位置是凶方，不宜动土建筑。比喻触犯强有力的人物或触犯忌讳。

例句：“你这家伙敢在～，胆子倒也不小!”（李劼人《大波》）

tài yáng cóng xī biān chū lái le
太阳从西边出来了

释义：比喻发生了难以理解的事情。

例句：“这是怎么搞起的？敢莫今天～？不然，太太如何会反常，还那么客气地称呼起‘罗二爷’来?”（李劼人《大波》）

tài shān bù shì duī de
泰山不是堆的

释义：泰山，位于山东省中部，最高峰海拔1532.7米。泰山实际海拔高度并不太高，在五岳中次于恒山、华山，仅占第三位，但古代传统文化认为，东方为万物交替、初春发生之地，故泰山有“五岳之长”“五岳独尊”的称誉。高大的泰山不是人们用石块堆起来的。比喻做事情要靠本事。

例句：“～，不吹牛皮，哪怕现在山头已经被日军占领，我们也能像在南天门上一样，把他们撞回去，因为我们很阔气，我们有人了。”（兰晓龙《我的团长我的团》）

tài shān yā dǐng bù wān yāo
泰山压顶不弯腰

释义：比喻敢于承担重要、艰辛的任务。

例句：“张兴不由得佩服地说：‘好啊，这真叫～。’”（谌容《万年青》）

tān duō jiáo bù làn
贪多嚼不烂

释义：指贪求过多，反而得不到好效果。

例句：“俞先生可是不忙，他知道小陈聪明，但是不愿意教他，～。”（老舍《火车集·兔》）

tān zuǐ de yú yì shàng gōu
贪嘴的鱼易上钩

释义：比喻贪心的人容易上当受骗。

例句：“野原对我说：‘愿意不愿意接受我的礼物？’我淡淡地回答：‘也许愿意。不过我想看看是什么样的礼物。’一点红……插嘴说：‘～，冰妹妹可要当心。’”（水果《山林女人》）

tān pái
摊牌

释义：打牌时自认为稳操胜券的一方将手中所有的牌亮给对方，促使对方认输。比喻把己方所有的意见、条件、实力摆出来给对方看。

例句：“两派反革命竞赛，一派说我们的法子最好，另一派说我们的法子最好。争得不可开交了，一派突然～，将自己用过的许多法宝搬出来，名曰白皮书。”（毛泽东《为什么要讨论白皮书?》）

tān huàn
瘫痪

释义：身体或其某一部分完全丧失运动功能。比喻失去作用，不能正常活动或工作。

例句：“中国军队大炮炮火的猛烈集中已开始在整个战场中占优势，已经一再使联军的步兵～。”（魏巍《东方》）

tán huā yī xiàn
昙花一现

释义：昙花，一种灌木状肉质植物，花朵非常美丽，但是开花时间却只有三四个小时。比喻美好、稀有的事物或景象出现了一下，很快就消失了。

例句：“在上周末央行降低存款准备金率的利好助推下，昨日，沪指开盘即突破半年线压制，但是银行、券商、保险等权重板块的低迷，导致沪指震荡下行，最终收于半年线下方，对半年线形成‘突而不过’的格局，‘降准行情’～。”（孙宪超《“降准行情”昙花一现》）

tán hǔ sè biàn
谈虎色变

释义：原指被老虎咬过的人才真正知道虎的厉害。后比喻一提到自己害怕的事就情绪紧张起来。

例句：“市卫生局执法人员说，对食品添加剂要用一分为二的眼光看待，不必‘～’。事实上，食品不使用防腐剂，危险性更大，因为变质的食物易引起中毒。合理使用食品添加剂可以防止食品变质，保持食品的营养，改善或丰富食物的色、香、味等。只要不

过量添加，且不添加有害物质，如吊白块、甲醛等，就无碍食品安全。”（张莉莉《对食品添加剂不必“谈虎色变”。》）

tán bù dào yī gēn xián shàng
弹不到一根弦上

释义：比喻很难在一起相处或合作。

例句：“两人谈话格格不入，像人常说的一样，～。”（杜鹏程《在和平的日子里》）

tán gāng qín
弹钢琴

释义：钢琴，键盘乐器的一种，有宽广的音域，绝美的音色，被称为乐器之王。弹钢琴时要十个指头都动起来，比喻抓工作要全面，并且处理好轻重缓急。

例句：“在经济社会深刻转型的今天，各级领导干部手头的工作可谓千头万绪、错综复杂。提高工作质量和效率，需要区分轻重缓急，掌握‘～’的艺术：一方面突出重点，高度重视和抓好重要工作、重点任务；另一方面兼顾全盘，不忽视不放弃‘不重要’的工作。”（陈俊伟《领导干部抓工作要擅“弹钢琴” 突出重点顾全盘》）

tán xìng
弹性

释义：物理名词，指物体受外力作用变形后，除去作用力时能恢复原来形状的性质。比喻事物的可多可少、可大可小等伸缩性。

例句：“近日，人力资源和社会保障部表示，相应推迟退休年龄已是一种必然趋势，正在对退休及领取基本养老金年龄问题进行深入研究，将适时提出～延迟领取基本养老金年龄的政策建议。”（吴杰《人社部：将适时建议弹性延迟领取养老金年龄》）

tàn náng qǔ wù
探囊取物

释义：囊：口袋。伸手到口袋里拿东西。比喻能够轻而易举地办成某件事情。

例句：“梅西得分如同～，对手只能眼睁睁地看着。可以想象，多年后电视上播放着梅西的纪录片，同样载入史册的还有勒沃库森后卫的无奈记忆。”（张连杰《探囊取物》）

tāng hún shuǐ
蹚浑水

释义：比喻跟着别人做坏事，也比喻有风险。

例句：“中国女排主教练陈忠和昨天表示，新任主帅俞觉敏是可信赖的合适人选，而自己不出任女排教练绝不是怕～，女排的伤病也不都是训练造成的。”（周松《陈忠和称不是怕蹚浑水，俞觉敏执教风格深受影响》）

táng yī pào dàn
糖衣炮弹

释义：用糖衣裹着的炮弹。比喻能够腐蚀、拉拢人的各种手段。

例句：“有落马官员回顾‘腐败之路’：对明目张胆的行贿，能头脑清醒；但裹上了人情的外衣，却难以抵挡。‘人情消费’变成～，让人深思。”（李拯《“人情消费”变糖衣炮弹》）

táng bì dǎng chē
螳臂挡车

释义：螳臂，螳螂的前腿。螳螂举起前腿想挡住车子前进。比喻高估自己的力量，去做办不到的事情，必然招致失败。

例句：“张路海果然不再和雪儿计较，转身又去揍小钉子，雪儿闪身蹦到他面前，双手一张：‘慢着！’那弱小的身影和张路海的身躯相比，让人不禁想到一句成语：～。”（玄天蝶舞《雪舞墨蝶》）

táng láng bǔ chán huáng què zài hòu
螳螂捕蝉，黄雀在后

释义：此语出自汉代刘向的《说苑·正谏》，说的是吴王想要攻打楚国，并说谁要是阻止我，我就处死谁！吴王手下的一位青年想劝吴王，他连续三天早上拿着弹弓去吴王花园打鸟。吴王发现了，觉得奇怪，就问他在干什么。青年说，花园里有一棵树，树上有一只蝉，边喝露水边唱歌，却不知道有只螳螂正扑向它，螳螂不知道身后有只黄雀要啄它，而黄雀却不知道我举着弹弓要射下它。这三个家伙都只见到眼前的利益而忽视了身后的隐患。吴王听了恍然大悟，取消了攻打楚国的主张。比喻只看见眼前有利可图，不知道灾祸就在后面。

例句：“星月自是从来无心管这些，有些距离但又紧紧地跟着不远处前边的人。而前边的那个人又似乎在跟着一个人。星月此时很想说：～！”（冷雨璟《秦时明月之阴阳天下》）

tàng shǒu de shān yù
烫手的山芋

释义：比喻问题很棘手，但解决之后大有好处。

例句：“由于男排水平有限，国家队主教练一直被认为是‘出力不讨好’的苦差事。面对新一轮奥运周期，谁将接任国家男排帅印这‘～’，仍会成为一段时期国内排坛议论的重点之一。”（厉智《谁接男排“烫手山芋”？谢国臣李海运成热门人选》）

tāo xīn wō zi
掏心窝子

释义：比喻说的是真心话。

例句：“吴江市公安局与群众～、说贴心话，解群众基础之困……”（尤莉《掏心窝子说贴心话》）

táo huā yùn
桃花运

释义：桃花比喻面容姣好的女子，桃花运指男子得到女子的特别爱恋。泛指人或事物受到特别的宠爱。

例句：“只是偶然也还想借书来休息一下精神，而又耐不住唠叨不已，破费功夫，于是就使短篇小说交了～。”（鲁迅《南腔北调集·〈总退却〉序》）

táo lǐ mǎn tiān xià
桃李满天下

释义：桃李，指所教的学生。比喻培养的学生很多，遍及各地。

例句：“而黄更是当代大儒，海内人望，不惟～，而且不少故旧门生身居显要。”（姚雪垠《李自成》）

táo sè
桃色

释义：指桃花粉红的颜色。比喻男女情爱。

例句：“在他的脑子里，稻种代替了改霞，好像他昨晚在车站票房里根本没作～的遐想。”（柳青《创业史》）

tǎo fàn de diū le wǎn
讨饭的丢了碗

释义：比喻昏头昏脑到了一定的程度。

例句：“因为暑假前偷懒，不想把书弄到学校的大礼堂去而放在寝室了。哪知暑假结束返校，打开寝室门，书全都不见了。当时看见一个收书的赶紧追过去，结果还是没找到。就这样，我的书，还有两年的笔记（心血呀）全都不见了。我当时恨不得掐死自己。最关键的时刻，我把书弄丢了，这简直就跟～一样。”

tǎo fàn yù dào huāng nián
讨饭遇到荒年

释义：比喻境遇非常困难。

例句：“咱这生意本来就是勉强维持，这赶上金融危机就更难做了。真是～，死又死不了，活又活不起，难啊!”

téng yún jià wù
腾云驾雾

释义：传说中会法术的人可以乘着云雾飞行。形容奔驰迅速或头脑昏沉。

例句：“道静坐在凳子上，头脑昏昏沉沉，好像在～。”（杨沫《青春之歌》）

tī pí qiú
踢皮球

释义：踢皮球时球在谁的脚下谁就踢。比喻职能部门职责不清，相互推诿，办事效率低下。

例句：“在偏僻的农村，农民兄弟的事情解决起来极难，办事就像在求官爷发慈悲。在广西玉林容县浪水乡，有几十位农民因林权等民事纠纷案找乡政府，乡政府官员就～，这个叫找乡长，那个叫找林管所、找派出所……结果个个都说很忙，听候处理。”（林婉怡《农民到政府办事被“踢皮球”》）

tí xīn diào dǎn
提心吊胆

释义：比喻十分担心或害怕。

例句：“但他们往往遭农会严厉拒绝，所以他们总是～地过日子。”（毛泽东《湖南农民运动考察报告》）

tī duì
梯队

释义：指军队作战或行军时，依任务和行动顺序将军队划分成若干像梯子一样衔接的纵向组成部分。比喻事业的后继承接人。

例句：“人才～动态管理的终端是退出管理，企业应建立合理的退出机制，使人才～管理与企业内部选拔和晋升机制相对接，对后备人才产生良好的激励作用。”（田渝《搞好企业后备人才梯队建设 满足企业后续发展人才需要》）

tǐ wài xún huán
体外循环

释义：医学术语，指应用人工管道将人体大血管与人工心肺机连接，从静脉系统引出静脉血，并在体外氧合，再经血泵将氧合血输回动脉系统的全过程，又称心肺转流，主要应用于心脏、大血管手术。比喻可控制范围之外的活动。

例句：“‘资金～’，使银行失去了管理与监督的职能，集聚资金的功能减弱。银行的信贷能力下降，加剧了大、中型企业的资金短缺，影响了企业的正常发展。”（高和义《“资金体外循环”的成因、危害及治理对策》）

tǐ wú wán fū
体无完肤

释义：全身的皮肤没有一块好的。形容遍体都是伤。也比喻理由全部被驳倒，或被批评、责骂得很厉害。

例句：“各位律师把他说的鬼话驳得～，哑口无言。”（邹韬奋《患难余生记》）

tì guāng tóu
剃光头

释义：比喻在考试或比赛中一分都没得到。

例句：“湖南省食品工业去年在国家质量评比中‘～’，今年夺得五块银牌。”

tì tóu dāo kǎn bù liǎo chái

剃头刀砍不了柴

释义：比喻各有各的用途。

例句：“用人就是应该有规矩，～，要扬长避短。”

tì tóu tiāo zi yī tóu rè

剃头挑子一头热

释义：旧时理发匠流动理发，挑个担子，一边装着各种理发用具，另一边是个火炉，因有此说。比喻双方的想法不完全一致，一方极力促成，一方却消极观望。

例句：“～，人家现在根本就不谈这事。”（马烽《我们村里的年轻人》）

tì sǐ guǐ

替死鬼

释义：指代人受难或是承担罪责的人。

例句：“盛宣怀等人的原意是，金蝉脱壳，让叶延春当作‘～’。”（高阳《胡雪岩全传》）

tì zuì yáng

替罪羊

释义：羊是古代祭祀中必不可少的祭品，不但用作献祭上苍的牺牲（牺牲用在这里是其本意），还承担给人类“替罪”的任务。比喻代人受过、替人伏罪的人。

例句：“现在姜上秀成了～，他的继任者运气未必能好到哪里去，因为青岛队的实力摆在那里，即使禅师杰克逊来了也一样，都难逃～的下场。”（李元春《替罪羊》）

tiān bù miè cáo

天不灭曹

释义：三国时曹操曾屡次陷于绝境，但都能够转危为安，人们认为是上天保护曹操。后比喻在绝路中获得生机。

例句：“当他（汉奸哈叭狗）的脑袋突然碰到软乎乎的柴草时，突然一丝丝光亮透过来。这下他高兴得心都要跳出来：‘这真是上苍有眼，‘～’!”（冯志《敌后武工队》）

tiān bù néng zǒng qíng

天不能总晴

释义：比喻不测之事难免发生。

例句：“常言说：‘～，人不能常壮。’这牛要生病，我们有什么办法。”（任敏《穿云山》）

tiān cháng dì jiǔ

天长地久

释义：原意指天地的存在最为长久。比喻情感、友谊等与天地共存。

例句：“四个人一起动手把罐子挖了出来，打开，又把一张张纸条打开。四个人都震惊了，因为每张纸条上写着的竟是同一句话‘愿我们的友谊～’。那一夜，四个女孩又抱在一起痛哭了一场。”（叶彩云《愿我们的友谊天长地久》）

tiān fān dì fù

天翻地覆

释义：天地翻过来了。形容变化巨大或是闹得很凶。

例句：“宝玉一发拿刀弄杖，寻死觅活的，闹的～。”（清·曹雪芹《红楼梦》）

tiān fāng yè tán

天方夜谭

释义：即《一千零一夜》，阿拉伯古代民间故事集。比喻虚诞夸饰的议论，荒诞不经的说法。

例句：“从吉利自身来讲，进入汽车行业确实是一个非常大的事件。在中国当时的历史条件下，民营企业进入汽车行业简直是～。当时准入门槛对民营企业是不开放的，不要说造汽车了，就是研究汽车，在当时都是一个非常了不起的大事情。”（杨顺霖《那时民

企进入汽车行业简直是天方夜谭——专访吉利控股集团副总裁王自亮》）

tiān gāo dì hòu
天高地厚

释义： 原形容天地的广大，后形容恩德极深厚。也比喻事情的艰巨、严重及关系的重大。

例句：“哥特点点头，语气不那么尖锐了，但是依然冷漠：‘你或许有一点小聪明，以为和洛黛尔认识了，有了一些交情，就不知～地贸然插手到这种事情里。”（跳舞《天骄无双》）

tiān gāo huáng dì yuǎn
天高皇帝远

释义： 比喻地处偏远，不受管束。参见“山高皇帝远”。

例句：“人活着也是一辈子，一辈子也是活着。～，就是我们的好家乡。”（梁斌《播火记》）

tiān gè yī fāng
天各一方

释义： 指各在天底下的一个地方。形容相隔极远，见面困难。

例句：“因为哥哥已经成家立业，做弟弟的就主动代兄从军，从此以后，一家人～。这份兄弟情，哥哥一直挂在心里，直到弥留之际，仍不忘远在桂林的弟弟。但由于种种原因，从1977年起，～的一家人失去了联系，兄弟俩也相继离世……”（申艳《弟弟代兄从军从此天各一方 子女完成他们重聚遗愿》）

tiān gǒu chī bù liǎo rì tou
天狗吃不了日头

释义： 天狗，中国民间传说中的一种动物。由于古人缺乏天文学知识，就把日食、月食现象称为“天狗吃太阳”“天狗吃月亮”。比喻邪不压正。

例句：“有证人还怕她跑吗？～，队里一定处理她！”（张峻《擒龙图》）

tiān huā luàn zhuì
天花乱坠

释义： 佛教的一个传说，指梁武帝时云光法师讲经，感动上天，天花纷纷落下。形容人说话巧妙动听，但虚妄、空洞不着边际。

例句：“开发商在楼书和广告宣传资料中不惜将楼盘吹得～，可一旦交付房子后，不再履行承诺，空中花园成了空中楼阁。业主为此将开发商告上法庭，最终得到了赔偿。”（亚生　罗坚梅《楼书吹得天花乱坠，开发商为“吹牛”买单》）

tiān hūn dì àn
天昏地暗

释义： 比喻政治腐败，社会黑暗。

例句：“到了20世纪30年代前后，中国正处在阶级矛盾和民族矛盾日益激化阶段，专制主义与蒙昧主义十分猖獗、社会～、局势动荡不安、国运朝不保夕之时。”（李飞燕《刘天华二胡作品的创作特征探析》）

tiān jī
天机

释义： 迷信的人指神秘的天意。比喻重要而不可泄露的秘密。

例句：“王丹见杨俊坐在李小红病床的床沿上发愣，急忙问：‘俊哥，你在想什么，是不是觉得被你那个警察同学骗了？’‘没……没有啊……’一语道破～，杨俊感觉有点不好意思，急忙将话题岔开，‘丹丹，时间不早了，你早点回家吧。’”（独牧人《都市艳妇》）

tiān luó dì wǎng
天罗地网

释义： 天空地面，遍张罗网。比喻严密包围，无法逃脱。

例句：“形成一个使法西斯孙悟空无法逃跑的～，那就是敌人死亡之时了。”（毛泽东《论持久战》）

tiān mǎ xíng kōng

天马行空

释义：天神之马来往疾行于空中。比喻思想、行为无拘无束。

例句：“马云：我现在觉得～，我在想空字，空就是把自己空了，要有想象力……（陈伟鸿《马云、周星驰天马行空巅峰对话实录》）

tiān nán dì běi

天南地北

释义：在天之南，在地之北。形容地区各不相同或是距离极远。亦作“天南海北”。

例句：“据统计，目前全岛海鸬鹚已经达到1000余只，比以前增加了10倍，成了海岛一道自然和谐的美丽风景，吸引了不少～的游客。”（申吉忠 王新霞《千余只海鸬鹚回长岛 天南地北游客被吸引》）

tiān qiáo de bǎ shi

天桥的把式

释义：天桥，特指北京的天桥，原桥位于天坛西北，南北向跨过龙须沟。此桥是皇帝去天坛祭天的必经之桥，故称“天桥”。天桥是北京平民的游艺场所和商品市场，有许多的民间艺人在天桥以卖艺为生，因此天桥也就成了艺人的代名词。把式，指在某一方面有特殊技能的人。旧时艺人在天桥卖艺，为了多招揽看客，往往翻来覆去地耍嘴皮子而不真正地展示绝活。因此，人们把那些光动嘴不动真格的人或行为称为“天桥的把式”。

例句：“在这些地方要科技网络没科技网络，要科技推广站没科技推广站，甚至80%的乡(镇)、村连个农业技术员也没有，更有甚者把科技人员‘挪作他用’。‘科教兴国’的大业被架空了。面对此情景，人们衷心希望这些地方的领导同志，改变思想和工作作风，坚持实事求是的思想路线，静下心来多办些实事，不要光喊不做，看看人家是怎样做的，把自己那个地方的农业科技推广工作认真抓一抓，别当～。”（玉华《别当天桥把式》）

T

tiān shàng de xiān hè bù rú shǒu zhōng de má què

天上的仙鹤，不如手中的麻雀

释义：仙鹤，即丹顶鹤，嘴长、颈长、腿长，头顶皮肤裸露处呈鲜红色，栖息在沼泽和草甸中，以浅水中的鱼虾、软体动物为食物，现属濒危物种，是国家一级保护动物。比喻办事要讲究实际，前景再好，不如踏踏实实干点实事。

例句：“时下，80后的一代人已成为婚姻的主体。他们到底持什么样的爱情观呢？那就是‘～’。从50后、60后、70后的浪漫主义爱情观向现实主义婚姻观转换，一句话就是求实务实现实。”（王瑛《天上的仙鹤，不如手中的麻雀》）

tiān shàng diào xiàn bǐng

天上掉馅饼

释义：比喻坐享其成。

例句：“类似这样～、高回报的投资骗局，常常轻易将我们身边的人骗倒。而相关的投资咨询机构，也不仅仅广州、深圳、上海等金融发达城市才有，我们身边就可能有不少这样的机构。”（刘红辉《天上掉馅饼？别做梦了》）

tiān shū

天书

释义：神话指天上的神仙写的书或信。比喻难认的文字或难懂的文章。

例句：“学习C语言对于我们这些初学者来说，简直就是听～一样，怎么办才好呢？”

tiān tā bù xià lái

天塌不下来

释义：宽慰人们不必过于担心。

例句：“别为他们影响了活计，让他们去跳，去叫，～！”（朱剑《青石堡》）

tiān tā le hái yǒu dì jiē zhe
天塌了还有地接着

释义：比喻无论困难多大，总会有办法解决，鼓励人在困难的时候不要气馁。亦作“天塌了有大个顶着”“天塌大家顶”等。

例句：“灵儿却抽抽搭搭地哭起来：‘王妃，这两天来一直有件事瞒着您，现在不得不对您言明了，您，您千万别动怒！’闵雪晴笑道：‘你这丫头，有什么事说出来便是，～呢，你哭什么哪！’”（落叶知秋《大燕王妃》）

tiān tiān dǎ yàn dào jiào yàn qiān le yǎn
天天打雁，倒叫雁鸽了眼

释义：雁，鸟类的一种，形状略像鹅，颈和翼较长，足与尾较短，善于浮水和飞行，现属国家二级保护动物。比喻经验丰富的人由于疏忽而遭受挫折或失败。

例句：“这感觉可就让人郁闷了，这不是～吗，他们拿钱砸人很爽，可被别人砸的时候，无疑是很不爽的。”

tiān wài yǒu tiān
天外有天

释义：告诫人们要虚心学习，不能自满。

例句：“～。他一家老的少的那么霸道，我就不信，没人敢惹他？”（刘江《太行风云》）

tiān wú bǎi rì yǔ
天无百日雨

释义：比喻任何事物都不是一成不变的，鼓励人在困难的时候要看到希望。

例句：“‘～，人无一世穷，’富不是一辈的富，不能把周围的人的成功与富有拿来嫉妒、怨恨，而是要想到别人是怎么成功，是怎么富的。”（山之石《浅议“节前慰问”》）

tiān xià méi yǒu bù sàn de yán xí
天下没有不散的筵席

释义：筵席，即酒席。比喻人生中有聚有散。

例句：“三妹，不要争了，就让琴姐早些回去吧。……。本来～。”（巴金《春》）

tiān xià wū yā yī bān hēi
天下乌鸦一般黑

释义：乌鸦，鸟类的一种，俗称“老鸹”“老鸦”。全身或大部分羽毛为乌黑色，故名。多在树上筑巢，成群结队飞行，叫声嘶哑。比喻不管什么地方的坏人，都是一样的坏。

例句：“～，这儿黑暗、龌龊，别处还不是一样。你一个年轻女孩子可不能再去冒险。”（杨沫《青春之歌》）

tiān yá hǎi jiǎo
天涯海角

释义：此语来自唐朝大文学家韩愈悼念他的侄子十二郎的祭文，其中有“一在天之涯，一在地之角”的句子，后人把它合成“天涯海角”，用来比喻极其遥远的地方。

例句：“‘我的意思是，冰莹连我都不告诉她打算去哪，你觉得你找得到她吗？’‘你说谎。我要找，就算她逃到～，我也一定能找到她！’夏义民一把抓住上官飞云的衣襟，愤怒地喝道。”（毕佳《一夜错情老爸你别凶》）

tiān yá hé chù wú fāng cǎo
天涯何处无芳草

释义：形容到处都有美好的事物和善良的人，到处都是能实现自己抱负的地方。

例句：“沐西平复了下心情，点头道：‘对，～，早点认清那个渣男的本质，你也好早点脱

身，说不定更好的在后面。’只有真的了断了，季妍才能从这段感情中走出来，去寻找她的幸福。”（夏兰音《白少，宠妻如命》）

tiān yī wú fèng
天衣无缝

释义：神话传说，仙女的衣服没有衣缝。比喻事物周密完善，找不出什么毛病。

例句：“当邹安真的站在医院的时候，心情反倒平静了。许多重病的人都生机勃勃地活着，她的小儿子一定会修补得～。到那时候，她一定全心全意地爱他。”（毕淑敏《天衣无缝》）

tiān yīn zǒng yǒu tiān qíng shí
天阴总有天晴时

释义：比喻情况总会好转的。

例句：“积极智慧的力量还可以用于诠释你的人生中发生的每件事。乌云背后总有阳光，～，可是大多数人看见的只有雨。你愿意怎样去解释人生中发生的一切都可以。如果你选择积极向上的诠释，万能的智慧就会让一切如你所愿般发生。”（美·詹姆斯·斯金纳《我要钱！从140美元创业，到成为20亿美元的掌门人》）

tiān yǒu bù cè fēng yún
天有不测风云

释义：比喻灾祸是无法预料的。

例句：“这实在是叫作‘～’，她的男人是坚实人，谁知道年纪轻轻，就会断送在伤寒上？本来已经好了的，吃了一碗冷饭，复发了。”（鲁迅《祝福》）

tiān zì dì yī hào
天字第一号

释义：天，是《千字文》首句“天地玄黄”的第一个字。指第一或第一类中的第一号。比喻最高的、最大的或最强的。

例句：“陈公公，你的好意我心领了。”郑掌柜打断陈公公，一字一顿地说：“我相信我的眼光。我郑天顺不仅不退，还要做笔～的大生意，而且要做到他头上！”（菊韵香《天字第一号生意》）

tiān yóu jiā cù
添油加醋

释义：油、醋都是烹调时用的调料，以使做出的菜更有滋味。比喻在叙述事情或转述他人的话时，为了夸大，添上原来没有的内容。

例句：“她是担心符癞子首先把事情吵开，又～，把真相歪曲。”（周立波《山乡巨变》）

tiān zhī jiā yè
添枝加叶

释义：在树干上添些枝叶。比喻在叙述事情时为了夸大添上了原来没有的内容。

例句：“杨子荣为了消磨时间，大为～，渲染逗趣。”（曲波《林海雪原》）

tiān zhuān jiā wǎ
添砖加瓦

释义：比喻做一些工作，尽一点力量。

例句：“我作为一名职业人，一定会铭记董事长的教导，在工作岗位上以‘团结、协作、奋进’这六个字为座右铭，时时警醒自己，鞭策自己，为企业的发展～。”（徐镭《团结 协作 奋进》）

tián yā
填鸭

释义：是做北京烤鸭的唯一原料，这种鸭子一般长到30多天后就不爱吃食，必须通过人工填食让其增肥，直到体重达标，经过烤制就成了一道美食。比喻灌输式教育。

例句：“中国教育还有一个问题，就是～式教育。看过《幸运52》的朋友有很多在笑，我却在哭，好些连博士、硕士都答不出小学生的问题。它说明了什么，说明了我们教育的缺失。”（阿喀硫斯《浅谈中国教育》）

tián bù mǎn de kū long
填不满的窟窿

释义：比喻无法满足需要。

例句：“欧元区债务危机的处理计划陷入胶着，……但实质上，不少业内专家都认识到，欧债危机已是～”（刘斌《欧债危机是填不满的窟窿》）

tián suān kǔ là
甜酸苦辣

释义：指种种不同的味道。比喻生活上的种种遭遇和复杂感受。亦作“酸甜苦辣”。

例句：“这时听说周伯通已经获释，不禁茫然若失，～诸般滋味，一齐涌上心来。”（金庸《射雕英雄传》）

tiāo cìr
挑刺儿

释义：比喻找差错。

例句：“今天起，这些群众监督员将担负～的职责，对本市旧楼区提升改造的工程质量、服务等提出合理化意见和建议。”（雷风雨　吴梅《给旧城改造“挑刺儿”》）

tiāo cì zā gǔ tou
挑刺咂骨头

释义：比喻专挑别人的毛病。

例句：“那你也想个办法啊，光会～！”（黎明《祖国的儿子黄继光》）

tiāo féi jiǎn shòu
挑肥拣瘦

释义：比喻挑挑拣拣，光要对自己有利的。

例句：“因为他们叫突击队呀，专门要干别人认为艰苦困难的工作，这时候怎能够～说不干呢？”（萧军《五月的矿山》）

tiāo sān jiǎn sì
挑三拣四

释义：指挑挑拣拣，嫌这嫌那。

例句：“他们一旦了解了过去的痛苦，就会懂得今天对工作～是多么不对！”（徐特立《让革命的红旗世代相传》）

tiāo yǎn
挑眼

释义：比喻故意找毛病，挑别人不对之处。

例句：“他处处爱～，一点小毛病，就骂。”（刘白羽《无敌三勇士》）

tiāo zhòng dàn
挑重担

释义：比喻担负起繁重的职责或任务。

例句：“地震发生后，宁蒗县各级党组织和广大党员干部第一时间赶到灾区，勇～，投入抗震救灾。”（李秀春　杨富东《761名党员亮身份挑重担》）

tiǎo dà liáng
挑大梁

释义：梁，架在墙上或柱子上支撑房顶的横木，柱子就是挑大梁的。比喻承担重要的、起支柱作用的任务或工作。

例句：“郑州，这座有着3600多年历史的商汤古都，历经沧桑，迎接着一次又一次的机遇挑战。中原经济区建设上升为国家战略，为郑州飞快发展迎来了难得机遇。‘～，走前头’，郑州正在以前所未有的气魄悄然巨变。”（李东风 戚艺芳《郑州勇“挑大梁” 引领中原经济区建设提速》）

tiào bǎn
跳 板

释义：放在船与岸之间或船与船之间供人走的长板。比喻某种过渡的方式、途径或工具。

例句：“美国宇航局2006年12月4日对外公布‘重返月球’计划，其核心目标是在月球上建立永久基地，并以此为～，为人类登陆火星甚至探索更遥远的太空做准备。”（张忠霞《美国：“重返月球”计划出炉 以此为跳板登陆火星》）

tiào bù chū rú lái fó de zhǎng xīn
跳不出如来佛的掌心

释义：古典小说《西游记》中的孙悟空一个筋斗能翻十万八千里，他以为已经到了天边，结果还是没有翻出如来佛的手掌。比喻不管有多大本事，总摆脱不了某种力量的控制。

例句：“果不出所料，眼前这一套全是美国顾问处的设计！可是不管严醉有天大本事，还是～！”（罗广斌 杨益言《红岩》）

tiào cáo
跳 槽

释义：跳槽是牲口不安分的表现，在槽头又踢又咬又跳，多在发情期出现；也指牲口到别的槽头吃草。比喻不安心本职工作，改做别的工作。

例句：“麦可斯研究院执行院长郭娇认为，对于这个群体而言，关键是不要动辄就～，而是要把这种消极的、逃避的做法转变为一种持续改进的积极行为。”（张骞《职场新人频跳槽 薪资收入一路降》）

tiào dào huáng hé lǐ yě xǐ bù qīng
跳到黄河里也洗不清

释义：黄河，中国第二大河流，发源于青海省的巴颜喀拉山北麓，流经9省注入渤海。由于河流中段流经黄土高原，夹带大量泥沙，因而河水混浊。比喻受到了冤屈却难以洗刷清白。

例句：“真要是这一夜丢了东西，自己～！”（老舍《骆驼祥子》）

tiào huǒ kēng
跳 火 坑

释义：比喻被迫陷于极端悲惨的境地。

例句：“黄郛这次出山，无疑是替蒋介石～。华北危机，平津不保，国民政府的统治受到了极大威胁，而蒋介石又忙于在江西‘剿共’，无力北上抗击日军。值此危机存亡之秋，他怎能不替蒋介石分担忧愁?”（方可《替蒋介石“跳火坑”的黄郛：遭世人唾骂仍“鞠躬尽瘁”》）

tiào liáng xiǎo chǒu
跳梁小丑

释义：比喻猖狂捣乱而又成不了大气候的小人。

例句：“在他看来，管大甩子和潘汉五都是一丘之貉，以裙带当作上天梯，全是～，不会有什么作为，不值一谈。”（陈登科《赤龙与丹凤》）

tiào lóng mén
跳 龙 门

释义：龙门，在山西、陕西两省交界处，黄河从此处流过。传说鲤鱼跳过龙门就可以成龙。比喻地位和身份有较大的提升。

例句：“卡梅隆指出，3D技术发展水平尚处于襁褓之中，目前越来越多的人关注这些。……中国电影在3D技术和数字技术方面可以直接达到世界最先进水平，因为中国没有太多包袱，可以～。”（王鹏《中国3D技术可以跳龙门》）

tiē biāo qiān
贴 标 签

释义：标签，一般指贴在商品上说明商品状态的印刷品。比喻对问题不做具体分析，只根据教条对人或事物生搬硬套地加上一个名目。

例句：“很多家长来咨询时，常常抱怨孩子上课时注意力不集中、分心、讲话，认为孩子有注意力障碍。是不是孩子只要上课注意力不集中，就一定是注意力障碍呢？其实，我们应该更多地了解造成孩子上课注意力不集中的原因，而不是不分青红皂白地给孩子～。”（张微《学会区分淘气与多动症：别给孩子乱贴标签》）

tiě bǎn yī kuài
铁 板 一 块

释义：比喻牢不可破的整体。

例句：“朱元璋和这个集团的首脑人物，尽管在过去同生死，共患难，但并不是～。”（吴晗《朱元璋》）

tiě bàng mó chéng zhēn
铁 棒 磨 成 针

释义：相传唐代大诗人李白少年时不爱读书。一日，他遇一老妇人在石上磨一根铁棒，就问干什么，回答说做针。李白说这怎么可能呢？老妇人说只要肯下功夫就会磨成的。李白悟出了道理，回去发愤学习，终成一代诗仙。比喻只要肯下功夫，持之以恒，再难的事情也有可能成功。

例句：“想些法子，渐求进步，拼着些坚忍工夫，做到～的地位。”（清·汤颐琐《黄绣球》）

tiě chuāng
铁 窗

释义：监狱的代名词。

例句：“尽管监狱对罪犯的惩罚和改造也要求体现人性化，但‘高墙’和‘～’还是一个令人畏惧的字眼，这就是法律威慑力的具体表现。”（佚名《还是让“铁窗”多一些“冷色调”为好》）

tiě dǎ de
铁 打 的

释义：比喻坚强、刚毅。

例句：“这是一群～兵！没有人叫苦，没有人言痛。他们遮掩着自己的伤疤，却刷新了20多项训练纪录。”（陈典宏 李华敏 罗文义《金鸡山八连：友谊关上木棉红》）

tiě fàn wǎn
铁 饭 碗

释义：铁铸的饭碗，非常结实，跌不破，打不烂。比喻没有失业的危险，非常稳固的工作岗位。

例句：“反正工作好坏都是～，能进不能出，能上不能下。”（邓小平《党和国家领导制度的改革》）

tiě gǎnr
铁 杆 儿

释义：比喻铁了心的追随者或拥护者。

例句：“喜欢做不同的尝试，不断地为自己的创作加入新的元素，也许在开始的时候是对大众接受能力的一种挑战，但是坚持下来，就一定会获得‘～’级的追随。”（新华网《莫文蔚身材完美　大波浪卷发展风情女人味》）

tiě gōng jī yī máo bù bá
铁公鸡一毛不拔

释义：比喻生活中极其小气、吝啬的人。亦简作“一毛不拔”。

例句：“股东多年没获得现金收益，公司高管和员工却拿着高薪，经过调查统计，从2008年至2011年沪深两市有上百家公司～。”

tiě jiàng jūn bǎ mén
铁将军把门

释义：比喻门外加锁。

例句：“东方商厦……整栋大厦的入口大门均反被反锁，只有南面的一个外侧门开启，进入商场的大门处于关闭状态，～。”（金恬伊《东方商厦突然“铁将军把门”》）

tiě quán
铁拳

释义：比喻强大的打击力量。

例句：“举起～，新疆各族干部群众要更加紧密地团结在一起，形成合力，给予暴徒最严厉的谴责和打击。”（阿宏《坚决向暴力恐怖犯罪举起铁拳》）

tiě shí xīn cháng
铁石心肠

释义：心肠硬得像铁和石头一样。形容不为感情所动。

例句：“她一向被父母娇宠溺爱，从未受过半分委屈，哭成这样求人还真是生平第一次。可惜，他连看都不看她一眼，那比千年寒冰还冷的面孔，找不到一丝丝的怜香惜玉和同情怜悯。根本就是个～。”（是今《炖肉计》）

tiě shù kāi huā
铁树开花

释义：铁树，也叫苏铁，常绿乔木，原产热带，不常开花，移植北方后，往往多年才开一次花。比喻事情非常罕见或极难实现。

例句：“李勇奇：只说是苦岁月无边无岸，谁料想，～枯枝发芽就在今天！”（现代京剧《智取威虎山》）

tiě suàn pán
铁算盘

释义：比喻精细的或是精于计算的人。亦指用算盘算命的人。

例句：“别人保不住会在汇丰手里栽跟头，你一定会站得稳稳的。你是上海著名的～呀。”（周而复《上海的早晨》）

tiě tí
铁蹄

释义：马蹄必须钉上铁掌才能行走，经过群马铁蹄践踏过的地方会凌乱不堪。比喻残暴的蹂躏行为。

例句：“在象山、宁海发现了侵华日军～蹂躏的印记。……在鬼子进村时，如今73岁的王堂华还是个放牛娃，他亲眼看到了日军用刺刀戳死了两个村民哥哥。他说，当年惨死在日军手下的乡亲有20余人，遭奸淫的妇女有30余人，36户人家家破人亡……说着，老人禁不住老泪纵横。”（王元卓《铁蹄蹂躏的印记》）

tiě wàn
铁腕

释义：铁的手腕。比喻强有力的统治手段或管理措施。

例句：“我每一想到蓝天的意大利，想到匍匐在法西斯～下的人民，想到我那永远不能实现的愿望，我的整个心都要燃烧起来了。”（巴金《亡命》）

tiě xīn

铁 心

释义： 比喻非常坚决。

例句： “说起来，张成海离开胡耀邦是他‘罢工’的结果，本来胡耀邦坚决不放他走，但是张成海这回是～不干了，说什么也不干了。罢来罢去，罢了一个星期，还真让他罢成了。”（新闻午报《警卫员眼中的胡耀邦》）

tiě xuè

铁 血

释义： 武器和鲜血，借指战争或指具有刚强意志和富于牺牲精神。

例句： “北京军区某特种部队的～男儿正在弯弓蓄势、铸盾砺剑。他们是空中雄鹰，神兵天降是他们的拿手好戏；他们是陆上猛虎，攀爬跑越是他们的看家本领；他们是丛林猎人，伪装生存、侦察狙杀是他们的制胜法宝。”（于高军 秦化超《山中劲旅：北京军区某特种部队铁血男儿铸盾砺剑》）

tīng dào lù lu xiǎng jiù shì zhǎo bù dào jǐng

听 到 辘轳 响 就 是 找 不 到 井

释义： 辘轳，能够提起井水的起重装置，井上竖立井架，上边安装带手柄摇转的轴，轴上绕绳索，绳索一端系水桶，摇转手柄提起井水。能听到转摇辘轳的声音却没看到井在哪里。比喻事情找不到关键所在。

例句： “小金猜测着说：是不是杨书记他们没把钱还贷款，贪占了一部分，让他爷俩踅摸着了？’小明说：“这还用明说吗，实际上就是这回事。可社员们也只是～，没根没据的，听风就是雨，到处乱说，结果是黄鼠狼打不着，倒弄了一身臊，把杨书记惹急了，找个茬整你一顿，还不是小菜一碟。除了他爷俩，谁干这二八虎事?’”（木下男孩《成人社会》）

tīng dào luó xiǎng jiù pā qiáng tóu

听 到 锣 响 就 趴 墙 头

释义： 形容爱凑热闹的人。

例句： “小兰是‘～’的主儿，不用问，这次旅游她肯定去。”

tīng jiàn fēng jiù shì yǔ

听 见 风 就 是 雨

释义： 比喻听到一点传闻就信以为真。

例句： “他究竟是乡下人，不像城里人那样～。”（老舍《骆驼祥子》）

tīng jiàn láng háo jiù bù gǎn yǎng zhū

听 见 狼 嗥 就 不 敢 养 猪

释义： 比喻碰到反对或捣乱，该做的事都不敢做了。

例句： “更有些人仍是盲目地认为灾难的发生机会几乎等于无，听蝲蝲蛄叫就不种地、～? 因此，下半年以来争建河北首座核电站的势头又盛起来，各方面又开始蠢蠢欲动。”

tīng là là gǔ jiào jiù bù zhòng zhuāng jia le

听 蝲 蝲 蛄 叫 就 不 种 庄 稼 了

释义： 蝲蝲蛄，蝼蛄的俗称，昆虫的一种，在地下生活，吃新播的种子，咬作物的根，是农作物重要的地下害虫。比喻听到一些流言蜚语就什么事都不干了。

例句： “这事该咋办就咋办，～?”

tíng bǎi

停 摆

释义： 摆，钟摆，时钟机件的一部分，是根据单摆的原理制成的，左右摆动，通过一系列齿轮的作用，使指针以均匀的速度转动。钟摆不动了钟也就不走了。比喻停止。

例句：“美国两党争斗造成政府～，引发债务上限危机，此类危机在过去也曾发生。这些危机都说明美国的政治制度在设计上存在一些弊端，这其中有制度的问题，也有操作的问题。”（达巍《政府停摆危机折射美国政治制度存弊端》）

tǐng zhí yāo gǎn
挺 直 腰 杆

释义：比喻人要自强。

例句：“同时，领导干部自己作风好，也便于管理下属，批评也好，教育也好，处分也好，都能～，理直气壮。”

tōng bìng
通 病

释义：指共同的毛病。

例句：“好奇但不爱发问，怀疑但不爱辩论，乐于让座而吝于让路，乐于说谢谢而怯于说对不起，是中国学生的～。”（刘墉《中国学生的通病》）

tōng guān jié
通 关 节

释义：关节，指两个部分连接的地方。比喻使用手段把办事遇到的阻碍去除。

例句：“一班卑琐龌龊的官僚，常奔走伺候，托他代～，希附宠荣。”（蔡东藩《宋史演义》）

tōng qì
通 气

释义：比喻互通信息。

例句：“不办公固然不行，但天天坐在屋内办公，不和群众～，你办的公，群众不要。”（谢觉哉《不惑集·全心全意做好我们的工作》）

tōng qiào
通 窍

释义：中医指疏通关窍。比喻明白事理。

例句：“‘嘿嘿，你小子就是要挨骂你才～啊，不管怎样，咱做下属的得看着上边的脸色行事，这样才能活得自在，懂么？’袁豹说。”（小小苏《山野春医》）

tōng tiān
通 天

释义：形容本领极大或权势极重。

例句：“吕莎目前的身份，是市委书记韩潮的儿媳，好多单位想把这位～人物抢到手还来不及呢。”（李国文《花园街五号》）

tóng bìng xiāng lián
同 病 相 怜

释义：比喻因有同样的遭遇或痛苦而互相同情。

例句：“越野车猛地加速，后座的程键没坐稳，‘砰’的一下撞在了一侧的玻璃上。他哀叫着又躺下来，嘟囔着命苦、命衰。杨锐也觉得将怒气发泄在程键身上确实有些不应该，相较之下，他们也算是～了。”（万亦《小小宠妻已成熟》）

tóng bù
同 步

释义：物理学名词，指两个或两个以上随时间变化的量在变化过程中保持一定的相对关系。比喻同时起步，协调一致。

例句：“政府深陷于市场竞争，已经使市场竞争空间受到了窒息，也使政府职能出现了扭曲。因此，政府在推进国资改革的时候，必须将职能改革放在同等重要的位置上，让两者～推进。”（周俊生《国资改革要与政府职能改革同步》）

tóng chuāng
同 窗

释义：指同时在一个学校学习，也指在一起读书的同学。
例句：“信是一个大学时代的老～写来的。”（王西彦《净水里的鱼》）

tóng chuáng yì mèng
同 床 异 梦

释义：比喻人在一起，心却不在一起，各有各的打算。
例句：“但彼等乌合之众，～，一战即溃。”（姚雪垠《李自成》）

tóng gān gòng kǔ
同 甘 共 苦

释义：一同尝甜的，也一同吃苦的。比喻一起享受幸福，一起承受困难。
例句：“要勤俭建国，反对铺张浪费，提倡艰苦朴素，～。”（毛泽东《在中国共产党第八届中央委员会第二次全体会议上的讲话》）

tóng kēng wú yì tǔ
同 坑 无异土

释义：同在一个坑内，土都是一样的。比喻众生平等，一视同仁。
例句：“在我看来，～，人人平等。所以我跟谁都讲要友谊第一，团结第二，男女都一样。”（刘梓蘅《在北京那些事儿》）

tóng liú hé wū
同 流 合 污

释义：比喻跟着坏人一同做坏事。
例句：“当一个人对前程抱有巨大希望的时候，都会严于律己，兢兢业业。我当时对政治前途是非常抱有希望的，千方百计树立自己的形象，根本就没想到要腐败，怕腐败毁了得之不易的前程。如果说有一些～的行为也是被动的。”（王晓方《市长秘书》）

tóng lù rén
同 路 人

释义：一路同行的人。比喻在同一时代志同道合的人。
例句：“我期盼着更多的教研人员以不同的形式参与到一线的教学实践中来，让教与研真正成为一个不可分割的整体，让教研员真正成为教师教书育人的～。”（夏祖瑞《做教师教书育人的同路人》）

tóng mén
同 门

释义：指同师受业。
例句：“‘微笑女神’弦子与‘音乐精灵’张萱妍的～‘碰撞’可谓让本次活动看点多多，在比拼才艺的同时，两位音乐才女也跟在场同学分享了自己音乐路上的更多不为人知的一面，让全场观众羡慕嫉妒的同时更多的是对两位才女的佩服。”（蒋娜《精灵女神助阵校园迎新 弦子张萱妍同门姐妹台上炫技》）

tóng shāo yī lú xiāng
同 烧 一炉 香

释义：比喻关系密切。
例句：“最早加入青帮的日本人当推 20 年代就拜魏大可为师的土肥原贤二，当时他任日本驻华公使馆武官坂西利八郎中将的辅佐官。还有一个富永居堂，也是使馆工作人员，与土肥原～，这叫‘同参兄弟’。”（天津档案网《天津租界里的青帮》）

tóng shì cāo gē
同 室 操 戈

释义：自家人动刀枪。比喻兄弟相残或内部纷争。

例句：“因此，当新四军要向敌后进军时，重庆军委会和苏鲁战区则限制新四军的行动。一场由中国人打中国人、两支抗日部队相互内战、～的悲剧，在抗日民族解放战争中最为艰难的时候发生了。”（邓治国《碧血春秋》）

tóng zhōu gòng jì
同舟共济

释义：舟，船；济，渡，过河。坐在同一条船上渡过河去。比喻在一起为了一个共同的目的。

例句：“我是谁，你是谁，咱们是患难之交，～！”（浩然《艳阳天》）

tóng hú bù lòu shuǐ bù dī
铜壶不漏水不滴

释义：铜壶上如果没有裂缝或者漏点，那么水就不可能滴漏出来。比喻做人或做事很仔细，别人就不会钻空子。

例句：“～，马慎义就要去独立五师工作的消息，还是被严杰连夜告诉了马慎义最要好的朋友张敏。第二天清早……”（一钱不值《湘西最后的国军司令：紫杜娟》）

tóng pén zhuàng le tiě sào zhou
铜盆撞了铁扫帚

释义：比喻双方都很强硬，互不相让。

例句：“沟前边张有义和康有富吵起架来了……互相骂着，拉扯着，真是～，谁也不让谁。”（马烽　西戎《吕梁英雄传》）

tóng qiáng tiě bì
铜墙铁壁

释义：用铜、铁打造的墙壁。比喻十分坚固，不可摧毁。

例句：“宋江自引了前部人马，转过独龙岗后面来看祝家庄时，后面都是～，把得严整。”（明·施耐庵《水浒全传》）

T

tóng xiù
铜臭

释义：铜钱的气味。原用来讥讽用钱买官或豪富者，后常用来讥讽唯利是图者的表现。

例句：“国庆节过了，中秋节眼瞅着就要来了，可人们似乎一点也没感觉到节的味道，有的只是‘黄金周’的那一股子‘～气’。”（林贵春《节味何以充满“铜臭气”》）

tǒng dāo zi
捅刀子

释义：比喻下狠手伤人。

例句：“有人说，再牛的肖邦也弹不出老子的忧伤，再美丽的月光看起来也那么凄凉。面对董洁、潘粤明这段分手，我们可以说，再看似完美的婚姻也逃不过互相～的下场。”（合肥在线《再看似完美的婚姻也逃不过互相桶刀子的下场》）

tǒng dào yāo yǎnr shàng
捅到腰眼儿上

释义：比喻触到了敏感的地方。

例句：“如今谁不渴望幸福和美好呢？《媳妇的美好时代》恰恰～。”（肖复兴《〈媳妇的美好时代〉捅着了我们的腰眼儿》）

tǒng lòu zi
捅漏子

释义：比喻惹麻烦，引起纠纷。亦作“捅娄子”。

例句：“他觉得蓝毛实在有点无理取闹，谁敢到日本司令部查对人呢？说不定要捅出大漏子来。”（李英儒《野火春风斗古城》）

tǒng mǎ fēng wō
捅马蜂窝

释义： 马蜂，又称胡蜂、黄蜂，是一种分布广泛、种类繁多、飞行迅速的昆虫。雌蜂尾部有一根有力的长螯针，在遇到干扰时会群起攻击，可致人过敏甚至死亡。常在树干、屋檐、栅栏等处筑巢。比喻触动了难以对付的人。

例句："你若招惹了前村的胖婶儿，那简直就是～了。"

tǒng pò chuāng hu zhǐ
捅破窗户纸

释义： 窗户上糊了纸就看不到屋里边，捅破了就什么都看到了。比喻把秘密或隐私公开。

例句："'你我既为师徒，却也有夫妻名分，既然我们各怀心思，不如～！与其装模作样地别扭，不如说开，大家自在。'蔺浅色以为段炎日年纪小，有些事不明白也看不透，如今却知道看错他了！"（初晴时《皇上夫君，我要逃》）

tōu de luó qiāo bù de
偷的锣敲不得

释义： 比喻通过不正当的途径得来的东西不能声张。

例句："不知道你那老婆太难缠，如今把我姐姐拐了来做二房，～。"（清·曹雪芹《红楼梦》）

tōu gōng jiǎn liào
偷工减料

释义： 指不按工程或产品所规定的质量要求，私自减少工序和用料。比喻做事马虎，敷衍塞责。

例句："因为本书屋……宁可折本关门，决不～，所以对于读者，虽无什么奖金，但也决不欺骗的。"（鲁迅《集外集拾遗·三闲书屋校印书籍》）

tōu jī bù chéng shí bǎ mǐ
偷鸡不成蚀把米

释义： 蚀，损伤，损失、亏耗。比喻本想占便宜，结果反倒吃了亏。

例句："俺这个人，一生无才，也无大志。但是有一条，～这种傻事，俺是不干的。"（陈登科《风雷》）

tōu jī mō gǒu
偷鸡摸狗

释义： 指小偷小摸。比喻乱搞男女关系。

例句："徐二姐早已知道自己的男人有不少～的行为，她自己也不是持斋的尼姑，她听了别人对她的控诉，并不难受。"（陈残云《山谷风烟》）

tōu liáng huàn zhù
偷梁换柱

释义： 把房梁偷走了，换了根柱子顶替。用于房梁的木材要比用于柱子的木材粗壮，且材质要好。比喻玩弄手段，暗中改换内容，以达到蒙混欺骗的目的。

例句："这个叫～，实行投降之前的思想准备或舆论准备。"（毛泽东《新民主主义论》）

tōu tiān huàn rì
偷天换日

释义： 比喻暗中改变事物的真相，以达到蒙混欺骗的目的。

例句："且说尹子崇自从做了一番～的大事业，等到银子到手，便把原有的股东一齐写信去招呼。"（清·李宝嘉《官场现形记》）

tōu zuǐ de māo
偷嘴的猫

释义： 比喻名声不好的人，即使没做坏事，也总是遭到人们的怀疑。

例句："你已经被人说成～了，不吃鱼也沾腥味。一不做，二不休，要做就做到底。"（陈登科《风雷》）

tōu zuǐ de māor pà lòu xiàng
偷嘴的猫儿怕露相

释义：比喻干了坏事总担心被人知道。

例句："'～'。既然偷了嘴，又要他随时保持心怀坦荡，岂能得够？"（克非《春潮急》）

tóu cù bù yàn chè dǐ báo
头醋不酽彻底薄

释义：酽，指汁液浓，味道厚。比喻事情开头层次不高，以后就难以提升。

例句："'～'，官人坐当其位，可出个标首。"（明·施耐庵《水浒全传》）

tóu dǐng zhǎng chuāng jiǎo gēn liú nóng
头顶长疮，脚跟流脓

释义：比喻人的品行坏到极点。

例句："你的花言巧语比狗屎还臭。～的东西，你算坏透啦！"（冯德英《迎春花》）

tóu mù
头目

释义：比喻首领、领导人。

例句："要是拿的话呀，准保是拿四爷，他是～。"（老舍《黑白李》）

tóu nán tì
头难剃

释义：比喻难以管理和约束的人。

例句："只有彭渊不买孙矮子的账，他本来就是个～的，再仗着有个厉害的哥哥，就老是和孙矮子冲突。"（李克威《中国虎》）

tóu nǎo fā rè
头脑发热

释义：指人因情绪激动不能控制自己而做出一些过激、非正常的行为。比喻做事冲动。

例句："'你知道什么？处理这些人简单，法律宣判也容易，可是处理之后呢？要从政治的高度来考虑问题。'严鹏飞说道。政治需要不时的妥协，而朱代东现在显然有些～。"（可大可小《误入官场》）

tóu sān jiǎo nán tī
头三脚难踢

释义：比喻事情开头比较难办。

例句："野火坪情况复杂，俗话说：'～'。要在几天内把情况搞清楚，确实是艰巨的。"（王英先《枫香树》）

tóu shàng dǎ yī xià jiǎo dǐ bǎn xiǎng
头上打一下，脚底板响

释义：比喻人机警灵敏，反应迅速。

例句："这西门庆是～的人，积年风月中走，什么事儿不知道？"（明·兰陵笑笑生《金瓶梅词话》）

tóu shàng zhǎng jiǎo hún shēn zhǎng cì
头上长角，浑身长刺

释义：比喻专与人作对的人。

例句："不管那些～、自我感觉极好、标榜要爱惜自己羽毛的女人们怎么不服气，你到了30岁以后怎么着也无法跟同龄的男人去比心态，比身体，甚至比容貌……"（变相怪杰《现在的女人，令人感觉哈哈哈》）

tóu shì tóu　jiǎo shì jiǎo
头是头，脚是脚

释义：比喻人或事周正圆满。

例句：“还是人家上级干部，说出话来，～的。”（李英儒《战斗在滹沱河上》）

tóu tòng yī tóu　jiǎo tòng yī jiǎo
头痛医头，脚痛医脚

释义：比喻处理问题只从表面着眼，而不从根本上找原因。

例句：“我们不能～，只顾眼前，不管今后，应该有个通盘的对策才行。”（郭明伦等《铁血丹青》）

tóu tóu nǎo nǎo
头头脑脑

释义：指头领，为首的人。

例句：“眼前那些举拳头、喊口号最卖劲儿的，是县里各部门的代表，广播站的记者，以及外公社来的～。”（锦云等《笨人王老大》）

tóu zhòng jiǎo qīng
头重脚轻

释义：头脑发胀，脚下无力。比喻基础不牢固或上下、前后不协调，不均衡。

例句：“恒大终于没能延续神话，被老大哥拜仁揍得鼻青脸肿：3 比 0 惨败，控球率仅为 28%。面对射门次数的 27 比 2，恒大似乎一下子显了原形：虽说之前力克非洲冠军阿尔阿赫利，实际却是～，根基不稳。”（王祥《“暴发户”恒大输在头重脚轻》）

tóu shí wèn lù
投石问路

释义：夜间走路时心有疑虑，扔一个石子探探情况。比喻在采取行动前，先采取某种方法探探虚实。

例句：“景元甫察觉到邹国义的犹疑，知道他这是在～，……坦然笑道：‘既然邹兄和秦当家的要奔赴战场冲锋陷阵，我们哥仨又怎么能袖手旁观呢？上阵亲兄弟，打仗父子兵嘛，我们还是陪同邹兄和秦当家的一起去开开眼吧！’”（阿明《抗日之黑龙港风云录》）

tóu táo bào lǐ
投桃报李

释义：此语出自《诗经》中“投我以桃，报之以李”。比喻相互赠答，礼尚往来。

例句：“宛清下了床就活泼了，这两日的伙食比先前好了不知道多少，上回并着药材老太太还让人送了二十两银子来，宛清就寻思着该回报回报老太太才是，顺带把这个靠山绑结实了。既然老太太喜欢她制的安神香，那她就～了。王妈妈人也不错，喜欢她制的雪花膏，也得送她点儿，以后仰仗她的地方还不少呢。”（沁玥《望门庶女》）

tòu míng
透明

释义：能透过光线的。比喻公开、不隐藏。

例句：“有了公开～，便于各方监督，而权力运行又会在众目睽睽的压力下持续拥抱阳光。”（王大可《“公开透明”是个好东西》）

tòu míng dù
透明度

释义：比喻事情的公开程度。

例句：“记者：为何食品安全标准公布之后经常遭到‘炮轰’？高秦伟：主要原因是在制定过程中，仅有部分代表参与。以乳安全标准为例，奶农、消费者的利益并没有很好地得

到体现。因此应该提高标准制定的～与公众参与度。”（万静《食品安全标准公布之后频遭炮轰 专家建议提高透明度》）

tòu zhī
透支

释义：指超出限额的支付、支取。比喻精神、体力等过度消耗超过了所能承受的程度。

例句：“在教学实践过程中，我们不难发现孩子学习兴趣被‘～’的现象，而且到了令人格外担忧的地步。”（邓桂芬《“透支孩子学习兴趣”的危害与对策》）

tū lǎo po ài yán sè
秃老婆爱颜色

释义：比喻自身有缺陷就总想去弥补。

例句：“这时，母亲就会站在小屋的炕上，支起窗子，把头探出来，看着我的背影，叫我的小名：大热天的你也不嫌热呀，～，长大了也会拈花惹草，还不家来?!”（逍遥君《秃老婆爱颜色》）

tū zi dāng hé shang
秃子当和尚

释义：秃子与和尚都是光头，外表差不多。比喻可以勉强充数。

例句：“干这个我是外行。既然超凡先生和诸位看得起我大肚子，我也不能不识抬举，咱就～凑合着干吧!”（李晓明《破晓记》）

tū zi gēn zhe yuè liàng zǒu
秃子跟着月亮走

释义：比喻跟着沾光

例句：“谦虚了一辈子的唐杰忠还说，自己跟马季的合作，等于～借了很大的光。”（艺术人生《“笑佛”唐杰忠的谦和人生》）

tū zi jiù bié xiào hé shang
秃子就别笑和尚

释义：比喻人人都有缺点，不要老盯着别人的短处而看不到自己的短处。

例句：“方钝等人笑道：‘沈状元的大名妇孺皆知，我等就是再孤陋寡闻，也是认识的。’沈就谦逊几句，便低调地站在一边，听几位大人对待会儿的廷推交换意见。让他意外的是，在这些中立的官员心中，徐阁老的口碑，并不比严阁老强到哪里去，这些人普遍持一个观点，那就是这两位大人～，其实一般模样。”（三戒大师《官居一品》）

tū zi pǎo dào hé shang miào
秃子跑到和尚庙

释义：比喻没有真本事，假冒充数。

例句：“听到刘中正‘扫荡’失败的消息，杨百顺特别得意，骂道：‘真他妈是～，硬充数!”（李晓明 韩安庆《平原枪声》）

tū zi tóu shàng de shī zi
秃子头上的虱子

释义：比喻事实非常清楚，不容置疑。

例句：“哎，～明摆着嘛！这不是咱老二领着共产党的军队来啦，该咱庄稼人享福啦!”（（王英先《枫香树》）

tú qióng bǐ shǒu xiàn
图穷匕首现

释义：战国时，燕国的太子丹派荆轲当刺客，在献给秦王的地图里面藏着刺杀秦王的匕首；秦王兴奋不已打开地图，当地图全部展开时匕首出现了。比喻事情发展到最后，真相或本意显露了出来。

例句：“最近3天建设银行股价最高5.77元，指数创新高，股价没创新高，说明主力没有拉升的意思，主力就在此位‘温水煮蛙’。过几天后主力将会‘～’。”（肖显威《图穷而匕首现》）

tú zhī mǒ fěn

涂脂抹粉

释义：搽胭脂抹香粉，指妇女打扮。比喻为遮掩丑恶的本质而粉饰打扮。

例句：“不像那些道貌岸然的伪君子，害了人还要往自己脸上～……”（丹薇《绿》）

tǔ bāo zi

土包子

释义：比喻没有见过世面的人

例句：“有些人轻视本地干部，讥笑本地干部，他们说：‘本地人懂什么，～’！”（毛泽东《整顿党的作风》）

tǔ bēng wǎ jiě

土崩瓦解

释义：土崩塌，瓦破碎。比喻崩溃破败，无法收拾。

例句：“我不带指望地坐在那儿，手里的提纲已经揉成了一团，这些年采访各种人物，熟极……的职业经验，几乎～。”（柴静《令我土崩瓦解的采访》）

tǔ dì yé dān bù liǎo dà gòng fèng

土地爷担不了大供奉

释义：土地爷，即土地神，古代神话中职位低的小神。比喻没有那么大的造化，就没有资格享受那样的待遇。

例句：“瞧他那个样儿，刚有了几个臭钱，就弄得云苫雾罩的，真是～！”

tǔ duō hǎo dǎ qiáng

土多好打墙

释义：比喻人多、准备工作做得好，事情就好办。

例句：“老厂长说得对，～，好在厂里的骨干还都在，咱们团结起来，第二次创业的目标一定能实现！”

tǔ huáng dì

土皇帝

释义：指称霸一方的人。含贬义。

例句：“他一个人在石圪节，当个‘～’，倒也满足了他的虚荣心。”（路遥《平凡的世界》）

tǔ lǐ páo shí

土里刨食

释义：比喻农民种地。

例句：“‘以前点灯靠油，耕地靠牛。’老何笑着说，‘现在可好了，有了这些机器，不光不用养牛，连人都很少下地了。’‘以前～，现在厂里挣钱。’”（党涤寰 潘明亮《以前土里刨食现在厂里挣钱 城镇化惠及农民》）

tǔ mái bàn jiér

土埋半截儿

释义：比喻人生的路已经走过一半了。

例句：“～，要不趁早准备好，指望你呀。”（周立波《暴风骤雨》）

tǔ tóu tǔ nǎo

土头土脑

释义：指行为、举止、服饰等不合时尚。

例句：“正想得高兴的时候，忽然管家带进一个～的人来，见面作揖。”（清·李宝嘉《官场

现形记》）

tǔ gù nà xīn

吐故纳新

释义：指人呼吸时，吐出浊气，吸进新鲜空气。比喻扬弃旧的、不好的，吸收新的、好的，不断更新。

例句：“所以，A股市场要学习纳斯达克高速成长的最强原动力，必须要选择好的公司来A股市场上市，把国内优秀公司作为优秀资源尽快吸引进来，同时让垃圾公司及时退市，强化退市制度和投资者赔偿制度，A股市场才能～，才能拥有持续的发展动力。”（李允峰《证券市场吐故纳新 才有持续增长动力》）

tǔ kǒu tuò mo shì gēn dīng

吐口唾沫是根钉

释义：比喻说话算数。

例句：“不少袜企业老板深有感触地说，袜业园承诺的‘八大服务平台’可以说是～。”（李秀芬 张庆春《诚信服务吐口唾沫都是钉“八大服务平台”吸引八方来客》）

tǔ kǒu tuò mo yān sǐ rén

吐口唾沫淹死人

释义：比喻人言可畏。

例句：“俗话说：‘～’，对于面子薄、心理承受力差的人，是会给他们带来很大的伤害和烦恼。”（风舞菩提《人言可畏亦可鉴》）

tù sǐ gǒu pēng

兔死狗烹

释义：兔子死了，认为猎狗没用就将其烹食了。比喻为统治者效劳的人在事成后被抛弃或被杀掉。

例句：“我歪着头看着他，轻笑道：‘这就是所谓的鸟尽弓藏，～？’萧清书一愣，然后猛地一惊，倒头便跪：‘微臣绝无此意，请殿下明鉴。’”（子夜歌独舞《傲世蓝颜为谁倾》）

T

tù sǐ hú bēi

兔死狐悲

释义：比喻为同类的不幸而悲痛感伤，并且担忧自己的处境危险。

例句：“他虽和他们小夫妇不同行，也没有什么来往，可是到底他们与他都是卖艺的，～，他不能不难受。”（老舍《四世同堂・偷生》）

tù zi bù chī wō biān cǎo

兔子不吃窝边草

释义：这是兔子的自我保护意识，因为窝边的草没了，窝（洞口）就暴露了。另外，对兔子来说，窝边草还有应急口粮的作用。比喻不要在家门口或当地做侵犯别人利益的事。

例句：“这事不能做得太绝喽，要干离远点，干嘛在自己的眼皮子底下，～！”（李英儒《野火春风斗古城》）

tù zi jí le yě yǎo rén

兔子急了也咬人

释义：比喻性情温和的人如果被逼得无路可走，也会采取极端措施。

例句：“（妈妈）平素从不轻易跟人动气的。但是，俗话讲得好，～咧，她冲到金四眼前忿忿地说：‘你们这些不得好死的，比土匪打枪还狠毒呀！’”（马忆湘《朝阳花》）

tù zi jià bù liǎo yuán

兔子驾不了辕

释义：比喻不是担当大任的材料。

例句："我说，不行，改不了的，你们要不信，走着瞧吧，老言古语没错：～。"（周立波《暴风骤雨》）

tù zi jiào mén sòng ròu chī
兔子叫门送肉吃

释义：比喻自己去送死。

例句："'隐蔽好，准备打敌人反冲击。把龟儿子放近一点，用手榴弹狠狠砸！''真是～，不怕死的就来吧！'"（黎明《祖国的儿子黄继光》）

tù zi mǎn shān pǎo hái děi huí lǎo wō
兔子满山跑，还得回老窝

释义：比喻人在外无论闯荡多久，最终还是要回到故乡的。

例句："俗话说，'～'！做官有做一辈子的，有做十辈子、二十辈子的？"（王厚选《古城青史》）

tù zi wěi ba cháng bù liǎo
兔子尾巴长不了

释义：比喻某些状况不能长久。亦可简作"兔子尾巴"。

例句："能把地种好不是更好吗？怕就怕～，机耕队那些小伙子开洋犁子还行，种庄稼可不一定行。"（白危《垦荒曲》）

tuī bō zhù lán
推波助澜

释义：加力使水掀起的波浪更大些。比喻从旁鼓动、助长事物的声势和发展，扩大影响。

例句："精彩的语言，在这里就起了加强浓度、～的作用。"（秦牧《语林采英·妙语如珠》）

tuī dǎo chéng qiáng fú wài wéi
推倒城墙扶外围

释义：比喻放弃内部力量而扶植外部势力。

例句："那时候，冯子贤两面抹稀泥，凭他的资历，曾长耀的手腕，谁能保住他们不会～。"（张行《武陵山下》）

tuī dǎo lóng chuáng shā tài zǐ
推倒龙床杀太子

释义：比喻豁出一切彻底造反。

例句："为了革命的需要，～，我干得出来！"（李英儒《还我河山》）

tuī dǎo yóu píng bù fú
推倒油瓶不扶

释义：比喻见急不救，看笑话。

例句："咱们家所有的这些管家奶奶们，哪一位是好缠的？错一点儿他们就笑话打趣，偏一点儿他们就指桑说槐的报怨。'坐山观虎斗'，'借刀杀人'，'引风吹火'，'站干岸儿'，'～'，都是全挂子的武艺。"（清·曹雪芹《红楼梦》）

tuī qiāo
推敲

释义：比喻做文章或做事时，反复琢磨、斟酌。该词来源于唐代诗人贾岛的一段故事：有一次，贾岛骑驴边走边琢磨着一首名叫《题李凝幽居》的诗，其中"鸟宿池边树，僧敲（推）月下门"两句，是用"推"还是用"敲"，贾岛拿不定主意，入神琢磨之际，无意间闯进了大官韩愈（唐宋八大家之一）的仪仗队里。韩愈问明缘由后，告诉贾岛还是用"敲"好。贾岛不但没有受到惩罚，还同韩愈成为诗友。推敲一词也由此传开。

例句："对照那些成为经典的好剧，即可知烂剧差在哪里了：哗众取宠不经～的情节、扁平

单一迎合观众的角色，还得加上一条：泛滥到让人无法忍受的植入广告。”（陈辉述《回看2013年电视剧：情节哗众取宠经不起推敲》）

tuī sān zǔ sì

推三阻四

释义：指找各种借口推托。

例句：“老者和他儿子，还有别的山民明显也觉得惊讶，陆文龙之前不是说外面多好嘛，怎么说到实际的就～?!”（端午正阳《舵爷》）

tuī shùn shuǐ chuán

推顺水船

释义：顺水推船，顺势而为。比喻顺应趋势说话、办事。

例句：“贾赦听了，便也有些胆怯，问道：‘你们都看见么?’有几个～的回说：‘怎么没看见，因老爷在头里，不敢惊动罢了。奴才们还撑得住。’”（清·曹雪芹《红楼梦》）

tuī xīn zhì fù

推心置腹

释义：比喻真心待人。

例句：“由于他平素对朝廷不满，又感于尚炯的～，就把他平日不轻对人谈的话都谈了出来。”（姚雪垠《李自成》）

tuǐ dù zi zhuàn jīn

腿肚子转筋

释义：指由肌肉痉挛引发的现象，疼痛难忍。比喻因为某个事件而紧张得身不由己了。

例句：“徐静蕾在其博客中披露了自己首次参加春晚，在排练中的紧张状态，‘上了台，～，短短的三句话居然有一句还磕巴了一下。’”（蔡震《徐静蕾头遭上春晚腿肚子转筋 短短三句话还磕巴》）

T

tuì biàn

蜕变

释义：许多节肢动物（主要是昆虫）和爬行动物，生长期间旧的表皮脱落，由新长出的表皮来代替。通常每蜕皮一次就长大一些。比喻人或事物发生质变，由一种状态转变成另一种状态，并且两者之间具有明显的对比关系。

例句：“当不少人对国企的印象还停留在‘效率低下、产品落后、竞争乏力’，当一些人仍在指责国企‘什么都干、什么都干不精’时，我国的国有企业已悄然完成了一次华丽～。”（白天亮《国企新姿　中国脊梁坚强挺立》）

tuì huà

蜕化

释义：比喻变质、变坏，腐化堕落。

例句：“那时候，介绍他入党是没有错的。现在他连官车也不乐意出了，这是～。”（周立波《暴风骤雨》）

tūn tūn tǔ tǔ

吞吞吐吐

释义：想说，但又不痛痛快快地直说。形容说话有顾虑。

例句：“既然‘通报’，就不该‘～’。因为，通报的目的是为了‘惩前毖后’，而你们如此‘～’，这样的‘惩前’，一定意义上可以说是在‘保护邪恶’，不可能给人以信心，也就很难谈得上‘毖后’。”（张传发《“通报”不该“吞吞吐吐”》）

tūn yún tǔ wù

吞云吐雾

释义：原形容道家的绝谷养气。后形容吸鸦片或吸烟。

例句：“那些一支烟枪、一支步枪的川军正在～的时候，我们便束装出发了。”（许世友《万源保卫战》）

tùn tàor
褪套儿

释义：使身体脱离捆着的绳索。比喻摆脱责任。

例句：“桃儿成心说：‘要不您啦就及早～，找地界儿躲心静儿去，跟这儿受这份累，何必。’”（雪 屏《南门脸》）

tuōr
托儿

释义：指在一旁敲边鼓诱人受骗上当的人。

例句：“无论是哪种猜想，董卿肯定都是‘～’了。不过为了节目好看、刺激，当‘～’又如何?”（小鱼《网友破解春晚魔术：董卿可能是托儿》）

tuō mén zi
托门子

释义：比喻找门路说情以达到目的。

例句：“‘领导压力难抗拒’之下，一些领导的话语权和决策权不断扩大和膨胀，一些‘拍脑袋决策’闪亮登场；本应该发挥作用的招聘制度、用人原则、法律法规、政策规定等，变得形同虚设，一些原本正当的权益也要靠～、走关系这种旁门左道才能实现。”（林琳《“领导压力难抗拒” 公平公正难保障》）

tuō hòu tuǐ
拖后腿

释义：见“拉后腿”。

tuō ní dài shuǐ
拖泥带水

释义：比喻说话办事不干脆利落。

例句：“男孩女孩的感情问题，不能含含糊糊，爱就是爱，不爱就是不爱，为人为己着想，都该干脆利落，态度明朗，不要再～。否则困扰会久久地伴随着你。”（马志国《情爱心理误区，你怎样跨越》）

tuō xià shuǐ
拖下水

释义：见“拉下水”。

tuō gōu
脱钩

释义：指火车车厢的挂钩脱落。比喻事物的联系中断。

例句：“中国足协与国家体育总局～之后，将按照《中国足球协会章程》规定的民主程序，进行议事和决策，不能再像以往那样由足管中心以行政命令的方式行事。”（肖良志《足协 2015 脱钩体育总局 主席将“选举”产生》）

tuō jiāng de yě mǎ
脱缰的野马

释义：比喻不受任何约束。

例句：“家长都心疼孩子，惩罚过后，就让我们恢复了自由，我们又犹如～，互相叫着出去玩，带着父母的叮嘱。”

tuō le kù zi fàng pì
脱了裤子放屁

释义：比喻多此一举，自找麻烦。

例句：“等把本钱都吃进去，再去拉车，还不是～，白白赔上五块钱？”（老舍《骆驼祥子》）

tuō tāi
脱胎

释义：漆器的一种制法，在泥或木制的模型上糊上薄绸或夏布称为胎，再经涂漆磨光等工序，最后把胎脱去，涂上颜料。比喻一种事物由另一种事物孕育变化而产生。

例句：“它们从封建社会～而来，构成了新的社会阶级。”（毛泽东《中国革命和中国共产党》）

tuō tāi huàn gǔ
脱胎换骨

释义：原为道教用语，指修道者得道后，就脱凡胎而成圣胎，换凡骨为仙骨。比喻彻底改变立场、观点和面貌。

例句：“但进入第二阶段，意大利突然间犹如～，后 4 场共打进 10 球，尤其是力阻头号热门巴西，令全世界震惊。”（日京《脱胎换骨》）

tuó zi diē jiāo liǎng tóu kōng
驼子跌跤两头空

释义：驼子，即驼背的人，俗称罗锅。驼子向后摔倒，罗锅背着地，头脚不着地。比喻两头都落空。

例句：“老陈，万一改出毛病来，任务完不成，炉子倒垮了，～，你我都背不起这个责任啊！”（艾明之《伟大的起点》）

W

wā mén zi dǎo dòng
挖门子捣洞

释义：比喻为办成事想尽一切办法找关系。

例句：“年轻的时候是这样，如今也是这样！当年你就～要把我从乡下弄回城里，开病假条做假你什么没干过？你从来就只会用这些见不得人的手段？”（沈夜焰《许山岚》）

wā qiáng jiǎo
挖墙脚

释义：墙脚，墙的根基。比喻暗中从根基上破坏别人的事。

例句：“挖人家墙脚，破坏罢工，我可不愿做，也不会做！”（艾明之《火种》）

wǎ guàn bù lí jǐng shàng pò
瓦罐不离井上破

释义：用瓦罐在井上汲水迟早会有在井上摔破的时候。比喻长期从事危险性较高的工作，迟早免不了会发生意外；也比喻常做缺德事，迟早会遭报应。

例句：“回来叫他门不开，都慌了手脚，还使小厮打窗户跳进去。正是：～。割断脚带，解卸下，撅救了半日，……呜呼哀哉死了。”（明·兰陵笑笑生《金瓶梅词话》）

wǎ piàn shàng yǒu fān shēn de rì zi
瓦片尚有翻身的日子

释义：比喻境遇总会好转。

例句：“倘你等叔伯子弟们尚有忠心，不愿向我还手，我深是感念你们！你休与脱朵延同一般见识，须知～。”（蔡东藩《明史演义》）

wāi dǎ zhèng zháo
歪打正着

释义：比喻原本的方法或想法不恰当，却侥幸得到满意的结果。

例句：“速效救心丸能治痛经，桂枝茯苓丸能治痘痘，……乍一听，很多人都不相信，这些药并没有这些功效啊。您别不相信，在我们经常吃的药物中，像这样‘～’的药物并不少，名气最大的就是‘伟哥’，本来治疗心绞痛，后来却成了风靡全球的治疗阳痿的药物。”（张星《吃药也能歪打正着》）

wāi guā liè zǎo
歪瓜裂枣

释义：歪瓜，脐是歪的或长得不圆的瓜；裂枣，表面有裂痕的枣。原意是这样的瓜、枣外表丑陋，实际上吃起来更甜。现比喻相貌丑陋的人或物，多写成“歪瓜劣枣”。

例句：“‘不过要真是帅哥就好了，咱班这帮～我看着就不爽。’这时一个好听的男生声音在耳边响起，‘谁是～啊？’我一回头，对上一双笑盈盈的眼睛，我的脸一下子火烧火燎般滚烫起来。”（假如你是李白《王子爱上我》）

wāi zuǐ hé shang niàn wāi jīng
歪嘴和尚念歪经

释义：比喻自身不正就做不出正派事来。

例句：“你心里考量考量，这话对也不对？别光听～，越念越歪。”（白危《垦荒曲》）

wǎi ní
崴泥

释义：陷在了烂泥里。比喻遇到了麻烦事，不好解决，处境尴尬，颇为狼狈。

例句："我经常迟到，倒二这场相声，演员有意见，后台管事更着急，'倒二快下来了，攒底的还不进来，这不崴泥吗？'"（糖小妞妞《艺海沉浮》）

wài kuài
外 快

释义：指正常收入以外的收入，或者通过一些小手段得到的利益。

例句："代表团小组讨论会上，广州团就目前公务员在本职工作外'赚～'、司法机关管理机制等问题展开了激烈的讨论。"（黄超 等《公务员赚外快不可取》）

wài lái de hé shang hǎo niàn jīng
外来的和尚好念经

释义：比喻外来的人比本地人或本部门、本单位的更容易受人尊敬。原因是对外来人不了解。亦作"远来的和尚好念经""外来的和尚会念经"。

例句："还是那句老话，～，请你出马跟他谈谈。"（李英儒《野火春风斗古城》）

wān chǐ huà bù chū zhí dào dao
弯尺画不出直道道

释义：比喻心术不正的人走不了正道。

例句："当孩子不自觉地处在了家庭的'恒星'位置上，任性闹脾气时，外婆对他说：'～'。有理说实话，无理说蛮话。"

wān dāo duì zhe piáo qiē cài
弯刀对着瓢切菜

释义：比喻办事或说话要找准切入点。

例句："寿亭放下茶杯，猛然站起。家驹也跟着站起来。'卢老爷，张店我也来了，您老我也见了，合伙干买卖，讲的是～，正好。可依我看，我倒是弯刀，可大少爷不是瓢，对不上茬儿！'"（陈杰《大染坊》）

wān wān rào
弯弯绕

释义：比喻说话办事不痛快，故意兜圈子。

例句："民众最有发言权，往往一语中的，决不像某些经济学家那样'～'，忽悠得不着边际。"（宋子牛《又见"弯弯绕"》）

wān ròu bǔ chuāng
剜肉补疮

释义：此语出自唐诗："二月卖新丝，五月粜新谷；医得眼前疮，剜却心头肉。"挖下身上的好肉来补伤口。比喻只顾眼前，用有害的方法来救急。

例句："那只有用～的方法拼命放盘卖贱货，且捞几个钱来度过了眼前再说。"（茅盾《林家铺子》）

wán de zhuǎn
玩得转

释义：比喻把某个方面的事情做得很精到。

例句："正是有了这些操纵航空母舰的海上精英，有了驾驭舰载战斗机的海空雄鹰，航空母舰才成为一国海上力量的作战核心，而不是一艘漂荡在大海上的巨型轮船。那么，一艘航空母舰到底需要多少人才能～？"（郑文浩《一艘航空母舰，到底多少人才玩得转？》）

wán huǒ shāo shēn
玩火烧身

释义：比喻本来想玩弄对方，最后却害了自己。

例句："我们必须奉告日本，只有停止'购岛'和将钓鱼岛'国有化'的罪恶计划，谋求中日两国的和平友好发展，才有可能会化干戈为玉帛。否则就只能是～，一败涂地。"

（薛宝生《钓鱼岛“国有化”日本人是在玩火》）

wán kōng shǒu dào
玩 空 手 道

释义：空手道是日本的一种拳术。“玩空手道”借用“空手”的含义，讽刺某人或某团体做事时自己零投资（空手）而怂恿别人、别家投资。

例句：“原来，这个投资商根本没有投资一分钱，而是拿承建商的保证金在～。事发后，涡阳县迅速成立了联合专案组，发现该公司的2000万元注册资金已被抽走。”（冯兰友《涡阳：1.5亿元招商项目竟“玩空手道”》）

wán piào
玩 票

释义：旧时演的戏多为传统剧目，师徒相承。有许多嗜戏成癖的戏迷，经常光顾剧场，久而久之，戏中人物的唱腔、念白、动作都烂熟于心。有些戏迷能与演员同台演出，遇有演员因事不能上场，他们也能客串一把，称为“玩票”，并被称为“票友”。后把干非本职工作戏称“玩票”。

例句：“上海申花目前与阿根廷CN竞技队的热身赛中，申花老板朱骏亲自披挂上阵，与阿内卡尔并肩作战。踢了半场的朱骏甚至还获得了几次不错的得分机会，可惜均被他一一错过。对于朱骏的这次‘～’举动，英国媒体也进行了调侃。”（陈言《喜欢玩票朱骏遭英媒调侃》）

wǎn dà sháo yǒu zhǔn
碗 大 勺 有 准

释义：比喻分配是有标准的。

例句：“但尽管如此，吃饭时仍然有一番热闹。起先炊事员老林‘～，’依次分到各人饭盒里。分完若有剩汤，每人再添上些。”（曾权生《料峭寒春》）

wàn huā tǒng
万 花 筒

释义：一种光学玩具，往筒眼里看会看到一朵美丽的“花”；将筒稍微转一下又会出现另一种“花”；不断地转，图案也在不断变化。比喻美丽变化的景色。

例句：“军训完回到家，我想：生活就像一个～，五彩缤纷、绚丽多彩。而有的一瞬间，会让你终生难忘。这一瞬间，有可能是酸、是甜、是苦、是辣。只要是值得留念的地方，就会成为生活中难忘的小镜头！”（林浩肯《生活好像一个万花筒》）

wàn jiàn cuán xīn
万 箭 攒 心

释义：攒，聚集。像万支箭集射在心头。比喻受到巨大的伤害，心情极度悲伤。

例句：“宝玉正眼瞅着那《海棠春睡图》并那秦太虚写的‘嫩寒锁梦因春冷，芳气笼人是酒香’的对联，不觉想起在这里睡晌觉梦到‘太虚幻境’的事来。正自出神，听得秦氏说了这些话，如～，那眼泪不知不觉就流下来了。”（清·曹雪芹《红楼梦》）

wàn jīn yóu
万 金 油

释义：又称清凉油，是用薄荷脑、樟脑、桂皮油、桉叶油等加石蜡制成的膏状药物，发明人是清同治年间的福建人胡文虎。当人们遇到蚊虫叮咬、皮肤瘙痒、伤风、头痛或轻度烫伤时取万金油涂抹患处，即有清凉缓解之效，虽然治标不治本，却也有一些疗效。后把那些在很多方面都能混得开比喻成万金油。

例句：“如果要评高校最‘～’专业，那就非中文类专业莫属，在目前高校毕业生就业总体严峻的情况下，中文专业以其独具特色的宽口径就业方向独树一帜。”（王琦《“万金油”式专业最好就业——汉语热给中文毕业生带来新渠道》）

wàn mǎ bēn téng
万马奔腾

释义：成千上万匹马在奔跑腾跃。比喻活动声势浩大或场面热烈，也比喻事业快速发展。

例句：“赛场识良驹，公正选贤才。‘这次换届纪律严明、程序透明、效果明显。’一些已经完成党委换届工作的地方党委组织部长认为，一路阳光正催发出‘～’的大好局面。”（杜榕《选好干部 配好班子 廓清思路 一路阳光 力催“万马奔腾”——各地高度重视精心组织党委换届工作》）

wàn qǐng dì, dú gēn miáo
万顷地，独根苗

释义：比喻后继乏人，只有独子一个。

例句：“西霸天像被打伤的狼一样，又害怕，又伤心，一辈子无儿，过继个侄子，真是‘～’，如今，这根苗又死了。”（张孟良《儿女风尘记》）

wàn shuǐ qiān shān
万水千山

释义：万条河，千座山。形容路途艰难遥远。

例句：“走过～之后，已然伤痕累累，却见故人仍然等在路的那一端。而所有的沧桑和成长都是为了有一天能和你重逢。出国多年，卞一朵从未回过国，她思念故乡和亲人，却有着回不去的苦衷。”（伦敦爱《万水千山过后》）

wàn suì yé bù kōng shǐ huan rén
万岁爷不空使唤人

释义：比喻差遣别人就应该给以相应的报酬。

例句：“去吧，该怎么干就怎么干，不要讲条件，～，亏待不了你！”

wàn zhàng gāo lóu píng dì qǐ
万丈高楼平地起

释义：再高的大楼都要从平地建起来。比喻做事情要从最基本、最基础的做起。

例句：“～，全靠地基打得稳，虽然有时练字觉得成效甚微，焦躁不安，但深呼吸一口气，回过头去看自己三十天前练的字，发现还是有点点进步的，于是静下心来继续写。”（傅丽莎《练习〈张迁碑〉有感》）

wàn zǐ qiān hóng
万紫千红

释义：百花齐放，色彩绚丽。比喻事物丰富多彩、欣欣向荣。

例句：“开国之初，生机蓬勃。虽然百废待兴，已经是～的局面。”（徐迟《哥德巴赫猜想·地质之光》）

wáng yáng bǔ láo
亡羊补牢

释义：亡，丢失；牢，关牲口的圈。因为羊圈的破损导致羊被狼叼走了，再去修补羊圈还不算晚。比喻出了问题以后想办法补救可以防止继续受损失。

例句：“张学良始则失地，今幸固守锦州，～，可称晚悟。”（章炳麟《与孙思昉论时事书》）

wáng ba chī chèng tuó
王八吃秤砣

释义：王八，乌龟的俗称。比喻主意已定，不能改变。

例句：“他狠歹歹地说：‘好你个黄毛丫头，～，你真铁了心啦！’”（李英儒《野火春风斗古城》）

wáng ba kàn lǜ dòu
王八看绿豆

释义：比喻一拍即合。多用于贬义。

例句："陈白露：我并没有抓潘田，是他自己愿意来，我有什么法子？顾八奶奶：反正是一句话：'～'，是对了眼了。"（曹禺《日出》）

wáng pái
王 牌

释义：扑克牌里的大王，牌里最大的牌。比喻最有力的人物、手段等。

例句："他们占舰艇部队水兵总人数的80%，从事着530种专业工作；他们是操纵现代化武器的中坚力量……他们就是被誉为战舰'龙骨'、大海'脊梁'的海军士官。朱桂全就是其中一位。士官的职业特点决定了他无法成为将军，他说：'既然不能成为将军，那就把自己铸成将军手中的～'！"（陈万军 李宣良《将军手中的王牌——记海军112舰燃气轮机班班长朱桂全》）

wáng pó mài guā　zì mài zì kuā
王婆卖瓜，自卖自夸

释义：据说王婆本为男性，宋朝人，原叫王坡，因说话絮叨人送外号"王婆"。他早年避乱从西夏（今新疆甘肃一带）迁至开封，将胡瓜（今哈密瓜）引种过来。胡瓜表面不好看，中原人不识，王婆就一个劲地夸瓜好，并让人品尝，瓜摊生意渐渐兴隆。一天，神宗皇帝出巡碰见王婆卖瓜，尝一口瓜甘甜无比，就问："你的瓜这么好，为什么还要吆喝不停呢？"王婆说："这瓜是西夏品种，中原人不识，不吆喝就没人买。"皇帝听了说："做买卖还是当夸则夸，像王婆卖瓜，自卖自夸，有何不好！"皇帝一语，传至今天。比喻人自吹自擂，自己表功。

例句："写啥好呢？说好，人家要笑话我们，是～。"（陈登科《风雷》）

wǎng dōu yǎo shuǐ
网兜舀水

释义：比喻计划或努力完全落空了。

例句："眼瞅着今年果松是大年，皮子稠，一茬收入说不定能顶两三年。一搬家，岂不成了～。"（巴波《搬家》）

wǎng lǎo hǔ kǒu lǐ tàn tóur
往老虎口里探头儿

释义：比喻做冒险的事。

例句："香菱方向宝玉道：'裙子的事可别向你哥哥说才好。'宝玉笑道：'可不我疯了，～去呢。'"（清·曹雪芹《红楼梦》）

wǎng liǎn shàng mǒ hēi
往脸上抹黑

释义：比喻丑化人的形象。

例句："秀兰可是我的骨血哇！是我把她订亲给杨家的。眼时我还活着哩！不许她往我老脸上抹黑！"（柳青《创业史》）

wǎng liǎn shàng mǒ huī
往脸上抹灰

释义：比喻干了令自己脸上无光的事。

例句："王连生一听这话，便生气地质问他：'……要是别人反过来说你破坏婚姻法，生往好人脸上抹灰，……故意挑事生非呢？'"（胡正《汾水长流》）

wǎng liǎn shàng tiē jīn
往脸上贴金

释义：比喻自我吹嘘，夸耀自己的优点。

例句："你呀？歇着吧！打惯了球的手，会包饺子？别～啦！"（老舍《四世同堂·惶惑》）

wǎng shāng kǒu sǎ yán
往伤口撒盐

释义：比喻对正在遭受痛苦和不幸的人加以伤害，使之更加痛苦不幸。

例句："但问题是，这种'～，揭他人伤疤'式的曝光，已经在事实上对心理较为脆弱的受害者进行了二次伤害，"（轩召强《别再往伤口上撒盐》）

wàng le zì jǐ chī jǐ wǎn gān fàn
忘了自己吃几碗干饭

释义：比喻得意忘形。

例句："他终于再也无法忍受了，毅然决然地提出了离婚。别人说他是嫉妒老婆比自己强，自卑与虚荣的双重作用让他～。他不辩解，只要能够结束这种永无休止的解释与分辩，谁爱误解就误解去吧。"（徐彦利《当嫉妒出现在爱情中》）

wàng le zì jǐ xìng shén mo
忘了自己姓什么

释义：比喻狂妄自大。

例句："有人得志，总会忘乎所以。旁人便讥讽道：不知天高地厚，～！"（于新生《别忘了自己姓什么》）

wàng chén mò jí
望尘莫及

释义：望见前面骑马的人驰过扬起的尘土而不能赶上。比喻远远落在后面。

例句："陈琪称这些画作最打动评委的地方在于，'他们完全沉浸在自己的世界里，无论是题材还是画法都天真烂漫且色彩浓烈。有不少美术家到最后也会返璞归真追求童趣，但少儿绘画的自然之美是美术家们～的。'"（廖阳《少儿绘画的自然之美令美术家望尘莫及》）

wàng chuān qiū shuǐ
望穿秋水

释义：秋水，秋天的水，明净透彻，比喻明亮的眼睛。眼睛都望穿了，形容殷切地盼望。

例句："每天只卖4个小时的面，平时食客如云，但一到双休日和国家法定假日，就关门收摊；近段时间天气炎热，摊主甚至放起了'暑假'，让好吃嘴们'～'……这就是被网友称为'成都最牛'的面摊。"（彭诗云《面摊每天只卖4小时　假日休息 食客望穿秋水》）

wàng méi zhǐ kě
望梅止渴

释义：语出南朝宋刘义庆的《世说新语·假谲》，说的是曹操带兵征伐，行军途中找不到水，士兵们都很渴。曹操说道："前面有大梅林，结了许多梅子，甜酸可以解渴。"士兵听到后想到了梅子的酸就流出了口水。曹操抓紧把士兵带到了有水的地方。后人称此为望梅止渴。比喻愿望无法实现，用空想来安慰自己或他人。

例句："再看保险资金、社保资金等提高的入市比例，在当前新股收益率颇为出色的情况下，谁能保证它们能像以上这些资金一样专注于一级市场？只要一二级市场之间存在明显的收益差距，指望以新增方式来救市基本上等于～。"（何虹《望梅止渴》）

wàng shān pǎo sǐ mǎ
望山跑死马

释义：形容看起来很近，实际还很远。

例句："常言说的好：'～'。自打上船，就看见君山。行了三十余里路，方到飞云关下。"（清·石玉昆《小五义》）

wěi ba
尾巴

释义：指鸟、兽、虫、鱼等身体末端突出的部分。比喻事物的末后或残留部分。

例句："韩小乐和焦淑红两个人又把马立本找了来，让他清交账目的～。"（浩然《艳阳天》）

wěi shēng
尾 声

释义：音乐作品、文学作品的最后一部分。比喻事情的结束部分。

例句：“随着长假临近～，市交通委预计，今天上午出京车辆将趋于平稳，下午将是返城车辆高峰时段。”（王岐丰《十一长假接近尾声 高速路返京车辆进入高峰》）

wěi suō
萎 缩

释义：物体干枯缩小了。形容人或物萎靡、衰退、畏缩。

例句：“假若他们也都像他的祖父那样～，或者像他自己这样前怕狼后怕虎的不敢勇往直前，岂不就是表示着民族的血已经涸竭衰老了么？”（老舍《四世同堂》）

wèi ge shī zi shāo ge ǎo
为个虱子烧个袄

释义：比喻不值得，得不偿失。

例句：“你说打下冯老兰的马来，那可不是容易，得要开仗。起手的日子还没到，不能打草惊蛇，也不能～。”（梁斌《播火记》）

wèi hǔ tiān yì
为虎添翼

释义：替老虎加上翅膀。比喻帮助坏人，增强恶人的势力。

例句：“即令牺牲波兰，亦徒然～，增加希特勒西进争夺的力量。”（邹韬奋《欧战爆发与远东的关系》）

wèi rén zuò jià yī
为人作嫁衣

释义：原指贫女无钱为自己办嫁妆，却被雇为别人制作嫁衣。后比喻白白为别人辛苦忙碌。

例句：“皓首回望上个世纪，没有硕果累累的骄傲，却是甘～的平和淡然。”（周颖如《为他人作嫁衣：译稿编辑生活三十年》）

wèi chū wō de má què zuǐ cháo wài
未出窝的麻雀嘴朝外

释义：比喻见便宜就占。

例句：“三天不哄人，就觉得什么任务没完成；一次不得手，也好像有了亏耗还须补偿；村里人常说他们是‘～，挨着了就吃’。”（赵树理《卖烟叶》）

wèi jìn shān mén jiù xiǎng zuò fāng zhàng
未进山门就想做方丈

释义：比喻好高骛远，急于求成。

例句：“不料头回公款吃喝就破坏了官场的规矩，～的小孙（悟空）被开除……”（杜君立《西游记里的隐喻世界》）

wèi tóng jiáo là
味同嚼蜡

释义：如同嚼蜡一般，没有味道。形容说话或文章枯燥无味。

例句：“如果写一首诗而意境不佳，～，叫人读了兴趣索然，那就不如无诗。”（马南邨《燕山夜话·贾岛的创作态度》）

wèi shǒu wèi wěi
畏首畏尾

释义：前也怕，后也怕。形容胆子小，疑虑重重。

例句：“资源价格改革是走向市场化不可逃避的环节，～不仅不能改变任何现状，反而会让更多矛盾累积，最后更难解决。”（仇智《推进资源价格改革何必畏首畏尾》）

wēn chuáng
温 床

释义：有加温、保温设施的苗床，主要供冬春育苗用。比喻有利于某种事物产生和发展的环境。

例句："会议指出，进一步落实中央八项规定精神，要同反对形式主义、官僚主义、享乐主义和奢靡之风这'四风'紧密结合起来。作风问题是腐败的～。要从思想教育入手，深刻剖析产生'四风'的思想根源，解决好世界观、人生观、价值观这个'总开关'问题。"（张然《习近平：作风问题是腐败的温床》）

wēn shén
瘟 神

释义：散播瘟疫的凶神。比喻作恶多端、面目可憎的人或邪恶势力。

例句："斯诺登的贡献有目共睹。不仅因为他揭秘的材料，有助于世界认清一个真实的美国；他揭秘后的境遇，美国穷追猛打、欧洲集体失声、俄罗斯的无奈……再一次告诉世人，当'普世价值'与'本国利益'相左时就会一文不值。斯诺登这类揭秘'英雄'成'～'的故事，此前就有，他也不会是最后一个。"（方祥生《斯诺登：是"英雄"还是"瘟神"》）

wén fēng sàng dǎn
闻 风 丧 胆

释义：听到风声，就吓破了胆。形容极度恐惧。

例句："在日本侵略军侵占香港期间，曾有一位令日寇与汉奸～的传奇式英雄。他打土豪、惩恶霸、爆火车、炸桥梁、杀汉奸、毁敌巢……让敌人寝食难安。他就是人称'神枪手'的港九大队短枪队队长刘黑仔。"（陈永红 戴熙真《让日寇闻风丧胆的"神枪手"》）

wěn cāo shèng quàn
稳 操 胜 券

释义：比喻有充分的把握取得胜利。

例句："后来的实践证明，粟裕主持制定的第三野战军京沪杭战役作战方案完全符合战役发展的实际情况，是一个～的战役构想。"（粟裕传编写组《粟裕传》）

wěn zhā wěn dǎ
稳 扎 稳 打

释义：稳当地扎营，有把握地打仗。比喻有把握、有步骤地工作。

例句："虽则由于性情梗直，廖二嫂有时不免冒失，但她也是一个～的人。"（沙汀《呼嚎》）

wèn cháng wèn duǎn
问 长 问 短

释义：形容十分关心。

例句："'高考临近了，家长只需做好后勤工作，对于考试的事情，家长知道得越少越好。'有专家称。据悉，目前石门中学已向经常打电话给孩子～的家长发出禁令。"（陈钰凤 徐章龙《高考前家长勿问长问短》）

wèn dǐng
问 鼎

释义：鼎，古代烹煮用的器物，一般三足两耳。传说禹筑了九鼎，传夏、商、周三代，成为政权的象征。"问鼎"原意为图谋篡夺王位，引申为在竞争中夺取第一的想法，或是形容得到了第一。

例句："中国家族财富榜风云起落。理财周报最新发布《3000中国家族财富榜》，财富大佬排名更迭：'企鹅帝王'马化腾以466.65亿元财富，取代三一重工的梁稳根登顶首富宝座，这也是马化腾首次～家族榜。"（齐雁冰《马化腾466亿问鼎中国家族财富榜》）

wèn jīn
问 津

释义：津，渡水的地方。本意是打听渡口。比喻探询情况。

例句："天气炎热干旱，南宁坛洛镇的300万斤香蕉普遍早熟，上市高峰提前到来。1斤香蕉平均只卖1毛多，仍无人～，蕉农损失惨重，有的无奈只能拉香蕉回家喂牛。"（央视《广西香蕉1毛钱1斤无人问津 农民拉回家喂牛》）

wèng zhōng zhī biē
瓮中之鳖

释义：瓮，一种口小、肚大、陶制的大坛子。比喻逃不掉的人或物。

例句："孙富视十娘已为～，即命家童送那描金文具，安放船头之上。"（明·冯梦龙《警世通言》）

wèng zhōng zhuō biē
瓮中捉鳖

释义：比喻要捕捉的猎物已在掌握之中，手到擒来。

例句："知县写了名字住址，就差人去拿来。～，立时拿到，每人一夹棍。"（明·凌濛初《二刻拍案惊奇》）

wō huǒ
窝 火

释义：火被遮蔽物盖住了烧不起来，光冒烟不起火。比喻委屈或烦恼不能发泄而不痛快。

例句："姚志兰送走爹爹，又想起天宝，心里嘀嘀咕咕，怪～的。"（杨朔《三千里江山》）

wō lǐ dòu
窝里斗

释义：比喻自家人相互争斗，起内讧。

例句："大熊说：'就会～，有本事是个真爷们的，打鬼子啊。一群猪。'那两个人不住地点头，'猪，确实是猪。'白轩宇摇摇头。真是～，在鬼子面前脓包一个，就会欺负自己人。"（心晴《迷失的长途车》）

W

wō lǐ hèng
窝里横

释义：比喻在家里称王称霸，可是到了外面就像胆小的兔子。

例句："中国足坛多得是'～'的人，他们在国内横行霸道嚣张盖世，可是出了国门就丢人现眼铩羽而归。"（张庆宁《中国足球十大窝里横 他们来诠释内横外𡲢》）

wō nang
窝 囊

释义：形容人没有能力、胆小怕事，或是受了委屈心里不痛快。

例句："你爹这个老实头儿，～了一辈子，从来不敢在人多的地方讲话，这回也上台去了。"（魏巍《东方》）

wò tǔ
沃 土

释义：肥美的土地。比喻非常好的生活和工作环境。

例句："爱的'～'，需要我们大家去保护。作为政府，有义务制定出保护善举的机制。如果'碰瓷'屡屡得逞，谁又敢去搀扶倒地的老人？"（王慧敏《都来保护爱的"沃土"》）

wò dǐ
卧 底

释义：指埋伏下来做内应。

例句："写完他又上炕来，好像提醒郭全海似地说道：'你说这屯子里有没有～的坏根？'"

（周立波《暴风骤雨》）

wū lóng

乌 龙

释义：方言，糊涂、冒失的意思。延伸而有“乌龙球”一词，指足球比赛中球员不慎踢（碰）进己方球门的球。

例句：“由于伦敦奥组委票务部门的失误，花样游泳赛事比实际多卖出1万张门票。为了弥补这一‘～’事件，组委会不得不把其他赛事的门票提供给这些购票者。”（头条网编辑部《盘点伦敦奥运会的乌龙事件》）

wū shā mào

乌 纱 帽

释义：古代官吏戴的一种帽子，用青黑色的纱制成；始于东晋，明朝正式定为官帽。比喻官位。

例句：“如果党内民主不搞起来，买卖‘～’的行为就不可能杜绝，而且还将在暗箱操作中愈演愈烈。”（春之子《“乌纱帽”为何走俏》）

wū yā zhàn le fèng huáng cháo

乌 鸦 占 了 凤 凰 巢

释义：比喻坏人霸占了好人的地盘。

例句：“‘风雨薇，好历害的心机，不仅让嘉嘉小小年纪背井离乡，现在还想对付嘉嘉。一定要给她点教训，让她知道自己的身份——一个情妇的女儿而已。～，本质上也还是乌鸦。’身为家族继承人的周海深也是个狠角色，只是现在的他早已失去家族继承人的那一份镇定，双拳紧握，深深掐进肉里也丝毫不觉得痛。”（问罪年华《异世之问情》）

wū yā zuǐ

乌 鸦 嘴

释义：乌鸦俗称老鸹，全身羽毛为乌黑色，叫声嘶哑；乌鸦在世界上是最不受欢迎的鸟，它的叫声往往让人与厄运、不祥联系在一起。比喻好事说不灵、坏事一说就灵的人。

例句：“球王贝利在坊间绰号‘～’，过往他在预测大赛时，经常出现看好谁谁就倒霉的情况。”（李普利《乌鸦嘴 不找抽 贝利拒绝为世界杯抽签：我怕害了我的祖国》）

wū yún

乌 云

释义：黑色的云。多比喻险恶的形势。

例句：“胶济线上，现在正弥漫着战争的～。”（峻青《秋色赋·胶济线上》）

wū yún zhē bù zhù tài yáng

乌 云 遮 不 住 太 阳

释义：比喻黑暗势力阻挡不住光明的前景。

例句：“～。我们经历过许多狂风暴雨了，不管是右的还是‘左’的机会主义，都使我们在斗争中经受了严峻的考验！”（罗旋《南国风烟》）

wū diǎn

污 点

释义：比喻以往不光彩的事情。

例句：“大家必须要有这样的一个认识，就我们现有的法律而言，只要是跟毒品扯上关系，例如贩毒、吸毒，都是犯罪，会给人生留下一个～。”（何笑琳 徐佳《和毒品扯上关系就是犯罪 会给你的人生留下污点》）

wū ní zhuó shuǐ

污 泥 浊 水

释义：比喻腐朽、落后的东西。

例句：“她以一种宗教徒似的虔诚，拼命在自己灵魂深处挖‘～’，一点一滴都写在思想汇报

上。”（陈登科　肖马《破壁记》）

wū lòu piān féng lián yè yǔ　chuán pò yòu yù dǐng tóu fēng
屋漏偏逢连夜雨，船破又遇顶头风

释义：比喻不幸接连而至。

例句：“我缝缝补补，浆浆洗洗，都干得来。怎奈这几天生病，真是～啊！”（老舍《荷珠配》）

wū shàng jià wū
屋上架屋

释义：比喻机构或结构重叠。

例句：“在拥有‘食品卫生许可证’、‘经营许可证’等证件的实际情况下，再添上这么一个‘笑脸证’，不是～吗？”（范逸山《餐馆挂“笑脸”，屋上架屋？》）

wú dǐ dòng
无底洞

释义：见不到底的洞。比喻满足不了的物质要求或者做不完的事。

例句：“我说这些人，是个～，多给他多要，少给他少要。”（清·李宝嘉《官场现形记》）

wú fēng bù qǐ làng
无风不起浪

释义：比喻事情的发生总是有缘由的。

例句：“～。要是没人反映，王书记怎么会知道我们不团结呢？”（赵树理《互作鉴定》）

wú fēng sān chǐ làng
无风三尺浪

释义：比喻无事生非，凭空挑起事端。

例句：“这个畜生～呢，何况打到他！”（王少堂《武松》）

wú fēng shù bù yáo
无风树不摇

释义：比喻事物的变化有其必然的原因。

例句：“哦，我就说呢，～，像这样三百斤以上的大公猪，连老虎碰着了都要绕着它走呢，这只豹子为什么要和它干仗呢？现在，事找到了根由，跟野猪干仗的母豹，就是这只小豹子的妈妈，正蹲在草丛里给孩子喂奶呢，一头野猪闯过来了，豹妈妈以为它是来欺负孩子的，就冲上去跟野猪打了起来。”（李迪《豹子哈奇》）

wú gōng bù shòu lù
无功不受禄

释义：比喻不能无缘无故接受优待或赠与。

例句：“～，你敬我啥的酒。”（陈登科《风雷》）

wú gōng shòu lù
无功受禄

释义：没有功劳却得到了报酬。

例句：“依我看，这银子虽非是你设心谋得来的，也不是你辛苦挣来的，只怕～，反受其殃。”（明·冯梦龙《喻世明言》）

wú guān tòng yǎng
无关痛痒

释义：指与自身利害没有关系。

例句：“日前，有媒体报道，作为衡量教师教学质量的评价途径，复旦大学的学生评教系统流于形式，学生打分对教师‘～’。学生评价制度在我国遭遇诸多尴尬，这并不是简单的个案，而是一个普遍现象，是当前教育极为‘纠结’的一个现实问题。”（刘涛

《学生评教如何走出“无关痛痒”》）

wú kǒng bù rù
无孔不入

释义：孔，小洞。比喻利用一切机会。含贬义。

例句：“记者连日来走访发现，我市治理城市‘牛皮癣’的行动从未停止，且措施不断；可乱张贴这一严重影响省会城市形象的不文明行为从来没有停止过，且～。”（林洪相 张铁国 林蕾《城市“牛皮癣”无孔不入 “爬”天桥“上”站牌》）

wú lì zhuī zhī dì
无立锥之地

释义：锥，一头尖锐、可以扎洞眼的工具。没有立锥子的地方，即连极小的地方也没有。常形容贫穷、窘迫、艰难。

例句：“犹太人在欧洲～，以及纳粹对犹太人的大屠杀，这些都可以从基督教神学里面找到原因。”（信力建《犹太人为何在欧洲无立锥之地》）

wú mǎ gǒu qiān lí
无马狗牵犁

释义：比喻没有合适的，只好用差的来充数。

例句：“马鬼道：这是两只拣落尽残的驴子，怎说是马？活死人道：‘老话头：～。狗尚可当马用，驴子倒怕不如狗？强似步行，就是驴子便了。’”（清·张南庄《何典》）

wú niú zhuō le mǎ gēng tián
无牛捉了马耕田

释义：在南方种水田都是用牛来耕田。比喻没有合适的，只好用差的充数。

例句：“不要讥笑吧，我做得什么队长呵？还不是～。”（周立波《山乡巨变》）

wú shì bù dēng sān bǎo diàn
无事不登三宝殿

释义：三宝殿，指佛教的三个活动场所，一是做法事的大雄宝殿，二是藏经阁，三是禅房。这三处地方，都是清静高洁的，不可随意乱闯，因而有了“无事不登三宝殿”之语。比喻没事不上门，上门必有事。

例句：“真是说起曹操，曹操就到。她～，来了总没有好事情。”（巴金《猪与鸡》）

wú shuǐ nán dù chuán
无水难渡船

释义：比喻缺少最基本的条件，事情是办不成的。

例句：“唉，古道无针不引线，～，我们两手空空，怎好登门？”（魏启光《王茂生进酒》）

wú yán bù jiě dàn
无盐不解淡

释义：比喻办事情抓不住关键就难以办成。

例句：“我更夜写几封信，你带了去，但是～，总还得带些银子去。”（清·吴趼人《糊涂世界》）

wú yuán zhī shuǐ wú běn zhī mù
无源之水，无本之木

释义：没有源头的水，没有根的树。比喻没有基础的事物。

例句：“理性的东西所以靠得住，正是由于它的来源于感性，否则理性的东西就成了～。”（毛泽东《实践论》）

wǔ dà sān cū
五大三粗

释义：五大，指双手大、双脚大、头大；三粗，指腿粗、腰粗、脖子粗。形容人高大粗壮，身材魁梧。

例句：“猛回头，身后站着一个～的人，仔细一看是大贵。”（梁斌《播火记》）

wǔ guāng shí sè

五光十色

释义：形容色彩绚丽，种类繁多。

例句：“我们国家成为服装加工之都和服装消费之都，现在服装已经是琳琅满目，～，让人目不暇接。布票已经成了历史，成为人们的收藏品而被珍藏。”（汪亚民《从喇叭裤到五光十色的服装——改革开放系列之六》）

wǔ fēn zhōng rè dù

五分钟热度

释义：比喻热情或积极性持续的时间很短。

例句：“我们是出名的～！这次，我们要持久，不凭一时的感情冲动。”（丁玲《多事之秋》）

wǔ hú sì hǎi

五湖四海

释义：指全国各地。

例句：“我们都是来自～，为了一个共同的革命目标，走到一起来了。”（毛泽东《为人民服务》）

wǔ huā bā mén

五花八门

释义：原指五行阵和八门阵，是古代战术变化很多的两种阵法。五行指金、木、水、火、土，代表红、黄、蓝、白、黑五种颜色，混在一起使人眼花缭乱，因而又称“五花阵”。八门阵就是八卦阵，是按照八卦次第列阵的，并且可变成六十四卦，常使对方军队陷入迷离莫测之中。

另一说指各行各业，五花为金菊花（比喻卖茶女）、木棉花（郎中）、水仙花（歌女）、火棘花（杂耍）、土牛花（挑夫）。八门为一门巾（算命占卦）、二门皮（卖药的）、三门彩（变戏法的）、四门挂（江湖卖艺的）、五门评（说书评弹的）、六门团（街头卖唱的）、七门调（搭棚扎纸活的）、八门聊（高台唱戏的）。后比喻花样繁多或变化多端。

例句：“湖北省政府在当时真正是一种鱼龙漫衍的‘模范政府’，那个委员会～地是什么人品都有。”（郭沫若《革命春秋·北伐途次》）

wǔ léi hōng dǐng

五雷轰顶

释义：五雷是指金雷、木雷、水雷、火雷、土雷。常形容受到意外的震惊，巨大的打击。

例句：“要是我从中赚一个钱，天上现在有云影，让我～。”（老舍《龙须沟》）

wǔ mǎ huàn liù yáng

五马换六羊

释义：比喻交换的东西数量多了，但质量却下降了，是划不来的买卖。亦作“五马倒六羊”。

例句：“卖了切诺基后，赵赫又换过‘起亚’‘现代’，今年又换了丰田‘佳美’，哪辆车都没超过3万公里，要不怎么说赵赫是‘～’呢！”（江敏英《五马换六羊的赵赫》）

wǔ shí bù xiào bǎi bù

五十步笑百步

释义：此语出自《孟子·梁惠王下》，说的是两个士兵从前线败逃，后退五十步的士兵嘲笑后退一百步的士兵胆子小。其实逃跑的性质是一样的，只是程度不同而已。比喻人缺少自知之明。

例句：“而其中道理说来很简单，因为市民之所以要喝牛奶，为的是身体增加营养与更加健康，而恰恰不是为了‘最低污染’所可能存在的危害，哪怕这种危害在全国范围内可能是最低的，而在市民眼里的‘最低污染’牛奶也许只是‘～’质量而已。”（周义兴《上海牛奶最低污染：五十步笑百步》）”

wǔ tǐ tóu dì
五体投地

释义：两手、两膝和头一起着地。是古印度佛教最恭敬的行礼仪式。比喻佩服到了极点。

例句：“两人虽然戏份有限，但却怀着同样的赤诚和热情，以最好的表演将角色呈现给全国观众。新人李沁在说到和李雪健的合作时，对‘父亲’的演技心服口服，连连表示‘～’。”（卢克《李雪健〈建党伟业〉中树典范 李沁“五体投地”》）

wǔ gài zi
捂盖子

释义：比喻掩盖矛盾，不把问题暴露出来。

例句：“（他）要捂住围绕卧龙岩的斗争盖子，以此掩护自己，进一步达到他个人的目的。”（郎澜《铁道前哨》）

wù bù rè de shí tou
焐不热的石头

释义：比喻铁石心肠，不为任何情所动。

例句：“盖聂身为三道灼热目光会聚的中心，却冷静无辜地好比一块～。‘我不是卫庄。’‘原来你不是卫庄？我就说嘛……’荆轲拍了拍胸口，长出一口气。”（卫聂《捭阖本纪》）

wù lǐ kàn huā
雾里看花

释义：指人老了眼睛昏花，看东西像在雾里一样，模糊不清。此语来自唐杜甫诗：“春水船如天上坐，老年花似雾中看。”后比喻对事物看不真切。

例句：“记者走访海口市二手车市场发现，商家对此项国标的实施并不看好，认为实施恐有难度，而消费者则盼望新《规范》尽早出台，购买二手车不用再‘～’。”（南海网《买二手车不愿雾里看花 海口评估国标有望出台》）

X

xī yáng jìng
西 洋 镜

释义：北方人叫“拉洋片”。旧时由西洋（欧美）传入我国的一种娱乐装置，是根据光学原理制成一个大箱子，箱子的一边有几个小洞，眼睛凑上去看。因为比电影更早传入中国，而里边放映的都是些外国的风俗人情，所以又称“西洋景”。比喻借以骗人的拙劣可笑的伪装。

例句：“然而，科学早已无情地拆穿了催眠的～，研究发现催眠其实是催眠师与被催眠者，一个愿打、一个愿挨的表演，并无神奇效果。”（伍君仪《拆穿催眠的西洋镜》）

xī xuè guǐ
吸 血 鬼

释义：吸血鬼是西方世界里著名的魔怪，其主要攻击方式为吸血，也食人。吸血鬼往往能诱惑异性并在不知不觉中夺取对方的生命。比喻榨取他人血汗、凶残毒辣的人。

例句：“‘……你又再一次出现在小姐面前，还伤害了小姐，小姐当年怎么会喜欢上你？你这个～！’老人把视线转到了玖兰枢身上，越说越生气，最后竟然动起手来。”（夏末明媚《吸血鬼骑士之迷失流年记忆》）

xī ní ba hū bù shàng qiáng
稀 泥 巴 糊 不 上 墙

释义：比喻素质低下的人提拔不起来。

例句：“而那时，父亲石雄信对儿子的举重之路并不太看好。在石智勇很多次想放弃的时候，石雄信总是这样教训儿子：‘～，干一件事就要坚持到底，不然你能做什么？’石雄信可能没想到，自己当初这样朴素的教育影响了石智勇的一生。”（何烓烓　曾珍《小智勇人穷点子多　冠军不是“稀泥巴”》）

xǐ chén
洗 尘

释义：远道而来的客人一路风尘很辛苦，要把尘土洗掉。指设宴欢迎远道来的客人。参见“接风”。

例句：“薪泽金之所以屈尊为丁能通接风～，是因为丁能通在‘肖贾大案’中能够全身而退，几乎没伤着一点毫发，这让薪泽金佩服得五体投地，薪泽金是虚心向丁能通取经的。”（王晓方《驻京办主任》）

xǐ pái
洗 牌

释义：把牌掺和整理，以便继续玩。比喻打破原有的格局，重新再来。

例句：“新《旅游法》将于 10 月 1 日开始实施，新法刀锋直指‘低价低质’的旅游运营方式。哈市旅游管理部门有关人士指出，各家旅行社将面临着大～。”（刘钢《哈尔滨 300 家旅行社面临洗牌　低质低价将退出市场》）

xǐ qián
洗 钱

释义：指将非法资金放入合法经营过程或银行账户内，以掩盖其原始来源，使之合法化。

例句：“而徐栋认为，目前比特币价格的大涨与当前比特币被伊朗等一些国家不法分子用来转移资产，被当做～工具有一定关系。他指出，市场上对比特币出现了一定的实际需求，是比特币上涨的一个基础。”（陈颖《专家称比特币已被庄家操纵 或成伊朗不法分子洗钱工具》）

xǐ xīn gé miàn
洗心革面

释义：清除旧思想，改变旧面貌。比喻彻底悔改。

例句：“领导干部要有脱皮开肉的勇气，～的毅力，壮士断腕的魄力，否则，洗不掉内心的苦闷，去不掉灵魂深处的邪恶欲念。”（罗智刚《洗心革面“勤洗澡”——三谈群众路线教育活动“领导干部如何洗洗澡”》）

xǐ xuě
洗雪

释义：比喻除掉冤屈、耻辱等。

例句：“不冤枉一个好人，也绝不冤枉一个‘坏人’，……重证据而不轻信口供，为在押犯～冤情，这种实事求是的精神在今天一样值得倡导，它对我们建设法制国家也仍然具有现实的警示意义。”（陶克强《从许宗裔为囚犯洗雪冤情想到的》）

xì fǎ biàn de zài hǎo yě shì jiǎ de
戏法变得再好也是假的

释义：比喻心知肚明的事。

例句：“同方万岭的那些应酬纯粹是虚与周旋，文明深知～，根本不信仅凭这些表面文章就能使他淡化对自己的深恶痛绝。”（东方红旗《哥们姐们的简史》）

xì fǎ bù líng quán kào tǎn zi méng
戏法不灵全靠毯子蒙

释义：变戏法的一般都是用一个毯子类的东西，蒙上在里面做手脚。比喻技术差些，需要其他一些补救的办法。

例句：“在机关，可不比学校读书、出版社编书，官场有的，书里没有；书里没的，官场有。社会可是一本大书，读懂它不容易。俗话说，～。你不是说王巡吗，这人可不白给，向领导汇报工作，那是小菜一碟，懂得揣摩领导心思，十有八九受到表扬。像你那么汇报，别说省长不满意，我听了都刺耳。”（高和《中国式饭局》）

xì mó chū kuài dāo
细磨出快刀

释义：比喻做事情认真细致是出精品的重要因素。

例句：“看过部队的操练动作后，他高兴而关切地说：‘对，就要这样加紧练，～，苦练出精兵，要提高军事素质，就得靠平时苦练呵！’”（志办《罗炳辉与天长》）

xì shuǐ cháng liú
细水长流

释义：如果水有限，细一点流就会流得时间长。比喻精心安排，长远打算。

例句：“告诉老王说，要多吃野菜树皮，少吃米面，～呀！”（梁斌《红旗谱》）

xì zhī mò jié
细枝末节

释义：比喻事情或问题的细小而无关紧要的部分。

例句：“脑海里的浪漫似乎都和惊喜有关，和阿峰经历那么多的波澜后终于走到了一起，因为我真正地意识到，爱情其实就体现在一些～上。”（冰雁《爱情就是一些细枝末节》）

xiā bīng xiè jiàng
虾兵蟹将

释义：指古代神怪小说里海龙王手下的兵将。比喻无能将领手下不中用的小喽啰。

例句：“汪精卫和他的～已在公开讨论‘和平’。”（邹韬奋《抗战以来，“来宾”放炮》）

xiā bāi
瞎掰

释义：比喻没有根据就乱发议论。

例句：“车骑得倒不快，他叫我点灯。你说马路上挺亮的，非让我点灯不可，这不是～吗？”（郎德丰 陈文海《夜行记》）

xiā mǎ lín chí
瞎马临池

释义：比喻盲目行动，后果十分危险。

例句：“那拉氏虽然善玩权术，却不知兵机，不察政理，～，昏庸苟且，以雄才大略自视甚高的曾李师徒，却不得不拜倒在她的足下，受其颐指气使，瞎乱指挥，其胸中幽怨不平之气，自可想见。”（王龙《近代中西交锋的十字路口：天朝向左，世界向右》）

xiā māo pèng shàng sǐ hào zi
瞎猫碰上死耗子

释义：耗子，即老鼠。比喻侥幸得到意外的收获或成功。

例句：“他决定去见东阳。他觉得～是最妥当的办法。”（老舍《四世同堂·饥荒》）

xiā zi diǎn dēng
瞎子点灯

释义：比喻没有用处。

例句：“‘你猖狂什么！别忘了你比我们高了一届或者更多，比我们更早进入魔武的你现在不也就这点实力吗？’科林被加文的不屑顿时激怒了，爆喝道。‘唉！’加文看白痴一般的目光盯着科林，终于撇了撇嘴不屑道：‘～，愚蠢！’”（咖啡猫《觉醒之殇》）

xiá lù xiāng féng
狭路相逢

释义：在很窄的路上相遇，没有地方可让。多用来形容仇人相见，彼此都不肯轻易放过。

例句：“哈尔滨被日军占领后，武步元奉命转移到珠河县城。有一次他率领的队伍和日本关东军中村旅团的一个联队～，这是一场面对面的生死搏斗，和小鬼子拼刺刀太过瘾了，他一个人就报销了三个鬼子。”（肖军《血土》）

xiá bù yǎn yú
瑕不掩瑜

释义：瑜，美玉；瑕，玉上的斑点。斑点不影响玉的美丽。比喻缺点不可能掩盖优点。

例句：“他同时指出，该片首播时确实存在一些瑕疵。但～，仍是一部雅俗共赏、深入浅出介绍京剧知识的好作品，如今修正后会得到更多观众的关注。”（刘玮《纪录片〈京剧〉改版重播 专家：瑕不掩瑜》）

xiá yú hù jiàn
瑕瑜互见

释义：比喻优点、缺点都有。

例句：“在经历了四分之三世纪的时光流逝之后，从客观公正的学术角度加以重新审视，可以说《红楼梦抉微》的内容是～的，对后人的红学研究也产生了一定影响。”（朱萍《散金碎玉瑕瑜互见——对〈红楼梦抉微〉的再思考》）

xià bù lái tái
下不来台

释义：比喻处于尴尬的境地。

例句：“众人怎肯答应，眼见得双方还有台阶下，便想着怎么来挤兑他们，让他们～，好看这天大的热闹。”（不动顽石《百家争鸣》）

xià dì yù
下地狱

释义：在汉族传统宗教观念中，地狱是阴间地府的一部分。阴间也称冥界，泛指亡魂所在的空间，而地狱特指囚禁和惩罚生前罪孽深重的亡魂之地，可以说是阴间的监狱和刑

场。比喻受到最严厉的惩罚。

例句：“舒可差点儿再次晕过去，她望着那对手挽着手肩并着肩、一起亲亲热热出门去的男女，眼里几乎滴出血来。咬着银牙，她在心里呐喊：‘林雪，我会报复你的！你等着瞧，这个男人有多么可怕，我要让你～！’”（烟茫《契约军婚》）

xià fēng

下 风

释义：风所吹向的那个方向。比喻处于下位、劣势。

例句：“结果，当上海金迈驰主场不敌宁波队，在三场两胜制的总决赛中落入～，几乎所有人都涌向王励勤，借着询问比赛的由头，旁敲侧击着他的情感世界。”（王彦《王励勤：对宁波实力上是下风球 再困难都经历过》）

xià hǎi

下 海

释义：海，指商海。改革开放之初，市场经济开始繁荣，一个新的自由空间正在出现。一些人，主要是政府机关人员、企事业单位工作人员等放弃在传统体制内的位置，转而到这一新的空间里创业经商、谋求发展，这样的行为被称为“下海”。比喻做生意。

例句：“国外的很多优秀律师当了法官，国内的很多优秀法官～当了律师。近年来，不少全国人大代表、专家学者呼吁要从律师中遴选法官，实现法官职业和律师职业的不断合理化。”（练情情《法官“下海”，律师“上岸”?》）

xià hé cái zhī shuǐ shēn qiǎn

下河才知水深浅

释义：比喻只有深入实际调查研究，才能了解到真实的情况。

例句：“所以，要求参事在调研中要做水中石头，不做井中皮球；要做鱼鹰下水，不做蜻蜓点水；要搞探幽索微，不搞走马观花。这样‘～’的调查，才是值得称道的。”（伊忠义《参事调研要处理好三个关系》）

xià jiào dǎ jiào fū

下轿打轿夫

释义：比喻以怨报德。

例句：“你小子真不地道，～，这顾客投诉不是我帮你打圆场，你还能站在这跟我穷白话吗！”

xià kè

下 课

释义：指一堂课结束了。比喻职务被撤换。

例句：“斯塔诺～已成定局，赵和靖是否还会加盟国安也成了疑问。那么，他有没有重返阿尔滨的可能？眼下没有人能给出确切的答案。如果时间倒退半个月，只要赵和靖愿意，续约绝对没有问题。但这段时间以来，情况已经发生了变化。”（隋海涛《斯塔诺下课赵和靖去留成疑 阿尔滨瞄准辽足边卫》）

xià mǎ

下 马

释义：比喻某项工程停止或是官员被免职。

例句：“得民心者，得天下；失民心者，失天下。让搞‘伤民工程’者～！这是正义的要求，更是人民的呼声。”（倪洋军《让搞“伤民工程”者下马》）

xià mǎ kàn huā

下马看花

释义：比喻深入实际，认真调查研究。与“走马观花”相对。

例句：“俗话说：‘走马看花不如驻马看花，驻马看花不如～。’我希望你们都要～。”（毛泽东《在鲁迅艺术学院的讲话》）

xià mǎ wēi

下马威

释义：古时称下车、下马均表示官员到任，“下马威”比喻官吏初到任时对下属显示的威风。后泛指一开始就向对方显示自己的威力。

例句：“她让宫女宝儿为自己重新打扮一番，最后又央求皇甫邪一同前往，这样就更好地给这后宫中的女人一个～，让她们都知道，在这后宫之中只有她付奕雨最大。”（舍落《弱智皇后不好欺》）

xià máo mao yǔ

下毛毛雨

释义：毛毛雨，指分布稠密均匀的微细液态降水，可随风飘散。比喻事先暗中透露消息或是温和的批评。

例句：“这次制度改革变化较大，先～，让大家有点思想准备。”

xià měng yào

下猛药

释义：比喻强有力的治理措施。

例句：“近几年来，中央曾经三令五申地禁止私设‘小金库’，然而收效甚微，充分说明‘小金库’是个顽症，危害国家、危害集体、危害他人、危害自己，我们必须～才能使之得到有效治疗。”（毕文章《下猛药治理“小金库”》）

xià pào niǎn zi

下炮捻子

释义：炮捻子，即导火索。旧式的大炮在炮的尾部有一小孔，插上导火索即炮捻子，然后在炮口填充炸药和弹丸，点燃炮捻子才能引燃炸药打出弹丸，杀伤敌方。比喻给引发事端制造借口。

例句：“陈今故意给沙萨～，下完后，还朝杞璘挤眼睛说：‘姐姐好想知道里面写的啥，你看后千万别忘了跟姐姐说哦！’”（欢欢《后来……》）

xià tái

下台

释义：指从舞台或讲台上下来。比喻摆脱困难尴尬的境地或是失去职位。

例句：“泰国国会26日就一项针对泰国总理英拉的不信任案进行辩论。与此同时，大规模反政府示威连日来愈演愈烈，示威者誓言铲除‘他信政权’，驱赶英拉～。”（常天童 高健钧《泰10万人上街要求英拉下台》）

xià tái jiē

下台阶

释义：给人留面子，或给人机会，使之从尴尬的局面（状态）中解脱出来。

例句：“你肯定猜不出老耿头当时有多狼狈，要不是我赶紧帮他～，戏就闹大了！”

xià tàor

下套儿

释义：狩猎的一种方式。用钢丝或绳索做成套放在猎物出没的必经之路，猎物被套住后会越挣扎越紧。比喻故意设陷阱让人钻。

例句：“就在吴国英和黄飞跃商量着准备给周国平～的时候，周国平正坐在办公桌前死死地盯着电脑屏幕上纵横交错的曲线。”（徐余《沸腾的钱途2》）

xià wén

下文

释义：指文章中某段或某句后面的文字。比喻事情的发展或结果。

例句：“朱老虎派狗腿子、账房先生苏沛霖到汤家要人。汤富海回说没有看见，吵了一通，没有～，苏账房走了。”（周而复《上海的早晨》）

xià yóu

下 游

释义： 河流接近出口的部分。比喻落后的地位。

例句： “记者从省住建厅获悉，我省（黑龙江）目前运行的垃圾无害化处理设施仅有 27 座（填埋场 25 座，焚烧厂 2 座），日处理能力 11950 吨，尽管生活垃圾无害化处理率由 3 年前的 29.28％上升至 43.69％，但处理能力仍处于全国～水平。”（王彦《黑龙江省垃圾处理能力居全国下游 设施缺乏水平落后》）

xian rén tiào

仙 人 跳

释义： 指以从事淫秽活动为由头，在迷惑“偷腥”男子之后，以偷、骗、抢等手段诈骗、劫财的非法行为。

例句： “嫖娼时遭遇‘～’，被偷了 100 元，陕西男子刘某明为此‘闷闷不乐’；不想 3 天后散步时碰上那伙人，他冲上去要对方还钱，结果被对方持刀捅死。”（林泽贵 赵绿森《嫖娼时遭遇“仙人跳”》）

xiān xíng guān

先 行 官

释义： 古戏曲、小说中指率领先头部队的将领。现比喻位列在前的事物。

例句： “山东农村 10 年的变化向世人昭示，电力是农村经济发展的动力，是撬动农村市场的杠杆，是建设新农村的‘～’。”（何勇 孟辉《当好“先行官”》）

xiān zhǎn hòu zòu

先 斩 后 奏

释义： 斩：砍头；奏：通常指臣子对皇帝的报告。原指臣子先把人处决了，然后再报告皇帝。现比喻未经请示就先做了某事，造成既定事实，然后再向上级报告。

例句： 这个事非我自己办不可，我就挑上了你，咱们是～。”（老舍《骆驼祥子》）

xiān bào xī guā hòu jiǎn zhī ma

先 抱 西 瓜 ， 后 捡 芝 麻

释义： 比喻做事要分清主次，先办大事，后办小事。

例句： “费场长带点语重心长的口气说，‘你一手抓不了那么多，那就应该～嘛。’”（白危《垦荒曲》）

xiān huā chā zài niú fèn shàng

鲜 花 插 在 牛 粪 上

释义： 比喻漂亮女子嫁给了丑男人。

例句： “她真愿到他家做儿媳妇吗？常言说：～，连山不觉有点惋惜起来，越对这姑娘喜欢，越是惋惜。”（李满天《水向东流》）

xián mó yá

闲 磨 牙

释义： 比喻闲聊天或白费口舌。

例句： “（她）一点道理也不讲，值不得和她们～。”（段荃法《凌红蝶》）

xián shí bù shāo xiāng jí lái bào fó jiǎo

闲 时 不 烧 香 ， 急 来 抱 佛 脚

释义： 比喻平时不做好准备，当遇到事情时才急忙寻求帮助。

例句： “这伙三党之亲，自从倪太守亡后，从不曾善继一盘一盆，岁时也不曾酒杯相及；今日大块银子送来，正是‘～’。”（明·冯梦龙《喻世明言》）

xián yún yě hè
闲 云 野 鹤

释义：比喻闲散安逸、不受尘事羁绊的人。

例句：“那姑娘穿了这一身缟素出来，越发显得如～一般，有个飘然出世光景。”（清·文康《儿女英雄传》）

xián wài zhī yīn
弦 外 之 音

释义：原指音乐的余音。比喻言外之意，即在话里间接透露，而不是明说出来。

例句：“阿庆嫂正是从刁德一夸她‘抗日救国的好思想’‘安排照应更周祥’那段话中，听出了他的～……”（邓高如《半轮秋》）

xián chī luó bo dàn cāo xīn
咸 吃 萝 卜 淡 操 心

释义：讥讽人瞎操心、瞎管闲事。

例句：“～。刘翔有多少钱，实在和旁人不相干。这些年，刘翔热心够多。那些老盯着刘翔钱袋的人，还是多关心关心翔飞人的比赛吧。”（徐东海《咸吃萝卜淡操心》）

xián yú fān shēn
咸 鱼 翻 身

释义：比喻人处于低迷阶段时，突遇意外的机遇而出现好转。

例句：“于怡问他，冯书记对你做了什么重要指示，能谈两个多小时？楚清河说，……。老吕头要～了，苦了十来年，终于熬出头，领导对他相当重视。”（二荣《妖娆列车长》）

xián zuǐ dàn shé
咸 嘴 淡 舌

释义：比喻无事生非或没话找话说。

例句：“这一点子小崽子也挑么挑六，～，咬群的骡子似的。”（清·曹雪芹《红楼梦》）

xián cháng dào duǎn
嫌 长 道 短

释义：比喻十分挑剔，要求苛刻。

例句：“在这危急存亡的时候，是金山给了我求生的力量和信心，对我的孩子更没说，十二个头的好，从来没～过。这对我还是一个存在的欲望。”（永彦　曾兴《黄家儿女》）

xiàn guān bù rú xiàn guǎn
县 官 不如 现 管

释义：比喻官再大也不如具体管事的人有实权。

例句：“你是有名的法学家，可是有的事情你不如我。俗话说：～，比如失盗啦，路劫啦，走失牲口啦，你就得找我了。”（梁斌《播火记》）

xiàn shàng jiào xiàn zhā ěr duo yǎnr
现 上 轿 现 扎 耳 朵 眼 儿

释义：耳朵眼是女子为佩戴耳饰扎的，一般来说都是在小的时候就扎好了。比喻遇到事情时才临时忙乱补救.

例句：“不论是一个民族、一个国家、一个社会、一个团体、一个人，在道德方面的学习和教育，应该持之以恒，不要‘～’似地昙花一现。”（文清《现上轿现扎耳朵眼儿》）

xiàn shēn shuō fǎ
现 身 说 法

释义：佛教用语，指佛力广大，能现出种种人相，向人说法。比喻用自己的经历为例证，对人进行讲解或劝导。

例句：“为突出示范性，盐田将专门针对执法人员、中小学校长和医院院长开展专题培训，并组织干部去监狱听服刑人员～。”（杨磊《盐田率先启动纪律教育学习月活动 干部将到监狱听罪犯现身说法》）

xiàn xué de qǔ chàng bù de
现学的曲唱不得

释义：比喻刚刚学会的东西不能拿出来炫耀。

例句：“阴差阳错，曹仁此举竟无意中绕过了赵云的警戒部队，致使刘备毫无防备地遭到了来自背后的袭击，刘僻的步兵还在刘备的指挥下演练着克制骑兵的阵法，突然间就从演习进入了实战！哪知，～，刚学的战阵毫无用处，士兵们一发现曹军的骑兵全都慌了神，转身就跑，就没有一个人想到：自己这两条腿，如何能跑得过四条腿？”（于金山《曹操大传》）

xiàn yǎn
现眼

释义：比喻出丑、丢脸。

例句：“驾驶员无可奈何地进行了酒精含量测试，数秒钟后，结果出来了，属于醉酒驾驶。驾驶员突然号啕大哭，不停地呼喊：‘哎呀我的妈呀，我的妈呀，我才当了一个月的副局长，这样丢人～……’”（徐翠英《现眼》）

xiàn yuán xíng
现原形

释义：显现出了原来的形象。比喻伪装的东西被剥掉了。

例句：“当由美国次贷引燃的经济危机悄然现身，中国大陆的房地产很快就～，只是现如今，由于各地方政府不得不考虑自己的‘钱袋子’如何摆脱房地产的困扰等问题，还在强装欢颜，做着不同程度的掩盖状。”（朱永杰《房价现原形的时候到了》）

xiàn rén
线人

释义：泛指依靠提供情报信息来获取利益的人。现大多指为警察、情报机构提供特殊情报的卧底或特殊招募人员。

X

例句：“在犯罪多样化与隐蔽化的现代社会，利用～破案已成为通行各国的重要手段。不少欧美国家对线人制度有明确立法，刑诉法中有针对线人权利保护的‘污点证人’制度。”（傅剑锋　成希《揭秘中国职业线人真实生活：刀尖上的无间道》）

xiàn jǐng
陷阱

释义：为捕捉野兽或为擒敌而挖的经过伪装的坑。比喻现实生活中陷害人的圈套。

例句：“国家旅游局发布服务警示，称目前市场上存在大量的冒充旅行社名义制作的旅游券，消费者要警惕前往港澳地区的旅游券～。”（王思思《国家旅游局发布服务警示：警惕港澳旅游券消费陷阱》）

xiàn chǒu
献丑

释义：谦辞，在展示作品或演出时，称自己水平不高、技能差。

例句：“你晓得我不会写，何必要我来～！让我做一个读者就是了。”（巴金《家》）

xiāng bō bo
香饽饽

释义：饽饽，即糕点。比喻很受人喜爱。

例句：“怎么会不满哩，这个时候，正是新开茅厕三天香，全体捧着像～一样哩。”（张恨水《金粉世家》）

xiāng huǒ
香　火

释义： 指供奉神佛或祖先时燃点的香和灯火，因为要依靠后辈烧香燃火祭祖，故没了子嗣就断了香火。比喻子孙、后裔、继承人。

例句： “你是兼祧了两房的，钱家的～，就只在你一人身上呢！”（茅盾《霜叶红似二月花》）

xiáng lóng fú hǔ
降龙伏虎

释义： 指能管住龙，制住虎。比喻有极大的能力，能够战胜很强的对手或克服很大的困难。

例句： “出家人长生不老，炼药修真，～……”（元·马致远《黄粱梦》）

xiǎng gǔ bù yòng zhòng chuí
响鼓不用重槌

释义： 比喻聪明人用不着多开导。

例句： “～。冯永祥一点，徐义德就明白了。”（周而复《上海的早晨》）

xiǎng chī yáng ròu　yòu pà āi yī shēn sāo
想吃羊肉，又怕挨一身臊

释义： 比喻又想占便宜，又怕惹麻烦。

例句： “明摆着的事，还想抵赖？真是～。”（周而复《上海的早晨》）

xiǎng chī yú yòu pà xīng
想吃鱼又怕腥

释义： 比喻做事情顾虑重重。

例句： “不过他们太看重自己的名声了，～，平时这种好事倒也有，问题想在张磊这里找这种好事就有些异想天开了。”（天地人鬼神《我无恶不作》）

xiǎng dǎ lǎo shǔ　yòu pà shāng le yù píngr
想打老鼠，又怕伤了玉瓶儿

释义： 比喻想打击坏人而又有所顾忌。

例句： “阎氏兄弟的父亲居然就是在北安国赫赫有名的阎青天，现任扎兰堡知县阎辉祖。一旦闹将开来，那对于阎辉祖的清名来说，也是一个极大的污点。孟子瞻在了解这些事的来龙去脉之后，真真是～，左右都难以下手。”（桂仁《冲喜》）

xiǎng yī chū shì yī chū
想一出是一出

释义： 一本传奇中的一个大段落以及戏曲的一个独立剧目都叫一出。比喻做事情随意性大，缺少周密思考和计划。

例句： “因而，如果未经公众充分讨论，只是由卫生部门及相关部委关起门来～，新方案适用性到底如何，或许还是一个未知数。”（生活报《新医改可别“想一出是一出”》）

xiǎng zhāi méi gui jiù bié pà cì
想摘玫瑰就别怕刺

释义： 玫瑰，蔷薇科，落叶灌木，枝秆多刺，花单生或数朵聚生，多种颜色，有芳香。比喻要想获得自己所追求的，就不要怕困难。

例句： “小子，没经验了吧！女孩就是这样，你要学几招，～，不然打光棍去吧！”

xiǎng zhì chuāng bù néng pà wā ròu
想治疮不能怕挖肉

释义： 比喻要想解决问题就不要怕付出代价。

例句： “人，就怕一急没了主意，那几天我真没法子了。我想着‘～’，卖！就想起来卖地！”（李准《不能走那条路》）

xiàng yáng huā mù zǎo féng chūn
向阳花木早逢春

释义： 比喻借助有利条件，就可能多得好处或利益。

例句： “又是一年春来到，～，赣版书业发展正当时。”（大江网《向阳花木早逢春——看2003年赣版图书》）

xiàng pí tú zhāng
橡皮图章

释义： 用橡胶块刻制的图章。比喻某些依例通过决定以完成某种规定程序，但在实际上不起什么作用的机构。

例句： “有人认为人大代表是‘～’，近年来人大代表的履职创出不少新局面，把昔日的～变硬了。”（周锦尉《“橡皮图章变硬了”》）

xiāo zhǒng
消肿

释义： 医学术语，指肿块的缩小、肿胀的消退。比喻精简多余的机构和人员。

例句： “我国现有的政府机构重叠庞大，职能交叉，人员繁多，办事效率低下，官僚主义严重，已成为行政体制和运行机制的老大难问题。在新的环境下原来臃肿低效的机构急待‘～’增效。”（崔建宇《政府机构“消肿”再探》）

xuē jiān le nǎo dai wǎng lǐ zuān
削尖了脑袋往里钻

释义： 比喻不择手段地钻营，用于贬义。

例句： “自己不够条件嘛，又～，那动机不是自私吗？”（柳青《创业史》）

xiǎo bái liǎnr
小白脸儿

释义： 指肤色白净而貌美的年轻男子。含戏谑、轻视意。

例句： “张震武气恼地叫道：‘他姓俞的有什么了不起？～，凭着两片子嘴，看了几本什么辩证论唯物法的书，就连升三级。’”（刘绍棠《田野落霞》）

xiǎo cài yī dié
小菜一碟

释义： 小菜，与酒席上的大菜相比指的是咸菜或是凉拌菜、下酒菜。比喻无足轻重的人或事。

例句： “‘我以前曾经一天骑500公里，这次行程对我来说～。’于世君表示，虽然已步入老年，但是从不把自己当老年人看。”（徐栋　高子贺《巴黎骑到伦敦“小菜一碟”》）

xiǎo chā qǔ
小插曲

释义： 配置在话剧或电影中的歌曲。比喻事情发展过程中发生有意思、有趣味的小事件。也比喻误会。

例句： “今日下午，在国防部例行记者会上，国防部新闻事务局副局长、国防部新闻发言人杨宇军针对近期关于中印边界局势的报道表示，中印边境地区的局势总体是和平稳定的，两国边防部队通过会谈会晤机制保持着密切沟通。此前发生过的一些～都得到了妥善解决。”（张洁娴《国防部：中印边境发生过小插曲都得到妥善解决》）

xiǎo chāor
小抄儿

释义： 考试作弊夹带的纸条

例句： “25日，自学考试就要开始了，公主岭市一家书店竟然在自考办对面卖起了自考试题和‘～’。”（陆续　王峤《自考办对面书店卖“小抄儿”》）

xiǎo chē bù dǎo zhǐ guǎn tuī
小 车 不 倒 只 管 推

释义：比喻只要身体能够挺得住就要继续干下去。

例句：“看着他一天比一天瘦削，很多人心疼地劝他：‘老潘，图啥呢?’他说：‘图啥？就是对得起自己的良心，为党干事，～吧！’”（新浪网《“小车不倒只管推”》）

xiǎo chí táng yǎng bù liǎo dà yú
小 池 塘 养 不 了 大 鱼

释义：比喻小地方留不住大人物。

例句：“好啊，～。我早晓得你不想在张家待下去了。”（周而复《上海的早晨》）

xiǎo dǎ xiǎo nào
小 打 小 闹

释义：形容做的事情不惹人注意。

例句：“通过在一线职工中开展小发明、小创造、小绝活、小窍门等创新活动，山东能源肥矿集团电力公司实现技术降本 20 多万元，让‘～’的小技术创出大效益。”（侯秀峰 李振《“小打小闹”效益不小》）

xiǎo cōng bàn dòu fu
小 葱 拌 豆 腐

释义：比喻人或事物清白，没有污点。

例句：“我俩一块儿工作这么些年，真是～，一清二白；别说亲嘴，就连个手也没有拉过呀！”（袁静　孔厥《新儿女英雄传》）

xiǎo dòng bù bǔ　dà dòng chī kǔ
小 洞 不 补，大 洞 吃 苦

释义：比喻小的过失或问题不及时纠正解决，就会发展成大错误或大问题。

例句：“个别学生未被教育好，受其影响者会更多更快；一个知识点的疑惑被认为无所谓，会有更多的疑惑；忽略或原谅自己偶尔的一些小过错，也就会继续为新的过错找理由，最后悔之晚矣，所谓‘～’。那么，在自我管理班级教育中，应懂得防微杜渐。”

xiǎo dǔ jī cháng
小 肚 鸡 肠

释义：比喻气量狭小，只考虑小事，不照顾大局。

例句：“真没法理解那些～的男人，女人挣钱比男人多也有罪？那些不相信女人的男人，根本原因是不自信，又怎么能让女人有安全感呢？”（郑凤玲《看这些大男人的“小心眼”》）

xiǎo guǐ dòu bù guò yán wang
小 鬼 斗 不 过 阎 王

释义：比喻弱的敌不过强的。

例句：“胳膊拧不过大腿，～。”（李晓明　韩安庆《破晓记》）

xiǎo hé gōu lǐ fān le chuán
小 河 沟 里 翻 了 船

释义：比喻在认为最不能出问题的地方出了问题。常与“大风大浪都闯过去了”连用。

例句：“仪容仪表通常是我们给别人的第一印象。它虽然不是面试者成败的必然决定因素，却是你能否成功拿到 offer 的重要一环。为了心仪的 offer 准备良久的你，千万不要在这些细节上‘～’。”（百度文库《如何面试以及面试时如何着装有感》）

xiǎo hé yǒu shuǐ dà hé mǎn
小 河 有 水 大 河 满

释义：比喻局部在全局中的重要地位。

例句：“十二五规划提出从‘国富’到‘民强’的转变，我觉得现在这个转变，完全是符合‘～、小河没水大河干’这个精神的。”（江平《小河有水大河满》）

xiǎo hú tòng gǎn zhū
小胡同赶猪

释义：比喻人说话爽直，不拐弯抹角。
例句：“高妈真想俏皮他一顿，可是一想他的真诚劲儿，又不大好意思了：‘你真行！～，直来直去。也好！’”（老舍《骆驼祥子》）

xiǎo jiā bì yù
小家碧玉

释义：碧玉，人名，传说是晋代汝南王司马义的妾，因出身门第不高，故自称小家女。此后用来称呼小户人家的美貌少女。
例句：“2009年，在偶像剧《一起来看流星雨》中，郑爽因扮演率真可爱的女主角‘楚雨荨’而一炮走红，其清纯稚嫩的～气质受到不少粉丝的追捧。”（谢林珍《郑爽整容网友质疑整残了：女神毁了》）

xiǎo jiā zi qì
小家子气

释义：指举止拘谨，心胸狭隘，吝啬，不自然，不大方。
例句：“起初，她还有些～，不太习惯去应付官场世面。”（鲍昌《庚子风云》）

xiǎo jiàng
小将

释义：古时指不超过20岁的将领。现比喻敢想敢做的青少年。
例句：“若那人性格暴躁，一见自己小船为一群胡闹～把它送到河中打着圈儿转，心中十分忿怒，大声喊骂，说出许多恐吓无理的野话，那我们便一面回骂着，一面快快的把船向下游流去。”（沈从文《从文自传·我上许多课仍然不放下那一本大书》）

xiǎo jiě de shēn zi yā huan de mìng
小姐的身子丫鬟的命

释义：比喻表里不一，也比喻追求颇高但命运不济。
例句：“‘蚂蟥咬了，么子要紧？也要哭脸。’等张桂贞一走，龚子元堂客把薄嘴唇一撇，说她的亏空，‘真是～！’”（周立波《山乡巨变》）

xiǎo jīn kù
小金库

释义：比喻没有纳入正常资金管理的资金。
例句：“事实已经证明，权力过于集中而又得不到有效监督，是各种腐败现象蔓延的重要原因。要完善政府收支分类体系，就必须对‘～’问题进行专项治理。”（陈连华《小金库该如何治理》）

xiǎo jiǔ jiǔ
小九九

释义：指乘法口诀。比喻心中的算计。
例句：“奥巴马政府‘再平衡’战略的～打得很精，但俗话说‘人算不如天算’。这个‘天’，就是地区乃至世界大势，顺之者盛，逆之者衰。”（贾秀东《奥巴马亚洲之行的小九九》）

xiǎo lǒng zi guān bù zhù dà niǎo
小笼子关不住大鸟

释义：比喻小地方养不住能人。
例句：“你跟我这么多年了，手艺比我还精，～，出去闯荡吧，给师傅争个脸面！”

xiǎo mǎ zhà xíng xián lù zhǎi
小马乍行嫌路窄

释义：比喻刚开始工作会自命不凡，认为自己的能力远胜于目前的工作。

例句：“‘那时就是～！’郭德刚用这句话形容自己当年的心态，他觉得初出茅庐的自己是个什么都不怕的心态，‘根本不去考虑什么将来的规划，完全是谁惹我就打谁的感觉。’”（丁晓晨《德云社成立十五周年系列演出拉开帷幕》）

xiǎo miào de shén xiān méi jiàn guo dà xiāng huǒ
小庙的神仙没见过大香火

释义：比喻经历少，没见过大世面。

例句：“……引起了天津电视台领导的重视，几次来人协商，我是～，几句好话就将问题解决了。”（肖波《〈杨三姐〉的风波》）

xiǎo miào gòng bù xià dà pú sà
小庙供不下大菩萨

释义：供，供奉。比喻地方太小委屈了对方。多为客套话。

例句：“往后那日子可长着呢，咱们这～呀！”（李满天《水向东流》）

xiǎo miào róng bù xià dà pú sà
小庙容不下大菩萨

释义：比喻地方小或小单位容不下大人物。

例句：“现在上海某名牌高校管理学院就读的唐博士，想在课余找份兼职工作。可惜别人一听说他是名校博士，就表示～。无奈之下，唐博士只在简历上写明自己的技术类本科学历和读硕士之前一段工作经历，对硕士博士教育略去不提。……后来，老总得知小唐是博士，惊叹他居然如此脚踏实地，没有半点高学历人才的架子，越发器重他了。”（陆络《高学历——别怕小庙容不下大菩萨》）

xiǎo qì hòu
小气候

释义：指在一个大范围的气候区域内，由于局部地区地形、植被、土壤性质、建筑群等以及人或生物活动的特殊性而形成的小范围的特殊气候。比喻在一个大的政治、经济等方面的环境和条件下，由于具体地区或具体单位的特殊性而形成的特殊环境和条件。

例句：“中央高层力挺铜陵改革，铜陵成为全国18个优化资本结构、国有资本经营、社会保障和安居工程建设等综合配套改革试点城市之一。这次解放思想大讨论之后，铜陵在改革路上一路领先，十多年来形成改革的‘～’。（钱昊平《铜陵的改革“小气候”》）

xiǎo shì fēng máng
小试锋芒

释义：锋芒，刀剑的刃部和尖端。比喻稍微显示一下本领。

例句：“沈炎霖对沈密言道：‘既然林师兄一意孤行，我们应与他共进同退，奋战到底。’沈密言也正有此意，大声道：‘昨日的鸳鸯剑阵，今日即来～！’”（青剑《少年游之西派心法》）

xiǎo tí dà zuò
小题大做

释义：拿小题目作大文章。比喻不恰当地把小事当成大事来处理，故意夸张。

例句：“对于菲律宾媒体称中国外交部长王毅首次单独出访选择东南亚四国而‘冷落’菲律宾，菲外长罗萨里奥称，菲律宾人不应对此～。”（国际在线《菲律宾不屑遭中国外长冷落　是小题大作还是故作镇定》）

xiǎo tóur
小头儿

释义：比喻整体中的小部分。

例句：“一家洗浴中心的男服务生‘盗亦有道’，接连偷了5位客人，都不把包内的钱拿完，给客人留大头儿，自己只拿～。……昨天，李明涛因涉嫌盗窃被陇海马路派出所刑事拘留。”（郭富收 李景生《郑州一洗浴中心服务生 连偷5人钱只拿小头儿》）

xiǎo wū jiàn dà wū
小巫见大巫

释义：巫，会巫术的人。意思是小巫法术小，大巫法术大，小巫见到大巫就不敢施展法术了。比喻相形之下，这个远远比不上另一个。

例句：“杜甫的《寓同谷县作歌七首》和它的体裁相近，但比较起来，无论在量或质上都有～的感觉。”（郭沫若《谈蔡文姬的〈胡笳十八拍〉》）

xiǎo xí fu
小媳妇

释义：指年轻的已婚妇女。旧时因受封建意识的影响，年轻的已婚妇女往往都要挨婆婆的打骂。比喻听支使或挨训、受气的人。

例句：“沈烈风：在这样的环境里，中国足球要想向高水平发展，很难。在这样的环境里，与其窝窝囊囊做～被欺负，还不如干脆退出了。”（秦云《武汉董事长：不做窝囊小媳妇 中国足球不公平》）

xiǎo xīn shǐ de wàn nián chuán
小心驶得万年船

释义：比喻做事小心谨慎，就不会发生意外而永保平安。

例句：“俗话说，～，在大盘捉摸不定时，操作上还是谨慎为好，手中个股如大幅冲高，应及时获利了结。”（尹卿《小心驶得万年船》）

xiǎo yǔ xià jiǔ huì chéng zāi
小雨下久会成灾

释义：比喻小问题不及时处理解决，时间长了会积重难返而成为大问题。

例句：“在预防事故工作中，有些事情看起来微不足道，实际上非同小可，有的小事捅出大娄子，懊悔不已；有的无视安全，酿成大祸；有的违章操作，命丧黄泉。俗话说：‘沙粒虽小伤人眼，～。’小过错与大祸端没有不可逾越的屏障，事物量变到一定程度就会引起质变，小过错不可小视。”（张江辉《“过错”莫“错过”》）

X

xiǎo zú zi
小卒子

释义：即小兵。比喻很不起眼儿、默默无闻的人。

例句：“老徐和他的38名工友对于这辛苦而枯燥的工作早已习惯了。他们在日复一日的工作中，发扬甘于寂寞、乐于奉献的‘～’精神，赢得了‘全国公路养护模范道班’、‘全国工人先锋号’等荣誉。”（姚雪青《江苏无锡市公路管理处石埠山胡埭养护工区“小卒子”扫出“模范道班”》）

xiǎo zú zi guò hé dǐng dà jū
小卒子过河顶大车

释义：车，读jū，中国象棋棋子的一种。按象棋的规则，卒子在己方时只可向前一步走，而过了河界则可以向左右走。比喻小人物在关键时刻发挥了大的作用。

例句：“上一场主场对蔚山，被轮换出场的球员踢得真叫不错。正所谓～，更何况，国安的众多板凳球员的能力绝对不仅仅是个小卒而已。”（李立《是个卒子过河就顶大车》）

xiào bǐng
笑柄

释义：指被人用来取笑的把柄。

例句：“去年某地检察机关颁布‘十条禁令’，其中‘严禁嫖娼’的一条成为～。严肃的禁令，一旦被形式主义和官僚作风滥用，催生的肯定是一批连做表面文章都不够资格的

怪胎。那些颁布禁令的人，才是真正的法盲。”（李辉《当“严肃”成为笑柄》）

xiào diào dà yá
笑掉大牙

释义：比喻做事愚蠢的程度。

例句：“万一闯出个什么来，可不叫街坊四邻～。”（梁斌《红旗谱》）

xiào lǐ cáng dāo
笑里藏刀

释义：比喻外表和气而内心阴险。

例句：“李天豪笑呵呵地道：‘我之忠心，对天，对地，天地可知，何曾像你，卑鄙下作，～。’”（康笑胤《风云真空真》）

xiào miàn hǔ
笑面虎

释义：表面和善，其实像老虎一样凶恶。比喻外貌和善而实际凶恶的人。

例句：“这位黎总编辑是一个出名的～，无论对人对事，表面的谦和，往往正表示他内心的不满。”（王西彦《古城的忧郁》）

xié hu
邪乎

释义：形容离奇、玄乎或是很厉害。

例句：“26岁的汪先生与人合伙玩游戏，50天内共输了5万多。他说：‘关键是你怎么会玩都赢不了。这个游戏有点～，我们这个圈子没一个人赢过。我再也不敢玩了。’”（张有效《这游戏有点邪乎 我输5万算少的》）

xié ménr
邪门儿

释义：比喻邪念、坏主意或是奇异的、反常的。

例句：“变着法地用集体或国家的钱实现个人的‘高消费’，就是不为群众办实事、做好事，就是舍不得往事关群众切身利益的事情上花钱投资。这种不干事、高消费的头头脑脑，你说～不～?”（姬建民 李民英《“抠门儿”、“邪门儿”及其他》）

xié mén wāi dào
邪门歪道

释义：指不正当的门路、手段或不正经的事情。

例句：“原来，农民出身的王某看到周围的人都富起来十分羡慕，但是好逸恶劳的他没有走勤劳致富的道路，而是想靠搞～赚钱，遂想起了土地重复承包获取利润的‘高招’，没曾想露了馅，因土地承包诈骗被送进了班房。”（耿范修　朱友良　吴翟《土地重复承包靠歪门邪道挣钱　犯罪嫌疑人王某被拘》）

xié shī bù pà tāng shuǐ
鞋湿不怕蹚水

释义：比喻已经走了第一步，就不会顾忌第二步了。

例句：“你还真别逼我，哥们是～，刚出来，本想重新做人干点正事，你要是想骑到脖子上拉屎还嫌不稳当，大不了哥们再回去，咋样?!”

xiè bāo fu
卸包袱

释义：把背着的包袱拿下了。比喻去除负担。

例句：“家长们没有想到，正是自己过高的期望和过于周到的‘关心’变成了一种无形的压力，使考生背上了沉重的思想包袱，令他们举步艰难。现在离高考日期越来越近，考生家长应该抓紧时间做一些‘～’的工作，帮助考生调整好心态，轻装上阵。”（樊慧《与家长谈谈如何为考生心理“卸包袱”》）

xiè dàn zi
卸 担 子

释义：比喻摆脱负担或责任。

例句：“现在还不是我～的日子。”（茅盾《烟云》）

xiè mò shā lǘ
卸 磨 杀 驴

释义：比喻把曾经为自己出过力的人一脚踢开，忘恩负义。

例句：“只怕归队以后，打下萍水县城，他就得～。”（刘绍棠《狼烟》）

xīn bìng
心 病

释义：比喻忧虑或烦闷的心情，也比喻隐情、隐痛。

例句：“对于不少中国人而言，买房始终是一块‘～’：不断上涨的房价，让很多人望而却步，在收入没有大幅提高的情况下，买房对于很多人而言已经是人生最奢侈的一件事。”（罗宇凡　华晔迪《买房不再是“心病”》）

xīn cháng
心 肠

释义：比喻心地或是对事物的感情状态。

例句：“白亚龙是个生意人，更是个热～，左邻右舍谁家有个大事小情，他都会积极地忙前忙后。2010 年，白亚龙去邢台出差，和妻子一起加入献血大军的行列，也是在那个时候白亚龙加入了中华骨髓库。”（王凤伟 甄梦林《90 后热心肠 勇敢捐髓》）

xīn cháo
心 潮

释义：比喻不平静的心情、思绪，像潮水一样起伏。

例句：“刘二柱望着死里逃生的久别的哥哥，～起伏。”（陈残云《山谷风烟》）

xīn cí shǒu ruǎn
心 慈 手 软

释义：指心怀恻隐而不忍下手（惩治对方）。

例句：“由爱奇艺和河南卫视联手打造的首档网台联动文化节目《汉字英雄》将于 7 月 11 日首播，日前，节目举行了开播仪式，评委于丹、高晓松到场助阵。发布会上，于丹自称与高晓松、张颐武三位都是‘不称职’的评委，对小选手们太过‘～’。”（段祯《于丹当评委“心慈手软”》）

xīn fēi
心 扉

释义：指人的内心。

例句：“尽管已经陌路，不是恋人，也不是朋友，可是，在我心里，你依然是初次邂逅时的模样，依然是～初启的悸动。”（冷梅清竹《空相忆　丝竹管弦　乱了谁的心扉》）

xīn fù
心 腹

释义：比喻关系密切，能托付秘密与重任的亲信。

例句：“杨登科为了实现自己的登科转干的梦想，极尽钻营之能事，几经波折终于梦想成真，由边缘人至局长司机、局长～，再至办公室主任。”（肖仁福《心腹》）

xīn gān
心 肝

释义：心和肝，人体内重要的器官。比喻最亲密、最心爱的人或物。

例句：“以后跟妈在一块儿，没有人会欺负你，我的～孩子。”（曹禺《日出》）

xīn hán
心寒

释义：心中觉得寒冷。比喻失望而痛心。

例句："一批批热血青年成了历史的牺牲品，谁能不为之～啊！"（余小华《返青》）

xīn hēi
心黑

释义：比喻嫉妒、怀恨、邪恶等坏心肠。

例句："'水黑'，根源是'～'，那些污染环境的不良厂家'～'，那些只要政绩牺牲环境甚至民生的决策者们'～'，那些不作为还为自己找'理由'的管理部门'～'！要治理'水黑'，须先治理'～'。"（乔志峰《"水黑"还是"心黑"》）

xīn huā nù fàng
心花怒放

释义：心里高兴得像花儿盛开一样。形容极其高兴。

例句："平中丞此时喜得～，连说：'难为他了，难为他了。'"（清·李宝嘉《文明小史》）

xīn jí chī bù liǎo rè dòu fu
心急吃不了热豆腐

释义：豆腐里边的热量不容易散出来，着急吃下后容易烫伤食道或胃，因此吃热豆腐不能着急。比喻急躁做不好事情。

例句："'干什么事都得一步一个脚印走，～。'辽宁省再就业明星周雅丽在总结自己的创业经历时深有体会地说。"（冯雷　陈黎晨《"心急吃不了热豆腐"——再就业创业明星周雅丽的忠告》）

xīn jí guō bù gǔn
心急锅不滚

释义：心里急着想喝水，锅里的水却一时开不了。比喻急躁解决不了问题。

例句："自己团的队伍驻地离这儿不远，可是走了十多里路还没走到，真是～！"（杜鹏程《保卫延安》）

xīn jiān zi
心尖子

释义：比喻心里最喜爱的人或物。

例句："这匹小青骡子，就是赶车人的～，他怎么肯累着它呀！"（魏巍《山雨》）

xīn jīng dǎn zhàn
心惊胆战

释义：形容内心极度惊惧恐慌。

例句："在提防来车的同时，万寿路也有车流不断地驶出。若想成功通过此路，一定得'眼观六路，耳听八方'。记者走到下坡处时，都不禁～。"（何无痕《放学路路窄车多 家长接孩子"心惊胆战"》）

xīn jīng ròu tiào
心惊肉跳

释义：形容担心灾祸临头，恐慌不安。

例句："在那个闷热的夜晚，发生了淑娴现在想起还～的那种事情，使她的精神受到极大的创伤。"（冯德英《迎春花》）

xīn kǒu wō lǐ pǎo xià mǎ
心口窝里跑下马

释义：比喻人的气量大，能容人容事。

例句："坐山虎和他手下的十几个大头目都在迟疑，恰好丁国宝走在前面，一把拉住他说：

‘伙计，大家都进去了，你还迟疑什么？放心吧，人家闯王待人宽宏大量，～，哪跟弟兄们一般见识！’”（姚雪垠《李自成》）

xīn kuān

心　宽

释义：指心胸开阔，想得开，性情沉稳。

例句：“革命的路是长远的，只有～，才会不怕路途长。”（周立波《山乡巨变》）

xīn lǐ dǎ gǔ

心里打鼓

释义：比喻心里不安的状态。

例句：“坐下，龙老二～——他们自己来？不能细问老刘，硬输给他们，不能叫伙计小看了。”（老舍《上任》）

xīn lǐ yǒu gǎn chèng

心里有杆秤

释义：秤，测定物体重量的器具。比喻是非轻重心中有数。

例句：“如果经营者都像韩国人及麦当劳那样时时站在顾客的立场上考虑，顾客就会不请自到，想不赚钱都是一件很‘困难’的事，不为别的，因为顾客～。”（罗晓《顾客心里有杆秤》）

xīn míng yǎn liàng

心明眼亮

释义：心里明白，眼睛雪亮。比喻看问题敏锐，能明辨是非。

例句：“过高的收益一般都不可靠，越是信誓旦旦，越会使你最终灰飞烟灭。一句话，银行现在也不全兜底了，理财，还得靠自己～。”（雅虎财经《理财还得靠自己心明眼亮》）

xīn mù

心　目

释义：比喻想法和看法。

例句：“我想要是她知道大哥为什么特别爱梅花，在大哥的～中梅花含着什么意思，那么她不晓得会怎样悲伤呢。”（巴金《家》）

xīn ruǎn

心　软

释义：指容易受感动而产生同情或怜悯。

例句：“智识太多了，不是心活，就是～，心活就会胡思乱想，心软就不肯下辣手。”（鲁迅《准风月谈·智识过剩》）

xīn suān

心　酸

释义：内心伤感、悲痛、酸楚。

例句：“我在门口灰暗的空气里呆呆的立了一会，忽而想起了自家的身世，就不知不觉的～起来。”（郁达夫《薄奠》）

xīn téng

心　疼

释义：比喻因喜爱的东西或人受到损害而痛苦、难受。

例句：“必须衙门再使费几次，便可回家了，只是别～银子。”（清·曹雪芹《红楼梦》）

xīn xián

心　弦

释义：指被感动而起共鸣的心境。

例句：“同宋宝琦本人及其家庭的初步接触，竟将张老师～中的爱弦和恨弦拨动得如此之剧烈，颤动得他竟难以控制自己。”（刘心武《班主任》）

xīn xuè lái cháo
心血来潮

释义：来潮，潮水上涨。比喻心里突然产生某种念头。

例句：“比如你去见政客伟人，一阵～，提起贵府上那位小粽子式脚儿的尊夫人，人家问东，你要不答西才怪！”（老舍《赵子曰》）

xīn yào rè tóu yào lěng
心要热，头要冷

释义：做事情心里要满腔热情，但头脑要冷静，不能冲动。

例句：“‘这说明国机集团（中国机械工业集团有限公司）的规模大了，但大并不代表强，有规模并不意味着有竞争力。国机集团距离世界一流企业还有很大差距。’国机集团董事长任洪斌日前接受新华社记者专访时，道出了一个‘～’的‘企业发展经’。”（王敏《机械行业龙头掌门的“企业发展经”》）

xīn yìng
心硬

释义：指不容易受感动，不生发怜悯或同情。

例句：“不知何时开始，我们变得～，对熟悉的亲戚如此，对朋友也如此。若对我没什么益处，就从记忆中删除。”（叶特生《心硬心冷》）

xīn yǒu líng xī
心有灵犀

释义：灵犀，犀牛角。据《山海经》记载，有一种 三只角的犀牛，其中长在顶上的角叫通天犀，角里面有一白线纹理贯通角的首尾，被视为灵异之物，故称“灵犀”。比喻双方心意相通，对彼此的想法能够心领神会。

例句：“大师们的艺术手法，常常是‘～一点通’的。”（秦牧《叠句的魅力》）

xīn yuán yì mǎ
心猿意马

释义：心好像猴子在跳、马在奔跑一样的控制不住。比喻心情浮躁不定、思来想去、不能平静。

例句：“该校拟定新‘师规’的相关负责人称，初中年龄段的孩子正处于青春期，思想并不成熟，女老师的装扮过于新潮，会给女孩子不好的效仿‘榜样’，也会让男孩子～，无心听讲。”（毛开云《武汉中学禁止女教师穿黑丝袜 防止男生上课心猿意马》）

xīn zhǎi
心窄

释义：指心胸狭窄，烦躁、郁闷，想不开。

例句：“虽有迎春惜春二人，偏又素日不大甚合。所以只剩了湘云一人宽慰他（黛玉），因说：‘你是个明白人，何必作此形像自苦。我也和你一样，我就不似你这样～。何况你又多病，还不自己保养。’”（清・曹雪芹《红楼梦》）

xīn zhòng
心重

释义：比喻思虑过多或过于迫切。

例句：“我对自己并不是很理解，难道我真是一个～的人吗？回头想想，是有那么一点。比如有好几次，妻子下班或外出办事，该回家不能按时回家，我总是不由自主地为妻子的安全担心。我胡想八想，想得越多，心越往下沉，越焦躁不安。直到妻子终于回家了，我仍然心情沉闷，不能马上释怀。”（刘庆邦《心重》）

xīn zuì
心醉

释义：因特别喜爱而陶醉。

例句："湛蓝的天空，洁白的云朵，一望无际的油菜花，怎能不令人～！"

xīn là
辛辣

释义：辛的原意也是辣，辛辣这个词构成同义反复，强调辣的尖锐而强烈。比喻语言或文章尖锐、犀利、刺激性强。

例句："观众看新闻评论，其实听的是新闻评书，这里面有快意恩仇，也有～诙谐。老梁（梁宏达，著名主持人、时事评论员）用自己的语言魅力将这档节目做得饱满而有趣。"（潘仁龙《辽宁卫视〈老梁观世界〉：用辛辣幽默的语言解读时事》）

xīn chén dài xiè
新陈代谢

释义：生物学术语，指生物体与外界环境之间的物质和能量交换以及生物体内物质和能量的转变过程。比喻社会新事物不断产生发展，代替旧的事物。

例句："世界上总是这样以新的代替旧的，总是这样～、除旧布新或推陈出新的。"（毛泽东《矛盾论》）

xīn dà lù
新大陆

释义：新大陆是相对旧大陆来说的。旧大陆是指在哥伦布发现新大陆之前欧洲认识的世界，包括欧洲、亚洲和非洲。与此相区别，美洲和澳洲属于所谓的"新大陆"。比喻发现了新事物。

例句："我的一声'嫂子'不仅吓到粉蝶还吓到在场的所有人。'我认定从今天起就是我的嫂子了。'我的脸皮是超厚的，我时不时看看敷衍，哇，发现～了，他居然脸红了，看来他真的是喜欢上粉蝶，难道这就是一见钟情……"（啸笑《佛'珠'》）

xīn guān shàng rèn sān bǎ huǒ
新官上任三把火

释义：指新上任的官总是要做几件事以显示自己的能力，以便树立威信。比喻开始做某事时总是干劲十足。

例句："～，大嫂第一顿饭就做的这么生色！"（梁斌《翻身记事》）

X

xīn kāi máo cè sān rì xiāng
新开茅厕三日香

释义：新使用的厕所不臭，用的越久臭味越浓。比喻做事情的兴趣劲头不能持久。

例句："你是～。是角色，跟我们比比。"（周立波《山乡巨变》）

xīn lái de hé shang hào zhuàng zhōng
新来的和尚好撞钟

释义：比喻新来的人勤快，愿意多干活。

例句："人是生活在人的关系层面的，初入职场的人，由于对自己的职场角色、人际关系等把握不够，害怕不能够被新环境接纳，为了尽快追求一种融入感、归属感，会有意无意地忽视和压抑自己内心的一些真实需求，对别人的要求不能够适度的拒绝。俗话说：'～'，就是这个意思。"（曹浩《委屈和挫败感》）

xīn lái zhà dào mō bù zháo guō zào
新来乍到，摸不着锅灶

释义：比喻刚到某地不了解情况。

例句："我们这里有句俗语，～。你要多住几天才能了解。"（陈登科《风雷》）

xīn xié bié cǎi chòu gǒu shǐ
新鞋别踩臭狗屎

释义：比喻要远离自己讨厌的人。

例句："朱大叔，～，现在不跟这伙人争长短，我们劝劝吴大妈吧！"（李英儒《战斗在滹沱

河上》）

xīn zhàng lǎo zhàng yī qǐ suàn

新账老账一起算

释义： 比喻事情到了该了结的时候了。

例句： “哼！双雪我是有仇必报的女君子，我们今天～！”（花妃花《恶魔少爷请接招》）

xīn jìn huǒ chuán

薪尽火传

释义： 薪，烧火用的柴。柴虽烧尽，火种仍留传。比喻事业后继有人，能一代代地传下去。

例句： “但（王）元化先生说了一句很让我震撼的话，他判断他自己‘十年之后，人文两亡’。元化先生实在太谦虚了，他这样学贯中西的大学者，又怎么可能？二十多年时光流逝，最终结果是：高寿仙逝，～！”（朱大建《薪尽火传》）

xìn kǒu kāi hé

信口开河

释义： 比喻说话没有根据，随口乱说。

例句： “中央台的讲座是面对全国的，说不定有千百万人在看在听，因此无论写讲稿和审定讲稿都要细致一些，拿不准的要查书；演讲中，不要因为讲得兴起，就～，学问是件严肃的事。”（王学泰《学术演讲不要信口开河》）

xìn mǎ yóu jiāng

信马由缰

释义： 骑着马不拉缰绳，随意地走。比喻没有主见或随便自由。

例句： “他～地走到中央公园，糊里糊涂地买了一张门券进去。”（老舍《老张的哲学》）

xīng fēng zuò làng

兴风作浪

释义： 指神话小说中的妖魔鬼怪施展法术掀起风浪。比喻煽动情绪，挑起事端。

例句： “历史经验表明，每逢党和国家面临大事，国内外敌对势力总会借机～，社会上噪音杂音也会明显增多，人们的思想往往更加活跃。越是在这种情况下，越是要重视做好意识形态工作，越要加强思想政治建设。”（解放军报《始终把思想政治建设摆在各项建设首位》）

xīng huǒ liáo yuán

星火燎原

释义： 一点儿小火星，就能够发展成烧遍原野的大火。比喻最初虽然弱小，只要条件适合，就能迅速发展壮大。

例句： “中国是全国都布满了干柴，很快就会燃成烈火。‘～’的话，正是时局发展的适当的描写。”（毛泽东《星星之火，可以燎原》）

xīng luó qí bù

星罗棋布

释义： 像天上的星星那样罗列，像棋盘上的棋子那样分布。比喻数量多而密集。

例句： “这～、漫天遍野的一团团火光，会把我们新的万里征途，照耀得多么光明，多么灿烂！”（冰心《颂“一团火”》）

xīng xīng diǎn diǎn

星星点点

释义： 形容多而分散，或少许、细碎。

例句： “茑萝是童年记忆中的五角星花，开在暑假，所以它是和‘快乐’联系在一起的小花。那时住着老房子，能见到它攀爬上墙头、窗框，一路开出～的红，这是太平常见到的景象。”（小浅《茑萝，记忆中的五角星》）

xíng chuán zuì pà dǐng tóu fēng

行船最怕顶头风

释义：比喻做事情最怕受到直接干扰。

例句：“1985 年初，聂生在齐胜线路板厂老板的盛情邀请下，去齐胜任职。聂生摇身成了‘聂总’，走起路来也做出总经理那种威武不凡的架式。……从事多年政治与管理的他，深明‘～’的道理，他决心首先整顿组织，建立自己的班子。”（苏文尔《有奶就叫娘》）

xíng shī zǒu ròu

行尸走肉

释义：行尸，可以走动的尸体；走肉，会走动而没有灵魂的躯壳。比喻不动脑筋、无所作为、糊里糊涂过日子的人。

例句：“在他们的心目中，任何貌似强大的侵略者，都只不过是一群徒有虚表的～而已。”（峻青《不尽巨涛滚滚来》）

xíng tou

行头

释义：指戏曲演员在演出时所用的服装。泛指服装（含戏谑意）或各行业的用具。

例句：“不少家长表示，为了让孩子新学期有一份好心情，不惜花重金买新书包、点读机、新衣服、新文具等……。有家长称，小学一年级的入学‘～’要花 3000 多元。”（赖逸秀 樊美玲《开学“行头”很烧钱》）

xíng xià chūn fēng wàng xià yǔ

行下春风望夏雨

释义：比喻要先给别人好处，然后别人才会给自己好处。

例句：“我本是好人家孩儿，不是娼人家妇女，也是～。待要做眷属，枉坏了少俊前程，辱没了裴家上祖！”（元·白朴《墙头马上》）

xíng yún liú shuǐ

行云流水

释义：比喻自然流畅，不受约束。

例句：“在这个光怪陆离的人间，没有谁可以将日子过得～。但我始终相信，走过平湖烟雨，岁月山河，那些历尽劫数、尝遍百味的人，会更加生动而干净。时间永远是旁观者，所有的过程和结果，都需要我们自己承担。”（白落梅《因为懂得所以慈悲：张爱玲的倾城往事》）

xíng dān yǐng zhī

形单影只

释义：只有自己的身体和自己的影子。形容孤独，没有同伴。

例句：“因为离开了父母的羽翼，一个人在社会上闯荡，变成了和任何人都没有牵连的个体，这种～的状态让她感到害怕。”（李小丢《让人不安的并非形单影只，而是一无所有》）

xíng yǐng bù lí

形影不离

释义：像形体和它的影子那样分不开。比喻关系密切，经常在一起。

例句：“丧事过后，表婶开始同孙儿过～的生活。”（叶圣陶《辛苦》）

xiōng wú diǎn mò

胸无点墨

释义：墨，墨水，代指学问或读书识字的能力。胸中无一点墨水，形容文化水平很低。

例句：“哦对了，我还要感谢姐姐呢，多谢姐姐告诉我别一种快乐的生活方式，感觉还真不错呢！～，嚣张跋扈？我会让你见识一下的！”（林露引《狂妃来袭：腹黑残王驯傻妃》）

xiōng yǒu chéng zhú
胸有成竹

释义：此语来自北宋文学家苏轼之语："故画竹，必先得成竹于胸中。"说的是北宋著名画家文同画竹的事。文同为了画好竹子，无论春夏秋冬，刮风下雨，几乎每天在竹林里钻来钻去，观察不同季节、不同天气竹子的变化，记在心里。文同画竹子根本不用画草图，因此有"成竹在胸"的赞誉。此语后用来比喻做事之前已经拿定了主意，有了信心和计划。

例句："毛委员～，决定马上向南去追赶部队。"（陈伯钧《毛主席率领我们上井冈山》）

xiū lǐ
修理

释义：指把损坏的东西修复成原来的状态。比喻用语言或暴力惩治对方。

例句："因工作问题，合阳县路井镇党委书记魏崇沛与自己的部下发生冲突，不但动手打人，事后还有意挑拨矛盾，指使人意欲'～'这个'不听话的部下'。"（秦新《合阳一镇党委书记指使他人"修理"部下》）

xiū liàn
修炼

释义：原指传统道家的修道、炼气、炼丹等活动。现指为实现某种理想、信念或技术、技能目标而进行修养和锻炼的过程。

例句："知道自己火候～得不够，回来就要补课。如何补？一靠多练，二靠总结，十二强决赛是一个相当漫长的较力过程，汉城之败并未输掉国奥队进军雅典的所有希望。"（李戈《国奥战术修炼不到家 败仗未输掉雅典希望》）

xiǔ mù bù kě diāo
朽木不可雕

释义：比喻没有志气的人无法教育和培养。

例句："肥女生想了想说：'我觉得他们的爱情是建立在物质的基础上，如果贾宝玉只是一个乞丐，林黛玉会看上他吗？无非是看中了他贾府二公子的身份罢了。'霎时引发一阵哄笑。姜锋无可奈何：'～也！你先坐下。'跟着讲解那道题目，教室笑声未断，几乎没人听他说话。"

xiǔ mù dàng bù liǎo liáng
朽木当不了梁

释义：比喻没本事的人担当不了大任。

例句："王叔叔常教育孩子要上进，说是烂泥糊不上墙，～。"

xiù cai yù jiàn bīng
秀才遇见兵

释义：比喻跟蛮横者无法讲道理。

例句："～，有理说不清。万先廷想着，也赶紧向街旁店铺的门楼里让去。"（陈立德《前驱》）

xiù dà hǎo zuò zéi
袖大好做贼

释义：袖子大，便于隐匿东西。比喻权势大的人干坏事很容易。

例句："俗话说的好，'～'。威灵显赫的军阀家，作奸舞弊，何人敢来侦查？"（蔡东藩　许廑父《民国演义》）

xiù lǐ cáng dāo bù lòu fēng
袖里藏刀不露风

释义：比喻做坏事不露声色。

例句："嗯，人常说，～，三大件正在，是个好机会。"（刘江《太行风云》）

xiù shǒu páng guān

袖 手 旁 观

释义：把手笼在袖子里，在一旁观看。形容人置身事外看热闹，不协助别人。

例句：“大家都看风色、看行情，～，那么就绝不会有新的气象和新的局面。”（巴金《我的希望》）

xiù huā zhěn tou yī bāo cǎo

绣 花 枕 头 一 包 草

释义：比喻人徒有漂亮外表而没有真才实学。

例句：“她越来越讨厌梁君了，他越是想打扮得漂亮，她就越觉得恶心！用张秀岩的话来说，就是‘～’！”（程树榛《钢铁巨人》）

xū méi

须 眉

释义：胡子和眉毛。古时男子以胡须、眉毛浓密为美，须眉成为男子的代称。

例句：“刘英作为一名女同志，‘巾帼不让～’，在自己的工作岗位上勤奋努力、踏实肯干，一步一个脚印，走得扎实、走得坚定，走出了我们新时期、新女性的风采。”（梁欢《巾帼不让须眉》）

xū huǎng yī qiāng

虚 晃 一 枪

释义：古时两将拼杀时，一方想撤退，往往先作进攻状，待对方全力招架时拨马即撤，谓之虚晃一枪。形容佯作进攻、实为撤退的招法。

例句：“我军却～，即向西北方向金沙江边挺进。”（刘伯承《回顾长征》）

xū hán wèn nuǎn

嘘 寒 问 暖

释义：形容对别人的生活十分关切。

例句：“我们从办公室回来，总希望家里美观清洁，饭菜甘香可口，孩子们安静听话，太太笑脸相迎，～。”（冰心《关于女人·我最尊敬体贴她们》）

xú shù jìn cáo yíng

徐 庶 进 曹 营

释义：徐庶，三国时期人物，早期为刘备的谋士，后曹操囚其母，让其母写信劝降徐庶。徐庶无奈来到曹营，方知母亲的信是曹操手下人模仿的，其母刚烈，自尽而死。徐庶痛恨曹操阴险，终身不为曹操献一谋。比喻该讲话时却不讲话。

例句：“李老太太听了一片奖励自己的话，不由的高兴起来，觉得自己到底是比丈夫大着两岁，应当容让他，虽然想起丈夫一天到晚撅着嘴，～，也确是心里堵得慌。”（老舍《离婚》）

xǔ yuàn

许 愿

释义：迷信的人为求神佛保佑而承诺的某种酬谢。比喻事前向对方承诺将来给予某种好处。

例句：“常有不少离退休老干部或在职干部找到组织部门，要求落实职级、回城或安排子女就业、解决住房等问题。他们的一个重要依据是当初工作调动时，某某领导找自己谈话是如何表态、如何～的。”（李昌义 陈修习《干部调动时领导谈话忌乱许愿》）

xù mù

序 幕

释义：指某些多幕剧置于第一幕之前的一场戏，通常用以交代人物的历史、人物之间的关系、人物所处的时代背景以及事件发生的原因等。比喻重大事件的开端。

例句：“昨日，记者了解到，兰州南绕城高速公路建设项目暨西固黄河特大桥先导工程日前

正式开工建设，标志着兰州南绕城高速公路建设正式拉开了～。”（李彦琴《西北地区最大斜拉桥开建　南绕城高速拉开建设序幕》）

xù qǔ
序曲

释义：歌剧、舞剧等大型作品开场时演奏的乐曲。比喻事情、行动的开端。

例句：“对于国企改革的内容、方式和途径的解读和热议一直是近来最为关注的话题。多位国资专家对《中国企业报》记者说，分类改革将成为国企改革方案中的～。”（万斯琴《分类管理：或成国企改革方案序曲》）

xuān bīn duó zhǔ
喧宾夺主

释义：喧，喧哗，声音大。客人的声音压过了主人的声音。比喻客人占了主人的地位或外来的、次要的事物侵占了原有的、主要的事物的地位。

例句：“王恕有几分哭笑不得，敢情行辕门前聚集了一群人，不是来拜见他这个主人，而是来找方应物的，这是～吧。”（随轻风去《大明宫》）

xuán yá lè mǎ
悬崖勒马

释义：悬崖，高而陡的山崖；勒马，勒紧缰绳，使马停住。在高高的山崖边上勒住马。比喻到了危险的边缘及时清醒回头。

例句：“若再不～，就要犯下大罪了。”（王心槐《心曲》）

xuàn rǎn
渲染

释义：绘画术语，画国画时用水墨或淡色涂抹画面以加强艺术效果。比喻夸大地形容。

例句：“古代诗人形容大雪纷飞，说是‘战罢玉龙三百万，败鳞残甲满天飞’；形容贴梗海棠的艳丽，说是‘八千天女洗脸罢，齐向此地倾胭脂’。这都一下子就把平凡的事物～得瑰奇起来了。”（秦牧《艺海拾贝·艺术力量和文笔情趣》）

xuē zú shì lǚ
削足适履

释义：因为鞋小脚大把脚削去一块来凑合鞋的小大。比喻不根据实际情况而生搬硬套或是不合理的牵就凑和。

例句：“找男友就和买鞋一样，合不合适不能只看外表是否光鲜，性价比是否高。爱情上我不会～，也不会随便找个人嫁了，一定要找感情达到了沸点，最适合自己的。”（潘波《爱情上我不会削足适履》）

xué fù wǔ chē
学富五车

释义：形容读书多，学识渊博。

例句：“语言方面很重要，……即使自己满腹经纶、～，但如果不能与人交流，也是白搭。”（贺建超《语言不好，学富五车也一样没有用武之地》）

xué tóu
穴头

释义：20世纪80年代后，一些聪明的文化人看到演出有利可图，于是就组织一些明星大腕儿到全国各地去演出“走穴”，组织明星“走穴”的人被称为“穴头”。

例句：“据圈内人士估计，目前，活跃在北京的专门为各大摄制组召集群众演员的～不下数百人，他们以北影厂为主要活动基地，散布在北京的各个角落，跟各大剧组保持着相互依存的密切关系。”（白天《活跃在京城的影视穴头》）

xuě cáng
雪　藏

释义：原意指用用雪把东西冷藏起来。比喻故意掩藏或保留，也比喻搁置不用。

例句："'酒香不怕巷子深'，可在电视剧市场并非如此，被～对一部电视剧来说是致命的打击，错过了最佳的上线时间，需要凭借更多的努力才能赢得满堂喝彩，并不是所有的剧都能像《小姨多鹤》一样逆袭。"（范炜《评述被雪藏电视剧的坎坷命运》）

xuě dì lǐ mái bù zhù sǐ rén
雪地里埋不住死人

释义：比喻事实真相是掩盖不住的。

例句："八娃子！除非我死了拉倒，死不了总要和你们见个高低。真金不怕火炼！～！"（柳青《狠透铁》）

xuě shàng jiā shuāng
雪　上　加　霜

释义：比喻困难、祸患累加，使受害程度加重。

例句："……徒弟逃走，家私已空，心里已此苦楚，更是一番毒打，真是～，怎经得起？"（明·凌濛初《二刻拍案惊奇》）

xuě zhōng sòng tàn
雪　中　送　炭

释义：在下雪天给人送炭取暖。比喻在别人急需时给予物质上或精神上的帮助。

例句："对于他们，第一步需要还不是'锦上添花'，而是'～'。"（毛泽东《在延安文艺座谈会上的讲话》）

xuè běn
血　本

释义：靠血汗辛苦积蓄的本钱。

例句："这几天，中小学期末考试结束，暑假即将开始。不少家长为给孩子一个'充实暑假'，可谓是下足了'～'：动辄大几千元的报班上课，几万元让孩子出国游的也不鲜见。"（王宛璐　王璟《家长为让娃过"充实暑假"下"血本""拼养"娃》）

xuè hàn
血　汗

释义：比喻辛勤的劳动。

例句："捧着自己的～钱，家住安达的老张握着民警的手说：'没想到这钱还能拿回来，真得好好谢谢你们，这次回家能给媳妇有个交代了。'"（乔娜娜《辛苦忙两年，分文没拿到；民警帮讨薪，工资进腰包：61名农民工拿到58万血汗钱》）

xuè kǒu pēn rén
血　口　喷　人

释义：比喻用恶毒的话污蔑别人。

例句："她镇静下来，从炕上摸起一件上衣往身上披，用生硬的口吻说：'你别～！'"（冯德英《苦菜花》）

xuè lèi
血　泪

释义：带血的眼泪。比喻惨痛的遭遇。

例句："1938年2月18日乔司戊寅惨案是场噩梦。那天凌晨时分，日本侵略军潜入沉睡中的乔司，包围手无寸铁的无辜民众，见房就烧，见人就杀，一场骇人听闻的大屠杀发生在钱塘江边的这片土地上。如今，在繁华的杭州余杭区乔司镇上，乔司街西头的

‘千人坑’和坑边的‘戊寅公墓’，默默地诉说着那段～史。”（袁艳　范建荣《翻开乔司惨案历史一页——“千人坑”控诉血泪史》）

xuè qì fāng gāng
血气方刚

释义：血气，精力；方，正在；刚，强劲。形容年轻人精力正旺盛。

例句：“蓄势方能待发，对于正值青壮年的中山（市）而言，不能因为小小的成就而丢掉了当初的～。当下，是时候再出发了！”（顾大炜《创业城市不能丢掉血气方刚的当初》）

xuè ròu xiāng lián
血肉相连

释义：像血和肉一样连在一起。比喻关系十分密切，不可分离。

例句：“回国的日子越近，我越是想念我的祖国和人民，我深深感觉到我和他们的～的关系。”（巴金《随想录》）

xuè xīng
血腥

释义：血液的腥味。形容战斗或屠杀的残酷。

例句：“《狂人日记》、《孔乙己》和《药》，篇幅虽不多，却活龙活现地给我们绘画出当时专制、黑暗、～、愚昧的社会图景。”（秦牧《长河浪花集·中国红场的旗帜》）

xuè yǔ xīng fēng
血雨腥风

释义：雨里带着鲜血，风里夹着腥味。形容疯狂杀戮的凶险状态、气氛或环境。

例句：“无数优秀的共产党员在抗战中或驰骋疆场，成为冲锋陷阵的抗日英雄；或深入民众，成为播撒抗日火种的组织者、宣传者；或打入敌人内部，成为在～中与敌周旋的英勇战士。”（奚洁人《不可磨灭的功绩：抗战中的中国共产党》）

xūn táo
熏陶

释义：比喻长期接触的人或事物对人的思想、品行、习惯、学问等逐渐产生某种影响。

例句：“提高职场情商有很多方法，用阅读～职场情商，就是提高职场情商的一个有效方法。‘腹有诗书气自华。’职场情商一旦被阅读所～，自然就有了品质和品牌了。”（姚先桥《用阅读熏陶职场情商》）

xún duǎn jiàn
寻短见

释义：短见，本指见识短浅，引申为自杀。指自己认为无法活下去而寻死。

例句：“尤二姐忙止泪反劝贾琏：‘你太多事，人家并没威逼他死，是他自～。你便送他到官，又有何益，反觉生事出丑。不如放他去罢，岂不省事。’贾琏此时也没了主意，便放了手命湘莲快去。”（清·曹雪芹《红楼梦》）

xún gēn
寻根

释义：寻找根源、根底。特指寻找祖籍宗族。

例句：“如今，平民化的～意识正以不可小觑的力量从精英阶层走进千万普通家庭，‘悄然升温的家谱热，其实不只是个人情感、血缘的流露，它更是一种落叶归根的人性使然。’”（王超《“我从哪里来？”湘潭东雾山陈氏后人花23万寻根问祖》）

xún sǐ mì huó
寻死觅活

释义：指闹着要自杀。多指用自杀来吓唬人。

例句：“只见宝玉大叫一声：‘我要死！’将身一纵，离地跳有三四尺高，口内乱嚷乱叫，说起胡话来了。林黛玉并丫头们都唬慌了，忙去报知王夫人、贾母等。此时王子腾的夫

人也在这里，都一齐来时，宝玉益发拿刀弄杖、～的，闹得天翻地覆。”（清·曹雪芹《红楼梦》）

xún zhī zhāi yè
寻枝摘叶

释义：比喻追求事物次要的、非根本的东西。

例句：“我们解读这些形象评语时亦不必～，只需观其大略，注意到在作者的理解中，不论是豪雄或者轻灵的作品，最终都源自诗人的心灵气质。”（邝龚子《“内美”与“修能”：诗人与诗》）

xùn léi bù jí yǎn ěr
迅雷不及掩耳

释义：炸雷来得太突然，使人来不及捂住耳朵。比喻事发突然令人猝不及防。

例句：“如果敌情没有新变化，再等四个钟头，他和他的伙伴们将用～的手段，突然伸出铁拳，猛捣敌人的心脏。”（李英儒《野火春风斗古城》）

xùn zàng pǐn
殉葬品

释义：原指殉葬器物。引申为毫无意义的牺牲品。

例句：“这正是在一些领域容易产生政府官员犯罪和企业家犯罪伴生现象的重要原因。这种伴生表现为政府高官的职务犯罪往往存在企业家犯罪的推波助澜，或者企业家犯罪后面潜藏着政府高官职务犯罪的支撑。而一旦依附的政府官员倒台，企业家也跟着倒台，最终成为大贪们的‘～’。”（邱林《企业家怎成了贪官倒下的“殉葬品”》）

Y

yā bù zhù dìng pán xīng
压不住定盘星

释义：定盘星，秤杆上靠近秤盘的第一个星点，秤锤悬于此点时秤杆应处于平衡状态，为计量的零点。比喻稳不住局面，不能服众。

例句：“我女儿留下家中，久后必然累及我家。便是嫁出别人家里去，嫁了个聪明伶俐的老公，～，露出些斧凿痕来，又是苦我。”（明·冯梦龙《平妖传》）

yā bù zhù tái
压不住台

释义：指演员在舞台上表演得不到观众的认可。比喻人没有威信，不能让众人信服或指能力有限，控制不住局面。亦作“压不住茬”。

例句：“胡海泉现在是一家唱片公司的老板，但他对当老师还是感到压力大，‘公司里没有人叫我老板，他们都喊我胡老师，所以我对老师这个称呼绝对不会不习惯。但现在的年轻人都非常厉害，我怕～啊。’”（许青红《胡海泉当老师怕压不住台》）

yā chǎng
压场

释义：把混乱的场面压住。比喻稳定局势，控制场面。

例句：“另外，两档节目主持人的表现也成为外界关注的焦点。其中，浙江卫视选择了黄健翔，其目的应该是借助于他的经验和沉稳，令其成为～的关键。毕竟专业体育主持人的出身，让黄健翔拥有其他综艺主持人都不具备的专业知识和解说实力。”（北青网《黄健翔“文武双全” 专业加娱乐是压场关键》）

yā chǎng xì
压场戏

释义：文艺演出中最后一个精彩节目。比喻令人注目、最后出现的事情。亦作“压台戏”。

例句：“伦敦奥运会首枚金牌成为新闻热点，最后一金自然也受到关注，而担起伦敦奥运会比赛项目‘～’的就是女子现代五项。当现代五项女子奖牌获得者登上领奖台时，伦敦奥运会的闭幕式就要开始了。”（顾涓《伦敦奥运会赛事“压场戏”值得期待》）

yā dàn zi
压担子

释义：给担子加分量。比喻对人委以重任，使其受到锻炼，增长才干。

例句：“‘给无职务党员授衔～，提供了创先争优的平台，是在新形势下更好地发挥党员先锋模范作用的一次有益探索和尝试。我们会继续实践。’作业二大队党支部书记蒋志云说。”（张晗 等《辽河油田高升采油厂作业二队给无职务党员压担子》）

yā hòu zhèn
压后阵

释义：古代作战时队伍排列的方式叫“阵”，阵的最后叫“后阵”。比喻起保障监督作用或落在最后。

例句：“每次考试的成绩，他都是～。”

yā juàn
压卷

释义：指诗文书画中压倒其他作品的最佳之作。

例句：“瓷板在文物店里放了几年也无人问津，上面落了一层厚厚的灰尘，傅兄就是在那段还没有几个人知道什么叫浅绛彩瓷的时候邂逅了程门的～之作。”（初国卿《中国浅绛彩瓷的压卷之作》）

yā zài wǔ xíng shān xià
压在五行山下

释义：比喻永世不得翻身或极端难受。

例句：“赵白城是野惯了的脾性，一堂课四十分钟坐下来，简直像是大师兄被～，连跟小蛮说句话都引得老师呵斥、人人侧目，心中着实窝火到了极点。”

yā zhà
压榨

释义：指压取物体里的汁液。比喻剥削或搜刮。

例句：“她的眼睛似乎想要透过这黑暗的夜的幕布，一直看到那些被～得透不过气来的农民的兴奋的脸。”（杨沫《青春之歌》）

yā zhèn
压阵

释义：排（走）在队伍的末尾，最后。比喻稳定局势、场面。

例句：“曾在上海世博会大出风头、有‘土耳其第一肚皮舞娘’称号的希娜姆，将惊艳～，以精湛舞技带来原汁原味的土耳其异域风情。”（陈宏《第一舞娘压阵“火舞”》）

yā zhèn jiǎo
压阵脚

释义：古时作战队伍列好阵后，阵脚必须稳定，阵脚一乱队伍就可能溃散。比喻稳定局面，控制事态的进一步发展。

例句：“中国女举四名参加雅典奥运会的‘巾帼力士’，个个可称为‘女中豪杰’，‘保三争四’的夺金目标，定会起到～稳军心的作用。”（小冉《举重——女举压阵脚　男举谋突破》）

yā zhòu xì
压轴戏

释义：一场演出，倒数第二个剧目称为压轴戏。压轴戏要求质量要高，一定要给观众留下深刻印象，以至于再演出时，不少观众为了这个节目也要看完全场。后用此来比喻引人注目或最后出现的事件。

例句：“谢正祥看了看其他四个人，用眼神询问大家还有什么事情要说，四个人不约而同地摇了摇头。谢正祥适时地点上一支烟，准备上演自己的～。这场～会是一枚重磅炸弹，砸向瑞丰的同时，也砸向整个东州的地下钱庄圈子。”（徐余《沸腾的钱途》）

yā què wú shēng
鸦雀无声

释义：比喻非常静，没有一点声音。

例句：“‘如果～，反而大事不妙。’这句话是陈云同志说的，话中的含义很深，若是没有深刻的‘社会经历’和‘个人体验’，是无论如何说不出这句话的。这句话，即便对当今改革开放的中国社会来说，其意义、其分量亦是很重很重的。”（邵道生《解读陈云的“如果鸦雀无声，反而大事不妙”》）

yá chen
牙碜

释义：指因食物中含有杂物等，咀嚼时所产生的难受的感觉。比喻难听的声音或粗鄙难听的话。

例句：“平儿方欲笑答，只听山石背后哈哈的笑道：‘好个没脸的丫头，亏你不怕～。’二人听了不免吃了一惊，忙起身向山石背后找寻，不是别人，却是袭人笑着走了出来。”

（清·曹雪芹《红楼梦》）

yá duì yá　yǎn duì yǎn

牙对牙，眼对眼

释义：比喻针锋相对。

例句："如今连续出了几桩事情，我们都～地做了斗争。"（梁斌《播火记》）

yá nèi

衙内

释义：唐代称担任警卫的官员，五代和宋初这种职务多由大臣子弟担任，后来泛指官僚的子弟。今多是老百姓对一些有着恶劣行为的高官子弟的称谓。

例句："邹文超笑着说道：'这个就简单了，我估计这次舞会咱们两个绝对属于顶级～的存在，有咱们两个轮流出马向秦睿婕发起美男计，如果能够成功的话岂不是多了一次艳福，即使是失败了，也可以在柳擎宇和秦睿婕之间横了那么一根刺。'"（梦入洪荒《权力巅峰》）

yǎ ba chī huáng lián

哑巴吃黄连

释义：黄连，多年生草本植物，是一种常用中药，味极苦。比喻有苦难言。

例句："冯永祥要把徐义德紧紧抓在自己手里，既要提拔徐义德，又不能让徐义德超过自己，必要时，挖他一点墙脚，叫他～，有苦说不出。"（周而复《上海的早晨》）

yǎ ba chī jiǎo zi

哑巴吃饺子

释义：比喻人嘴上不说什么，但心里却很清楚。

例句："他从小就不大言语，但～——心里有数。再加上平时好捣鼓点让大人都感到新奇的小玩艺儿，爹妈格外喜爱，把吴家未来的一切期望全部寄托在他身上。"（肖东坡《农民自学造出个机器人，能献花倒茶拧灯泡》）

yǎ huǒ

哑火

释义：火药引爆后不爆炸或炮弹、子弹等打不响。比喻该说话时不说话。

例句："'公款既不能贪污也不许挪用，这是基本常识。你擅自挪用征地补偿款，与吴某共同构成挪用公款罪，依法必须承担刑事责任。'法警的话立时让赵某'～'。"（欧阳晶 吴华文 万祖峥《嫌疑人"哑火"了》）。

yà mǎ lù

轧马路

释义：原意是修建公路过程中，使用轧路机械将摊铺好的土石或沥青层碾轧平整。比喻人在街上散步、溜达，多用于形容城市里的恋爱男女散步约会。

例句："情侣们荡马路自然愿意荡到闹中取静、灯光朦胧的所在，如虹口公园、上海豫园，或者人民广场、南京路。那时年轻人谈恋爱逛马路，被戏称是'人～、脚测距离'。"（罗磊《"轧马路"走的是爱情》）

yān hóu

咽喉

释义：指喉咙。比喻形势险要的交通要道。

例句："在明长城九镇中，大同镇的地位极其重要，地处北京与晋、陕、内蒙等地的交通要冲，是从内蒙古高原南下，通往内地的～要道。这里重山叠嶂，地势险要，为古代兵家必争之地，故有'北方锁钥'之称。"（董耀会《咽喉要道大同城》）

yān bù chū　huǒ bù jìn

烟不出，火不进

释义：比喻人慢性子，不爱说话。

例句：“许良年没完没了细水长流地说着，铁麟早就听得不耐烦了。想不到这个～寡言少语的蔫神却是如此心中有数，好像他肚子里就装着账本，嘴巴就是一只算盘。”（王梓夫《漕运码头》）

yān mù

烟 幕

释义：烟幕，指军事上应用化学药剂制成的能发生遮蔽效果的浓厚烟雾或是农业上为防止霜冻燃烧形成的浓厚的烟雾。比喻掩盖真相或本意的言语或行为。

例句：“全中国的同胞们！注意在这种谣言～遮盖下的投降危机呀，远东新慕尼黑的极大危险在一天天的增长。”（毛泽东《谣言与烟幕》）

yān xiāo yún sàn

烟 消 云 散

释义：烟消失了，云散去了。比喻事物、说法等消失得无影无踪。

例句：“赛季初，人和（贵州人和国酒茅台足球队）一度各条战线 4 场不胜，但如今，关于球队和宫磊的质疑，都已经～。”（何房子《人和坐 3 望 2 瞄准亚冠资格　宫磊信任危机烟消云散》）

yān gē

阉 割

释义：指出于非医疗目的割除人或动物的生殖器官，使其丧失生殖功能。比喻抽掉文章或理论的核心内容，使之降低、失去作用，或将其改变实质。

例句：“（陆小凤传奇之凤舞九天）电影里的目标仅仅是王爷，而原著中小老头和宫九的目标则是通过数个层次的阴谋逼迫陆小凤去刺杀皇上。看原著的时候高潮迭起、惊心动魄，但是电影却太让人扫兴，就像被～了一样。”（佚名《把原著简化得太厉害，仿佛被阉割了一样》）

yān mò

淹 没

释义：沉溺，浸没。比喻掩盖、消失、隐没。

例句：“这自己的房子，处在一个山坡上，入夜以后，～在墨绿的树叶中。”（徐迟《不过，这日子哪天有？》）

yán shuāng piān dǎ kū gēn cǎo

严 霜 偏 打 枯 根 草

释义：比喻灾祸偏偏落在没有抵御能力的弱者身上。亦作“严霜偏打独根草”。

例句：“这孩子，四五岁时娘就死了，没过几年他爹又瘫了，该上学的年纪却只能在家忙里忙外，伺候病弱的爹。唉，真是～！”

yán sī hé fèng

严 丝 合 缝

释义：指缝隙严密闭合。形容接合得非常紧凑。

例句：“但在北京楼市国五条调控细则出台后，本意为严格限制炒房行为的政策却使得市民来回奔波，走上了‘离婚避税’之路。没有做到‘～’的政策，只能落得炒房族们在寻找缝隙中‘疲于折腾’。”（郑冀《制定政策“严丝合缝”　遵守政策“杜绝折腾”》）

yán guī zhèng zhuàn

言 归 正 传

释义：正传，正题或本题。指把话头转回到正题上来。

例句：“这老东西葫芦里卖的什么药？对于平时不把人往眼里放、总喜欢倚老卖老的‘老王八’，今天怎么突然对自己这么谄媚，赵得三有点想不明白，有点丈二的和尚摸不着头脑。他呵呵笑着说：‘王主任，咱们～吧，您老给我打电话有什么指示啊？’”（九霄鸿鹄《燃情仕途》）

yán wang
阎　王

释义：中国民间传说中的阴间主宰，掌管人的生死和轮回。比喻极严厉或凶狠、残忍的人。

例句：“姜艺声饰演的狙击手阎刚因为狠辣的枪法、不苟言笑的性格而被特战队成员冠以代号‘～’，看似冷酷但专业过硬，对人真诚直爽，是外冷内热的代表性人物。”（新华娱乐《〈我是特种兵3〉将播 姜艺声变身冷面“阎王”》）

yán wang bù xián guǐ shòu
阎　王　不　嫌　鬼　瘦

释义：比喻只要有点油水就要设法榨取。

例句：“天高家虽然很穷，可是～，村里有人瞅上他家没人在的空子，潜入屋内，把屋里的箱子柜子翻个底朝天，将过年准备的那点肉、鱼干、米面，还有花布衣服、零碎钱等洗劫一空。”（德遵《打上烙印的岁月》）

yán wang hǎo jiàn　xiǎo guǐ nán chán
阎　王　好　见，　小　鬼　难　缠

释义：比喻县官不如现管，办事情往往是在具体办事人的身上费神费力。

例句：“宋楷书犹豫了一下说：‘人在官场身不由己，这种人不见也不合适，俗话说～，他要见我，就安排他一起吃个饭。’”（李咨默《官商合影》）

yán wang yé bù qiàn xiǎo guǐ de qián
阎　王　爷　不　欠　小　鬼　的　钱

释义：比喻当老板的不会克扣下属的工钱。

例句：“可是有一天辛贵输了10元钱就不高兴了，当时小刘欠他5角钱，他就说：‘我不欠你的，你也别欠我的。’小刘掏出50元说：‘你找吧，～！’”（梁国珍　王志英《神秘的招魂幡》）

yán wang yě pà pīn mìng guǐ
阎　王　也　怕　拼　命　鬼

释义：比喻不怕死的人是最不好对付的。

例句：“突然，陈翠红咆哮起来，像一只暴怒的母狮，猛地从地上跃起，苦楝树杈勾住了她的裤褂，‘嘶啦’一声，全被扯开，身子显了‘白袍’，她没有顾及这些，抓起地上的铁锹赤身裸体的向神情各异的人群冲去，锃亮的锹锋在他们头上呼啸，太阳反射出来的光束，像一把利剑掠来掠去，漫天飞舞，叫人眼花缭乱。～。看热闹的人们惊慌失措，纷纷逃窜。”（李山语《残红》）

yán miàn
颜　面

释义：面容。比喻面子、尊严。

例句：“戴过一次高帽子的，从此～扫地，做不起人。故有钱的人多愿罚款，不愿戴高帽子。”（毛泽东《湖南农民运动考察报告》）

yán sè
颜　色

释义：指通过眼、脑和我们的生活经验所产生的一种对光的视觉效应。比喻显示给人看的厉害的脸色或行动。

例句：“个别对手在场上的目的，似乎就是为了踢倒我、踩伤我。后来，中国的队友们告诉我，这叫‘给你点～看看’。”（甘慧《受不了“给你点颜色看看”的赛场 穆里奇提转会请求》）

yǎn ěr dào líng
掩　耳　盗　铃

释义：捂住自己的耳朵去偷别人的铃铛。比喻自己欺骗自己。

例句：“面对舆论，龙煤集团把头埋进了沙里。其实，在网络时代‘捂盖子’不过是～……”（曹宏伟《网络时代“捂盖子”是“掩耳盗铃”》）

yǎn rén ěr mù
掩人耳目

释义：遮掩别人的耳朵和眼睛。比喻用假象迷惑人、欺骗人。

例句：“王俊武知道做善事得民心的常理。为～，他用受贿的55万元分几次捐给老家万宁市保定村，用于修建学校、道路等。当地群众提起王俊武，都说他是个好官。”（李轩甫 郭艳华《贪官为掩人耳目捐赃款给老家修路》）

yǎn bā bā
眼巴巴

释义：形容急切盼望或是眼看着不如意的事发生而无可奈何。

例句：“张伯伦如从大梦中惊醒，～地望着一手培植起来的‘希特勒’不向东进，却西向和自己争夺殖民地，打到自己头上来了!”（邹韬奋《欧战爆发与远东的关系》）

yǎn chán dù bǎo
眼馋肚饱

释义：肚子已经饱了，但眼睛看着还馋得想吃。比喻贪心不足。

例句：“往苏州走了一趟回来，也该见点世面了，还是这么～的。”（清·曹雪芹《红楼梦》）

yǎn dà lòu shén
眼大漏神

释义：比喻人做事情粗心大意。

例句：“于水直起身边走边擦着眼泪说：‘你呀，唉！可惜你的眼这么大，真是～。”（冯德英《苦菜花》）

yǎn gāo shǒu dī
眼高手低

释义：眼睛看得高，手却摸不到。比喻要求的标准很高，但实际上自己能力差做不到。

例句：“为什么华盛顿、林肯这样的伟人永远只是少数，因为世界上有着成千上万个和他们一样富有理想的人，却在～的毛病中把机会扼杀了。”（西武《做事做到位》）

yǎn guān liù lù ěr tīng bā fāng
眼观六路，耳听八方

释义：六路，指前、后、左、右、上、下；八方，指东、南、西、北、东南、东北、西南、西北。比喻能够全面及时地掌握情况。

例句：“你一点也不帮助我了？……凭你的～，能不知道？”（老舍《面子问题》）

yǎn guāng
眼光

释义：指视线、视力。比喻观察事物的能力、观点。

例句：“王司令，少年腾达，人又漂亮，我的～断不会错的。”（茅盾《昙》）

yǎn hóng
眼红

释义：比喻羡慕或忌妒，也比喻激怒的样子。

例句：“掘坟、卖酒、真人秀，这些还只是争斗的细节，真正让这些子孙～的是——曼德拉家族族长的位置。谁能成为曼家族长，谁就掌握了聚宝盆的钥匙。”（方海《“不肖子孙”成群 曼德拉家斗不止》）

yǎn jiān
眼尖

释义：形容视觉敏锐。

例句：“谁知道那个特务～，浑身上下老是打量嘎子。”（魏巍《东方》）

yǎn jing zhǎng dào tóu dǐng shàng

眼睛长到头顶上

释义：比喻目中无人。

例句：“最近汤富海的气焰可高呐，～去了，谁也不放在他眼里。”（周而复《上海的早晨》）

yǎn jing zhǎng zài hòu nǎo sháo shàng

眼睛长在后脑勺上

释义：比喻看不到前边的物体，多用于贬义。

例句：“‘而你呢，看到前面有人不会闪一边去啊！你～了吗？’泞泞不客气地吼着。”（雪紫郁《恋上小迷糊》）

yǎn lǐ bù róu shā zi

眼里不揉沙子

释义：比喻不能忍受一点委屈。

例句：“大赤包是～的人，向来不肯把金钱打了‘水漂儿’玩。”（老舍《四世同堂·偷生》）

yǎn lì

眼力

释义：指眼睛所能看清物体的能力。形容人欣赏鉴别的能力、眼光、见识。

例句：“任老四爽朗地笑着，很满意自己观察事物的～。”（柳青《创业史》）

yǎn lì jiànr

眼力见儿

释义：意思是懂得察言观色，见机行事，不招人烦。

例句：“不仅要有‘伶牙俐齿’，更要有‘～’。这是销售业绩能否提升的关键。”（林文龙《海淀区商业服务业职业技能风采大赛陆续举行：海淀销售人员比拼“眼力见儿”》）

yǎn rè

眼热

释义：形容看见好的事物很羡慕，希望得到。

例句：“奖金没有了，福利没有了，光那点儿干巴巴的退休金，见上班的人发这发那，大兜小兜地往家拎，我就～得不得了，更是～年轻人风华正茂……”（田邦利《眼热》）

yǎn shóu

眼熟

释义：指看着好像认识，似乎曾经见过但却想不起是在哪儿见过。

例句：“恍恍忽忽的似乎背后有人说道：‘婶娘连我也不认得了！’凤姐忙回头一看，只见这人形容俊俏，衣履风流，十分～，只是想不起是哪房哪屋里的媳妇来。”（清·曹雪芹《红楼梦》）

yǎn xià

眼下

释义：比喻目前、现实。

例句：“尽管上海自贸区的消息引发了街头巷尾的热议——自贸区是否意味着香港命运的拐点，但市场观察人士认为，～影响不大。”（洪曦　李春喜　隋芬《上海自贸区眼下不会对香港构成威胁》）

yǎn xiàn

眼线

释义：比喻暗中侦察情况、及时回报或当向导的人。

例句：“盛光斗等人特别小心，只拉可靠的农民加入，防备混进敌人的～，反倒坏事。”（杨朔《大旗》）

yǎn zhōng dīng ròu zhōng cì

眼中钉，肉中刺

释义： 眼中若有钉、肉中若有刺是必须要拔除的。比喻心中最厌恶、最痛恨的人。

例句： “我吞了生烟，等我自己死，岂不很好！何必一定要救我回来，做人家的～！”（清·李宝嘉《官场现形记》）

yǎn zhū zi

眼珠子

释义： 比喻最珍爱的人或最珍贵的东西。

例句： “入乡随俗，入境问禁。到印度不久，我就发现印度人对两个问题特别敏感，是他们的‘～’，谁也动不得，特别容不得外国人说半个不字：一个是悠久而伟大的历史，另一个就是‘奇特’而伟大的民主。”（伊洛《被印度人视为眼珠子的民主》）

yǎn shuāng huáng

演双簧

释义： 见“唱双簧”。

yàn qì

咽气

释义： 指死亡。

例句： “早该‘寿终正寝’的滨州黄河大桥收费站却始终不肯‘～’，到底是谁在为这位‘老寿星’续命延寿？笔者认为，收费站‘苟延残喘’的背后，是当地政府无视国家规定，利用公权力违规导演了收费站‘百足之虫死而不僵’的闹剧。”（祖长云《早该“寿终正寝”的超龄收费站怎不“咽气”》）

yàn guò bá gēn máo

雁过拔根毛

释义： 比喻贪婪、凶狠的人，不会放过任何可以得利的机会。

例句： “多年来，学生的报名费怎么用，‘适当补偿成本’中的成本欠缺到底是多少，没人能勇敢地站出来发话。这就表明了报名费足够支付学生从高考到录取的所有成本，‘录取费’纯系‘～’的行为。”（陆志坚《高考录取也要“雁过拔根毛”?》）

yàn guò liú shēng

雁过留声

释义： 比喻只要有过经历就会留下痕迹。

例句： “～，人过留名。要是名声丑，活着又有么子味?”（周立波《山乡巨变》）

yàn zi hán ní lěi dà wō

燕子含泥垒大窝

释义： 比喻积少成多。

例句： “咱们不是正缺柴吗，咱就要求上山打柴；咱的竹杠都是些空大竹，可以把竹节打空，装上米，带上山去。这么着人多点，次数多点，‘～’，就能把粮运上去。”（王愿坚《粮食的故事》）

yáng méi tǔ qì

扬眉吐气

释义： 形容摆脱长期受压状态后高兴、痛快的样子。

例句： “只要将来做了八府巡按，妈也就可以～了。”（巴金《家》）

yáng ér luò zài hǔ kǒu lǐ

羊儿落在虎口里

释义： 比喻陷入险境。

例句：“子周一回去，正如‘～’，钟学礼三天两头把他叫到农会，‘训话’之余，少不得兼施之以‘皮肉教育’，并放出了风说，要‘上告’县公安局，将子周弄进监狱蹲个三年五载。”

yáng máo chū zài yáng shēn shàng
羊毛出在羊身上

释义：比喻表面上给了人家好处，但实际上这好处已附加在人家付出的代价里。

例句：“她这一下，席卷而去，虽然没有卷去我的钱，然而～，自然有一个人吃了大亏。”（张恨水《金粉世家》）

yáng máo tiē bù dào zhū shēn shàng
羊毛贴不到猪身上

释义：比喻不能相配的东西是不能强配的，泾渭分明，不能颠倒。

例句：“‘看来我妈是宁愿我哥死在外面啊！’‘你说什么？’‘没什么’，我把剩下的酒一饮而尽，‘舅你少喝点，我回去了！’‘丫头我跟你说，你妈心里疼你，～！听见没有……’”（王名环《注意，你脚下有人！》）

yáng qún lǐ chū luò tuo
羊群里出骆驼

释义：比喻在平常的人群里出了个不平常、了不起的人物，

例句：“方珍珠：我真想上学！方大凤：～，哪个学校收你？”（老舍《方珍珠》）

yáng qún lǐ diū le yáng qún lǐ zhǎo
羊群里丢了羊群里找

释义：比喻在哪里失去的东西还应到哪里去找。

例句：“～。他给众人甜头吃，咱再从众人身上找点苦头。”（刘江《太行风云》）

yáng ròu dàng zuò gǒu ròu mài
羊肉当作狗肉卖

释义：比喻贵物贱卖，好东西被糟蹋了。

例句：“我告诉你呀，女人四十豆腐渣，你还不抓紧找个帅哥成个家，再过几年可真的要～啦！”

yáng ròu luò dào gǒu zuǐ lǐ
羊肉落到狗嘴里

释义：比喻好东西被糟蹋了。

例句：“第二天下午，笑文发现自己的头发长了，就往小禾的发廊走去。小禾的手艺不是最好，但理发很细心。在那里理过几回，还挺满意的。一想到小禾，就连带地想到小米的影子。那个丫头相貌跟智商都是不错的，可惜没落个好地方。真是一块～去了。”（金林《小镇飞花》）

yáng ròu méi chī rě shēn sāo
羊肉没吃惹身骚

释义：比喻好处没有得到，却招来了麻烦。

例句：“兵对兵，将对将，铁甲车也得用铁甲车来挡！几百兵，挖几条壕沟，那不是～么？”（茅盾《锻炼》）

yáng zài shān pō shài bù hēi　zhū zài juàn lǐ wǔ bù bái
羊在山坡晒不黑，猪在圈里捂不白

释义：比喻客观的事物无法改变。

例句：“挺有名气的徽州，因为冒名‘黄山’，难免让人指责‘挂羊头卖狗肉’；一座名城生生被人贬为‘狗肉’，岂不是自己作践自己？‘～’，你以为将徽州改为‘黄山市’，那徽州真就成了黄山了？”（王明洋《只把杭州做汴州》）

yáng guān dào
阳 关 道

释义： 阳关，在今甘肃敦煌西南，是古代通往西域的必经关口。阳关道指通向西域的大道，后泛指通行便利的大路。比喻宽阔的道路或光明的前途。

例句： “这充分表明，两国从共创‘和平共处五项原则’到‘建立面向和平与繁荣的战略合作伙伴关系’的步伐正在加快，中国周边的～上又闪现一大新的亮点。”（王嵎生《中国周边阳关道和新亮点》）

yáng guāng
阳 光

释义： 比喻人积极向上，乐观开朗，活泼有朝气。

例句： “环哥仔今年 25 岁，清远人，毕业于广州大学园林设计系，一头新潮的小短发，配上一身黝黑的皮肤，脸上还经常挂着甜甜的微笑，是一个非常讨人喜欢的～大男孩。”（彭彬《阳光大男孩——李静环》）

yǎng bīng qiān rì yòng bīng yī shí
养 兵 千 日 用 兵 一 时

释义： 比喻到了该发挥作用的时候了。

例句： “～！今日你俩伙计可得来点儿艰苦奋斗哇！”（康濯《东方红》）

yǎng hǔ wéi huàn
养 虎 为 患

释义： 比喻庇护或纵敌，后患无穷。

例句： “那就让他继续成长下去？既然有了奇遇，那我们不是更应该趁他们还没成长起来就要将他扼杀吗？玄鸿，不能～啊！”（夜梦寒《武皇》）

yàng zi huò
样 子 货

释义： 用来摆样子的货物。比喻徒有其表、名不副实或华而不实、中看不中用的人或物。

例句： “吃饭有自助餐，旅行有自助游，家装市场中，业主们也非常钟情自己设计。尤其是一些 80 后业主非常喜欢借助工人师傅的手把自己的创意变为现实。但是，自己设计也需要专业知识的支撑，否则，当初得意的设计很容易变成‘～’，更有甚者，设计不合理之初没能及时发现纠正，结果造成难以弥补的败笔。”（张培《留心得意之作变成“样子货”》）

yāo wǔ hè liù
吆 五 喝 六

释义： 吆、喝，大声喊叫；五、六是骰子的点儿。指赌博时的喧哗声。形容盛气凌人的样子。

例句： “在巴黎一些著名景点，如巴黎圣母院、凯旋门、铁塔，总能见到成群结队的中国人，他们身穿西装，脚踏旅游鞋，相机在胸前乱晃，～，争先恐后地留影。”（张爱敬《告别不文明　国内国外游陋习大盘点》）

yāo fēng
妖 风

释义： 神话中妖怪兴起的风。比喻恶劣的风气。

例句： “七夕由受冷落到被追捧，原本是国人对传统节日的理性回归。但遗憾的是这种理性回归却变得不再理性，多了商业的～邪气，越来越多的商家打出七夕的‘爱情招牌’，无数打着‘七夕’旗号的商家都在借机吆喝。”（郭元鹏《别让商业“妖风”忧伤了“七夕”的美丽》）

yāo mó guǐ guài
妖 魔 鬼 怪

释义： 比喻各种邪恶势力。

例句：“你们这些～，想当初是多么凶恶，多么猖狂啊！”（魏巍《东方》）

yāo chán wàn guàn
腰缠万贯

释义：形容钱财极多。

例句：“你要这块石头何用？再要讲到夜间严谨门户，不怕你～，落了店都是店家干系，用不着客人自己费心。”（清·文康《儿女英雄传》）

yāo gǎnr cū
腰杆儿粗

释义：古人出行带银两都是包好后缠在腰上，腰因此显得粗壮。比喻人有钱、富有。

例句：“牡丹有意挑衅，露出一副凶神恶煞的样子，‘我偏说！老娘问你，那会儿你倒霉的时候，她咋不嫁你？还不是我牡丹收留你。这会儿翅膀硬了，～了，心也花哨了。”（游国民《黑风暴》）

yāo gānr yìng
腰杆儿硬

释义：比喻倚仗强有力的支持。

例句：“当然，我之所以～，也是因为有‘红学’老前辈支持我，像周汝昌先生，他跟我通信当中，很真诚地支持我。他不尽同意我的意见，但是他认为只要你有几分有理的话，这几分就很可贵。”（刘心武《作家要营造自己的人文环境》）

yāo zhǎn
腰斩

释义：古代刑法的一种，将犯人从腰部把身体斩为两段。比喻把同一事物或相联系的事物从中割断或是使事情半途而废。

例句：“曾经有一个报纸，登载过一篇关于鲁迅的作品研究的文章，但只登了一天，下半段就被～了。”（许杰《死了却还活着》）

yáo chún gǔ shé
摇唇鼓舌

释义：比喻卖弄口才，挑拨煽动。

例句：“那些人除掉～之外，实在也没有多么大的本领。”（郭沫若《虎符》）

yáo é máo shàn zi
摇鹅毛扇子

释义：传说诸葛亮手执白羽扇指挥作战，扇子与诸葛亮合为一体成为智慧的代表。比喻出谋划策的人。含贬义。

例句：“我倒觉得敬轩的那位～的军师，生得鹰鼻子鹞眼，不是个善良家伙。”（姚雪垠《李自成》）

yáo lán
摇篮

释义：婴儿睡觉使用的一种特殊的卧具，形状略像篮子，多用竹或藤等制成，可以摇动，容易使婴儿入睡。比喻人才早期成长的处所或重要事物的发源地。

例句：“著名的历史学家李学勤认为，先秦时期中央政权诞生在黄河流域，而中国文字也产生在黄河流域，这些事实充分说明了黄河文明是中华文明的～。黄河文明和长江文明在相互作用的过程中，黄河文明产生的影响更大一些。”（单纯刚《专家认为：黄河文明是华夏文明发源地》）

yáo qí nà hǎn
摇旗呐喊

释义：古代作战时，两将拼杀，阵地上的士兵要摇着旗子，大声喊杀助威。比喻给别人助长声威。

例句："我们应该不懈努力……保护好散打项目，尤忌'自残'，从而完成国人'武术进奥运'的夙愿。要真正做到这些，就需要有更多的人来参与其中，也希望有更多的正面的声音来为散打项目～。"（中国体育报《希望更多声音为散打摇旗呐喊》）

yáo qián shù
摇 钱 树

释义：神话传说中的宝树，会结金钱，摇摇就会落下金钱来。比喻可以用来生财的人或物。
例句："春蔓便是聚宝盆上的一棵～。"（刘绍棠《这几个酸儿辣女》）

yáo shēn yī biàn
摇 身 一 变

释义：在神怪小说中描写的有法术的人或是妖怪，神通广大，用法术一晃身子就能改变自己的本来模样。比喻一下子就变成了另外一个样子，贬义。
例句："此事在网络上掀起了一定的波澜，有网友质疑，建成不过6年的教学楼是不是劣质工程，政府有没有对相关责任人进行调查。也有人发问称，教学楼是危楼，～成为办公房就能使用，是不是存在猫腻？"（扬子晚报《教学楼建成6年变危楼　摇身一变成政府办公楼》）

yáo tóu huàng nǎo
摇 头 晃 脑

释义：脑袋摇来摇去。形容傲然自得的样子。
例句："端木泽嘿嘿一笑，～地说道：'母后不让我跟随，我追随太傅去。有人说过，没经历过战场的男人，不是真正的男人。'端木衡见他一个丁点大的孩子却说着老气横秋的话语，不由得轻笑道：'这话谁说的，我怎么没听说过？'"（璇之舞《北宫青》）

yáo wěi qǐ lián
摇 尾 乞 怜

释义：狗摇着尾巴向主人讨好。比喻装出一副可怜相向人讨好。
例句："戚少，姚少，正好你们也在，看到没，上次这小子身手多了得，怎么样？今天还不是被我打得像条狗一样趴在地上～。"（哥子《逐鹿官场：争夺市长妻》）

yǎo ěr duo
咬 耳 朵

释义：指凑近人耳边低声说话，不让旁人听见。
例句："有的摊开小说在看，有的拿了英文课本小声在读，有的在编织东西，有的在跟同伴～谈心。"（巴金《家》）

yǎo qún
咬 群

释义：指牲畜在群体中常和别的牲畜争斗。比喻某个人爱跟周围的人闹纠纷。
例句："潘金莲在西门庆宅中惯于'～'的根本目的，其实在于争宠夺爱，以满足她'欲火难禁一丈高'的肉欲需要。"（杨鸿儒《解读奇书〈金瓶梅〉》）

yǎo rén de gǒu bù lòu chǐ
咬 人 的 狗 不 露 齿

释义：比喻内心凶狠的人，表面上不露形迹。
例句："事情不来，他闷着嘴儿不吭声；事情来了，啪嗤给他一家伙，～嘛！"（梁斌《播火记》）

yǎo wén jiáo zì
咬 文 嚼 字

释义：比喻刻意地推敲字句或是在某些字句上纠缠。
例句："在这三年半时间里，我带着对《军体天地》的尊敬和热爱，通读了接到的每一本该

刊。我徜徉在这个天地间，对刊发的文章～，悄悄当上了该刊的业余啄木鸟。”（刘本新《咬文嚼字天地间》）

yǎo yá qiè chǐ
咬牙切齿

释义：形容极端仇视或痛恨。

例句：“把这话传出朝门，恼了一位正直之臣，～，大叫道：‘朝廷法纪之地，却如此胡闹，陈国之亡，屈指可待矣！’”（明·冯梦龙《东周列国志》）

yǎo zì yǎnr
咬字眼儿

释义：指在用字措辞方面过分挑剔。

例句：“东西都准备好了，韦霜见时辰尚早，随意翻了本医书，正准备～时，有人淡淡地说：‘姑娘，你不能待在这里。’‘什么？’她听过有人不让她行医不让她治病，却没有听说过有人不让她占地方。”（银之舞《三国神医》）

yào bǔ yú xiān zhī wǎng
要捕鱼，先织网

释义：比喻要做一番事业，必须打好基础。

例句：“……必须是～，我们经过多批次的调整，一批年轻干部、民主党派干部、妇女干部脱颖而出，基本实现了干部队伍的年轻化，干部结构合理化，当初断层断档、浮躁不安的现象已经基本消除。”（毛全球《理直气壮地弘扬尊老敬贤感恩厚德之风》）

yào fàn bié xián sōu
要饭别嫌馊

释义：比喻不花钱能够得到就不要挑剔。

例句：“闲人：‘没想到王熙凤给您 20 两吧？您觉得多了还是少了？’刘姥姥：‘俗话说，～。给多少都是个情分。况且 20 两对我们庄户人说来，就是一个小钱庄啊。’”（沈水闲人《红楼人物访谈》）

yào jià
要价

释义：指卖主向买主提出所售货物的价格。比喻接受任务、举行谈判时向对方提出的条件。

例句：“面对海外拍卖行以及一些收藏者纷纷祭出‘圆明园’这块金字招牌，我们应该坚决反对，既不要将‘圆明园’作为拍卖行漫天～的代名词，更要警惕‘爱国主义’被利用而成就了天价。”（杨羽《圆明园不是拍卖行漫天要价的代名词》）

yào pò dōng wú bīng hái xū dōng wú rén
要破东吴兵，还须东吴人

释义：比喻要办好事情，应依靠熟悉内情的人。

例句：“～。我看把这桩事情交给全叔好了。”（刘江《太行风云》）

yào dào bìng chú
药到病除

释义：服下药病就好了，用药效果非常好。比喻措施得当，立见功效。

例句：“‘零点断网’，并不是新闻。好几年前，就有人提出这个设想。最近，市人大常委会在审议《重庆市未成年人保护条例（草案）》时，有人再次提及‘零点断网’。‘零点断网’行不行，能否收到‘～’的功效？对此，支持者众，反对者也不少。”（文峰《能否“药到病除”》）

yào guàn zi
药罐子

释义：熬中药用的罐子。比喻经常生病吃药的人。

例句：“宝宝一旦生了病，家长就会要求医生为其打针、输液。殊不知，这是一种严重的错

误行为！省二院儿科教授王新良日前做客‘燕赵讲坛’时，呼吁广大家长们千万别让孩子成为‘～’。”（王凤伟　赵玉坤《别把你的孩子炼成小“药罐子”》）

yě dì kǎo huǒ yī miàn rè

野地烤火一面热

释义：比喻当事的双方，一方热情，一方却冷淡。

例句：“～，那不行。我情愿留你，还要看别人愿不愿意。”（杜鹏程《瀚海新歌》）

yě huǒ shāo bù jìn

野火烧不尽

释义：语出唐朝诗人白居易《赋得古原草送别》：“离离原上草，一岁一枯荣。野火烧不尽，春风吹又生。远芳侵古道，晴翠接荒城。又送王孙去，萋萋满别情。”比喻富有生命的事物，任何力量也扼杀不了。

例句：“淑婉‘哧’地笑了出来：‘本宫费尽心机，在太后耳朵边旁敲侧击，总算是没有白费功夫。不过，你也看到了，有些人，还真是～呐。’”（三千粉黛《乱红劫？清宫怨》）

yě jī

野鸡

释义：学名雉鸡，体形较家鸡略小，尾长，雄鸟羽色华丽。常用来比喻外表华丽而内在缺失的人或物。

例句：“一位业内人士说，‘别看这些～大学的文凭含金量不高，但生意却非常红火，许多企业主都热衷于花个几万元钱拿一个这样的国际文凭，因为这样不但说出去有面子，还可以通过上课认识许多朋友，而这对于中介公司来说，也是一种双赢的局面。’”（靳晓燕　杨亮　邱玥《记者调查“野鸡大学”MBA办学骗术：伪装术咋升级》）

yě láng yǎng bù chéng jiā gǒu

野狼养不成家狗

释义：比喻本质不好的人本性难以改变。

例句：“他心一狠，竟咬牙切齿地说出这样的话来了：‘养活了你十几年，真是～！你要走也行，先把这十几年的饭钱算清了再走！’”（胡正《汾水长流》）

yě mǎ wú jiāng

野马无缰

释义：没有拴上缰绳的野马。比喻任意行动，没有约束。

例句：“母亲道：‘你这般想，倒也难得，只是若随你舅舅出海外去，莫要～，叫你舅舅费心。’”（微笑的僵尸《海游记续集》）

yè gōng hào lóng

叶公好龙

释义：传说古代有个叶公，非常喜欢龙，器物上刻着龙，房梁上也画着龙。真龙知道了，来到叶公家，把头探进了窗子。叶公一见，吓得拔腿就跑。比喻口头上说爱好某事物，实际上并不真爱好。

例句：“在‘怎么解放思想’这个问题上，我们的干部特别是领导干部绝不能像‘～’那样，思想与行动分离，光打雷不下雨，而是要把解放思想与真抓实干有机结合起来，在思想上树立新思维、行动上展现新作为。”（宗琰《解放思想不可“叶公好龙”》）

yè luò guī gēn

叶落归根

释义：比喻不忘本源。参见“落叶归根”。

例句：“咱们都有个家，～，到底离不了暖水屯。”（丁玲《太阳照在桑干河上》）

yè luò zhī qiū

叶落知秋

释义：见到树叶落下来，就知道秋天到来了。比喻从细微的变化可以推测事物的发展趋势。

例句：“～。中国房地产市场的起伏折射出中国经济大形势的变化。”

yè cháng mèng duō
夜 长 梦 多

释义：黑夜时间长，做梦的次数就多。比喻时间拖长了，事情可能发生不利的变化。

例句：“太后略微地不解，很快又自问自答道：‘奥妙应该在你给的符纸之内，哀家等不到明天，今晚开始最好。汝月，你跟了卫大人回去，将新制的符纸取来，免得～。’”（水无暇《宫斗之极盛韶华》）

yè māo zi
夜 猫 子

释义：即猫头鹰，双眼的分布及面盘、耳羽使其头部与猫极其相似；因为它是夜里活动，而且又是以老鼠为主食，所以称为“夜猫子”。比喻晚上不想睡觉或喜欢熬夜的人。

例句：“‘～’一族，除了喜欢在夜里工作的，还有喜欢在外面玩的。泡酒吧、唱 KTV、吃东西。做电台的人，似乎都特别喜欢夜店，这大概跟每个城市的酒吧，都要在本地电台投放大量广告有关。”（赵凝《夜猫子》）

yè māo zi jìn zhái
夜 猫 子 进 宅

释义：夜猫子，即猫头鹰，眼睛大而圆，头上有角状的羽毛，昼伏夜出，吃鼠、麻雀等，是一种益鸟。常在深夜里发出凄厉的叫声，迷信的人认为是一种不吉祥的鸟。比喻坏人来了没好事。

例句：“她知道，胖菊子是～无事不来。这趟，究竟是为了什么！她咂摸不透。”（老舍《四世同堂·饥荒》）

yè yóu shén
夜 游 神

释义：中国传说中为天帝守夜的神仙，白天隐去，夜晚出现。民间描述他是一位公正、善良之神，他巡夜时常将民间百姓的冤屈之事禀报给天帝，使正义得到伸张，恶人得到惩罚。比喻喜欢夜间在外四处游荡的人。

例句：“夏季时分的兜风夜游，尤令人神往。车夫响鞭一甩，双马奔腾，疾驶如飞，阵阵快风扑面而来，一天暑气顿时全消。乐此者，甚而会通宵达旦，如‘～’。”（奚亮《上海消暑习俗　露天影院受欢迎》）

yī bǎ shǒu
一 把 手

释义：比喻在某一方面才干出众的人（“一”读作 yì），或单位的主要负责人（“一”读作 yī）。

例句：“各级各部门都可以从公众参与、专家论证、风险评估、合法性审查和集体讨论决定重大事项等多个方面制定细则，从而从源头上遏制‘～’权力的非正常运行。”（山文丰《勿让“一把手”变成独断专行的代名词》）

yī bǎ yào shi kāi yī bǎ suǒ
一 把 钥 匙 开 一 把 锁

释义：比喻不同的问题要用不同的方法来解决。

例句：“～。也许吴坚这把锁，得你这把钥匙才打得开。”（高云览《小城春秋》）

yī bǎ zhuā
一 把 抓

释义：比喻做事不看具体情况，不分轻重缓急，一齐下手。

例句：“很多老病友尤其是患有几种慢性病的老年患者朋友，喜欢吃药的时候‘～’，既省时又不容易漏服药品。孙福生提醒大家，虽然临床上许多疾病在治疗时常常需要联合用

药，以增强药物的疗效或减少其不良反应，但不是代表什么药都能一起服用。”（于濛《用药有标准　切忌“一把抓”》）

yī bǎi bā shí dù de dà zhuǎn wān
一百八十度的大转弯

释义：比喻事情变得跟原来完全不同。

例句：“徐奎元万万没有想到，刚才还和他抱同一看法的曾光耀，这时候也来了个～。”（张行《武陵山下》）

yī bǎi gè hóur　yī bǎi tiáo xīn
一百个猴儿一百条心

释义：比喻人心不齐。

例句：“易老信摇摇头，叹口气：‘唉，～！难啊！’”（彭永辉　李洪辛《燎原》）

yī bǎi yī
一百一

释义：比一百还多一个。比喻超越寻常。

例句：“对祥子，虎妞真是～的客气，爱护。”（老舍《骆驼祥子》）

yī bǎn yī yǎn
一板一眼

释义：在中国民族音乐和戏曲中的强弱拍分别用“板”和“眼”来表示，“板”为强拍，“眼”为弱拍。“一板一眼”表示2/4拍，“一板三眼”表示4/4拍。比喻说话、做事符合规矩或是做事死板、不灵活。

例句：“他咳一声扫清嗓子里的痰，～地说着缴学费的事，生怕一个不留神就会说错似的。”（张天翼《包氏父子》）

yī bàng dǎ zhao liǎng ge rén
一棒打着两个人

释义：比喻一句话同时伤害了两个人。

例句：“月娘这一句话，～：孟玉楼与潘金莲都是再醮嫁人，孝服都不曾满。听了此言，未免各人怀着惭愧归房。”（明·兰陵笑笑生《金瓶梅词话》）

yī běn nán niàn de jīng
一本难念的经

释义：比喻难办的事情。

例句：“每个国家都有头痛的事，富有强大的美国也不例外。非法移民，就是美国～。”

yī běn wàn lì
一本万利

释义：本钱用得极少，利润很大，形容本轻利重。

例句：“记者随后走访得知，对于投注站投资，很多人都存在着‘～’的误解。对此庄先生特别提醒，由于竞争激烈，目前投注站投资风险已经不小，要涉足，必须具备相应的专业知识才行。”（石秋菊《投资彩票站点并非一本万利》）

yī bǐ dài guò
一笔带过

释义：指对事情或人不详细描述，只简略提一下。

例句：“上千万元乃至数亿元资金的非正常使用，数额不可谓不大，问题不可谓不严重，但仅是轻描淡写～。这种情况的出现不只是这份审计公告，也远不只是甘肃。”（赵锋《审计公告，大问题怎可一笔带过》）

yī bǐ gōu xiāo
一笔勾销

释义：把账一笔抹掉。比喻把一切完全取消或往事不再提起。

例句：“金钱，让王利华失去了许多，他失去了为之努力多年的政治前途，用他的话说就是‘晚节不保，～’。这是多么的悲哀呀！”（林伟《有多少官员“晚节不保，一笔勾销”?》）

yī bǐ hú tu zhàng

一笔糊涂账

释义：比喻事情的来龙去脉不清楚。

例句：“（北京）地底下到底有多少地下管线，怎么分布，什么状况，恐怕这是～。”

yī bǐ huà bù chéng liǎng dào méi

一笔画不成两道眉

释义：比喻不能同时做两件事。

例句：“要记住，饭要一口一口地吃，事要一件一件去办，～。”

yī bǐ mǒ shā

一笔抹杀

释义：抹杀，涂掉。一笔涂掉。比喻轻率地把成绩、优点全部否定。

例句：“我是按自己的路来走，比较务实、理性和温和的，而且是建设性的，对事对人都尽量与人为善，我不喜欢愤青式或者愤老式的态度，情绪化和谩骂式的表达，实际上都是比较浮躁和幼稚的表现。即使是《组织部来了个年轻人》，最后的论调也是相对温和的。我不愿回避现实，但也不愿对现实问题～。”（王蒙《不愿回避现实，也不愿一笔抹杀》）

yī bǐ xiě bù chū liǎng ge xìng

一笔写不出两个（姓）

释义：比喻同姓相亲，不必客气。

例句：“虽说～刘，姓刘的却是来自四支八脉。一母生九子，各个不相同。”（刘绍棠《锅伙》）

yī bì zhī lì

一臂之力

释义：一只手臂的力量。比喻一部分或不太大的力量。

例句：“‘静言郡主，本殿也就不跟你绕弯子了，实话告诉你，本殿想要那个位子，你可愿助本殿～？’青离公主脸色严肃起来，一本正经地说道。”（爱梦儿《凝絮皇后》）

yī biān dǎo

一边倒

释义：比喻完全倾向某一边。

例句：“在几乎完全～的‘论战’中，这位二十三岁的‘黄口孺子’，就是这样不畏权势，向不可一世的大人物发起了反击。”（王晨　张天来《破晓夜幕的陨星》）

yī bō sān zhé

一波三折

释义：指写字的笔法曲折多姿。比喻文章的结构起伏曲折或事情进行中遇到阻碍，曲折多变，很不顺利。

例句：“徐累在工作室作画用的椅子是一对明式南官帽椅，核桃木，出自山西。徐累回忆，买这对椅子还是一波三折呢！”（胡兰杰《一波三折终得南官帽椅》）

yī bō wèi píng　yī bō yòu qǐ

一波未平，一波又起

释义：比喻问题接踵而来。

例句：“训育一方，则千头万绪，学生又多方找事给我做，找难题给我处理，往往～，校务舍务，俱不能脱开。”（鲁迅《两地书》）

yī bù màn shān　èr bù rào lǐng

一不漫山，二不绕岭

释义：比喻说话直爽，不拐弯抹角。

例句：“三孩～，起根把由，把家境身世依实说了一气，说到痛处，还掉了两眼伤心泪。”（刘江《太行风云》）

yī bù dēng tiān
一 步 登 天

释义：比喻一下子就达到很高的境界、程度，也比喻人突然得志，升到很高的地位。

例句：“我这两年都在反思，我也知道我错在哪里了，我这人投机心理太重，总想～。因为贪心，我反而失去更多，我的名誉和工作，我的家人，我的感情，都被葬送在了我自己的手里。”（阿军《总想一步登天 反而摔得更重》）

yī bù qí cuò mǎn pán jiē shū
一 步 棋 错 ， 满 盘 皆 输

释义：下棋时由于走错一步，导致输局。比喻做事情时某处出现失误，往往会造成无法挽回的局面。

例句：“如此折腾一阵子下来，小雅的离婚申请到了。心力交瘁的上官想也没想，就答应了。人生，～，上官将用自己的一生证明这个真理的正确性。”（冯路《痒婚》）

yī bù yī ge jiǎo yìn
一 步 一 个 脚 印

释义：比喻做事情要踏踏实实地去做，不能急于求成。

例句：“高二佬这样的好同志，从长工、佃户、船工到农会主席，从打开盘丝洞到攻下马脑山，前进的步子迈得很大，而且扎扎实实，～。”（张行《武陵山下》）

yī cǎo yī mù
一 草 一 木

释义：比喻细小或平常的东西。

例句：“外交部副部长张志军26日向中外记者表示，日本没有权利拿中国领土进行任何形式的买卖，钓鱼岛寸土滴水、～都不容交易。”（熊争艳、强力静《张志军：钓鱼岛寸土滴水、一草一木都不容交易》）

yī chǎng chūn mèng
一 场 春 梦

释义：春梦，美好的梦。比喻过去的一切转眼成空或不切实际的想法落了空。

例句：“幸福的感觉一点点地蔓延，让她有一种公主的感受。可是，现实残忍地告诉她，她不是一位公主。所以，她的幸福永远都短暂得如同～。”（古寺雨轩《总裁与明星的那些事》）

yī chǎng kōng
一 场 空

释义：指努力和希望完全落空。

例句：“看到身边好多朋友，做了一辈子生意，有些早期在行业内都响当当，现在却以没钱的居多，徐兰的感触很深：赚钱不理财，到头～。”（占昕《赚钱不理财到头一场空 商人叹当年没买房投资》）

yī chàng yī hè
一 唱 一 和

释义：一个先唱，一个随声应和。比喻互相配合，互相呼应。

例句：“在国内一些知名婚恋网站上注册成功后，40多岁的遵义男子苟某开始冒充大老板，针对那些在网上征婚的离异中年女性群发短信息，疯狂‘示爱’。一旦取得对方信任，他和两名同伙就～，施计骗财骗色，得手后立即‘人间蒸发’。”（任勇《一人冒充大老板网上征婚，另外两人一唱一和专挑中年女骗色也骗财》）

yī cháo tiān zǐ yī cháo chén
一 朝 天 子 一 朝 臣

释义：比喻换了一个领导人（一把手），就会换一套人马。

例句：“中国旧式的交情是‘～’，跟着严先生已经来了不少的新教职员。”（郭沫若《反正前后》）

yī céng chuāng hu zhǐ
一层窗户纸

释义：旧时窗户糊上纸，防风、透光但却不透明，纸破了就看清屋里了。比喻事物转变的关键很简单。

例句：“中国古代社会里，暴民和顺民只隔着～。压迫太厉害了，顺民当不成了，就很可能变成造反的暴民。”

yī chén bù rǎn
一尘不染

释义：原指佛教徒修行时，排除物欲，保持心地洁净。现泛指丝毫不受坏习惯、坏风气的影响。也用来形容非常干净。

例句：“看着台上的精彩表演，台下的代表们怎能不为自己多年来的付出而感慨万千？……‘真正的天籁之音就是中国本土～最纯净的声音’；‘太棒了！民间的艺人们太出色了！’”（王婧姝《原生态民歌一尘不染 “天籁之音”绕梁三日》）

yī chǐ shuǐ shí zhàng bō
一尺水十丈波

释义：比喻说话添油加醋，把一点小事说得天花乱坠。

例句：“到底还是媒人嘴，～的。”（明·兰陵笑笑生《金瓶梅词话》）

yī chù jí fā
一触即发

释义：弩机的机关已经打开，只要一触动扳机，弩箭就会发出去。比喻事态发展到了十分紧张的阶段，稍一触动就立即会爆发。

例句：“共产党主张成立联合政府，就为制止内战。现在蒋介石拒绝了这个主张，致使内战有～之势。”（毛泽东《评蒋介石发言人的谈话》）

yī chuí dìng yīn
一锤定音

释义：见“千锤打锣，一锤定音”。

yī chuí zi mǎi mai
一锤子买卖

释义：比喻不管好坏，就做一次。

例句：“精明的生意人，绝不能把所有本钱端出来，做～。”（徐怀中《我们播种爱情》）

yī dāo liǎng duàn
一刀两断

释义：一刀将东西斩为两个部分。比喻坚决地断绝关系。

例句：“现在，装修几乎成了一锤子买卖。的确，不少家庭在装修完房子后几乎都与装修方‘～’，而其根本原因，在于装修没到位，让消费者有上当受骗的感觉。”（苏鸣宇《业主与装修方很郁闷 为啥装完房就一刀两断》）

yī dāo qiē
一刀切

释义：比喻不顾实际情况，采用统一的标准来处理不同的问题。

例句：“其实，早在2006年，教育部就曾出台文件，要求防止农村中小学布局的‘过度调整’。但之后，‘撤点并校’的步伐并未完全停止，一些地方政府对撤并‘～’造成的后果也未及时补救。”（方铭琳《撤并‘一刀切’，当止》）

yī diǎn shuǐ yī ge pào
一点水一个泡

释义：一个水滴落到水里就会激起一个水泡。比喻言行可靠，不扯谎。

例句：“我从来是‘～’的人，比不得媒人嘴。若扯了一字谎，明日太太访出来，我自己把这个脸巴子送来给太太掌嘴。”（清·吴敬梓《儒林外史》）

yī dù zi guǐ tāi
一肚子鬼胎

释义：比喻人心术不正。

例句：“老四，你别嘴硬啊。你～，别人看不出来，我还看不出来？人家二班和三班的女生都传开了。”（左微聪《一见钟情》）

yī dù zi huā hua cháng zi
一肚子花花肠子

释义：比喻奸诈的计谋或有奸诈心计的人，也比喻某人内心没有光明之处。

例句：“李解放在三队几乎抬不起头了，社员都觉得这位年轻的县委干部～，只怕也同舒军一样。他根本不配……搞工作队，只配下放农村劳动改造。”（王跃文《也算爱情》）

yī dù zi huài shuǐr
一肚子坏水儿

释义：比喻人很有计谋，极坏。

例句：“但此人～，吃人不吐骨头，成事不足，败事有余，只能拉拢，不能得罪。”（端木蕻良《曹雪芹》）

yī dù zi kǔ shuǐ
一肚子苦水

释义：比喻满腹痛苦的事。

例句：“虽然也都是好意埋怨我，可是哪里知道我娘儿两个～呢。”（张恨水《丹凤街》）

yī fēn gēng yún yī fēn shōu huò
一分耕耘一分收获

释义：比喻付出一分劳动获得一分收益。

例句：“记者问他，从德国拿硕士，到美国拿博士，看来好像一帆风顺。胡知宇深有感触地说，～，在德国和美国读书的这些年，我的睡眠基本没有超过6小时，只有平时刻苦努力，才能在短短的几年里取得一些成绩。”（王连伟《一分耕耘 一分收获》）

yī fēn qián bāi chéng liǎng bàn huā
一分钱掰成两半花

释义：一分钱是最小的货币单位，不可能再分了。比喻过日子特别节俭。

例句：“把我供完大学，就已经让他们花费不少了。没过几年，他们又拿出自己毕生的积蓄，帮我操办结婚、买房这两项大事，用‘～’来形容他们现在的节俭，真的丝毫都不为过。”（张彦文《一分钱掰成两半花》）

yī fēng chuī
一风吹

释义：比喻不做具体分析，一下子把过去所有的事情都否定了。

例句：“后世不论官宦和平民人家，只要是有产业的，兄弟叔侄争产，势同仇人，平日所讲的仁义忠信，兄友弟恭，全都～了。”（姚雪垠《李自成》）

yī gān zi chā dào dǐ
一竿子插到底

释义：比喻对事情直接负责到底或做事做到底。

例句：“李工程师，我怕搞不好，还是老杨～吧！”（程树榛《钢铁巨人》）

yī gān zi chā dào lóng tán lǐ
一竿子插到龙潭里

释义：比喻摸不清底细。

例句：“这一来，倒把老保根弄傻了眼，真是～，探不出水深浅。他对在田和双连说：‘掌柜也不知打的是甚主意。”（刘江《太行风云》）

yī ge bā zhang pāi bù xiǎng
一个巴掌拍不响

释义：比喻单方面引不起矛盾或单方面办不成大事。
例句：“过去的事就甭提了，～，我也有不好的地方。”（老舍《红大院》）

yī ge bàn jīn yī ge bā liǎng
一个半斤，一个八两

释义：旧制一斤为十六两，半斤也就是八两。比喻彼此一样，不相上下。
例句：“你们两个人也算～。性情斯文些的人，就对付不了我这位大嫂子。”（张恨水《丹凤街》）

yī ge bí kǒng chū qì
一个鼻孔出气

释义：比喻立场、观点、主张和别人完全一致，就像一个人似的。
例句：“新月博士常发议论，都和官僚～，南方已无人信之。”（鲁迅《书信集·致曹靖华》）

yī ge bù zhāi ān yī ge bù xià mǎ
一个不摘鞍，一个不下马

释义：比喻两人相互争斗，互不相让。
例句：“毛二素日间就不得人，……周瑞又搭着也是气恼之间。有句俗言：‘～’。周瑞倚仗着得了一口宝刀，又想着这个劫夺人的主意，……。一不作，二不休，除去了这个后患吧。”（清·石玉昆《小五义》）

yī ge chàng hóng liǎn yī ge chàng bái liǎn
一个唱红脸，一个唱白脸

释义：在戏剧脸谱中红脸表示正直，白脸表示奸诈。比喻在处理问题时两个人分别扮演两个角色，软硬兼施。
例句：“‘一个让我干，一个不让我干，我到底听谁的呢？’女儿的话久久回荡在我耳边。让我思索：传统的‘～’的教育方法，对于现在的孩子并不适用。”（祺卓《“一个唱红脸、一个唱白脸”没用了》）

yī ge dīng zi yī ge yǎnr
一个钉子一个眼儿

释义：比喻办事非常认真，或数量不多不少正合适。
例句：“强化现场管理要的就是细、实、严，～，来不得半点马虎。为了保证安全生产，安全隐患不容忽视。”（魏渝蓉　黄瑛　陈福明《现场管理：一个钉子一个眼儿——中铁八局二公司成都地铁1号线火车北站项目部安全生产纪事》）

yī ge guō lǐ jiǎo mǎ sháo
一个锅里搅马勺

释义：马勺，即盛粥、盛饭用的木制大勺。指吃的是一锅饭。比喻在一起工作和生活，关系亲密。
例句：“嫂子，咱早晚还不在～？”（梁斌《红旗谱》）

yī ge guō zuò bù chū liǎng yàng fàn
一个锅做不出两样饭

释义：比喻处于同样的环境中的人，境况没有区别。
例句：“你可别瞎琢磨，我最了解咱头儿的人品，～，他绝对没有歧视你的意思。”

yī ge há ma sì liǎng lì
一个蛤蟆四两力

释义：比喻力所能及。

例句："限制公车、公车公用之类的话不记得已经嚷嚷了多少年，此番广州借治堵之机又再嚷嚷一次，也好，～，嚷嚷也是力量，罗马不是一天建成的。不过，我并不看好这个问题可以借治堵之机得到彻底解决。"（陈扬《给力治私车，无力治公车?》）

yī ge hé shang yī běn jīng
一个和尚一本经

释义：比喻各有各的主张。

例句："创新是发展的命脉。技术不创新，产品就没有市场。对外抓市场、对内抓成本是企业的生存之道，怎么个抓法却是～，有成功的也有失败的。……尤其是高科技企业，创新的重要性更显突出。"（黄洁《奔向世界的"神犬"》）

yī ge hé shang yī ge qìng
一个和尚一个磬

释义：磬，佛教的打击乐器，形状像钵，用铜制成，念经时敲打。比喻各有各的做法。

例句："曹教授不高兴地说：'前天赵处长告诉我讲第一册教材，从头讲。今天杨处长又告诉我是讲活页教材。真是～，一个将军一个令。到底听谁的呀！'"

yī ge jiāng jūn yī ge lìng
一个将军一个令

释义：比喻政出多门，一样的事情两样的要求。

例句："你看现如今东西两个政府，村上又是两班人马，～，遇事三般两样，可真不好办呀!"（刘江《太行风云》）

yī ge lí ba sān ge zhuāng
一个篱笆三个桩

释义：比喻一个人的成长进步需要别人的帮助。常与"一个好汉三个帮"连用。

例句："～，一个好汉三个帮，只要大家心齐，天塌下来也不怕。"（彭永辉　李洪辛《燎原》）

yī ge luó bo yī ge kēng
一个萝卜一个坑

释义：比喻各有各的岗位和职责。

例句："没家谱，私生子，小行李卷，满都活该。反之，我们倒更注意四处敲打这颗小小的心的东西是什么。因为这些都是有案可查，～的。"（老舍《牛天赐传》）

yī ge niú tóu xiàng dōng　yī ge mǎ miàn xiàng xī
一个牛头向东，一个马面向西

释义：牛头、马面，是冥府著名的勾魂使者，各地城隍庙中均有牛头马面的形象。比喻两个人情绪严重对立。

例句："生气顶什么用啊？要做思想工作，好好劝他嘛。不要闹得～。"（张行《武陵山下》）

yī ge rén chuī dír　yī ge rén niē yǎnr
一个人吹笛儿，一个人捏眼儿

释义：比喻能很好地相互配合。有时也比喻人浮于事。

例句："于是，他就和东郭长松～，精心策划了投资预案，选择了风险趋于零、利润无穷大的车站内外，经营糖烟酒、小百货、小饭摊。"（风亚子《风檐寸晷的浪漫》）

yī ge shān tóu yī zhī hǔ
一个山头一只虎

释义：虎是领地型动物，每只虎占领一块领地后，就会将该领地所有大型食肉动物如狼、豹、熊等赶走，此谓"占山为王"。比喻一个地方只能有一个权势最大的人物。

例句："～，也亏了顺义村的张公谨作了主人。（清·褚人获《隋唐演义》）

yī ge tiào zao dǐng bù qǐ bèi zi
一个跳蚤顶不起被子

释义：跳蚤，小型、无翅、善跳跃的寄生性昆虫，成虫通常生活在哺乳类动物身上，也有生活在禽类身上的。比喻力量有限，办不成大事。

例句：“你放一万个心，～来。”（杨明《二龙传》）

yī ge xí fu shí gè pó
一个媳妇十个婆

释义：比喻管事的人太多，被管者不知听谁的好。

例句：“梁队长检查完了，告诉我们：行。现在你们又叫返工！～，哪个婆婆说了算?”（杜鹏程《在和平的日子里》）

yī ge yào bǔ guō yī ge guō yào bǔ
一个要补锅，一个锅要补

释义：比喻两个人正好相投合。

例句：“这就正好嘛！～!”（罗旋《南国烽烟》）

yī ge zhēn jiān yī ge mài máng
一个针尖，一个麦芒

释义：比喻对立的双方互不相让。

例句：“你们两个～，谁都不让谁，这个矛盾就会越来越深，这样下去，对工作不利，对你们个人也不利，相互让一让，退一步海阔天高嘛!”

yī ge zhuāng shén yī ge nòng guǐ
一个装神，一个弄鬼

释义：比喻两人相互配合哄骗别人。

例句：“行啦，行啦！妈早就看明白了，不用～的，有话直说。不就是想买车，让妈给你们贴补俩钱嘛!”

yī gēn cháng zi tōng dào dǐ
一根肠子通到底

释义：比喻人说话做事不留余地，或是说个没完；也比喻人说话办事直爽。

例句：“现在我们很多人写作，总是怕读者不懂似的，一定要很多解释，～，一个劲地老说。实际不是读者不懂，是作者太无办法了。”（丁玲《谈与创作有关诸问题》）

yī gēn jīn
一根筋

释义：比喻性格偏执或固执、死板不开窍、认死理不知变通、做事“一条道跑到黑”的人。

例句：“风头正劲的阿根廷队，因为这次马拉多纳‘～’，只搭牢一个主题——冠军，冠军!”（华心怡《一根筋》）

yī gēn mù tou zhī bù qǐ liáng
一根木头支不起梁

释义：比喻势单力薄，发挥不了大的作用。

例句：“班主任善于学习，勤于思考，同事的经验、网络的资源，都让班主任受益匪浅，尤其善于向学生学习，善于征询学生的意见，我深信个人的力量是有限的，正所谓～。只有发挥集体智慧，才能打造优秀集体。”（徐亚敏《我心目中的龙文老师以身作则、率先垂范》）

yī gēn téng shàng jiē de guā
一根藤上结的瓜

释义：比喻利害相关、命运相连的人。

例句：“你当了红军，为人民服务，我们就是～，苦在一起，甜在一起，不要分什么你我。”（马忆湘《朝阳花》）

yī gǔ nǎor
一股脑儿

释义：指全部。也形容不顾一切地做某件事。

例句：“过铁道时，他先将橘子散放在地上，自己慢慢爬下，再抱起橘子走。到这边时，我赶紧去搀他。他和我走到车上，将橘子～放在我的皮大衣上。于是扑扑衣上的泥土，心里很轻松似的。”（朱自清《背影》）

yī gùn zi dǎ sǐ
一棍子打死

释义：比喻对人或事物不加分析，认为没有丝毫可取之处而全盘否定。

例句：“～是一种懒政的表现。每年有那么多电视剧出炉，要一部部细细过筛子自然麻烦；一刀切过，省事又不出事。可方便是方便了，却是对公众精神自由的无情棒杀。所以，希望广电总局的决策慎之又慎。”（绿茶《别一棍子打死》）

yī guō duān
一锅端

释义：比喻把所有的问题和事情一起解决。

例句：“别说一个毛孩子，就是三两排人我也可以给他～！”（李晓明　韩安庆《平原枪声》）

yī guō huì
一锅烩

释义：比喻一下子全部消灭。

例句：“方照阳和凯歌面面相觑：‘真是岂有此理！’二人气愤地进入第五会议室，看到里面已经坐了七八个人，也都是律师的模样，这才明白他们被M公司～了。”（丛蓉《京城大律师》）

yī guō zhōu
一锅粥

释义：比喻非常混乱。

例句：“世界经济已经被熬成了～，美国次贷危机、欧洲债务危机已经先后爆煲，在动荡经济中的中国如何自处，身为小民的你我又如何安身立命保卫财富？”（韩巍《世界经济一锅粥》）

yī guō zhǔ
一锅煮

释义：比喻不管啥情况都用同样方法或手段来解决。

例句：“‘六五’普法之初，该局就制定了‘万名干部普法行’计划，要求全市2万多名司法行政机关干部、政法干警下基层普法，将过去‘～’的普法变为‘对口普法’，同时排查纠纷化解矛盾。”（胡新桥　刘志月《法制宣传不再“一锅煮”　武汉万名干部下基层　“对口普法”解纠纷》）

yī hū bǎi yìng
一呼百应

释义：一声呼喊，众人响应。形容响应的人很多。

例句：“至于土匪，则我所走过的各县全然绝了迹，哪怕从前是出土匪很多的地方。原因：一是农会会员漫山遍野，梭镖短棍～，土匪无处藏踪……”（毛泽东《湖南农民运动考察报告》）

yī huǎng
一晃

释义：很快地一闪。形容时间在不知不觉中很快过去了。

例句：“～三十年，老人想女儿想入骨，四处打听。”（章以武《邢编辑轶事》）

yī huìr fēng yī huìr yǔ

一会儿风，一会儿雨

释义：比喻情况变化无常，很不稳定。

例句：“我喝完药后，她转身又走开了，我坐在床上挠了挠头，看她～的来去匆匆的，也不知道她这次回去准备做什么……”（古禄汗《俏皮丫头》）

yī huìr luó yī huìr gǔ

一会儿锣，一会儿鼓

释义：比喻变化无常，令人无所适从。

例句：“切不可‘～；翻手为云，覆手为雨；朝令夕改，朝三暮四’。绝对禁止‘反复无常，出尔反尔，口是心非，两面三刀，言而无信’情况的发生。否则，工作搞不好，路也走不好。”（黄继诚《感悟人生》）

yī jiàn shuāng diāo

一箭双雕

释义：雕，一种凶猛的大鸟。指射箭技术高超，一箭射中两只雕。比喻做一件事达到两个目的。

例句：“当社会还在猜测李克强如何防范地方债过度膨胀和如何放开民营经济准入领域的时候，政治局经济工作会议后，李克强顺势正式打出了自己手里的第一张牌对此做出了回应：公共服务外包。此举堪称～：防止地方政府以投资基建的名义继续膨胀可能已经濒临失控的地方债规模的同时，兑现扩大民营经济准入领域的诺言。”（唐其民《李克强出牌：推公共服务外包 谋一箭双雕》）

yī jiǎo mén lǐ yī jiǎo mén wài

一脚门里，一脚门外

释义：比喻思想或行动处在一个关节点上。

例句：“我只是～，没有人肯拉我一把让我进去，甚至没有人踹我一脚，让我滚出来。于是我尴尬地在幸福的门口徘徊着。”

yī jiǎo tī bù chū pì lái

一脚踢不出屁来

释义：比喻人性格懦弱。参见“三杠子压不出个响屁来”。

例句：“在上塘，女人是很少有机会看到自己的成功的，女人也很少有机会向男人要出说法来的。即使男人老实得不得了，让你说了算也不成，因为你和一个老实人打起来，多半为的就是他太老实，～，眼看着村长称化肥给你缺斤少两，却一声不吭。”（孙惠芬《上塘书》）

yī juē pì gu jiù zhī dào lā jǐ ge fèn dàn

一撅屁股就知道拉几个粪蛋

释义：比喻对对方的行为习惯了如指掌，也比喻把事物看得很透彻。

例句：“何队皱眉道：‘行了，行了，有话就直说，别在这给我划圈。’‘何队，没划圈，说真的呢，这个蓝方的袭扰分队真的很厉害。’‘得了吧！你们俩小子～，不就是想和蓝军的袭扰分队较量一下吗，我告诉你们，不行！你们的任务是保障，懂不懂？不需要我多说了吧？’何队皱眉道。”（撒野《枪刺》）

yī jùn zhē bǎi chǒu

一俊遮百丑

释义：比喻一个突出的优点就把别的缺点都掩盖了。

例句：“将凤仙小姐许给牛通，亲事做成，就没什么说的了，这叫～。”（刘兰芳《岳飞传》）

yī kē shù shàng diào sǐ

一棵树上吊死

释义：比喻人办法少，脑筋死板。

例句：“大学生要多关注招聘动态，积极寻找发展空间。求职时，还要随机应变，认准就业方向，但不一定认准具体单位，不能～。”（马汉青　刘晓阳《别在一棵树上吊死》）

yī kē wàn shàng liǎng ge guā
一棵蔓上两个瓜

释义：比喻两人关系密切，利害相同。

例句：“好孩子，你弟兄俩是～，怎么好打架啊！你们两个的爹都是被财主、官府害死的，亭子妈无法寻了短见。”（冯德英《迎春花》）

yī kǒng zhī jiàn
一孔之见

释义：从一个小洞眼里所看到的。比喻狭隘片面的见解。

例句：“有一种人，抱着一技之长和～，再也没有进步。”（毛泽东《中国革命战争的战略问题》）

yī kǒu chī bù chéng pàng zi
一口吃不成胖子

释义：比喻办任何事情都不能急于求成。

例句：“‘写字要有耐心，～！’这是梅老师给我们上书法课时经常说的话。开始听了只觉得有点好笑，练字一年后，才真正体会到其中的道理。”（孔欣瑶《一口吃不成胖子》）

yī kǒu chī chéng pàng zi
一口吃成胖子

释义：比喻急于求成。

例句：“你要把事情看明白了！你打算～，不给朋友留点份儿，请留神你的脑袋！”（老舍《火葬》）

yī kǒu de dà huà　yī bǎ de xiǎo qián
一口的大话，一把的小钱

释义：比喻人表面上大方，实际上非常吝啬。

例句：“李力那小子你可得注意点，表面上看像模像样的，实际上～！”

yī kǒu qì
一口气

释义：一次吸气或呼气。形容没有间断，连续的。

例句：“我写《长生塔》并不费力，可以说是～写成的。”（巴金《关于长生塔》）

yī kǒu yǎo zhù shǐ jué zi　ná ge má huā dōu bù huàn
一口咬住屎橛子，拿个麻花都不换

释义：比喻人认死理、倔犟、一根筋。

例句：“你咋这样犟呢，真是～的主儿，人家跑前跑后为的啥，还不是让你有个好归宿呀！”

yī kuài chòu ròu huǐ le mǎn guō tāng
一块臭肉毁了满锅汤

释义：见“一粒老鼠屎，坏了一锅粥”。

yī kuài shí tou luò le dì
一块石头落了地

释义：比喻事情有了着落，一直悬着的心才放下来。

例句：“咱们这可就～，可以放心做事啦！”（老舍《四世同堂·惶惑》）

yī lái èr qù
一来二去

释义：指互相来往，接触，经过一段时间，逐渐产生出某种情况。

例句：“（李纨）又回头向宝玉道：‘宝叔叔明儿别这么夸他，他多大孩子，知道什么．你不

过是爱惜他的意思，他哪里懂得，～，眼大心肥，哪里还能够有长进呢。’”（清·曹雪芹《红楼梦》）

yī lǎn zi
一揽子

释义：指对各种事物不加区别或选择，包揽一切的。

例句：“巴厘部长级会议之前，WTO各成员方就相关议题在日内瓦展开了紧张的先期技术谈判，意图完成～协定文本的拟定。但是，美国和印度等成员在粮食安全保护计划上不可调和的矛盾使得这一愿望落空，巴厘会议的前景一片黯淡。”（胡艺《世界贸易组织达成“巴厘一揽子协定”是起点非终点》）

yī lì lǎo shǔ shǐ huài le yī guō zhōu
一粒老鼠屎，坏了一锅粥

释义：比喻极少坏的或有害的东西殃及了整体。粥，亦作“汤”。

例句：“都是淑妹子一个人带坏的，～。”（周立波《山乡巨变》）

yī lián chuàn
一连串

释义：指事情、问题等一个接一个。

例句：“是饥饿？是寒冷？还是由于～过于沉重的打击：她捏着那两封信，愣愣地坐在凳子上，动也不能动了。”（杨沫《青春之歌》）

yī liǎo bǎi liǎo
一了百了

释义：百字上面的一横若是没了，百就不存在了。原指人一死，万事随之完结。泛指一件事结束了，其余诸事也跟着一起结束。

例句：“以为艺术是艺术家的‘灵感’的爆发，像鼻子发痒的人，只要打出喷嚏来就浑身舒服，～的时候已经过去了。”（鲁迅《且介亭杂文·论“旧形式的采用”》）

yī lín bàn zhǎo
一鳞半爪

释义：原指龙在云中，东露一鳞，西露半爪，若隐若现，看不到它的全貌。比喻只是事物的一部分或事物的零星片段。

例句：“新闻线索是指示新闻事实发生的讯息或信号，是新闻记者发掘题材的一种凭据，也是新闻记者进行采访活动的出发点。这种线索往往比较简略，甚至～，要素不全，零零散散。”（马文明《浅谈记者如何寻找新闻线索》）

yī liù yān
一溜烟

释义：骏马奔跑时扬起的沙尘。比喻跑得很快。

例句：“肇事车上下来3名年轻男子，发现老人伤势严重后，赶紧跳上车，～逃离了现场。”（袁正品等《他们看了看伤者就一溜烟跑了》）

yī lóng jiǔ zhǒng zhǒng zhǒng gè bié
一龙九种，种种各别

释义：见“龙生九种，种种不同”。

例句：“原来这学中虽都是本族人丁与些亲戚的子弟，俗话说的好：‘～’。未免人多了，就有龙蛇混杂，下流人物在内。”（清·曹雪芹《红楼梦》）

yī lù huò sè
一路货色

释义：比喻同一类的东西、事物。含贬义。

例句：“叫我看，一进了他们这个大染缸，就全变成～了。”（郭澄清《大刀记》）

yī luò qiān zhàng
一落千丈

释义：形容声誉、地位等极快地下降。

例句：“在白酒行业整体遇冷的现状下，去年底‘塑化剂’风波的主角酒鬼酒今年上半年业绩更是～，净利润大降近九成。”（胡笑红《酒鬼酒上半年业绩一落千丈 净利降近九成》）

yī mǎ bù xíng bǎi mǎ yōu
一马不行百马忧

释义：比喻领头的不行动，众人就不知怎样做才好。

例句：“老表，‘～’，只要你们这班带个头，大家就会跟着上工的。”（李六如《六十年的变迁》）

yī mǎ dāng xiān
一马当先

释义：指作战时策马冲锋在前。比喻做事情走在前面，积极带头。

例句：“尤其是家家户户轮流的邀喝春酒，我是母亲的代表，总是～，不请自到，肚子吃得鼓鼓的跟蜜蜂似的，手里还捧一大包回家。”（琦君《春酒》）

yī mǎ píng chuān
一马平川

释义：能够纵马疾驰的一片广阔平地。比喻进展顺利，前景光明。

例句：“中山（市）若能走出一条可持续的转型升级路径，将极具范本及探路价值。这一切的一切，均为了创造一个爬坡越坎之后～的未来。万事已经俱备，东风正待刮起，义无反顾投入到转型升级的大潮中吧。”（徐旭珊《为了一马平川的未来》）

yī mǎ yǒu bìng bǎi mǎ yōu
一马有病百马忧

释义：比喻局部出现问题会影响全局。

例句：“有道是：～。他们这一走，是会影响全局的啊！”（严亚楚《龙感湖》）

yī máo bù bá
一毛不拔

释义：连一根汗毛也不肯拔下来。比喻为人非常吝啬、自私。

例句：“记者经过调查统计发现，从2008年至2011年，沪深两市实施现金分红的上市公司数量虽然逐年增多，但是分红比例却逐年下降，且有百余家公司连续多年‘～’。”（武彩霞《百余上市公司多年“一毛不拔”》）

yī mǎo duì yī qiào
一铆对一窍

释义：一个铆钉穿一个铆钉眼。比喻二者一一对应。特指一个人顶一个岗位，没有闲人。

例句：“他瞧着李鸿方的后影，心想，李家大院做饭侍候，～，不缺人呀？”（刘江《太行风云》）

yī měng zi
一猛子

释义：原指跃入水中（泅水）。比喻非常勇敢地一下子就深入下去了。

例句：“可现在职场多动荡啊，不是说你认真了～扎下去了，就齐活了，跟高台跳水似的，有了偏差，扎得越猛水花溅得越大，离出局就越近。”（白冬冬《一猛子扎瓷实》）

yī miàn qiáng néng dǎng bā miàn fēng
一面墙能挡八面风

释义：比喻一个人能对付许多人。

例句："这老东西嘴皮子还真硬，～!"（段少舫《呼延庆出世》）

yī míng jīng rén
一 鸣 惊 人

释义：鸣，鸟叫。一声鸣叫使人震惊。比喻平时没有突出的表现，一下子做出惊人的成绩。

例句："近来，关于女排的新闻一个接一个：郎平将江苏队自由人陈展召入国家队；未能入选'郎家军'的老国手魏秋月、马蕴雯，可能要到国外俱乐部打球；瑞士精英赛，来自河南的年轻主攻朱婷荣获最佳得分奖、～。"（厉智《郎平钦点新人真是一鸣惊人三年三大步她也有软肋》）

yī mǔ sān fēn dì
一 亩 三 分 地

释义：满清入关后，为了熟悉节令，了解农时，皇帝划出一块地叫"演耕田"，每年由皇帝、皇后亲耕，以显示重视农耕。这种做法世代沿袭，他人不得将地改作他用。当时皇帝划出的地恰好为"一亩三分"，因此"一亩三分地"就有个人势力范围和个人利益之意。后比喻个人的势力范围或与自己生活相关的事情。

例句："做业务员时，她的～是她面对的营销区域市场；做了老总后，她的～就是整个企业。"

yī nǎo dai jiàng hu
一 脑 袋 糨 糊

释义：糨糊，用面粉或淀粉加水熬制的糊状物，用于黏合纸张、布料等物品。比喻思想不清晰，大脑运转不灵了。

例句："她真不知道那个吴家小姐脑袋里是怎么想的，居然还弄这么大个声势来证明自己是个才女，也不想想，万一失败，还真是成了娱乐大众了。自己也是够倒霉的，被这么个～的人盯上，硬拖着自己下水，若不是想趁机给自己的铺子宣传一下，她说什么也不来。"（樱桃女《桃花笑春风》）

yī nǎo mén guān si
一 脑 门 官 司

释义：比喻心情烦躁，外露于色，看什么都不顺眼。

例句："平常我一走进这个拥挤而混乱不堪的单元，就～。"（董一丁《家庭交响曲》）

yī niǎo rù lín　bǎi niǎo yā yīn
一 鸟 入林，百 鸟 压 音

释义：比喻一人出现，众人立刻悄然无声。

例句："后边来的是一个穿日本米黄军装、高统皮靴、戴金丝眼镜的大高个。真是～，伪人员溜溜地跟在王金庆后边，迎上去连连鞠躬不迭。"（雪克《战斗的青春》）

yī pāi jí hé
一 拍 即 合

释义：一打拍子就合上了曲子的节奏。比喻双方很容易一致，也比喻因情意相投或利害关系相同，一下子就说到一起或结合在一起。

例句："李娜需要一位能协助自己再度征服大满贯的经验丰富的教练，罗德里格斯需要进一步在中国打响知名度，所以两人～。"（徐嫒嫒《一拍即合》）

yī pán qí
一 盘 棋

释义：整个棋盘的势态。比喻各局部之间互相协调，服从全局。

例句："能源改革为何屡屡遭受掣肘，长期处于被动状态？原因就在于，能源领域改革缺乏'～'思想。"（龙智慧《能源领域改革要有"一盘棋"思想》）

yī pán sǎn shā
一 盘 散 沙

释义：比喻力量分散，没有组织起来，不团结的状态。

例句：“原本‘各为其主’、～的各位高管，通过严格的纪律约束和强有力的文化洗脑，逐步转变了角色和思维习惯，由以前过于强调各自所代表的股东利益，转变为作为德勤太阳能科技的高管，首先代表德勤的利益。”（程东升　王婷《从一盘散沙到一笔财富》）

yī pào dǎ xiǎng
一炮打响

释义：比喻第一次行动就获得很大成功。

例句：“忽如一夜春风来，千树万树梨花开。从次日开始，全国几乎所有省市区的主要报纸都在一版显要位置刊发了《东方风来满眼春》。此文～，名不见经传的陈锡添也因此一跃成为中国新闻界名人。”（余玮　吴志菲《一篇文章 一炮打响》）

yī pǐ mǎ bù zǒu　shí pǐ mǎ děng zhe
一匹马不走，十匹马等着

释义：比喻一个人耽误了大家的事情。

例句：“小丽，你能不能快点呀！说好了7点钟发车的，这可真是～，愁死人啦！”

yī pín rú xǐ
一贫如洗

释义：形容十分贫穷。

例句：“邓双喜决定闯一闯，寻求致富的路子。2004年，他从几个姐姐家借来2万多元，与别人合伙的蒜干厂没多久就建成生产了。可没有经商经验的他们很快又破产了，用～来形容再恰当不过了。”（杨森童　翟晨曦《从一贫如洗到百万富翁》）

yī píng shuǐ bù xiǎng　bàn píng shuǐ huàng dang
一瓶水不响，半瓶水晃荡

释义：比喻学识渊博的人谦虚谨慎，不爱张扬；而才学浅薄的人则喜欢自我表现，自我吹嘘。亦作“一瓶不满半瓶摇”等。

例句：“愈是具有真才实学的人，遇事愈是沉着淡定；那些自我夸耀、‘～’，深怕别人不赏识自己的人，却常常不知天高地厚……”（卢一《品书悟人——品读季羡林〈读书与做人〉有感》）

yī qì hē chéng
一气呵成

释义：形容文章结构紧凑，语气连贯；也形容做一件事安排紧凑，迅速不间断地完成。

例句：“一丈青大娘骂人，就像雨打芭蕉，长短句，四六体，鼓点似地骂一天，～，也不倒嗓子。”（刘绍棠《蒲柳人家》）

yī qiāo wā bù chū yī kǒu jǐng
一锹挖不出一口井

释义：比喻做事情不能急于求成。亦作“一拳头砸不出眼井来”。

例句：“‘你眼睛老盯着大目标，挑来挑去越挑越没劲，～的，什么事总得一步步来，你是金子总有人拣去的。’我对侄子摇摇头。”（仲延武《大学生就业——一锹挖不出一口井》）

yī qiào bù tōng
一窍不通

释义：比喻人不明事理或对某事完全不懂。

例句：“‘丘吉尔对重大财政问题完全不感兴趣’。所以当他被任命为财政大臣的消息公布后，令许多英国人感到吃惊。英国著名历史学家泰勒曾写道：‘丘吉尔，这位自由贸易的拥护者对财政～，竟成了财政大臣！’”（蔡赓生《丘吉尔传》）

yī qiào tōng　bǎi qiào tōng
一窍通，百窍通

释义：比喻弄懂一个关键问题，其他问题也就可以融会贯通了。

例句："可真是～了。胡雪岩很快和俞武成及其他谋划劫持军械的江湖头目达成了协议。由胡雪岩报请官府，发给这批人三月粮饷，保证不诱降（不先降后杀），事成后编队移地驻防。胡雪岩还自己先拿出一万银子来补润。"（赵月华《左手曾国藩，右手胡雪岩》）

yī qiū zhī hè
一丘之貉

释义：丘，四边高、中央低的土堆；貉，别名称狸，形状像狐狸但体形小，毛黄褐色。一个土山里的貉。比喻彼此同是丑类，没有什么差别。

例句："兰心洁见他已经知道了，也不准备再隐瞒，爽快地承认：'没错，是他。这对父女不过是～的货色，女儿为了自己的前途不惜把患有白血病的亲生女儿扔在保育院不闻不问，父亲则为了还债脱身不惜出卖女儿保全自己。我不认为我这么做是什么不道德的举动。'"（苏夕颜《孽爱：诱恋仇人哥哥》）

yī quǎn fèi xíng bǎi quǎn fèi shēng
一犬吠形，百犬吠声

释义：一只狗见到生人或异常而狂叫，其他狗听到叫声也跟着叫。比喻不辨事情真伪，盲目随声附和。

例句："～，而民党即随其声以俱亡，可哀孰甚！"（黄兴《在旧金山民国公会宴会上的演说》）

yī rén chī zhāi shí rén niàn fó
一人吃斋，十人念佛

释义：比喻受到影响，跟着一起行动。

例句："常言道～，因这杨巡检夫妻好道，连这老门公也信心的。"（明·罗贯中 冯梦龙《平妖传》）

yī rén dé dào jī quǎn shēng tiān
一人得道，鸡犬升天

释义：据说汉淮南王刘安笃信修道炼丹，丹炼成后，闻听汉武帝派人来抓他，就喝下丹药成仙升天。他的家人和鸡狗也吃了丹药，一起成仙升天。比喻一个人得势，凡与其有关系的人都跟着沾光。

例句："一人做官，全家享福，～；请客送礼，置装添私；苦乐不均，内外不一。这是特殊化的官僚主义。"（周恩来《反对官僚主义》）

yī rén yī bǎ hào gè chuī gè de diào
一人一把号，各吹各的调

释义：比喻各有各的想法，不能协调一致。

例句："日本侵华战争打从九一八开始，其国内步调就从来没统一过。内阁、大本营、军方几乎是～，连裕仁本身也一头雾水搞不清状况。"（陈晓楠《喋血会战——徐州会战》）

yī rì qiān lǐ
一日千里

释义：指马跑得很快，一天能跑一千里。比喻事情发展变化的速度特别快。

例句："优越的投资环境，丰富的自然资源，淳朴的民情民风，还有5.4万马山口人热忱的期盼和万丈的豪情，必将引来更多的富民项目，必将使马山口（镇）～赢得更大的发展。"（张中立《一日千里　马山口》）

yī shān bù cáng èr hǔ
一山不藏二虎

释义：比喻一个地方容不下两个强者或两个互不相让的强者不能在一起共事。

例句："只有一桩，他跟展公有点～的味道，这是他太狂妄。如果展公伏得住他，这人也有用处。"（欧阳山《三家巷》）

yī shān hái bǐ yī shān gāo
一山还比一山高

释义：比喻学无止境，不能自满。

例句：“正当钟少华觉得自己可以要单头空竹，已经师满，可以出门显摆时，哪知～。‘当我来到中山公园后，才发现那里的爱好者，都开始有人在空竹上缠着彩带，拉起一道道彩虹。’”（周飞　喻智勇《将舞龙变成个人项目的钟少华》）

yī sháo huì
一勺烩

释义：烩，把几种食物混合在一起用水煮的烹饪方法。比喻不分青红皂白，对不同的事或人都同样处理。参见“一锅烩”。

例句：“文化大革命把老干部一律打倒，现在一边大谈这种怀疑一切的教训，一边又想把新干部全部～了。”（蒋子龙《乔厂长上任记》）

yī shí èr niǎo
一石二鸟

释义：扔一颗石子打到两只鸟。比喻做一件事情得到两种好处。

例句：“乳业率先开始大兼并至少可以带来‘～’的效果：一是产业集中度提高可促进乳业质量提升，进而提振消费者对国产乳制品的消费信心，从而刺激消费；二是资本市场将成为乳业大兼并的重要平台，为打造中国经济升级版提供支持，同时也将促进相关行业估值水平的提升。”（阎岳《乳业大并购“一石二鸟”　提振消费信心和股票估值》）

yī shí jī qǐ qiān céng làng
一石激起千层浪

释义：比喻一件小事引起了巨大的反响。

例句：“～，何莽这个来去一阵风的人物，一下激起了游击队的内部两种思想的对立。”（罗旋《南国烽烟》）

yī shí māo liǎn　yī shí gǒu liǎn
一时猫脸，一时狗脸

释义：比喻变化很快。

例句：“你～的干什么？不要装模作样了！把你崽子背回去，以后不许骂人。”（张行《武陵山下》）

yī shì yī　èr shì èr
一是一，二是二

释义：比喻实事求是，毫不含糊。

例句：“～。大家都有些亲戚朋友，大家都有些人来家坐坐谈谈。”（于逢《金沙洲》）

yī shǒu bù dí shuāng quán
一手不敌双拳

释义：比喻寡不敌众．

例句：“‘～，一个人的剑法再高明也绝不是不可战胜的。今天这剑落入你手里也算是一种缘分，你就好好收着吧。’莫迟风对南宫竣说。”（妍初瑶《瑶樱公主》）

yī shǒu chuān zhēn　yī shǒu niǎn xiàn
一手穿针，一手捻线

释义：比喻一个人要担负全部工作。

例句：“光剩我这没经过大阵仗的小卒子，～，带着双方的重要人物，请出来，送进去。”（李英儒《还我河山》）

yī shǒu tuō liǎng jiā
一手托两家

释义：比喻承担着两家的利益关系。

例句：“我们索性在悦来店住下，等上两天，等九爷你的公忙完了，我再到二十八棵红柳树宝庄相见，将这两件东西当面交代明白。这叫作～，耽迟不耽错。”（清·文康《儿女英雄传》）

yī shǒu zhē bù liǎo tiān
一手遮不了天

释义：比喻倚仗权势不可能长久地为所欲为。

例句：“他侯家尽管放出谣言，还是～的。”（艾芜《边寨人家的历史》）

yī shuǐr
一水儿

释义：形容种类或样式全部一样。

例句：“本报记者统计了媒体报道的全国各地‘醉驾入刑’第一人的情况，发现～全是‘爷们儿’，多现暴力抗法；‘出事’多在凌晨时分；超1/3醉驾车酿事故。”（王彬《各地‘醉驾入刑’第一人　一水儿全是‘爷们儿’》）

yī sī bù guà
一丝不挂

释义：原是佛教用来比喻人没有一丝牵挂，超凡脱俗，看破红尘。后指人裸体。

例句：“求知应该若渴，读书需要静心，只有这样，方能消除人们浮躁的心态。走近图书，熏陶书香，我们的心灵才能有所依托。否则，我们的灵魂将‘～’。”（林轩鹤《“裸体阅读”让精神“一丝不挂”》）

yī tā hú tú
一塌糊涂

释义：形容混乱或败坏到了不可收拾的程度。

例句：“何大妈怎么也没想到，好好的一顿饭，却让何大叔给搅得～。”（康志刚《团圆饭》）

yī tái yī hāng
一抬一夯

释义：旧时用土打墙，夯实时由两人持夯锤，一抬一夯，并伴随口号，有起有落，节奏分明。比喻说话时甲一句乙一句说得非常紧凑，配合默契。多用于贬义。

例句：“子牙刚要说：放心吧，我是件件依从。这话还没等说出来呢，哪吒从后边过来了。王魔杨森～的这些话全听见了，把哪吒气坏了。”（袁阔成《（评书）封神演义》）

yī tiáo chuán shàng de rén
一条船上的人

释义：比喻把利益甚至性命绑在一起了。

例句：“看来的确是她……轩辕澈微微扬起嘴角，这就好办多了……‘现在我们可是～了……’他说着脸上露出得意的微笑。”（倏然一夜《七夫乱》）

yī tiáo dào zǒu dào hēi
一条道走到黑

释义：比喻人固执，不会变通。

例句：“他以为汪霞的啜泣是心眼活动了，忙笑脸迎上来凑近汪霞，下流地说：‘我捉摸你不是～的人，特别是跟我！’”（冯志《敌后武工队》）

yī tiáo hé bù néng dòng liǎng yàng bīng
一条河不能冻两样冰

释义：比喻要一视同仁。

例句：“他们说：‘房振东，我们把土地也都送给你吧！’房振东也只好答应，他心里想，～呀，还是顺其自然吧。一只羊也是赶，两只羊也是放，何不弄它一群呢，反正也豁出去了！于是，他就来者不拒，来一份收一份，来两份收一双。仅仅半年多一点的时间，文字官村的所有土地差不多都集中在他的手中了。”（凌暴默《你不是我的新

娘——再版回归线》)

yī tiáo hé yǒu shēn yǒu qiǎn

一条河有深有浅

释义：比喻事物总是有不同之处。

例句：“‘～’，凡事有正确的鉴别、有适宜的区别，哲学上叫做具体问题具体分析，肯定接近于真理。”(君奉《民间俗语中的辩证法》)

yī tiáo lóng

一条龙

释义：比喻程序或环节上的紧密联系和配合。

例句：“福海恳切地说：伯，实话跟你说，不是我不帮忙，村上的搬运公司，实行的是～服务，我也没办法。”(豪子《一条龙服务》)

yī tiáo shéng shuān liǎ mǎ zha shéi yě pǎo bù liǎo

一条绳拴俩蚂蚱，谁也跑不了

释义：比喻一件事情牵扯到两个人或两方面的力量，谁也推脱不掉责任。

例句：“咱们俩的事，～！等我说明了！”(老舍《骆驼祥子》)

yī tóu rè

一头热

释义：见“剃头挑子一头热。”

例句：“山东莱芜职业技术学院毕业生被全国216家用人单位‘一抢而空’……这里为何呈现出如此蓬勃的生机与活力？学院党委书记师承瑞说，改变过去与社会‘两张皮’的现象，变～为‘两头甜’，与社会一起构建人才共育、过程共管、成果共享、责任共担的紧密型一体化办学机制。“(邢兆远《“一头热”变为“两头甜”》)

yī tóu wù shuǐ

一头雾水

释义：形容摸不着头脑，稀里糊涂。

例句：“办理房产证需要交契税，140多平的房子是按照什么标准来交税，孙女士到现在对这些都还是～。”(刘婵娟 贾振宇《居民办理房产证一头雾水 部门来答疑解惑》)

yī tóu zhuàng zài nán qiáng shàng

一头撞在南墙上

释义：比喻人固执、任性，碰了壁也不回头。

例句：“李守才心里凉了。王永刚和那些工人一样，都是～，死不回头。扛大枪出身的人，养成习惯了，上级的命令总是毫不迟疑地去执行。”(程树榛《钢铁巨人》)

yī tuán hé qì

一团和气

释义：本指态度和蔼可亲。现也指态度温和却不讲原则。

例句：“因为是熟人、同乡、同学、知心朋友、亲爱者、老同事、老部下，明知不对，也不同他们作原则上的争论，任其下去，求得和平和亲热。或者轻描淡写地说一顿，不作彻底解决，保持～。”(毛泽东《反对自由主义》)

yī tuán luàn má

一团乱麻

释义：比喻事情理不出头绪。

例句：“人们常以～来形容杂乱的心理或者情绪，仔细想想这比喻很贴切，基于迷惘和困惑的人类情感，许多时候直观地就是这个样子。”(刘福田《一团乱麻》)

yī tuán zāo

一团糟

释义：形容非常混乱，难以收拾。

例句：“我知道你不会去告我。这些人就是胡说八道！咱们国家现在叫这些人弄得～！”（路遥《平凡的世界》）

yī tuī liù èr wǔ
一推六二五

释义：原指珠算斤两法口诀，旧制一斤合十六两，即1÷16＝0.0625。意思是一两是0.0625斤。比喻推卸得一干二净。亦作“一退六二五”。

例句：“陈家的老的、小的，只是个～，说他的做买卖的人素来不结交官府，推得干干净净。”（欧阳山《三家巷》）

yī wǎn dòu fu dòu fu yī wǎn
一碗豆腐，豆腐一碗

释义：比喻两者没有差别。

例句：“公车改革前，纳税人出钱，财政拨款，领导干部享受公车，这叫‘豆腐一碗’；公车改革后，还是纳税人出钱，财政拨款，但领导干部不坐公车了，改发补贴，这叫‘一碗豆腐’。明明是‘～’的事儿，但经过方方面面的论证，贴上‘改革’的标签，就成了了不起的壮举。”（兰恒敏《车改：豆腐一碗，一碗豆腐》）

yī wǎn qīng shuǐ kàn dào dǐ
一碗清水看到底

释义：比喻一眼看透。

例句：“这次运动，各种矛盾错综交织，有些问题并不是～。”（毕方　钟涛《千重浪》）

yī wǎn shuǐ duān píng
一碗水端平

释义：比喻公平，不偏袒。

例句：“一个苹果，让我明白，婆婆不知道～这码事。我还是她儿子女朋友的时候，一次去他家，婆婆削了个苹果，一切两半，一半给小儿子，一半给大儿子，大媳妇不在场，而我作为未来的二媳妇就这样被晾在旁边，半天喘不过气。”（蓝灵《一碗水端平》）

yī wǎng dǎ jìn
一网打尽

释义：比喻一个不漏地全部抓住或彻底肃清。

例句：“近日，北京市东城警方在某人才招聘会上，将一个5人盗窃团伙～。目前5名犯罪嫌疑人已依法拘留。”（赵艳红《5男子来京专门在招聘会行窃被一网打尽》）

yī wō fēng
一窝蜂

释义：蜂是成群住在蜂窝里的，一旦蜂窝受到干扰，一窝蜂会倾巢飞出，乱飞乱叫。比喻人声嘈杂，一拥而上。

例句：“那些小妖，就是～，齐齐拥上。”（明·吴承恩《西游记》）

yī wō de hú li bù xián sāo
一窝的狐狸不嫌臊

释义：比喻臭味相投。

例句：“从表面上看来，他们父子好像不能共事，其实是～，只要利害一致了，互相体谅着一点，还是可以合作的。”（赵树理《卖烟叶》）

yī wǔ yī shí
一五一十

释义：在以五为单位计数时，用一五、一十、十五、二十……方法来数。比喻清清楚楚，实实在在。

例句：“这妇人听了这话，也不回言，却踅过来，～都对王婆和西门庆说了。”（明·施耐庵《水浒全传》）

yī wù xiáng yī wù
一物降一物

释义：比喻一个人或一种东西，总会有另外一个人或一种东西治伏他（它）。

例句：“我不用管？～，非我管教不了他！”（老舍《方珍珠》）

yī xí zhī dì
一席之地

释义：放一个席位的地方。我国古代在没有凳子之前，都是在地上铺块席子坐，因此有“席地而坐”的说法。比喻应有的一个位置或是指很小的一块地方。

例句：“而在2013年，百度依靠爱奇艺、91无线等，在视频领域、移动分发领域都获得了很大的发展，用户量实现了几十倍的增长，在移动互联网领域占据了～。虽然还没有看到胜利的曙光，但该布的局都已经布好。”（周勤燕《对话李彦宏：百度已在移动互联网占据一席之地》）

yī xīn zhuō lǎo hǔ　lǎn de dǎ hào zi
一心捉老虎，懒得打耗子

释义：耗子，即老鼠。比喻好高骛远，只想干大事，不愿干小事。

例句：“不是叔说你，你就是好高骛远。～。你看人家大亮子，毕业后开了个电器维修部，房子买了，媳妇娶了，没让家里操一点心！”

yī xīng bàn diǎnr
一星半点儿

释义：比喻极少、极小。

例句：“关于我姐，其实我打心里是瞧不上她的。论曲艺修养，比我差的不是～，每次给她讲个巨逗乐儿的笑话儿，我自己讲得都喷了，她临了肯定给我来一句：‘啊，是吗？那后来呢？’那种冷，是彻骨的。”（文怡《北京大妞儿的贫嘴爱情》）

yī yàng mǐ yǎng bǎi yàng rén
一样米养百样人

释义：比喻同样境况的人却各不相同。

例句：“唉，什么笨事都有人做得出，真是～。”（里汗《新绿林传》）

yī yàng shù kāi bǎi yàng huā
一样树开百样花

释义：比喻人各有特点。

例句：“～，人心与人心为什么会有如此远的距离？他实在搞不清楚，这究竟是为什么。他的热情无处存接，没有着落，无奈开始了慢慢消退。”（石沁源《民国岁月》）

yī yè luò ér zhī tiān xià qiū
一叶落而知天下秋

释义：比喻通过事物的一个细微变化，可以预见整个形势的发展趋势。

例句：“范增也好，杜牧也罢，亦或中国改革开放的先驱们，他们何以能‘～’？任何一种结果都属必然，在这种必然尚未形成之前就呈现着许多征兆。关键是，我们是否能及时地觉察到这些征兆，即所谓的‘知’。”（雪狼《一叶落而知天下秋》）

yī yè zhàng mù　bù jiàn tài shān
一叶障目，不见泰山

释义：一片树叶挡住了眼睛，连面前高大的泰山都看不见了。比喻被局部现象所迷惑，看不到全局或整体，也比喻目光短浅。

例句：“中国历史源远流长，见证了诸多兴兴衰衰。事实证明，30年来所取得的许多成就是亘古未有的。中国人民对中国共产党和政府充满信心，相信中国明天会更加美好。有人‘～’，极力抹黑中国30年来的改革成就只能是徒劳的。”（更生《一叶障目　不见泰山》）

yī zhāng bái zhǐ
一张白纸

释义： 比喻纯洁无瑕。

例句： “金华市区的朱女士很赞同防止孩子浪费、家长更要以身作则的观点。‘孩子本来是～，就看父母怎样把头带好。’”（吴骞《孩子本来是一张白纸 关键看大人怎么做》）

yī zhāo bèi shé yǎo sān nián pà jǐng shéng
一朝被蛇咬，三年怕井绳

释义： 井绳，汲水用的绳子。比喻一次遭受挫折，就变得胆小，遇到类似情况就会害怕。

例句： “南星摸着头上的大包，颇有点‘～’的神气。”（老舍《小坡的生日》）

yī zhāo yī xī
一朝一夕

释义： 朝，早晨；夕，晚上。一个早晨或一个晚上。形容很短的时间。

例句： “资本市场潮起潮落，投资机会不在于争～。有的投资者这边刚抛那边立马就进，“运动”速度之快令人惊讶，追求每轮行情都能踏准节奏固然是好，但更多的是不可能。因此适当休息一下也是调整投资思路的上策。”（尹武《不争一朝一夕》）

yī zhēn duì yī xiàn
一针对一线

释义： 比喻做事不能马虎。

例句： “梁书记一进厂，就这样～顶真地做。”（平江《我们的书记梁彦斌》）

yī zhēn jiàn xiě
一针见血

释义： 比喻说话直接、简洁，切中要害。

例句： “怎么样？这不是把我们的毛病讲得～么？不错，党八股中国有，外国也有，可见是通病。”（毛泽东《反对党八股》）

yī zhēn yī xiàn
一针一线

释义： 一根针，一段线。比喻极微小的东西。

例句： “‘王书记下乡了。他和我们约法三章，为民办事不拿群众～，他肯定不会要您的东西。’陈丽丽和张大娘聊了起来。”（王海瑶 张千太《不拿群众一针一线》）

yī zhěn huáng liáng
一枕黄粱

释义： 见“黄粱梦”。

例句： “12 月 6 日，（大元股份）公司在停牌近 1 个月后公告称，大股东上海泓泽世纪投资没有如期履行收购……的最新协议，并承诺 3 个月内不再商议、讨论前述重大资产重组事项。这表明公司的金矿故事终成～。受此打击，该股 6 日复牌后即展开跌停之旅。”（罗力《重组股遇滑铁卢 掘金梦一枕黄粱》）

yī zhèn fēng
一阵风

释义： 比喻闪过即逝，来得快，去得也快，不能长久。

例句： “什么事情都怕搞～。不该办的事，一轰而起，一拥而上，形成一种气候，就成了歪风邪气，就会给党和国家造成严重的损失。前一时期，滥发奖金、实物，党政机关经商，党政领导干部在企业担任职务等不正之风，都是属于这种情况。”（任宜《避免“一阵风”》）

yī zhī zhēn méi yǒu liǎng tóu lì
一支针没有两头利

释义： 比喻事情很难做到两头兼顾。

例句："'～'，何水生叹了口气，'唉，难呀，要呢给它拖死，花了许多劳力，翻不得身；不要呢，粮食过不去。'"（陈残云《香飘四季》）

yī zhī gǔ bù néng qiāo liǎng jiā xì
一只鼓不能敲两家戏

释义：比喻一个人不能同时做两件事。

例句："但他却未学会《西游记》上孙行者的分身法，～，未免左右支绌。"（清·王浚卿《冷眼观》）

yī zhī shǒu qíng bù qǐ tiān
一只手擎不起天

释义：比喻个人的力量是有限的。

例句："个人的力量总是有限的，～，世界上很多事情还是要团队全力协作。"

yī zhī wǎn bù xiǎng liǎng zhī wǎn dīng dāng
一只碗不响，两只碗叮当

释义：比喻一个人吵不起架来，两个人都不让步才会争吵。

例句："'～'。是哪边的口气先不对呢，这边难道就瘪了下去？"（茅盾《赛会》）

yī zhī yáng shì gǎn liǎng zhī yáng yě shì fàng
一只羊是赶，两只羊也是放

释义：比喻多一个少一个所费的力气差异不大。

例句："房振东也只好答应。他心里想，一条河不能冻两样冰呀，还是顺其自然吧。～，何不弄它一群呢，反正也豁出去了！"（凌暴默《你不是我的新娘——再版回归线》）

yī zhī dòng bǎi zhī yáo
一枝动，百枝摇

释义：比喻互相牵扯，关系紧密。

例句："杨辉道：'也罢，也罢！该说的，还是要说的，所谓～，李少侠本来虽带有残疾，但性命无虞，而现在，不好说呀，就得看他的造化了，若他醒来，好好地照顾他几天吧！'"（小鹤庆《情伤剑》）

yī zhì qiān jīn
一掷千金

释义：指赌徒拿千金当作一注投掷。形容用钱满不在乎，随意挥霍。

例句："尽管如此多的家长倍感压力，但他们还是为了不让孩子'输在起跑线上'，豪爽地～，也让'兴趣班'、'辅导班'、'海外游学团'等花样繁多的教育产业市场红火了起来。"（陈锋《教育消费：求贵还是求对？》）

yī zhù qíng tiān
一柱擎天

释义：一根柱托住天。比喻能够独力担当重任。

例句："科比第一节 3 次出手都不进，没有拿分，上半场也只得 6 分而已，湖人队靠魔兽撑场面，在禁区～，令对手折服。"（中新网《科比直言湖人胜在专注 魔兽半场一柱擎天定胜局》）

yī zhuī zi zā bù chū xiě lái
一锥子扎不出血来

释义：比喻人性格内向，木讷。

例句："你看你，还是小时候脾气。～。到底为什么？"（胡苏 等《红旗谱》〈电影〉）

yī zì qiān jīn
一字千金

释义：形容说的话或写的字或诗文非常精妙，价值很高。

例句："'外交翻译～，'，也不能完全说明问题，因为不能用金钱衡量，这是用一种比喻，说明外交翻译的重要性。"（施燕华《外交翻译 一字千金》）

yī dé yǎn qián chuāng wān què xīn tóu ròu
医得眼前疮，剜却心头肉

释义：比喻为救一时之急，付出了极大的代价。

例句："无边际的税收减免和土地贱卖，造成了商家赢、地方亏，且要一亏若干年的后果，使国有资产和人民财富大幅度流失。～，有违党和国家发展经济的初衷。"（朱兆龙《医得眼前疮，剜却心头肉》）

yī yàng huà hú lu
依样画葫芦

释义：比喻照着现成的样子模仿，毫无创新。

例句："值得注意的是，不少女孩拿着一些明星的照片，要求医生～，甚至有些女孩明明长着一张典型的亚洲脸却要求整出一个欧洲鼻。"（亚丽《鼻部整形莫依样画葫芦》）

yí huā jiē mù
移花接木

释义：指把一种花木的枝条或嫩芽嫁接在另一种花木上。比喻暗中用手段更换人或事物来欺骗别人。

例句："6 月 23 日傍晚，北京突然雷电交加暴雨如注，不少地方瞬间变成一片汪洋。很多网友纷纷上传各处积水的图片，不少场景颇为震撼。然而多日过去，其中三张'海景图'却遭到网友质疑，被指'～'。记者调查发现，这些照片确系造假，并非当日雨景。"（李 靖 何正清《三张北京暴雨"海景图"移花接木》）

yí shén yí guǐ
疑神疑鬼

释义：这也怀疑，那也怀疑。形容非常多疑。

例句："然而这么一来，却又使一些看文字不用视觉、专靠嗅觉的'文学家'～。"（鲁迅《准风月谈·前记》）

yí xīn shēng àn guǐ
疑心生暗鬼

释义：心存疑惧，就会觉得暗地里有鬼。比喻疑神疑神，无中生有。

例句："不晓得过激主义是什么一回事体，偏要拿来说人，岂不是～吗?"（李大钊《过激派的引线》）

yǐ dú gōng dú
以毒攻毒

释义：中医用语，指用含有毒性的药物治疗毒疮等恶性病。比喻利用不良事物本身的矛盾来遏制不良事物，或利用恶人来对付恶人。

例句："还记得提倡白话的时候，保守者对于改革者的第一弹，是说改革者不识字，不通文，所以主张用白话。对于这些打着古文旗子的敌军，就是用古书作'法宝'这才打退的，～，反而证明了反对白话者自己的不识字，不通文。"（鲁迅《且介亭杂文二集·从"别字"说开去》）

yǐ yǎn huán yǎn yǐ yá huán yá
以眼还眼，以牙还牙

释义：比喻使用和对方同样的手段进行回击。

例句："我们～！敌人用大炮来轰我们，我们也用大炮去回答他们。"（张天翼《新生》）

yǐ duō kě yǐ tái xiàng huáng fēi kě yǐ bì tiān
蚁多可以抬象，蝗飞可以蔽天

释义：蚂蚁多了可以把大象抬起来，蝗虫多了飞起来能够遮住太阳。比喻团结起来力量大。

例句："总要我们平民一心一德，这却什么事情做不来！方才那位会长说的，～，正是很大的大道理呢。"（岭南羽衣女士《东欧女豪杰》

yì qǔ tóng gōng
异曲同工

释义：指不同的曲调演奏得同样好。比喻做法不相同但效果却一样好。

例句："不管中餐西餐，世界上好到一定境界的东西，大概都是～的；而难吃的东西，总是各有难吃的味道。"（徐蒙《"好东西"总是异曲同工》）

yì rú fǎn zhǎng
易如反掌

释义：像翻一下手掌那样容易。比喻事情很简单非常容易完成。

例句："掉转身来收拾东洋小鬼，真正～，我们等着最后胜利罢！"（茅盾《时间，换取了什么?》）

yīn yē fèi shí
因噎废食

释义：因为吃饭被噎过，索性连饭也不吃了。比喻要做的事情由于出了点小毛病或怕出问题，就索性不去干了。

例句："去年，交通运输部宣称'非收费公路'将占全国公路总里程的96%以上。这样的承诺，我们不希望由于今年黄金周的拥堵而～。"（韩哲《免费高速不要因噎废食》）

yīn cuò yáng chā
阴错阳差

释义：指因偶然因素而造成了差错。

例句："一名25岁的青年男子李明（化名）身高体胖，却～长出丰满的'乳房'，不仅找工作四处碰壁、女朋友没交上，甚至到了夏天都不敢穿半袖衬衫，外面还要套一件外套'遮丑'，近10年的苦恼就这样一直纠缠在他的生活中。"（李文博《阴错阳差 巨胸苦了小伙10年》）

yīn gōu lǐ fān chuán
阴沟里翻船

释义：比喻在没有注意的地方出了问题。

例句："和周坤几个回合下来，叶尘冰知道自己快撑不住了，不适合久战，就用仅剩不多的真气冲出包围圈，逃进巷子里。停下来喘口气，回头可以看见闪烁的火把和涌动的人群，不可不说，大家都很顽强，早晚灭了鬼头帮。叶尘冰那个气，前面杀得都很顺利，没想到在这～，已经没力气跑了。"（梓素《风起尘扬》）

yín yàng là qiāng tóu
银样镴枪头

释义：镴，铅与锡的合金，色似银，熔点较低，用于焊接铜等金属物件。枪头看着像银子做的，其实是镴做的。比喻中看不中用。

例句："宋主与义季等共饮，瞩一再指刀，斜目视晔，究竟晔是文人，胆小如鼷，累得心惊肉跳，始终未敢动手。原来是～。"（蔡东藩《南北史演义》）

yín nián yòng le mǎo nián de
寅年用了卯年的

释义：比喻用度没有计划，入不敷出，透支使用收入。

例句："我打量虽然琏儿管事，在家自有把持，岂知好几年头里已就～，还是这样装好看。"（清·曹雪芹《红楼梦》）

yǐn ér bù fā
引而不发

释义：引，拉弓；发，射箭。拉开弓却不把箭射出去。比喻善于引导、控制，或做好准备暂不行动，以待时机。

例句：“政治体制改革从某种意义上说是权力的一种重新调整和分配，会涉及千千万万的人，这种阻力是不可小视的。处理不好，会欲速则不达。所以，邓小平更多的是不断为全面的改革准备条件，但～。”（辛鸣《像小平那样去改革》）

yǐn huǒ shāo shēn

引火烧身

释义：自己引过来的火把自己烧了。比喻自讨苦吃、自作自受或自取毁灭。也比喻主动暴露自己的问题，求得批评帮助。

例句：“事实上，钓鱼岛争端的始作俑者正是美国，日本如今一意孤行非法侵占钓鱼岛，正是美国在背后推波助澜的结果。美国必须纠正在钓鱼岛问题上自相矛盾、火上浇油的错误做法，勿做亚太地区的和平稳定破坏者，以免～。”（香港文汇报《中国坚定保钓美勿引火烧身》）

yǐn láng rù shì

引狼入室

释义：把狼招引到家里来。比喻把坏人或敌人引到身边，或引入自己一方的内部。

例句：“高凤才看着黄国忠这番表情，两指活生生捏灭烟头，顾不得手指疼痛，两眼圆瞪着黄国忠，怒道：‘老子请了你这个家教，没想到却是～，要不是老子那天心里一动，在家里悄悄安了微型摄像机，拍摄到你们偷情一幕，老子头上这顶绿帽子还不知道戴到什么时候！’”（草糖《情燃官场》）

yǐn shé chū dòng

引蛇出洞

释义：想办法让蛇从洞里爬出来。比喻设计诱敌出来活动，使之暴露，以便打击。

例句：“在通过DNA鉴定技术锁定了疑凶后，办案刑警辗转广州、东莞、湖北等多地展开搜索，最终设计‘～’，将窝藏在东莞的丁国礼诱回广州布网抓获。”（李国辉 劳志博《陈旭然被害案再揭谜底 警方引蛇出洞擒凶》）

yǐn zhèn zhǐ kě

饮鸩止渴

释义：鸩，传说中的毒鸟，用它的羽毛浸的酒喝了能毒死人。指喝毒酒解渴。比喻只顾解决眼下的问题而不顾严重后果。

例句：“曾经，我以为自己上错了车，然后上帝又惠顾我，让我再次看到美丽的风景；到如今才明白，那只是一场海市蜃楼，我以为找到了属于我的激情，却不知那激情压根就是～。”（亚妮　虹莲《偷情不过是饮鸩止渴》）

yǐn jūn zǐ

瘾君子

释义：指吸烟或吸毒上瘾的人。

例句：“有居民则怀疑，该男子为～，目前，警方已介入调查此事。”（林晓琪《漳州：男子闯入别人家从楼顶跳下 居民怀疑其为瘾君子》）

yìn bà zi

印把子

释义：指印章的把儿。比喻政权。

例句：“咱们穷人自己掌上～、拿上枪杆子才行。”（周立波《暴风骤雨》）

yīng gē yàn wǔ

莺歌燕舞

释义：黄莺在歌唱，燕子在飞舞。形容鸟儿喧闹活跃的春光。比喻大好的形势、蓬勃兴旺的景象。

例句：“在城市里，走走马路，逛逛商场，看看报纸，感觉到的是一片～。”（汤奔阳《中国

一片莺歌燕舞》）

yīng táo hǎo chī shù nán zāi

樱 桃 好 吃 树 难 栽

释义：樱桃怕冷怕热，怕旱怕涝，从栽种起直到可以采果，要付出许多辛劳。比喻要想得到利益总是要有付出的。

例句：“果真是～。虽然只有17～18世纪法国王室家具和18～19世纪中叶西洋画鉴定两门课程，但却要深入了解每一个时期的风土人情，政治、经济、文化背景，以及良好的古法语能力……凡有任何疏漏，都可能造成赝品从自己眼皮底下混过。”（妮蒽《郭倩如：“文艺复兴”女人》）

yīng lì rú shuì hǔ xíng sì bìng

鹰 立 如 睡 ， 虎 行 似 病

释义：老鹰站着时好像在睡觉，老虎走路时好像有病的样子。比喻真凶不露相。

例句：“俗话说：～。莫看他目不斜视，口不多言，难斗哩！”（周肖《霞岛》）

yīng quǎn

鹰 犬

释义：打猎时追捕禽兽的鹰和狗。比喻受驱使而奔走效劳的人。

例句：“‘究竟是做西方霸道的～，或是做东方王道的干城——就在于日本国民去详细慎择。’中山先生的遗言，不幸而言中，日本后来的选择令人喟叹。那种错误的选择不仅给亚洲人民造成了不堪回首的创痛，也把两颗原子弹招惹到无辜的日本人民的头上。而今执政的日本政治家们，真的还要重温做大东亚霸主的旧梦不可吗？”（孔令铜《日本：做霸道的鹰犬还是王道的干城？》）

yīng zuǐ yā zi zhǎng

鹰 嘴 鸭 子 掌

释义：鹰嘴尖利是啄食的利器，鸭子掌是有蹼的，无法抓取东西。比喻能吃不能干。

例句：“哈叭狗觉得手下虽然有二十几个警察，但，个个都是～的手，催讨小麦的事，只能依靠侯扒皮。”（冯志《敌后武工队》）

yìng shēng chóng

应 声 虫

释义：传说从前有一个人得了一种怪病，他每说一句话或发一个音，肚子里就有回声相应，看了很多医生都没治好。后来他访到一个高人，那人告诉他，你的肚子里有一种虫子，叫“应声虫”，只要把《本草》上的药名依次念下去，如果念到哪个药名没有应声，那么这种药就能治好这个病，那个人照这个法子果然治好了怪病。比喻自己没有主见，只会随声附和他人的人（含鄙视意）。

例句：“贾平凹说，文学艺术应乎天时行，但不是～，‘以文学和艺术去表达这个时代，在表达中完美文学艺术在这个时代的坚挺和伟大，是我们的良知和责任。虽然眼下的文学艺术被娱乐和消费所侵蚀，所边缘，但是，我们相信，文学艺术依然还顽强，依然还神圣。’”（邱琪《贾平凹：文学不是时代的应声虫》）

yìng bī gōng jī xià dàn

硬 逼 公 鸡 下 蛋

释义：比喻强人所难。

例句：“牛明福要他马上答复，他慢吞吞地说：‘明福兄弟，你这是～哪！”（张行《武陵山下》）

yìng gǔ tou

硬 骨 头

释义：比喻艰巨的任务或坚强不屈的人，也比喻强硬的对手。。

例句：“例如进攻某一运动中之敌，打早了，暴露了自己，给了敌人以预防条件；打迟了，敌已集中驻止，变为～，这就是时机问题。”（毛泽东《论持久战》）

yìng ná má gǎn dàng biǎn dan
硬 拿麻 秆 当 扁 担

释义：比喻用人或用物不当。

例句：“科长，这工作我真干不了，您就别～了，让我跑道学舌一点不含糊，让我坐在那学习两个月，我哪受得了哇!”

yìng pèng yìng
硬 碰 硬

释义：比喻以强力对付强力。

例句：“头脑简单、素质低下的王海平，想和田飞鸿来个～，就针锋相对地吼叫：‘田飞鸿，你不要在我面前耍横的，我属于县公安局管，你这个小小的地方党委书记，无权撤我的职。你记住，我王海平绝对不买你的账。”（刘靖《赃官清官》）

yìng shāng
硬 伤

释义：比喻事物明显的缺陷或错误。

例句：“据介绍，湖南大学人事部门在2011年根据杨飞的教学、科研业绩，与他签订了2年制过渡聘任合同。2年期满后，除无学术论文发表这一‘～’外，杨飞在教学方面也没有特别突出的表现。”（谭畅　陈文广《湖南大学一讲师因无论文“被转岗”校方称业绩有“硬伤”》）

yìng zhuó lù
硬 着 陆

释义：指航天器未经专门减速装置的减速，而以较大速度直接冲撞着陆的方式。在经济学上指的是采用强力的财政货币政策，一次性在较短的时间内通过牺牲较多的国民收入，将通胀率降到正常水平的方式。也比喻采取过急过猛的措施生硬地解决一些重大问题。

例句：“从宏观数据来看，各方面都对数据持有乐观态度。几乎所有的分析人士都一致认为，从经济数据的分析来看，中国经济似乎并不会像此前一些外媒预测的那样出现‘～’。”（杨桐《经济硬着陆“担忧”不攻自破》）

yōng zhǒng
臃 肿

释义：指肌肉肿胀或过度肥胖，转动不灵，形容物体粗大笨重。比喻机构庞大，调度不灵。

例句：“光从推事的这许多名目上，就可以看出当时的官僚制度庞大、～、腐败、落后到何等惊人的地步。”（马南邨《燕山夜话·“推事”种种》）

yòng pú sà qiú pú sà　bù yòng pú sà mà pú sà
用 菩萨 求 菩萨，不 用 菩萨 骂 菩萨

释义：比喻势利小人。

例句：“这婆娘，村里人送她外号‘鬼都怕’。得理不饶人，无理搅三分；～。你可千万离她远远的!”

yóu guāng shuǐ huá
油 光 水 滑

释义：形容物件表面光滑润泽，也比喻人圆滑、狡诈。

例句：“小日本搞出来的一些重型越野车，也被人们称作三菱吉普、丰田吉普，对此我深感遗憾甚至有气：这些圆头圆脑、～的家伙，怎么能被称作吉普？吉普是简简单单、方方正正、朴朴实实的。就我目前所见，北京汽车制造厂的2020系列、‘金旋风’及‘战旗’系列，配得上称作吉普，而老美生产的‘牧马人’，是吉普中的极品。”（心野《吉普VS西藏》）

yóu guō nèi tiān shàng yī bǎ chái
油锅内添上一把柴

释义：比喻使事态更加恶化。

例句：“儿子已得了病，一个媳妇，还要劝他分床而宿，若张氏女子再娶将来，分明是～了。”（明·凌濛初《二刻拍案惊奇》）

yóu jìn niǎn zi gān
油尽捻子干

释义：捻子，油灯的灯芯。比喻生命要终结的时刻。

例句：“李昆岗是个了不起的人物，他喊支持不了，那可真是～了!”（杜鹏程《保卫廷安》）

yóu píng dǎo le bù fú
油瓶倒了不扶

释义：比喻什么事情都不关心。

例句：“妈妈辛苦了大半辈子，把我们都拉扯大了，都自立了，我们商量好了，不能再让妈替我们操劳了，告诉妈妈，好好享受晚年，什么都不要管，油瓶倒了都不用扶。”

yóu qiāng huá diào
油腔滑调

释义：形容人说话轻浮油滑，不诚恳，不严肃。

例句：“这是一种特殊的人物，他要会媚笑，又要会撒泼，要会打情骂俏，又要～。”（鲁迅《伪自由书·大观园的人才》）

yóu tóu fěn miàn
油头粉面

释义：头上抹油，脸上搽粉。形容女子打扮得妖艳或男子打扮得花哨而轻浮。

例句：“贺兰心儿和那男子回头，看到马车的帘子被掀了开来，从里面走出一个大概二十出头的男人。那男人本也生得有几分看头，就是有些～，满脸的胭脂香料，看得贺兰心儿十分别扭，不由心生厌恶：明明是个男人，弄得满身的脂粉味，实在是恶心!”（银心儿《侧妃恨倾城》）

yóu tóu huá nǎo
油头滑脑

释义：形容人又轻浮，又狡猾。

例句：“江涛在门外头等着，朱老忠走进大门，到门房里投了信。一个～的家伙，看了看那封信，拿进去。”（梁斌《红旗谱》）

yóu yán bù jìn
油盐不进

释义：比喻什么话都听不进去。

例句：“专家提醒家长，‘蔫’孩子进入青春期后，家长不依不饶、没完没了地数落极易引起孩子逆反，一旦这些‘～’的孩子走向‘混不讲理’时，家长更会手足无措。”（叶丹《有一种孩子“油盐不进”》）

yóu zuǐ huá shé
油嘴滑舌

释义：形容人说话油滑轻浮，耍嘴皮子。

例句：“‘又来了!’冷飞雪白了他一眼，嗔怒道：‘～，没有一点正经，咱们又没拜过堂，你还不是我的相公呢!’”（一夕渔樵话《百变兽王》）

yóu sēng niǎn zhù chí
游僧撵住持

释义：比喻反客为主。

例句：“那妇人也要挨着他坐，他喝声道：‘你另找地方坐去！’那妇人道：‘这可是新样儿的！～，我们的屋子，我倒没了座儿了。”（清·文康《儿女英雄传》）

yóu xì guī zé

游戏规则

释义：原指玩游戏的规定。比喻各行各业的行规和要求。

例句：“无论是在学校还是生活中，我们总能遇到类似的情况，在大家都遵守～的情况下稍稍一破坏规则，可能就会占很大的优势，可是，一份没有守住底线的优势，又能保持多久？”（连谏《遵守游戏规则》）

yǒu bǎn yǒu yǎn

有板有眼

释义：板，即板式。在各类戏曲唱腔音乐的板式中，强拍为板，弱拍为眼。其中，节拍为2/4的叫一板一眼，3/4的叫一板二眼，4/4的叫一板三眼。凡是演员节奏感好的，跟着板式唱就是唱得有板有眼，否则不是抢板就是滑板，甚至掉板。比喻说话、办事有条有理。亦作“有板眼”。

例句：“哭起来一数一落，～，好像唱歌，好听极了。”（周立波《山那边人家》）

yǒu bèi jǐng

有背景

释义：背景，相对前景而言就是前景的衬托物，背景的主要作用是渲染主体的最大效果和作用，起支持作用。比喻某人有来头，背后有靠山。

例句：“可见，～的小人物，我们不仅不能随便得罪，更要想办法维护好和他们的关系，以便在关键时候得到他们的鼎力相助。”（聂凌风《遇见你的贵人》）

yǒu bí zi yǒu yǎn jing

有鼻子有眼睛

释义：比喻话说得很具体，活龙活现，就像真有那么一回事。

例句：“她随即摇头：‘不会，不可能！他不是这种人！’但是人们说的～，有凭有据，不怕你不信。”（冯德英《迎春花》）

yǒu bìng luàn tóu yī

有病乱投医

释义：比喻事情紧急，手足无措，盲目求人。

例句：“严志和说：‘我还想去托托严知孝的门子。’朱老忠说：‘去吧！～，多个门路没有不是。”（梁斌《红旗谱》）

yǒu chē jiù yǒu zhé　yǒu shù jiù yǒu yǐng

有车就有辙，有树就有影

释义：比喻不管事情做得多么隐蔽总会留下痕迹。

例句：“今天他又做下事。～，他只要活着，就不能不着人边。”（冯德英《山菊花》）

yǒu chǐ shuǐ xíng chǐ chuán

有尺水行尺船

释义：指有多深的水就行多大的船。比喻按实际情况办事。

例句：“……往后再别提那打醮忏悔的旧账，……过这么不出气的日子，活一百年待怎么？我且‘～’，等什么鹰神再来，我再做道理。”（清·西周生《醒世姻缘传》）

yǒu chū yī jiù yǒu shí wǔ

有初一就有十五

释义：比喻有了第一次，就会有第二次及以后。

例句：“‘第一次？～！’老姚盯住小赖的脸，‘叫你自己说说看，为什么从昨天起，你不唱歌啦？”（王愿坚《征途上》）

yǒu de xiàng dēng yǒu de xiàng huǒ

有的向灯，有的向火

释义：比喻对待有争执的问题，在知道具体情况后就会有各自的倾向性意见和看法。

例句：“赶到大家一得到他俩的底细，可就有向着毛毛虫的，也有向着毛毛虫太太的了。因为意见不同，我们还吵过嘴。俗话说：～，一点也不错。”（老舍《毛毛虫》）

yǒu dēng zhǎng zài àn chù yǒu gāng shǐ zài rèn shàng

有灯掌在暗处，有钢使在刃上

释义：比喻要把人或物用在最需要的地方。亦可简作“有钢使在刀刃上”。

例句：“剩下这点武装，就像咱的眼珠子一样。～，不能轻举妄动，咱先弄清情况再说。”（梁斌《播火记》）

yǒu duō dà běn qián zuò duō dà shēng yi

有多大本钱，做多大生意

释义：比喻做事情要量力而行。

例句：“～，不见你忙得比别人工分多加两倍。”（李茂荣《人望幸福树望春》）

yǒu duō dà de jiǎo chuān duō dà de xié

有多大的脚，穿多大的鞋

释义：比喻办事情要依据实际情况去办。

例句：“‘～’。在职场上，这句话同样适用。选择适合自己的职业，发挥自己的潜能，是让人开心愉悦的事情。相反，如果做自己不能胜任的或者不喜欢的工作，就会不舒服、痛苦。”（小新《有多大脚穿多大鞋》）

yǒu duō shǎo shuǐ huó duō shǎo ní

有多少水和多少泥

释义：比喻要因材施用，量力而行。

例句：“蔡国庆一直相信一句话：～，工作中是这样，生活中是这样，收藏同样是这样。他认为，在选择收藏品的时候必须要先考虑自己的经济实力，量力而行。”（黄依凡《蔡国庆的收藏秘诀：有多少水和多少泥》）

yǒu fàn dà jiā chī

有饭大家吃

释义：比喻有福同享，有难同当。

例句：“从今以后，你就算是我的人了，～，有难大家当。如若变心，白刀进去，红刀出来。”（黄谷柳《虾球传》）

yǒu fēng bù kě shǐ jìn

有风不可驶尽

释义：比喻办事要留有余地。

例句：“像胡杏这样的事情，只求个息事宁人，也就罢了。常言道，～哩。”（欧阳山《苦斗》）

yǒu fēng fāng qǐ làng wú cháo shuǐ zì píng

有风方起浪，无潮水自平

释义：比喻事出有因。

例句：“‘～’。你不惹我，我好寻你？只因为你狐群狗党，结为一伙，算计吃我师父，所以来此施为。”（明·吴承恩《西游记》）

yǒu gǔ tou bù chóu zhǎng ròu

有骨头不愁长肉

释义：比喻解决了大问题就不愁解决小问题。

例句：“老人们有一句劝人的话：～！写作亦是如此。首先要有好的构思，搭好架子……”

yǒu jī jiào tiān míng méi jī jiào tiān yě míng
有鸡叫天明，没鸡叫天也明

释义：比喻缺少无关紧要的人并不影响大局。

例句：“～，离开他这个记工员，我这个队干部也要走路的。”（李准《李双双》）

yǒu kǒu jiē bēi
有口皆碑

释义：比喻人人称赞。

例句：“心若有民，自会～。我们欣喜地看到，中国警察在过去的一年里，着实用自己亲民爱民的实际行动，浸润了百姓的心田，走进了群众的心坎……”（张洋《心若有民有口皆碑》）

yǒu kǒu wú xīn
有口无心

释义：嘴上说了，心里却没那样想，即不是有心说的。也指爱说话、心里不存什么的人。

例句：“老爷此时早看透了，邓九公是个重交尚义、～、年高好胜的人。”（清·文康《儿女英雄传》）

yǒu le jīn yào shi bù chóu suǒ bù kāi
有了金钥匙，不愁锁不开

释义：比喻只要有了好办法，问题就可迎刃而解。

例句：“‘～’。只要掌握了方法，同样也可慧眼识珠、辨别真伪。仔细审视身边的干部，你就不难发现，那些有真才实学、为民务实的人犹如稻子，……而那些华而不实、一心钻营之徒，犹如稗子……”（兰馨慧芝《识别“稗子”与识别干部》）

yǒu lǎo po bù chóu hái yǒu mù jiang bù chóu chái
有老婆不愁孩，有木匠不愁柴

释义：比喻只要有了必要的条件，就不愁得不到想要的东西。

例句：“海生念念不忘，两眼看住三孩手里那支盒子枪……说：多咱也弄到手里这个，可就带劲多了。’观音保说：‘～，咱一步一步来嘛，你着急甚？’”（刘江《太行风云》）

yǒu lǐ sān biǎn dan wú lǐ biǎn dan sān
有理三扁担，无理扁担三

释义：比喻不问是非曲直，一概惩罚。亦作“有理无理三扁担”。

例句：“他猛然想起四川人的话：‘～，打了再说。’”（李劼人《大波》）

yǒu liǎng xià zi
有两下子

释义：形容有些本领 。

例句：“年底，经中国农科院等五部门专家实测，这个示范区玉米平均亩产达 919 千克，最高亩产达 1100 千克，一举获得内蒙古自治区玉米高产创建活动第一名。当初不服梅园雪的老庄稼汉们都伸出了大拇指，逢人就说：‘这女人真～。’”（高平 徐志民《“这个女人真有两下子”——记内蒙古科尔沁左翼中旗农牧业局副局长梅园雪》）

yǒu luò tuo bù shuō mǎ
有骆驼不说马

释义：比喻说大话。

例句：“北方人爱吹牛是真的，～，但他更希望得到足够的重视，增加认同感。常常一顿猛牛之后，来一句：‘你哥行不？’”

yǒu ménr
有门儿

释义：比喻办事有希望，能办成。

例句："乡里办托老所这件事，如果能说动赵大夯出手相助，那还真～！"

yǒu miáo bù chóu zhǎng
有苗不愁长

释义：比喻有了条件，事情就好办了。

例句："尽管对个体经济有这样那样的限制，但～，个体经济的生命力却出乎意料地旺盛。1979年底，全国批准开业的个体工商户约10万户。到两年后的1981年，统计数据变为101万，翻了10倍。"（徐庆全《私营经济是怎么获得"准生证"的》）

yǒu nǎi biàn shì niáng
有奶便是娘

释义：比喻谁能给好处就投靠谁，就为谁卖命。

例句："他不知道张文是个便衣，……～。"（老舍《鼓书艺人》）

yǒu pǔr
有谱儿

释义：谱，依照事物的类别、系统制的表册，引申为标准、规矩。比喻有标准，心里有数。

例句："齐德铭在送我的路上，接听了两个电话。他接第一个电话时有点不耐烦，说：'领导，您都交代两遍了，我又不是小孩，您放心好了，心里～，不会上当的。明天到了上海，一有结果我就给您电话！'"（迟子建《晚安玫瑰》）

yǒu qián yǎn méi hòu yǎn
有前眼没后眼

释义：比喻人总有照顾不到的地方。

例句："能赚钱的机会也是比比皆是，可以说商机是无处不在，无时不有，就看各人的把握了。但有一点还是不变的，那就是人总是～。"（冰雪馨儿《人没有前后眼》）

yǒu qián mǎi mǎ wú qián zhì ān
有钱买马，无钱置鞍

释义：比喻克服了大困难却被小困难难住了。

例句："看这'～'的事！有本儿开铺子，倒没有橱柜了！"（清·西周生《醒世姻缘传》）

yǒu qián néng shǐ guǐ tuī mò
有钱能使鬼推磨

释义：形容社会上的一种观点，即只要有了钱什么事情都能办到。

例句："现今的世道，不说，你老先生也是很清楚的，～啦。"（郭沫若《南冠草》）

yǒu shān kào shān wú shān dú lì
有山靠山，无山独立

释义：比喻有依靠就依靠，没有依靠就靠自己去打拼。

例句："你们有什么为难遇窄的事，有什么吃水上地的活儿，你们朝着我说。常说～，独立不了的还有村长他们指导咱们，怕什么？"（李英儒《战斗在滹沱河上》）

yǒu shàng bù qù de tiān méi yǒu guò bù qù de guān
有上不去的天，没有过不去的关

释义：比喻没有克服不了的困难。

例句："孩子他爹！你别上愁，～，兵来将挡，水来土掩，咱们先把肥猪藏好，剩下群小鸡子就好办啦！"（李英儒《战斗在滹沱河上》）

yǒu shàng pō bì yǒu xià pō
有上坡必有下坡

释义：比喻事物都是相互依存、相辅相承的。

例句："如果将上坡比作逆境或困难，那么下坡就是顺境和运气。～，上坡之后往往是下坡，生活果然是辩证的。"

yǒu shēng yǒu sè
有声有色

释义：形容说话或做事精彩生动。

例句：“他说得～，听的人都觉得津津有味。”（马烽《刘胡兰传》）

yǒu tiān méi rì
有天没日

释义：比喻十分黑暗、没有公理。也比喻说话毫无顾忌。

例句：“王夫人笑道：‘你不知道原故。他和别人不同，自幼因老太太疼爱，原系和姐妹们一处娇养惯了的。若姐妹们不理他，他倒还安静些；若一日姐妹们和他多说了一句话，他心上一喜，便生出许多事来：所以嘱咐你别理会他。他嘴里一时甜言蜜语，一时～，疯疯傻傻，只休信他。’”（清·曹雪芹《红楼梦》）

yǒu tóu méi wěi
有头没尾

释义：比喻做事有始无终。

例句：“任何决议措施只得到高层的高度重视，不能行之有效地予以落实都是竹篮打水一场空，雷声大雨点小、虎头蛇尾等于～。”（大嘴不胡说《虎头蛇尾等于有头没尾》）

yǒu tóu yǒu liǎn
有头有脸

释义：比喻有名誉、有威信，在某一方面出色并且说话有分量的人。

例句：“太太那边的人我也都见过，就只没看见你这么个～大管事的奶奶！”（清·曹雪芹《红楼梦》）

yǒu wǎn shuō wǎn yǒu dié shuō dié
有碗说碗，有碟说碟

释义：比喻解决矛盾要就事论事，不要牵扯不必要的事情。

例句：“更可贵的是年轻人热情好学，真诚相待，气氛非常和谐活跃。对各自作品提意见，从不忌讳什么，～，毫无保留。”（桂汉标《从有梦的地方出发——五月诗社成立之初的片断回忆》）

yǒu xì
有戏

释义：比喻事情发展下去有可能出现希望得到的结局，也有可能出现一些问题，会让人看笑话。亦作“有戏看”。

例句：“人们想起了吉马良斯提出来的‘保五争二’的目标。泰达队目前距离排名第三的贵州人和只有4分差距，而接下来的赛程十分有利。只要按照目前的势头和劲头踢下去，这事还真～。”（杨先华《中超联赛22轮客胜绿城，“保五争二”泰达有戏》）

yǒu xīn cǎi huā wú xīn dài
有心采花无心戴

释义：比喻做事情不能坚持到底，半途而废；也比喻喜爱某种事物只是图面子好看，并非真心投入。

例句：“姚六合是书香名门之后，藏书甚丰，古今中外，五花八门。但是，也看得出，藏书的主人是～，满橱满架的线装、精装、平装书籍，都长年沉睡。”（刘绍棠《渔火》）

yǒu xīn xià dàn wú xīn bào wō
有心下蛋，无心抱窝

释义：抱窝，即老母鸡孵小鸡。比喻办事无恒心，不愿负责到底。

例句：“但另一方面也有部分单位和发展户粗放的栽培和管理，特别是没有较好的看护形式，个别单位和发展户也有很多是～，都因时间长、技术不完善、看护投入不大而成功率不高，所谓有些收益者大多数是挖参的。”（于炳发《发展林下参势在必行》）

yǒu xīn zāi huā huā bù huó　wú xīn chā liǔ liǔ chéng yīn
有心栽花花不活，无心插柳柳成阴

释义：比喻刻意想做一件事情没有做成，而不经意的事情却办得很顺利。告诫人们凡事顺其自然，不可强求。

例句：“～。以边路突破见长的中国队算是把阿曼队的后防线穿成了一面筛子，可死活不能进球，而突然来了两次中路突破，倒成就了中国队的二连胜。”（树文　马邦杰《中国队：有心栽花花不活，无心插柳柳成阴》）

yǒu xuè yǒu ròu
有血有肉

释义：比喻人或物富有生命的活力和内容，也比喻文艺作品描写生动，内容充实。

例句：“有些东西是无法用言语表达的，这里有军人的责任，这里更有高于军人责任的崇高。孩子，记住，解放军就是～的人，并不是什么天神；你如果硬要把他们和神联系在一起的话，那他们就是～无以伦比的军神！”（姜伯静《解放军是有血有肉的军神》）

yǒu yán tóng xián　wú yán tóng dàn
有盐同咸，无盐同淡

释义：比喻同甘共苦。

例句：“大家信得过你，你跟我们～嘛！”（罗旋《梅》）

yǒu yǎn bù shí tài shān
有眼不识泰山

释义：泰山，位于山东省中部，被尊为“天下第一山”，列为五岳之首，更是中华民族的精神象征。比喻见识太浅，认不出地位高、本领强或有名的人。

例句：“我真是～了。难怪得，我总觉得你不像个帮人的人啦。”（郭沫若《高渐离》）

yǒu yǎn wú zhū
有眼无珠

释义：没长眼珠子。比喻看不到某人的高明或某事的重要。

例句：“师父，弟子～，不认得师父的尊容，多有冲撞，万望恕罪。”（明·吴承恩《西游记》）

yǒu yī dā méi yī dā
有一搭没一搭

释义：指没话找话说，也表示可有可无，无足轻重。

例句：“宝玉笑道：‘去，不能。咱们斯斯文文的躺着说话儿。’说着，复又倒下。黛玉也倒下，用手帕子盖上脸。宝玉～的说些鬼话，黛玉只不理。宝玉问他几岁上京，路上见何景致古迹，扬州有何遗迹故事，土俗民风，黛玉只不答。”（清·曹雪芹《红楼梦》）

yǒu yī fēn rè　fā yī fēn guāng
有一分热，发一分光

释义：比喻有多大的力量，就做出多大的贡献。

例句：“能做事的做事，能发声的发声。～，就令萤火般，也可以在黑暗里发一点光。”（鲁迅《热风·随感录四十一》）

yǒu yóu shui
有油水

释义：比喻有不正当的利益或是额外的好处。

例句：“老姨得意地对我说：‘你姨父帮你找的这份工作，月薪不算高，可是有油水呀，比如……’她压低了声音。”

yǒu zǎo méi zǎo yī gān zi
有枣没枣一竿子

释义：比喻不了解情况先试探一下，不管最后能否获得想要的结果，先试试再说。也比喻随意给个说法。还比喻做事莽撞，不分轻重。

例句："人们对'抑郁症'三个字误解很深。一听你有这病，张嘴就会说：想开一点嘛！心胸要开阔，要坚强。甚至有人会～：凡碰上事看开一些嘛。千万不要斤斤计较。"（李兰妮《旷野无人——一个抑郁症患者的精神档案》）

yǒu zhī yǒu yè

有枝有叶

释义：比喻描述得非常细致。

例句："记得小时候，我曾听母亲说过'龙搅水'的故事，说龙头在云里，把尾巴插入海中，龙尾一动，就翻江倒海，并把水吸到天上去了。她说得那样～，活灵活现，在我幼小的心灵上播下了对大自然好奇的种子。"（马洪满《你见过龙搅水吗》）

yòu fàng yáng　yòu shí chái

又放羊，又拾柴

释义：比喻同时得到两种利益。

例句："谁不知他汉子是个明忘八，～，一径把老婆丢与你，图你家买卖做，要赚你的钱使。"（明·兰陵笑笑生《金瓶梅词话》）

yòu qí mǎ yòu zuò jiào

又骑马又坐轿

释义：比喻两样好处兼得。

例句："行啊！你今年是～，评上了高级职称，还要出国进修，今后是前途无量啊！"

yòu xiǎng dāng biǎo zi　yòu xiǎng lì pái fāng

又想当婊子，又想立牌坊

释义：婊子，指妓女或浪荡女子；牌坊，旧时为表彰忠孝节义人物所建立的形状像牌楼的建筑物，此处指为守贞洁女子所建的贞节牌坊。比喻又想做坏事，又想得到好名声。

例句："我们有的先生，～；又想吃鱼，又怕沾腥。"（罗旋《南国烽烟》）

yòu yào chī　yòu pà tàng

又要吃，又怕烫

释义：比喻又想得到好处，又怕担风险。

例句："老唐，你是～！等我们赚了钱，你可别看着眼馋！"（老舍《春华秋实》）

yòu yào chī yú yòu xián xīng

又要吃鱼又嫌腥

释义：比喻既想得利，又怕麻烦。

例句："王魁凡事死要面子，～的。"（田汉《情探》）

yòu yào mǎ ér pǎo　yòu yào mǎ ér bù chī cǎo

又要马儿跑，又要马儿不吃草

释义：比喻想让人多做事，又不想付出代价或酬劳。

例句："我们厂分明只能挑二百斤，但一定要我们挑三百斤，这怎么可能呢？何况百吨吊车不够用，装料机车又不给我们安装，铁水质量不好，煤气又常常不足，～。"（草明《乘风破浪》）

yòu zuò wū pó yòu zuò guǐ

又做巫婆又做鬼

释义：比喻耍两面手法，从中获利。

例句："金旺、兴旺弟兄两个，给一个溃兵作了内线工作，引路绑票，讲价赎人，～，两头出面装好人。"（赵树理《小二黑结婚》）

yú rè

余热

释义：指生产过程中剩余的热能。比喻老年人（特指离退休）的精力、作用。

例句：“随着老龄化社会的到来，日本出现了一种新思潮，那就是放弃对老龄化社会的消极看法，将老年人看做是一个可以继续发光发热的群体力量，并想方设法让老年人发挥～，活得多姿多彩。”（翟禄《日本老人：发挥余热很重要》）

yú yīn rào liáng
余音绕梁

释义：歌声的余音长久地绕着屋梁回荡，使人感觉长时间没有停止。形容歌声优美，给人留下难忘的印象。也形容诗文优美，耐人寻味。

例句：“《情商》中，海口的一草一木、一情一景仿佛历历在目；《情商》中的人和事，好像就在自己身边，又似乎只是听人说过，还有些像在梦里亲历。让不同的读者有不同的阅读体验，这恐怕是那些写作平平的小说难以达到的效果。一言以蔽之，好小说，就该这般～。”（卫小林《好小说就应当余音绕梁——读吉君臣长篇〈情商〉有感》）

yú bāng shuǐ　shuǐ bāng yú
鱼帮水，水帮鱼

释义：比喻互相帮助。

例句：“我们这卖力量吃饭的人，在家孝父母，出外交朋友，大家要～。这二三十块钱，哪里就真会难倒人?”（张恨水《丹凤街》）

yú dù bái
鱼肚白

释义：指近似于鱼肚的颜色，多指黎明时东方天空的颜色。

例句：“当她打了一个盹醒过来时，东方已经现出了～。”（杨沫《青春之歌》）

yú ér jiàn shí bù jiàn gōu
鱼儿见食不见钩

释义：比喻人们常常见到利益就谋求，而看不见利益后面的凶险。

例句：“～，人见利而不见害。……有的人同这些鱼相比，强不了多少！高等学校毕业，智商并不低，有了一官半职，却经不起孔方兄的诱惑，人家略施小计，他就上钩了。他不缺知识，其实也不缺钱，缺的是‘德’。”（庄关通《九谈“鱼”的熟语》）

yú ér lí bù kāi shuǐ
鱼儿离不开水

释义：比喻关系非常密切。

例句：“纵观香港、广州，地铁带来人流，也带来财流。可以说，商业与地铁的关系就像～，水又因鱼儿而显得生机勃勃。”（张薇《鱼儿离不开水 水因鱼而生动》）

yú lóng hùn zá
鱼龙混杂

释义：鱼和龙混在一起。比喻坏人和好人杂处在一起。

例句：“业内专家日前指出，目前国内汽车儿童安全坐椅市场～，品质是企业制胜关键。”（姚玉洁《专家称国内汽车儿童安全坐椅市场鱼龙混杂》）

yú ròu
鱼肉

释义：比喻用暴力欺凌、残害。

例句：“按说，政府的价值所在，就是为了形成公共秩序和提供公共产品，不想某些政府部门却背道而驰，公权却成了～百姓的工具。”（王石川《公权成了鱼肉百姓的工具》）

yú sǐ wǎng pò
鱼死网破

释义：鱼死了，网也破了。比喻斗争的双方同归于尽。

例句：“目前，刘健的转会风波仍在持续发酵中，而且刘健和中能双方大有拼个～的架势。对于刘健的‘叛逃’，中能集团副总、俱乐部副董事长于涛希望他能‘迷途知返’，同时还指出，俱乐部与刘健的合同中有明确的保密条款，刘健将合同公之于众是不明智的做法。”（曾昭翔《与中能拼个鱼死网破 刘健赴京打官司》）

yú yǔ xióng zhǎng bù kě jiān dé
鱼与熊掌不可兼得

释义：比喻做事情时要懂得取舍。

例句：“但是如果以开放市场为先导，那么，汇率相对呆滞，就会发生资金‘梗阻’，导致没有‘对手盘’，企业经营将遭受毁灭性的风险，从而威胁实体经济的安全。简单一句话，～。”（缥缈《鱼与熊掌不可兼得》）

yú zhǎo yú　xiā zhǎo xiā
鱼找鱼，虾找虾

释义：比喻物以类聚，人以群分。

例句：“二姑娘……一吃饱肚子，就擦胭脂抹粉、描眉点唇地打扮自己。～，苟润田不在家时，有一伙子伪军和特务常找她来往。”（冯志《敌后武工队》）

yú mù gē da
榆木疙瘩

释义：榆木木质坚硬。比喻思想顽固。

例句：“大家还是常常说杨森是一堆木头，一堆～。不过楠楠再听到这些话的时候，只是幸福地微笑。她知道，杨森并不是木讷，他只是把用来展现自己小聪明的那部分精力，用在了他的事业上。”（小妖尤尤《第11条校规》）

yú mù nǎo dai
榆木脑袋

释义：榆，榆树，落叶乔木，果实如铜钱，别名摇钱树，木质坚硬，可供家具、农具、车辆、建筑等用材，坚实耐用。比喻头脑僵化，不会变通。

例句：“一些人为了逃避法律的惩罚，有时也给高国强送来过物品和现金。但是，却遭到了他的严辞拒绝。为此，有人说高国强是‘～不开窍’。对此，高国强严肃地说：‘执法为民是一个人民警察的天职，共产党员就是要耐住清贫度日，两袖清风做人。’”（河南省公安厅《英烈高国强事迹简介》）

yǔ hǔ móu pí
与虎谋皮

释义：同老虎商量，要剥下它的皮。比喻商量的事跟对方有利害冲突，肯定办不到。

例句：“‘国五条’基本上是在重申过去三年在用政策，只是强调‘必须严格执行’，而且把执行的重任完全交给地方政府。这无异于～，最大的既得利益群体是不会严格执行打压房价的。”（岳福涛《与虎谋皮》）

yǔ máo wèi fēng
羽毛未丰

释义：指小鸟没长成，身上的毛还很稀疏。比喻年轻、经历少，不成熟或力量还不够强大。

例句：“17世纪的法国，封建君主专制制度发展到鼎盛时期，对刚刚兴起的资产阶级工商业采取容忍甚至鼓励的态度。王权需要巩固自己的统治，而～的新兴资产阶级需要王权的庇护。资产阶级和专制王权的结盟，造成了文学艺术发展相对繁荣。”（何农《“他并不缺少荣誉，我们却缺少因他而来的荣誉”》）

yǔ guò dì pí shī
雨过地皮湿

释义：比喻做事不彻底，只做到表面上，没有深入下去；或指在大利当前也得到一些实惠。亦作“水过地皮湿”。

例句：“咱这游击运动，应该从零星的行动，到大规模的军事行动，不能一下子轰起来，一下子又散了，～。”（梁斌《播火记》）

yǔ guò sòng suō yī
雨过送蓑衣

释义： 蓑衣，用草或棕编织成的防雨用具。比喻事情过去了才相助，于事无补，送空头人情。

例句： “企业中有许多工作执行不到位，许多运作方式不规范，以及当瓶颈流程出现时，往往也得不到处理和改善，……为避免这类事件发生，对一、二目标控制到月，部分可控目标考核到天，从而杜绝了‘牛过河扯尾巴、～’的现象发生。”（熊俊龙《目标管理与绩效考核，企业发展的有效载体》）

yǔ hòu chūn sǔn
雨后春笋

释义： 春笋，春天长出的竹芽或竹鞭。下雨后利于竹笋出土，竹林里满地的竹笋非常壮观。比喻新生事物迅速大量地涌现出来。

例句： “青年的救亡团体真如～一样，在武汉簇生起来。”（郭沫若《洪波曲》）

yù bù zhuó bù chéng qì
玉不琢，不成器

释义： 玉石不经过雕琢，成不了器物。比喻人如果不经历磨难，就难以成才。

例句： “我这次参加了国培学习，留下了深刻的印象。‘～，人不学，不知礼。’这次培训收获最大的是前辈们对我思想上的冲击。每天的感觉是幸福而又充实的。”（谭鹤玲《玉不琢不成器，人不学不知礼》）

yù shí bù fēn
玉石不分

释义： 分辨不出什么是玉，什么是石。比喻好坏不分。

例句： “而权贵有眼无珠，～，和这等人根本不值得争辩。在这里，富商的气势、见识远在权贵之上，了无贱类痕迹；鲍照轩轻分明，确切无误地表明了他的倾向性。”（卢华语《六朝商人诗及所反映的商品经济》）

yù shí jù fén
玉石俱焚

释义： 美玉和石头一起烧坏了。比喻好的和坏的一同毁掉。

例句： “我就是这么极端的人，不会向任何人妥协，就算是我的亲哥哥也不行。我认定的东西，如果得不到，那就让我们～吧。”（日落乌啼《妖孽皇妃你别惹》）

yù shí nán fēn
玉石难分

释义： 宝玉和石头很难区分开来。比喻好人和坏人杂处在一起很难区分清楚。

例句： “韩爷拥马向前，众将随列于后，便叫：‘将军，本帅奉旨征南，大兵六十万，战将千员，后队天保将军宇文成都不日就到。将军退回关中，与云召商议，早早打点，不然打破南阳，～，悔之晚矣。’”（清·佚名《说唐》）

yù shí tóng suì
玉石同碎

释义： 宝玉与石头一起被打碎了。比喻同归于尽。

例句： “杨严沉默了一会儿，低声说道：‘有的时候我真的不懂你们，你，九哥，还有我爹，尤其是九哥和我爹，我不知道他们为什么要拿身家性命去赌这样危险的一个局，若换做我，我宁可～，拼死一搏，也不会这样委曲求全。’”（鲜橙《太子妃升职记》）

yù xuè
浴血

释义： 全身浸在血中。形容战斗激烈或经历了艰难的斗争。

例句： “国网四川检修公司雅安运维分部经过近一年的～奋战，严把验收关，验收全过程实现闭环管理，从源头上防范设备风险，从而最终确保了500千伏城乡变电站一次性投

产运行成功，用实际行动实现了‘电亮藏区’的承诺。”（杨邦玉 林德锋 钱雄《四川检修浴血奋战香巴拉 苦尽甘来亮藏区》）

yù qín gù zòng
欲擒故纵

释义：故意先放开对方或敌人，使其放松戒备，充分暴露，然后再将其捉住。比喻表面上看是让一步，实际上是为了更进一步。

例句：“好衣服是淘出来的。但要淘到心明眼亮，英雄气短，那可不是一朝一夕的事儿。比如第一次去上海的襄阳路服装市场淘货，我就不知不觉上了批发商～的当。”（萧萧《小女开店：欲擒故纵》）

yù bàng xiāng zhēng yú wēng dé lì
鹬蚌相争，渔翁得利

释义：寓言故事，说的是一只蚌张开壳晒太阳，一只鹬去啄它，被蚌壳钳住了嘴，双方都不肯相让。这时渔翁来了，把两个都捉住了。比喻双方争持不下，让第三方得了好处。

例句：“再加外人又存个～的意见，各教员却把平权革命诸说，群相输灌。”（清·王浚卿《冷眼观》）

yuān dà tóu
冤大头

释义：山西军阀阎锡山重铸银圆，原来纯的银圆重新铸造成了只含5%银子的银圆。这些银圆上有袁世凯的头像，故被称作袁大头，谐音冤大头。冤大头本意是花了冤枉的钱，引申为上当、不合算等。

例句：“这种～的事情，正在中国足球界上演，并且将那个流传了很久的‘人傻、钱多、速来’的故事，再次传播到全世界。”（高延晶《冤大头》）

yuān jiā lù zhǎi
冤家路窄

释义：指仇人或不愿意相见的人却偏偏容易相遇，避都避不开。

例句：“蓝眉点了点头说：‘张书记，我先下去了。’向张书记揭发了郑秃驴的兽行，满怀希望地朝楼下走去，谁知真是～，走到三楼的时候就迎面碰上了从楼下走上来的郑秃驴。”（九霄鸿鹄《靠近女局长：权力征途》）

yuán dīng
园丁

释义：指专门从事园艺的劳动者。比喻教师。

例句：“她在家里的旧纸堆里翻找出一些纸本，不经意间看见了父亲备课用过的一本教案，没用完，后面还有许多空白。她仔细地看着，父亲的字刚劲之中透着灵动，从前怎么就没发现呢？不愧是个教师！人们称他们为‘～’。”（曼舞轻歌《园丁》）

yuán zhī yuán wèi
原汁原味

释义：食物原有的汁液和味道。比喻事物本来的，未受到外来影响的风格、特性等。

例句：“我们是整体搬迁，～的澳门大学就坐落在这块土地上，我们可以更有效地用澳门大学既有的传统办学模式进行教育和科研。”（杨洋《“原汁原味的澳大就在这里”——澳门大学校长赵伟接受专访谈澳大搬迁后对内地招生 广东考生将获三级加分》）

yuǎn lái de hé shang hǎo niàn jīng
远来的和尚好念经

释义：见“外来的和尚好念经”。

yuǎn shuǐ jiě bù liǎo jìn kě
远水解不了近渴

释义：比喻远处的援助来得缓慢，对解决迫在眉睫的问题毫无用处。

例句：“‘长沙？’老祖父想了想，知道长沙确是属于湖南。‘离咱们这儿远得很呢！～呀！’”（老舍《四世同堂·偷生》）

yuǎn shuǐ jiù bù liǎo jìn huǒ
远水救不了近火

释义：见“远水解不了近渴”。

yuè mǎn zé kūi shuǐ mǎn zé yì
月满则亏，水满则溢

释义：比喻物极必反，盛则转衰。

例句：“常言‘～’；又道是‘登高必跌重。’如今我们家赫赫扬扬，已将百载，一日倘或乐极生悲，若应了那句‘树倒猢狲散’的俗语，岂不虚称了一世的诗书旧族了！”（清·曹雪芹《红楼梦》）

yuè xià lǎor
月下老儿

释义：中国神话传说中主管人间婚姻的神仙。传说唐代的韦固月夜里遇见一个老人坐着翻检书本。韦固上前窥视，一个字也不认得，向老人询问后，得知老人是专管人间婚姻的神仙，翻检的书是婚姻簿子。老人打开身边的口袋，里面装着红绳，说是系在男女的脚上，即可成就姻缘。后借指媒人。亦作“月下老人”“月老”。

例句：“于是朱丽倩每次来香港，都会在潘宏彬在北角的家里寄住，潘宏彬每次也都热情招待，忙前跑后，为两人秘密创造见面的机会。直到1989年朱丽倩才搬到了塞马西湖自置寓所居住。因而，潘宏彬可以说是刘德华与朱丽倩的～。”（长春国贸《爆料！潘宏彬是刘德华与朱丽倩的月下老儿》）

yuè kě yuè chī yán
越渴越吃盐

释义：比喻一个难题没解开又来了新的难题，雪上加霜。

例句：“‘你那边抓紧点，公安局今天肯定调查不了情况，他们有任务到现在还没有回来，只得靠你们了。’潘学亮说。‘真是，～，怎么赶上他们有任务，看来又要耽误一天时间。’常守信说。”（瑞生《风云人生》）

yuè pà yuè yǒu guǐ
越怕越有鬼

释义：比喻越是担心的事就越容易发生。

例句：“你们哥儿两个自把主意拿正，若是见了我们老爷，只管响唧唧的回话。古人云：‘～’。”（清·佚名《施公案》）

yuè rè yuè chū hán yuè lěng yuè dǎ zhàn
越热越出汗，越冷越打战

释义：比喻富的更富，穷的越穷。

例句：“世道就是这么个世道，发财的，出租放账越发财；倒运的，吃了上顿没下顿越倒运。真是～。”（刘江《太行风云》）

yún cóng lóng fēng cóng hǔ
云从龙，风从虎

释义：比喻杰出人物应运而生。

例句：“古人都说～，这是说他将来一定是个风云际会的龙虎人物。”（欧阳山《苦斗》）

yún dàn fēng qīng
云淡风轻

释义：形容天气晴好，也形容心情愉悦等。

例句：“回到家，桌子上有一封沉沉的信：‘谢谢你，给你添麻烦了。你要好好保重。你是好人，你的女朋友应该会很幸福，希望你和你的心上人永远在一起。’我的眼泪止不住

地落下，心仿佛被敲开一道缝隙，我发现了这样一种美好的感情：比友情浓郁醇厚，比爱情～。”（天下《有种感情云淡风轻》）

yún shān wù zhào
云 山 雾 罩

释义：此词应是“云苫雾罩”和“云山雾沼”的变形词。云苫雾罩意思是用云苫着，用雾罩着；云山雾沼意思是云堆积得像山，雾集聚得像沼泽；都是形容云雾弥漫的景象的，让人感觉是扑朔迷离，看不清楚。比喻说话不着边际，令人困惑不解。

例句：“建立婴幼儿奶粉的配方和标签备案制度，严格责任追究，严惩重处违法违规行为。制度先行，尽量避免出问题后的～的‘马后炮’，对于顶风作案者、医德医风败坏者来说，既然制度已无作用，只能通过法律手段予以解决。”（吴国强《奶粉问题不能总是成了云山雾罩的“马后炮”》）

yún xiāo wù sàn
云 消 雾 散

释义：云消失了，雾散去了。比喻事物消失得干干净净。

例句：“高考一结束，生活仿佛一下子被抽空了，小李在昏昏沉沉饱睡了好几天后，除了看电视、上网、睡觉就没有别的事可做了。往日充实的学习生活～，他仿佛一下子失去了目标，对任何事都不感兴趣，整天等待、期盼、六神无主，找不到生活的方向。”（张瑶《高考结束后需要帮助孩子调适心理》）

Z

zá chǎng zi

砸 场 子

释义：指在某个场所让人家难堪或是通过明目张胆的做法令其工作或事情无法进行下去。

例句：“据悉江夏村的夜档约25个，其中大部分档口的啤酒，周某要求只能从他那里进货，价格一箱比普通贵5～8元，周某每月可从中获利5万元。有档主不从，周某就派人找茬～，有档主因此被打伤，甚至有档口被迫关门。”（沙龙　邓倩晖《垄断夜档啤酒 不从就砸场子》）

zá fàn wǎn

砸 饭 碗

释义：砸了吃饭的家伙。比喻失去了赖以谋生的岗位或职业。

例句：“斗争好说呀，可是弄不好～，我一家人喝西北风呀？”（马烽《刘胡兰传》）

zá guō

砸 锅

释义：清末民初，北方的京剧曾同其他剧种同台演出，而剧目、表演等又仍保持原状不相混合，人们称之“两下锅”。南方剧原来唱一种腔调，后来逐渐变成三种腔调混合演，俗称“三下锅。“锅”成了“戏”的代名词，戏演得不好、演不下去称为“砸锅”。比喻事情办坏了、办不下去了。

例句：“一位股民上午对记者抱怨，股市每天一开盘就‘～’，股票真是没法炒了。”（邵泽慧《股市每天开盘都“砸锅”》）

zá guō mài tiě

砸 锅 卖 铁

释义：比喻宁可倾家荡产也要把某事干成。

例句：“老人家真当是儿媳妇有了喜，满街满巷奔告亲朋好友，说她只要抱上孙子，哪怕～，典尽当光，也要请亲朋好友们吃一顿风风光光的喜酒。”（刘绍棠《蒲柳人家》）

zá pái zi

砸 牌 子

释义：牌子，指商家的招牌或企业的品牌。比喻商家或产品的声誉受到污损。

例句：“死心眼，我们厂不会因为卖出一把没钥匙的锁就～。”（孔捷生《因为有了她》）

zāi dào jiā

栽 到 家

释义：比喻遇到的打击或损失极为惨重，几乎要达到从头再来的程度。

例句：“今天一个不好，阴沟里翻了船，苦练二十多年，不知道耗费了多少功夫心血的蛊虫被人给擒住了，而且对方能力居然这么大，才几分钟的时间竟将这里围了个水泄不通，自己今天可算～了！”（化羽骑士《神医太子爷》）

zāi gēn tou

栽 跟 头

释义：比喻失败、出丑或犯错误。

例句：“偏偏这几天，右眼皮子常跳。他想：‘左眼跳财，右眼跳害，难道我要～啦？”（袁静《淮上人家》）

zāi miàn zi

栽 面 子

释义：面子，指脸面。比喻丢脸。

例句：“临县‘三·八’矿难让山西整合煤炭资源、压减矿井工作愈显紧迫。山西省政府……称，本月底前，彻底关闭不具备安全生产条件的887座煤矿，拒不执行者，当地官员将‘～’。”（张墨　张云《山西月底关闭887座煤矿 不执行的官员将栽面子》）

zāi péi

栽培

释义：指种植并培养植物。比喻培育、提拔人才。

例句：“成龙把邵（逸夫）老先生比作香港电影的创始人。对此成龙解释道，‘无论幕前幕后，无数人都是他～出来的，再也没有一个人能像他一样。’”（程雪超《成龙感谢邵逸夫栽培“再也没有人能像他一样”》）

zāi shén me shù miáo jiē shén me guǒ

栽什么树苗结什么果

释义：比喻做什么样的努力就会得到什么样的回报。

例句：“看到许多人在抱怨如今的孩子是怎样的不争气、不节省、不体贴、不刻苦……这就叫～，撒什么种子开什么花。如果父母能像我和怀冰这样，把孩子当成大人一样与他们对话，孩子就会懂得许多必须懂的事情。”（万红《栽什么树苗结什么果　撒什么种子开什么花》）

zāi xià wú tóng shù　yǐn dé fèng huáng lái

栽下梧桐树，引得凤凰来

释义：比喻要吸引人才就必须为人才提供必要和优惠的条件。

例句：“……浑南新区对外招商工作做得深、做得细、做得实，实现了企业入驻规模与产业集聚效应的同步、跨越式发展。～。伴随着浑南新城纳入沈阳主城规划的新鲜出炉，以及不断完善的投资发展环境，大浑南正成为海内外抢滩投资的新高地，一批行业领军的外资企业已把发展的目光投向这里。”（李莉 林宽《栽下梧桐树 引得凤凰来》）

zǎi gē

宰割

释义：比喻分割、剥削、压迫、欺凌等。

例句：“任何想称霸世界的人，妄图～我们的时代已经一去不复返了。”（魏巍《东方》）

zǎi rén

宰人

释义：指经营者利用抬高物价或缺斤少两的方式牟取暴利。

例句：“这‘～’没商量的背后，到底是谁借‘便民服务’之名，行‘借机敛财’之实？一边是高价复印费、照相费，一边是最接‘地气’的窗口单位，一个天上，一个地下，其实中间差的就是‘务实为民’的服务理念。几角钱、几块钱看似小事，但是人们通过这个窗口看到的是政府形象，是改进工作作风能否落到实处。”（王瑞芳《政务大厅复印昂贵 是便民还是借机敛财》）

zǎi xiàng dù lǐ néng chēng chuán

宰相肚里能撑船

释义：宰相，即丞相，朝廷中职位最高的辅政大臣，形容当宰相的人心胸开阔，气量大。泛指人要能容人容事，不要小肚鸡肠，斤斤计较。

例句：“二位的盛情我领教，常言说，～。我岂能为这一点小误会就伤害自己人的面子，只是我实难向会里交代。”（李晓明　韩安庆《平原枪声》）

zài nǎr　shuāi jiāo zài nǎr　pá qǐ

在哪儿摔跤在哪儿爬起

释义：比喻在哪一方面犯了错误，就要从哪一方面改正。

例句：“‘上次失败整得够狠了吧？我劝你不要在自己摔过的地方继续摔跤了。’‘～，就因为自己一次失败后就不敢干了，那我还叫三娃吗？’三娃坚定地说。”（江华《轨迹》）

zǎi huā yé qián xīn bù téng
崽花爷钱心不疼

释义：比喻败家子。

例句：“事实证明，任何对浪费财政予以开脱的借口都不会被人们接受，因为它们不合法律这个最大情理，违背依法行政的基本原则。“只买贵的，不买对的”，恰恰印证了那句大实话：～——没有强有力的制度约束，财政支出怎会疼惜纳税人的钱?”（戈海《浪费财政“崽花爷钱心不疼”?》）

zài shān kào shān　zài shuǐ kào shuǐ
在山靠山，在水靠水

释义：见“靠山吃山，靠水吃水”。

zài jiǎo huá de hú li yě dǒu bù guò hǎo liè shǒu
再狡猾的狐狸也斗不过好猎手

释义：见“狐狸再狡猾也斗不过好猎手”。

zāng xīn làn fèi
脏心烂肺

释义：形容人的心地肮脏，不正派。

例句：“知道的说是顽，不知道的人，再遇见那～的爱多管闲事嚼舌头的人，吵嚷的那府里谁不知道，谁不背地里嚼舌说咱们这边混帐。”（清·曹雪芹《红楼梦》）

zāo bái yǎn
遭白眼

释义：白眼，即白眼珠，眼睛朝上边或旁边看时，现出白眼珠。比喻被人瞧不起，坐冷板凳。

例句：“这位高官到菜市场走访～，在很大程度上是因为他不像个官……”（中国日报网《高官菜市场遭白眼　哪个部门被另眼相看?》）

zāo yù huá tiě lú
遭遇滑铁卢

释义：滑铁卢，比利时首都布鲁塞尔附近的一个小镇。发生在1815年6月18日的滑铁卢战役是一场“战线最短，而军队又最密集”的战役。这场战役法军伤亡3万多人，拿破仑在该战役中惨败。后用“遭遇滑铁卢”来形容遭遇了失败，甚至一败涂地。

例句：“截止到昨晚，十二运进入到了第3个比赛日，虽然赛程刚刚开始，但3天来，已经有至少22名奥运会冠军～，均与金牌无缘。全运会，俨然成了这些奥运冠军的伤心地，这也是本届全运会一道奇特的风景。”（辽沈晚报《全运有一奇特风景 开赛3天22奥运冠军遭遇滑铁卢!》）

zāo pò
糟粕

释义：指酒糟、豆渣等。比喻粗劣无价值、废弃无用的东西。

例句：“精华与～，说起来明白如日月经天；但实则是泾渭并不分明，而且随时代的推移，有时候还会转化，我们决不可掉以轻心。”（季羡林《修身与治学》）

záo sì fāng yǎnr
凿四方眼儿

释义：比喻照章办事，难以通融。

例句：“因为徐呆子出了名的喜欢～，认死理儿，领导不喜欢。厂里人都认为他在财务科待不长，领导只是碍于他是正儿八经的本科生，才暂时没有动他。”（砂弦《厂花》）

zǎo qǐ de niǎo yǒu chóng chī
早起的鸟有虫吃

释义：劝诫人要勤奋、刻苦。

例句：“今天是个不错的天气，李世清早早就起了床，准备出趟远门到沙巴地区去。听说那里今年花椒种植面积扩大了不少。李世清自嘲道，～哦!”（笑谈浊酒《龙起 1924》）

zǎo zhī yào niào kàng jiù shuì shāi zi shàng

早知要尿炕，就睡筛子上

释义：比喻假如能够预知会出问题就会尽力提防。

例句：“警察一走，那些原先就反对挖的孩子们开始数落父辈：‘说你们财迷心窍吧，你们不听，怎么样，多让人笑话！’那些原先支持挖的人也埋怨开了：‘看弄得一屋子土！屁毛儿没挖着，传出去还不让人家指着后脊梁耻笑？……’那些一连几天用力气挖地的男子汉们发起火来了：‘你们有能耐，～啦！’”（肖复兴《影壁》）

zào xuè

造血

释义：比喻部门、单位、组织等从内部挖掘潜力，增强自身实力。

例句：“扶贫工作要从资金扶持向智力扶持、技术扶持、项目扶持等方面转变，变输血式扶贫为～式扶贫，特别要加大农村产业培植，加快提高农村劳动者综合素质，加快农业技术推广，要以项目为支撑着力改善农业基础条件，扶持农业龙头企业发展，带动农民增收致富。”（黄鹏辉　杨龙海　崔江波《变输血式扶贫为造血式扶贫》）

zéi hǎn zhuō zéi

贼喊捉贼

释义：做贼的人喊捉贼。比喻为了逃脱罪责，故意转移目标，混淆视听。

例句：“李春山如此不知羞惭，居然倒打钉耙，～。”（克非《春潮急》）

zéi méi shǔ yǎn

贼眉鼠眼

释义：形容神情鬼鬼祟祟。

例句：“‘你没看见李景纯吗?’武端～的问，‘他来，她就不能来!’”（老舍《赵子曰》）

zéi tóu zéi nǎo

贼头贼脑

释义：形容举动偷偷摸摸，鬼鬼祟祟。

例句：“前不久接到官员兼作家刘凤梅先生打来的电话，说她在一家书摊上发现署着我的名字的长篇小说，不是一本，而是赫然醒目地并排摆着一套三本。……看到这样装潢的三本书，我的第一感觉是～的贼气。再看，愈发觉得是贼气弥漫着的贼眉贼眼了。”（陈忠实《盗版和盗名弥漫着贼头贼脑的贼气》）

zhā ěr duo

扎耳朵

释义：比喻说话难听，让人难以接受。

例句：“公子听得这话有些～，便端起杯来又饮了一口。”（清·文康《儿女英雄传》）

zhā gēn

扎根

释义：指植物的根向土壤里生长。比喻深入进去，打下基础。

例句：“我听部长的话，把爱人、小孩都接来了，就在这里～落户干一辈子。”（丁玲《杜晚香》）

zhā yǎn

扎眼

释义：刺眼。比喻惹人注目。

例句：“天气有点热，这个三十多岁的男游客，干脆把外套一脱，绑在腰间，秀起了肌肉。西湖边游客很多，就他一个人光着膀子，在人群中很～。”（阎作臣《这样秀身材太扎眼》）

zhā zǐ
渣 滓

释义：指精选提炼后的残余废物。比喻对社会有危害的不法分子。

例句：“这种情况，迫使美国帝国主义分子建立了奴役世界的计划，像野兽一样，向欧亚两洲和其他地方乱窜，集合各国的反动势力，那些被人民唾弃的～，组成帝国主义和反民主的阵营。”（毛泽东《目前的形势和我们的任务》）

zhà chìr
乍 翅 儿

释义：指鸟类突然张开翅膀。比喻人敢于反抗或是过于张扬。

例句：“父皇在时，他俩就爱搅和，爱胡闹，甚至有意惹老皇上生气。今天，朕刚刚登基，他们又要～了。不压住这个邪气，今后朕这皇上还怎么当啊！”（二月河《康熙大帝》）

zhà wō
炸 窝

释义：成群的蜂、鸟因惊吓突然从窝中飞出。比喻慌乱。

例句：“人们的心里～了。”（蒋子龙《铁锹传》）

zhà yóu shui
榨 油 水

释义：比喻榨取他人的钱财或劳动。

例句：“现在，他看出来他的正规收入虽然还不算很多，可是为大赤包设法从妓女身上～的时候，他会，也应当，从中得些好处的。”（老舍《四世同堂·偷生》）

zhāi mào zi
摘 帽 子

释义：比喻取消原来的具有特殊意义的政治称谓，恢复公民权利。

例句：“郭大娘稍稍愣了一下，谨慎地答道：‘～，得经过群众讨论。’”（胡可《槐树庄》〈电影〉）

zhāi táo zi
摘 桃 子

释义：比喻把别人的功劳据为己有。

例句：“而汉文帝不但是汉朝第五位皇帝，而且刘氏、吕氏、功臣集团斗得你死我活时他一丁点儿发言权都没有，斗完了主角才出马——来～。说穿了，人家秦二世是骗了个皇帝当，汉文帝则完全是捡了个皇帝当。”（黄如一《煮酒话太宗》）

zhái
宅

释义：宅，本意为住所。现代意义的“宅”起源于日本，是“御宅族”的缩略，最早是由日本著名漫画家中森明夫1983年通过漫画作品提出的，主要描写那些对动漫等着迷几乎不顾时间和精力，全身心投入的人。后来“宅”逐渐演变成对那些待在家里，沉迷于个人的兴趣、爱好，而与社会脱节的青年的称呼。

例句：“世界各地的奇闻异事，动人的爱情故事，奇思妙想的创意图片，让～男～女～在家中静观天下！”

zhài tái gāo zhù
债 台 高 筑

释义：原指为避债而藏匿于高台之上，使债主寻之不易；后形容负债过多。

例句：“这年头的‘富二代’早潜伏在生活的四周，但广州集博投资咨询有限公司董事长叶力申却是一位真正‘白手起家’的年轻人。曾经一夜成功，也曾‘～’，现在，这位年仅27岁的纯80后表现出来的是同龄人所没有的沉稳。”（陆琨倩《白手起家80后：从债台高筑到获5000万风投》）

zhān bāo
沾 包

释义：北方做豆腐，把点好卤水的豆腐倒入木槽后，为使表面更挺实，往往在上边点些卤水，然后盖上包布压上重物，挤出水分即可。如果卤水点的量大就容易使豆腐表皮与包布粘上，豆腐就破相了，此谓之“沾包”。比喻受到连累。

例句：“你说吧，不能怪你，要不说呀，有事你可得～。”（周立波《暴风骤雨》）

zhān guāng
沾 光

释义：指本体事物受到了其他光源的照耀。比喻凭借别人或某种事物而得到好处。

例句：“要大家都～，我就听你使唤；要不，你再官儿大点吧，我也不怕！”（孙犁《白洋淀纪事·女保管》）

zhān qián gù hòu
瞻 前 顾 后

释义：瞻，向前望；顾，回头看。形容做事谨慎、考虑周密或是顾虑太多、犹豫不决。

例句：“他感到自己有点性急，接触汤阿英这样的人要～，想得周到，做得自然，不能有丝毫的鲁莽，更不能性急，要慢慢进行。”（周而复《上海的早晨》）

zhǎn cǎo chú gēn
斩 草 除 根

释义：除草时要连根除掉，使其不能再生长。比喻除去祸根，以免后患。

例句：“脚气由于它的高复发率，让人误认为是不能根治的。不过专家表示，只要规范治疗、合理用药，脚气是可以‘～’的。”（叶洲《合理用药　脚气可斩草除根》）

zhǎn dīng jié tiě
斩 钉 截 铁

释义：砍断钉子切断铁。比喻说话做事坚决果断，毫不犹豫。

例句：“为了不让敌人发现群众和连队主力，班长马宝玉～地说了一声‘走!’带头向棋盘陀走去。战士们热血沸腾，紧跟在班长后面。他们知道班长要把敌人引上绝路。”（沈重《狼牙山五壮士》）

zhàn shàng fēng
占 上 风

释义：比喻占据优势的位置。

例句：“虽然宣传部办事的人除他而外，还有两个委员，但大部分的事都要他做，而且他如果不负责，另一派人的意见就会～而被采纳了。”（巴金《灭亡》）

zhàn zhe máo kēng bù lā shǐ
占 着 茅 坑 不 拉 屎

释义：比喻占着职位，不做实事。

例句：“你要说他们不动员吧，‘抗敌后援委员会’的组织到处成立了，但无非是借故敛钱，包而不办，～而已。”

zhàn bù zhù jiǎo
站 不 住 脚

释义：比喻理论、观点经不起检验或某人在某个地方待不下去了。

例句：“……急急忙忙地改成‘以拯救一百几十个战犯为前提’，那你们可要仔细，你们就一定～。”（毛泽东《国民党反动派由“呼吁和平”变为呼吁战争》）

zhàn de gāo　kàn de yuǎn
站 得 高 ， 看 得 远

释义：比喻基础提高了，视野就会更开阔。

例句：“如果一个人的知识技能达到一定水平，职业发展也就会水到渠成。通过努力学习，掌握更多的技能，就能上一个台阶，能够～。”（落雁《站得更高　看得更远》）

zhàn gān àn

站干岸

释义：站在没水的地方看河里的情况。比喻冷眼旁观或幸灾乐祸。

例句：“咱们家所有的这些管家奶奶们，哪一位是好缠的？错一点儿他们就笑话打趣，偏一点他们就指桑骂槐的报怨。坐山观虎斗，借剑杀人，引风吹火，～，推倒油瓶不扶，都是全挂子武艺。”（清·曹雪芹《红楼梦》）

zhàn zài hé biān bù tuō xié

站在河边不脱鞋

释义：比喻遇事退避，袖手旁观。

例句：“组织上既然派回咱们来，什么滋味也要尝尝，什么水也得趟趟，蹲在茅房不拉屎，～，那可要不得呀！”（李英儒《战斗在滹沱河上》）

zhàn zhe shuō huà bù yāo téng

站着说话不腰疼

释义：指站在一边说风凉话的人体会不到干实事的人的难处。

例句：“二嫂不干了，立即叫嚷起来：‘你说得倒轻巧。刘主任，你还是个什么副科级领导，不愁吃不愁穿，～！拜托你，你不要插嘴好不好？你就算是个领导，也管不到我们唐家的事吧？’”（不信天上掉馅饼《官家》）

zhàn zhù jiǎo

站住脚

释义：指人站在那里比较稳定，不会轻易动摇或倒下。比喻人（或事物）在某个地方待下去，或在某个位置地位稳固或说话观点正确。

例句：“‘我们团那时候特别不景气，因为非典，没有演出，我依然觉得我在北京是可以～的。因为我有一技之长，我觉得甚至可以去我们新疆的那种民族宴会厅跳舞，或者带学生，或者给企业拍片子，这些都可以让我有收入。只要是有收入我就不怕。’她说得理直气壮。有一阵子她同时做好几份兼职。可以想象那个时候的佟丽娅活得拼命而快乐。”（中国青年网《佟丽娅专访：我能在北京站住脚》）

zhāng guān lǐ dài

张冠李戴

释义：把姓张的帽子戴到姓李的头上。比喻认错了对象，弄错了事实。

例句：“阿辉事后一总结，这事自己最多挨五板子，丁雪芳老师她自己错认了，把阿辉的默写本当成李霞的，做到了真真正正的～，错打了李霞不说，最后还把账算到阿辉头上，真是莫名其妙。”（燕变石《绯色鹿心门》）

zhāng kǒu jié shé

张口结舌

释义：结舌，舌头不能转动。张着嘴说不出话来。形容理屈词穷或因紧张害怕而发愣。

例句：“凶手感到这声音像是一个铁棒击打在他的头上，他转头一看，大惊失色，～。”（曲波《林海雪原》）

zhāng jiā cháng lǐ jiā duǎn

张家长李家短

释义：比喻说东道西，漫无边际地议论这家或那家的琐事。

例句：“她那时五十来岁，就算一个老妇人了。她陪我舅妈打牌、谈天，讲一些～。”（丁玲《〈丁玲戏剧集〉序》）

zhāng tiān shī dào bèi guǐ zhuō le

张天师倒被鬼捉了

释义：传说张天师能够降魔捉鬼而被民间供奉。比喻有法无处用了。

例句：“张子初哈哈大笑：‘～，呵呵，想不到民间俗语还真有现实蓝本。’”（幽谷听泉人《诳言》）

zhāng yá wǔ zhǎo
张牙舞爪

释义：原指猛兽凶恶可怕。形容猖狂凶恶的样子。

例句：“这家加拿大媒体还说道，越南在南海问题上选择进攻路线并不奇怪。一个最好的方法就是暂时‘～’，迫使中国进入多边对话。”（陈美丽等《加拿大：越南在南海问题上“张牙舞爪”并不奇怪》）

zhāng zuǐ
张嘴

释义：张开嘴巴，表示开口说话。代指向人借钱物或有所请求或表明态度。

例句：“刚才呀，卖衣裳的一～，就要四万五，不打价儿。”（老舍《龙须沟》）

zhāng tóu shǔ mù
獐头鼠目

释义：形容人相貌丑陋、猥琐，神情狡猾可憎。

例句：“此人～，秃顶黄须，名叫马铁德。”（郭澄清《大刀记》）

zhǎng háng shi
长行市

释义：原指市场中的商品的价格上涨了。泛指人或物提升档次。

例句：“婚姻让男人～，脾气大了，手脚懒了。结婚前还是唯唯诺诺，有言必行有令必听唯女友是尊的模样，结婚后摇身一变，牛气冲天。”（雪琳《婚姻让男人长了行市》）

zhǎng le máo bǐ hóur hái jīng
长了毛比猴儿还精

释义：比喻人机灵，心眼儿多。

例句：“兆龙说：‘我估计跑不远，为什么呢？他们都在大班干活，根本没有机会接触外界，地形肯定不熟，而且只要没有专业训练过的人，方向肯定认不准，所以迷路有相当大的可能。’刘科长说：‘有理，能当狱政侦查员了。’董监说：‘哼，～，还别说真不是胡咧咧，正儿八经有几分道理呢。’”（小军《什么还未成功，哥们还需努力》）

zhǎng duò
掌舵

释义：掌握船舵。比喻掌握方向或执掌权力。

例句：“这十年来，我懂得了这样一句话：以职业深入社会，以文字深入内心——我知道，我是在为自己的人生～。”（阎文盛《为自己的人生掌舵》）

zhǎng mén rén
掌门人

释义：武林中执掌、统领某一门派的人。比喻在某领域的带头人或权威人士（含戏谑意）。

例句：“美国联邦储备委员会副主席珍妮特·耶伦 6 日经国会参议院投票确认，出任美联储主席，成为这一美国中央银行百年历史上首名女性～。”（卜晓明《美联储迎来百年历史上首名女掌门》）

zhǎng shàng míng zhū
掌上明珠

释义：比喻极受父母宠爱的儿女，也比喻被人珍爱的物品。

例句：“小格格牢牢抓住他的手，咯咯地仰脸笑着。水汪汪的桃花眼将他深浸其中。胤禛不知道，小格格有朝一日会成为他难割难舍的～，他人生中的一抹煦暖绚烂的晴好。即便十多年二十多年后，只要回想这一天的缘起，习惯了摆着冷峻脸的他也会不由得露出庆幸的微笑。”（二小乔《四爷的掌上明珠》）

zhàng èr de hé shang mō bù zháo tóu nǎo

丈二的和尚摸不着头脑

释义：比喻弄不清底细或缘由。

例句：“黑子闹了个～。”（袁静《淮上人家》）

zhāo bīng mǎi mǎ

招兵买马

释义：招募兵员，购置战马。比喻扩大组织或扩充人员。

例句：“2013年住宅交易红火，营销市场亦热闹。记者日前获悉，继今年初碧桂园柏丽湾、恒大帝景、丰泰旗山绿洲等楼盘上街派宣传单拼抢潜在客户后，东莞又一本土开发商富盈地产也加入其中，并大肆～，颇有几分与同区域楼盘一拼高低的架势。”（林驰胜《全员营销：房企招兵买马上街售楼》）

zhāo fēng rě cǎo

招风惹草

释义：比喻招惹是非，引出事端。

例句：“宝钗道：‘你只怨我说，再不怨你那顾前不顾后的形景。’薛蟠道：‘你只会怨我顾前不顾后，你怎么不怨宝玉外头～的呢？’”（清·曹雪芹《红楼梦》）

zhāo fēng rě dié

招蜂惹蝶

释义：比喻卖弄风情，吸引异性注意。多指女性。含贬义。

例句：“贺中珏把孟夏打量一番，眉一皱道：‘这副没长开的模子，居然还挺～，怎么看上徐老三了？’”（夏阳白《陌上美娇娘：压倒败家夫》）

zhāo lái yī ge nǚ xù　qì pǎo yī qún ér zi

招来一个女婿，气跑一群儿子

释义：比喻只顾重视外来的人才而忽视了本地的人才。

例句：“然而，现在有的单位，视外单位的人才为掌上明珠，不惜重金挖来，待以厚礼；而对本单位的人才却白眼睨之，不关心他们的痛痒，不解决他们的实际困难，使人才的聪明才智难以发挥。这种做法势必造成人才的浪费，才能得不到施展，还很可能会出现‘～’的现象。”（吴沛峰《不妨学学刘邦的用人之道》）

zhāo pai

招牌

释义：挂在商店门前作为标志的牌子。比喻某种名义或称号。

例句：“跃升为世界第二大经济体的中国，要继续做强‘中国制造’，也应当深化对服务品牌的认识，唱响并推广‘中国服务’，让‘中国服务’成为下一步中国经济发展的新金字～。”（白天亮《“中国服务”要成为金字招牌》）

zhāo yáo guò shì

招摇过市

释义：招摇，张扬炫耀；市，闹市，指人多的地方。形容在公开场合大摇大摆显示声势，引人注意。

例句：“8月15日，在东京靖国神社，一些日本老兵身穿二战时的军装～，为军国主义招魂。”（马平《日本二战老兵招摇过市 为军国主义招魂》）

zhāo qín mù chǔ

朝秦暮楚

释义：春秋战国时期，秦楚两个诸侯大国相互对立，经常作战。有的诸侯小国为了自身的利益与安全，时而倾向秦，时而倾向楚。比喻人反复无常或生活不安定。

例句：“周佛海其人，是中国现代史上少有的一个风云变幻人物。他从信仰共产主义到鼓吹卖国主义；从中国共产党创始人之一到蒋介石的亲信、到汪伪股肱、到上海行动总指

挥；从革命者到卖国巨奸。其变化多端、～，在中国现代史上没有任何一个人物能与他相比。”（蔡德会《从革命者到卖国巨奸：朝秦暮楚周佛海》）

zhāo sān mù sì

朝三暮四

释义：有个养猴的人，由于家里食物缺乏了，想限制猴子的食物，但又怕猴子生气，就骗猴子说，我给你们栗子，早上四颗，晚上三颗够吃吗？猴子们很生气，都跳了起来。过了一会儿他又说，早上三颗晚上四颗足够了吧！猴子们听后都开心地趴下了。原指玩弄手法骗人，后用来比喻常常变卦，反复无常。

例句：“只隔一宿，偏已换了花样，～，令人莫测。”（蔡东藩　许廑父《民国演义》）

zhāo yáng

朝阳

释义：初升的太阳。比喻新兴的、有发展前途的事物。

例句：“8月16日，国务院总理李克强召开国务院常务会议，确定深化改革加快发展养老服务产业，目标是到2020年，全面建成以居家为基础、社区为依托、机构为支撑的覆盖城乡的多样化养老服务体系，把服务亿万老年人的“夕阳红”事业打造成蓬勃发展的～产业，使之成为调结构、惠民生、促升级的重要力量。”（王文嫣《将养老产业打造成朝阳产业》）

zháo sān bù zháo liǎng

着三不着两

释义：比喻做事毛糙，考虑欠周。

例句：“那珍大爷管儿子，倒也像当日老祖宗的规矩，只是～的。”（清·曹雪芹《红楼梦》）

zhǎo yá

爪牙

释义：指动物的尖爪和利牙。原比喻得力的帮手，后比喻为坏人效力的人。

例句：“郭全海寻思‘满洲国’这么一个大密探，藏在这儿一年多，没有发觉，一定有～。”（周立波《暴风骤雨》）

zhǎo bìng

找病

释义：比喻自找麻烦，自寻烦恼。

例句：“苏总管，是阿齐图非要带了酒菜来给年羹尧送行，我说了不行，现在是什么时候啊，这节骨眼上，这不～嘛?！苏总管，你得跟皇上说，我可是……”（风池《步步惊心年羹尧》）

zhǎo bù zháo běi

找不着北

释义：比喻不清醒，不明白

例句：“这些人竟藏这么多花样，一个个不是明着挡道，却犹如一个个暗礁。又是把他像个扯线木偶一样玩弄着。他叫一二三四，人家跟着喊五六七八，让他兜了一个令人难以置信的圈。这个圈像用圆规绘出来的，一点儿不显山露水，就让他～了。”（马飞《三尺讲台》）

zhǎo chár

找茬儿

释义：比喻故意挑毛病

例句：“希望我们的执法者，可以秉公执法，可以对我们百姓存有善意，而不要将执法变成～，使其成为一种报复的工具。”（李文硕《踢翻油盆的城管，是执法还是找茬儿?》）

zhǎo chū lù

找出路

释义：比喻寻找生存或发展的方向。

例句：“因为经济好的时候，大家就会一拥而上，拼命挤进这个行业；而经济不好的时候，你不可能一路往前走了，就必须想办法来应对，必须在冷下来的市场中～。这条出路，实际上就是调整结构的方向.”（王天凯《纺织企业要在“冷”市场中找出路》）

zhǎo fàn wǎn

找 饭 碗

释义：比喻寻找谋生的手段或职业。

例句：“前不久，马拉多纳因为带队成绩不佳，刚从阿联酋阿尔瓦斯尔俱乐部主帅的位置下课，因此，他本次来华，被不少人看做来～的。”（王详《马拉多纳在中国找“饭碗”执教中超前景不乐观》）

zhǎo kào shān

找 靠 山

释义：比喻寻求庇佑之所，栖身之地。

例句：“很多人都认识到找个靠山的重要性，也绞尽脑汁为自己找到了靠山，不过不要高兴得太早，～是一种双向选择，也是一种随时有可能发生改变的关系。～时，需要掂量自己的价值。如果你对你的靠山没有价值，你的投靠对你自己也就同样没有实质好处，你随时都可能被牺牲掉。”（田江波《职场中的那些秘密》）

zhǎo mén lu

找 门 路

释义：寻找能够达到目的的途径。

例句：“他系此地人，革后家居。今打听得都中奏准起复旧员之信，他便四下里寻情～，忽遇见雨村，故忙道喜。”（清・曹雪芹《红楼梦》）

zhǎo tái jiē xià

找 台 阶 下

释义：比喻寻找摆脱困境的借口和机会。

例句：“唐笑的嘴不悦地撇了起来，……将脸转向了裴明哲：‘裴叔叔，是我错了，孩子不懂事，请你多多原谅我吧。’此话一出，宇文清逸差点笑喷过去，就连唐洁茹都笑得有些无力，裴明哲更是一副讪讪的表情。这孩子太会给自己～了，是啊，一个大人还能跟个孩子计较什么呢？”（玉如颜《酷酷总裁的万能秘书》）

zhǎo zhé

找 辙

释义：比喻找借口，也比喻找门路、想办法。

例句：“但是，卡马乔执掌中国队快两年了。亲，咱就算为输球～，是不是也该换点新鲜的说辞了吧！”（李立《卡马乔抱怨国足缺人遭媒体反问：找辙也该换新说辞了》）

zhào fāng zi zhuā yào

照 方 子 抓 药

释义：比喻按照已定的程序办事。

例句：“……姚志汉这才明白，原来自家的地里缺了磷和钾。当年，他按卡买肥、按卡施肥，不但省了1000多元的化肥钱，每公顷地还多打了2000多斤玉米。‘有这么好的施肥法，咱干啥不用？这不，我又～来了。’姚志汉笑呵呵地说。”（李中良《长春市：按卡施肥增收增效》）

zhào hú lu huà piáo

照 葫 芦 画 瓢

释义：见“依样画葫芦”

zhào jìng zi

照 镜 子

释义：比喻通过对比或参照来认识自己。

例句："一个领导干部从入党开始，到担任领导职务，思想变化是什么过程？是越来越先进，还是越来越滑坡？……敢不敢对照，能不能真正对思想进行梳理，照一照镜子，亮一亮思想底子。～，亮底子，要切实解决敢不敢、真不真、深不深的问题。这本身就是一种考验，是一个基本的立场和觉悟问题。"（袁纯清《领导干部要敢于照镜子亮底子》）

zhào māo huà hǔ
照 猫 画 虎

释义：比喻照着样子模仿。

例句："至于搞工业，还得～地跟人家学。"（张天民《创业》）

zhào yāo jìng
照 妖 镜

释义：传说能照出妖魔鬼怪原形的宝镜。比喻借以看穿阴谋诡计的事物。

例句："70年过去了，纪念《开罗宣言》的现实意义一点都不小于历史意义。《开罗宣言》不仅像一块'镇妖石'压在日本军国主义者身上和心上，而且像一面高悬在日本面前的'～'。用这面镜子照一照日本，就很容易发现，日本……至少在三个方面在违背《开罗宣言》精神的道路上越走越远。"（华益文《日本在"照妖镜"前现原形）

zhē xiū bù
遮 羞 布

释义：比喻掩盖羞耻的东西。

例句："把真实表现人物和生活看成反动，于是文艺只能成为装饰品、～，毫无生命的东西。"（艾芜《繁荣文艺必须肃清封建流毒》）

zhé shè
折 射

释义：指光波、声波、电磁波穿过不同的介质的时候传播方向会发生变化的现象。比喻在社会生活里通过一种现象反映出另外一种现象，从而表现出事物的实质。

例句："我国已进入商贸谍战的高发期，对重要经济情报和国家经济运行安全的威胁与日俱增。间谍就在身边，窃密就在眼前。面对力拓案件～出的制度缺陷、主体缺位、监管缺失的严峻现实，我们应感到振聋发聩，是应该警醒起来做点什么了！"（蒋汝勤《力拓案件折射出什么?》）

zhè shān wàng zhe nà shān gāo
这 山 望 着 那 山 高

释义：比喻见异思迁，多指不安心本职工作。

例句："有几句俗话，'人不到黄河心不死'，'～'，……均可以证明这个道理。"（毛泽东《致蔡和森等》）

zhè zhi ěr duo jìn nà zhī ěr duo chū
这 只 耳 朵 进，那 只 耳 朵 出

释义：比喻心不在焉，思想不集中。

例句："阿美对阿牛说的话，阿牛总是听进去了，却总是记不住，这使得阿美极不开心。这次阿牛又没记住老婆的话，阿美不管三七二十一，揪起阿牛的耳朵说：'为什么我说的话总是～！亏我对你一片真心！'"（康郎《这只耳朵进，那只耳朵出》）

zhēn biān
针 砭

释义：砭，古时治病用的石针，针头圆，柄方，针头在棉油灯焰上炙之微烫，蘸姜汁、艾汁或其他配置药液，立顶于患者穴道，可治风湿、寒热诸病。比喻发现或指出错误，以求改正。

例句："虽然曾有不少媒体报道著名导演谢晋正在筹备自己的收山之作，但近日谢晋在上海却明确表示，自己从来没有想过要收山，并毫不客气地～了当前影视圈的三大怪现

象。”（吴铁凡《谢晋口不留情：针砭影视圈三大怪现象》）

zhēn chā bù jìn shuǐ pō bù jìn

针插不进，水泼不进

释义：比喻封锁得十分严密，外界无法介入其间。

例句：“他来到场中腾空跃起，一个带刀旋风脚，落地紧跟一招缠头裹脑，立时一把单刀在身边上下左右翻飞飕飕作响，那刀将身子遮挡得是密不透风，大有～之势。他的刀术全是五虎擒羊刀的路法。”（高智慧《江湖艺人赵二楞》）

zhēn bí dà de yǎn dǒu dà de fēng

针鼻大的眼，斗大的风

释义：比喻小处不注意就会造成严重的后果。

例句：“经理常说的一句话是：我们做维修工作的，要尽善尽美，不完美就是不圆满，就不是很好地完成任务。每当看到有维修工在工作中有畏难情绪，出现糊弄的意识，他就说：～，咱是干啥的，就是堵这个眼的，这个眼堵不好，还说啥。”（佚名《一个追赶太阳的人》）

zhēn fēng xiāng duì

针锋相对

释义：针锋，针尖。针尖对针尖。比喻双方策略、观点及行动等尖锐对立或在斗争中针对对方的言行等采取相应的行动、措施。

例句：“周恩来不以为然，他强调说：～要看全局。接着他详尽地阐述了这一观点：美国对我们封锁禁运，英国却邀请我们外贸部副部长访英。这就有区别，有矛盾，先要抓住这一点。”（胡长明《大智周恩来》）

zhēn jiān duì mài máng

针尖对麦芒

释义：麦芒，麦穗上的尖。比喻双方针锋相对，各不相让。

例句：“婆媳两个～，吵闹不休。”（周立波《暴风骤雨》）

zhēn tóu xiàn nǎo

针头线脑

释义：缝纫用的针线等物。比喻零碎、细微的事物。

例句：“‘当市场一片欣欣向荣时，大家都不会计较去赚这些小钱。一旦经济不景气，才会发现，～等小玩意也能做出大市场。’黄华军认为，大众市场永远都有挖掘的空间，大创生活馆不仅为广州零售市场注入了新的业态，也带来了创新的理念。”（彭文蕊 陶达嫔《针头线脑做成大生意》）

zhēn wú liǎng tóu jiān

针无两头尖

释义：比喻事物难得两全。

例句：“翠姨娘叹口气道：‘……本乡本土一个镇子，知根知底，又不用远嫁，又不用侍候公婆。找来找去，还真找不出比吴三少爷更好的女婿了。虽然他家不是读书人，但金无足金，人无完人，～，箩里挑花会挑花了眼。’琬小姐粉面飞霞，……忸忸怩怩地道：‘翠姨，早知引出你这么多话来，我就不说了。’”（蓝紫青灰《离魂》）

zhēn jīn bù pà huǒ liàn

真金不怕火炼

释义：比喻真的东西是经得起考验的。

例句：“除非我死了拉倒，死不了总要和你们见个高低。～!”（柳青《狠透铁》）

zhēn rén bù lòu xiàng

真人不露相

释义：真人，道教所说修行得道的人，指得道的人不以形相现于人前。比喻有真本事的人不轻易在人前显露。

例句：“赵阿大的脸立刻涨红，大声喊道：‘不相信，就自己去看吧！～？嗨，这就叫做～！”（茅盾《残冬》）

zhēn rén miàn qián bù shuō jiǎ huà

真人面前不说假话

释义：真人，道教所说修行得道之人。比喻在明白人面前不要藏着掖着，应实话实说。

例句：“邵祺微笑点头，轻道：‘如此，那我就～了。我今天请两位来到这里，就没有准备让两位再走出这扇门。’他说着话，面上始终带着春风一般的和煦笑容。”（洛妃雪《囚宠小后娘》）

zhēn rén miàn qián shāo jiǎ xiāng

真人面前烧假香

释义：比喻在具有鉴别真假能力的人面前弄虚作假。

例句：“别他妈的在～了，你敢在洪门祖宗面前起誓，说你绝无二心！”（顾汶光《天国恨》）

zhēn bǎn shàng de ròu

砧板上的肉

释义：比喻任人宰割。

例句：“我守寡几十年，为的哪样？还不是为了老来过个好日子。到如今，喜德被高则冬提去坐牢，继月又被曾再兴捉去当土匪，两个都成了人家～。”（张行《武陵山下》）

zhěn zhe lào bǐng ái è

枕着烙饼挨饿

释义：比喻人懒得动或是不会利用现有条件。

例句：“左邻右舍都感到奇怪，艾蒿只要在房管局挂个空衔，给房管局装潢一下门面，也不必天天上班，就能近水楼台先得月，三室一厅拿到手，他却头～。”（刘绍棠《刘绍棠文集第 8 卷》）

zhèn tòng

阵痛

释义：间歇性的剧烈疼痛。比喻在新事物产生过程中，出现的暂时迷茫、困难。

例句：“处在这个历史性拐点的国人，一方面对中国百年之久追赶西方现代化的期盼给予了极大鼓舞；另一方面，面对快速消亡的乡村文明，却感到～和担忧。”（汤一亮 陈泰龙《城镇化阵痛与担忧：10 年 90 万自然村销声匿迹》）

zhēng zhǎng lùn duǎn

争长论短

释义：争论谁是谁非。多指在不大重要的事情上过于计较。

例句：“盛小姐不仅人美，心更好，还知礼谦和，人家都不愿～，都要离开了，这天香公主非要拦着，此刻丢了人，真是活该！还天朝上国呢，敢赌又不认输，真是不要脸！”（素素雪《弃女逆天：腹黑太子妃》）

zhēng dé māo er diū le niú

争得猫儿丢了牛

释义：比喻得不偿失。

例句：“其实他争的，还没有谢我的多哩。还不说在衙门三班六房，见人就请席，见衙役就腰中塞银子。真正是～。”（清·李绿园《歧路灯》）

zhēng fēng chī cù

争风吃醋

释义：争风，指为男女风情而争；吃醋，指因情而产生了嫉妒。争风吃醋指在男女关系中因追求同一异性而妒忌、争斗。

例句：“‘有好戏看，你去不去？’柳倩一脸神秘地看着丈夫，董淑英闻言怪罪地瞪了一眼师妹。秦牧被她们几个弄得头大，心中暗想：‘到底是什么事儿，整得神神秘秘的?’‘有什么好看的，不就是～吗?’慕容诗接过话头，语气中带着对柳倩的深深不满。”（水土养木《武临天下》）

zhēng jīn lùn liǎng
争斤论两

释义：指在细枝末节上与人相争。

例句：“老石说，苏联时期东干人就种菜，现在还是种菜，日子没啥两样；东干族的人口数量太少了，少到不可能与左邻右舍～，同时也没人有意找你麻烦，过去如此，现在还是这样。”（万佳《说晚清方言取俄文名字 老苏联有个陕西村》）

zhēng qí dòu yàn
争奇斗艳

释义：奇，奇异；艳，色彩鲜艳。争着显示自己在形貌、色彩上的奇异、艳丽。

例句：“为了得到观展人们的青睐，各大品牌使出浑身解数，在展馆的门面上下足了功夫。于是你会看到家具展的展厅内～的缤纷展馆，绝对会让人频频驻足。”（焦天舒《家具展品牌角逐争奇斗艳 分门派展馆斗法各有千秋》）

zhēng yǎn xiā
睁眼瞎

释义：眼睛是睁开的，但却什么也看不清。比喻在某一方面缺乏专业的知识或在看待问题上缺乏一定的洞察力和思想的人。

例句：“对腐败行为置若罔闻、麻木不仁、熟视无睹，明明知道，却装作不知道，就如同老百姓说的‘～’，这是非常可怕的，也是非常危险的，应该下大力气解决这个问题了。”（李益民《反腐别当“睁眼瞎”》）

zhēng yī zhī yǎn bì yī zhī yǎn
睁一只眼闭一只眼

释义：指看见了却装作没看见，有意敷衍了事。

例句：“谁家锅底没有黑?这种年月，～就对了。”（马烽　西戎《吕梁英雄传》）

zhēng zhe yǎn jing bù jiàn zéi
睁着眼睛不见贼

释义：比喻警惕性不高。

例句：“‘我看你才～!’孙俊英愤怒地叫道，‘人家谁像你，给你棒槌当针认，一点心眼没有。’”（冯德英《迎春花》）

zhēng bù shóu　zhǔ bù làn
蒸不熟，煮不烂

释义：比喻不驯服，难对付。

例句：“老山头说：‘过不去也得过去，穷小子们，个个都是～的东西，你跟他们要钱，他还想跟你拼命呢!’”（梁斌《播火记》）

zhěng lǒu sǎ xiāng yóu　mǎn dì jiǎn zhī ma
整篓洒香油，满地捡芝麻

释义：比喻只算小账，不算大账，目光短浅。

例句：“李氏笑道：‘你真是～，大处不算小处算咧!’”（清·石玉昆《三侠五义》）

zhěng píng bù yáo bàn píng yáo
整瓶不摇半瓶摇

释义：比喻无知浅薄的人才会自鸣得意。

例句：“杜人龙听这老者竟想收自己和葛龙骧作徒弟，不由好笑，眉毛一扬说道：‘这位老人家怎的这样没有见过世面?……俗话说得好：～!就凭老人家这种骄狂自满语气，恐怕想做我们师父，还不配吧?’”（诸葛青云《紫电青霜》）

Z

zhī zhù
支柱

释义：起支撑作用的柱子。比喻中坚力量。

例句：“推动文化产业成为国民经济～性产业，推动文化产业跨越式发展，首先要坚持社会主义先进文化的前进方向，坚持把社会效益放在首位、社会效益和经济效益相统一。”（李新家《推动文化产业成为国民经济支柱性产业》）

zhī ma kāi huā jié jié gāo
芝麻开花节节高

释义：比喻日子一天比一天过得好。

例句：“共产党、八路军一到，变了，全变了，人，还是那伙穷兄弟，地，还是那些薄地，但～，生活一天比一天好。”（丁秋生《源泉》）

zhī jié
枝节

释义：指植物的枝和节。比喻有关的但次要、琐细的事情，也比喻解决问题时出现的麻烦。

例句：“探讨文理分科只是～问题，把教育和劳动分科才是最大的问题。发达国家的高校入学制度中，社会实践的状态（比如做社工），占到录取参考条件比例的一半，和学科学习比例对等。”（李倩《探讨高考文理是否分科是枝节问题》）

zhī jiě
肢解

释义：原意为分解动物或人的尸体。比喻将完整事物分割成几部分。

例句：“当下，有一句网络流行语叫‘不明觉厉’，意为‘虽然不明白对方在说什么，但是觉得好像很厉害的样子’，就是这种心灵鼓噪的效果。这种心灵鼓噪，看似励志提神，其实脱离实际，引人误入歧途，～青年梦想。”（李而亮《莫让心灵鼓噪肢解梦想》）

zhī qīng shí zhòng
知轻识重

释义：比喻做事考虑得细致、周到。

例句：“爱听骆玉笙老先生唱的《哭黛玉》，老先生是真懂了紫鹃和黛玉的情意的，黛玉嘱咐紫鹃，一句句都是牵挂不舍：‘你我相随这几载，同心合意两无猜。自从我得了这个冤孽病，难为你时时相守未离开。难为你～得人意，难为你软语柔情解闷怀，难为你早起迟眠耐着性儿捱……’”（凉月满天《红楼的草根们》）

zhí bàng
执棒

释义：手拿指挥棒。意为担纲、指挥。

例句：“戴玉强《奇妙的和谐》、魏松《星光灿烂》、莫华伦《春风为何唤醒我》，“中国三高”犹如赶考一般，轮番上场演唱。看得出来，他们每个人都铆足了劲儿，想要在多明戈大师面前好好亮嗓。……毕竟在多明戈大师～下歌唱的机会实在难得。”（李红艳《多明戈为“中国三高”执棒 大腕成新人忙追星》）

zhí bǐ
执笔

释义：指写文章或动笔拟订集体名义的文稿。

例句：“从延安归来后，他十分兴奋。友朋纷纷来探问延安的情况，先父应答不暇，遂闭门谢客，口述延安经历，由先母～整理，一连数日，合作完成《延安归来》。”（黄方毅《“黄炎培周期率难题”执笔人姚维钧百年祭》）

zhí biān
执鞭

释义：指从事教学、教练等工作。

例句：“耐克公司体育市场部总监李彤表示：今后，耐克公司会一如既往地大力推进‘耐克名人训练堂’的进程，邀请更多更优秀的世界冠军来华～‘耐克名人训练堂’，希望借此平台，让中国选手与世界优秀选手有更多的交流机会，为雄心勃勃的中国运动员提供最具价值的训练方法和知识。”（保罗《启发潜能 科学体能训练 耐克名人训练堂开课》）

zhí cháng zi
直 肠 子

释义：比喻性格直爽、有啥说啥、不搞阴谋诡计的人。

例句：“不过一回到现实，周迅说自己做了特工，我是～，不会与人打交道！你除非从小就给我洗脑，现在培养那肯定来不及！”（唐爱明 尤嘉文《周迅：我是直肠子，不会跟人打交道》）

zhí dǎo huáng lóng
直 捣 黄 龙

释义：黄龙即黄龙府，在今吉林省农安县，为金人腹地。南宋绍兴十年（1140 年），岳飞在河南开封附近的郾城大破金兀术的主力部队，收复了郑州、洛阳等地。大好形势下，岳飞满怀喜悦地对部下说：“我们乘胜进军，直接打下黄龙府，那时与诸位痛饮庆功酒吧！”比喻长驱直入敌方老巢，将敌人全部消灭。也比喻很干脆地解决问题。

例句：“按理，刘子翔没有货运管理的经验，又不熟悉车站的具体状况，下手没有这么快、这么准。谁知道才几天工夫，他就删繁就简，～。”（梦江南《铁幕》）

zhí gōu diào bù liǎo yú
直 钩 钓 不 了 鱼

释义：比喻性格耿直的人办不成事。

例句：“～，凭你这个直性子，什么事都会办坏的。”

zhí tǒng zi
直 筒 子

释义：直筒子就是没有弯的空心圆柱体。比喻人性格直爽、不藏心机。

例句：“郑也夫是个～，好认死理儿。只要他认准的事，一定坚持，真有‘虽千万人吾往矣’那个劲儿。他跟人交往，即使再好的朋友，碰上说不通的事，非争出个道理不可；说服了他，一切 OK；说不服，那对不起。”（张鸣《直筒子郑也夫》）

zhǐ chuī lěng fēng bù tiān rè huǒ
只 吹 冷 风 ，不 添 热 火

释义：比喻只说坏话，不说好话。

例句：“地位高的，像捷轩、一功、补之他们几位，至今还对摇旗生气，自然是～。”（姚雪垠《李自成》）

zhǐ cǐ yī jiā bié wú fēn diàn
只 此 一 家 ，别 无 分 店

释义：原是一些店铺招揽生意的用语，向顾客表明此店没分店，只能在这一家店里买到某种商品。泛指标榜某种东西只是这里独有。

例句：“为群众所接受，所实践，而不是闭门造车，自作聪明，～的那种贵族式的所谓‘政治家’。”（毛泽东《在延安文艺座谈会上的讲话》）

zhǐ guǎn sān chǐ mén lǐ bù guǎn sān chǐ mén wài
只 管 三 尺 门 里，不 管 三 尺 门 外

释义：比喻安分守己，不管闲事。

例句：“这户人家，向来不关心政治，平素连村里的事都不大过问，和邻居们也很少往来。真是个～。”（马烽《刘胡兰传》）

zhī jiàn bié rén méi mao duǎn bù jiàn bié rén tóu fa cháng

只见别人眉毛短，不见别人头发长

释义：比喻只注意别人的短处，而忽视别人的长处。

例句：“敢情你饥渴多年了？让咱班长听见了，收拾你！瞧瞧你这德性，～！鼠目寸光，见色忘义，四月的桃花十月开，乱无原则。’安乐大笑，‘孔子说，壮年好斗，老年好利，而少年则好色，这可以理解的。’”（依然《拾荒》）

zhī jiàn shù mù bù jiàn sēn lín

只见树木，不见森林

释义：比喻看问题片面，只看到局部，看不到全局。

例句：“自己是个当局者，看问题就带有偏向，……这叫做～。”（胡考《两重奏》）

zhǐ jiǎng guò wǔ guān bù jiǎng zǒu mài chéng

只讲过五关，不讲走麦城

释义：过五关，关羽从曹操大营冲出，一路上经过五关，斩杀了六员守关大将，传为美谈；走麦城，关羽镇守荆州，因骄傲轻敌，致使荆州失守，败走麦城后被杀。比喻只讲成绩，不讲错误。

例句：“回忆录怎样写？杨尚昆说：用第三人称写的传记，可以说你好，也可以说你不好，那是作者的事。有人写自传，～，不足为训。回忆录是用第一人称写的，不能把自己说得好，也不能说得不好，要尊重事实。”（章学新《90岁高龄酝酿回忆录 杨尚昆呕心沥血写历史》

zhǐ lā gōng bù fàng jiàn

只拉弓不放箭

释义：比喻光拉开架势而没有实际行动。

例句：“你如今到浙江，事情虽然不好办，我教你一个好法子，叫做‘～’。”（清·李宝嘉《官场现形记》）

zhǐ tīng lóu tī xiǎng bù jiàn rén xià lai

只听楼梯响，不见人下来

释义：比喻只说要干，却不见实际行动。

例句：“如今跑到西南去的几位大佬，还想凭着外援喊叫一阵，但～。”（周骥良《吉鸿昌》）

zhǐ xǔ zhōu guān fàng huǒ bù xǔ bǎi xìng diǎn dēng

只许州官放火，不许百姓点灯

释义：古时有一州官名叫田登，非常忌讳别人说他的名字，连同音字都不行，逼得人们凡是遇到“灯”时只好用“火”字替换。农历正月十五放灯，手下人张榜贴出告示：“本州依例放火三日。”众人见了暗自发笑。有人编出歌谣讽刺道：“只许州官放火，不许百姓点灯。”后比喻在上者可为非作歹，在下者却处处受限。

例句：“～。我们年纪大的人，应该让年青人开玩笑吗？”（周而复《上海的早晨》）

zhǐ yào chuán tóu wěn bù pà làng lái diān

只要船头稳，不怕浪来颠

释义：比喻只要行得正，就不怕别人搬弄是非。

例句：“银花道：‘随她说？她那黄口白牙，逢人便讲，遇人就说，讲的那些话难听死了。’春芳道：‘～’。”（陈登科《风雷》）

zhǐ yào xiān shàng chuán zì rán xiān dào àn

只要先上船，自然先到岸

释义：比喻早行动就能早一步达到目的。

例句：”如今天假良缘，我两个侍奉你一个，头一件得帮助你中个举人，会上个进士，点了翰林，先交代了读书这个场面。至于此以后的富贵利达，虽说有命存焉，难以预定，

'～'。"(清・文康《儿女英雄传》)

zhǐ yǒu bù kuài de fǔ méi yǒu pī bù kāi de chái
只有不快的斧，没有劈不开的柴

释义：比喻只有没本事的人，没有克服不了的困难。
例句："难是难，可世上～。"(李伯屏等《黄海红哨》)

zhī zài rè zào lǐ shāo huǒ bù wǎng lěng zào lǐ tiān chái
只在热灶里烧火，不往冷灶里添柴

释义：比喻人趋炎附势。
例句："她说的这些，并不是心头不大舒爽、就同薛谨抬杠的负气话。世间碌碌，皆是趋炎附势，～之人。薛谨年少气盛，宁可为了一个王座，为了复仇，就将她丢弃……"(逸亭轩《前世今生袖玉花开》)

zhǐ zhī luó shì yī miàn xiǎng bù zhī gǔ shì liǎng miàn qiāo
只知锣是一面响，不知鼓是两面敲

释义：比喻办事或者解决问题只顾一个方面，不顾其他方面。
例句："你～。戏台是大家搭的，戏要大家来唱才唱得好。"(李茂荣《人望幸福树望春》)

zhǐ lǐ bāo bù zhù huǒ
纸里包不住火

释义：比喻事实真相隐瞒不住，迟早要暴露出来。
例句："～，书月吐了实，陈晓病倒了。"(高云览《小城春秋》)

zhǐ rén zhǐ mǎ guò bù liǎo jiāng
纸人纸马过不了江

释义：纸人纸马，用秸秆做骨架、糊上纸的丧葬用品。比喻不是真材实料干不了大事。
例句："要想干成大事，要靠本事，要有人才。没听说过那句话吗：～!"

zhǐ shàng tán bīng
纸上谈兵

释义：在纸面上用文字谈论打仗。战国时，赵国名将赵奢的儿子赵括，年轻时学兵法，谈起兵事来父亲也难不倒他。后来赵括接替廉颇成为赵将，在长平之战中，只知道根据兵书办，不知道变通，贸然进攻，结果被秦军打败；赵括战死，数十余万赵兵降秦。比喻空谈理论，不能解决实际问题。
例句："专家认为，不应该总在出现事故后才想到安全教育问题，应该未雨绸缪防患于未然，多进行安全实践演练，不能仅～。"(赵谨　孔悦《安全教育不能纸上谈兵》)

zhǐ dōng guā mà hú lu
指冬瓜，骂葫芦

释义：比喻表面上骂这个，实际上是骂那个。
例句："她认准了是婆婆在嚼舌头。杨志老实巴交的样子，放不出这样阴损毒辣的屁。周维革发了脾气，大骂杨志，一字一句却是～。"(泥土《茶苗》)

zhǐ jī mà gǒu
指鸡骂狗

释义：比喻表面上骂这个人，实际上是骂那个人。
例句："1943年11月，在一次政治局扩大会议上，毛泽东发言说：反邓、毛、谢、古，是～，现在邓、毛、谢、古死了3个人，希望活着的邓小平要为党争口气。"(孟昭庚《中央苏区"邓、毛、谢、古"被整始末》)

zhǐ lù wéi mǎ
指鹿为马

释义：指着鹿，说是马。秦朝时，丞相赵高想要叛乱篡夺政权。他恐怕各位大臣不追随他，就先设下圈套进行试探。他带来一只鹿献给秦二世，说："这是一匹马。"二世笑着说："丞相错了吧？你把鹿说成是马。"赵高问身边的大臣，大臣有的沉默，有的只得迎合赵高说是马，有的说是鹿。结果说是鹿的大臣被赵高视为异己而设法除掉了。从此以后，大臣们都很畏惧赵高。比喻故意颠倒黑白，混淆是非。

例句："如果说商业拍卖行因为利益，可以不顾廉耻地～，那么，掌握着专业技能的鉴定专家岂能不辨鹿马而盲目附和？一幅破绽百出的画作，鉴定专家难道真的一点都看不出来？"（李思辉《专家指鹿为马，泯灭职业道德》）

zhǐ sāng mà huái
指桑骂槐

释义：比喻明指甲却暗骂乙。

例句："咱们家所有的这些管家奶奶，哪一个是好缠的？错一点儿他们就笑话打趣，偏一点儿就～地抱怨。"（清·曹雪芹《红楼梦》）

zhǐ shān mài mò
指山卖磨

释义：比喻说大话、空话。

例句："不管大卫·彭德尔伯出于什么样的动机，7年内本土人获诺奖，这种'～'的话大家都不能去信。本土人获诺奖首要的不可能是缺少创造的土壤和水分。"（今语《"指山卖磨"的话不能相信》）

zhǐ zhe hé shang mà tū zi
指着和尚骂秃子

释义：比喻明指这个人，却暗骂或影射另外一个人。

例句："他感到很窘，不仅是冯永祥当着林宛芝的面公然提到江菊霞的事，而且是～，叫他既不好否认，也不能承认。"（周而复《上海的早晨》）

zhǐ gāo qì yáng
趾高气扬

释义：走路时脚抬得很高，神气十足。形容骄傲自满、得意忘形的样子。

例句："任刚轻蔑地看了他一眼，随后抱着双肩靠在他那辆高级跑车上，～地说道：'如果你肯离开她，我可以安排让你有一个更加稳定的工作。我爸是中海市的市长，随便给你安排一个工作都比你现在那工作强多了。'"（六叶《花都兵王》）

zhì bìng zhì bù liǎo mìng
治病治不了命

释义：意思是病能医治，命却无法挽回，命运难以改变。

例句："秦氏笑道：'任凭神仙也罢，～。'"（清·曹雪芹《红楼梦》）

zhì bìng jiù rén
治病救人

释义：比喻批评帮助犯错误的人改正错误。

例句："也许有些居心叵测的势力会拿'人权'说事，但在当今这个喜欢钻空子、装聋子的人特多的形势下，笔者坚持认为，严谨、严密、严厉的法制才是一剂'～'的良方。"（雨默《司法公正乃"治病救人"之良方》）

zhì dì yǒu shēng
掷地有声

释义：形容文章或话语气势豪迈，坚定有力。

例句："抓作风建设，首先从中央政治局做起。在全国人民面前做出这样～的政治承诺，既显示出中国共产党从严治党的决心和力度，也显示出对人民期待的尊重和回应。"（央视评论《一个掷地有声的政治承诺》）

zhì duō xīng
智多星

释义：《水浒传》中水泊梁山第三号人物吴用的绰号，这个人物被描写成满腹经纶、通晓六韬三略、足智多谋、堪比诸葛亮的智慧化身。比喻足智多谋的人。

例句：“参加‘一中～’挑战赛的选手都是全校各个班级的佼佼者，读过许多的课外书，具有相当的课外知识储备。他们需要在40分钟之内完成内容涵盖政治、经济、文化、历史、地理、自然、科技等100道智力题。”（管红建《挑战智多星 看你行不行》）

zhōng liú dǐ zhù
中流砥柱

释义：砥柱，又称底柱山、三门山，在今河南省三门峡市，当黄河中流；以山在激流中矗立如柱，故名。比喻坚强的、能起支柱作用的人或集体。

例句：“在抗洪救灾第一线上，各级党员领导干部肩负千钧重任，率先垂范，备尝艰辛，堪称～！危急时刻，基层党员干部勇于担当，无愧于使命。在抗洪救灾的危难中，他们总是奋不顾身，及时出现在人民最期盼的时候！”（周行《中流砥柱——2008年9月宁明县抗洪救灾中的党员干部》）

zhōng shān láng
中山狼

释义：此语来自一个寓言故事，说的是东郭先生误救途中遇到的一只狼，险些被狼所食。比喻忘恩负义、恩将仇报的人。

例句：“这个单身十几年的女人，太渴望一份真情了。所以即便在知道邱国锋有老婆孩子之后，仍然放不下这段感情，仍与邱以姐弟关系保持往来。她至死才知道，这个‘弟弟’原来是条不折不扣的～。”（张尔波等《百万富婆征婚引来“中山狼”》）

zhōng bù kòu bù míng　gǔ bù dǎ bù xiǎng
钟不扣不鸣，鼓不打不响

释义：比喻事情不做，外面就不会有影响。

例句：“～；欲人不知，莫若不为。你做的事，外边哪一个不说的？”（明·凌濛初《二刻拍案惊奇》）

zhòng àn jiàn
中暗箭

释义：比喻中了别人暗中设下的圈套。

例句：“不用你们鄙视我，我非干一手给你们看看，许大马棒和座山雕是因为过于迷信自己地形的险要而中了少剑波的暗箭。”（曲波《林海雪原》）

zhòng quān tào
中圈套

释义：比喻被别人事先设好的计谋算计了。

例句：“次帅一连来过几封密码电报，都是赵老四交他代译的。话都差不多，除了责备季帅优柔寡断、中了王采臣的圈套、姑息养奸外，便叫他急速醒悟。”（李劼人《大波》）

zhòng zhāo
中招

释义：比喻遭遇打击或被骗。

例句：“下周，首批新股发行询价、配售表现仍是市场最大看点。不过，在新股发行‘三高’现象并未得到实质性改变的背景下，深市炒新的风险将急剧增加，不排除某些新股上市‘中签’变‘～’的可能。”（任晓《当心“中签”变“中招”》）

zhòng kǒu nán tiáo
众口难调

释义：指各人的口味不同，很难做出一种饭菜让所有的人都叫好。比喻做事很难让所有的人都满意。

例句：“针对来自观众的这些意见，正忙着筹备元宵晚会的央视春晚总导演哈文近日对本报

记者做出了简短回应。当谈到作为春晚总导演的个人感受时，这位女导演意味深长地说：‘终于体会到～的味道了。’”（陈涛《春晚这桌菜，众口难调》）

zhòng rén shí chái huǒ yàn gāo
众人拾柴火焰高

释义：比喻人多主意多，人多力量大。

例句：“别着急，我说的是实际问题。俗语说得好，～，大家起来斗争就有办法。”（雪克《战斗的青春》）

zhòng shǐ zhī dì
众矢之的

释义：矢，箭；的，箭靶的中心。许多支箭所射的靶子。比喻大家攻击的对象。

例句：“李章洙认为，恒大虽然现在有‘～’的感觉，但绝不能过高估计自己的实力。‘大家要清楚足球的规律，不能急，去年陕西队的运作模式和结果值得我们反思。’”（张喆《“成为众矢之的其实是好事”——李章洙接受本报专访畅谈新年新思路》）

zhòng xīng pěng yuè
众星捧月

释义：许多星星衬托着月亮。比喻众人拥戴着一个所尊敬、爱戴的人或核心。

例句：“……一个三四岁的小男孩由妈妈抱着、奶奶哄着、爷爷拿着拨浪鼓逗着，前面还有爸爸开道。这场面真可谓‘～’啊！”（郑欣然《众星捧月》）

zhòng bàng zhà dàn
重磅炸弹

释义：从军事学来讲，一般超过500千克的炸弹即为重磅炸弹。比喻有重大影响的人或事。

例句：“虽然姚明一直没有正面回应，但诸多因素显示，姚明退役已然是板上钉钉。而小巨人离开赛场，不啻于在体坛投下了一枚～。”（卢岩《姚明退役不啻重磅炸弹 NBA与中国男篮均受影响》）

zhòng dàn
重担

释义：很重的担子。比喻重大的责任。

例句：“9岁，是一个可以在母亲怀抱撒娇、在父亲肩膀感受父爱的年纪，但万宁市大茂镇袁水区下伍村年仅9岁的男孩伍生宝，已经用他柔弱的肩膀挑起了家庭的～。”（蔡康《9岁男孩挑起家庭重担》）

zhòng quán
重拳

释义：比喻打击的力度很大。

例句：“分析认为，自去年11月十八大召开以来，中共不断祭出反腐～，并推出了改进工作作风等一系列重大举措，显示出新一届中央领导从严治党的坚定决心。”（叶晓楠《十八大以来“苍蝇”“老虎”频落马　重拳打出反腐决心》）

zhòng tóu xì
重头戏

释义：指在唱、念、做、打等方面见功夫的剧目。比喻重要的任务，工作或活动中最重要、最艰巨的环节。

例句：“人们相信，随着改革的不断深化，改革红利的不断释放，作为中国财税体制改革的‘～’，‘营改增’将使更多行业和企业受益，助推中国经济的转型发展。”（王悦威《李克强：营改增是深化财税体制改革的“重头戏”》）

zhòng xīn
重心

释义：物理学概念，指物体的质量中心，能够保持物体平衡的点。比喻事情的核心或主要部分。

例句："因此，进入'后普九'阶段，在相当长一段时间里，教育特别是基础教育的~仍应放在'普九'上，使我国的义务教育由确保数量上的达标转向注重教育质量、重视均衡发展、关注教育公平等方面，以确保义务教育的质量和公平水平的不断提高，城乡、地区之间义务教育得到均衡发展。"（范先佐《当前基础教育重心仍应是"普九"》）

zhòng zāi qū
重灾区

释义：指受到了重大自然灾害的地区。泛指遭受损失或破坏较大的地区、领域或行业、单位等。

例句："江苏成为今天空气污染较重城市集中的'~'。今天早上6点，空气质量最差的10个城市中，江苏有盐城、南通、常州、宿迁、淮安、泰州等6个城市上榜。"（初梓瑞《空气最差城市江苏成重灾区 今日最差10城占6席》）

zhòng guā dé guā，zhòng dòu dé dòu
种瓜得瓜，种豆得豆

释义：比喻做了什么事情，就会得到什么结果。也比喻付出了多少努力，就会收获多少成果。

例句："我对他的死毫不惋惜，我觉得这是他自己挑选的路，也是他父亲替他挑选的路。~，这是很公平的事。"（巴金《憩园》）

zhōu yú dǎ huáng gài
周瑜打黄盖

释义：三国时期赤壁之战，周瑜使用苦肉计，黄盖自告奋勇，被周瑜打得卧床不起，骗得曹操深信黄盖是真要降魏，因而造成了曹操赤壁的惨败。后比喻双方都愿意的事情。

例句："高永太说：'这是~，一个愿打，一个愿挨，又不犯法，你怕什么?'"（张行《武陵山下》）

zhóu xīn
轴心

释义：轮轴的中心。比喻事物中心或关键部分。

例句："这些年来随着城市化进程的推进，城市功能及旅游景点、景区的进一步完善，建水的旅游业得到了长足发展。这种良好的发展势头，无疑为打造云南旅游'~'城市奠定了坚实的基础。"（卢文祥《造旅游"轴心"城市　推进红河旅游快速发展》）

zhū guāng bǎo qì
珠光宝气

释义：珠、宝，指首饰；光、气，指闪耀着光彩。形容服饰或陈设华贵富丽，闪耀着珍宝的光色。

例句："原来，李某与马某是昔日狱友。出狱后，李某在一次打算租住日租房时，看见女房主张女士满身~，遂打起歪主意，将房主手机号码记下，并与马某预谋实施抢劫。"（项毅　冯琳《红桥区日租房女房主满身珠光宝气 遭两男人抢劫》）

zhū lián bì hé
珠联璧合

释义：珍珠联成串，美玉合成双。比喻杰出的人才或美好的事物结合在一起。

例句："董太太是美人，一笔好中国画，跟我们这位斜川兄真是~。"（钱钟书《围城》）

zhū yuán yù rùn
珠圆玉润

释义：像珠子一样圆，像玉石一样光润。比喻歌声婉转或文字流畅，也比喻皮肤光润。

例句："'王管家，几日未见，更加的~了嘛，瞧你那小圆儿脸，都快赛过月饼啦。'月霜霜揶揄道。"（迷霜雪《穿越之享受生活》）

zhū gě liàng
诸葛亮

释义： 诸葛亮，字孔明，号卧龙，三国时期蜀汉丞相，杰出的政治家、军事家、发明家，是中国传统文化中忠臣与智者的代表人物。多用来称足智多谋的人。

例句： “昨天，锡山区厚桥街道谢埭荡村会议室座无虚席，30 多名村民代表、人大代表和党代表等开起‘～会’，为发展渔村旅游出谋划策。”（东流《渔村旅游怎么发展？代表开起“诸葛亮会”》）

zhū bā jiè chī rén shēn guǒ
猪八戒吃人参果

释义： 古典小说《西游记》里八戒找悟空一同到五庄观后花园偷摘了三个人参果，八戒塞进嘴里没嚼就咽了进去，根本就不知道人参果是什么味道。后用来比喻完全不了解东西的宝贵或事情的奥妙。

例句： “如此忙乱了一会，倒说是强盗吓走了。我当时～，是初次见面。”（清·王浚卿《冷眼观》）

zhū bā jiè dào dǎ yī bà
猪八戒倒打一耙

释义： 把犯错误的责任推到别人身上。参见“倒打一耙”。

例句： “高屯儿早耐不住了，冲上来指着他说：‘你这小子，还～啊！’”（袁静　孔厥《新儿女英雄传》）

zhū bā jiè zhào jìng zi
猪八戒照镜子

释义： 比喻做事情里里外外都没得到别人的肯定或赞扬，白辛苦没落个好。

例句： “人家叫你土皇上！你工作工作，弄得～，里外不是人。穷的富的都不说你好，人叫你得罪完了，你还工作！”（孙犁《村歌》）

zhū sī mǎ jì
蛛丝马迹

释义： 马，指灶马，学名突灶螽，昆虫的一种，常出没于灶台与杂物堆的缝隙中，以剩菜、植物及小型昆虫为食。从挂下来的蜘蛛丝可以找到蜘蛛的所在，从灶马爬过留下的痕迹可以查出灶马的去向。比喻与事情根源有联系的不明显的线索。

例句： “当事人或罪犯在仓皇之中是很难将这些细微检材及其痕迹消除干净，难免会留下～。钱莉就是这寻找～的人。”（张红军《寻找蛛丝马迹的人——记淮安市“十佳民警”、市刑事科学研究所 DNA 室钱莉》）

zhú lán zi dǎ shuǐ yī chǎng kōng
竹篮子打水一场空

释义： 比喻白白辛苦一场，什么都没得到。

例句： “我白白的叫他们糟蹋了身子，名声搞得臭哄哄的，谁都冲着我的背影吐唾沫，到头来是～！”（王英先《枫香树》）

zhú tǒng dào dòu zi
竹筒倒豆子

释义： 比喻坦诚，毫不隐瞒。

例句： “因为对主裁判何志彪有些看法，图巴在赛后的新闻发布会上～，说得挺痛快，最后却害得鲁能俱乐部弯下腰一粒一粒地捡回去。早知如此，何必当初。”（沙元森《竹筒倒豆子　没有过脑子》）

zhǔ jué
主角

释义： 指小说、戏剧、影视作品中的主要角色。比喻主要的当事人或占主要地位的事物。

例句：“要适应和反映现代社会的深刻变革，在激烈的市场竞争中牢牢站稳脚跟，党报必须突破传统的思维和报道方式，必须在报道内容、报道方式等方面寻求创新。而全方位地贴近民生，让民生新闻唱～，就成为新形势下党报创新的一个突破口。”（李瑞峰《让民生新闻唱主角》）

zhǔ xīn gǔ

主心骨

释义：比喻可以依靠的人或核心力量。

例句：“人在迷惘、困惑时，最希望有个～了，这时候，党支部就该是这个～。这是我走访房山区南关村党支部时留下的深刻印象。”（黎海《主心骨》）

zhǔ xuán lǜ

主旋律

释义：多声部的音乐作品中，一个声部所唱或所奏的旋律主题。比喻主要精神、基本观点或舆论宣传的主导方向。

例句：“会议指出，在公安宣传工作中，要热情讴歌基层公安民警以人为本、执法为民的感人事迹和崇高精神，弘扬‘人民公安为人民’的～，进一步唱响人间正气歌，集中展示新时期公安队伍的良好精神风貌。”（李恩树《公安部党委认真学习切实贯彻全国宣传思想工作会议精神　大力弘扬主旋律　净化网络环境》）

zhǔ dòu rán qí

煮豆燃萁

释义：燃，烧；萁，豆茎。用豆萁做燃料煮豆子。相传曹丕是一个妒忌心很重的人，总是担心弟弟曹植会威胁自己的皇位，所以就想害死他。有一天，曹丕要曹植在七步之内作出一首诗，以证明他写诗的才华。如果写不出，就等于是在欺骗皇上，要把他处死。曹植知道哥哥存心要害死他，又伤心又愤怒。他强忍着心中的悲痛，就在七步之内作了一首诗：煮豆持作羹，漉菽以为汁。萁在釜下燃，豆在釜中泣；本自同根生，相煎何太急！”比喻兄弟间自相残杀。

例句：“但是我们兄弟自幼受父亲的影响，重情义轻钱财可以由此管中窥豹。我有一百个理由相信，我们兄弟之间永远不会有～的悲剧出现，因为父亲的血流在我们的身体里。”（朱为众《怀念父亲》）

zhǔ jiā shēng fàn

煮夹生饭

释义：夹生饭，半生半熟的米饭。比喻做事毛糙，一开始没有做好，为再做好这件事添了麻烦。

例句：“凡是靠一股劲，就想完成这样细致的土改工作，最多象东北～，还要再煮。否则，就会搞错了，还要纠正。”（周恩来《关于土改和整党问题给阜平中央局的电报》）

zhǔ shóu de yā zi yòu fēi le

煮熟的鸭子又飞了

释义：比喻已经有把握到手的东西又意外失去了。

例句：“～！贾正挥臂骂了一句，二人悔之莫及。”（冯志《敌后武工队》）

zhù shí

柱石

释义：柱子和柱子下面的基石。比喻起支撑作用的力量和担当重任的人。

例句：“社会主义初级阶段论，是20世纪70年代末以后，中国共产党人在重新审视国情并深刻反思国内外社会主义发展经验教训基础上的理论创造。这个理论的提出，确定了中国社会主义社会的方位和坐标，成为构筑中国社会主义理论大厦的坚实～。”（曹普《社会主义初级阶段论的确立和发展》）

zhù chóng
蛀 虫

释义：指咬食树木、谷粒、衣物、书籍等的个体较小的昆虫。比喻混入内部的腐蚀者、破坏者。

例句："崖城镇水南村委会数名村民代表专程来到三亚市公安局，送来一面绣有'人民卫士，一心为民'的大字锦旗向警方致谢，感谢三亚警方秉公执法为民除害，揪出一名利用职务侵占村民24万余元征地补偿款的'～'村官。"（冯丹 张运煦《侵占24万余元征地款 三亚警方揪出"蛀虫"村官》）

zhuā bù zhù lǎo hǔ zài māo shēn shàng chū qì
抓不住老虎，在猫身上出气

释义：比喻事情没办成，把怒气发泄在别人身上。

例句："哼？～哩！好你王怀当，欺侮到我头上来了！"（马烽 西戎《吕梁英雄传》）

zhuā dà tóu
抓 大 头

释义：大头，指被人愚弄了却不醒悟的人。抓大头就是捉弄这样的人，含有欺负老实人的意思。

例句："老冯告诉谷松，上班后有三件事必须要干：最累的活儿你去干，谁都不爱干的活儿你去干，被人'～'的活儿你去干。"（金悦 程云鹤《好警察的又一范本》

zhuā nao
抓 挠

释义：指用指甲或轻或重地搔。比喻可用的东西或可依靠的人，也比喻对付事情的办法。

例句："王科长捉摸不透，因此，他的心空荡荡的，没有个～。"（南丁《科长》）

zhuā pò liǎn zi
抓 破 脸 子

释义：比喻撕破情面，感情破裂，公开对立。

例句："我一直忍住了没跟人～，你莫逼得太狠。"（张天翼《清明时节》）

zhuā xiā
抓 瞎

释义：比喻忙乱着急，不知所措。

例句："要是不预备下点酒的肉的，亲戚朋友要是来了，咱们岂不～？"（老舍《四世同堂》）

zhuā xiǎo biàn zi
抓 小 辫 子

释义：见"揪辫子"。

zhuā yī bǎ yáng yī bǎ
抓一把，扬一把

释义：比喻攒不下东西，进一个，丢一个。

例句："你每月挣的钱倒是不算少，可你过起日子来这个样，～的，什么时候才能攒够买车的钱？"

zhuā zhe hú lu dàng piáo dǎ
抓着葫芦当瓢打

释义：比喻不问青红皂白，乱抓无辜的人来顶罪。

例句："老拱大娘顶住道：'人家周王村、霍家寨的人都在那里，怎么是我带头起哄？冤有头，债有主，你～，昧了良心瞎了眼。'"（白危《垦荒曲》）

zhuā zhù hú li wěi ba
抓住狐狸尾巴

释义：传说狡猾的狐狸能够变作人形来迷惑人，但却不能把尾巴隐藏起来，抓住了狐狸尾

巴，狐狸就现出了原形。比喻掌握了重要的线索或证据。

例句：“但只有工具没有毒品显然不符合逻辑，民警～毫不放松，加大审讯力度，董某被迫如实交代了自己被拦截时将身上的零包毒品扔在了路边，其所带50万元巨款正是用来购买毒品的毒资。”（赵颖妍　李浩《天津市南开警方斩断津粤贩毒线》）

zhuā zhù shǒu wàn zi
抓住手腕子

释义：比喻被抓个正着，无法逃脱。

例句：“丁雨薇闻声转身，吃惊地张大了嘴，脸色瞬间煞白，像做贼被人家当场～一样，手里的盘子啪地一声摔到了地上……”（佚名《婚外情：婚昏欲惑》）

zhuā zhù zuì hòu yī gēn dào cǎo
抓住最后一根稻草

释义：比喻绝望中抱有最后一线希望。

例句：“见县长愈加不高兴了，大才一下子手足无措了，最后他终于～似的，把包毫不犹豫地放在了县长办公桌上，带着哭腔声音嘶哑地说：‘方县长！请原谅我不会说话，我只有小学文化，做生意我做不好，但是做人还是会做的！请你救救我们公司！’”（476站《火焚》）

zhuān jiǎn ruǎn shì zi niē
专拣软柿子捏

释义：柿子，柿子树结的果实，分为涩柿和甜柿两种，我国生产的大多属于涩柿，采摘后必须经过人工脱涩后方可食用，脱涩后的柿子越软越好吃。比喻专欺负弱势者。

例句：“一提违建就头疼的还有行政执法机关。每逢拆违引发社会关注，城管的‘不作为’常常首当其冲，‘街上的小商小贩抄得干脆着呢，一到别墅区的违建，往往调查就得个把月，这不是～？’”（左颖《北京禁止私搭乱建新规施行一周，执行力度遭质疑》）

zhuǎn guǐ
转轨

释义：从一条轨道转入另一条轨道。比喻改变原来的体制，转换发展道路。

例句：“从总体的财政支出来说，全国机关事业单位养老制度～，财政并没有太大的压力，这说明养老双轨制改革不存在客观的困难，主要是勇于面对这个问题的决心。”（周凤珍《机关事业单位养老制度转轨财政压力分析》）

zhuǎn wān zi
转弯子

释义：比喻思想意识发生变化。

例句：“韩叙副外长表示震惊，评论说美方这一主张将使我们的谈判没有讨论的基础。当晚美方～，恒安石邀我方人员于9日共进午餐，进行非正式接触。午餐时，美方的调子有了改变，提出了一些可以商讨的建议。”（黄华《亲历与见闻——黄华回忆录》）

zhuàn mò
转磨

释义：推着磨转。指人因焦急想不出办法而直转圈子。

例句：“有时张嫂回来晚了，孩子饿得不住地哭，老张就急得在门口～。”（冰心《张嫂》）

zhuāng jia bù shōu nián nián zhòng
庄稼不收年年种

释义：比喻做事情要持之以恒就会有收获，不要怕挫折。

例句：“无论是农民兄弟、我的朋友、还是《第101次求婚》的男主角，都以‘～’的精神，顽强地进取，执着地生活，坦然所处逆境，常常让人为之感动。”（刘宇轩《庄稼不收年年种》）”

zhuāng dà wěi ba láng
装大尾巴狼

释义：比喻故意夸大自己的本事。

例句：“这是一个普遍～的时代，因为装好了不但有肉吃，还可以脱掉狼皮修成正果，更好些的甚至成为众人之上的主宰。当然，装不好的话，受伤是正常的，没准还会打落尘埃，再踏上亿万只脚，永世难以翻身。”（郑行《装大尾巴狼是生存的方式》）

zhuāng fēng mài shǎ
装疯卖傻

释义：故意装成疯疯癫癫，傻里傻气。

例句：“不知他是真那样相信呢，还是故意～，逗我们好玩？”（聂绀弩《乡下人的风趣》）

zhuāng jìn mèn hú lu lǐ
装进闷葫芦里

释义：形容令人百思不得其解或摸不着头脑。

例句：“张三姑哼了一声，说：‘你骗我镜里看花，自个儿也免不了水中捞月。’她把龙蛋子～，又到关押谷串儿的肉票柜子，一个利诱一个威逼，双管齐下一举两得。”（刘绍棠《水边人的哀乐故事》）

zhuāng lóng zuò yǎ
装聋作哑

释义：假装聋哑。指故意不理睬，只当什么都不知道。

例句：“对媒体监督绝不能～、无动于衷。凡是媒体批评正确的，要勇于面对，及时公开信息，吸取教训，改进工作。”（阎晓光　段勇《对媒体监督不能装聋作哑》）

zhuāng mén mian
装门面

释义：比喻摆样子，弄虚作假。

例句：“地头蛇本来一窍不通，可是为了在丈人跟前～，也只好假眉三道地胡应承。”（马烽　西戎《吕梁英雄传》）

zhuāng mó zuò yàng
装模作样

释义：指故意做出种种恣态。

例句：“他知道这是假话，我也知道他在说谎，可是我看见他～毫不红脸，我心里真不好受。”（巴金《探索集·说真话》）

zhuāng shén nòng guǐ
装神弄鬼

释义：比喻故弄玄虚，用真真假假的手段蒙骗人。

例句：“袁梦只觉得心累，～这一套还真是技术活。幸好自己在剧组混了这么多年，‘演技’还不错。”（宝瓶斋《金枝菜叶》）

zhuāng suàn
装蒜

释义：据传乾隆皇帝春天到南方巡查，看到地里的青蒜绿油油，就顺口称赞了一番。第二年的冬天乾隆又去巡查，可惜这一季节青蒜尚未长出。为了讨好皇帝，当地官员派人把水仙移到地里，远远望去酷似青蒜，皇帝赞不绝口，这名官员也得升迁。后来人们把弄虚作假或不懂装懂嘲讽为“装蒜”，亦作“装大瓣蒜”。

例句：“哼，她要是跟我～，现在老爷在家，咱们就是个麻烦。”（曹禺《雷雨》）

zhuāng sūn zi
装 孙子

释义：比喻用低三下四的手段示弱或博得人同情。

例句：“凌倩翻白眼：‘假惺惺，不够诚恳，求人要有笑容知道吗?’我勉强露出一个笑容：‘笑了，可以写了吧?’‘笑的比哭难看，要真诚，求人得～，孙子的笑容，叫声奶奶。’奶奶个屁，你大爷的，一百万老子不要了。……”（令狐老梅《倒霉男人攀升记：情迷女老板》）

zhuāng yáng suàn
装 洋 蒜

释义：比喻假装糊涂或故作姿态。

例句：“好哇，跪到这儿～来啦！刽子手等急了，恼怒了，动手了。”（杨沫《青春之歌》）

zhuàng yuan
状 元

释义：指在科举考试中，殿试考取一甲（第一等）第一名的人。泛指在考试中获得第一名的人，以及在本领域（本行业）中成绩最好的人。

例句：“参赛者以农户为单位，每户摘 30 颗大枣，称重精确到克，谁家枣重量最大谁就是～。”（雷汉发 贾奉忱《河北赞皇：枣园里评出“枣状元”》）

zhuàng chē
撞 车

释义：比喻事物在发展中互相冲突或同一时间、同一个人安排了两个差事。

例句：“自主招生、三国杀的高潮将出现在本周末。备受关注的 2 月 11 日‘北约’11 校和华约 7 校自主招生考试将同天开考，今年两大联盟测试时间～，让不少高三学生只能二选一……”（王灿　董建祥《自主招生再“撞车”》）

zhuàng dào qiāng kǒu shàng le
撞 到 枪 口 上 了

释义：比喻自找倒霉。

例句：“宣传部决定查清此事，结果是：吴教授的儿子是高秘书的同学，教授的文稿是其子偷来给高秘书的。高秘书自以为高明，结果～，田局长的名声随之一落千丈。”（徐文华《撞到枪口上》）

Z

zhuàng le nán qiáng bù huí tóu
撞 了南 墙 不回头

释义：比喻已经遇到严重阻碍或遭受重大挫折，仍不肯改变原有的做法，也比喻人固执、死心眼。

例句：“除了上述两点硬件以外，沈祥福着重谈日本人做事的态度，他说：‘日本人做事很执着也很认真，举个例子，咱们中国有句古话叫不撞南墙不回头，但我认为日本人不是这样。如果选定了方向，就是～，一定要把南墙撞通。’”（沈祥福《中日足球差距全方位，日本胜在撞南墙也不回头》）

zhuàng nán qiáng
撞 南 墙

释义：比喻人行为固执，听不进不同意见。

例句：“我觉得咱们所有人都有一个习惯，或者是有一种规律，是什么？就是当我们做了一些错事儿，我们就坚持直到最后撞墙了，然后我们才学到了经验，下次不再犯这个毛病了。但是我们的人生有多少时间容许我们不断犯错误呢？我们不可能把所有的事情都经历一遍，然后所有的事情都～才能学会。”（池宇峰《创业者不必事事撞南墙》）

中国俗语

zhuī chǔ náng zhōng
锥 处 囊 中

释义：锥子放在口袋里，锥尖很容易就会露出来。比喻有才能的人不会长久被埋没，终能显露头角。

例句：“性格决定命运。胡子敬专注干事的秉性让他在哪里都如～，其锋必现。但胡子敬不想把这些归结为宿命，他承认自己有商业天分，他认为今天的成功更多的是靠后天的努力。”（文星明《湖南商业“教父”胡子敬：来世还做商业》）

zhǔn shéng
准 绳

释义：测定物体平直的器具。比喻言行所依据的原则或标准。

例句：“要突出实绩的导向作用，把实干作为选人用人的首要标准，以此为～，探索干部队伍庸者下、能者上的良性机制，拓展狮子型干部的发展空间。”（乔云《以规矩为准绳提升科学水平》）

zhuō ān chún hái yào ge gǔ suìr
捉 鹌 鹑 还 要 个 谷 穗 儿

释义：鹌鹑，鸟的一种，头小尾短，羽毛赤褐色，不善飞。比喻做事总得付出代价。

例句：“俗话说：～呢，要修淮河，还能不下些本钱？”（袁静《淮上人家》）

zhuō biē bù zài shuǐ shēn qiǎn
捉 鳖 不 在 水 深 浅

释义：比喻做事要看机缘。

例句：“他心想：‘～，只要碰到手跟前，专找不如一遇。’”（刘江《太行风云》）

zhuō jī mà gǒu
捉 鸡 骂 狗

释义：比喻影射骂人。

例句：“次日，张氏晓得了，反怪媳妇做怪，不肯勾搭儿子干事，把一团美意，看做不良之心，～，言三语四，影射的发作了一场。”（明·冯梦龙《醒世恒言》）

zhuō jīn jiàn zhǒu
捉 襟 见 肘

释义：拉一下衣襟就露出胳膊肘儿，形容衣服破烂。比喻困难重重，难于应付。

例句：“‘最难的，应该是前年刚回来那阵吧，当时条件确实非常困难，资金方面～。’孙军说。”（袁俊《吉林资金捉襟见肘 虎王孙军主要任务就是找钱》）

zhuō lǎo shǔ de māo bù jiào
捉 老 鼠 的 猫 不 叫

释义：比喻干实事的人不张扬。

例句：“～。人也一样，做大事的人从来不愿说，说个不停的人大多数不能干大事。”

zhuō zéi zhuō zāng
捉 贼 捉 赃

释义：比喻处理是非的事，要以事实为根据。

例句：“卢章华说追什么，等你跑拢，他们早没影子了。～，他们的东西全在那儿呢，快去捡起来。”（夏天敏《徘徊望云湖》）

zhuō miànr shàng
桌 面 儿 上

释义：比喻互相应酬或公开商量的场合。

例句：“古时‘大丈夫三妻五妾’，现在敢吗？如今性爱可以摆到～上讨论，成为一门科学，过去行吗？没准儿哪天一夜情也会变成社会风尚呢？所以这个尺度实在难以精确，只

能是目下不可超越的大概界限。”（张旭《你想一夜情吗?》）

zī rùn
滋 润

释义：湿润，不干燥。比喻舒服。

例句：“老哥儿俩，抽着烟，说着话儿，说不出心眼里有多么～。”（梁斌《红旗谱》）

zì bān shí tou zì zá jiǎo
自搬石头自砸脚

释义：比喻自作自受。

例句：“这是她最为痛心、最不愿意想及的事情，并且顾虑到说出来，当真使他动了态，因风倒帆地离开了她，岂不是她～？”（李劼人《大波》）

zì chuī zì léi
自 吹 自 擂

释义：自己吹喇叭，自己打鼓。比喻自我吹嘘。

例句：“共产党员决不可自以为是，盛气凌人，以为自己是什么都好，别人是什么都不好；决不可把自己关在小房子里，～，称王称霸。”（毛泽东《在陕甘宁边区参议会的演说》）

zì dā tī zi zì xià tái
自搭梯子自下台

释义：比喻自己想办法摆脱困境。

例句：“杨凡见大势已去，无心恋战，就～，说道：‘胡桐！今日算你幸运。三天之后，你若敢独自上俺石钟山再胜俺们，那么，这六十万两赈银悉数归还于你！’胡桐拼死拼活就是为了这六十万两救百姓的银子，慨然答道：‘君子一言，快马一鞭。三天以后，俺胡桐一定来’！”（筱云龙《胡桐单刀雪奇冤》）

zì jǐ dǎ zì jǐ ěr guāng
自己打自己耳光

释义：比喻自己使自己难堪。

例句：“格达平静地说道：‘这时你让我说什么好呢？海副官刚才把红军说得一无是处，但到底红军是乌鸦还是凤凰，只有见了才知道。比如，目前在社会上，许多人都在传说现在大名鼎鼎的诺那喇嘛如何如何，这你也相信吗？所以我们如果现在就对红军过早下结论，说不定将来会使人追悔莫及，这无异于～。”（张芳辉《格达活佛》）

Z

zì jǐ de dāo xiāo bù liǎo zì jǐ de bàr
自己的刀削不了自己的把儿

释义：比喻自己的错自己难以纠正。

例句：“做通人家的工作，自己却陷入了烦恼之中。面对烦恼和家庭危机，我表现出前所未有的‘无能为力’，这才体会到了‘～’的真正内涵。”（三原色《自己的刀削不了自己的把儿》）

zì jǐ de fàn liàng zì jǐ zhī dào
自己的饭量自己知道

释义：比喻自身的优缺点自己最清楚。

例句：“队长看着老耿头干得像个小伙子，忙喊道：‘老耿哥，悠着点，别抻了胳膊腿！’‘放心吧，队长，～，干这点儿活，我不输那些小伙子！’老耿边擦汗边答道。”

zì jǐ de mèng zì jǐ yuán
自己的梦自己圆

释义：比喻自己的问题要靠自己来解决。

例句：“俗话说：～，可有些时候光靠自己是圆不准的，今天大伙是跟你说理，也是帮你圆梦。”（郭明伦等《冀鲁春秋》）

中国俗语

zì jǐ diē dǎo zì jǐ pá
自己跌倒自己爬

释义：比喻干什么事情都要靠自己。

例句：“他说得很是自负，但实际上，那时候他正非常放浪。而且恰恰是他没落的起点。‘总之啊，’也许自觉太夸口了，他改换了口气说，‘俗话说的，～！’”（沙汀《淘金记》）

zì jǐ sāi le zì jǐ de zuǐ
自己塞了自己的嘴

释义：比喻说话自相矛盾，言行不一。

例句：“比如男人满腹文章去作贼，难道那王法就说他是才子，就不入贼情一案不成？可知那编书的是～。”（清·曹雪芹《红楼梦》）

zì jǐ wā kēng zì jǐ tiào
自己挖坑自己跳

释义：比喻自讨苦吃或自作自受。

例句：“别～，别给人家留下什么把柄。”（木青《不许收获的秋天》）

zì jiā jué kēng zì jiā mái
自家掘坑自家埋

释义：比喻自作自受。

例句：“他日复来，仍旧先咬老实人开手，‘投井下石’，无所不为，寻起原因来，一部分就正因为老实人不‘打落水狗’之故，所以，要是说得苛刻一点，也就是～。”（鲁迅《论“费厄泼赖”应该缓行”》）

zì jiā yǒu bìng zì jiā zhī
自家有病自家知

释义：比喻自己最知道自己。

例句：“虽然有人数我为‘无病呻吟’党之一，但我以为～，旁人大概是不很能够明白底细的。倘没有病，谁来呻吟？”（鲁迅《从胡须说到牙齿》）

zì lā zì chàng
自拉自唱

释义：自己拉琴自己唱曲。比喻自己做事，不需要别人参与。

例句：“变‘～’为‘合奏联唱’，今年的‘5·18’向公众展示了一个国家级展会应有的大气。王志欣告诉记者，以前‘5·18’的贸易展览，都是河北自己的企业参与，展示河北自己的产品；而今更多京津等省外企业的参与，让‘5·18’实现了京津冀的融合互动。”（李巍　陈玉杰《变“自拉自唱”为“合奏联唱” 5·18尽显开放胸襟》）

zì lì mén hù
自立门户

释义：指自建家庭。比喻创立门派或单搞一套。参见“另立门户”。

例句：“小商品能够‘～’显示了经营者对品牌、信誉、服务的重视，也体现了消费需求的提升。随着商业经济的发展，今后市场还将进一步细分，‘专卖店’也将不断扩容。”（薛慧卿《小商品“自立门户”搞专卖》）

zì liú dì
自留地

释义：在我国解放初期，土地都归国家所有，但给农民保留了一小部分归自己所支配的土地，叫自留地。比喻个人喜欢的小天地。

例句：“为了健康人生，必须根除私心杂念。我要儿子将电脑进行彻底清扫，包括QQ、游戏什么的，毫不留情地都删除，只保留那一块不轻易让‘杂草害虫’侵袭的‘～’，确保文学创作之苗能够健康成长。”（曹国选《守护“自留地”》）

zì tóu luó wǎng
自投罗网

释义：罗网，捕捉鱼鸟的器具。比喻自己送上门去。

例句：“盗窃古墓已有五六年，月黑风高与鬼打交道都不怕，大白天遇到巡警却被吓坏了，这真是～。11月21日，俞智永和徐长红因涉嫌盗掘古墓葬罪被浙江省奉化市检察院提起公诉。”（张清郎　冯建《遇巡警自投罗网》）

zòng héng
纵横

释义：竖和横互相交错。形容奔放自如，奔驰无阻，无所顾忌。

例句：“只听乔峰续道：‘兄弟，我给你引见我们丐帮中的首要人物。’他拉着段誉的手，走到那白须白发、手使倒齿铁锏的长老面前，说道：‘这位宋长老，是本帮人人敬重的长老，他这倒齿铁锏当年～江湖之时，兄弟你还没出世呢。’”（超级黑熊精《纵横武侠之黄粱梦》）

zǒu bǎnr
走板儿

释义：指演员行腔时节奏不稳，与乐队奏出的板眼脱节。比喻说话办事脱离了主题或超出适当尺度。

例句：“你老的嘴太好说，买韭菜的时候没说～的话呀！”（管桦《卖韭菜》）

zǒu bēi zìr
走背字儿

释义：字，指生辰八字，算命先生用某人出生的年、月、日、时配上天干、地支，组成八个字，以此来推断人的吉凶祸福。推断出吉、福就是走字儿，否则就是走背字儿。走背字儿意味着时运不好，倒霉不顺。

例句：“高大山一直精心准备的大演习后来没有搞成，却成了守备区‘单纯军事观点’的代表，开始在人生路上～。”（石钟山《军歌嘹亮》）

zǒu bù zǒu liú lù　chī bù chī liú dù
走不走留路，吃不吃留肚

释义：比喻做事要留有回旋的余地。

例句：“～，事情总不能一眼看死，可知道咱得人家的济在哪天？”（刘江《太行风云》）

Z

zǒu dòng
走动

释义：行走而活动身体。比喻亲朋之间来往。

例句：“人家在南头，我妈住在北头，没有事也不常～。”（赵树理《登记》）

zǒu fēng
走风

释义：指走漏风声，泄露消息。

例句：“那个伙计打算跑，我怕他～，也让他吃了一颗洋点心。”（姚雪垠《长夜》）

zǒu gāng sī
走钢丝

释义：见“踩钢丝”。

zǒu gǒu
走狗

释义：古人自谦称为人奔走效劳。后比喻受人豢养的帮凶。

例句：“当然不管他们怎么生气，全都没用了，这件事情很快就像长了翅膀一样，长春的各界人士都清楚了，高士傧甘当日本人～，替日本人办事，扣押商队，顿时大家就对他

越发的鄙视了。”（青史尽成灰《奉系江山》）

zǒu guò chǎng
走 过 场

释义：过场，指戏曲中龙套演员为配合剧情在舞台上穿过或简短地表演。比喻办事只讲形式，不求效果，敷衍了事，做表面文章。

例句：“那不过是～！哪一回你也不同意，结果不是哪一回都放了吗？”（赵树理《十里店》）

zǒu hóng yùn
走 红 运

释义：红色是吉利、喜庆的象征，红运就是好运气。比喻人交上了好运气，事事如意。

例句：“他也真是——～，就与众不同。”（鲁迅《彷徨·孤独者》）

zǒu hòu mén
走 后 门

释义：比喻通过不正当的途径谋利益。

例句：“下去的人，就不会安心，就托关系～。”（丁玲《文学创作的准备》）

zǒu huí tóu lù
走 回 头 路

释义：比喻倒退。

例句：“历史暂时地～是可能的，和平发生波折是可能的，原因就在于日本帝国主义和汉奸亲日派的存在。”（毛泽东《为争取千百万群众进入抗日民族统一战线而斗争》）

zǒu huǒ rù mó
走 火 入 魔

释义：道教把各种阻碍修道的因素均称为邪魔或魔障。修行人在练功或入静时，如果过于热衷、执著或过分专注，有时会导致脱离常轨，走向邪门，使精神混乱，丧失理智，称为走火入魔或入魔。比喻对某种事物痴迷到失去理智的地步。

例句：“中国文化的这一部分已经敏感到～的地步，背离了常情常理，失去了最基本的逻辑控制。”（余秋雨《文化敏感带》）

zǒu lǎo lù
走 老 路

释义：比喻仍按过去的老一套办事，没有新的变化。

例句：“你要是真心入社，就不要再想邪门歪道了……再想～了！”（胡正《汾水长流》）

zǒu le hé shang diū le miào
走 了 和 尚 丢 了 庙

释义：比喻两头落空。

例句：“最重要的一条，还是为着春玲是干部，俺大爷担心管他不住，儿子也不在，怕春玲不服他，闹分家，那样不就～，不上算了吗？”（冯德英《迎春花》）

zǒu lù pà tà sǐ mǎ yǐ
走 路 怕 踏 死 蚂 蚁

释义：比喻胆小怕事，过分小心。

例句：“有时候满腔热情往前跑，跑过火了，事与愿违，出了乱子；以后又谨小慎微，～。”（杜鹏程《在和平的日子里》）

zǒu mǎ dēng
走 马 灯

释义：又名马骑灯，灯笼的一种，灯内点蜡烛，蜡烛产生的热力造成气流，令轮轴转动，轮轴上绘有武将骑马图画，灯转动时看起来像几个人你追我赶，故名走马灯。比喻人或

事物频繁轮换，接踵而来，应接不暇。

例句：“季节是个～，老是那几幅图画在原地转圈圈。”（莫应丰《将军吟》）

zǒu mǎ guān huā

走 马 观 花

释义：走马，骑着马跑。骑在奔跑的马上看花。比喻粗略地观察事物。

例句：“由于采访工作紧张，笔者在西双版纳的几天，没有单独去采风和游览，只在盘山越岭的赶路过程中，～看版纳，留下一种暖暖而纯净的空灵印象。”（孙乐明《走马观花看西双版纳》）

zǒu mǎ huàn jiàng

走 马 换 将

释义：比喻职位人员更换。

例句：“日前，中国足协几个经营部门～，福特宝公司总经理刘卫东改任中超公司总经理，福特宝公司副总董铮升任为总经理，中超公司总经理朱琪林改任足协市场部副主任。”（黄 岩《足协经营部门走马换将 刘卫东改任中超公司老总》）

zǒu mài chéng

走 麦 城

释义：麦城，东周时楚国的重要城邑，在今湖北省当阳市东南。三国时关羽大意失荆州后退守麦城，后被东吴大将吕蒙杀害。败走麦城是关羽辉煌一生的悲剧结局，因此“走麦城”用来比喻最不得意的事件或时期。

例句：“沈石知道，转变战斗力生成模式是信息时代的必然选择，是现代战争的刚性需求，但基层该从何下手呢？他想起了刚当上营长时的那次‘～’。”（樊永强等《从“走麦城”到科学转型》）

zǒu nán chuǎng běi

走 南 闯 北

释义：形容到过的地方很多，见过世面，生活经验丰富。泛指闯荡。

例句：“这年月呀，女人尊贵啦，跟男人一样可以～的。”（老舍《龙须沟》）

zǒu qiào

走 俏

释义：比喻受欢迎。

例句：“记者昨日从购物网站了解到，今年情人节，网上定制的一些个性礼物格外～。这些商品价格不贵，但不乏新意和寓意，受到不少情侣追捧。”（李琦《网上走俏》）

zǒu rè

走 热

释义：比喻逐渐受人欢迎和关注。

例句：“刘伟伦指出，酒店式公寓其实是可以预期将会～，在所有的商业类物业中，酒店公寓对投资者来说也是进入门槛最低的，不限购不限贷，有稳定的经营回报，风险最小，在政策影响之下很容易成为住宅投资的替代品。”（张薇《酒店公寓仍会走热》）

zǒu shénr

走 神 儿

释义：指注意力不集中，思想开了小差儿。

例句：“我能成为作家和我爱～有关系。我通过～产生灵感。我看到一个东西时，能想到和它有一点儿关系、但是实际上又没有关系的事，然后产生很多想法。”（郑渊洁《走神儿有时是优点》）

zǒu tóu wú lù

走 投 无 路

释义：比喻陷入困境，找不到出路。

例句：“而且仍然是卫老婆子领着，显出慈悲模样，絮絮的对四婶说：‘……这实在是叫作天有不测风云，她的男人是坚实人，谁知道年纪轻轻，就会断送在伤寒上？……幸亏有儿子；她又能做，打柴摘茶养蚕都来得，本来还可以守着，谁知道那孩子又会给狼衔去的呢？春天快完了，村上倒反来了狼，谁料到？现在她只剩了一个光身了。大伯来收屋，又赶她。她真是～了……’”（鲁迅《祝福》）

zǒu wān lù
走弯路

释义：比喻因方法不当而白费功夫或是犯错误、受挫折。

例句：“我们许多年轻的同志～，一方面是由于自己的立场不稳，一方面也由于受到了这些错误论调的影响。”（丁玲《要为人民服务得更好》）

zǒu xià pō lù
走下坡路

释义：比喻退步、衰落。

例句：“就得有股子倔劲儿，这样你就永远不会～。”（老舍《鼓书艺人》）

zǒu xué
走穴

释义：指演员、教师、医生等在本职工作之外的演出、讲学、治疗获得个人收益的行为。

例句：“近日，1986 版《西游记》唐僧的饰演者徐少华现身河南省某市～，为当地婚纱摄影公司倾情献唱，引来不少民众围观。”（小易《86 版“唐僧”徐少华河南走穴》）

zǒu yǎn
走眼

释义：比喻看错、误看。

例句：“做生意也如押宝，往往也有看～的时候。”（杨纤如《伞》）

zǒu yī bù　kàn yī bù
走一步，看一步

释义：初下象棋时，由于经验不足，不会谋篇布局，因而只能走一步，看一步，没有长远谋划。比喻做事情要谨慎，不可盲目乱来。

例句：“目前股票市场走势仍不明朗，还是多看少动、～为好。”

zǒu zuǐ
走嘴

释义：比喻说话不留神而泄漏机密或出了差错。

例句：“录制节目时不经意的一句‘～’，就有可能导致节目改播和股票停牌。记者昨天证实，因为有媒体在报道央视《对话》栏目时，误报了乳业亏损数据的内容，直接导致了昨天上交所对伊利、光明两公司的停牌。伊利、光明两公司今天同时就此发布了澄清公告。”（杨滨《对话说走嘴致股票停牌 伊利光明发公告澄清》）

zǔ hé quán
组合拳

释义：拳击战法的一种，指各种单一拳法的组合，连续攻击对方。引申为欲达到一定目标，采取一系列的措施或一整套的步骤来进行。

例句：“国家统计局日前公布了 10 年来中国的基尼系数。尽管我国基尼系数一直处于高于 0.4 的水平，但从 2008 年以来，基尼系数逐步回落，惠民生措施取得初步成效。专家认为，我国居民收入差距仍大，应进一步加快收入分配改革，保民生应打‘～’。”（桑彤　陈爱平《缩小收入差距要打“组合拳”》）

zǔ fén kū bù guò lái hái kū luàn zàng gǎng zi
祖坟哭不过来还哭乱葬岗子

释义：乱葬岗子，即散乱埋葬死人的地方。比喻自己的事情都做不过来还去瞎帮忙。

例句："算了，～。于是我边吃包子边走进了一家复印社，……把我的毕业论文打印出来后，拿着这要命论文来到学校。"（崔走召《我当阴阳先生的那几年》）

zǔ fén mào qīng yān
祖坟冒青烟

释义：迷信说法，指家中（本人）有了大好事，或当了大官，有时也用于讥讽人。比喻出现了非正常的现象。

例句："三草似乎习惯了他的臭脾气，道：'爷爷他们说，你家～了！不识好歹，待会有你哭的，摆什么谱！'"（寒风清愁《大散关》）

zuān dào qián yǎnr lǐ
钻到钱眼儿里

释义：比喻财迷心窍。

例句："多半广州电影院对于节日观影的顾客，都要加收每人10元至20元的"甜蜜费"。这真是毽子里的鸡毛——～了，怎能不让人嗤之以鼻、齿冷三天呢？"（毕文章《影院情人节收甜蜜费 这是钻钱眼儿里了？》）

zuān kòng zi
钻空子

释义：比喻乘隙钻营投机或利用漏洞进行活动。

例句："这么两句半话跟大人都说不清楚，让小人～。"（王朔《一点正经没有》）

zuān niú jiǎo jiānr
钻牛角尖儿

释义：牛角越往顶端空洞越小，到角尖处就封死了。比喻固执地去做本来不能做成的事。

例句："不管是什么主义吧，考虑问题总得各个方面……，不能～里去。"（吴强《红日》）

zuān sǐ hú tòng
钻死胡同

释义：死胡同，指走不通的胡同。比喻人固执，只认一条走不通的路，不知随机应变。

例句："从这些乱杂无章的絮语里，赵辛田感到……不妙，仿佛自己～。"（白危《垦荒曲》）

zuān tiān rù dì
钻天入地

释义：比喻神通广大，很有办法。

例句："清军将大柳树林铁桶似地围住，用拉大网的方式在大柳树林进行搜捕，结果什么也没抓到。清军头领非常奇怪，对军士们说，难道这些女兵有法术，能～？"（马景源《故乡那棵老柳树》）

zuǐ ba jǐn
嘴巴紧

释义：比喻人能保守秘密，不传闲话。

例句："对于当'闺密'，罗志祥还有自己的心得：'最重要的是～，有些倾听者听完之后又会跟别人说，我肯定不是这种大嘴巴。'"（肖执缨、梅淑宁《罗志祥做"闺密"，最重要是嘴巴紧！》）

zuǐ ba suì
嘴巴碎

释义：比喻说话絮烦、啰唆。

例句："他的技术虽然没有邵宇好，但也说得过去，就是～了点，让邵宇这个从不爱打字的人，竟然能和他对骂起来。"（秀发和尚《破笼至神》）

zuǐ ba tián
嘴巴甜

释义：比喻说话讨人喜欢。

例句：“吴继峰交代，他专挑年龄偏大的化妆品女性代理商下手，他发现只要～，再懂一些化妆品市场运作常识，这些女老板很容易就上当。”（何彦波等《长得帅嘴巴甜 濮阳“小白脸儿”一年骗仨女老板》）

zuǐ liǎn
嘴脸

释义：指容貌、模样。比喻丑恶的面目，猥琐的模样。

例句：“成功揽金后，当然可以自信，但不能自信到什么～都露出来的地步，不能自恋到坚信自己的任何一句话都能影响别人一生的地步。”（陈述《“成功”的嘴脸》）

zuǐ pí zi
嘴皮子

释义：指嘴唇。比喻说话的技巧或口头表达能力。

例句：“但仔细想来，宣传工作在许多情况下又的确离不开‘～’，因为宣传干部宣传党的路线、方针、政策时原本离不开讲道理，讲道理不动‘～’能行？可以说，～、笔杆子是宣传干部的‘常规武器’。”（章世和《关于“嘴皮子”……》）

zuǐ shàng méi ge bǎ mén de
嘴上没个把门的

释义：形容人说话随便，把不该说的都说出去了。

例句：“伏开楠的话是经过三思之后才说出来的，如果她也像王晶晶一样，～，实话实说，把班主任抬出来，结果可能就不可收拾，不仅老师之间要产生矛盾，作为当事者的她们肯定是‘猪八戒照镜子’，里外不是人。”（英洪波《你的嘴上有把门的吗》）

zuǐ yìng
嘴硬

释义：自知理亏而口头上不肯认错或服输。

例句：“姚志兰早疑心他们两人好，逼问几次，小朱还～，死不承认。”（杨朔《三千里江山》）

zuì hòu tōng dié
最后通牒

释义：意思是谈判破裂前的“最后的话”。一般是一国就某个问题用书面通知对方，限定在一定时间内接受其条件，否则就采取某种强制措施，包括使用武力、断交、封锁、抵制等等。泛指最后的或绝对的要求。

例句：“反腐专家们说，在十七大前颁布上述规定，亦是执政党对腐败分子的一次高调警告：中央宣示自己已清楚那些披着‘合法’外衣的腐败行径，并且要制规查处。更有评论人士认为，这是一次针对隐性腐败官员的～。”（马昌博《中央对“新形式腐败”官员“最后通牒”》）

zuì hòu yī zhāng pái
最后一张牌

释义：牌打到最后就剩一张牌了。比喻最后的希望和寄托。

例句：“她说，好吧！大难来时，就让我做你～。不过你记住了，不管好牌坏牌，用心打一定会有意想不到的结果。把坏牌打好了，才是你的本事；不要把机会认定在重新洗牌上，说不定重新洗牌，还没有现在的牌好。他握住她的手哭了，哭那些只能同苦不能共甘的仓皇岁月，哭那些甜蜜和忧伤的岁月。”（月风《老婆是手里的最后一张牌》）

zuì shēng mèng sǐ
醉生梦死

释义：像喝醉酒和做梦那样，昏昏沉沉、糊里糊涂地过日子。

例句：“范跑跑整日在外面花天酒地，名义上是为印刷厂搞销售，其实完全是在过着～的日子，不务正业。”（李梅花《生命的乐章》）

zuì wēng zhī yì bù zài jiǔ

醉翁之意不在酒

释义：比喻说话或做事的本意不在此而在彼。

例句：“一个不大的方案，惠正东亲自出面处理，那是～。表面上看，今天的万丽还是万区长，今天的耿志军也还是房产公司的副总，他们是来谈一个合作项目的，但实际上，惠正东用心良苦，一心要撮合耿志军和万丽。”（范小青《女同志》）

zuō biě zi

嘬瘪子

释义：嘬，指用嘴吸吮；瘪子，指不饱满。比喻遇到困难、挫折，处境尴尬。

例句：“我的英语是二把刀，你让我当翻译，非～不可！”

zuǒ bǎng yòu bì

左膀右臂

释义：比喻得力的助手。

例句：“唐珏把两人让进屋里，说道：‘李公子，说客气话你就是我的救命恩人。以后再来我这里就不要那么拘谨，不要给我们行礼。我的事就是你的事，日后还要公子常伴身侧，成为我的～。’”（蓝田玉石《公主陛下万万岁》）

zuǒ yòu

左右

释义：比喻支配、操纵。

例句：“当地独立报纸《第七日报》的分析文章称，埃及目前仍然面临较大的安全威胁，……现实情况决定了未来的总统将不得不依赖军队维护安全形势，而塞西在军队和安全部门的大力支持下，具有～未来埃及局势的能量。”（黄元鹏《埃及军方重申防长塞西无意竞选总统 军方对局势影响力不容忽视 》）

zuǒ yòu kāi gōng

左右开弓

释义：左右手都能射箭。比喻两只手轮流做同一动作或同时做几项工作。

例句：“那兴儿真个自己～，打了自己十几个嘴巴。”（清·曹雪芹《红楼梦》）

zuǒ yòu shǒu

左右手

释义：比喻得力的助手。

例句：“邵逸夫是事业型男人，方逸华正是抓住这一点，才深得他喜爱并成为他的～。”（张悦斯《79岁方逸华多年媳妇熬成婆》）

zuò jiǎn zì fù

作茧自缚

释义：蚕吐丝作茧，把自己裹在里面。比喻做了某件事，结果使自己受困。也比喻自己给自己找麻烦。

例句：“也就是说，如果一个经济需要长期依赖于政府政策和政府的先行支出才能得以启动和持续；同时，刚性支出的部分又在财政支出中占有一个比较高的水平，这就会是一个不健康的经济，一个政府官员～的经济。”（宁向东《作茧自缚的经济》）

zuò xiù

作秀

释义：秀，英文show的音译，意思是炫耀。比喻利用媒体宣传等途径提高自身的知名度。也比喻弄虚作假，装样子骗人。

例句：“教学观摩本来是一件好事，何以现在越来越变味。学校需要声誉，教师需要同行的认可，需要评职称，这就使得教学观摩失去了原有的价值，完全变成了～之举，学生就成了～教学观摩的受害者。”（卓丹《作秀的教学观摩，是对教育的亵渎》）

zuò chī shān kōng
坐吃山空

释义：比喻只消费不生产，堆积如山的财物也会耗尽。

例句：“一个小庄上，能销多少货物？～，他就这样赔光了老本儿。”（孙犁《铁木前传》）

zuò dì yī bǎ jiāo yǐ
坐第一把交椅

释义：比喻首要的、领头的地位。

例句：“日常生活中你可能或多或少都接触过或使用过蚕丝用品，但你可能还不知道，目前广西的桑蚕业在全国范围内是～，广西桑蚕业的迅速崛起甚至被专家称为‘广西现象’。”（陆原《广西桑蚕业坐上全国第一把交椅 被称为“广西现象”》）

zuò huǒ jiàn
坐火箭

释义：火箭，由装有易燃混合物的壳体组成的装置，燃烧生成的气体向后排出，从而产生反作用力发射到空中。比喻上升的速度非常快。

例句：“谈及蛋价‘～’的原因，新华社特约农副经济分析师宋亮认为主要有三方面：一是前期蛋价下跌厉害，加上玉米、豆粕等饲料价格大幅上涨，养殖户的比较收益下滑很厉害，出现大面积亏损，造成养殖户大量退市。”（孟妮《鸡蛋价格“坐火箭”上涨势头还将继续》）

zuò jiào zi
坐轿子

释义：比喻受人吹捧、抬举。

例句：“可惜我们没有选举权，别说～，就连轿夫也当不上，只有站在圈子外边看热闹。”

zuò jǐng guān tiān
坐井观天

释义：坐在井里看天。比喻眼界狭窄、见识少。

例句：“在不断学习的道路上，以略懂皮毛的知识去谈论不了解的领域，这样刚愎自用的态度无疑是～。”

zuò là
坐蜡

释义：比喻陷入为难的境地。

例句：“燕灵韵立刻就～了，人家说得没错，从她来到凌沙市当市长的那天起，省纺就非常支持她的工作，这些年给市里做出了重要的贡献，她也知道省纺织集团总公司的日子不好过，以前风光的日子怕是一去不复返了。”（深蓝的国度《官路法则》）

zuò lǎo niú chē
坐老牛车

释义：比喻行进得很慢。

例句：“如果说近10年市值搭乘的是高铁，那么指数基本上是在～；如果你是4年前上车的，那么很不幸，不仅跑输物价指数（CPI），还跑不过银行利息。”（曹西京《总市值10年涨4.5倍 指数10年涨30% 扩容如高铁 指数如牛车》）

zuò lěng bǎn dèng
坐冷板凳

释义：冷板凳，指无人坐的板凳。比喻受到冷淡的待遇，不被重用。

例句："五分钟过去了，十分钟也过去了，王和甫不见面。周仲伟虽然好耐性，却也感到～的滋味。"（茅盾《子夜》）

zuò shān guān hǔ dòu
坐山观虎斗

释义：比喻对双方的争斗持旁观的态度。

例句："凤姐虽恨秋桐，且喜他先发脱二姐，自己且抽头，用'借剑杀人'之法，'～'，等秋桐杀了尤二姐，自己再杀秋桐。"（清·曹雪芹《红楼梦》）

zuò tiān xià
坐天下

释义：指掌握政权，管理国家。

例句："我认为首先是领导同志要真正意识到我们共产党打天下靠人民群众，～还要靠人民群众，关系人民群众切身利益的事要尊重人民群众的意见，要听取人民群众的意见，要看人民群众满不满意。"（汪洋《共产党坐天下还要靠人民群众》）

zuò yī tiáo bǎn dèng
坐一条板凳

释义：比喻因某种共有的利害关系而使双方或多方暂处于一个统一体中。

例句："通过党员干部与群众'同围一张圆桌，同～'，面对面平等交流、民主协商的办法来推进工作，实现了重点项目、重点工作的顺利进行。"（陈宏元《大冈干群坐一条板凳交心》）

zuò zài gāo zhī shàng shuō fēng liáng huà
坐在高枝上说风凉话

释义：比喻不体晾别人的难处和困境。

例句："尽管那班官僚们也痛恨咱义军，可是对杨嗣昌的督师作战却只会～，站在岸上看翻船。身处在这样一个破船一般的朝廷上，他杨嗣昌一人之力又能有多大的作为？"（常欢乐《定国》）

zuò zài huǒ shān kǒu shàng
坐在火山口上

释义：比喻危险会随时发生。

Z

例句："'我每天上班就好像～！'琼山一小校长吴清胜无奈地比喻着自己面对学校用地紧张、班额过大、安全隐患突出等问题的担忧。"（刘艳《琼山一小安全问题重重　校长自嘲坐在火山口上》）

zuò biǎo miàn wén zhāng
做表面文章

释义：比喻只注重形式，做样子，浮夸。

例句："中央出台改作风的八项规定以来，自上而下激荡人心，党风政风为之一新，得到广大干部群众充分肯定。然而，贯彻规定，落实任务，殊非易事。当前，应注意的一个问题是，改作风不能只～。"（董丽丽《改作风，不能只做表面文章》）

zuò ěr mù
做耳目

释义：比喻受人指派专门承担通风报信的任务。

例句："两人在家一个多钟头，小飞飞跑回四次，要这拿那。这全是单思铭小心眼儿恶作剧。他从孟凡瑞一踏进他家门槛，就觉得孟凡瑞和玉兰关系不比寻常。他拿小飞飞～，每次他都要问：'妈妈和那位叔叔在家干嘛？小单飞总是回答：'坐着说话哩。'"（晒花园《玉兰花开》）

zuò huǎng zi
做 幌 子

释义：幌子，店铺外挂的表明经营范围的标志。比喻进行某种活动时所假借的名义。

例句：“有的是游荡的少年，因为不愿得个游荡的声名，串演个教员来～。”（叶圣陶《倪焕之》）

zuò le huáng dì xiǎng dēng xiān
做了皇帝想登仙

释义：比喻贪心不足。

例句：“俗话说得好：‘～’。古时秦皇汉武，都想活过千年，做个彭祖第二，所以朝进方士，暮采仙药，闹得一塌糊涂，终究是没有效验，反致速毙。”（蔡东藩《唐史演义》）

zuò shǒu jiǎo
做 手 脚

释义：比喻暗地里进行的某种活动。

例句：“大圣却又留心，恐他仙法难参，油锅里～。”（明·吴承恩《西游记》）

zuò wén zhāng
做 文 章

释义：比喻抓住一件事大发议论或在上面打主意。

例句：“东旭村，一个位于门源县仙米林区的小村庄，紧紧围绕特色～，短短两年实现跨越发展。”（吴彬《特色做文章 创新提后劲》）

zuò xì
做 戏

释义：指演戏。比喻像演戏那样装模作样、蒙人耳目的举动。

例句：“很多比赛就是问题比赛，别看场上打得挺激烈，其实都是在～。”（周萧《知情人士细述足坛赌球黑幕：很多比赛都是在做戏》）

zuò xiǎo dòng zuò
做小动作

释义：指为了个人或小集团的利益在背地里搞不正当活动。

例句：“中国对南沙群岛及其附近海域拥有无可争辩的主权。中方反对任何国家侵犯中国主权的非法活动。希望菲方遵守《南海各方行为宣言》的精神，避免采取任何使争议复杂化和扩大化、影响南海地区和平与稳定的行动，不要一再～。”（刘为民《望菲方遵守南海宣言　不要一再做小动作》）

zuò yī tiān hé shang zhuàng yī tiān zhōng
做一天和尚撞一天钟

释义：比喻工作消极，干一天算一天，得过且过，不思进取。

例句：“常常有这样的一些人，他们每天按时上班，按时下班，交给他们的任务，他们虽然做得不是很出色，却可以按时完成；他们不与别人争什么，也不为自己争什么，许多时候他们似乎显得与世无争；他们得过且过，～。”（郭鑫《好员工会工作》）

zuò zéi xīn xū
做贼心虚

释义：比喻做了坏事的人，总怕被人发觉而心里不安。

例句：“包内放有开锁用的作案工具，他怕被民警发现，就一边与民警打着哈哈，一边想着如何才能拿包脱身，却没想到民警会拿起包看，他情急之下就夺了过来，殊不知～的这种心态早就被民警揣摩出来。”（陆飞霏 王文爱《识破绽 惯偷做贼心虚落法网》）

编 写 人 员 名 单

主　编　竟　成

副主编　杨晓玉　王　锦　赵池月

编　委　田丽梅　姜　宏　温　颖　李宜霖　姜逸男

编　者　赵庆国　李　冰　田　梅　汪军宁　雪　夫
雪　怡　赵　晶　田　野　陈春桃　田　地
晓　冬　克　勤　赵伟浩　李凌刚　张　强
刘　岩　刘　锐　张淑启　张爱华　徐　军
齐凤华　晓　秋　樊　凡　晴　雪　雅　童
松　涛　秋　囡　洪　春　铮　铮　郑　旭
刘　亮　中　奇　瑞　海　保　华　张　忠
陈　钰　马昕池　陈　光　李玉荣　翥　元
丽　娟